U0602040

新闻与传播学译丛·国外经典教材系列

大众传媒革命

Mass Media Revolution

[美] 查尔斯·斯特林(J.Charles Sterin) 著
王家全 崔元磊 张 祎 译

中国人民大学出版社
·北京·

“新闻与传播学译丛·国外经典教材系列”
出版说明

“新闻与传播学译丛·国外经典教材系列”丛书，精选了欧美著名的新闻传播学院长期使用的经典教材，其中大部分教材都经过多次修订、再版，不断更新，滋养了几代学人，影响极大。因此，本套丛书在最大程度上体现了现代新闻与传播学教育的权威性、全面性、时代性以及前沿性。

在我们生活于其中的这个“地球村”，信息传播技术飞速发展，日新月异，传媒在人们的社会生活中已经并将继续占据极其重要的地位。中国新闻与传播业在技术层面上用极短的时间走完了西方几近成熟的新闻传播界上百年走过的路程。然而，中国的新闻与传播学教育和研究仍然存在诸多盲点。要建立世界一流的大学，不仅在硬件上与国际接轨，而且在软件、教育上与国际接轨，已成为我们迫切的时代任务。

有鉴于此，本套丛书书目与我国新闻传播学专业所开设的必修课、选修课相配套，特别适合新闻与传播学专业教学使用。如传播学引进了《大众传播效果研究的里程碑》，新闻采访学引进了《创造性的采访》、《全能记者必备》，编辑学引进了《编辑的艺术》等等。

本套丛书最大的特点就是具有极大的可操作性。不仅具备逻辑严密、深入浅出的理论表述、论证，还列举了大量案例、图片、图表，对理论的学习和实践的指导非常详尽、具体、可行。其中多数教材还在章后附有关键词、思考题、练习题、相关参考资料等，便于读者的巩固和提高。因此，本丛书也适用于对新闻从业人员的培训和进修。

需要说明的是，丛书在翻译的过程中提及的原版图书中的教学光盘、教学网站等辅助资料由于版权等原因，在翻译版中无法向读者提供，敬请读者谅解。

为了满足广大新闻与传播学师生阅读原汁原味的国外经典教材的迫切愿望，中国人民大学出版社还选取了丛书中最重要和最常用的几种进行原文影印，收入“新闻传播学英文原版教材系列”中，读者可以相互对照阅读，相信收获会更多。

中国人民大学出版社

前言

大众传媒革命

本书（包括与其高度一体化的多媒体网站）的写作、设计目的是要迎合出生于数字时代的学生的胃口。他们技术上老练，在进入大学之前已经掌握了数字时代寻求社会与学业生存的必备本领——拥有脸书账户、发推特、玩智能手机和博客。当然，这个单子肯定还会加长。他们泡在网上的时间比花在图书馆里的时间要长；用文字表达比交谈多；而更重要的是，他们通常是同时拥有花样繁多的交流平台，习惯了以自己喜欢的方式消费媒体。

《大众传媒革命》为传播及其前沿的内容树立了一个新的标准。本书的数字资源和以学习者为中心的方法对于今天如何学习、体验和教授大众传播是一次革命。本书涵盖了大量新兴的、正在演变之中的技术、技术的差异及其发展史；定制的数字节目和无双的评估工具鼓励学习者主动参与学习，掌握现代传媒知识。本书讲故事的手法以及所拥有的丰富的数字资源将学生吸引进入今天的大众传媒世界并提升他们作为一个大众传媒消费者的批判意识。为了拓展教材，作者专门开发了多种多样的媒体内容，这样可以帮助授课者充分发挥网络在教学中的优势，在备课过程中节省时间。

《大众传媒革命》的方法反映了今天学生消费大众传媒的方式——叙述碎片化。这种方式突出了话题和体验与他们作为大众传媒消费者和大众传播技术使用者的生活之间的关系。通过探寻历史事件与当今和未来发展的关系，本书提供了学生需要的工具，帮助他们理解大众传媒今天如何发挥功能以及今天的各种媒介在历史上是如何通过技术革新、经济发展和文化嬗变发展起来的。学生们将学会批判地思考大众传媒技术如何影响我们的生活并展望和分析今天的媒介对明天的媒介会产生什么影响。此外，本书印刷和数字版内容的融合（符合美国新闻传播教育评审委员会关于此课程的学术鉴定标准）支持当代教学以及提升学生媒介素养的目标（本书中所有视频可参见www. mycommunicationlab. com）。

让我们拭目以待接下来会发生什么！

致谢

如果不是本书责任编辑杰尼·泽尔斯基（Jeanne Zalesky）支持本书的方法并坚信它能成功，这本书就不会问世。她能看到学术出版的未来需要颠覆性创新，并在本书出炉整个过程的每一阶段都以远见和勇气为之奋斗。杰尼与本书的项目开发编辑莱·莫伊（Lai Moi）为本书的编辑工作付出了艰苦与卓越的努力，在此表示感谢。迈克·哈斯特德（Mike Halstad）多才多艺，作为我的制作与后期制作合作者，他一人承担了往往需要一个团队才能完成的本书媒体制作工作。我对他的创造性与锲而不舍的精神表示感谢。在此，我还希望感谢我的研究助理凯勒·斯图亚特（Kyle Stewart）为本书研究所做的基础性工作。我还需要感谢本书的创意设计、领传传球公司（PreMediaGlobal）的布兰达·卡米克尔（Brenda Carmichael），还有由墨根·辛基博森（Megan Higginbotham）、埃林·乔伊斯（Erin Joyce）和罗曼·比特斯（Roman Pietrs）组成的才华横溢的网络设计团队，他们将我心所想诠释得如此精确到位。还要对本书的图片文案凯特·赛比克（Kate Cebik）表示特别感谢，尽管她加入该项目较晚，却成功为本书配图数百幅。我还要感谢更多为本书在幕后辛苦工作的人，其中包括培生图书的制作团队，以及领传全球公司的安妮·里茨格里丈诺（Anne Ricigliano）、墨根·辛基博森、克劳迪恩·贝兰顿（Claudine Bellanton）、迈克尔·格兰格（Michael Granger）、保罗·克洛克迪（Paul Crockett）和帕特里克·弗兰森（Patrick Franzen），没有他们，本书也不可能问世。

在此，还要对为本书提供了坦率而非常有价值的建议的所有教授和学生们表示感谢。他们是：

Aded ayo Abah，Washington and Lee University

Ali Zohoori，Bradley University

Alta Carroll，Worcester State College

Amy Kristin Sanders，University of Minnesota

Amy Lenoce，Naugatuck Valley Community College

Ann Colbert，Indiana Purdue University at Fort Wayne

Ann Dumas，Pennsylvania State University

Anne Barretta，Ramapo College of New Jersey

Anthony Moretti，Point Park University

Anthony Rossetti，Union County College

Barbara Zang，Worcester State College

Barry Gordon，Miami Dade College

Becky DiBiaisio，Assumption College
Beth Haller，Towson University
Bill Lewis，Alvin Community College
Brad Bushman，The Ohio State University
Brad Gorham，Syracuse University
Brian Dunphy，Brooklyn College/CUNY
Brian Hight，Pulaski Technical College
Brian Rose，Fordham University
Brittany Hochstaetter，Wake Technical Community College
Cara Schollenberger，Bucks County Community College
Carmen Stitt，California State University，Sacramento
Carole McNall，St. Bonaventure University
Carolyn Cunningham，Gonzaga College
Catherine Stablein，College of DuPage
Chris Harris，Middle Tennessee State University
Christine Durham，Capitol Community College
Christine Steiner Apel，Loras College
Christopher Burnett，California State University，Long Beach
Chuck Hoy，Mansfield University
Craig Freeman，Louisiana State University
D. L. Pierce，University of Portland
Daekyung Kim，Idaho State University
Dan Leopard，Saint Mary's College of California
Dan McDonald，Ohio State University
Daniel A. Panici，University of Southern Maine
Danielle Leek，Grand Valley State University
Danny Shipka，Louisiana State University
Daren C. Brabham，University of Utah
David Cassady，Pacific University
David J. Paterno，Delaware County
Community College
David Silverbrand，College of the Redwoods
David Weiss，Montana State University，Billings
Deborah Greh，St. John's University
Dennis Davis，Penn State University
Dennis R. Jones，Stamford University
Dina Ibrahim，San Francisco State University
Donna R. Munde，Mercer County Community College
Donovan H. Myrie，University of Tampa
Douglas Ferguson，College of Charleston
Ed Kanis，Butler University
Edmond Chibeau，Eastern Connecticut State University
Elissa Y. Sonnenberg，University of Cincinnati
Evan C. Wirig，Grossmont College
Evan Johnson，Normandale Community College
Evonne Whitmore，Kent State University

Fay Akindes, University of Wisconsin, Parkside
Frank Aycock, Appalachian State University
Fred C. Kolloff, Eastern Kentucky University
Frederick P. Burger, Monroe Community College
Gang (Kevin) Han, SUNY Fredonia
George Johnson, James Madison University
Gina Stevens, Erie Community College
Gregg A. Payne, Chapman University
Gregory Schmitt, College of Charleston
Heather Mcintosh, Boston College
Heloiza Herscovitz, California State University, Long Beach
Hollis Glaser, Borough of Manhattan Community College
Jack D. Morris, Georgia State University
Jaime Gomez, Eastern Connecticut State University
James Danowski, University of Illinois at Chicago
Jeff Seiderman, Massachusetts Bay
Community College
Jennifer Atwater, Towson University
Jennifer Fleming, California State University, Long Beach
Jennifer Thomassen, Capital Community College
Jerry Johnson, Buena Vista University
Jill Gibson, Amarillo College
Jim Crandall, Aims Community College
Jim Pokrywczynski, Marquette University
Jodi Hallsten, Illinois State University
John J. Lombardi, Frostburg State University
Jon Arakaki, SUNY College at Oneonta
Jonathan Slater, SUNY College at Plattsburgh
Joseph Slade, Ohio University
Judith Sylvester, Louisiana State University
Julia Ruengert, Pensacola Junior College
Kamille Gentles-Peart, Roger Williams
University
Karen Theveny, Neumann College
Katharine Heintz, Santa Clara University
Kendal Rasnake, Rochester Community and
Technical College
Kim Landon, Utica College
Kimberly Miller, Grove City College
Kirk Hallahan, Colorado State University
Kris Barton, Dalton State College
Larry L. Burriss, Middle Tennessee State University
Leonard Assante, Volunteer State Community College
Lillie Fears, Arkansas State University
Lily Zeng, Arkansas State University
Lisa Burns, Quinnipiac University

Lisa Lundy, Louisiana State University
M. E. (Peg) Achterman, Northwest University
Marcy Burstiner, Humboldt State University
Margaretha Geertsema, Butler University
Marlene Fine, Simmons College
Marshall D. Katzman, Bergen Community College
Martin Sommerness, Northern Arizona University
Mary Garrison, Massachusetts Bay
Community College
Mary L. Rucker, Wright State University
Mary Mazzocco, Solano Community College
Matthew Cecil, South Dakota State University
Matthew J. Bosisio, Augusta State University
Matthew J. Smith, Wittenberg University
Matthew R. Turner, Radford University
Mel Sundin, Penn State Erie
Melissa Lenos, Brookdale Community College
Meredith Rae Guthrie, University of Pittsburgh
Merrill Morris, Gainesville State College
Michael Lester, Diablo Valley College
Michael Taylor, Valdosta State University
Michael Walters, Capitol Community College
Michele M. Strano, Bridgewater State College, VA
Monica Pombo, Appalachian State University
Moya Luckett, Queens College-CUNY
Myleea D. Hill, Arkansas State University
Neal Haldane, Madonna University
Neil Goldstein, Montgomery County Community College
Patricia M. Kennedy, East Stroudsburg
University of PA
Paul D Angela, The College of New Jersey
Paul E. Potter, Hardin-Simmons University
Paul Myron Hillier, University of Tampa
Paula Furr, Northwestern State University
Peter Young, San Jose State University
Philip Auter, University of Louisiana at Lafayette
Punch Shaw, Texas Christian University
Randal Beam, University of Washington
Randy Pruitt, Midwestern State University
Rebecca Hains, Salem State College
Rebecca Mikesell, University of Scranton
Rich Cameron, Cerritos College
Richard C. Robinson, University of Tennessee at Martin
Richard Craig, San Jose State University
Richard Gaspar, Hillsborough Community College
Richard Moreno, Western Illinois University

Robert Ogles, Purdue University
Roger Priest, Ivy Tech Community College of Indiana
Samuel Ebersole, Colorado State University, Pueblo
Sandy Nichols, Towson University
Scott Campbell, University of Michigan
Sharron Hope, Loras College
Steve H. Sohn, University of Louisville
Suzanne Uhl, Mt. San Jacinto College
Tamara Hillabush Walker, Monroe
Community College
Teresa Simmons, Western Illinois University
Theresa L. Villeneuve, Citrus College
Thomas Proietti, Monroe Community College
Tim Brown, University of Central Florida
Timothy Boudreau, Central Michigan University
Tyler Jacobsen, Marist College
Viera Lorencova, Fitchburg State College
William Bettler, Hanover College
William Davie, University of Louisiana, Lafayette
William Florence, Chemeketa Community College
Xiaodong Kuang, Central Washington University
Zack, Steigler, Indiana University of Pennsylvania

查尔斯·斯特林（J. Charles Sterin）
马里兰大学大学学院（University of Maryland University College）

目 录

第一部分 铺就通向今天大众传媒之路

第二部分　媒介内容与平台的演变

第四部分 你与媒介体验和文化

第一部分

铺就通向今天大众传媒之路

学 习 目 标

1. 纵览有助于你了解大众传媒的基本概念、理论和趋势。

2. 认识本书和网站探讨的大众传媒动态和效果的关键领域。

3. 打磨你作为大众传媒消费者的知识。

4. 熟悉本书作者讲故事的方法；熟悉本书作为媒介的特点以及其对历史概念的独特展现；熟悉21世纪大众传媒的影响和意义。

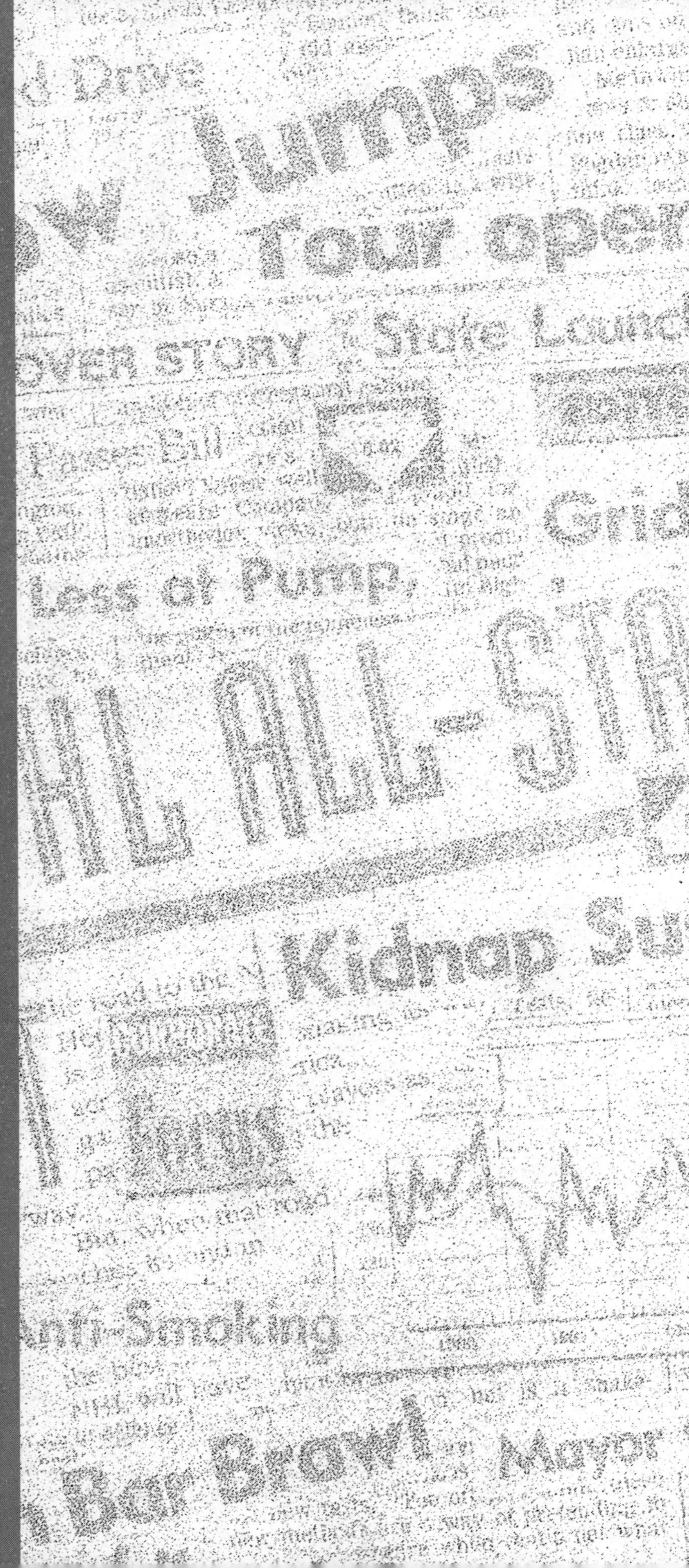

第1章 导言

5 本书以及相关的媒介丰富的网站将向你展示如何了解数字时代的意义，让你明白提升自己的媒介素养对理解你所处的当今世界大有裨益。你们当中许多人生于、成长于技术和互联网世界，可能已经对大众传媒有了深刻的了解。因此，我们把你们称为“数字土著”；而那些正在向数字时代过渡的人，我们称之为“数字移民”。

作为数字土著，你们已经在很多方面同时成为大众传媒的深度参与者。你们是社交媒体的活跃分子，通常在脸书或推特上与数百个“朋友”交流；智能手机对你们来说既是发送短信的工具也是媒介的门户；虽然不是在大多数情况下，但你们在很大程度上，通过互联网观看电影、电视。你们获知新闻的主要来源很可能是网站和博客。作为数字土著，你们可以娴熟地运用包含音乐、游戏、电影、电视的集成媒体，使之成为一个广阔的、非线性的、用户可以自由选择与编程的、媒介丰富的、数字化的第四维。

但是，娴熟运用当今的大众传媒技术与积极参与互联网传播并不能代表大众传媒体验的全部。今天，媒介渠道多种多样，媒介内容铺天盖地，作为大众传媒的消费者，人们很有必要了解、熟悉相关知识和技巧。事实上，这也是我们的责任。21世纪的大众传媒充满动力、复杂、包罗万象。我们需要了解大众传媒的演变以认识、分析那些影响和引导大众传媒业在我们有生之年发展方向的力量。

21世纪的大众传媒充满动力、复杂、包罗万象。我们需要了解大众传媒的演变以认识、分析那些影响和引导大众传媒业在我们有生之年发展方向的力量。

正在阅读本书的一些人可能已经在展望将来从事大众传媒工作——成为新闻工作者、艺术家、网站开发者、电影制作人、电视节目策划人或是视频游戏开发者。你们的机会和起点与你们的前辈不同，比他们宽广。这种机会会继续成倍增长，但与此同时，若想成功，你们的批判意识、技艺与能力也必须相应增长。《大众传媒革命》的宗旨就是要指导你们走上这条道路，帮助你们成为一个更博学、更有效、更具批判眼光的大众传媒消费者与参与者。

数字土著与数字移民通过互联网创作、消费、分享媒介内容，为人类历史上前所未有的新一轮文化、社会变革大潮做出贡献。

6 《大众传媒革命》 的体例与方法

技术变革会影响我们作为大众传媒消费者的行为。现在，从新闻记者到娱乐节目公司等媒体生产者的制作、传播方式正在发生巨大变化，而我们就身处这一无法抗拒的过程中。

今天，新闻报道和评论铺天盖地，同时，资讯和娱乐节目的选择愈发多样。因此，识别和了解媒体倾向性、选择自己需要的内容、甄别有价值的东西与聒噪的杂音，就成为我们需要具备的技能。这样的任务听起来好像有些吓人，但我们必须学会应对，否则就会陷入媒体批评学者理查德·索尔·沃曼（Richard Saul Wurman）所提出的“信息焦虑”中：

> 因为我们所了解的与我们认为我们应该了解的之间存在着不断扩大的差距，所以就会产生**信息焦虑**。它是资讯与认知之间的黑洞。如果我们获得的信息不能告诉我们想要或需要知道的东西，就会产生信息焦虑。[1]

本书将以一种革命的方式探讨当代大众传媒所面临的问题和挑战。作为作者，我事先对你们——本书的读者和媒体使用者——有一番假设。首先，本书假设丰富的个人经验以及由此产生的看问题的视角已经使你们对大众传媒有很多的了解；其次，为了批判性地提升你们的已有认知，本书通过高度形象化的展示方式和综合的媒介资源为你们提供了当今媒体的幕后故事，并以一种可能挑战并激发你们重新认识自己观念的方式展现话题。有些历史事件和故事你们可能早已听过，而有些你们则闻所未闻，会觉得惊奇。这种方法的根本目的是鼓励你们更多地以批判的精神去审视自己对大众传媒的认知和观念，增进自己关于大众传媒在现实世界中如何运作的认识，鼓励你们形成自己的解释和结论，提高你们对大众传媒深刻全面影响我们生活的了解和评判。

作为一代杰出的学生，你们会带着自己已养

成的技能和方法来学习这一课程。本书及其综合的媒体资源的设计目的就是要灵活地适应你们的学习方式——无论你们是线性的（A—B—C—D）还是非线性的（A—B—G—Q—A）学习的方法——让你们产生网上互动的感觉。如同你们目前获取信息的方式一样，本教材采取了印刷课本与网络资源结合的方式，希望这有助于你们以一种实验的、互动的方式掌握关于大众传媒的更多知识。

理查德· 索尔 ·沃曼是建筑师、平面造型设计师、作家，也是研究如何使信息更易懂的先驱。他首创了“信息结构”和“信息焦虑”这两个概念。

7 作为故事讲述者的媒体

从我个人作为大众传媒从业者和教育者的角度来看，把各种形式的大众传媒看做故事讲述者有助于理解传媒业如何演化以及它们今天如何运作。大多数媒体内容都是通过某种故事的形式（通常是有争议的话题）来引起我们注意的。比如，或是对一位著名运动员婚外恋情的曝光，或是介绍一位年轻的总统为推行普遍医疗保健服务而战斗的特写，这样的故事可以抓住我们的兴趣点，它们影响我们个人的观念和信仰。我在本书以及同步媒介资源中通篇强调的是这种讲故事的手法。《大众传媒革命》一书没有给你们开具一份静止的、关于事实与理论的单子，而是试图通过那些有启迪作用，值得记住的故事、图片和视频揭示一些理念，以便你们一开始学习就可以立刻切身接触到大众传媒的世界。

《大众传媒革命》一书没有给你们开具一份静止的、关于事实与理论的单子，而是试图通过那些有启迪作用，值得记住的故事、图片和视频揭示一些理念，以便你们一开始学习就可以立刻切身接触到大众传媒的世界。

在那些优于我们自己的文化和文明之中，无论其技术老练程度如何，故事的力量都取决于通过娴熟使用语言和其他传播元素生成能为人所共享的意象和观念的功力，取决于表达观念、信仰、价值观和审美观——亦即用图像和文字绘画——的能力。正如本书第2章讲述的那样，构建得好、讲述得好的故事能够通过创造共同的体验和共同的体会把一大群处于散沙状态的人联合起来。运用故事，我们可以更好地理解我们周围不断变化的世界，并对这些变化做出反应。通过故事传达的信息力量会更强大，可以使我们融入故事的情境中，增加我们的主人公意识或是类同意识。通过大众传媒传播的故事具有不可估量的力量。

启发灵感的争论：偏见与争议

正如你将从本书和同步媒介资源中特别是第10章所学到的那样，所有媒体都会存在某种程度的倾向性。一些媒体内容的偏见可能出于故意，而另一些则是媒体的本质使然。教材也是概莫能外。作为作者，我已经尽我所能力求诚实、开放、对个人偏见不遮不掩，目的就是鼓励读者就讨论的话题去探索自己的观点和意见。在你们阅读本书并与之互动的时候，请切记：在大众传播领域，没有可以解释一切的完美理论。《大众传媒革命》的目标就是鼓励读者培养自己的见解，让他们去思考总结大众传播系统如何运作、大众传播将何去何从等问题，让他们深化对不同观点的探索和评价。

至于本书中讲述的关于大众传媒的故事，你们需要记住当中许多话题都是有争议的。大众传媒对促进文化、社会和国家发展的作用至关重要。因此，研究大众传媒就要挑战那些有争议的话题，比如关于种族、宗教、政治、政府权力以及个人和群体权利的话题。无论大众传媒在社会中的角色如何多变，它们的作用都不能被否定。历史告诉我们，对于长久存在的种族和民族偏见，大众传媒负有责任；但同时，大众传媒对于破除这些偏见、去除社会和文化多样性的壁垒也功不可没。大众传媒最好的功能是促进信息和观点的自由流动及表达，而其最坏的作用是可以通过巧妙控制事实或是赤裸裸的宣传使谎言长存。

8 体验与学识

作为大众传媒从业者和学者，我鼓励体验型学习。本书及其同步媒体资源就是采用的这种体验性学习方法，以求更好地促进你们对大众传媒所涉及的话题、问题、哲学和趋势的研究，并为你们提供通过多媒体和网上资源进行学习的机会。本书每一章都有为其专门制作的视频内容，目的就是促进大众传媒的综合化学习。在书中相关位置，你会看到视频播放的图标，表明在网络上有课本相关内容的扩展。如果你想对下面各章的视频内容来个“先睹为快”，这里为你安排了一个“预告片”——都是从众多微纪录片中截取的内容。这些微纪录片对《大众传媒革命》来说，意义非凡。

领会历史背景

为全面理解当今大众传媒的发展动力，我们需要了解相关历史背景以追溯传媒业发展历史中反复出现的共性问题。换言之，要理解我们今天所处的位置，就必须了解是过去发生的什么事情把我们带到了这个地方。因此，本书用了很大的篇幅带领读者穿越大众传媒的历史。大众传媒的历史由一系列技术带动的革命构成（每次革命都是之前技术进步充分积淀的结果），这使得大众传媒的故事非常吸引人。

为全面理解当今大众传媒的发展动力，我们需要了解相关历史背景以追溯传媒业发展历史中反复出现的共性问题。换言之，要理解我们今天所处的位置，就必须了解是过去发生的什么事情把我们带到了这个地方。

比方说，我们可以想一想手机的技术创新如何改变了这个世界——从早期的个人数字助理（PDA）技术到苹果的 iPhone。手机技术的渗透和发展，特别是智能手机技术在全球的快速普及，已经使传播和媒体变得如此易于获得并具备如此的移动性，这样的技术正在改变世界文化。因此，大众传媒的每次革命性变化都成就了它那个时代的新媒体。

如本书所述，大众传媒是推动现存社会、政治、宗教和文化秩序变革的重要力量。传播史学家欧文·方（Irving Fang）认为，信息和大众传媒革命成功的前提是：技术和内容的创新必须为已经准备好迎接革命性变革的社会群体的传播提供

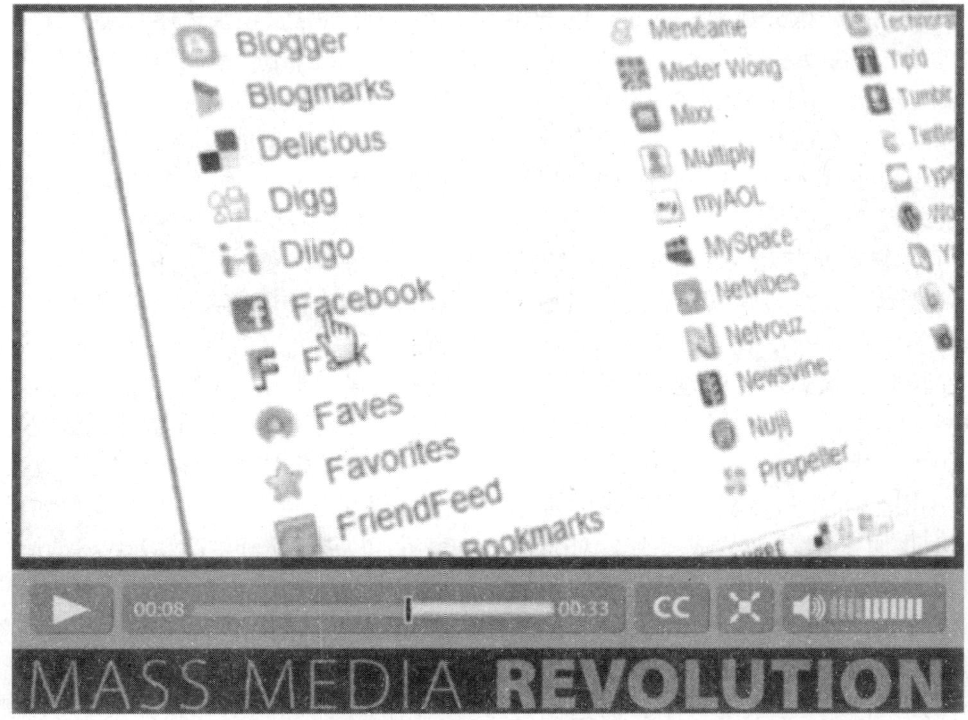

《先睹为快》截图。

通过这个视频预告片，你可以初步体验一下《大众传媒革命》。

一种新的方式。[2] 例如，德国金匠和印刷匠古登堡（1398—1468）发明的木活版印刷术开创了他所处时代的新媒体。人们运用这种新的技术印刷、传播《圣经》，使这本教义能够被更多的社会阶层、群体获得，覆盖范围达到了前所未有的广度。古登堡的发明为15世纪欧洲的文化、宗教和社会革
9 命做出了贡献。历史学家普遍认为，15世纪的欧洲已经为这场革命做好了准备；古登堡的大众传媒革新正好在很大程度上推动了这一进程。

纵观历史，大众传媒推动的变革开端几乎总是轰轰烈烈的。顽固的文化力量总是试图抗争以保持现状，因为保持现状对它们有很大的好处。不过，历史上，变革的力量往往是文化战争的获胜方。当然，胜利往往是在长时间的斗争之后才能获得的。人类不仅继续进行自我调适和发展，变革的步伐也在呈几何级数加快。我们都是我们所处时代革命性变革的见证人和参与者，而这些变革在某种程度上就是我们所处时代的新媒体带动的。大众传媒不仅是文化和社会变革的催化剂和推动者，也是人们向后代传递文化和传统的首要途径。我们可以体会到，对于大众传媒来说，讲述故事的方式必不可少，这种方式让媒体对社会产生了巨大影响。

研究大众传媒

在本书中，我们通过各种视角和理论观点研究大众传媒。本章为你介绍其中最常见的理论，包括媒介素养、媒介动力和媒介效果。在20世纪早期，从事媒介和传播研究的主要是大学里的演讲和修辞学科系的教师。他们在修辞术和人类交流研究（把书面和口头表达作为一种传播和说服的方式）的语境中，专注于发展大众传媒理论，并探讨修辞术如何影响公众表达、文学解读、戏剧、辩论以及与小群体之间的言语互动。早在20世纪40年代，大学心理学、社会学和文化人类学等科系开始更多

地专注于对当时新兴电子媒介的科学探索：电子媒介对人类交流的潜在影响是什么？对信息传递的影响是什么？对知识的获得和传承的影响是什么？

这种对大众传媒、交流和信息技术的整合研究不可避免，并且很快在学术界形成一股强大的力量。与此同时，媒介环境和媒介内容同样迅速整合，并且极大地刺激了传媒业及其相关工作岗位的需求。这些工作岗位需要具备大众传媒系统和运作过程等方面的基本知识。这种媒介传播（mediated communication）使我们有能力快速、有效地跨越地理和文化障碍进行观点和信息的交流。因此，媒介已经成为决定个人、组织、社会和国家成功的中心要素。

在探讨那些用于研究和分析大众传媒的常见理论观点之前，我们必须首先达成一致，对大众传媒以及每个传媒产业在人类传播中发挥的作用给予一个有操作性的界定。大众传媒由促成个人和群体间信息和内容交流的传播平台构成。这些信息通过共同的语言或符号系统分享，而这个过程所借助的平台或管道对于参与交流的各方同等可及。大众传媒平台指的是以技术为基础的全部传播媒介——从电话到复杂的互联网技术。

《大众传媒革命》提到的许多案例和故事都可以解释并帮助我们理解大众传媒如何运作、如何影响我们的认知和信念、如何影响我们的社会和
10 文化进步。如果一个人谙熟大众传媒文本阅读之道，那么他就能够解码媒介信息，从社会和文化视角领会和分析其中的内容，并在一定语境中判断出该信息是否正确、有效。学者和研究者把大众传媒研究中这一领域的内容称为媒介素养。“媒介素养”这一术语通常被用来描述对通过各种媒介形式和平台来制作和消费传播内容所有过程的识别、研究和分析。换言之，媒介素养是理解大众传媒如何运作、理解大众传媒如何在各方面影响我们生活的能力。

媒介素养是理解大众传媒如何运作、理解大众传媒如何在各方面影响我们生活的能力。

具备媒介素养的人不仅可以更好地理解和传达观念，而且能够了解传媒技术和偏见如何影响我们所能获得的大量信息、新闻和媒介内容。此外，他们有更强的能力寻找到信息、观念和娱乐的替代源。因此，可以说具备媒介素养的人是他们所处社会、国家和日益密切相连的全球社区中更负责的成员。“媒介素养”这一术语源于大众传媒领域的学者和研究者，也被消费和生产媒介内容的所有人使用。

媒介动力指的是各种塑造大众传媒内容的过程和影响，包括创意问题、经济和商业模式、政治影响、技术进步与局限，以及社会、文化乃至宗教的压力和趋势。媒介效果，或媒介影响，研究的是大众传媒如何影响人——这里的人可以是个体，也可以是家庭、社群和国民。媒介效果理论探讨从新闻到娱乐节目等媒介内容如何影响我们看待周围、世界和自我的方式。媒介效果可以通过个案和具体的故事层面进行研究，也可以专注于大众传媒的形式和类型，或是可以更宽泛地把重点放在传播媒介内容的各种平台上，比如，可以是电视广播，也可以是互联网。因为本书重点研究大众传媒影响社会和文化的多种方式以及传媒业发挥影响的平台和过程，可以说本书就是关于媒介动力和媒介效果的著述。

被动的媒介和活跃的媒介

大众传媒平台可以是活跃的，也可以是被动的。活跃的媒介平台允许使用者之间交流信息，让他们分享媒介内容和信息的制作。互联网是此类平台最明显的范例，因为在这个平台上我们总是能够发现自己既是内容的使用者，也是内容的共同制作者。被动的媒介平台很少或根本不允许使用者直接贡献内容，比如，我们看电影或电视时就是如此。虽然这样的内容无疑具有实用、娱乐和教育功能，但我们只能对看什么电影或节目、什么时候看、在哪里
看、怎么看进行自主选择。同样的道理也适用于我 11
们购买的大多数书籍、杂志和音乐——也就是说，我们通常是这些媒介内容被动的消费者。

在数字时代，媒介和媒介发布平台迅速集成，为使普通媒介消费者成为活跃的媒介内容参与者提供了更多机会。互联网网站、博客、新闻和娱乐节目、电子书、音乐文件等众多平台正在迅速为使用者提供比以往更多的参与媒介内容选择乃至制作的机会。

媒介把控

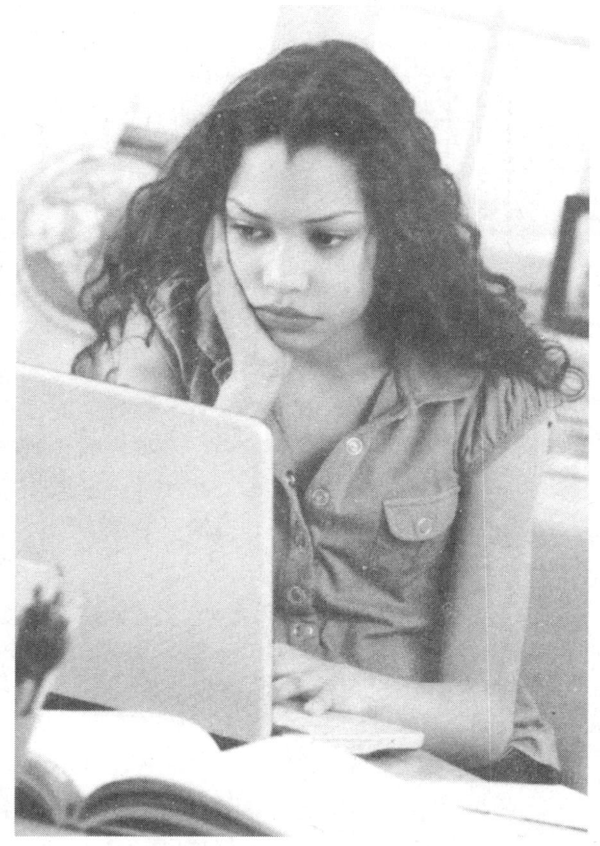

在数字千年，媒介素养至关重要。想一想，在通常情况下你的媒介消费。你是否知晓媒介动力对你所阅听的新闻和娱乐节目的影响？你消费媒介最常用的方式是什么？

大众传媒把控经常是一个引起极大争议的话题，因为媒介，特别是新闻媒介的这种做法被指责为根据自己的想法对新闻和所报道的问题的“事实”进行调整，决定受众应该知道什么。即使所谓最严格的“平衡报道”，新闻媒体也会对受众的观点产生影响。我们将在第 10 章关于媒体偏见的内容中具体探讨这一话题。

调控，其实就是偏见。简单来说，一个媒体选择什么作为“头条新闻”，或是在报道中暗示什么人应该对某个问题负责等，这些其实都是把控。电视新闻受众可能会察觉一篇报道或是一名记者存在偏见，不过大众传媒研究者感兴趣的是，受众的这种察觉是否会让他们变为具有批判思维的媒介消费者？媒介效果如此强大，大多数受众是否有可能已经把经过媒体把控、存在偏见的报道当做对事实平衡和公正的再现接受了呢？

研究表明，媒介把控确实会影响受众对新闻和问题的解读。这种影响至关重要，因为媒体的成功，特别是对美国的商业模式来说（我们将在第 9 章具体探讨这一问题），完全依赖于新闻受众的反应和接受，即他们是否、在何种情况下会选择一个频道或节目并坚持看下去。我们经常可以听到诸如“在大众传媒领域，受众为王”这样的话。说这样话的人有媒介制作者、媒介平台运营者或是研究者。在某种程度上他们的说法并不错。

在这张图片里我们看到一群人正在观看电视播放的时任俄罗斯总理普京的画面。拍摄这幅照片的摄影记者试图如何“把控媒介信息”呢？

大众传播模式与理论

模式：大众传媒如何传播信息?

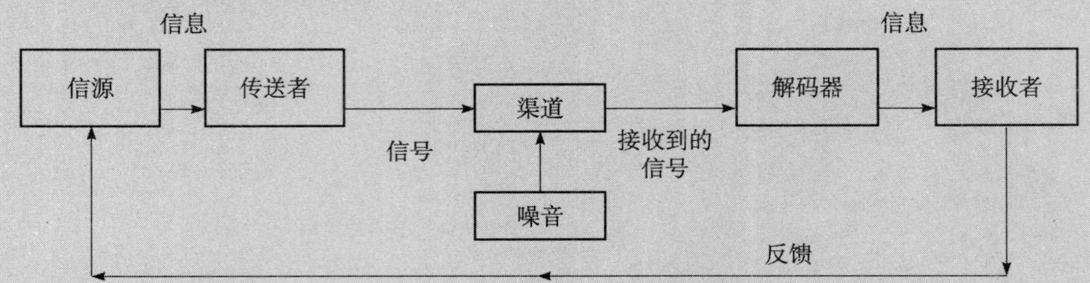

香农—韦弗模式

也被称为传播的线性模式，包括八个主要元素：

- 信源：信息的来源/创造者（作者、制作人、媒体）；在传递信息之前，传送者必须考虑如何最好地组织和发送信息以保证它能到达接收者（也称为编码）。
- 信息：内容（或是各种形式的“文本”：印刷、视频、音频以及数字形式）。
- 传送者：传送者把信息解码成信号（文字、图像、手势）用以代表想要传达的信息的意义。
- 渠道：传送信息的媒介（书籍、报纸、杂志、收音机、电视、电影、互联网）。
- 解码器：过滤信息的内容管理者（编辑、制作人、网页版主和监管人员）。
- 接收者：受众（读者、观众、听众）。
- 噪音：可能干扰信息传送的任何事物（透过窗户传来的车辆声音、坐在你前面挡住你观影视线的那个人的脑袋、内心活动、压力）。
- 反馈：接收者对信息的反应（致编辑的信、博客、电子邮件）。

影响大众传播的因素

- 传播环境：传播活动所发生的场合背景（网络、面对面、自己读书、与其他观众一起在剧场）对所接收到的信息的意义会有很深的影响。

大众传播的目标

- 意义被共享：传送者与接收者之间对信息的理解是一个连续体。

线性模式的不足

- 传播活动并非线性：虽然研究者在研究大众传播方式时并没有抛弃香农—韦弗模式，但有人提出这并非一种复合实际情况的模式，因为传播是一个动态的、互动的过程，个人并非只能充当被动的传送者或是接收者。在数字时代尤其如此，因为信息并不见得一定要以线性模式（从头到尾）消费，个人有能力对信息做出反应，并参与信息的制作和传播。

交互模式

交互模式反映了传送者和接收者在对信息时刻进行编码、解码，彼此互相反馈，也受噪音影响——关键是这一切都在同时进行。

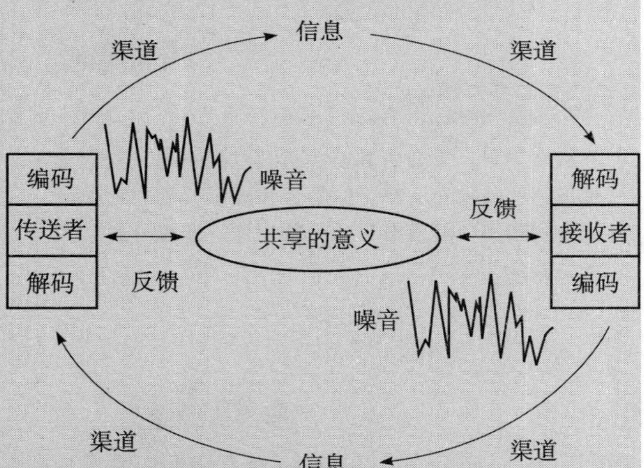

传播学研究的批判/文化方法

这种学术性的方法综合了定性和定量分析，用以观察个人会在信息中夹杂什么东西影响对信息意义的解读。批判文化理论假设大众传媒控制者倾向于转发符合自己文化、社会和政治议程的信息。批判理论认为，大众传媒对意识形态、种族、社会阶层、性和性别等问题的描述会影响媒介消费者如何看待自己和他人的文化立场和地位。例如，一位批评文化学者可能会跟踪研究一档新闻广播节目，然后提出这样一些问题：某个新闻报道反映了什么样道中新闻的选择如何反映了社会或是文化准则？

理论：如何研究大众传播效果？

早期方法

- 皮下注射理论或魔弹理论。这种理论以研究第二次世界大战宣传的耶鲁大学心理学家哈罗德·拉斯韦尔（Harold Lasswell）的研究为基础，认为大众传媒有时能够将虚假信息和被巧妙处理过的观念植入公众的意识中，并由此操控公众议程。这一理论假设公众作为大众传媒消费者是被动的，对媒体传递的信息不加鉴别、批判，会把媒体传递的信息作为事实与真理自动接受。（见第 10 章）
- 有限效果理论。以 20 世纪 40 年代哥伦比亚大学社会心理学家保罗·拉扎菲尔德（Paul Lazarsfeld）的研究为基础，认为媒体对消费者的影响是有限的，媒体至多可以强化受众当前的行为和态度。这一理论同时认为媒体消费者是被动的。（见第 7 章）
- 使用和满足理论。以 20 世纪 40 年代晚期开始的研究为基础，由阿姆斯特丹大学的丹尼斯·麦奎尔（Denis McQuail）在 20 世纪 80 年代将其发展到理论高度。这一理论强调，为满足个人娱乐、求知和情感发泄等方面的需要，人们会寻找特定的媒体。（见第 8 章）

当代方法

- 社会学习理论。以康涅狄格大学心理学家朱利安·罗特（Julian Rotter）20 世纪 50 年代发展的理论为基础，研究人们如何通过观察、模仿学习新的行为。
- 议程设置理论。以传播学者麦斯威尔·麦库姆斯（Maxwell McCombs）1968 年对美国总统大选中选民行为展开的开创性研究为基础，认为传媒的关注点，对所报道新闻、问题和事件的掌控将决定受众的话题，并以此设置公众议程。（见第 9、第 10、第 11、第 13、第 14 章）
- 渐增效果理论。以德国政治学家伊丽莎白·诺里-纽曼（Elisabeth Noelle-Neumann）的研究为基础，认为大众传媒的强大效果是逐渐积累的过程，而非一蹴而就。（见第 8、第 10 章）
- 培养理论。这种理论认为如果媒体消费者观看大量电视节目，他们将会认为电视节目所展现的内容是与现实相符、准确、真实的。换言之，媒体培养或塑造了消费者关于现实的观念。
- 沉默的螺旋理论。20 世纪 70—80 年代由伊丽莎白·诺里-纽曼的研究发展而来，认为如果当个人意识到自己的想法属于少数派时（由于害怕被孤立）则不会表达自己的观点，因此，媒体中充斥着被认为是“主流”的观点。

研究：我们如何分析媒体信息？

早期方法

- 宣传分析法。最早由宣传分析学会在 20 世纪 30 年代晚期提出。此分析方法帮助我们更清楚地识别什么时候媒体内容会被有意构造以达到传播观念、控制受众接受的目的。
- 舆论研究法。最早产生于 19 世纪中期，在整个 20 世纪得到完善。它运用调查和抽样等技术，同时进行复杂的数据分析，以此洞察人们的行为、意见、态度。此法尤其被用于政治选举期间。
- 社会心理研究法。最早出现于 20 世纪 20 年代，在随后几十年里得到完善。该方法研究不同形式的媒体，如电影、电视节目、电视广告和电子游戏等对个人行为特别是反社会行为的影响。
- 内容分析法。运用哈罗德·拉斯韦尔的“四问”模式，主要关注具体的媒介信息：谁对谁说了什么？为什么？什么样的范围？取得了什么效果？

当代方法

- 语篇分析法。最早由印第安纳大学社会学家阿尔弗雷德·林德史密斯（Alfred R. Lindesmith）在 20 世纪 30—40 年代提出，后经耶鲁大学心理学家哈罗德·拉斯韦尔扩展，通过调查貌似不起眼的东西，进行文化内容的系统分析。例如，在一个课本中，可能被关注的问题是某个关键词使用的次数：这种频率对传递该书整体的信息有什么作用？
- 受众统计法。起初通过媒体日志，现在是通过电子和基于计算机的监测手段，对样本虽小但却具有统计学代表意义的群体进行媒体消费行为调查，如电台收听、电视节目收看，还有最近的网站访问等，得出的观察结论可以反映更大受众群体的偏好和行为。

过滤信息和识别意义的模式

今天，大众传媒渠道繁多，在令我们应接不暇的同时，也使媒介内容和信息的质量有所下降。这种趋势对我们是否能够把接收到的信息分门别类区别对待并有效利用形成挑战。这种关系可以解释为什么媒介制作者、媒体机构能通过提升传
14 播平台的质量和吸引力使自身传播的信息量最大化。无论是广播电视还是网络媒体，抑或出版社、作者、艺术家和音乐人，乃至你们校报的编辑，都是如此。

这种科学的大众传播模式——一种被广为接受、用来了解自然界事物如何运作的模式——通过假设、观察、评估等手段帮助我们过滤纷杂的信息，保留其中最有意义的部分。这种模式可以应用在各种形式的传播中，从直接的人际传播到高度复杂、专业的传播活动。支持、主张科学模式论的人运用理论模型，使高度复杂系统和环境中的大众传播活动的障碍变得易于识别、了解和消除。若想真正理解大众传媒如何传播知识、观念和故事，我们必须把科学模式与我们作为人类同周围环境相互了解、沟通的基本理解结合起来。

若想真正理解大众传媒如何传播知识、观念和故事，我们必须把科学模式与我们作为人类同周围环境相互了解、沟通的基本理解结合起来。

传播学的人文主义方法

亚伯拉罕·马斯洛（Abraham Maslow）和卡尔·罗杰斯（Carl Rogers）等哲学、心理学家在自己的著述中描绘了研究和理解人类传播的人文主义方法。马斯洛的研究以对被他称为“自我实现”的人的生活的调查为基础。罗杰斯的理论则基于自己作为心理医生以及之后参与国际冲突化解工作的经历。根据马斯洛的研究，人类所有传播活动都是围绕着一个基本的人类需求层级[1]进行的，从基本的生理需求开始，到安全需求、爱与归属感的需求、被尊重的需求，最后是自我实现的需求。马斯洛发现这一需求层级模型适用于所有文化，提出这是所有人类传播活动的基础，并将其上升到理论高度。他认为，个人在逐级满足这些需要的过程中，更高层次和更复杂的传播活动有可能随之产生。

今天，对马斯洛的人类需求层级理论的解释和应用更宽泛，因为人们的不同需求往往都是同时产生的。马斯洛关于人类潜力和社会互动高度乐观和积极的观点强调在理解人类为什么传播、如何传播等问题时应该有自由的选择。与更科学的香农—韦弗模式（涵盖了信源、信息、接收者、发送者、渠道、信号，以及可能干扰传播过程的噪音等元素）结合在一起，马斯洛的理论可以让我们进一步理解为什么在大众传媒的核心，我们都是复杂、多层次信息交流的参与者。

卡尔·罗杰斯，20 世纪中期另一位有影响的美国心理学家，同样为我们进一步理解大众传媒作为人类传播的媒介如何运作做出了贡献。罗杰斯被认为是现代心理疗法的创始人之一。他对社会矛盾根源的研究对帮助我们理解大众传媒对文化和社会的影响做出了很大贡献。根据罗杰斯的观点，当人们试图传播并强迫他人接受自己的世界观和信念时就会产生问题。罗杰斯通过在南非和北爱尔兰调查大众传媒对群体间冲突的影响验证了这一理论。这方面的研究为他赢得了诺贝尔奖提名的荣誉。

罗杰斯在研究人类传播活动复杂性之后，最终得出这样的结论：完全理解人们正在传播的意义是不可能的，所以我们应该只接受所传递的表面意义。鉴于我们解码信息的能力有限，罗杰斯建议人们要努力成为有经验的、有能力的大众传媒消费者——听众、观众、读者等等。他提出，批判性地收听、观看能够阻止未经过滤的内容流向消费者，并有助于防止可能改变对内容理解的

① 被称为“马斯洛金字塔”。——译者注

不成熟的判断和评价。20 世纪 70 年代，罗杰斯将这些理论运用于北爱尔兰和中东等地区群体间冲突调解的工作，取得了良好的效果，虽然所涉及的只是很小的群体。尽管有这方面的成功，许多人文主义运动之外的专家还是对罗杰斯研究和成果的有效性提出了质疑。罗杰斯的理论对于研究大众传播是否有宝贵的借鉴意义是一个值得思考的有趣的问题。

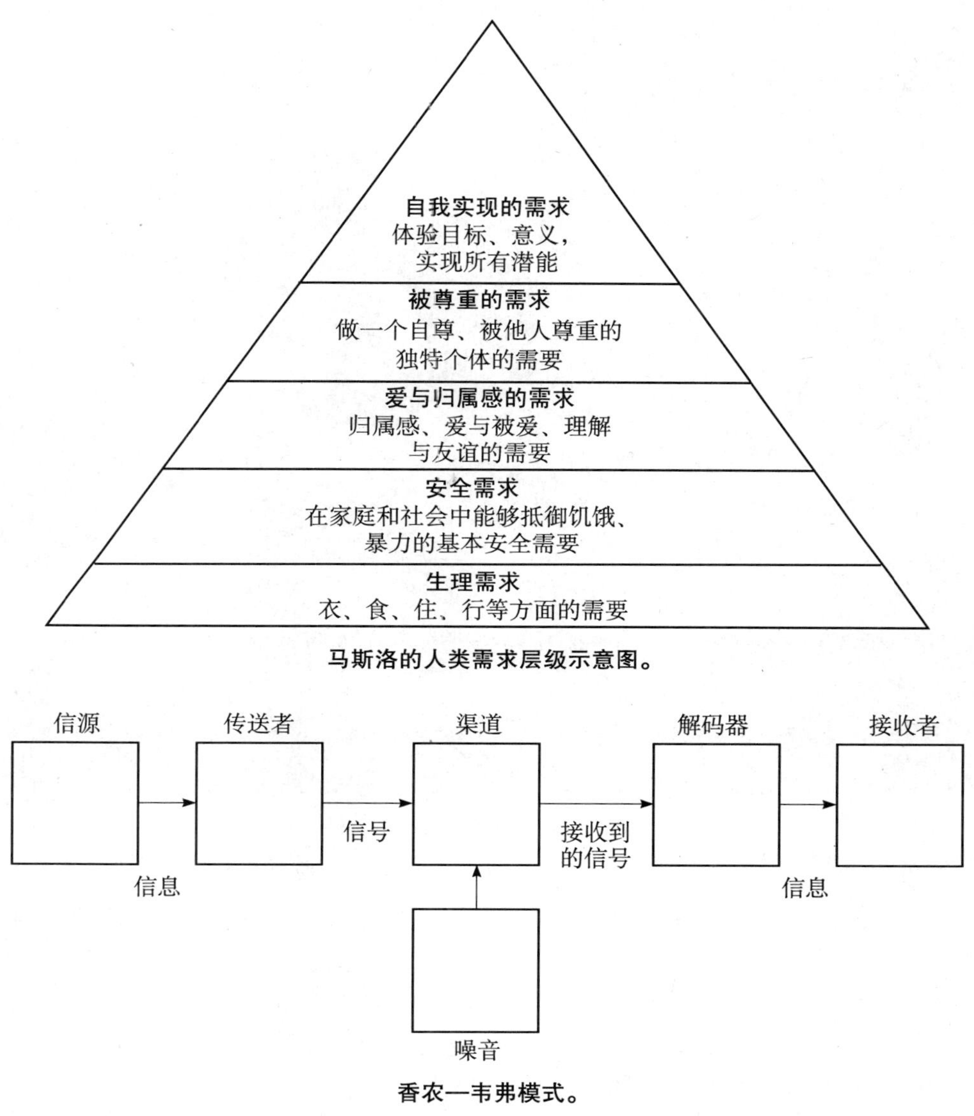

马斯洛的人类需求层级示意图。

香农—韦弗模式。

连接媒介与信息

传播学领域大多数人认为，大众传媒理论之父是加拿大哲学家、教育家和媒介批评家马歇尔·麦克卢汉（Marshall McLuhan）。他是研究大众传媒对社会影响的一位真正杰出的理论家。麦克卢汉关于现代大众传媒以及“媒介与信息”之间关系的分析对我们认识和理解大众传媒的角色产生了深远影响，对塑造整个 20 世纪以及 21 世纪初始阶段的社会发挥了关键作用。麦克卢汉的著述《理解媒介：人的延伸》重点阐述了一切个人与社会传播都离不开媒介的理论，指出信息即在媒介内传播。从印刷到电话、收音机、电视和互联网，新技术带来了人类传播媒介的变化，与此 16
同时，人们与他人联系方式的本质也发生了变化。根据麦克卢汉的观点，人类传播活动所依赖的技

《马歇尔·麦克卢汉：探索》截图。

在 1960 年的一次电视访谈中，大众传媒理论家马歇尔·麦克卢汉预言了大众传播未来的发展方向。

术手段与大众传播运转中的动力不可分割，与被交流的信息的内容也不可分割。这一理论观点的含义是非常明确的。例如，我们不可能把一个电视新闻报道的效果与这一报道赖以传递到我们的媒介分割开来。一则关于恐怖爆炸的新闻的影响力也与此事的实时视频分不开，因为它给我们一种几乎是在事件发生现场的体验。麦克卢汉在 20 世纪 60 年代早期提出了关于传播和大众传播技术未来发展方向的预言。有关内容我们可以在《马歇尔·麦克卢汉：探索》这一视频资料中看到。这一关于麦克卢汉的研究和观念的电视节目于 1960 年 5 月 5 日首次播出。

文化与大众传媒：分享我们知道的东西

所有大众传媒的运作都离不开一定的社会、文化背景。为了帮助我们理解文化背景下的大众传媒，我们把文化定义为可以把一个社会群体与其他区分开来的行为、性格、风俗、语言、文物、符号等综合的、充满动力的系统。文化还包括群体成员间相互交流的独特过程、方式、风格和所使用的媒介。[3]一个社会群体一般由两个及以上彼此互动的人组成。社会群体并非最近才有的概念——甚至最早的人类就组成了社会群体并在其中生活。人类传播在社会互动中发展，从最小的家庭单位开始慢慢扩展到大的族群单位。传播系统和过程随着社会互动进程在每种社会群体之中以及社会群体之间或一个及以上更大的单位之内或之间同时发展。

我们依靠文化把一个社会群体与另一个社会群体区分开来。文化给予一个群体中的成员社会归属感和认同感，并确立群体中个体之间有效交往的规则。在某种程度上，文化由群体成员的交流方式和媒介组成。我们生活在社会统一体中，社会规模的膨胀和复杂性要求我们与不断扩大的群体间交流的方式要越来越具有动力，而这种交流方式同时要使小的群体弄清自己是谁，属于哪里。这就是大众传媒手段之所在：我们贯穿本书所讨论的大众传媒不同的方面和形式，总的来说，是文化传播的最主要的方式——在社会之中、在不同的社会之间、从一代人到另一代人。

我们贯穿本书所讨论的大众传媒不同的方面和形式，总的来说，是文化传播的最主要的方式——在社会之中、在不同的社会之间、从一代人到另一代人。

跨文化传播的挑战

美国人类学家克莱德·克拉克霍恩（Clyde Kluckhohn，1905—1960）归纳了160多个关于“文化”的定义。这些定义中有的把文化看做可以传播的知识，有的把文化解释为一个社会集体历史的全部。所有关于文化的定义都把传播的能力，或是传播的某个要素，例如一个社会的知识、历史、风尚
17 和符号等，与传播本身的方式方法一起作为核心。文化吸纳了一个社会全部习得并共享的元素，在社会成员之间传播，并世代相传。它包含思想和行为两个方面，而这些思想和行为源于社会群体但同时受到群体内权威（例如父母、领导、官员、政府、法庭等）的强化、控制和调整。文化以及文化传播的方式是不同社会间互动和交流的主要桥梁——当然，有时候也会成为障碍。来自不同文化的群体之间差异越大，他们之间的交流就越重要、越具有挑战性。[4]

虽然美国的电影、电视内容产量并非全球第一，但在国际上，它的媒体内容无疑最受追捧。因此，美国控制了世界电影电视业。这一点，我们会在本书第4、第9章探讨。美国文化的渗透力被一些遵循严格、传统的社会和文化规则的国家视为威胁。一些国家，比如法国，一致努力限制美国电影电视的引进，以此减少美国文化的威胁。法国的文化保守主义者认为这是保护法国语言、风俗传统和社会的唯一办法。幸运的是，由于大众传播技术的进步，人为设置这样的障碍正在成为徒劳。纵然世界上的许多国家——例如美国、中国和俄罗斯——如此不同，以至于人们倾向于把自己归属于多种有时相互冲突的社会群体，但大众传媒的快速发展和全球化正在强行推进一场史无前例的文化融合。

媒体对宗教和信仰的影响

文化，如同人一样，在信息传播的进程中发生变化，世界观会向更广范围传播，文化会演变，个人会经历成长。但如果获得信息的通道被阻断，这一切都会被极大地牵制。信息阻断在独裁体制里司空见惯，从古至今，历来如此。但是，它们最强大的对手就是大众传媒。作为以分享信息为主要角色的产业，大众传媒是影响人们政治、社会、文化和宗教观点的主要媒介之一。有时，大众传媒甚至能够挑动变革。本书第14章将深入讨论全球化背景下大众传媒的深远影响。为阐释大众传媒如何能够鼓励或是掣肘跨文化传播，我们这里先来看一看目前美国与中东的冲突。

极度的文化差异并没有阻止这位美国空军牧师在阿富汗巴格拉姆空军基地帮助向当地妇女儿童分发人道主义援助物品（2009）。

不了解占统治地位的宗教信仰对人的观念和大众传媒内容消费有什么样的影响，就无法完全
18 理解大众传媒对文化和社会影响的力量。例如，虽然美国人大多数信仰基督教（占美国人口的75%），但是这一大多数群体依然支持美国宪法所保护的政教分离。因此，公然的宗教议程在美国主流媒体很少见。[5]但是，政教分离（宗教与政治或民事分离）并非被所有的政府、文化和宗教领袖所支持。例如，在中东，许多国家占统治地位的是伊斯兰文化——一种不支持政教分离的文化。这种冲突的世界观弥漫着今天的传媒，西方媒体在报道伊拉克的自杀式爆炸，而半岛电视台则在播出美国造成伊拉克平民死亡的画面。这种报道的结果就是，伊斯兰教徒往往被错误地指责为暴力的极端主义者、恐怖主义者，而美国人则被指责为自私、物质主义、不道德。而且，这些错误的印象会因为受众能够接触实事求是、客观报道跨文化事物的媒体通路有限或缺乏而加剧。

在美国，政治、宗教和社会体系一端的强烈拥护者会简单地选择忽略那些向受众传递相反观点的媒体。这种反应（或反应的缺失）对有效的跨文化交流的阻碍作用不亚于国家对信息和媒体通路的控制。不幸的是，负责任的大众传媒对共同文化的表达也并非总是有共同的立场。历史上，宗教信仰、世界观相同的群体间发生暴力冲突的例子不胜枚举。例如，让我们看一看历史上北爱尔兰天主教和新教之间的冲突。卡尔·罗杰斯曾在北爱尔兰进行冲突调解工作。他发现，一旦冲突双方的年轻成年人被聚在一起讨论媒体提出的造成他们冲突的根源这一问题，他们就能够产生共鸣，吸纳彼此的故事，形成比较客观的观点。有了这种经历，他们回去之后重新成为暴力冲突中的格斗者的可能性

就少了。[6]

我们研究大众传媒对文化和宗教的影响的时候，会审视另一个过程，那就是文化审美。简单来说，文化审美与某一文化语境中公认的“好品位”相关。文化审美决定了一个文化中人们的衣着风尚、独特的艺术和工艺；文化审美也指导一个群体传播有关其社会结构、价值观和世界观等重要信息的方式方法。以美国的阿米什人①为例，他们主要过着一种以农耕为主的生活，限制使用、接近现代技术，如电、电话、电视和收音机等。最传统的阿米什人现在依旧靠马车出行，不买也不驾乘汽车。许多人可能会惊叹这样一种文化在当今的数字时代如何能够生存——但是，在宾夕法尼亚州的兰开斯特县，阿米什人现在的人口数
量已经是 1960 年的三倍。这一事实表明，这种文 19
化不仅已经生存下来，而且进入 21 世纪之后依旧发展兴旺。[7]

虽然有批评认为美国媒体具有负面影响，但世界上许多国家的媒体都在仿效美国媒体的风格与节目。

阿米什人是一个离群索居的群体，严格按照《圣经》的教义生活。虽然他们欢迎访客，但认为照相或录影违反《圣经》中禁止制作任何偶像的教诲。[8]对美国、欧洲、日本的大多数人来说，首次知道阿米什人是通过奥斯卡获奖电影《目击者》（1985）。这部电影讲述了一个阿米什男孩目击了一宗谋杀案之后发生的故事。[9]今天，这些门诺派群体继续按照《圣经》的教义生活。他们相信，只要远离美国主流文化，他们的社区就定会巩固和延续。他们越想躲避媒体，公众对他们文化和生活方式的兴趣就越大。

随着大众传媒技术方面的发展，利用传媒平台进行价值观和世界观的交流也变得越来越容易。不断增进的文化交流成为我们向麦克卢汉提出的地球村迈进的一个重要因素。

① 门诺会的一个宗派。——译者注

全球机会；全球威胁

> 无论文化还是政治身份，信息是当代世界的首要通货和主要产品。

无论文化还是政治身份，信息是当代世界的首要通货和主要产品。现在，基于数字技术的电视和广播已经可以覆盖世界，互联网和数字出版技术也已普及，这一切构成了数字时代的信息传播系统。但是，与以往传播技术不同的是，今天的数字传播网络要么处于被不适当地规范之中，要么就是根本没有规范。虽然更新、推行信息和大众传播系统“道路规则”的努力一直在持续，但是，搭建今天世界数字高速公路的电子媒介的创新和发展速度是如此之快，以至于很难去做什么规范或是强力推行什么。（见第 11 章）

甚至是一些国际公司阻止黑客行为、减少计算机病毒损害的努力也收效不大。如果黑客的知识和毅力与国际恐怖组织的威胁结合起来，那么其结果就是对世界秩序、安全、经济发展的新生的威胁。而这种威胁在数字时代之前是闻所未闻的。许多国家正在努力完善法律系统以此创造与
数字时代相适应的法律环境。现在，国际组织正 20
在制定前所未有的公约、组建新的机构来规范和稳定世界信息的高速公路系统。

美国的阿米什人只是众多承受住世界巨变过渡到数字时代的文化群体之一。

进入 21 世纪，“基地”等极端主义组织开始使用互联网招募成员并组织恐怖袭击。甚至有的国家也诉诸网络间谍和网络攻击等手段以巩固自身在全球的经济和政治地位。当然，互联网也为犯罪提供了全新的空间，从消费欺诈和身份盗用团伙到贩卖毒品、偷盗艺术品，乃至贩卖武器甚至人口。

今天，在大众传媒技术进步和全球化趋势的推动下——当然也有人说是在这两者的胁迫下——正在形成一种文化融合的氛围，表现就是文化背景的边界被打破。麦克卢汉等传播学理论家以及他们的主要追随者，如保罗·莱文森（Paul Levinson）等，把这种技术驱动的文化融合视为人类进化进程中一

个不可避免、非常必要的一步。雷·库兹韦尔（Ray Kurzweil）是人工智能领域颇有建树的一位研究者和发明者。他认为，技术是文化融合背后的真正推动者，而人类现在才刚刚开始体验技术带来的深远影响。[10]同时，理查德· 索尔 ·沃曼等其他人则强调，超负荷信息和传播已经成为文化融合的必然结果，因此，人们掌握应对这一局面的技能非常重要。如果解释一下麦克卢汉著名的话，就是大众传媒正在帮助世界向高度互相联系的地球村迈进，而这个方向不可逃避。

从我村到地球村

麦克卢汉在《理解媒介：人的延伸》一书中写道："技术的影响并非发生在意见或概念层面，而是慢慢改变感觉的比例（感觉的平衡）和知觉的模式，而我们对这一切的发生毫无抗拒。"[11]

麦克卢汉的理论告诉我们，大众传媒最重要的影响源于它们如何影响我们最基本的知觉和思想过程。技术驱动的大众传播，更具体地说，全球性的电视、广播和互联网对我们如何认知事物和思想具有深远影响。麦克卢汉认为，大众传媒，特别是电视和互联网的发展和扩张，已经并将继续削弱个人的文化和国家认同，成为全球文化融合的最重要的单一驱动力。就是麦克卢汉最早把这种全球文化融合称为"地球村"。

一些传播学研究者误解了麦克卢汉的理论，认为他暗示了大众传播的"内容"并不重要。其实正好相反，麦克卢汉的观点是，当我们考虑大众传媒的内容及其借以传播的媒介（渠道）时，从传播效果角度出发，两者是互不可分的。在麦克卢汉的理论发表了50多年后，现在研究者大部分接受了他的理论。麦克卢汉提出，电子媒介对社会、文化产生的影响和暗示与正在发生的文化融合和世界观全球化之间存在着关联，这一理论已得到大多数研究支持。麦克卢汉所想象的地球村是否能够最终形成，只有时间能告诉我们答案。

21 接近性与媒介空间

根据麦克卢汉及其追随者的理论，人类的成功、进化乃至生存主要依赖大众传播即刻转变社会的能力。这样的变革自然会导致我们观察和参与世界的方式的改变。同时，媒介技术赋予参与者的力量与机会对他们作为地球村的公民提出更多的要求。因为信息与交流正在以光速传播，从理论上说，世界上所有事件与信息都是同时发生的。如果拥有足够的技术能力，所有信息与交流都可以同步传达到世界上的每一个人。显然，这一同步发生和获得理论面临着重要的逻辑、经济甚至阶级问题，而这些问题可能永远无法全部解决。不过，库兹韦尔等人则认为，大众觉醒很可能会在21世纪后期的某个时间成为现实。[12]

如果拥有足够的技术能力，所有信息与交流都可以同步传达到世界上的每一个人。

有意思的是，当麦克卢汉就电子传播对人类和社会的影响进行理论研究时，反复提到他的接近性概念，即通过数字媒介把距离最小化。通过反复提及"接近性"这一概念，他暗示了所有大众传媒都是以某种电子形式进行传播的，甚至出版业也数字化了，比如《今日美国》、《国际先驱论坛报》等印刷媒体已经开发了网络平台。麦克卢汉说：

> 没有时间和空间能把事件隔离开。每天，大量信息和影像互相挤撞。这一过程产生的共振如同一个乡村酒馆或是人们聚在一起八卦闲谈发出的乱哄哄的声音。没有距离让人联想到这如同一个村庄……[13]

我们今天所处的媒介空间是一个多维的电子环境，其中心同时散布于各处，边界根本就不存在。它不能按照我们惯常对空间和环境的理解那样进行再次划分；相反，媒介空间"既是被压缩和不可分的，同时也是延伸的”[14]。这种趋势对于个人隐私意味着什么呢？这种接近性以及推动它的技术创新会增进跨文化理解和包容，还是会因为我们急于重新界定和设立个人和社会的边界而减少跨文化理解和包容？以上只是今天大众传播学者要面对的复杂问题中的几个。

媒体霸权

媒体霸权理论家们在20世纪晚期和21世纪初期提出了关于大众传媒的另一种观点。媒体霸权指某一特殊群体对媒体的控制。学者认为，大众传媒会导致个人把占控制地位的社会、文化、公共政策形象当做惯例或是正确合法的接受下来，因为它们的控制权使它们具备这样的优势。研究媒体霸权的学者认为，新闻和其他大众传媒传播的内容本质上拥护被资本家和跨国公司利益控制的“媒体阶层”。这一观点反映了对经济全球化正在加剧的抗议。这种抗议在世界贸易组织等一些国际组织的会议期间已经付诸实施。

虽然媒体霸权观点的支持者把它描述为国际上
22 的普遍现象，但他们的理论并没有研究依据。事实上，如果互联网的聚光灯没有投射在他们身上，反全球化组织的声音今天在国际政策舞台上也就不会有什么影响。我们承认互联网在全球的渗透扩张是人类历史上最伟大的技术进步，但同时也必须承认，互联网也给世界经济稳定和安全带来了许多新的挑战。然而，我们现在随时有机会进行各种方式的交流，随时有机会获得技术创新给我们带来的媒体内容。这些机会成为我们这个时代的均衡器。从许多方面来说，每个人在互联网上都是相似的，无论你来自什么国籍、种族、社会经济阶层或是地域，能把我们区分开的只是上网速度（带宽）、处理速度，以及交流技巧和网络使用技能。

> 我们承认互联网在全球的渗透扩张是人类历史上最伟大的技术进步，但同时也必须承认，互联网也给世界经济稳定和安全带来了许多新的挑战。

例如，无论是在美国境内还是境外，不计其数的人能够接收到广播电视信号，他们能够理解那些图像，读懂那些语言。他们都是广播电视媒体的消费者。所有能够上网的人几乎都是以平等的地位进入一个巨大的全球大众传媒的运动场的。上网看一看那些数量正在增长的独立视频网站——YouTube只是其中的一个。这些网站规模巨大，传播辐射广泛，内容多种多样。也可以打开短波收音机，听听那些独立的广播电台，或者也可以把电视机调到那些公众可以看到的社区频道。你可以很快发现，技术的发展也正在使广播媒介的发展得到均衡。

聚合：理解数字时代的大众传媒

数字时代大众传媒的另一个不同的趋势就是融合——传播信息和媒体内容的机制的融合。推动这种融合的是技术的迅速发展。技术的发展也提高了这个网络世界里人们获得信息的速度和能力。《大众传媒革命》始终强调聚合是大众传媒在这个时代的主要趋势，本书也承认，适宜技术问题是理解大众传媒的一个关键要素。换言之，仅仅因为技术革新使得个人、社区和社会能够借助大众传媒进行越来越复杂的系统交流，并不能自动证明这些系统是某种形式传播的最好平台。无论我们的世界变得如何“有线”，人们依旧渴望并寻求人与人之间的接触以分享信念与思想。人类生活的这一方面意味着我们很难摆脱这种基本需求。不过，会变化的是我们将会面临多种选择来决定在哪里、如何与他人联系。我们都是大众信息和交流这个充满动力世界的参与者，我们的生活和我们的未来在很大程度上与之相连。

或许解释大众传播融合的最好案例就是2010年苹果iPad的问世。这是一款基于网络技术、移动的
多媒体平板电脑。这一新技术代表了物理融合的最 23
高境界，同时也是大众传媒下一阶段发展方向的例证——内容与商业的融合。媒介融合正在给消费者带来未曾想过的机会和选择，同时，也给媒体内容

制作者和提供者带来挑战。这一运动正在迫使人们重新构建商业模式，甚至在某些情况下威胁一些传统形式媒体的生存，如报纸、广播电视网络和主要唱片公司、作家和出版商，以及新闻机构的记者和编辑。

新技术发展带来了信息传播速度的提高，这既带来巨大的力量也带来了巨大的挑战。

新技术发展带来了信息传播速度的提高，这既带来巨大的力量也带来了巨大的挑战。在大多数情况下，技术使我们的传播变得直接而迫切，几乎不给我们留下判断信息相关性、可靠性和真实性的时间。面对模糊的信息和试图获得吸引我们注意的声音，我们要应对的挑战是，从噪音——那些让我们注意并做出反应的杂音——中挑选出重要的、有价值的东西。

应对信息轰炸

我们每天被信息轰炸。这些信息来自大众传媒，来自电子交流工具（电话、手机、电传、电子邮件），来自印刷媒体（报纸、杂志、书籍），来自塞满了邮箱的“蜗牛邮件”，来自上司、同事、邻居、朋友和家人的口头交流。这些信息不分时间和方式滚滚而来，在我们眼前、耳边晃来晃去，因此选择和使用这些信息就成了我们每天要应对的挑战。对于大多数人来说，技术创新正在使他们可以主动、明明白白地参与这一过程。但同样的技术也让我们每天陷入政治广告、脱口秀明星和电台访谈评论以及政治游说信件和电邮的洪流中。如何从这一大堆聚集在一起的政治包装的套话虚词中提取可用、有效的信息，即使是对头脑最清楚的人来说也是一种能力的考验。

幸运的是，我们大多数人天生有这样一种能力：“关掉”或对那些并不直接相关或是我们无法处理的信息刺激视而不见。换言之，作为有效的大众传媒消费者，我们学会了过滤信息和媒体内容以此避免来自媒体的超负荷信息。如果没有能力迅速甄别直接相关信息并淘汰无关噪音，那么诸如开车这样的日常行为可能都无法安全完成。最近有人研究了信息和交流技术应用到汽车之后对司机注意力的危险影响。这些技术应用包括智能手机、GPS导航系统、掌上电脑、立体声收音机和CD播放机、车载DVD，甚至是车载迷你微波炉。这一研究表明，我们可以随时自动限制进入的刺激信号。

伊利诺伊大学的丹尼尔·西蒙斯（Daniel Simmons）做了一项今天看来很经典的研究：一群实验对象被要求一边观看一场令人兴奋的篮球比赛录像，一边数传球的次数。在录像当中，根据研究者安排，一个穿着大猩猩外套的女人挥手出现在画面中央。几乎一半的实验对象称自己根本没有注意到录像中的大猩猩，即使它确确实实地出
现在了他们的视线中。对于这群人，大猩猩的出 24
现是他们所未曾想到的，脱离了他们的语境，与他们要处理的信息、与他们要完成的任务无关，因此，他们对大猩猩的出现“视”而不见。类似的现象也发生在这样的场景中：一个人在自己每天必经的路上一边驾车一边接听手机，撞上了“不知从哪里冒出来”的行人或骑车的人。这位穿越马路的不幸的行人肯定是在人行横道上的，但她的出现出乎开车者的意料，而且在那一刹那，与开车者要处理的其他信息刺激相比，她的出现被开车者下意识地判断为不相关的信息。这位行人失去了生命，因为她的图像被归类为周围的“噪音”。司机则恐惧地哭叫着，说他“根本没有看到她”。他确实没有“看到”：因为这位行人是他大脑已经习惯了关闭掉的噪音的一部分。[15]

大众传媒的技术进步让我们在21世纪早期发现了自己，也带来了人类的进化：人们具备了同时有效处理与日俱增的大量信息的能力。不用想太远，想想10年以前就可以说明问题，试着回忆一下那时候你每天需要应对的信息量，还有那时传递信息的媒介以及你当时使用的传播工具是什么样子。然后再想象一下，2020年或2030年的时候你们能够做什么，或是不得不去做什么。技术决定论认为，随着技术的发展和进步，社会和文化的结构与价值观也必然发展变化，整个人类也是如此——自从有了人类历史，我们就一直展现出令人无法想象的学习和适应能力。

大众传媒的技术进步让我们在21世纪早期发现了自己，也带来了人类的进化：人们具备了同时有效处理与日俱增的大量信息的能力。

媒介使用机会与媒介超负荷

大多数关于信息超负荷和信息焦虑的讨论都源自理查德·索尔·沃曼的著述。沃曼是平面造型设计师、建筑师、教授，曾获得国家艺术基金的奖金以及古根海姆奖和钱德勒奖。他写的书引人入胜、非常有趣。沃曼关于信息焦虑和信息过滤的观点，见解深刻，值得所有与交流和传播有关的人一读。沃曼写道：

> 《纽约时报》工作日版每天包含的信息比17世纪英国人平均一生获得的信息可能还要多。过去30年中制造的新的信息要比之前5 000年的信息总量还要多。目前，世界上平均每天出版大约1 000本图书；每八年，通过印刷媒介传播的知识就要翻倍。[16]①

信息量激增，大众传播渠道越来越多，每天面对的媒体内容目不暇接，这些遮蔽了有意义的信息与无用信息之间的界限，让我们难以从所获得的信息中甄别出有用的知识。例如，我们正生活在一个历史上影像最为丰富的时代，但人类有效接收、处理和传播影像的能力却有限，尽管这种能力还在发展。这些约束就会限制我们对世界的观察，因此曲解就不可避免。不是我们面前的所有东西我们都能够察觉，对什么东西产生注意，我们会有一种自动选择性。需要我们关注的影像数量越大，我们越会被迫进行选择，因此我们的世界观也就越发被歪曲。大众传媒传递了丰富的影像，也促使一些形式的媒介偏见的产生。我们将在后面探讨这一问题。这个现象还有另外一个 25
角度：我们的选项越多，我们越有可能产生某种形式的信息焦虑。沃曼提倡用以下方法应对信息焦虑：承认你自己永远不会把所有的事情弄明白，因为你得到的信息太多太多。然后发展一种个人媒介内容处理"理论"，作为自己的"智能盔甲"，只允许某些信息进入，而其他无足轻重的信息可以屏蔽掉，碰都不要去碰，更不要为之去分心。

> 沃曼提倡用以下方法应对信息焦虑：承认你自己永远不会把所有的事情弄明白，因为你得到的信息太多太多。然后发展一种个人媒介内容处理"理论"，作为自己的"智能盔甲"，只允许某些信息进入，而其他无足轻重的信息可以屏蔽掉，碰都不要去碰，更不要为之去分心。

今天的内容制造者，包括新闻工作者，有责任制作、传递有益于培养使用者有效处理有用信息的能力。思想是我们理解事实的积木，但是，如果太多事实以一种失衡的、不合时宜的方式传递到我们面前，也会影响我们的理解。有效的媒介消费者有能力识别既相关又有用的信息，因此可以矗立于信息噪音洪流的潮头。如果信息和媒介能够通过清楚的影像和信息吸引并定格接收者的注意力，那么就会自动形成一种亲和路径，把消费者引向某一信息或内容。

受众趋向：消费者想要什么

随着大众传媒技术的发展，受众希望获得更多的信息和知识；理解这一受众趋向对我们研究大众传媒很重要。受众的这种需求推动了创新，带动了技术、内容、受众三者之间不断扩大、互相依赖的联合体的发展。广告商（他们的经济支持是大众传媒生产和传播的基础）与内容提供者（广播电视和有线电视公司、出版商、互联网内容提供者、互联网服务提供者）都要竭力吸引并留住受众，毕竟，如果没有受众，传媒业就会破产。换言之，在大众传媒的大多领域，受众为王。

正如我们将在第9章探讨的那样，整个传媒业在继续发展并重新构建运营、营销和商业模式，以此应对受众现在以及未来的需求。我们可以想一想消费者对电视真人秀节目的需求（还有这些节目的

① 出处似有误。——译者注

成功）。例如，轻松的《美国家庭搞笑录像》（1989）邀请观众提供他们家庭生活中滑稽欢闹的录像，堪称《蝇王》续集的野外真人秀《幸存者》（2000），以及激动人心的环球冒险题材的《极速前进》（2001）。显然，电视节目的这种趋势在过去的 20 年中变得非常受欢迎，而且使家庭题材的真人秀节目泛滥，在过去 10 年中出现了大量的类似节目。媒体机构不惜花大钱希望准确调查受众的需求，以迅速调整内容和传播方式。这样他们不仅可以因为迎合了受众的需求而获得经济利益，而且能够成为下一轮新潮流的领跑者。

提到预测受众最终对新闻有怎样的需求，在这方面，富有创新精神的媒介研究者弗兰克·马吉德（Frank N. Magid，1932—2010）有成功的经验。在 20 世纪 70 年代，马吉德进行了受众研究，之后创新了电视新闻节目制作的新模式。过去，无论是全国性电视台还是地方电视台的新闻节目，主播只有一个人——通常是一个中年白人男子坐在那里念桌子上的一堆文稿，而他的背后是静止的背景。马吉德说服了电视台，让它们建立了多名主持人播出的模式，而且这些主持人多数是来自不同种族的妇女。这样，过去电视新闻的播出场景得以改变。为了让电视节目更人性化，这些主持人要相互交流，对正在播出的新闻发表评论。

马吉德还鼓励在新闻节目中增加软新闻、有人情味儿的新闻，添加有意思的图解，并加快报道的节奏。新闻节目主持人被要求不能念桌子上的稿子，而是使用台词提示器，用一种更自然、交谈的方式讲述新闻，以更多地吸引观众注意。那些采纳了马吉德建议的电视台很快在收视率调查中跃升至前面，由此给它们的新闻节目带来了更多的广告收益。之前，新闻节目传统上被认为是
一种公共服务而不是具有敏感市场嗅觉的赚钱机器。 *26*
马吉德还为这种与受众共鸣的新闻节目模式取名，称之为动新闻或目击新闻——这些名词在许多电视台的新闻节目里今天依旧能够看到、听到。[17]

为什么受众总被研究？

因为受众决定内容的生产、包装、营销和大众传媒的计划安排，所以他们经常被研究和调查。为媒体内容制作者和广告商工作的研究者使用复杂的方法研究受众统计数据，包括他们的年龄、性别、种族、受教育水平、所处地域、心理，以及态度观念、社会和文化价值观、喜好和生活方式等。研究这些数据是为了确定他们的受众都是什么人、受众想要什么，而且受众分析可以帮助内容提供者找准

弗兰克·马吉德说服电视台，让它们建立了多名主持人播出新闻的模式。主持人之间要通过交流和评论吸引观众。这一做法改变了电视新闻的面貌。

并吸引新的观众、听众、读者和网站使用者。随着受众调查越来越复杂、越来越精确，媒体内容制作者，特别是广告商，已经可以成功地瞄准自己的受众并为他们量身定制内容——这被称为窄播（这一点将在第 8 章有关广告、公关等内容中，以及第 10 章有关媒体偏见和政治媒体等内容中具体讨论）。今天，诸如 AC 尼尔森和阿比创等媒体调查机构控制了受众调查产业，它们的工作对媒体内容，特别
27 是电视和广播内容的生产有巨大影响。你可以通过观看《收视率如何起作用》这一视频资料了解这些公司的受众反馈系统如何运作。

广告商需要瞄准他们感兴趣的受众群体，而且这些群体通常要在他们的服务区域之内。出于这种目的，美国受众的地理分布被划分为 250 个地理区域，称为“有重要影响地区”（ADIs）。许多城市地区被认为是跨界的有重要影响地区，特别是对电视和广播市场来说更是如此。例如，华盛顿特区与巴尔的摩一带就是一个跨界的有重要影响地区，因为那里的电台、电视台和报纸都为两个城市的受众同时服务。电视服务和互联网的迅速发展改变了媒体和广告商接近受众的方式，对判断和到达目标受众群体这一过程形成了挑战，同时也带来了机会。20 世纪末 21 世纪初，媒介形式和渠道的增加使得媒体和广告商能够更容易地把他们要传播的内容送达目标受众，特别是儿童、少数族群和老年人等特殊受众。

《收视率如何起作用》截图。

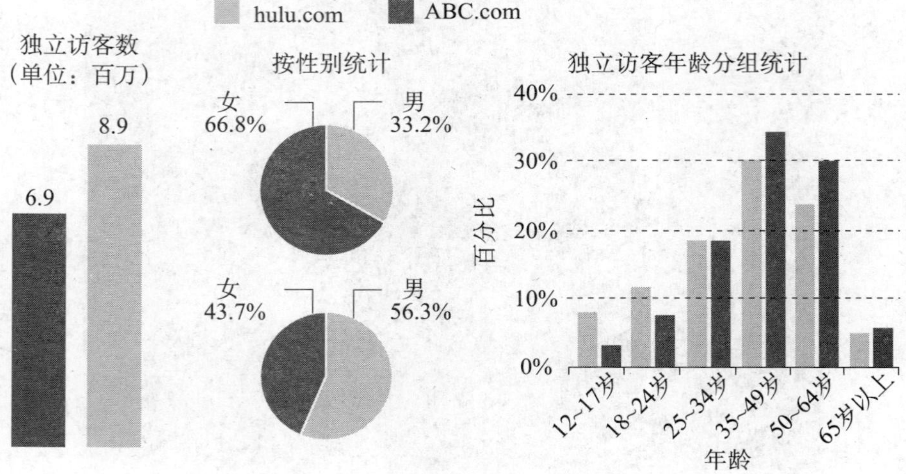

AC 尼尔森制作的 Hulu. com 和 ABC. com 受众统计数据对比图。

除了 ABC. com，迪士尼还向 Hulu. com 提供节目，这使其能够达到新的受众群。以上是 3 月份的观众统计。

电视媒体时代早期，《独行侠》、《超人》等剧集的广告商知道它们的观众一部分是儿童，因此，广告内容通常是儿童玩具和游戏。然而，那时广告商很难确定观众中儿童到底占多大比例，经常看这些
28 剧集的观众到底是哪个年龄段的。不过，相比较而言，今天，那些售卖6～12岁儿童玩具和游戏的广告商就可以购买专门适合这一年龄群电视节目的广告时段，比如尼克频道和迪士尼频道。有了数据支持，他们可以确定目标受众的特征。同样，一个产品主打退休群体的广告商可以购买旅游频道适合50岁及以上群体的节目的广告时段，这样，广告就可以精确到达属于他们的目标受众群体。当然，对于这种细分受众的努力，也会有一种反作用力——那就是正在不断推进的大众传播全球化，特别是通过互联网。

结论：用批判的视角理解新的大众传媒

本章概括介绍了一些有助于增进对大众传媒动力和影响的理解的理论方法和研究。不同理论之间的争论还在持续，因为研究者还没有就大众传播的过程和效果达成一个被广泛支持、统一的理论。随着大众传播技术的不断发展和变化，这样一种统一的理论必定依旧是一个移动的靶子。贯穿本书，我们将探讨那些共同把大众传媒打造为人类发展背后最重要推动力的故事、人和技术进步，我们还将探讨大众传媒如何影响我们所有人的生活。在互联网视频资源的支持下，本书的目标就是帮助你们更好地理解你们所处的大众传媒世界的历史和运作。这将帮助你们成为更有效、更有批判眼光的大众传媒消费者和参与者。

29 ## 思考题

1. 请解释是什么使你成为数字土著或数字移民。在你每天与大众传媒的互动中，什么影响了你关于数字世界的观点和看法？请举出三个最重要的方面。

2. 媒体中好的故事叙述如何影响了你对消费内容的选择？这样的故事叙述如何影响了你的观点和信念？

3. 从目前或最近的新闻中举一个媒介框架的例子。为了获得媒介信息的核心内容，你采用了什么样的过滤标准？

4. 解释一下受众调查的发展如何帮助判断甚至推动了消费者对某一类型媒体内容的消费需求。在哪些方面受众研究可以支持受众趋向？

【注释】

[1] Wurman, R. S. (2001). *Information anxiety 2*. Que Publications.

[2] Fang, I. (1997). *A history of mass communications*. Focal Press.

[3] Author's composite definition of culture used in his lectures.

[4] Kluckhohn, C. (1959). Review: "Man's way: A preface to *The Understanding of Human Society*," by Walter Goldschmidt *American Anthropologist*, 61, 1098-1099.

[5] https://www.cia.gov/library/publications/the-world-factbook/geos/us.html.

[6] 源自作者对卡尔·罗杰斯博士的录像访谈。此访谈是他1978—1980年“探索人类媒介”研究项目的一部分。

[7] The Amish & the Plain People. http：//www. 800padutch. com/amish. shtml.

[8] Ibid.

[9] *Amish Country News*，http：//www. amishnews. com/ amisharticles/amishinmedia. htm.

[10] Kurzweil，R. （2000）. *The age of spiritual machines*. Penguin.

[11] McLuhan，M. （2003）. *Understanding media*：*The extensions of man*. Gingko Press.

[12] Kurzweil，R. （2000）. *The age of spiritual machines*. Penguin.

[13] Beneditti，P.，and DeHart，N. （1997），*Forward through the rearview mirror*：*Reflections on and by Marshall McLuhan*. MIT Press.

[14] Ibid.

[15] Simons，D. J.，and Chabris，C. F. （1999）. Gorillas in our midst：Sustained inattentional blindness for dynamic events. *Perception*，28，1959 - 2074.

[16] Wurman，R. （2001）. *Information anxiety 2*. Que Publications.

[17] Sullivan，P.，and Magid，F. N. （2010，February 8）. Creator of "Action News" format and chatty co-anchor "happy talk." *Washington Post*.

Tour opens
Kidnap
Smoking

学习目标

1. 探讨大众传媒的历史根源和大众传媒网络。

2. 认识故事与故事讲述在大众传媒中的重要作用。

3. 认识印刷媒介对社会和文化的影响。

4. 学习视觉影像与印刷媒体的融合及其对印刷媒体的影响。

5. 理解大众传媒对美国民主的建立做出的贡献。

6. 用批判的视角讨论大众传媒如何鼓励知识的积累和传播。

7. 回顾今天大众传媒主要形式的历史：出版、新闻、音乐、广播电台、电影、电视。

8. 学习“黄色新闻”在美国的崛起和影响，探讨这一潮流如何鼓动了战争、社会动荡和大规模移民。

9. 比较、联系历史上的大众传媒和今天的大众传媒。

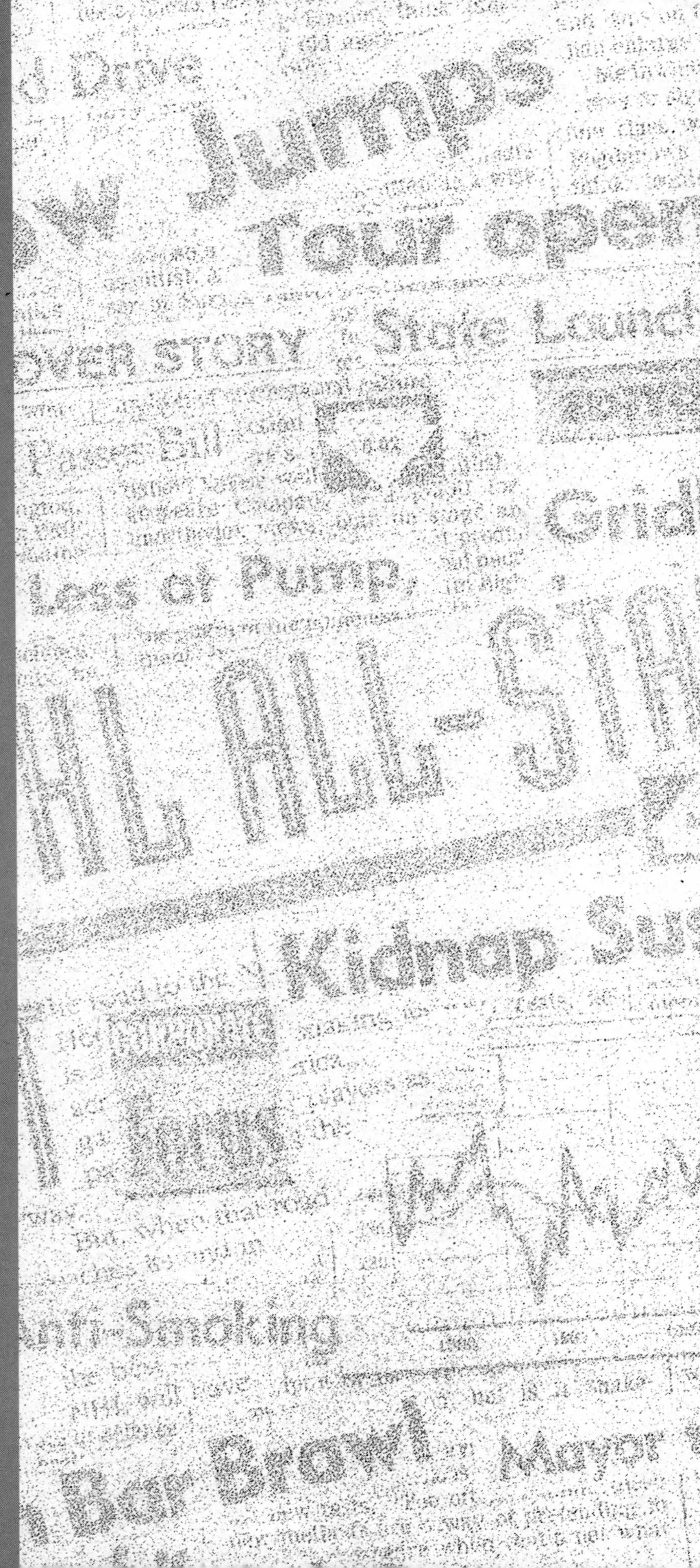

第2章

大众传媒：历史简述

33 苏轼（1037—1101），世称苏东坡，是中国著名的书画家、诗人和故事讲述者。他也是当时中国朝廷的一位高级官员。苏轼坦率直言，因此不免与王安石为首的一群更有权力的官员产生矛盾。王安石是皇帝最器重的大臣。苏轼与王安石的公开矛盾、他对王所代表的权力阶层的反对，为他在人民中赢得了广泛支持和巨大声誉，但这也造成了他仕途生涯中三次被贬，其中最远的一次是1094年谪守遥远的海南岛。

通过一系列驿报——中国早期的邮递服务，苏轼从他同样在朝为官的弟弟那里获知了一个不好的消息：在王安石的操控下，皇帝已经制定了对商人和农民课以重税的新的法律，而且王获得很大授权，可以强行征税。更糟糕的是，作为皇帝新税法的执法酬劳，王安石集团的成员可以保留逃税者被没收财产的三分之一。

那么，苏轼能够做些什么来阻止王安石的这种做法呢？他在朝廷已经没有任何直接的发言权，而且被流放的身份也使他无法自由行动，到别的地方。纵然如此，苏轼依旧深感自己有责任缓和地方乡绅的反应，因为他们一旦用自己的小股武装对抗朝廷的力量，那么就有可能导致争斗，并迅速上升为全面的内战。

幸运的是，苏轼深谙讲故事这一可以抓住人心的传统方式的力量。他知道有吸引力的故事会产生多么大的影响，也见过讲得好的故事如何在民众中快速传播——通过故事讲述者的口口相传，一件事情从一个村子传到另一村子，从一个省传到另一个省。就这样，苏轼讲述的故事像野火一样在大地上传播，引起了人们对王安石的新政及其在朝廷中的党羽的关注。几个星期之内，他讲述的故事传遍了各个角落，告诉人们好的政府应该如何工作、高层权力对社会和平具有多么大的影响。他的理念把全国人民团结起来。苏轼讲述的故事得到广泛传播，成为一个媒介，传递了这样一个印象：因为王安石和他的同党滥用权力，全国人民正在团结起来反对皇帝。因为害怕发生内战以及失去“天授的君权”——古代中国人认为皇帝的统治权力是上天赐予的，皇帝对苏轼的要求做出了让步：他取消了新税法，解散了王安石的武装，削弱了王在朝廷的权势。苏轼讲述的故事起到了作用。

虽然那种反抗皇帝旨意的做法起初看起来似乎是很愚蠢荒唐，但谪居的苏轼运用当时的大众媒介改变了公共议程。能够做到这一点，与苏轼对力量的理解有关：在说服政府采取正确行动的时候，群众意志的力量比他们表面看起来的样子要强大。苏轼的事例说明了故事如果结构得当、讲述得好，就能刺激大众情绪、团结大众，通过制造相同的经历感受，让他们对故事的意义产生相同的理解。故事可以激发听众对故事中人物和情境的认同感。同时，随着信息被传播，还能够帮助建立一种所有关系——那就是亲近关系。故事通过大众媒介传播，其影响不可估量。

34 故事讲述者

正如第 1 章所讲的那样，故事的力量在于它可以通过娴熟地运用语言和表演的能力借助影像和思想创造意义——“用语言绘画”。若想成为大众传媒的内容，即通常被称为媒介信息的东西，故事必须通过某种网络传至宽泛的受众。今天大众传媒网络——把信息一下子传播到许多人的系统——一般都是以技术为基础，虽然也并不都是如此。还是拿苏轼当例子，他依靠的是故事的口头讲述者，这是一个关系比较松散的网络，转述故事的人遍布整个国家，把苏轼的故事传播开去。这种方法并非什么依靠技术的方法，但是作为大众传播网络，它确是有效的。

苏轼的故事取得这么巨大的影响，必要条件就是在不损伤基本叙述结构和主要信息的前提下，故事得到快速传播。苏轼的受众群体庞大且构成复杂，从乡村到城镇，包罗各色人等，他们只有听到同样的信息才能确保这一信息产生影响。远在国都的当权者也相信，压倒性的大多数民众都在认为皇帝和他的代言人推行的政策不得人心，这足以威胁到他们的统治权力。一个吸引人的故事如果通过有效的大众传媒网络讲述，而且讲述得好、讲述得有效，它就有可能成为社会、文化和政治变革的潜在动力。它的力量即便不比武器和军队更强大，也至少与它们同样强大。大众传媒网络制造被广为接受的观点的能力越强，它就越有力量（当然，也有可能更危险。如何解读，取决于个人的视角）。

早期的大众传媒网络

易洛魁联盟，也被称为六大部族，由瑟内萨人、摩和克人、奥奈达人、奥农达加人、卡尤加人和塔斯卡洛拉人等美洲土著组成。这些大的部族长期以来彼此间经常发生毁灭性的战争。虽然文化不同、方言各异，但这些部族大约从 1142 年开始走到一起。到了 18 世纪 80 年代，他们建立了统一的、由多个州组成的国家，领土东起伊利湖和安大略湖东岸，向北扩展至加拿大东部的大片土地，南到纽约州北部、新罕布什尔州和佛蒙特州。作为一个统一的国家，易洛魁联盟奋起抗击法国人以及充当法国人盟友的部族，并时而抗击英国殖民者。这一联合政权在 17 世纪末 18 世纪初达到了其实力的巅峰，人口有 1.2 万～1.5 万，按当时标准已属相当多。

易洛魁联盟制定了一部宪法，叫做《和平大法》。它还与其他部族以及欧洲国家在北美的殖民地达成了协议。1776 年 6 月，易洛魁联盟甚至被邀派代表参加大陆会议。本杰明·富兰克林（Benjamin Franklin）和托马斯·杰斐逊（Thomas Jefferson）在参与起草《独立宣言》和《美国宪法》时，都曾受到易洛魁联盟的启发。这一点在二人的著述中均得到反映。[1]

易洛魁联盟依赖讲故事的方式在各部族成员间传播法律，形成了最早的、最有效的大众传媒网络之一。

易洛魁联盟在自身还没有文字的时候，是如
何取得如此令人惊讶的成就的呢？他们共同的世 35
界观和历史得以在部族之间传播并代代相传，仰仗的是他们共同的大众媒介：讲故事。部族里面的故事讲述者享有很高的地位，位居为数不多的能够通晓联盟中各个部族方言的头领层。这样，易洛魁的故事讲述者其实同时充当了部族间的语言、政治和文化桥梁。虽然他们的文化不同，但联盟的制度、规章已经植根于他们共享的故事当中。这些故事确定并传播了把易洛魁统一起来的法律，并以此把他们与联盟之外部族的人区别开。这在很大程度上都代表了一种最早的有效的大众传媒网络。

在数字时代讲故事

2009 年，丹尼·博伊尔（Danny Boyle）指导的奥斯卡获奖影片《贫民窟的百万富翁》给观众讲述了一个引人入胜的故事：印度孩子在孟买贫民窟难以忍受的贫穷环境中生存并渴望逃离。延伸一下，这个故事也可以理解为反映了整个第三世界城市贫民窟里青少年的生存状态。故事的主人公是 20 岁的贾马尔。他生活在贫民窟，但这个孤儿通过自己的智慧和意志，在环境残酷、被边缘化的孟买街头生存下来。虽然贾马尔没有受过正规的教育，但生活经验和承受苦难的能力成为他的老师。当他参加印度版的大众电视答题节目《谁想成为下一个百万富翁》的时候，那些来源于生活课堂的知识让他受益匪浅。影片一开始就是贾马尔只差“一题之遥”就可以赢得 2 000 万卢比大奖的场面。镜头里，似乎整个孟买都安静下来，屏住呼吸，注视，等待着他的最后的答案。

36 作为当代大众传媒讲故事的一个例子，《贫
民窟的百万富翁》运用了 21 世纪的手法讲述了一个熟悉的、永恒的话题——从乞丐到富翁的故事：贾马尔在众目睽睽之下获得了一个从未想过的幸运机会，并因此摆脱了少年时代的残酷命运。电影中，各色人等共同观看贾马尔的节目。他们站在街头，透过街边商铺的橱窗把目光聚焦在电视屏幕上，或是透过汽车玻璃注视街头的大屏幕，或是窝在睡椅里凝视家中的平板电视，或是聚在贫民窟凌乱的废弃物上，围着一台小的黑白电视机。这些完全不同的受众群体通过分享贾马尔这个孟买土著的经历而有了关联。

《贫民窟的百万富翁》不仅对一个经典童话故事进行了现代化处理，而且把数百万像贾马尔这样的青少年的困境展现在聚光灯下。随着这部电影的成功，媒体很快纷纷找到并推出更多的类似贾马尔的故事，印度再次陷入了这部电影宣传带来的余波。

获奖电影《贫民窟的百万富翁》(2009)剧照。因为这部电影，孟买贫民窟孤儿的困境吸引了全球的关注。

抄录者

在许多文化当中，口头讲故事的伟大传统因为有了象形文字（比如埃及的象形文字），最终发展为书面文字的形式。早期的文字分别在中国、中东和中美洲形成。随着这些文字成熟，并传入泛文化系统（超越文化区域物理边界的系统），一种新的专门职业出现了——抄录者。因为掌握了文字书写，抄录者对社会政治、经济、文化的发展有重要影响。

因为抄录者拥有知识以及书面交流的技能，他们在社会中拥有巨大的权力，备受尊重。在许多文化当中，很少有人，包括上层阶级或经济、政治精英，知道如何读或写。在罗马帝国时代早期（例如，在古埃及或是希腊），许多抄录者实际上是被重用的奴隶或是契约佣工。可以想象一下，一个目不识丁的罗马统治者只能依靠他那识文断字的奴隶来进行书面交流并记录所有政府官文。要命的是，这些抄录者不仅仅是奴隶，而且更重要的是，他们是传递统治者意志和议程的首要媒介。他们要把这些重要内容传递给其他的抄录者，再转给街头公告员和故事讲述者。这种情况在罗马帝国时代早期非常普遍，因此形成了一个非常强大的媒介阶层，他们既可以帮助维持总体的和平和繁荣，也可以通过操纵信息、控制媒介轻易地挑动阴谋、骚乱或是革命。[2]

随着抄录者人数在早期社会中扩大，以语言为基础的知识迅速增长，这样就产生了我们今天称之为哲学家、数学家、天文学家和发明家的媒介大师。这些有文化、技能熟练的媒介阶层推动了他们所属的文化，乃至全人类文化的进步，有时所带来的知识飞跃令人吃惊。有文化的群体人数少，但在增加，他们控制了媒介和内容，能够借助至今还在继续影响文化进步的神话、寓言和有意思的故事表达

有文化的群体人数少，但在增加，他们控制了媒介和内容，能够借助至今还在继续影响文化进步的神话、寓言和有意思的故事表达和传播有影响的信仰。

和传播有影响的信仰。

有了文字的帮助，具有很高技巧的故事讲述者通过人类一些不朽的大众传媒对世界许多宗教的发展做出了贡献，如《律法》、《圣经》、《古兰
37 经》、《论语》和《薄伽梵歌》等。这些早期大众传媒产品帮助铸造了文化和国家，引爆了战争，用共同的信仰和世界观把不同民族的人团结在一起，也塑造了世界历史。这些教义、典籍依旧在影响当今的文化战争和全球的宗教冲突。

早期的文本和古代手稿为现代科学奠定了基础。这些文献、地图的作者都是至今仍被人们尊崇的伟大的天文学家、数学家和哲学家。

视觉艺术家

虽然早期的抄录者是文字传播的大师，他们也为自己的书卷、手稿、早期科学论文装点了丰富的插图。古登堡版《圣经》在页边空白和标题处就进行了配图，起初是在装订之前手绘。随着活版印刷术的发明，木版插图很快应运而生，配有插图的出版物也随之普及起来。事实上，自从出版业早期开始，插图、绘画艺术和文本是并肩发展的。显然，绘画和画家在文化的创造和传播中发挥了重要作用——从史前时期原始部落通过石洞壁画创作、传播他们的故事，到今天的绘图小说，这一形式已经发展为一类独特的大众传媒。有影像的故事被证明比单纯的口头或书面故事更具带来变革的潜力。

从史前时期的石洞壁画（左上），到当今的绘图小说，通过形象的画面传播文化由来已久。左下图和右图源自弗兰克·米勒绘画小说《300》的电影版。

38 地图的大众传播力量

从某种意义上说，地图是历史上媒介融合——文字与图像的结合——的最早的例子之一。地图开阔了人们的眼界，激起了他们的兴趣和好奇心。随着互联网打开了世界的大门，地图对人们关于世界的概念和理解带来了深刻影响。

早期的地图绘制者不仅仅是有技能的艺术家；他们是一种正在兴起的媒介的大师。这种媒介影响并扩大了地球探索和贸易，确立了可以界定、可以捍卫的国家边界，使帝国的建立成为可能。地图传播了一种更为广博的世界观，鼓励技术革新，而这些革新带来了造船技术、导航仪器，帮助一些国家征服了新大陆和新发现的民族。在伟大的探险家时代，地图与探险日记如同当今的畅销书般受到欢迎，在这些媒介的共同激发下，同时产生了民族主义和帝国主义。可以想见，由于地图和探险日记的流行带动了扩张主义，当时的国王或女王可以轻易地下令组建海军，可以轻易地为探险或是开辟新贸易通道找到资金支持。这些带有插图的游记使当时的人们能够形象地看到，或是间接体验到伟大冒险的浪漫。甚至今天，犹如谷歌地图所展现的技术革新一样，地图依旧在对公众的心理产生强大的吸引力。

中世纪的艺术

从中世纪开始，大多数西方人的生活都是被天主教会所控制。作为一种制度，天主教会控制了整个欧洲大多数的财富，而且，它对社会和商业发挥了重大影响——实际上，它控制着最早的媒介产业。

罗马大量收藏雕像和视觉艺术品曾经被天主教会严厉批评。教会领袖认为这种收藏体现了一种狂妄自大，会让人觉得罗马共和国自认为比耶稣或上帝还要重要。视觉艺术是应该作为偶像崇拜被谴责，还是应该被看做一种传播基督教文化、扩大信徒群体的有效途径？这样的问题成为几百年来教会内部神学和政治争论的重要话题。最终，教会接受了艺术作为传播教义手段、提供宗教启发的观点。

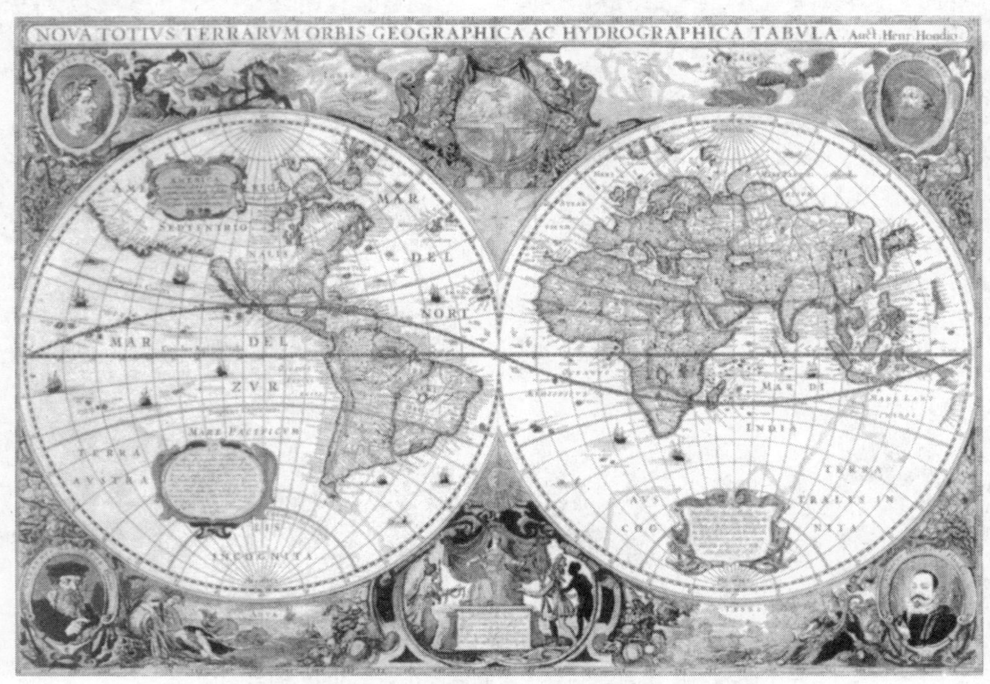

地图是影响并拓展了世界探险和贸易的早期大众传媒。

视觉媒介的力量不仅仅是历史现象。今天，影像依旧如同中世纪一样具有明显的影响。当然，
39 如今的视觉艺术已不再主要充当欧洲教会的传声筒，而是被政府、公司和公众等接纳、利用。视觉媒介的力量将在本书第 8 章中具体讨论，话题包括广告、公关；第 12 章对这一问题也有涉及，讨论的主要是摄影和视觉影像的力量。

文艺复兴

艺术与艺术家在西方处于知识和文化进步前沿的时代被赋予一个崇高的名字——文艺复兴。“复兴”一词就是重生之意。文艺复兴始于 14 世纪的意大利，到 16 世纪传遍整个欧洲。

摆脱中世纪的剥夺与压迫，拥抱艺术、科学和学术的复兴，犹如 20 世纪晚期我们跨入数字时代一样，不啻是一场革命。在进入数字时代的时候，似乎是我们当中许多人一天之间发现了万维网，然后就是突然之间大家都涌向了诸如凤凰城大学等机构的网络课堂。今天，我们互相之间较少面对面交谈，而是更多通过手机短信、推特或是脸书等社交工具进行交流。仅仅 10 年前，我们还是需要打电话的时候带着手机，想要拍照片的时候带着照相机，想要听音乐的时候带着 iPod。现在，只要一部智能手机就可以完全实现以上功能——这真是一场数字跨越。

在文艺复兴时期，意大利的达·芬奇、米开朗基罗、拉斐尔、波提切利，德国的凡艾克、勃鲁盖尔、范德、丢勒，荷兰的伦勃朗、维米尔等，只是当时众多“媒介明星”中的几个。他们不仅因为创新了运用色彩、视角、光与影、结构和维度的手法而闻名，而且还把这些技巧融合在一起，创造了一种“语言”来向大众传播他们的人文主义信息和知识的价值。

文艺复兴推动了宗教改革（这是对天主教统治地位的挑战）。这最终引发了战争、反改革运动，导致了新的宗教和新的科学的出现。这个时代的领袖极大地推动了贸易往来，为经济全球化、国家的融合和帝国的建设做出了贡献。想象一下那些习惯了简单无味的农耕生活、黑死病和封建地主威权的中世纪年轻人如何感受文艺复兴的媒体革命。这场革命中产生了由艺术家和商人等组成的新的社会和经济阶层，而从这一新的阶层中诞生了我们最为珍视的艺术家和工匠，他们的作品至今仍在激发、影响艺术创作。[3]

> 想象一下那些……中世纪年轻人如何感受文艺复兴的媒体革命。这场革命中产生了由艺术家和商人等组成的新的社会和经济阶层。

我们可以说伦勃朗（Rembrandt）具有天赋，但是，很显然，是因为他接触了新的观念和技术才使得他成为文艺复兴晚期一位伟大的艺术家和肖像画家。他多产的作品就是他作为梦想家寻求向大众传播有关社会阶层、宗教、政治和新兴科学不同见解的证明。例如，他为荷兰医生、阿姆斯特丹市长尼古拉斯·杜普创作的肖像画。

杜普博士经常做公共讲座，拿刚被绞死的罪犯的尸体进行解剖展示。当时，一般付费听讲座的民众对人体解剖非常感兴趣，因为这一领域当时并不被认为仅仅是医学专业学生或医生的专门兴趣。因此，为了创收来支撑自己的工作，杜普博士委托伦勃朗创作了一幅展示他解剖讲座的大型肖像画（《杜普博士的解剖课》，1632）。实际 40
上，杜普博士是雇用伦勃朗做了一次广告，希望借此为他的讲座吸引更多的付费听众。杜普博士走在了他那个时代的前面：他较早懂得了广告和推广的力量。他的故事也说明了制作媒体内容的人与把内容传播给大众的人之间的历史关系。这一话题就把我们带入了下一节：印刷者和出版者。[4]

印刷者和出版者

在大众传媒当中，是内容制作者更有影响，还是内容出版者更有影响呢？从学者到政治家，

再到媒体专家和批评家，人们对此争论不休。在广播成为有控制力的大众传媒之前，在互联网还没在全球遍地开花、带来内容互动之前，在大众传媒当中，是印刷者当家。

大约1045年，中国人发明了活字印刷术。因为中国的文字有1万多个，这一技术创新并没有很快普及开来。1450年，一个叫古登堡（Gutenberg）的德国金匠和雕刻师发明了一种新的活字印刷系统。他把金属或木活字放置到一个木框里，表面刷上油墨，然后推压手柄完成印刷。古登堡发明的活版印刷使印刷匠能够制作大量相同字母或符号的字块。这些字块放置到木盘里可以重复利用许多次。古登堡的印刷机带来了印刷业的革命，标志着现代大众传媒的诞生。这一技术迅速传遍了欧洲。到1500年，印刷机和大批量印刷的书籍和传单等已经不再是什么新鲜事了。[5]

印刷机和广为传播的印刷品给人类历史进程造成的社会、文化和政治影响不可估量。社会各阶层的识字率水平、教育机构和图书馆的数量都在快速增长。因此，整个人口的识字率上升，形成一种知识共享的文化。书面信息不再是为数不多的识字的精英阶层的专利。农民可以弄清天气和庄稼的情况，商人可以记账、看契约，口头故事和传说不再是一代代传递信息的唯一方式。

古登堡印刷的最早出版物之一就是《圣经》。他印刷《圣经》的决定被认为标志着受拉丁语教育的、曾把持欧洲精神和政治道路的天主教会精英阶层的瓦解。摆脱特权精英和教会，独立复制“上帝的话”，这使得更多的人可以自己阅读《圣经》，并因此形成自己的见解、解读和意见。[6]更多的知识分子开始质疑天主教皇的统治，包括被称为宗教改革之父的德国人马丁·路德（Martin Luther）。古登堡的印刷机帮助传播了宗教改革的思想，让马丁·路德有可能发表并广泛传播他的思 41
想，抨击天主教会利用宗教权威扩大自己的财富。如果当时没有可以让马丁·路德大量印制自己文章的有效工具，那么他的关于教会腐败的报告可能就不会传播给那么多的人。

古登堡发明的活字印刷机给印刷媒介带来了革命。

因为古登堡的印刷机不可逆转地把曾经割裂的信息世界联系在一起，人们更容易获得信息，这也为政府的扩充、维持和生存做出了贡献。公民开始知晓政府在做什么，因为广泛传播的出版物在报道、批评政府的行动。或许不必吃惊，出于自我保护的需要，政府很快想出办法，试图通过印刷许可证来控制、挤压信息传播。

例如，在美国独立战争前，英王乔治三世和英国议会意识到，因为美洲殖民地的印刷商同时也是那些极端出版物的作者和编辑者，控制了他们实际上就是控制了信息的传播、流动和获取，因此也就可以压制不同意见。1529 年，这种方法曾经在英国见效。那时，亨利八世首次宣布他拥有高于教皇的权力，建立了英国教会，发布了一批禁书的单子，规定了哪些书可以出版，哪些书不能出版（英国于 1536 年正式脱离罗马天主教会）。在这一制度下，印刷商只能在获得英王颁发的印刷许可证后才能营业。我们将在第 11 章探讨立法控制媒体的历史根源。不用多说，16 世纪在英国本土畅行无阻的法令结果却在 18 世纪的美洲殖民地遭到了反对。实际上，英国在美洲殖民地控制出版的企图成为导致独立战争的主要祸根之一。

新闻制造者

到 18 世纪 60 年代早期，美洲殖民地的主要印刷商大概拥有 50 台印刷机，出版 10 多份报纸，此外还有大张报纸（15×24 英寸）、小册子和书籍等。随着印刷业规模、读者和利润空间的扩大，出版物的政治味道渐浓。殖民地居民虽然内部也有争论，但越来越倾向于全面反抗英国。在这一正出现的大众传媒旋涡中心的许多人是美国的开国元勋，包括美国的第一位传媒大亨本杰明·富兰克林（在第 4 章，我们将了解关于本杰明·富兰克林作为美国开
42 创者和出版业先驱双重身份的有趣故事）。美国的开创者认识到印刷出版对维护美国民主的关键作用。从美国成立之初，出版业就一直是美国社会和文化中不可缺少的一个元素。从建国伊始，到数字时代的黎明，我们从美国整个历史中可以看到，传统出版业对于这个国家的生存和繁荣显然起到了关键作用。例如，我们可以想象一下，如果新闻媒体没有把关塔那摩美军基地虐待犯人的事情爆料给美国公众，那么这件事情还会隐瞒多久呢？直到这些事情被报道出来，人们才知道那里对被关押者使用的残酷的审讯手段大多数都违反了基本人权。此事引起了公众的强烈愤慨，所以，2009 年 1 月奥巴马上任美国总统之后不久即下令关闭了关塔那摩监狱。

印刷版的《圣经》和其他文本带来了一场媒介革命。在这一过程中，普通人首次获得了获取以前被限制、被专享的信息的权利。

早期知识产业

美国出版业发端之时，媒体便与广告商形成了密切的关系，目的就是确保双方的经济生存。正如今天广播和印刷媒体的做法一样，过去的出版商把广告空间卖给商人，以此支撑自己的印刷业。从一开始，美国的大众传媒就与市场密切连在一起。因此，报纸与杂志从一开始就必须面对这样一个问题：真实准确的报道与广告客户的经济支持之间有潜在的冲突，但他们必须在这二者间保持一种复杂的平衡。

媒体与商业之间的这种关系并非全是坏事。到19世纪早期，这种关系催生了新兴的信息经济，对美国社会产生了重要的、总体上积极的影响，使得读者基本不受限制就能获得信息的机会越来越多。除新闻和公共事务之外，宗教、科学和文学等内容也大量在媒体上出现。美国大力推动（也高度重视）知识的传播，19世纪时，新世界美国已经可以与旧世界欧洲在文化上分庭抗礼。

这种早期的知识产业经济需要受过教育、有创造力的人才，他们对大学、图书馆、法学院的发展具有重要作用，也有助于实验室的科学研究和技术学院的人才培养，以满足迅速发展的工业时代的需要。

19世纪早期的政治家们也摆脱不了媒体力量的影响。1800年创办的《国民通讯员报》成为美国最有影响、经常被引用、以政治为主要关注点的报纸。这份全国性的报纸对文化和政治产生了重要影响。事实上，在杰斐逊政府末期，《国民通讯员报》充当了联邦政府的政治传声筒。然而，1812年第二次独立战争前，美国整个国家陷入了争论，随之产生了一些新的报刊，为美国人提供
了关于当时问题的不同的、更客观的声音，比如 43
《纽约晚邮报》还有与它同系的《纽约先驱者报》。这些报刊的方法是给读者提供“关于一切有意思话题的正确信息”——换言之，就是不受华盛顿政治力量影响的新闻信息。

N. E. Numb. 1.
The Boston News-Letter.
Published by Authority.
From Monday April 17. to Monday April 24. 1704.

到18世纪60年代早期，大张报纸已经遍布北美殖民地。

“黄色新闻”的兴起和便士报

1829年，安德鲁·杰克逊（Andrew Jackson）当选总统后，美国掀起了出版业摆脱政治势力影响的运动。在这一运动的带动下，产生了独立的广告商，他们成为报纸出版的主要资金来源。伴随这一趋势同时产生的还有媒体大亨——拥有出版公司或对其有控制权的个人。这种形势下产生了一批更为独立的媒体。不过，这也有代价：媒体成为传达这些巨头私人议程的潜在工具。由于这种变化，报纸开始有了新的报道重点，在“黄色新闻”时期，给这个国家和世界带来娱乐、谈资和刺激。

在19世纪，随着印刷技术的进步、纸张价格的降低、运输发行成本的减少以及广告收入的增加，报纸和杂志的读者激增。主流报刊与新兴的便士报争抢读者。便士报是指那些报道编辑质量低劣、鼓励煽情主义的小报风格的便宜的报纸。

毫不奇怪，为了吸引读者，在这些报纸中很快出现了把事实与小说情节混杂在一起的现象。奇闻怪事和科学欺骗成为这一时期报刊上的家常便饭。随着这些报纸销量的增加，这种可怕的做法愈发大行其道，而出版商为了售卖更多报纸，则不惜牺牲真实性换取廉价的娱乐内容。[7] 44

如果新闻媒体没有把关塔那摩监狱的事情报道出来，美国公众和全世界可能就永远不会知道那里的被关押者所受到的虐待。

虽然出版商利用人们对煽情故事的喜好赚钱的做法对媒介来说显然是一种危险的模式，但这一现象带来的报纸的渗透扩张却产生了正面的效果。随着注入出版业的资金的增加，关于政府、法律和社会问题的报道也在增多。值得一提的是，全国的报纸把关于奴隶制和各州权利的争论推向了国家议程的前沿。

随着注入出版业的资金的增加，关于政府、法律和社会问题的报道也在增多。值得一提的是，全国的报纸把关于奴隶制和各州权利的争论推向了国家议程的前沿。

美国的第一场媒体战争

19 世纪 40 年代早期，随着电报和铁路的出现，美国人开始向西部迁移，这在很大程度上与《纽约论坛报》的编辑霍勒斯·格里利（Horace Greeley）的鼓动有关。格里利与东部地区其他出版界人士一起向移民者和冒险家鼓吹说，西部显然是美国的天命之地——美国注定要扩张。这一愿景让千百万人浮想联翩，对历史上最大的一次迁徙负有很大责任。“西大荒”的现实远非格里利的文章里描述的那样，但是迁移的脚步并没有因此放缓，而且媒体也依旧在不遗余力地描绘“金色西部”的幻象。在格里利和他同事的不懈诱惑下，城镇如雨后春笋般在西部地区出现，也由此为全国的报纸、邮电和电报服务网络带来了新的成员。[8]

在这一扩张时期，著名作家如马克·吐温、埃德加·爱伦·坡、爱默生等，游历了西部的城镇，参加了一些广受欢迎的演出。这些演出有些像演讲，也有些像“站着的喜剧”和社会讽刺剧，总而言之，都是娱乐好玩的东西。当时，廉价的平装书（最早是在 1845 年引进美国）开始在美国越来越受欢迎，这些书极大地带动了这些演出观众的增加。由于这些作家所鼓吹的进步的思想，基督教会认为他们的游历是在传播世俗的人文主义，这促使教会发动了一场美国早期的文化战争。当然，这场战争也蔓延到了出版业——结果就是卖了更多的报纸和杂志（这场社会冲突其实是后来保守的基督教与自由的世俗间斗争的前奏，而这种斗争在今天的媒体上依旧可见）。其实，在这场思想斗争的背后，燃烧的是奴隶制引发的工业发达的北方与种植业为主的南方之间政治和经济冲突的火焰。

格里利在社会和政治问题上是极端自由派。他的《纽约论坛报》成为新的自由派政党共和党的代言人，大力、积极反对奴隶制。《纽约论坛报》因此成为当时美国读者最多的报纸。总统林肯最终下定决心废除奴隶制，保护联邦的统一，格里利领导的这份受欢迎的报纸所支持的观点发挥的影响被认为功不可没。此外，在整个内战期间，马克·吐温和其他作家利用自己的名气谴责奴隶制，并在之后几十年的时间里继续阐述奴隶制给美国造成的损害。

历史学家认为美国独立战争是第一场现代战争，在这场战争中，因为有了先进的武器和传播技术，才使得更复杂的军事战略手段得以运用。这场冲突也称得上是美国的第一场“媒体战争”。 45
文字记者和摄影记者往往通过前线战士的视角为南北双方的读者展现战争的痛苦。他们的工作让远离战场的读者真实感受到了战争的恐怖和灾难。接下来，我们就来看看影像和影像制作者的故事——摄影师。[9]

摄影师

摄影的故事可以追溯到大约公元前300年。在《光学》一书中，希腊著名哲学家、数学家欧几里得提出通过一个带针孔的光盒（相机）研究光。到了1558年，这种被称为暗箱的早期摄影技术被画家广泛应用于绘制画作，特别是自然风光和建筑的轮廓，以此使作品比例得当，视角准确。

100多年后，17世纪英国两位科学家罗伯特·鲍尔（Robert Boyle）和罗伯特·胡克（Robert Hooke）发表论文描述了更为复杂的暗箱的设计。他们的设计运用了长焦镜头，比德国天文学家和发明家开普勒的发明早了80年。到了18世纪初期，商业制造的暗箱已经可以在伦敦和其他欧洲主要城市的市场买到。

1834年，在伦敦，亨利·福克斯·塔尔伯特（Henry Fox Talbot）首次利用接触印片技术把负片图像转换为正片印制在相纸上。这一化学过程需要把相纸浸泡在氯化银里，然后用氯化钠溶液固定。塔尔伯特在1841年为这一技术申请了专利。

大约相同的时间，在巴黎，达盖尔（Lois Daguerre）发明了银版照相法——利用包银的铜板，在碘化银和加热的水银中显影。为了“法国公民的权利和利益”，法国政府试图通过为达盖尔提供终身养老金来获得对这一技术进行安全管理的权力。鉴于这一技术使用的化学药品的高度毒性以及他们对摄影师寿命的损害，对法国政府来说，这本来是一个很好的交易。但达盖尔需要的更多，所以这一提议被他委婉地拒绝了。

暗箱由一个不透光的盒子构成，上面有一小孔充当光圈。光通过小孔进入，在相机的背部形成一个倒像，胶片因此可以被曝光。

1851 年，一个更为勇敢的摄影师、发明家阿切尔（Scott Archer）成功地改进了他的前辈的技术，在照片制作过程中，加入了一种有害性更强、高度易燃的化学品——酒精。他运用的是玻璃板而不是铜板，这使得他能够提高影像的分辨率，而且可以无限复制——只要在这一过程中他们自己和他们的设备不被炸飞。

欧洲在摄影艺术和技术发展的早期处在领先地位（尤其是巴黎的摄影师），但是，内战之后，美国摄影师开始统治这一领域，走在新的摄影技术前列。在 19 世纪末 20 世纪初，电灯开始在美国、欧洲和全世界普及，这使室内摄影变得更容易。此外，电子闪光灯的发明取代了原先危险的 46
爆炸闪光粉，这极大地拓展了摄影的场所。因此，从 19 世纪末期到 20 世纪早期，摄影成为公众了解异域的窗口。从巴西的丛林到中国和日本的神山，再到美国西部的大峡谷，摄影让出版商通过展现世界的奇妙和凶险，俘获了更多读者。

早期的摄影记者

1837 年摄影技术的诞生以及随后几十年摄影技术的改善和创新，使得记者和摄影师有可能把内战前线的事实带到后方。战地记者和摄影师与双方部队融为一体。

马修·布拉迪（Mathew Brady）就是这样一位摄影师。年轻的布拉迪为摄影着迷。16 岁的时候，他找到电报密码系统发明者塞缪尔·莫尔斯（Samuel Morse）。莫尔斯本人痴迷于银版照相法，而且对于把这种新技术介绍到美国做出了很大贡献。布拉迪天资聪明，从不羞于与富人和名人接触，他和这位世界著名的发明家相谈甚欢，把自己想到的关于这种新的影像制作技术的问题都问遍了。不久之后，他在纽约开办了自己的银版摄影工作室。1856 年，布拉迪把自己的工作室搬到华盛顿。在那里，他开始为美国的政治经济领袖、路过华盛顿或暂居使馆的外国政要拍照。在他事业的高峰期，布拉迪可以说是一个媒介巨人，在他的朋友和资助人当中，有参众议员、法官、总统，也有当时著名的作家、艺术家和演员。[10]

内战爆发后，布拉迪利用自己丰富的政治人脉，包括他与林肯总统的关系，发起了一个伟大的项目：用照片记录这场战争。他组织了一批摄影师，为他们装备了马车——他自己设计的移动摄影工作室，把他们派到前线，捕捉战争的残酷画面。这是纪实摄影或是新闻摄影的早期尝试，需要极大的勇气。布拉迪和那些摄影师们的笨重马车里装满了剧毒、易燃的化学药液，而他们的移动工作室通风性能差，他们的生命时刻处在前线枪林弹雨的威胁之下。

战地摄影曾出现在七年前的克里米亚战争中，但是布拉迪的美国内战摄影牢固地确立了摄影作为记录现代战场现实与残酷的卓越手段的地位。布拉迪的战争影像最初在自己的展室售卖。1862 年，他的战争摄影展在纽约举办，受到报纸的高度赞扬。最终，《纽约时报》和当时其他主要报刊抵挡不住这种新的视觉媒介的诱惑，也开始发表战争照片。因为布拉迪是坚定的废奴主义者，所以他拍摄的影像作品从联邦的视角表现了战争的残酷——这是媒介偏见的一个早期案例。我们将在第 10 章探讨媒介偏见的话题。

> 因为布拉迪是坚定的废奴主义者，所以他拍摄的影像作品从联邦的视角表现了战争的残酷——这是媒介偏见的一个早期案例。

通过关于死亡与毁灭的特写影像，布拉迪和许多其他的南北战争战地记者对公众关于战争的观点产生了持久的影响。1859 年， 47
老奥利弗·温德尔·霍姆斯在观看了布拉迪的战争照片展之后在《大西洋月刊》发表文章谈及摄影的影响：

> ……这是人类战胜自然条件最伟大的胜利……时间似乎可以掌握。闪光灯如同闪电，瞬间快速闪烁，捕捉到了飞转的车轮戛然而止的一刹那，将还在集结之中的强大军队间的相互遭遇的瞬间震撼保存下来……[11]

随后，霍姆斯进一步表达了对影像力量的思考：

> 让那些希望知道战争是什么样子的人来看看这些照片吧……看了这些图片，宛如亲临战场，情绪被那些满目疮痍、污秽肮脏的

场景所感染……[12]

数十年之后，第二次世界大战期间，罗伯特·卡帕（Robert Capra）和波特·哈蒂（Bert Hardy）与众多摄影记者一起，奔赴欧洲和太平洋前线，把战争的画面通过黑白和彩色影像展现给美国人。第二次世界大战中，摄影记者也亲眼见证了日本偷袭珍珠港所造成的重创、德国闪电计划对伦敦连续轰炸造成的灾难，以及北非战役、诺曼底登陆、阿登战役（突出部战役）和大屠杀等重大战役和事件。今天，像佐利亚·米勒（Zoriah Miller）这样的摄影记者依旧继续在阿富汗、伊拉克和加沙等地为世人呈现激发人思考的影像作品。

随着 20 世纪早期印刷技术的进步以及摄影设备和技术的发展，特别是相机变得越来越轻小，新闻摄影成为与文字报道同样重要的伙伴。这些进步同样提高了摄影作为艺术形式和新闻报道手段的声誉。

摄影的黄金时代

在美国，新闻摄影的黄金时代出现在 20 世纪 30—50 年代。当时，出现了一批刊印大量照片的新闻杂志和报纸，如《生活》、《巴黎竞赛》、《画报》、《纽约每日新闻》和《体育画报》等。这些报刊通过发表配有大量迷人照片的报道吸引了大量的订户。专业杂志，如《国家地理》和《大众科学》等也因为同样原因而广受欢迎。

1935 年，美国农业安全局成立了一个专门的摄影部，招纳了一批摄影记者来记录两件事情：农业破产的悲剧和贫民迁移，这两件事情的起因是大萧条和沙尘暴引发的生态灾难。参与这一项目的记者包括多罗西·兰格、罗伯特·卡帕、阿尔弗雷德·艾森斯塔特、沃克·埃文斯、哥顿·帕克斯、马里恩·泼斯特·沃罗特和 W·尤金·史密斯等。这些人后来成为家喻户晓的人。他们杰出的摄影作品——看后让人内心不安的影像——未用一字一词便讲述了人类的遭遇故事，

大萧条时期，美国农业安全局摄影项目的一些著名照片。依次为：《移民母亲》（多罗西·兰格），《父与子在沙尘暴中前行》（阿瑟·罗斯泰恩），《巴德·菲尔兹和家人》（沃克·埃文斯）。

让受众变得习惯于通过镜头来观察世界。这些影像深刻地影响了美国的选民，为罗斯福总统的新政带来了压倒性的支持。[13]

第二次世界大战期间，摄影以另一种方式为
48 交战双方的政府服务。许多政府花费了巨大精力广泛进行宣传——传播敌方负面的、往往是虚假的图片。希特勒聪明地制造了“纪录”照片和电影，展示了他控制事实的艺术：希特勒政府制作的那些振奋人心的宣传品讴歌了第三帝国的美好未来，渲染了美国、英国、苏联和犹太人的邪恶。在日本，天皇的将军们通过照片等宣传手段巩固日本国民的信念，使民众确信日本具有统治亚洲和太平洋地区的皇权，而且日本皇军是无敌的。

美国总统罗斯福和英国首相丘吉尔都深知照片和电影作为战争武器的强大影响力。在美国，战争部不仅允许摄影记者和电影拍摄者相对来说不受约束地接近部队和前线，而且支付了他们行程的大部分开销，为他们提供交通服务，并把他们拍摄的胶卷运送到伦敦或是美国。两国的战争部门都设有负责摄影的机构，用以支持各自的宣传攻势。[14]

战地摄影的影响从第二次世界大战延伸到了朝鲜战争乃至越南战争，那时战地摄影记者和电影摄制组已经能够很快把前线的影像传输到美国的千家万户。这些影像掀起了一代人的反战情绪，把林登·约翰逊（Lyndon Johnson）总统拉下台，为 20 世纪后期的社会和文化变革奠定了基础。

在战争影像的激发下，还出现了一批反战歌曲。20 世纪 60 年代末 70 年代初，在摇滚歌曲的推波助澜之下，关于越战的争论上升为一场政治运动，为改变公众意见、强化反战舆论做出了极大贡献。这就是我们接下来要谈的音乐制作人。

音乐制作人

早期的基督教领袖知道音乐如同视觉艺术一样能够接近受众，影响信仰，让大众聆听神学教诲并膜拜于教会的权威。到六世纪的时候，音乐已经成为天主教弥撒仪式上被广为认可的构成要素，这帮助奠定了乐谱符号、结构和律制的早期基础——这些都是为教会服务的。

到了中世纪，音乐虽然依旧是整个欧洲基督教和犹太教宗教活动的重要部分，但也在逐渐成为世俗世界大众娱乐的方式。既是诗人又是歌者的行吟诗人在乐师的陪伴下，在乡村和城市走街串巷，吟唱民谣、情歌，用歌声讲述故事，为大众带来娱乐。大约在 13 世纪 80 年代，在欧洲各地稍大一些的城镇，表演者开始以传统故事或民歌作为脚本演出音乐剧。到了 14 世纪中期，无论是宗教音乐还是世俗音乐，作曲和演出都已经成为被人们广为接受的文化元素（乐器设计成为一个被尊敬的职业就是这方面的证明），并帮助奠定了文艺复兴和西方伟大作曲家时代的基础。

音乐、文化和娱乐

文艺复兴不仅带动了艺术、科学、文化的伟大进步，还把音乐、音乐表演和戏剧等形式与其他人文领域，比如文学中的故事讲述紧密结合起来。文艺复兴时期的作曲家进行了创新，用音乐把受欢迎的神话和故事改编成戏剧，为来自社会各个阶层的观众提供娱乐。天主教会与诸如意大利美蒂奇家族这样的富庶的世俗王朝之间的竞争使作曲家和剧作家拥有了更多的资助，这一效应也发生在艺术家身上。从佛罗伦萨、威尼斯等，到法国、德国和荷兰等国家的中心城市，各种音乐风格竞相并互相结合成为大众娱乐的首要媒介。行吟诗人、音乐人和演员在整个欧洲组团结伴而行，把这种受欢迎的大众娱乐方式带到小镇和村庄，同时，圣歌和合唱依旧是把受众吸引到教堂的主要因素。

从 15 世纪晚期到整个 18 世纪，乐器合奏、管弦乐组曲、交响乐和歌剧作为大众娱乐媒介继续发展演变。意大利、法国、德国的主要音乐家，包括莫扎特、维瓦尔第、巴赫、韩德尔、舒伯特和贝多芬等，成为国际名人。他们的作品，比如维瓦尔第的《四季》和贝多芬的《第九交响曲》等几百年来一直被演奏、传颂，直至今日。[15]

无论是在什么文化时代，流行音乐不仅作为一种文化和娱乐形式存在，而且也充当传递信息的媒介，而它们传递的信息则推动了社会和政治运动，传递了爱国主义价值观。音乐的这一作用延续至今。

无论是在什么文化时代，流行音乐不仅作为一种文化和娱乐形式存在，而且也充当传递信息的媒介，而它们传递的信息则推动了社会和政治运动，传递了爱国主义价值观。音乐的这一作用延续至今。

50 音乐、爱国主义和革命

美国南北战争期间，双方军队都通过谱写、传播歌曲来表达各自的崇高目标和献身沙场的勇气。双方的音乐都表达了对自由价值观的热情支持。例如，战歌是为了振作士气和号召公众支持，而酒吧歌曲则表现了普通士兵的挣扎、恐惧和牺牲。一些歌曲成为杰作，表达了普世的恐惧和渴望，无论人在冲突的哪一方。1861 年，一位名叫茱莉亚·沃德·豪维（Julia Ward Howe）的新英格兰清教徒在参观联邦军队的营地之后，根据当时的流行歌曲《约翰·布朗的遗体》填词，创作了不朽的歌曲。如今，她的有力的歌词依旧像她当初创作时那样动人。这首《共和战歌》是这样开始的：

> 我已看见主降临时的荣耀光芒；
> 他正在涤荡储藏愤怒的葡萄的地方；
> 他那威严的快剑已经出鞘，发出宿命的闪电；
> 他的真理正在向前行进。

18—19 世纪，美国音乐由英国移民、非洲黑奴等带来的民歌、民谣占据统治地位。那时，美国的民间音乐讲述的是贫穷的劳动阶级挣扎的故事——今天，它们的作用依旧如此。关于爱情、战争、生存和意志的歌曲在美国文化的演变中扮演了十分重要的角色，跨越社会阶层和民族、人种的障碍传播了相互感受。例如，传奇式的民谣歌手伍迪·加斯里（Woody Guthrie）的歌曲《这片土地是你的土地》就是一首标志性的歌曲，几乎堪称美国的“非官方”国歌。

今天，很少有人会知道，伍迪·加斯里的这首经典歌曲是他在大萧条时期到移民工营地采风之后的成果。《这片土地是你的土地》不仅歌颂了广袤的美国土地的自然美，以及美国民族的多样性和人民的力量，而且表达了贫穷的工人阶级对面临的不公正的抗议。加斯里与这些人同吃同住，用自己的歌鼓舞他们。在他的一生中，许多人认为加斯里和他的歌曲是反美的、颠覆性的，因为他发自内心地批判美国文化，拥护“左”倾的政治观点。最终，这些歌曲和歌曲的作者都在美国历史上赢得了一席之地。今天，加斯里创作的歌曲依旧在民间音乐节上唱响，许多当代歌手都翻唱过他的歌曲。他的作品甚至还被收入了史密森国家历史博物馆。民谣歌曲，特别是《这片土地是你的土地》依旧可以作为活生生的例证，说明音乐的力量可以打动个人并助推社会觉醒和文化变革。[16]

音乐带来的社会觉醒和文化变革为不同族群和社会背景的人发出自己的声音打开了机会的大门。从黑奴时代到 20 世纪早期，非洲裔的经历感受与美国城市贫穷的工人阶级的经历感受相融合，诞生了爵士乐。爵士乐是美国的独特音乐风格，架起了黑人与白人文化之间的桥梁，从本质上说，这种音乐形式就是植根于自由表达。20 世纪 20—40 年代，美国爵士乐在它的鼎盛时期在电台的发展过程中扮演了重要角色。那时，美国正遭受沙尘暴和旱灾袭击，大萧条令贫困蔓延，而爵士乐的声音、节奏和灵魂通过广播电波传到了美国人的心灵。爵士乐的音乐和歌词帮助 20 世纪早期的 51
大批移民学会了他们新的国家的语言和风俗习惯，我们将在第 5 章探讨相关内容。音乐的影响及其对美国文化的贡献是巨大的——而这一切的发生都与电台广播的出现有关。

伍迪·加斯里（1942）在大萧条时期深入移民工营地。这一经历激发他创作出了《这片土地是你的土地》。这首歌曲成为“非官方”的美国国歌。

无线电广播

1895 年，美国即将走上与西班牙的战争之路，而此时发明家、工程师们开始了制作第一套有效的无线通信系统的竞赛。21 岁的意大利物理学家吉列尔莫·马可尼（Guglielmo Marconi）被多数人认为是无线电的发明者，但事实上，这一荣誉应该归属于塞尔维亚出生的物理学家、发明家和工程师尼古拉·特斯拉（Nikola Tesla）。特斯拉 1893 年就首次展示了他的“无线通信”。可是，特斯拉的商业头脑远不如马可尼，所以马可尼最终赢得了无线电发报机和接收机发明者的美誉。更重要的是，马可尼获得了这种新的传播技术的专利，而这一技术后来改变了世界并使大众传媒走上了数字时代的道路。[17]

马可尼想要开办能广为传播的无线电台，但没
有获得意大利政府的经济支持，所以，1896 年他来 52
到伦敦。在伦敦，马可尼向英国邮政局的总工程师展示了他的发明。到 1899 年，马可尼的无线电报——通过电磁波而不是通过线缆传递——已经在英吉利海峡传播信号了。可以想见，各国政府是第一个采用马可尼发明的，因为这一里程碑式的技术创新意味着海洋上的轮船之间、轮船与陆地之间，可以进行实时的有效信息交流（这被称为点对点通信）。作为当时的海上霸主，英国为马可尼这位发明天才和他的新技术投入了资金和政治支持。

为了对自己的专利进行商业开发，马可尼开办

了无线信号公司，试图垄断国际无线通信业务。但是，他的努力很快失败，因为这需要在全球建立支持无线电传输的必要的基础设施，而在这方面，存在着经济和地缘政治壁垒。这样，又过了 30 多年，经过了错综复杂的创新竞争、专利争夺和政府间的拼抢之后，无线电技术超越了点对点的通信模式。最终，一些有远见卓识的人预见到了无线通信可以把新闻和娱乐带给广大受众的潜能，这些人成为无线电广播的未来的领导者。这一过程，为商业电台和羽翼未丰的广播网络（我们将在第 9 章讨论这一话题）的所有者创造了前所未有的财富。对于第一波无线电发报和接收技术的修缮改进使收音机成为第一种广播大众传媒，并形成了它的黄金时代。另可参见被认为收音机“奇迹”的历史内容《无线广播的历史》视频。▶

KDKA 是第一个注册的商业电台，于 1920 年 11 月 2 日在匹兹堡开播。最初，商业电台的发展比较缓慢，这部分是因为广告商一开始并没有认识到无线广播是一种可以到达广大受众的有效媒介。在 20 世纪 20 年代早期，无线电广播没有广告商投入，也没有政府支持，在美国和欧洲，无线电台获得了收音机制造商的支持，因为电台是兜售这一新的大众传媒技术的唯一媒介。但这买卖并不容易。早期的收音机的制作和操作都很困难。那时，收音机就是一堆晶体管、线圈和旋钮，调整频率收听广播需要一定的技术知识和许多耐心。

《无线广播的历史》截图。

马可尼试图垄断国际无线通信业务之后 30 年，经过了错综复杂的创新竞争、专利争夺和政府间的拼抢之后，无线电技术最终超越了点对点的通信模式。

就像今天的数字技术最早采用者一样，收音机早期的使用者大都是年轻人，他们为这一技术 53 和（有限的）节目着迷。然而，这一形势变化非常快。随着广告商迅速投入到这种新兴的广播大众传媒，在美国和加拿大出现了众多电台。由于资金投入的增加，广播节目的数量和质量均有改进提高。在美国，广播网络的形成也是推动商业电台黄金时代出现的一个因素。我们将在第 5 章对无线电广播媒体进行深入探讨。

电影制作者

1877 年，艾德威·麦布里奇（Eadweard Muybridge）试图通过运动的影像帮助赛马主人乐兰德·斯坦福和他的对手决定一个打赌的输赢。这成就了世界上第一次成功的运动影像的制作。麦布里奇是擅长拍摄动物和自然景物的摄影师。斯坦福是加利福尼亚州前州长，当时正在为马在飞奔时是否四蹄同时离地与人打赌。为了决定胜者，麦布里奇把照相机并排摆放，把快门都设置到快挡，记录下了一匹马飞奔的连续画面。他把这些照片冲印到一个玻璃轮圈上，然后让光从玻璃照射进来，同时他转动玻璃轮圈上的手柄，这样他的奇异的装置就在白色幕布上投射出一匹骏马的运动影像。1879 年，麦布里奇凭借动物实验镜①的问世获得了发明世界上第一部运动影像作品创作者的荣誉。通过这个投影装置，他证明了一匹全速飞奔的马实际上是“飞”离地面，在飞奔中的瞬间四蹄同时升空，这些都是他那 24 幅照片捕捉到的[18]②。

1877 年，艾德威·麦布里奇成功地完成了世界上首次运动影像研究。他把一排相机的快门都设置到快挡，飞奔的马把连接着快门的线踩断，因此带动快门，记录下一匹马飞奔的连续画面。

电影成为美国重要的大众传媒

到 1891 年，由于明胶乳剂胶片等技术的进步，制作无声短片成为可能。1888 年，美国的大发明家爱迪生对电影技术中的基础要素申请了专利——两边打孔的胶片从链齿卷筒中滚动出来，通过一个转动的快门，在连续强大的光源前放映。爱迪生的雇主、发明家 W. L. K. 狄更斯后来采纳了这种放映装置的概念，并进一步研发出了活动电影放映机这一观看装置。1894 年，纽约市推出了第一家专门提供活动电影放映机观看服务的店铺，之后这种放映厅作为一种新兴、廉价、广

① 也被称为走马灯。——译者注

② 这个结论似乎与能找到的相关材料不一致，甚至正好相反。——译者注

受欢迎的娱乐场所，一度在美国各地层出不穷。

54 到 1900 年，其他的发明者改善了电影放映技术，电影业和电影院很快成为美国大众传媒的重要组成部分。1895 年（被认为是电影诞生年），法国人卢米埃尔兄弟制作了 10 部电影短片，记录了活生生的各种场景，他们称之为纪实。这些电影在巴黎一上映，就令观众痴迷。总是能够敏锐察觉公众注意力与利润何在的爱迪生也做出了反应，推出了关于体育比赛甚至是拳击比赛的电影——所有这些电影都通过电影放映厅播放给那些如饥似渴的观众。整个美国都被电影勾住了魂。

电影业之所以能够繁荣很大程度上是因为它的推动者了解这种动影技术成为大众传媒的潜能。

电影业之所以能够繁荣在很大程度上是因为它的推动者了解这种动影技术成为大众传媒的潜能。它符合广泛的受众的需求，形成了一种廉价而且容易获得的娱乐形式。只要电影制作者能够通过可以吸引大量付费观众的影院网络控制发行，电影业的利润就可以高得令人咋舌。诸如《火车大劫案》（埃德温·波特，1903）等早期电影迅速引起轰动。工业时代交通系统得到改善，这导致了城市的扩展，而城市的主要人口是工人阶层。这些生活在人口稠密的城市里的居民有支付能力而且渴望娱乐，成群涌入新建的电影的“宫殿”。因此，新的电影制片厂大获其利。到 20 世纪二三十年代，好莱坞制片体系出现，成为美国文化背后的主要推动力，充当社会和政治的权力与影响的社会仲裁者的角色。电影业过去和今天都是利润奇高的产业。电影业的成功与制作、发行、展映和营销等各个环节都密切相关，我们将在本书第 4 章学习有关内容。

埃德温· 波特的电影《火车大劫案》(1903) 是早期电影业的成功之作。

早期纪录电影和新闻电影

在故事片受到欢迎的同时，纪录电影的制作也在增加——这在很大程度上要归功于加拿大北部一位荒原旅游的导游。罗伯特·弗拉哈迪在密执安度过了不安分的少年时光，成为一个充满激情和冒险精神的青年，沿着父亲的足迹，作为探矿者来到加拿大北部的哈德逊湾地区寻求自己的财富。当他发现靠探矿致富的梦想有些渺茫的时候，转而改行当了导游。利用加拿大铁路大亨威廉·麦肯兹的资金支持，弗拉哈迪在 1910—1916 年间到加拿大北部的旷野进行了多次探险。麦肯兹给了弗拉哈迪一台摄影机，在一次沿哈德逊湾的探险中，他发现当地的爱斯基摩人对这个新奇的玩意儿充满好奇，而且愿意成为拍摄对象。他的爱斯基摩朋友们帮助他复原了北部冻土地带部落生活的场景。弗拉哈迪制作了第一部长度堪比故事片的纪录片《北方的那努克》。这部电影于

1922 年问世，获得了极大赞誉和更大的商业回报。

55 派拉蒙影业公司看中了弗拉哈迪，于是为他出钱，让他去南太平洋旅行，希望他能够复制《北方的那努克》的成功。虽然弗拉哈迪这次的南太平洋之旅拍摄的影片《莫纳》（1926）和《南部大海上的白色影子》（米高梅，1928）并没有获得《北方的那努克》那样的成功，但是弗拉哈迪的工作奠定了他作为早期纪录片制作人的地位。尽管弗拉哈迪的电影实际上“再现”的元素更多，而并非那么纯粹的“纪录”，但这并不影响他作为纪录片先锋的地位。到他 1951 年去世之前，弗拉哈迪最终独立或合作制作了另外七部纪录电影。这些早期纪录片获得的声誉如同今天电视真人秀，比如《生存者》所受到的欢迎。[19]

由于新闻电影的出现，人们可以到电影院去“看”新闻。欧洲人 1910 年开始接触这种新的形式，而美国人也于 1911 年开始观看新闻电影。新闻电影是把国内外新闻事件的简短报道剪辑在一起的短片，报道手段往往比较煽情。在电视还没有走进家庭的时代，电影院通常在故事片之前放映新闻电影，每周更换一次内容。整个第二次世界大战期间，新闻电影一直都很受欢迎。反映太平洋和欧洲战场情况的新闻电影在第二次世界大战期间对美国观众产生了极大影响，鼓励了大批观众通过购买战时债券来支持美国参战。现在，大批关于第二次世界大战的新闻电影档案资料依旧被纪录片制作者用来制作历史题材的电影或电视节目，反映这一段对美国和世界来说至关重要的历史。在美国，新闻电影一直盛行到 1967 年，帮助奠定了早期电视新闻和电视新闻杂志的基础，如哥伦比亚广播公司（CBS）的《60 分钟》。

罗伯特·弗拉哈迪的《北方的那努克》(1922)是首部故事片长度的纪录片，获得了极高的赞誉和收入。

电视制作者

被叫做“电视”这种东西的第一个专利权授予了出生于俄罗斯的发明家尼普可夫（Paul Nipkow）。但不幸的是，尼普可夫的光电管机电系统不仅笨重而且不稳定，制作的由 48 行水平分辨率构成的图像非常模糊。1925 年，英国人约翰·贝尔德（John Baird）成为第一个传输图像的人，尽管那只是一个很模糊的几何图形，传输距离也只不过几英尺。这些事实说明，研发一个可以拍摄、传输、接收和播放电视影像的有效系统是一个很大的挑战。

被誉为电视之父的菲洛·泰勒·法恩斯沃（1906—1971）在调适第一台有效的摄像机。

1926年，这一局面因为一个叫菲洛·泰勒·法恩斯沃（Philo T. Farnsworth）的19岁农村青年的出现而得到了巨大突破。法恩斯沃来自爱达荷州，是个电子工程的天才。他在旧金山一个破败的仓库工作时，发明了一个传输编码无线信号 56 的系统。这些信号被历史上首台真正有效的摄像机捕捉到。法恩斯沃称这台摄像机为“图像分解器”。一台配备了解码线路的接收机接收到这些信号，把放大的信号通过一个电子“枪”透射到阴极射线管上。在旧金山两位银行家的支持下，法恩斯沃雇用了一批年轻的工程师帮助他完善这一技术。

电视广播系统的诞生

当法恩斯沃的发明取得进展之际，美国无线电公司的大卫·沙诺夫（David Sarnoff）正在大力推进无线电网络的建设。他一边尽其所能购买大量无线广播站，一边与指责他非法建立广播垄断的声音进行斗争。沙诺夫在广播方面是一个有远见的人，他认识到了电视的潜力，但他只对俄裔发明家弗拉基米尔·佐利金（Vladimir Kosma Zworykin）的工作给予支持。他非但没有给以法恩斯沃同样的待遇，甚至反而有一次委派佐利金潜入法恩斯沃的实验室去获取对手的技术，其实质不亚于间谍行为。沙诺夫还尝试用其他手段阻止法恩斯沃与美国无线电公司的对手就资格认证进行商谈，并为佐利金争取时间赶上法恩斯沃的研究。法恩斯沃最终被迫对美国无线电公司提起诉讼，控告其窃取专利。法恩斯沃证明了自己早在1922年就已对电视系统进行了构想，而佐利金的专利并非值得信赖的电子影像扫描和传输技术。虽然法恩斯沃最终于1925年在法庭上胜诉，但法恩斯沃与沙诺夫的美国无线电公司之间的斗争并未停止，而与此同时，联邦通信委员会（Federal Communications Commission，1934年由原先的联邦无线电委员会重组而成）则在努力建立电视广播的行业标准。

到了1928年，年轻的法恩斯沃击败了全世界的竞争对手，发明了现代电视。他发明的电视制式可以传播500行的水平分辨率，能够展示非常清楚的“活生生”的实时黑白图像。经过与银行和投资者数年的共同努力，并竭尽全力保护自己的技术秘密，法恩斯沃最终于1934年在费城的富兰克林学会向公众展示了他的研究成果，这标志着现代电视时代的到来。当时，主要的无线广播公司，如通用电气、美国无线电公司和西屋电气等，竞相购买法恩斯沃的发明专利，法恩斯沃的“钱景”真的一下子明亮起来。

所有这场建立第一个电视广播系统伟大竞争的参与者于1939年的万国博览会汇聚在一起。在这次博览会上，沙诺夫宣布成立了历史上第一个电视广播网络——美国全国广播公司（NBC），因此大出风头。沙诺夫运用美国无线电公司的资金实力和无线电广播的控制优势战胜了法恩斯沃乃至联邦通信委员会。这样，电视业诞生了，美国无线电公司由此开始并在可预见的未来一个时期里，成为这种新的大众传媒的控制者。

新闻和娱乐电视的产生

然而，沙诺夫和美国无线电公司在发展和营销电视技术以及第一个电视广播网络的竞争中却并不幸运，原因就是当时世界上发生的一系列大事。虽然世界性的经济大萧条似乎并没有使电视技术的发展进程放慢，但第二次世界大战却让电视的发展停滞了下来。美国出于保持全面战争状态的考虑，联邦政府下令禁止电视机的生产和销售，并且暂停发放电视广播许可证，直至战争结束。罗斯福政府和国会视电视技术的发展为资源浪费，而且威胁国家安全。最终，沙诺夫的主要竞争对手哥伦比亚广播公司（CBS）的威廉·帕雷（William Paley）把电台的娱乐明星，特别重要的 57 是还有新闻广播，带入了新兴的电视媒体，成功开启了电视时代。

第二次世界大战结束后，沙诺夫的全国广播公司和帕雷的哥伦比亚广播公司很快开始定期播出电视新闻节目：全国广播公司推出了约翰·卡梅隆·斯韦兹（John Cameron Swayze）主持的《骆驼新闻大篷车》；哥伦比亚广播公司推出了道格拉斯·爱德华兹（Douglas Edwards）主持的《电视新闻》。起初，这些电视广播只能覆盖东海岸的一些主要城市，但是，五年之后，美国出现了100多个电视台，从主要城市覆盖整个美国。早期的电视台每晚在所谓黄金时段仅播出几个小时。早期的电视节目主要是综艺节目——通常是一些有“运动影像”的电台直播节目的翻版，而主持人则是原先的电台娱乐明星，如米尔顿·波利和希德·凯萨等。受欢迎的电台广播剧以及话剧直播后来发展成最早的电视剧，被包装成夜间黄金时段的节目，如《贺轩名人堂》和《卡夫电视剧场》等。

很快，三大快速发展的电视广播网络——哥伦比亚广播公司、全国广播公司和美国广播公司——开始在各自的黄金时段播出专门为电视广播制作的电视系列剧。西部片，比如反映夏安族人生活的电视剧，在早期电视节目中非常流行，因为这类题材的东西对于好莱坞制片商来说在南加州的露天片厂相对容易制作。白天的肥皂剧制作成本不高，主要是在纽约拍摄，吸引了第二次世界大战之后的大批家庭主妇。此类电视剧因为赞助商主要是日常生活用品而得名。诸如《我爱露西》、《度蜜月的人》等情景喜剧成为早期黄金时段的热播剧，专门为电视广播制作的系列剧《超人》和《独行侠》也是如此。

三大全国电视广播网络还推出了答题节目，在20世纪50年代受到欢迎。但是，这些答题节目，比如《价值64 000美金的问题》，被最终发现提前内定了赢家。也就是说，在电视竞赛开始之前，谁赢谁输已经安排好了，只不过观众还信以为真，觉得是真实的较量。在这种丑闻被揭露后的10年时间里，人们对答题节目的兴趣在减弱，广告商的支持也在减少。到了20世纪50年代中期，早间新闻脱口秀节目诞生了，如全国广播公司推出了《今日秀》。之后，夜间档的新闻脱口秀节目也应运而生，如《今夜秀》至今仍是电视历史上播出时间最长的脱口秀节目。在早期电视娱乐节目确立自己作为美国新的广播大众媒体的基石地位之时，电视新闻节目已经走在了自己的轨道上，并即将对美国的意识形态、政府和政治产生重要影响。这一转变始于哥伦比亚广播公司的威廉·帕雷以及为他工作的第二次世界大战时期的电台明星记者爱德华·默罗（Edward R Murrow）。

> 在早期电视娱乐节目确立自己作为美国新的广播大众媒体的基石地位之时，电视新闻节目已经走在了自己的轨道上，并即将对美国的意识形态、政府和政治产生重要影响。

早期电视情景喜剧《我爱露西》（1952）的剧组成员。

传媒技术的发展

公元前 3500—前 2900 年：腓尼基人创造了一套字母表；苏美尔人创造了楔形文字；埃及人创造了象形文字。

1049 年：中国的毕昇发明了最早的泥活字。

1455 年：古登堡发明了金属活字。

1560 年：照相暗箱被发明，人类开始了原始的影像制作。

1650 年：第一份日报在莱比锡发行。

1793 年：克劳德·夏皮发明了长途臂板信号电报系统。

1814 年：约瑟夫·尼瑟福·尼埃普斯（Joseph Nicephore Niepce）制作出了第一张摄影图像。

1831 年：约瑟夫·亨利发明了电子电报。

1835 年：塞缪尔·莫尔斯发明了莫尔斯密码。

1861 年：克勒曼·塞勒斯（Coleman Sellers）发明了放映机——一种可以把一系列静止的照片投射到幕布上的机器。

1876 年：亚历山大·贝尔发明了电话。

1877 年：托马斯·爱迪生发明了蜡筒式留声机。

1879 年：艾德威·麦布里奇发明了快速摄影术，制作出最早的运动影像。

1887 年：艾米勒·柏林纳发明了可以反复使用的留声机录音技术。

1888 年：乔治·伊斯特曼为柯达卷片照相机注册了专利。

1889 年：阿尔蒙·施特鲁格（Almon Strowger）为直拨电话或自动电话交换机注册了专利。

1894 年：马可尼改进了无线电报。

1899 年：波尔森发明了磁性录音设备，成为利用唱片或磁带大批量保存数据的基础，也是音乐录制工业的基石。这一年，还发明了扩音器。

1906 年：李·德福雷斯特发明了三极管。这一技术使放大电子信号、改进电子通信成为可能。

1910 年：托马斯·爱迪生展示了第一部发声的电影。

1916 年：出现了第一批可调谐的收音机，可以收听到不同的电台广播。

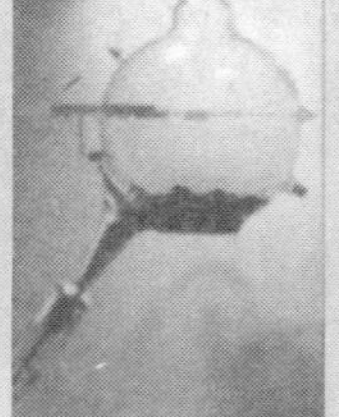

1923 年：弗拉基米尔·佐利金发明了光电摄像管，成为最早的电视摄像机。

1925 年：约翰·贝尔德首次实验传输电视信号。

1927 年：美国全国广播公司开办了两个电台广播网络。同年哥伦比亚广播公司成立。英国首次播出电视。华纳兄弟发行《爵士歌手》，成为第一部成功的有声电影。

1930 年：无线电广播的黄金时代到来。美国首次播出了电视。在电影胶片声道上录音的技术被发明。

1935 年：磁带录音机在德国和美国同时被发明。

1938 年：电视广播的录制和编辑技术出现，电视不再单纯直播。

1939 年：电视节目开始固定播出。

1944 年：计算机被运用到公众服务领域。政府是计算机的拥有者。信息科学时代开始。

1948 年：长时间唱片被发明。晶体管的发明使电子设备有可能最小化。最早的电子游戏模仿导弹防御被开发出来。

1949 年：美国出现电视广播网络。每分钟转数为 45 的录音机被发明。

1958 年：切斯特·卡尔森发明了影印机。同年发明的集成电路进一步推进了电子设备的最小化。

1969 年：最早的互联网——阿帕网——问世。

1971 年：计算机软盘被发明。微处理器的发明被称做芯片上的计算机。第一款商业售卖的视频游戏《计算机空间》被推出。

1976 年：苹果家用电脑问世。泰德·特纳完成了首次通过卫星进行的全国节目播出。

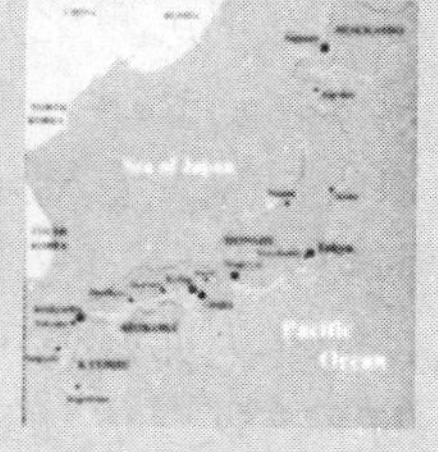

1979 年：日本推出第一个手机通信网络。

1980 年：索尼随身听问世。

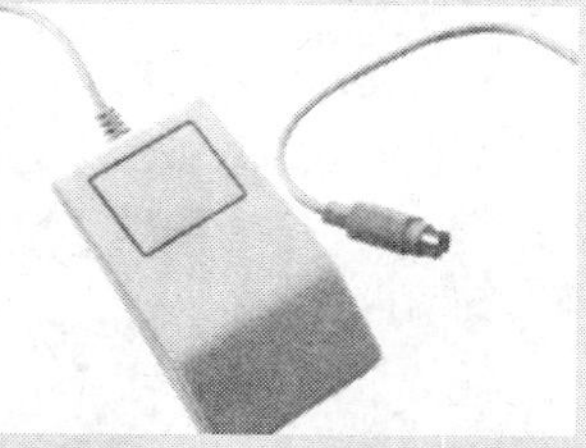

1981 年：美国国际商用机器公司（IBM）推出个人电脑。同年，第一批笔记本电脑开始向公众出售。鼠标成为电脑的常备器件。第一款便携电脑 Osborne1 发布。

1983 年：《时代》周刊将“年度人物”授予电脑。美国推出了第一个手机通信网络。微软公司推出第一款视窗（Windows）操作系统。

1984 年：苹果公司推出麦金托什电脑（Mac）；IBM 推出第二代个人电脑 PC/AT。

1985 年：移动电话开始普及。CD-ROM 驱动器出现在计算机上。

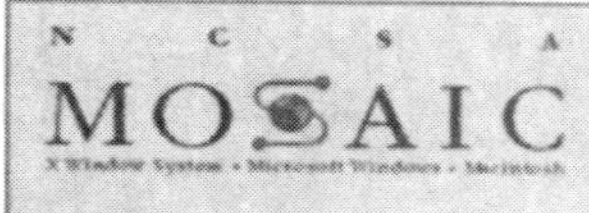

1993—1994 年：美国政府放开对互联网的控制，万维网由此诞生。第一款网络浏览器马赛克（Mosaic）向公众发布。苹果推出第一款笔记本电脑 PowerBook 165C。

2001—2002 年：苹果推出第一款 iPod 以及 iTunes 网店。第一个社交网站 Friendster 问世；第一个 Myspace 网站问世。

2006—2007 年：苹果推出第一款 iPhone，将手机、媒体播放器和移动互联网融为一体。亚马逊网站发布 Kindle 电子书和媒体浏览器。

2010 年：苹果发布 iPad，成为世界上第一款完全集成的便携式平板电脑。

下一步将会发生什么，请浏览 mycommunicable. com。

60 调查性电视报道

第二次世界大战中，效力于哥伦比亚广播公司的爱德华·默罗对德国空袭伦敦进行了现场直播报道，被视为英雄，从欧洲返回美国后，成为最受尊崇的美国广播记者之一，得到广泛认可。1948年，默罗首次步入全国电视屏幕，报道在纽约和旧金山举行的政治会议。默罗风格干练，有很强的个性，是美国历史上最著名的广播记者。登上电视屏幕之后，全国的观众有幸一睹默罗的风采。1948年，默罗报道了总统大选并与他的同事埃里克·塞维尔德（Eric Sevaried）参加了当时最热门问题——朝鲜战争——的辩论。在他的长期制作人弗雷德·弗兰德里（Fred Friendly）的帮助下，默罗成功地把自己原来广受欢迎的电台新闻和评论节目《现在请听》为新兴媒体电视改造为《现在请看》。弗兰德里后来成为哥伦比亚广播公司的新闻节目负责人。默罗和弗兰德里很快把《现在请看》打造成一档广受欢迎、影响力强，也常常引起争议的调查性电视新闻杂志节目，成为《60分钟》的前身。从本质上说，《现在请看》开创了调查性电视新闻报道的先河，并且确立了哥伦比亚广播公司在电视新闻节目制作方面持续多年的领先地位。

通过《现在请看》这档节目，默罗报道了一些有争议的问题，如在《可耻的收获》这期节目中，他报道了美国农村地区移民工的困境。默罗无所畏惧的工作得到了他的制作人弗兰德里和唐·修伊特（Don Hewitt，后来成为《60分钟》的主要首创者）的支持。默罗还得到了哥伦比亚广播公司董事长威廉·帕雷的幕后支持。默罗的许多调查报道对美国人的态度产生了重要影响，在有争议的问题上影响了政治圈的反应。不过，默罗最得意之作当属他与参议员麦卡锡的对抗。麦卡锡推行臭名昭著的反民主策略，即麦卡锡主义，将美国政府、学术界特别是娱乐圈中许多人指责为共产主义者或是叛徒。默罗向全国揭露了麦卡锡主义的丑陋，在他的推动下，国会滥用权力的时代被终结。1954年3月9日，默罗发表了与麦卡锡论战的总结陈词，成为广播电视新闻史上最著名的评论篇章之一：

> 我们自己宣称是——实际上我们确实也是——国外自由的保护者。但是，我们不能只在海外保护自由，而在国内对自由不管不顾。来自威斯康星州的新参议员（麦卡锡）在我们的海外盟友中造成了惊恐和不安，却让我们的敌人感到十分舒服。这是谁的错呢？可能真的不能算是他的错。他没有制造这种恐慌的局面（共产主义渗透者和间谍）。他就是单纯地利用了这种恐慌，而且运用得非常成功。卡修斯这样说是正确的："亲爱的布鲁特斯，错误不在我们的星象里，而是在我们的自身。"……祝大家晚安，祝大家好运！[20]

现在距1954年已经过去几十年了，默罗的节目和话语仿佛言犹在耳。与他几十年前面对电视 61
观众慷慨陈词、为混乱的年代寻找方向时一样，这些话今天被证明依旧正确。大众传媒的这种作用，特别是默罗帮助确立的电视新闻的作用，在国家或国际危机发生的时候反复得到体现。这一点，可以观看视频材料《新闻报道》。▶

爱德华·默罗（1908—1965）是最被尊崇的广播记者之一，他奠定了电视新闻在美国媒体和社会中的地位和作用。

从损失惨重的越南战争后的全国性动荡，到 2001 年“9·11”恐怖袭击给全国造成的精神创伤，再到缺少民意支持、代价巨大的伊拉克战争面临的挑战和争议等，默罗的话在美国几代人的耳畔回响。正如本书通篇将要探讨的，关于大众传媒的角色和影响的争论，特别是电视新闻的作用，一直未曾平息。数字时代带来了大众传媒的新时代，一个报纸、电视、电台和互联网整合的时代。

数字时代的黎明

大多数科技史学家把现代计算机的诞生归功于查尔斯·巴贝奇（Charles Babbage）于 1832 年在伦敦首次展示的差分机。巴贝奇是数学家，痴迷于系统和效率的研究。因为厌烦了用无休止的图表解决对数问题和没完没了的乘除法运算，他用 10 年时间研制了机械计算机。今天，巴贝奇研制的差分机的复制品依旧可以在伦敦科学博物馆里看到。这台机器所有的细节完全基于巴贝奇的设计，现在依旧可以使用，而且与现代计算机相比，这台机器的准确性令人吃惊。后来，巴贝奇又继续设计了第二代计算设备，被称为分析机。这一机器利用的是穿孔卡片——早期的模拟“存储”系统。不幸的是，这一更复杂的早期计算机却从来没有被制作完成，更没有向世人展示。在 1871 年巴贝奇去世之前，分析机只有部分建成，而由于围绕这一工程的政治纷争，英国政府不再为其投入资金支持。[21]

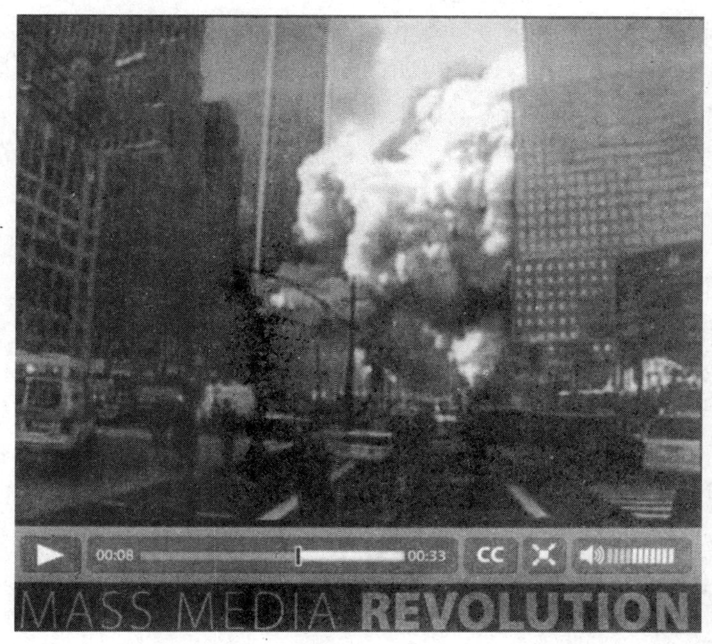

《新闻报道》截图。

在全国性和国际性危机中，电视新闻一次又一次发挥了重要作用，而爱德华·默罗对这一切功不可没。

最早的穿孔卡片出现在 1725 年的法国，被用来控制杰卡织机的运转。杰卡织机根据它的发明者约瑟夫·马里·杰卡（Joseph Marie Jacquard）命名。这些记忆系统控制织布机的复杂运动，保证高度精确和一致的编织图案。这一发明带动了欧洲纺织业的工业化。巴贝奇把这一早期技术运 62
用到分析机的设计中。不过，是美国人赫尔曼·霍尔瑞斯（Herman Hollerith）最早基于穿孔卡片技术研制出了实用的制表系统。霍尔瑞斯为自己的研究注册了专利。美国政府最终购买了这一专利，并运用到1890年的全国人口普查中。20世纪50年代早期，当IBM推出第一台通用自动计算机Univac-I时，穿孔卡片继续成为最早的海量数据存储与输入技术。

第二次世界大战即将结束时的1944年，IBM与哈佛大学合作成功制造了最早的可编程的计算机——“马克1号”。“马克1号”是一台机电计算机，重量超过5吨，占了满满一大间屋子。它由几千个继电器开关、几百个转轴和转轮以及500英里的电线构成，输入和输出通过长长的穿孔带进行——其实，穿孔带基本上可以说是连续的穿孔卡片。马克一号服役了15年之久，但作为一个新的发明，马克一号被证明不大好伺候，即使是最小的问题也会造成巨大错误并给操作者带来大麻烦。它的编程设计者之一格雷丝·霍珀（Grace Hopper）有一次发现是一只飞蛾被夹在了穿孔带读取器上而造成了机器失灵。这就是我们用“bug”这个词来表示电脑程序错误的来源。霍珀把这只死去的飞蛾粘贴在了计算机运行日记中，并标记说：“9月9日15：45，这只飞蛾进入了F控制板70号继电器。这是首次实际发现虫子。”[22] 1953年，霍珀发明了高级计算机语言，她称之为“Flow-Matic”，后来发展为广为使用的Cobol计算机语言。

其他基于真空管的大型计算机——具有巨大存储能力的大型数据处理系统——在此期间上线，其中最著名的就是Eniac（电子数字积分计算机）。所有这些大家伙耗电量都很大，散热也很多，重达几百吨，占用空间也很大，但是与今天的计算机的运算能力相比却微不足道。事实上，尽管马克一号和Eniac外形巨大，但它们的存储和处理能力不及今天最低端电脑的百分之一。甚至一般的黑莓手机或是iPod比早期最强大的大型计算机的威力都要大。

到1962年，全世界约有1万台大型计算机，其中最强大的都集中在麻省理工学院这样的研究型大学、贝尔实验室等企业研究机构和政府部门，如国防部等。在国防部高级研究规划局（ARPA）主导下，1963年成立了政府与企业联合委员会来研发计算机之间可以互相沟通使用的通用语言，也就是美国信息交换标准编码。1964年，麻省理工学院的计算机工程师们、兰德公司和美国国家物理实验室合作研发了分组交换协议，使计算机能够通过一个通信线路网络彼此发送和接收数据。这主要是由专门的电话线构成。同年，IBM推出了它的360系统，成为第一代被政府、学术界和企业广为运用的通用大型计算机。

计算机连在一起

被称为数学家/发明家之典范的查尔斯·巴贝奇研制的差分机。差分机被认为是现代计算机的雏形。

1967年，一位为美国宇航局工作的未来学家拉里·罗伯特（Larry Robert）把美国国防部高级研究规划局、麻省理工学院、兰德公司、斯坦福研究所和英国国家物理实验室研究计算机网络的主要人员聚集在密歇根州的安阿伯开会。在那里，他们开始谋划建立一个系统，把参与这一研究的科学家和工程师与签约支持他们的政府机构联系
在一起。这个计算机网络将允许在地理上位于不 63
同地区的研究者更有效地分享各自的工作和数据。

这个网络的资金早期通过美国国防部高级研究规划局（ARPA）由美国政府提供，所以这一系统被命名为阿帕网。不到三年，加入这一网络的计算机或是“节点”在以每月一个多的速度增加。为适应阿帕网发展的需要，更复杂的网络技术的发展速度也在加快。芯片技术的提高使得更强大计算机的

生产成为可能。这主要归功于英特尔，它使得这些计算机可以相互交流的协议很快变得更加复杂，能够支持这一网络系统节点间不断增加的流量。

到 1973 年年底，有 37 家机构的大型计算机接入了阿帕网。仅仅一年之后，阿帕网上的日流量超过了 300 万个数据包。到 1975 年，高级研究规划局（后改称国防高级研究规划局，简称也随之改为 DARPA）与国家科学基金会合作，支持 120 所大学加入这一网络。

个人电脑的诞生

1974 年，两名退学的大学生史蒂夫·乔布斯（Steve Jobs）和史蒂夫·沃兹尼克（Steve Wozniak）参加了在北卡罗来纳州举行的家用计算机俱乐部大会。他们在为游乐场游戏制造商雅达利公司兼职工作。这两个人改变了数字时代的发展方向。沃兹尼克已经制作了自己的个人电脑。以这一经验为起点，他与乔布斯联合成立苹果电脑公司。1976 年，这个新公司推出了第一款产品——苹果Ⅰ号（Apple Ⅰ），当时的主要买家还只是电脑爱好者。这台机器就是一堆元器件的简单组装，售价 666 美元。第二年，这个羽翼未丰的公司推出了苹果Ⅱ号，成为第一款个人电脑整机。个人电脑（PC）革命由此开始。

1981 年，作为大型计算机的领导者，IBM 推出了个人电脑，使个人电脑成为主流。很快，其他生产商也纷纷涌入这一迅速发展的市场，开始与苹果和 IBM 竞争。另外，几十家公司如雨后春笋般出现，开始为这一迅速扩大的市场研发和兜售软件。最引人注目的是微软。它推出的叫做 MS-DOS 的新的操作系统（视窗 Windows 的前身）增加了图形用户界面，使得个人电脑更加“用户友好”。MS-DOS/Windows 最终占据了全世界操作系统的霸主地位。

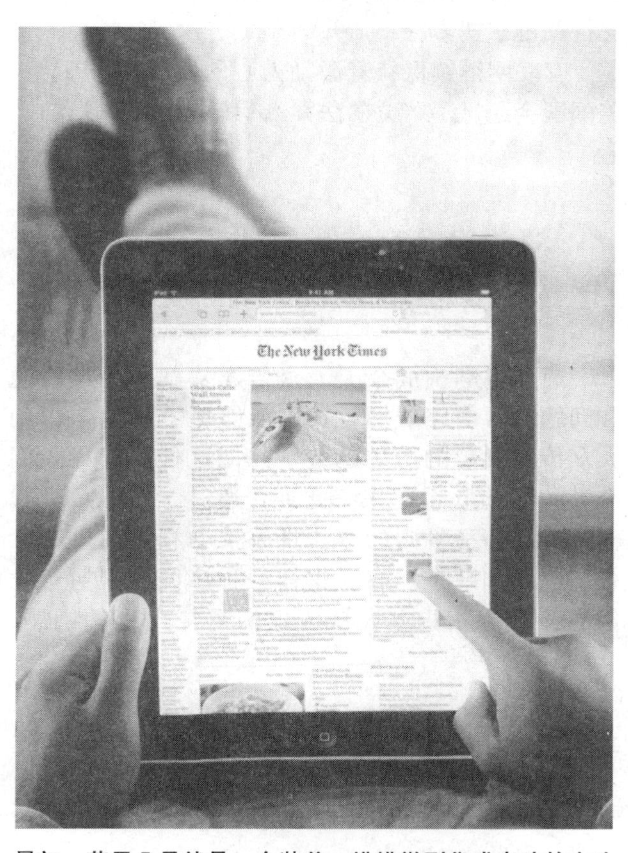

最初，苹果Ⅰ号就是一个装着一排排微型集成电路的木头盒子，购买者只是电脑爱好者，与今天苹果产品的时髦外观设计相去甚远。图为苹果 iPad。

64 ## 新世界的出现：互联网

1979 年，美国国家科学基金会同意建立一个计算机研究网络以吸纳国防高级研究规划局协定之外的大学。作为这个项目的一部分，一些大学通过“计算机科学网络”和“因时网”建立了实时新闻组联络。新闻组的成员利用一种叫做“电子邮件”的新的文件传输协议在被称为互联网的系统上进行交流。由于使用互联网的计算机快速增加，急需一种系统对节点地址进行规范，因此到 1983 年，诞生了域名系统（DNS）。

第二年，国家科学基金会发布了互联网建构整体规划，称做“国家学术研究计算环境”。这一规划建立了一系列地区互联网超级计算机（hosting hubs），被称为“国家科学基金会网络骨干”。仅仅六年之后，这一网络就走向国际并对任何有能力与之联络的计算机开放，这不仅指大型计算机，也指个人电脑。

也是在 1989 年，在瑞士欧洲核子研究组织，一位名叫蒂姆·伯纳斯-李（Tim Berners-Lee）的计算机工程师推出了一个基于超文本的系统，这方便了互联网上的分层搜索。过去，类似搜索必须写入基于布尔代数式的很长的关联字符串；而相比较而言，伯纳斯-李的系统更加“用户友好”，支持关键字搜索。

互联网继续保持着激动人心的发展。1991 年，美国国会通过了《戈尔法案》。其作者是参议员阿尔·戈尔。这一法案为建立地区主集线器及相关基础设备提供资金，并取消了最后一道障碍，使得互联网向每个人全面开放。《戈尔法案》通过的时候，从技术、协议到网络构建计划和通信基础设施模型等，所有一切都已全部到位，为互联网的诞生打好了基础。而互联网诞生之后，世界因此大为不同。互联网打造的新的信息空间很快成为媒体和交流的主导环境，成为人类通向数字时代的跳板。

互联网打造的新的信息空间很快成为媒体和交流的主导环境，成为人类通向数字时代的跳板。

结论：大众传媒聚合

通过追溯构成今天大众传媒基础的关键话题和问题的历史路线图，我们能够更容易地认识到大众传媒发展的历史趋势，并把这种趋势与我们今天的体验联系起来。此外，通过学习本章，我们培养了一种批判的方法理解推动我们前进的变化、创新和跃进。有了这样一种广阔的视野，我们能够认清一些在大众传媒中重复出现的问题：大众传媒科技的进步影响并推动了社会文化的进步，为知识和创新的积累和分享创造了条件，并推动把这些知识传播给更多的受众。因此，人们能够通过大众传媒在自己、家人和社区的生活中获得更多信息，并作为负责任的公民，为国家和世界做出贡献。

65

思考题

1. 举一个现代的例子说明故事的力量如何带来了社会、文化、政治方面的变革。

2. 举例说明一个当代新闻工作者、摄影师、音乐人、电影制作人或是电视制片人等如何通过自己的工作影响了今天的大众传媒。

3. 在印刷和出版业历史早期，大众传媒产品，比如《圣经》、早期报纸和早期杂志，是影响人们对世界看法的主要媒介。请列举当今知识产业与早期工业时代知识产业三个相似的方面。再举出三个不同的方面，并解释一下这些不同之处的意义。

4.（微软创建人）比尔·盖茨和（苹果的创立者）史蒂夫·乔布斯被当代历史学家称为数字时代的霍勒斯·格里利（Horace Greeley），这种对比表达了什么？你是否同意这种对比？为什么？

5. 马可尼的现代通信技术从哪些方面为当今的数字时代铺平了道路？

6. 互联网的发展往往与电视的发展相对应。电视是无线电广播发展的直接产物，代表了无线电广播发展的一大飞跃。你认为大众传媒发展的下一次飞跃将会是什么？

【注释】

[1] Johansen, B. (1982) . *Porgotten founders: Benjamin Franklin, the Iroquois, and the rationale for the American Revolution*. Gambit.

[2] Wiener, P. (1974) . *Dictionary of the history of ideas*. Charles Scribner's Sons.

[3] Boorstin, D. J. (1992) . *The creators: A history of heroes of the imagination*. Random House.

[4] Field, D. M. (2002) . *Rembrandt*. Regency House.

[5] N'eedham, J. , and Tsuen-Hsuin, T. (1985) . *Science and civilisation in China. Volume 5: Chemistry and chemical technology. Part 1: Paper and printing*. Cambridge University Press.

[6] DiNatale M. (2005, August 21) . The Protestant Reformation. AssociatedContent. com. http: //www. associatedcontent. com/article/7179/the _ protestant _ reformation. html.

[7] Blanchard, M. A. (1998) . *History of mass media in the United States*. Fitzroy Dearborn Publishers, pp. 709 - 710.

[8] Cross, C. (1995) . *Go west young man! Horace Greeley's vision for America*. University of New Mexico Press.

[9] Walters, J. B. (1973) . *Merchant of terror: General Sherman and total war*. Bobbs-Merrill.

[10] Horan, J. (1988) . *Mathew Brady: Historian with a camera*. Random House.

[11] Holmes, O. W. Sr. (June 1859) . The stereoscope and the stereograph. *Atlantic Monthly*, *3*, 738—748.

[12] Holmes, O. W. Sr. (July 1863) . Doings of the sunbeam. *Atlantic Monthly*, *12*, 1—16.

[13] Baldwin, S. (1968) . *Poverty and politics: The rise and decline of the Farm Security Administration*. University of North Carolina Press.

[14] Muscio, G. (1996) . *Hollywood's new deal*. Temple University Press.

[15] Orrey, L. , and Milnes, R. (1987) . *Opera: A concise history*. Thames & Hudson.

[16] Fisher, M. (2007) . *Something in the air: Radio, rock, and the revolution that shaped a generation*. Random House.

[17] Seifer, M. (2001) . *Wizard: The life and times of Nikola Tesla: Biography of a genius*. Citadel.

[18] Leslie, M. (2001) . "The man who stopped time." *Stanford Magazine*, *May/June*. http: //www. stanfordalumni. org/news/magazine/2001 /mayjun/features/muybridge. html.

[19] Christopher, R. (2005) . *Robert and Frances Flaherty: A documentary life* 1883-1922. McGill-Queen's University Press.

[20] Edwards, B. (2004) . *Edward R. Murrow and the birth of broadcast journalism (Turning Points in History)*. John Wiley & Sons, Inc.

[21] Swade, D. (2002) . *The difference engine: Charles Bab-bage and the quest to build the first computer*. Penguin.

[22] Ifra, G. (2001) . *The universal history of computing: From the abacus to the quantum computer*. John Wiley & Sons, Inc.

学习目标

1. 认知技术创新的阶段。

2. 学习莫尔定律如何帮助我们理解大众传媒技术的演变并预言未来媒介技术将何去何从。

3. 定义“媒介技术聚合”，解释这一趋势如何影响了大众传媒正在演变的社会角色。

4. 理解在21世纪大众传媒技术创新如何推动更加全球化社会的形成。

5. 学习在数字时代媒介技术如何影响书籍和其他印刷资源的未来，以及我们的阅读体验。

6. 认识“读—写”媒介文化的形成如何影响未来我们与大众传媒内容的互动。

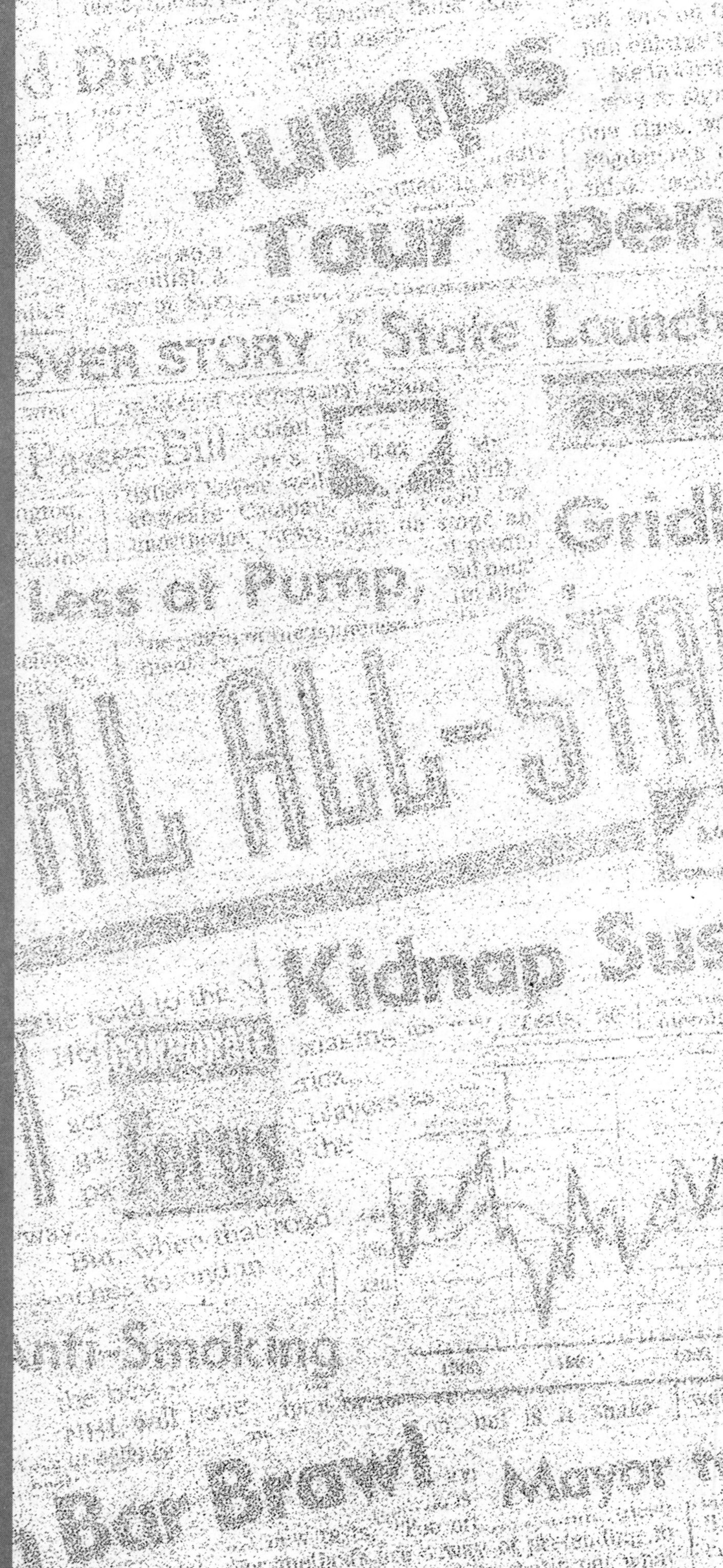

第3章

媒介技术与变革的动力

69 尼古拉斯·内格罗蓬特（Nicholas Negroponte）是一个传奇式的技术大师。作为设计师和计算机科学家，内格罗蓬特与他人共同创立了麻省理工学院媒介实验室，是美国计算机辅助设计技术研发领域的先锋人物之一。他也是《连线》（*Wired*）杂志最早的投资者之一。

1995年，内格罗蓬特公布了一个他希望用以改变这个世界的想法。那一年，在瑞士达沃斯举行的世界经济论坛上，他提议专为少年儿童设计和制造单价为100美元的笔记本电脑。这一想法十分简单——就是让发展中国家的所有孩子和发达国家中的穷孩子都能拥有自己的笔记本电脑。内格罗蓬特建议大批量生产具有基本功能、设计到位的笔记本电脑，使用便宜的元件和开源操作系统，效益上追求规模经济效应（通过大批量生产减少单位生产的成本）。这种耐用的低成本电脑可以使全世界的少年儿童接近使用互联网，获得网上的海量信息源，彼此之间相互学习，并与其他的笔记本电脑联网，形成虚拟的社会网络和课堂。为实现这一想法，并拉近经济和物质因素导致的信息技术使用的数字鸿沟（digital divide），内格罗蓬特帮助成立了非营利组织“一个孩子，一台电脑”（OLPC）。[1]

这一计划面临着几个挑战。首先是电脑的设计和生产问题。这一产品必须让儿童觉得易用，而且耐用，不易损坏。考虑到一些地区可能没有电源，必要的话，这种电脑还需要设计有替代电源接入（比如，手摇发电或内置太阳能光板）。其次，这一计划还需要确保提供便捷的互联网接入，并且开发一种即使在最强的太阳光下也可以看得见的显示器。

随着联合国的批准及巴西、阿根廷、利比亚、泰国和尼日利亚等一些发展中国家的参与，两年之后，这一计划的首批电脑诞生了。到了2007年，这种电脑每台售价为199美元，与之前所承诺的100美元还有很大差距，但是由于大胆推出了支付399美元“买二捐一”的项目，但内格罗蓬特的想法接近实现。[2]

同时，英特尔和微软也加入了这一挑战，开始研发各自的廉价笔记本电脑，目标就是发展中国家的少年儿童。之后，“同学”（Classmate）笔记本电脑以不到300美元的单价上市，其装载的微软Windows操作系统被认为比内格罗蓬特的电脑装载的Linux系统要更具竞争力。

从一开始，内格罗蓬特的计划便受到各种前所未有的政治和商业挑战。在政治方面，这一计划目标国家的政府意识到，如此大量的技术涌入会导致彻底的、不可控的文化变革；在经济方面，对这种电脑的需求在最初阶段比预料的要低，所以预想的单机成本几乎翻番，结果规模经济效应也就成了问题。因为微软推出了更具竞争力的“同学”，而且价格要更便宜，并且安装了简版Windows操作系统，内格罗蓬特面临的问题更加复杂。[3]

尽管有这样那样的挫折，但内格罗蓬特的点子绝非失败。他的设想激发了英特尔、微软等商业巨头参与到这一事业中，并不断完善这一设想。结果就是，让穷孩子融入数字世界的运动在不断深入，而这一运动将对世界产生深远影响。

内格罗蓬特的“一个孩子，一台电脑”的设想接近实现。

70 

技术创新的阶段

新闻媒介——从学术、科学方面到大众娱乐方面——总是不时地告诉我们在信息时代技术进步何等之快。专家学者似乎总是在电视屏幕上或是在报刊上无休止地争论迅速发展的数字世界对个人和社会的影响是好是坏。市场的意见比较一致：科技正在不断变革，其速度越来越快，目前还看不到减速的迹象。正如我们在第二章探讨的那样，大众传媒的这种不断扩张其实早在人类开始尝试使用语言并用讲故事的方式交流的时代就存在了。思想、创造力和技术创新方面充满动力的变革可谓潮涨潮落，既可观，也可以预见。随着这些转变而产生的是大众传媒内容和大众传媒技术能力、力量和复杂性的转变。大众传媒及其相关技术现代化按照一定的进程演进，周而复始，自有其规律。

> 这大众传媒及其相关技术现代化按照一定的进程演进，周而复始，自有其规律。

先驱阶段

技术创新周期的第一个阶段就是先驱阶段，空想家和未来学家为技术变革创造了条件。在这一阶段，哲学家、艺术家和具有创造性思维的思想家充满奇思妙想，幻想出新的工序、机器，开始是通过刊物、绘图、合作，到了现代是通过专业会议、互联网站、博客和维基资料等，让世人了解他们的设想。他们的创新往往超乎传统文化和科学，并且挑战既定“真理”，有时被他们同时代的人认为“古怪”。幸运的是，今天古怪的事情到了明天就会成为天才之思。

例如，达·芬奇对许多创新进行了展望，对如何建造这些设备、这些设备如何工作进行了思考，而且他还创作了一些有趣的绘画，目的就是把自己的设想与世人分享。他的笔记本上有武器、飞行器和人体结构绘图。所有这一切在 15—16 世纪的时候还都是异想天开、不可能的事情，不过达·芬奇并不这样想。他认为自己的设想很有可能会成为现实，这可能或多或少地能帮助我们理解为什么他的画作今天依然能够让人们浮想联翩。虽然达·芬奇被视为人类历史上最伟大的艺术家之一，但由于所处时代的技术限制，他并没有发明出自己所设想的任何一个伟大的机器。这一任务留给了未来的发明家完成。

发明与发展阶段

在发明阶段，创新者在科学思考的基础上，通过设计建造，研发出新的技术用以解决当下或预测到的问题。换言之，发明者就是制造出了在先驱阶段只能想象的东西。例如，在数字时代早期，创新者们就一种计算机处理技术进行了讨论，这一技术可以使计算机变得体积小而廉价，足以
71 使它成为寻常人家之平常物。这就是个人电脑。正是因为有了这样的设想，后来苹果公司的创立者史蒂夫·乔布斯和史蒂夫·沃兹尼克才能够找到真正实现这一设想的方法。乔布斯和沃兹尼克从已经存在的设想和技术元素中吸取养分，并把它们用一种新奇的方式结合起来，因此“发明”了第一台实用的个人电脑。

达·芬奇设想的滑翔机就是今天悬挂式滑翔机的先驱，成为技术创新第一阶段的范例。

发明阶段之后是发展阶段，创新技术得到培育、改善，并成为焦点，因此被成功采用，进入主流。在这一阶段，研发者必须找出并解决实际问题，比如那些与产品可靠性和用户界面相关的问题。当然，还有市场营销问题的挑战。在这一阶段，所需硬件与软件的生产商们往往努力在产品统一格式标准上达成一致，为占领市场、获得市场的主导权展开竞争。这些商业巨头之间的斗争被称为

格式之战，哪家公司的格式获胜了，就成为获得巨大利益的工具，而失败者则被迫放弃市场或是采用别人的技术。冒着市场份额和投资利益消减的风险，或是有时为了公司的生存，媒介内容生产者参与到这些斗争中并努力确立自己产品的地位，以使自己立于不败之地。不过这并非易事。

我们可以看看高清数字视频磁盘（HDDVD）与蓝光光盘之间的高风险格式之战。与传统 DVD 相比，这两种格式都可以提供高像素视频和音频质量，同时各自的存储量也都有极大的提高。两种格式最重要的区别在于：光盘生产过程中使用的激光类型以及高清数字视频磁盘的后向兼容（即与旧技术兼容的能力）。

两者之间的斗争于 2006 年开始，当时日本东芝公司和日本电气公司（NEC）发布了首款高清 DVD 播放机。之后，其他主要生产商迅速跟进，推出各自的 HDDVD 款式。但是，索尼等其他一些公司却把宝押在了蓝光技术上，向市场推出了基于蓝光技术的高清播放机。诸如好莱坞这样的内容提供商青睐蓝光技术，因为它的影像质量得到了提高，锐度更强、更精细，而它的音频质量也不错，符合一个导演或是音响师对音质的期盼。而且，蓝光技术还具备 HDDVD 所不具备的特性，比如电影播放过程中的弹出式菜单。[4]但是，在这场格式之战中，胜者是谁明朗化之前，好莱坞的制片厂们被迫使用两种格式发布自己的电影、电视节目和视频游戏。这极大地增加了制片方的生产成本，因此会降低他们的利润并增加他们的风险。[5]

到了 2007 年年末，高清数字视频磁盘的生产 72
商们貌似在这场斗争中赢得先机。但蓝光技术的生产商们依旧在奋力回击，市场份额有所增加。这要归功于新的视频游戏以及同时支持蓝光高清电影的跨平台（cross-platform）视频游戏设备。截至 2008 年，蓝光技术最终占据了市场优势地位，虽然 HDDVD 依旧没有淡出。尽管成为市场主导，但蓝光并非没有缺陷。比如，播放机成本较高，符合这种格式的电影有限，下载速度慢，不具备后向兼容性。因此，人们可以想见，蓝光的市场优势部分是因为成功的营销和商业战略，而不是其超强的格式。[6]大家可以通过视频资料《媒介技术格式之战》深入了解有关情况。

《媒介技术格式之战》截图。

近距离观察高清数字视频磁盘（HDDVD）与蓝光技术之间格式之战的原因以及产业影响。

成熟阶段

科技创新的下一个阶段是成熟阶段。在这一阶段，某一大众传媒技术会成为明显的胜者，占领世界市场。也不时会有某一大众传媒技术独领风骚的情况，这样一来，这种技术就可以很快成熟。在成熟阶段，绝大部分媒体内容制作者都会一拥而上使用这种唯一的或是占主导地位的平台发布产品。随着继续发展、优化，这种媒介技术会被完全接受，融入市场。

例如，从晶体管、集成电路收音机到磁带播放装置，从 CD 播放机到 MP3 播放器，及至苹果的 iPad，这些东西都被认为是它们所处时代占据主导地位的大众传媒设备，而且被人们当做日常生活的平常物件。但是，随着个人电脑的出现以及这一领域技术的突飞猛进，目前，被人们当做工作、教育和娱乐首选工具的就是这一硬件。

在成熟阶段，随着某一技术的格式成为市场主导，价格会下降，这一技术成为风尚。例如，高清电视如今已经不再是什么稀罕东西，而创意的焦点转向了内容：电影、电视、视频游戏的节目制作者如何能够吸引受众的眼球并让他们保持兴趣？英国广播公司（BBC）、探索频道的系列节目《地球》（2006）可以回答这个问题。运用先进的高清摄像技术，这一广受欢迎的自然节目制作团队捕捉到了地球上最多样、最无情的栖息地上不同寻常、前所未见的生命瞬间。这一系列节目成功之后，探索频道又制作了同样令人大开眼界的《生命》（2010），也获得了赞誉。

一些媒介技术进入成熟阶段后就稳定下来，几十年保持不变，只是进行一些小的调整。这方面的一个例子就是商业调频广播。这一技术为广播节目提供了高品质音质保证。商业调频广播始于 20 世纪 40 年代，到了 60 年代市场扩大，并在随后的 45 年里一直受到欢迎。2002 年，商业电台开始转向数字广播技术，主要是为了更好地利用比较小的带宽——拥挤的广播频率中比较小的一部分。对于一般广播听众，购买一台新的数字收音机会造成额外支出，而传统的调频广播与数字广播之间没有太大区别。

大约在数字广播出现的同时，卫星广播网络——例如，天狼星卫星广播和 XM 卫星广播——应运而生。这两家公司占据了美国卫星广播的市场，直至 2008 年两家公司合并。卫星广播提供更多的节目选择，但接收者需要购买卫星无线接收器，并每月支付费用。相较于调 73
频广播，这是重大的技术进步吗？许多消费者认为否——当然，卫星广播依旧在吸引新的信徒，仅仅因为它可以提供调频广播无法提供的电台和节目。

古董阶段

技术创新的最后一个阶段是古董阶段。在这一阶段，当初的新技术成为过时的东西。一般来说，技术的成熟阶段非常短暂，因为每一次技术创新都为随后的其他进步埋下了种子。“过时”这一概念，特别是对大众传媒技术来说，实乃创新进程中不可避免的结果。一些媒介技术，比如早期模拟信号的 Hi-8 摄像机，很快进入了古董阶段并迅速从人们的视野中消失。这些摄像机如此迅速地成为过时之物，甚至许多人可能根本没来得及听说过。替代它们的是体积更小、功能更强大的数字摄像机。

有时候，一些技术进入了古董阶段，但后来又被重新发现。例如，高保真音响爱好者一直认为用数字手段复制的音乐，音质在宽、厚度上效果不佳，而自 20 世纪 80 年代已经过时的音频放大器却不存在这样的问题。这些过时的设备里面有真空管居于放大级。因此，音响工程师们认为，如果他们想复制出同样的音质，必须研发高端的数字音频系统，而这一系统需要在放大器电路板（电脑的音频电路卡）上加上真空管。因为有了这种对过时技术的改进，数字音频系统才得以在复制旧音乐作品的时候保持其良好音质。正如这一故事表明的那样，即使是在古董阶段，一个看似过时的技术也可以被重新发现并重焕生机。[7]

奔向未来：技术对大众传媒的影响

传播领域的众多创新已经助推大众传媒进入一个虽然未知但却深远的未来。首先是系统的文字的创造，随后是活字印刷，后来，进入了电子传播和电子媒介时代——集成电路、计算机、互联网以及无所不在的网络空间，预示着大众传播史上最新的巨大跨越。

事实证明计算机技术的发展也是沿着一个可以想见的快速轨道前进，而伴随其前行的是现代大众传媒技术。英特尔公司创始人之一、集成电
74 路发明者之一戈登·莫尔（Gordon Moore）研究
出了一种可以预测计算机技术发展指数的模型，被称为莫尔定律。

因为很快进入了古董阶段，大多数人几乎不知道 **Hi-8** 型摄像机曾经存在过。

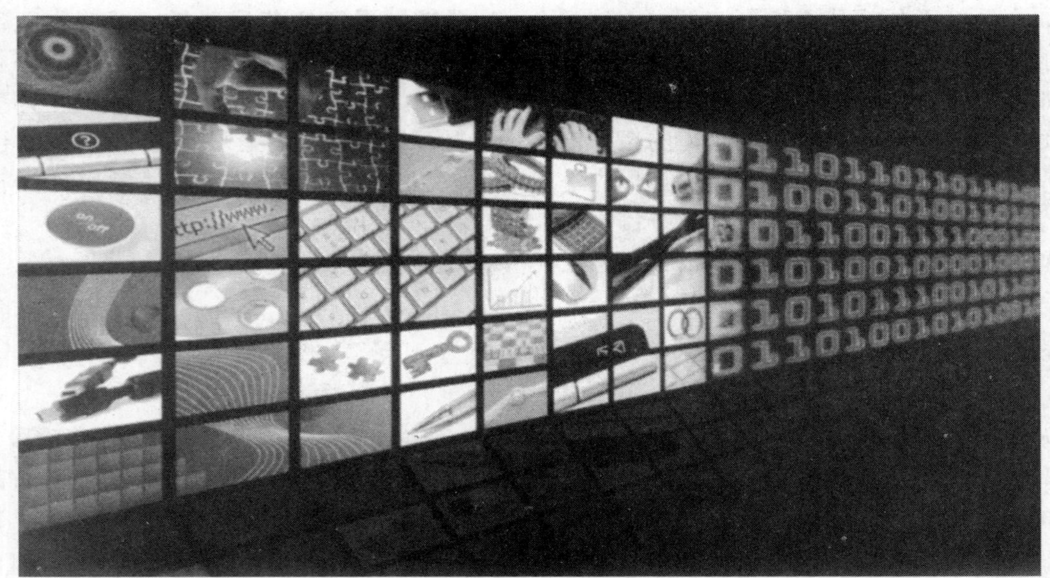

图中所演示的大众传媒向一个聚合的、在线空间的变迁进程是否反映了大众传媒革命的最终结果呢？

早在 1965 年，莫尔就率先认识到存在着一种衡量技术发展速度的清晰的模式，而这种模式是由集成电路的发明带动的。莫尔定律预言说，在集成电路和计算机时代，技术沿着一个加速创新的轨道前进，而这种模式（轨道）以集成电路能力增强和尺寸缩小的周期为基础。能够印在集成电路板上的晶体管的数目将继续增加，而集成电路板的大小则将以每 12～18 个月 50%的速度缩减。因此，计算机技术的功能大约每年就要成倍增强，而基于计算机的“成熟”技术的成本大约

每两年就要降低一半。

莫尔定律可以很容易找到佐证：想想你或你父母购买的第一台电脑的功能以及它的价钱。然后，再拿它与你现在正在使用的电脑比一比，是否电脑的功能大大增强，而价钱却大大降低了呢？你的答案就足以证明莫尔定律。

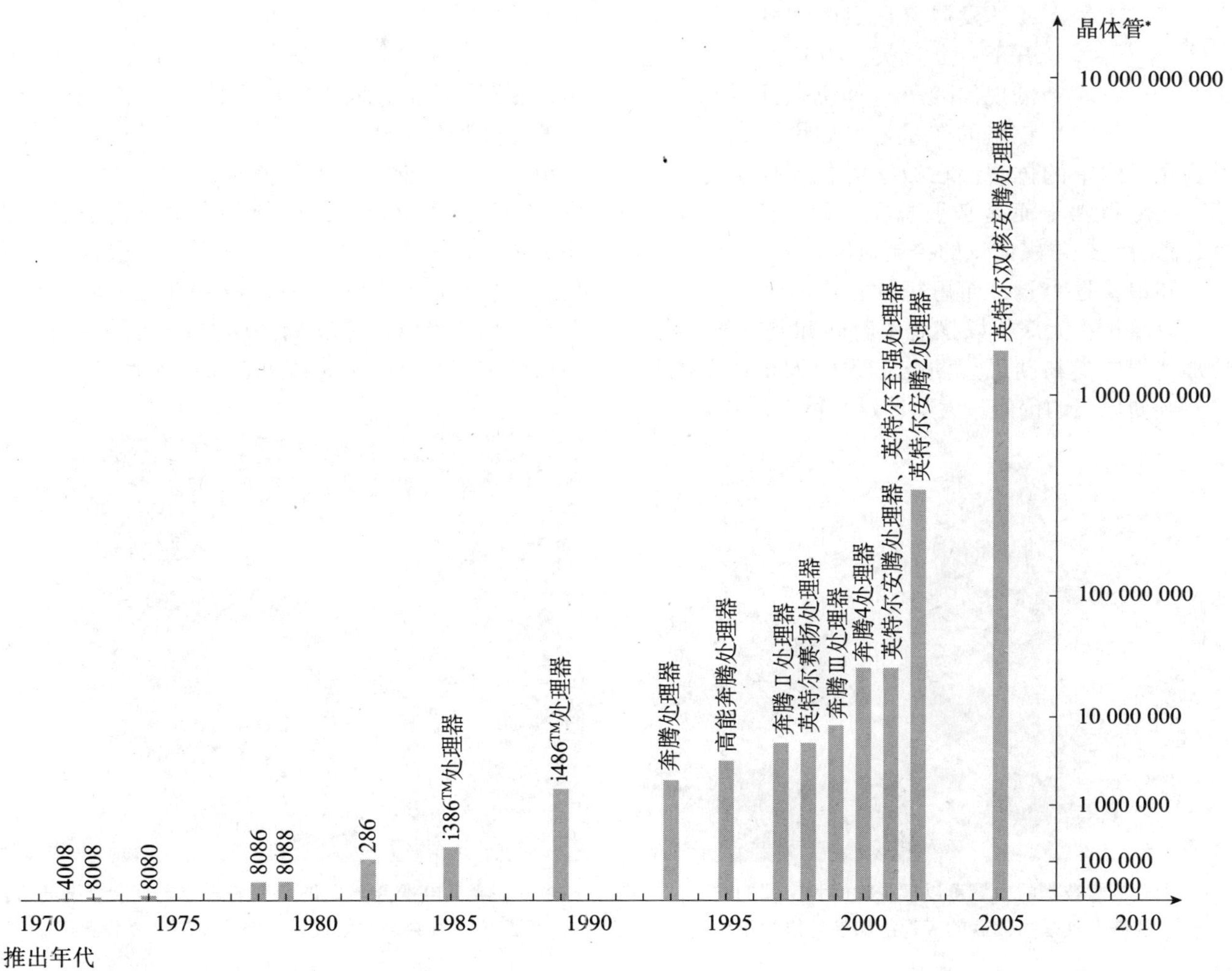

*竖坐标长短与实际晶体管数量并不成比例。

莫尔定律：随着可以印在集成电路板上的晶体管数目的成倍增加，集成电路板的尺寸将以每 12～18 个月 50%的速度递减。

运用诸如莫尔定律这样的预言性模型，历史学家厘清了整个 20 世纪直至 21 世纪初技术发展的路径。在这条轨道上，技术创新的速度以及技术
75 对文化、社会、传播产生的影响，都发生了指数型增长。尽管有时我们似乎感到我们将来会不可避免地陷入技术混乱，但是这一进程却依旧在自然而然地向前走——广而言之，大众传媒也是如此。在数字时代，创新可以给明显的混乱局面带来秩序，但同样的创新也会带来更大的混乱，这样就形成了变革的快速螺旋，需要社会不断调整适应。这就提出了两个问题：技术变革的增速能否持续，或是说变革的浪潮会否减慢？如果当前的模式持续下去，对数字时代来说意味着什么？

统治媒介信息

今天，新的思想在网络空间中以光速移动，从世界的一端传播到另一端。信息的高速传播为

> 今天，新的思想在网络空间中以光速移动，从世界的一端传播到另一端……为发展一种大同的文化和通用的发明语言奠定了基础。

发展一种大同的文化和通用的发明语言奠定了基础，也推动了创造与变革的引擎，因此，大众传媒的发展拿自然的和政治的边界开了一个玩笑。事实上，21 世纪的现代战争与其说是武器和战场谋略的较量，不如说是意识形态对抗在媒体中的体现。在数字时代，战争的任务不再是赢得疆土而是必须志在获得人心——主要就是赢得大众传媒信息的控制地位。

知识就是力量，而思想的自由流动一旦开始就难以阻止。大众传媒摆脱了时间和空间的过滤，使那些想要参与新思想演化进程的人得以亲眼目睹并判断思想的价值。大众传媒，特别是基于互联网技术的媒体，通过一个创造性的网络把知识、信息链接起来。它们很可能是加速 21 世纪变革的最强大的力量之一，说不定也是人类历史上最强大的力量。

比如，在中东，半岛电视台从 1985 年开始播出，其运转模式如同 CNN 一样。这两个电视台之间的竞争是争夺受众的竞争，但同时也是在文化历史观、社会准则和意识形态方面的竞争——对中东甚至更大范围内的受众群产生不可估量的影响。中东人非常了解这场斗争。第二次世界大战后以及整个冷战时期，中东地区都是苏联外交的首要关切。当时，苏联利用信息战确保该地区对自己效忠，同时在该地区制造反美情绪。

大众传媒技术的力量可以摆脱时间和空间的过滤，使得即使是最偏远的人都能够参与媒介革命。

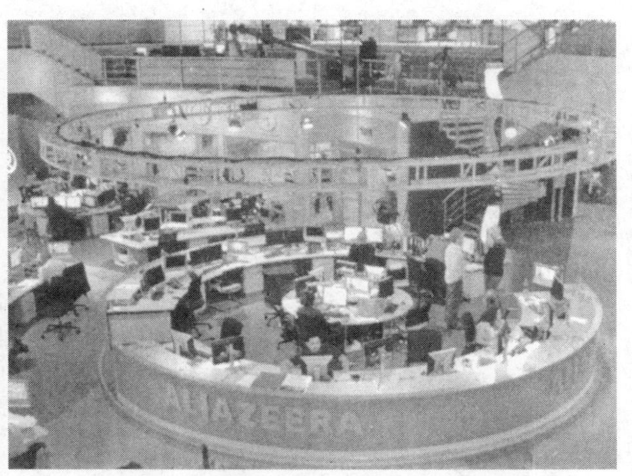

在中东，半岛电视台与 CNN 不仅在播出时间上展开竞争，而且为在社会、文化意识形态方面赢得受众竞争。

76 应对"未来冲击"

电子媒介无所不在，要求我们所有人学会应对并挖掘自己现有的潜能。美国未来学家阿尔温·托夫勒（Alvin Toffler）把这一过程称为"未来冲击"。这也是他 1970 年的畅销书的名字。社会学专业出身的托夫勒提醒世人说，技术的快速变革，特别是计算机和媒介技术的变革，势必会让许多人感到无法抵挡，结果会产生信息超载（信息超负荷），并因此造成一种广泛的社会剧变 。我们现在知道，托夫勒至少是不完全正确的。当代未来学家理查德·斯拉夫特（Richard Slaughter）指出，托夫勒理论最大的一个缺陷就是，他的结论只是从通俗心理学的视角出发，主要观察的是外界因素。而事实已经证明，大多数情况下，社会和文化，以及大多数个体，都对这种充满动力的变革极为适应。[8]

在出版、广播、电信和互联网领域，新的媒体技术和技能并没有取代旧的媒介，但是却重新定义了旧技术中最好的元素并将其吸收进入下一代技术。今天，我们愿意接受大多数大众传媒的创新，即使我们在面对应接不暇的最新款的硬件设备、平台和互动界面时，这些创新迫使我们努力克服一段短时间的混乱。许多媒介技术的创新对于我们保持与不断发展的"数字社区"网络的联系非常必要。因此，我们大多数人都乐于面对挑战，学习新媒体，把我们付出的辛苦全然当做交给信息时代的学费。

聚合技术

在第一章，我们介绍了聚合的概念，这是数字大众传媒的一个现象。当媒介发布工具和平台不可阻挡地同化成少数几个媒体平台的时候，我们称之为技术聚合。比如，广播电台和电视台的节目制作与印刷媒体融合，并通过网络空间向用户可编辑的、互动的网络节点和链表发布。21 世纪 77
早期，人们希望把所有媒介内容“迁入”互联网，于是催生了这种聚合。这是好事还是坏事？答案同样取决于个人的视角与接近、参与数字世界的程度和能力。

今天，在世界的许多地区，如果没有通过某种数字工具保持连线会被认为是异类。

数字时代正在演进并向全球蔓延，若想全面参与，需要个人长期不懈的学习。同时，这一趋势还需要我们具备能力获取通常是相互竞争的图像和声音、无休止的信息冲击和不间断的新闻播报——从重大事件到娱乐节目和无聊的八卦。知识、信息、娱乐和社交网络体系始终处于一种动态。为了帮助我们适应这些信息的容量和速度，技术创新者创造了更复杂的工具，以使我们可以在数字世界里游刃有余。手机、个人数字助手（PIDAs）以及诸如iPod 这样的便携媒体播放器成为我们个人与这个正在聚合的通信、信息、娱乐和教育网络相联系的节点。大众传媒变革的速度越快，让我们做更多的事情、学习更多的东西的机会就越大，创造和创新的机会也就越大，当然，这也意味着我们有些人会因此而觉得更加超负荷、更加焦虑、更加跟不上潮流。由于视角不同，在有的人眼里，这是一个激动人心而美好的世界；而在有的人眼里，这是一个更加令人感到恐惧的世界。虽然托夫勒的社会剧变预言现在看起来还很遥远，但媒介技术聚合能够并且已经让一些人感到紧张。

> 知识、信息、娱乐和社交网络体系始终处于一种动态。为了帮助我们适应这些信息的容量和速度，技术创新者创造了更复杂的工具，以使我们可以在数字世界里游刃有余。

大众传媒的社会角色在演变

大众传媒充满活力的变化和聚合不仅对用户个人如何在图文信息的海洋里游走形成了挑战，

而且也对职业媒体人提出了更大的责任要求：在媒介内容与受众之间，充当可信赖的解读者和诚实的中间人。比如说，新闻媒体现在有责任指导受众进入技术创新的下一个发展阶段——如《纽约时报》的科技版就是这样做的。类似的媒体还有科技新闻和评论网站 cnet.com，科技新闻网站 78 TechNewsWorld，以及一直广受欢迎的《连线》杂志等。总之，大众传媒也会帮助人们理解传媒和传媒技术一旦进入新的发展阶段，社会将会怎样运转。大众传媒的这一作用越来越重要。我们可以想一想，参与式的大众传媒发展趋势，比如电台脱口秀节目和互联网博客，对美国人参与选举进程有什么影响。在 2008 年美国总统大选中，YouTube 对竞选活动进行了直播，大众传媒科技从此改变了政治竞选的面目，激发了更多的公民参与，使政治广告、辩论和演说直接进入我们的笔记本电脑。

2007 年 YouTube 直播的一次民主党总统竞选辩论永远改变了政治竞选的面目。

从本质上说，大众传媒科技的进步、媒介平台的聚合，以及新闻、教育、娱乐内容向网络的迁移，正促使媒体对人数不多、特殊的受众群体给予更多的关注。同时，这些群体也可以享受到范围更宽的媒介内容选择。这部分是因为现在数以百计的电视台、广播电台可以通过同一带宽传输节目，而在过去，同一带宽只能容纳 10 多个电视台和几十个电台频率。

塑造一种新的全球文化

正如我们之前提及的那样，大众传媒的数字革命正在打破原来国家、文化和阶级之间的界限，但也同时在形成新的社会、经济和文化挑战，而这些挑战具有全球性的影响。从全球范围看，我们的精神、社会、文化和经济生活互相交织缠绕，无法彼此割裂。理论上，这个由大众传媒联结的世

> 从全球范围看，我们的精神、社会、文化和经济生活互相交织缠绕，无法彼此割裂。理论上，这个由大众传媒联结的世界最终将会给每个人带来益处，而对于有些人来说，好处可能会来得早些。

界最终将会给每个人带来益处，而对于有些人来说，好处可能会来得早些。所谓潮涨船高，机会对每只船都是均等的。对于许多人来说，这一趋势表明这个世界向实现麦克卢汉的“地球村”又迈进了一步。比如，商业规则正在重新界定，更多的人正在参与、进入正在扩大的全球市场。有人提出，一个印度新德里的小店店主在全球市场中的角色如同伦敦一个跨国公司总部的销售经理。但是，对于那些还在故步自封于自己群体和文化的历史、社会遗产中的人来说，这种打破疆界的革命被看做一种威胁。

大众传媒和数字传播技术促进世界融合的势头越快，那些因循守旧者竭力保持慢而简单生活方式的意识就越强。不过，有意思的是，那些反对者不愿接受的许多变化通常很快被接受下来，并成为改变他们世界观的工具。例如，奉行极端主义的“基地”组织已经开始通过网站、电子邮件以及复杂的流媒体等工具到处谴责技术创新和西方思想，而他们使用的这些技术曾被他们宣称为对他们国家、文化和宗教信仰的威胁。

即使秘鲁最偏远的村庄，也逃不过大众传媒技术全球化的影响。

在《未来的思想》一书中，劳伦斯·莱西格（Lawrence Lessig）引用了 16 世纪意大利外交家、哲学家尼科罗·马基雅维利（Niccolo Machiavelli）对那些负隅顽抗创新的人的恰当描述。这番话出自马基雅维利 1513 年的《君主论》。这一关于政治统治和控制艺术的著作成为马基雅维利最有名的作品，其中的一些话今天依旧适用：

> 创新的敌人就是所有那些在旧制度下发
> 达的人，而那些新制度的受益者仅仅会对创 79
> 新给予不冷不热的支持。这些人的支持之所以有些不疼不痒，部分是因为恐惧，部分是因为有些迟疑，从不相信新的事物，除非他们已经有亲身体验。[9]

可以说，那些抱怨电视、电影、流行音乐和互联网会造成文化和道德危机的人们，实际上是把自己放逐于一个正在强劲变化的大众传媒世界之外，剥夺了自己从数字时代获益的巨大机会。

西班牙哲学家乔治·桑塔亚纳（George Santayana，1863—1952）说：“不会从历史中学习的人注定要重复历史。”在数字时代，我们通过大众传媒不仅了解新闻事件，同样也是在了解历史的发展进程，使得我们能够为自己的未来筹谋。变化发生得越快、势头越强劲，大众传媒作为分享和指导变革方向的媒介就越重要。拥有正确的态度和开放的思想，我们就能够从所有媒介中学习，从所有的声音和思想中学习，无论渊博与否，无论信仰如何。这对我们来说是一种挑战，需要我们承担责任，选择最好的平台、最值得信赖的信源，对于我们消费和创造的媒介的质量和数量，进行更多的知情选择。这一观点得到了佛罕大学（Fordham University）传播与媒介研究教授保罗·莱文森的认可。他的关于大众传媒未来的观点可以参见视频材料《保罗·莱文森谈大众传媒的未来》。

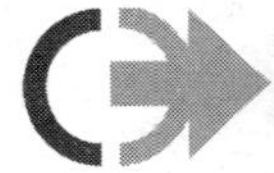

印刷媒介的生与死

数字时代，书籍的命运会怎样？随着电子读物愈发受欢迎，以及数字阅读器的出现，比如

Kindle、Nook 以及 iPad，我们无法否认书籍在社会中的特质和作用正在发生改变。图书馆是否正在迅速成为网络空间的门户——我们只需电子登录而无须身体亲临现场？知识与娱乐是否正在迅速向电子平台和网络空间迁移，以致书籍作为一种媒介正进入古董阶段？

《保罗·莱文森谈大众传媒的未来》截图。

继麦克卢汉的地球村理论之后，又一位现代传播与传媒研究教授对大众传媒未来发展的真知灼见。

80 1802 年，美国开创者之一、第三任总统托马斯·杰斐逊签署法令，批准为建立国会图书馆集资。杰斐逊与第二任总统约翰·亚当斯（John Adams）都认识到建立一座大型国家图书馆的重要性，他们希望这个图书馆可以成为积聚知识的中心，成为这个新成立的国家文化、科技进步的中枢。杰斐逊预言说，美国国会图书馆有一天将成为全世界最具影响力的国家图书馆。他以公元前三世纪埃及托勒密二世创建的亚历山大图书馆为蓝本进行了设想。作为那个时代的未来学家，杰斐逊认为，如果想让民主生根、延续，这个国家的领导人和公民需要获得、积聚大量的知识，以鼓励和确保思想的自由流动。在杰斐逊任职期间，在他亲自指导下，美国从当时被认为是西方文明中心的欧洲购买了数千种书籍。1809 年，杰斐逊退休，他把自己收藏的近 7 000 册图书卖给了国会图书馆，这是当时美国最大、最有价值的藏书，而售价只合每本 3.69 美元，共计 23 940 美元。正如杰斐逊设想的那样，他的努力启动了一个至今仍在持续的进程，美国国会图书馆成为世界上最大、最具综合性的图书馆。[10]

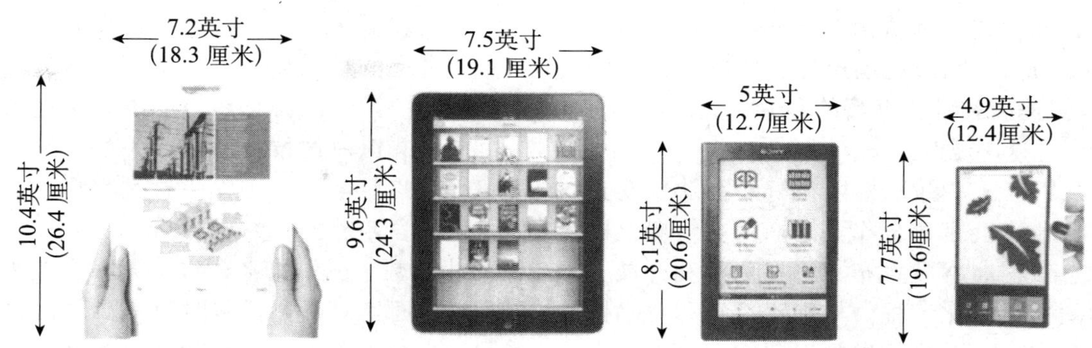

资料来源：Amazon. com，Song，Barnes & Noble，Apple.

	Kindle DX	iPad	Reader Daily	Nook
显示器	9.7 英寸（25 厘米） 黑白 自动旋转	9.7 英寸（25 厘米） 彩色 自动旋转	7 英寸（18 厘米） 黑白 自动旋转	6 英寸（15 厘米） 黑白 彩色导航 竖版
存储	4GB （最多 3 500 篇）	16～64GB	1. 6GB* （几百篇）	2GB* （最多 1 500 篇）
价格	见原文			
重量	见原文			
电池	待机 1 周	10 个小时	待机 1 周	关机 10 天
可用图书	超过 40 万册	未知	超过 100 万册	超过 100 万册

战争开始了。

苹果是正在扩大的电子书市场里的后来者。它的 iPad 是如何与竞争者较量的呢？

注：带 * 表示可扩展。

今天，书籍依旧很重要，但它们的形式已经发生了演变。20 世纪 90 年代早期，大英图书馆已经开始对其馆藏的大量书籍和印刷媒介（杂志、期刊、绘画和摄影图像）进行数字化处理。1993 年，美国国会图书馆在詹姆斯·毕灵顿（James H. Billington）主持下开始了一项浩大工程，将其巨大馆藏转化为数字媒介。这一工程标榜的是 81
“国会图书馆正在变成一个对国家教育、竞争和创新需要更重要的催化剂”[11]。这一庞大的技术变革项目的目标是把国会图书馆变成世界上最大的信息和知识数字存储中心。这一进程今天仍在继续。

图书馆数字化

正在国会图书馆发生的事情，也发生在大众传媒的各个层面以及各个领域和学科——自然科学、文化、人类学、经济学、哲学、宗教、政治、艺术、音乐和娱乐。所有的媒介内容正在向数字平台和网络空间迁移。在这一过程中，国家图书馆并非没有面对激烈的竞争。例如，2005 年，谷歌公司宣布了谷歌图书馆计划。最初，谷歌与纽约公共图书馆以及一些著名大学，如牛津大学、哈佛大学、斯坦福大学和密执安大学的图书馆签署协议，寻求将所有参与图书馆的数以百万计的图书全文进行数字化扫描，而所有成果都可在谷歌网站上搜索获得。

当这个设想刚刚提出的时候，谷歌图书馆计划备受争议，因为它挑战了传统的版权理念，而且给版权执法带来了麻烦（见第 11 章）。2005 年，美国出版商协会与作家同业公会、美国书商协会以及另外五家出版公司联合起来将谷歌告上联邦法庭，以阻止谷歌这一计划。谷歌争辩说，它的图书馆计划将使世界上每个人都可以搜索到世界上巨大的知识库，因此可以极大地提高书籍的使用率，也因此会提高其价值，最终使出版商、作者和读者受益。谷歌公司还声称它的图书馆计划将在21世纪提高和延长书籍的寿命。显然，不是每个人都同意这一观点。

随后几年，这一诉讼得以化解，谷歌现在正在与各个行业协会密切合作，把印刷书籍搬上网络。2010年3月，谷歌宣布它将在意大利开展一个类似的图书数字化工程，与佛罗伦萨和罗马国家图书馆合作，将无数已过版权期的书籍进行数字化处理，其中包括特藏书籍、科学类书籍，以及意大利最著名的一些诗人、作家的文学作品等。[12]

为了与谷歌展开竞争，国会图书馆与联合国教科文组织合作，于2005年发起了世界数字图书馆计划。不过，有意思的是，这一工程的赞助者名单里包括谷歌。该计划的目的是，利用最前沿的、以网络为基础的技术，搭建世界上最大的数字图书馆。其他国家图书馆，包括埃及的亚历山大图书馆、巴西国家图书馆、埃及国家图书馆与档案馆。俄罗斯国家图书馆也已加入了这一雄心勃勃的国际计划。在2007年的任务宣言中，世界数字图书馆计划陈述了这一设想中的图书馆的目标：

> 世界数字图书馆将聚集世界文化中有意义的原始资料，包括手稿、地图、特藏书、乐谱、录音、电影、印刷品、摄影作品、建筑设计图稿以及其他有意义的文化资料。所有这一切，将可以在互联网上以多语种的形式呈现，并可免费获取。世界数字图书馆的目标是，促进国际和文化间的相互理解和自觉，为教育者提供资源，在互联网上扩展非英语、非西方的内容，为学术研究做贡献。该图书馆的工作语言有阿拉伯语、中文、英语、法语、葡萄牙语、俄语、西班牙语，而文献内容还包括其他语种。其他特点有：通过地点、时间、话题和条目类型以及贡献机构进行检索、浏览；“记忆”专区可以让读者就某一国家的文化和历史进行深度探究；此外还有图书馆馆长的视频讲解，告诉读者为什么某些第一手文献资料很重要，以及他们能够告诉读者哪些文化方面的知识。[13]

世界数字图书馆平台包含各种令人激动的新 82
的用户界面工具，包括实时语言翻译。这一工具使得用户在浏览外文文献时可以通过一个动态窗口将浏览的文本自动翻译成自己想要的语言。此外，智能语音翻译可以把用户选择的任何文本以用户选择的语言读出来，使得更多的人可以获得不同的内容，而这在数字时代之前是不可能的。有关世界数字图书馆成为现实的内容，可以进一步观看视频资料《世界数字图书馆计划》。

如果你是1980年之后出生的人，那么你所熟悉的图书馆会与你之前出生的几代人所使用的图书馆大不相同。众多的计算机终端和巨大的计算机数据库服务器占据了今天的图书馆。事实上，在大多数城市地区的图书馆的主要分部都提供数以百计的供公共使用的电脑。图书馆导览员的历史角色已经发生变化，他们原来指导读者如何从书架上找到想要的书，而现在他们是这个复杂世界里进行信息管理的专家。最小的社区图书馆虽然还在收藏受欢迎的书籍、CD和DVD，但它们也是连接数百个其他图书馆网络的初级门户。这个网络里包括公共图书馆、主要大学的图书馆、国家图书馆，乃至与日俱增的私人图书馆，而这些图书馆分布在全州、全国甚至全世界。美国历史学家安东尼·格拉弗顿（Anthony Grafton）提醒说，数字图书馆可以让一个文明前所未有地更加了解自己，但同时历史著作的数字化有可能导致其走向灭亡，因为在这个浩如烟海的信息网络里，它们很可能从我们的视线中消失，不再被我们关注。

按需印刷出版

对于一些人来说，图书馆数字化合乎逻辑的下一步发展是一种全新的出版形式，被称为按需印刷（print-on-demand），亦即一本书直到接到订单才会印刷。现在已经研发出支持这一模式的技术，为出版商和消费者双方提供了切实可行的选择模式。

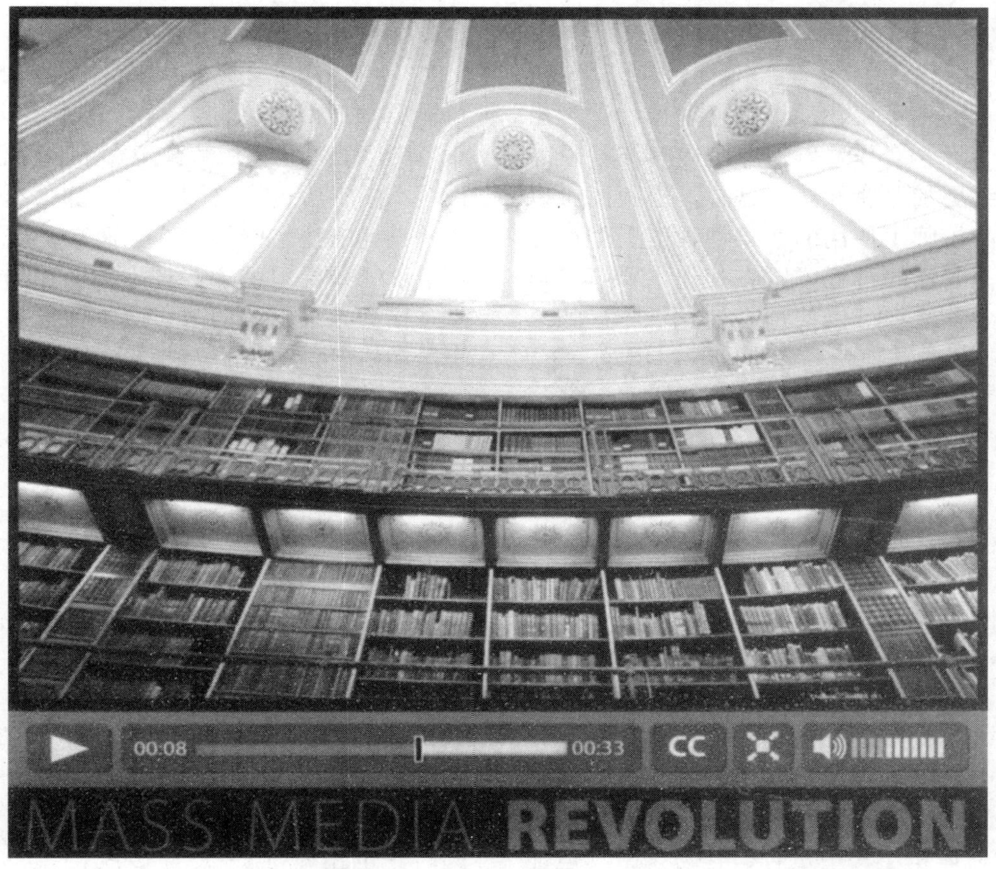

《世界数字图书馆计划》截图。
国会图书馆的世界数字图书馆计划成为现实。

以下是这一过程的运转模式：假设一个读者在浏览博客时听说了一位新的作家，对其冒险小说产生了兴趣。她会在谷歌上搜索，找到这位作家的一系列作品。她使用谷歌图书搜索在线阅读了这本书的第一章，然后决定购买。她只要简单
83 地点击出版商的链接并购买整本书的数字下载，几分钟之后整本书就会下载到她的电脑上。接下来，这位读者可以使用自己的高速彩色打印机把这本书打印下来，也可以把其中的一些章节保存到自己的笔记本电脑、掌上电脑或电子阅读器上，这样她就可以在坐火车时或是午饭休息时间随时看一看。她甚至还可以选择到本地图书馆下载免费的有声读物版本，放到自己的 iPod 上，这样她就可以在晨练时听听这本书。用哪种方式获得这本书，完全靠这位消费者的自主选择，她可以选择最适合自己个人时间安排和生活方式的媒介，而这一切都是因为图书出版进入了数字世界才成为可能。除了按需印刷模式，我们还将在第 4 章探讨一些新的出版方式。

贾森・爱泼斯坦是兰登书屋原编辑主任，他还创办了安克出版社（Anchor Books）和《纽约书评》杂志。对于他来说，像自助取款机一样无所不在的按需印刷的机器是最理想的东西。有了它，买书的人就可以利用机器上的集成电脑在网络上——或许是通过谷歌图书——搜索自己想要的书。然后，他可以在机器上刷信用卡，通过触摸屏进行选择。机器会把图书下载，供购书者打印，包括彩色插图，最后就是装订。购书者还可以从这本书的主文件夹中选择下载封面款式，制作个性化封面。只需几分钟，机器就会发出信号，一本崭新的按需印刷的书就从机器底部一个槽口“出炉”了，如同一罐苏打水从售货机里滚出来一样。

这是不是一个有意思的想法呢？或者，如果你是一个书店的店主，你是否会觉得这是一个危险的创新呢？这些只是目前学者、出版商、生产商和消费者争论的众多问题中的几个。

课本个性化定制

教科书也发生了变化。像本书这样的课本出版商有时会与大学合作，以使课本内容与学校课程和教学大纲更加紧密相连。这样，出版商可以推出供这些高校师生使用的在某种程度上个性化定制的教材。同样的过程可以在其他主要高校重复，这样每个学校都可以使用个性化课本。如果你把自己的教材与其他学校学生的教材比较一下，可能会发现两者之间在内容总体结构上的差异、章节顺序的不同、后续甚至章节名称也都不一样，而基本内容所包含的知识元素却大抵一致。支持这种设计的技术已经存在，而且一些前卫的出版商也已经开始采纳这些技术。这种趋势意味着数字时代会导致书籍的消亡吗？抑或是意味着图书出版和使用的重生？

电子书市场

慢慢兴起的电子书市场正在全面影响出版业。电子书模仿标准印刷图书页面的版式和外观，通过专门、轻便的垂直屏幕阅读器浏览。电子书的控制按钮也非常容易操作，具有内置无线宽带设备，使消费者可以方便地购买、下载数字文本。

84 索尼公司以其便携电子书产品"读者数字书"较早进入了电子书市场。2007 年晚些时候，网络书商亚马逊也进入电子书市场，其产品是 Kindle。这一款电子书体积小、重量轻、容易携带，但能提供数千本图书的下载容量，而且价格相对较低。

2010 年 1 月，苹果公司创始人和首席执行官史蒂夫·乔布斯推出了平板电脑 iPad，也因此带动了电子书市场的重大调整。iPad 代表着电子书向前跨越了一大步，因为它不仅像其他电子阅读器那样轻便、易携带，而且像素高，拥有全彩显示器，内置集成 WiFi 网络浏览功能和媒体播放功能。iPad 承诺致力把平板电脑打造成囊括书籍、报纸、杂志的数字阅读设备，同时提供今天所有巨大数字内容的移动窗口——文本、图像、电台、音乐、视频、电影和电视节目。这意味着 iPad 将为大众传媒聚合做出新的贡献。

数字内容和互联网的持续发展是否真的意味着书籍和其他印刷媒介将慢慢消失呢？或者说，对一切进行数字化、网络化处理的大潮是否会推动书籍出版的创新或是"重生"？有意思的是，在电脑、软件和网络空间得到普及和发展壮大的同时，也出现了一大批传统的读物，帮助我们学习在数字世界里航行的新技能。这些书也对数字世界和我们为了适应数字世界所付出的努力进行了点评、批判，当然有时还有一些讽刺。迈向数字时代的步伐为印刷内容开辟了一个令人吃惊的市场。2004 年，全国教育协会（National Education Association）的一项研究表明，只有 57%的美国成年人一年内至少阅读了一本书，而经常使用电脑的人阅读量则要大。网络上不仅有丰富的打折图书，而且还有被读者和书籍热推的网站、论坛和博客。[14]

数字内容和互联网的持续发展是否真的意味着书籍和其他印刷媒介将慢慢消失呢？或者说，对一切进行数字化、网络化处理的大潮是否会推动书籍出版的创新或是"重生"？

报纸杂志数字化

与书籍和图书馆一样，报纸杂志也在经历一场向数字时代的转变。事实上，许多报纸杂志在竭力争取生存。自从 2000 年，报纸的发行量和市场渗透力已经开始逐步下滑。以分类广告为例，在 20 世纪，它是报纸最有利可图的财源，这可能会让许多人吃惊。诸如 ebay（电子湾）和克雷格 *85*
列表（Craigslist）等互联网服务站点迅速发展，迫使报纸不得不挤入互联网建立自己的分类广告服务。然而，除了诸如《华盛顿邮报》、《纽约时报》、《芝加哥论坛报》和《波士顿环球报》等几家全国性大报，对于其他报纸来说，起步太晚而无法有效竞争。

许多报纸和杂志已经被迫采用了全新的商业模式，蜂拥而上地推出网络版，使之成为自身运营和广告收入不可分割的一部分。作为大众传媒，开办了相应网站的杂志继续保持成功，而互联网的持续发展则催生了一批非常成功的新技术杂志，它们的印刷版与网络版相映生辉。《连线》杂志和《种子》（*Seed*）杂志堪称利用现实世界与网络世界两个版本平行出版优势的范例。许多其他的主流杂志，如《新闻周刊》、《时代》、《纽约客》和《体育画报》等，都在开发有效的、在经营和编辑上平行的商业模式，从而吸引了更多的受众，带来了更多的广告收入。

绿色出版

书籍可以提供一些切实可感的互动，以丰富人们的阅读经历，比如手掌感觉到的书的分量、一本旧小说散发出的气味、书页的质地等等。一些人认为，无论技术多么精湛，平板电脑或电子阅读器都无法复制这种体验。对于许多读者来说，这种与媒介在感觉上的连接是媒介所传递信息的一个重要部分，是阅读经历中整个愉悦感的一部分——在某种意义上说，可能是种庄重感。正如麦克卢汉所指出的那样，“媒介即讯息”。为了证实这种说法，《信息的社会生活》一书的两位作者约翰·希利·布朗（John Seely Brown）与保罗·杜奎德（Paul Duqid）写道：“文本（的格式）对于你如何使用它有巨大影响。”[15]

尽管这是事实，还是有许多出版业的人认为书籍终将消亡，我们知道这不可避免，这部分是因为制作纸质书籍的生态成本和资源消耗很快就会变得让地球无法承受。比如，绿色出版的支持者主张告别传统出版模式的运动，提倡节省资源的数字化出版和发行方式。传统的图书出版需要砍伐大量的树木，运输木材到纸浆厂，再到造纸厂又会产生运输成本。而造纸厂需要使用有毒化学品，并消耗大量能量把纸浆做成纸。把纸转运到印刷厂同样需要耗掉更多的燃料。印刷厂使用有毒化学品和胶合物进行装订，这样又增加了环
境压力，而且成品书的发行需要更多的运输和贮 86
存资源。纸张循环利用可以帮助减轻一些环境成本，但却会消耗更多能源。

已经发生改变的媒介会以什么方式改变一个消费者的信息体验？

从环境的角度看，不难想象，为了使这个星球免遭环境灾难，21 世纪中叶，传统书籍就会消亡。印刷书籍可能正在进入古董阶段，但是书籍本质的概念却会存留下来，因为所有社会都赋予了它大众传媒和文化的价值。

信息革命：创新与障碍

我们已经看到了大众传媒技术能够如何带来社会和政治的深刻变革。这种变革引发了一种信息革命：技术为人们提供的信息通路越多，人们向更宽泛的受众圈放大、传播信息的本能就越强。我们可以以朝鲜为例来看一看这个问题。

在新千年里，廉价电视机、录像机和 DVD 播放机的强大走私浪潮涌向中朝边境地区。沿海以及与中国和韩国交界地区的人们开始可以看到韩文

和中文的电视肥皂剧、好莱坞电影和CNN、BBC等电视台的新闻节目。当然，对于一个奉行“先军”政策、尽其所能要控制公民信息获取的政权来说，未经允许拥有电视机、录像机和DVD机或是任何其他可能打开媒体通路的设备，不仅是违法的，也是危险的——对政府和人民来说都是如此。

看外国电影、电视，听外国电台广播被认为是反社会主义的行为。政府特工和军队深入社区和村庄检查这些违禁品，拥有者被发现后将被抓捕。但是媒介的闸门已经被打开了：越来越多的朝鲜人已经意识到，外面世界的样子不是政府告诉他们的那样。这种接触让他们知道了在他们国家边境线之外，存在着表达关于国家、生活和人们的新思想和信仰的多元声音。生活在内地的人们依旧与世隔绝，基本上还未受大众传媒洪流冲击，但是已经接触过大众传媒的人口比例确实在上升。因为人们有了新知识，朝鲜的与世隔绝和强制性的领导人崇拜很快就会逐渐难以为继。虽然说朝鲜发生彻底
革命还为时尚早，但它的人民与他们国土之外的 87
大的传媒世界间的距离正在缩小，显示出大众传媒至少可以刺激改革的热望。

虽然说朝鲜发生彻底变革还为时尚早，但它的人民与他们国土之外的大的传媒世界间的距离正在缩小，显示出大众传媒至少可以刺激改革的热望。

“读—写”媒介文化

受众正在从印刷媒介向网络媒介资源迁移，这一趋势推动了受众对更具参与性和创造性的网络出版业的需求。这一趋势也推动了印刷、广播媒体内容向新的以互联网为基础的混合型媒介内容的融合。这一趋势正在把内容和编辑选择权转交到大众传媒消费者的手中——这被知识共享组织创始人、新媒体影响研究领域权威人物劳伦斯·莱西格（Lawrence Lessig）称做“读—写”媒介文化。在这种文化中，通过可以让每个人都能成为自己的新闻编辑或是娱乐节目制作人的技术，媒介内容制作者向消费者提供创意、娱乐和新闻内容元素。换言之，在数字时代，我们同时成为媒介内容消费者和制作者。传统上，大众传媒受众主要是媒介内容的消费者，而不是制造者。根据莱西格的观点，我们正在告别这种传统的、只能阅读的媒介文化。

我们确实在见证一场大众传媒的权力交接。内容控制权正在从广告业支持的媒体生产者和发行者手中转向大众传媒的消费者。消费者控制媒介内容包装和流动的权力越来越大，而广告和制作模式也在相应地做出调整。

那么，在这场大众传媒革命中，谁处于最有利的位置？我们每个人都是。麦克卢汉说，

> ……未来的工作包括在自动化时代学习生活（而不是挣钱谋生）……因为信息时代要求同时运用我们所有的才能，我们发现，在我们最高度融入的时候，也是我们最悠闲从容的时候，这种情况与所有时代的艺术家很相像。[16]

88 

结论：适应变革

人类思想和发明的工具，从古时候的“大笔”到现代具有超能力的计算机和互联网，是我们赖以把想法变成现实、与他人分享、探讨和强化我们世界观的媒介。因为我们不喜欢或是感觉我们不能影响或改变我们自己，而遣责媒介以及赋予了媒介力量和影响力的技术的做法司空见惯。爱尔兰著名作家萧伯纳（1856—1950）曾写道：“民主制就是确保我们以一种应得的方式被统治。”[17]相似地，我们也获得了我们应得的大众传媒。大众传媒自身无所谓好与坏，是我们对大众传媒的使用决定了它的价值。与以往相比，今天，我们每个人都成为推动变革的动力的一部分，对于未来，我们都肩负着一定的责任。

我们是在建设一个未来的乌托邦还是在建立

一个未来的“敌托邦”？20 世纪的科幻作家用小说的笔触对 21 世纪是什么样子进行了描绘。在一个场景中，技术的快速发展给人类带来了知识和娱乐方面无限的机遇。也有人预想未来会出现大灾难——因为技术太多、发展太快造成了最终的技术“崩溃”，使人类重回到技术低下的 19 世纪，在十分艰苦的新条件下拼命求生。在关于未来的一种悲观观点中，大众传媒完全控制了人类，因此我们变得麻木、懒惰，不再充当有批判精神的媒介消费者，为商业、宗教和政治控制打开大门，进入一个媒介“富人”与媒介“无产者”争斗的世界，滋生社会和文化的暴力冲突。

最终，变革的动力蕴藏在思想链带动技术不断进步的进程中人类对每次飞跃的巨大的适应能力。所有大众传媒能够同时成为社会进步的工具，成为我们学习成功应对不断创新的世界的方法。

89 

思考题

1. 选择一种新近的大众传媒技术，比如 iPad，结合技术创新的阶段，说一说你认为它的未来会如何。

2. 如果莫尔定律再能运用 10 年，你认为以计算机为基础的大众传媒技术会发展成什么样子？

3. 10 年以后，你觉得书籍和图书馆会变成什么样子？请列举两三点促成这种变化的主要技术。

4. 描述一下在今天的非洲或亚洲，技术推动变革的主要障碍是什么？

【注释】

[1] Lane, F. (2007). OLPC's XO faces many challenges. *Sci-Tech Today*, http://www.sci-tech-today.com/story.xhtml?story_id=12300CLQOP4L&fullL_skip=1.

[2] Ibid.

[3] Ibid.

[4] Moscovciak, M. (2010, February 12). Blu-ray quick guide. *CNET Reviews*, http://reviews.cnet.com/2719-13817_7-286-2.html?tag=page; page.

[5] Shankland, S. (2005). FAQ: HD DVD vs. Blu-ray. *Cnet News*. http://news.cnet.com/FAQ-HD-DVD-vs.-Blu-ray/2100-1041_3-5886956.html.

[6] Moscovciak, M. (2010, February 12). Blu-ray quick guide. *CNET Reviews*, http://reviews.cnet.com/2719-13817_7-286-2.html?tag=page; page.

[7] 技术创新的阶段，许多作者曾有论述，但略有不同。本章相关内容是作者在总结自己有关大众传媒变革动力的多次讲座和研讨的基础上形成的。

[8] Slaughter, R. (2002). Future shock re-assessed. *World Future Studies Federation Bulletin*, *27* (1).

[9] Machiavelli, M. (1513). *The prince*.

[10] Jefferson's library. (2008). http://www.loc.gov/exhibits/jefferson/jefflib.html.

[11] http://www.loc.gov/librarianoffice.

[12] A digital renaissance: Partnering with the Italian Ministry of Cultural Heritage. *Official Google Blog*. http://googleblog.blogspot.com/2010/03/digital-renaissance-partnering-with.html.

[13] http://www.unesco.org/en/director-general/mission-statement/.

[14] Levy, S. (2007, November 26). Books aren't dead (they're just going digital). *Newsweek*.

[15] Brown, J. S., and Duquid, P. (2000). *The social life of information*. Harvard Business Press.

16. McLuhan, M. (2003). *Understanding media: The extensions of man*. Gingko Press.

17. Shaw, G. B.

Tour opens
ALL-STAR
Kidnap

第二部分

媒介内容与平台的演变

学习目标

1. 了解美国报业历史上的高潮期。

2. 了解 19 世纪商业报刊、便士报刊和党派报刊的重要性和它们之间的区别。

3. 解释杂志出版业如何从报纸出版业中产生并成为美国第二大传媒。

4. 讨论 19、20 世纪印刷与运输技术的进步如何帮助拓展了印刷媒体的覆盖范围。

5. 思考报纸、杂志和图书的大面积普及对美国文化和消费主义的影响。

6. 了解通俗小说如何改变了图书出版业。

7. 了解影响了美国政治、文化和扩张主义的主要出版王朝。

8. 追溯连环画和绘画小说的历史，说出它们对大众文化的影响，解释这两个产业是如何成为当今出版业最成功领域的。

9. 讨论数字时代印刷媒体面临的挑战。

第4章 印刷媒体

詹姆斯·富兰克林在美洲殖民地创办第一份
95 独立报纸之后300年，一位名叫亨利·贾维斯·雷蒙（Henry Jarvis Raymond）的记者于1851年创办了《纽约时报》。历经150多年的岁月，《纽约时报》出类拔萃，因为在曝光政府腐败和外国新闻报道中秉持公正、平衡的立场而受到广泛认可，成为世界上最受尊重的报纸之一。该报历史上的几件事情对其确立今天的声誉做出了贡献。或许其中最著名的当属1870—1871年间对威廉·特维德（William Tweed）丑闻的报道。“老板”特维德是一名议员，通过不正当手段倒卖城市有轨电车和楼宇而建立了自己的金融帝国。后来，《纽约时报》接到爆料，称特维德一伙儿盗用了2 000万美元的城市基金，于是《纽约时报》对这一贪污案进行了报道。这一报道被认为助推了特维德帝国的崩溃，并结束了这一集团对市政厅的控制。

大约一个世纪之后的1964年，《纽约时报》卷入了一场后来成为判例的最高法院诉讼案，即“《纽约时报》对苏利文案”。在此案中，亚拉巴马州蒙哥马利警察局局长苏利文因《纽约时报》刊印了一整版广告批评蒙哥马利警察局关于种族融合的态度，而将该报告上法庭——尽管这个广告只字未提苏利文。初审做出了对苏利文有利的判决，但是《纽约时报》提出上诉，要求按照宪法第一修正案给以保护。最高法院最终裁决苏利文的指控如果成立，必须首先证明《纽约时报》此举出自“实际的恶意”，即有意伤害。这一裁决标志着“恶意”这一术语首次具备了实质意义。

1971年，美国陷入越南战争泥沼，《纽约时报》与《华盛顿邮报》合作发表了被泄露的文件，即五角大楼文件，揭露了美国在越战中一些不为人知、令人不安的事情。这一报道导致了最高法院的另一个判决，即“《纽约时报》对美利坚合众国案”。这一判决确保了媒体有权报道和曝光政府行为，供公众监督。

2003年，在一起类似案件中，《纽约时报》坚决站在了记者朱迪·米勒（Judith Miller）的一边。当时，米勒拒绝说出是谁向她泄露了中情局地下特工参与了小布什政府对伊拉克所谓大规模杀伤性武器问题的处理。米勒决定宁可坐牢三个月也不透露自己的信息源，这彰显了新闻业在捍卫美国民主方面可以发挥什么样的重要作用。虽然发端于“黄色新闻”时代，但《纽约时报》的办报方针始终坚持“报道一切适合报道的新闻”，即使报纸现在面对数字化出版这一全新世界的挑战。[1]

《纽约时报》的数字版出现于21世纪的第一个十年，当时报业内部危机四伏。由于读者与广告都向网络流失，报纸都在拼命挣扎，以避免倒闭。《纽约时报》虽然历来被誉为美国最负盛名、最值得信赖的新闻媒体之一，但也必须为了留住读者而努力，并按照数字时代的要求调整其商业模式。不过，2005年年初，《纽约时报》开始在网络上确立重要的地位。那年3月，它的网站吸引了5.55亿的点击量。到2009年，nytimes.com平均每月有2 000万有效用户，成为互联网上访问人数最多的报纸，访问量是与其最接近的竞争对手《华盛顿邮报》网站的两倍。[2]

本章我们将溯源美国主要印刷媒体的发展，从美国报业的诞生开始继续我们在第2章的话题。

96 ## 早期美国报纸

1730年，即美国独立战争之前45年，本杰明·富兰克林正在制作当时美洲殖民地最广为阅读的报纸《宾夕法尼亚公报》。起初，这份报纸的读者主要是殖民地的特权阶层，随着时间的发展以及对更多人口产生影响的思想内容的增加，报纸的读者群开始扩大，引起了技工、店主和妇女的关注。报纸、书籍和小册子在不同的经济和政治利益群体之间架起了一座桥梁，并在北美最终促成了一个新的国家的诞生。

许多早期报纸的出版商都是印刷商和编辑出身。为了多赚钱，除报纸之外，他们还增加了小册子的出版业务。小册子是杂志的前身。有的出版商属于受过良好教育、富有的精英阶层。他们与印刷商合作，为印刷商提供资金和编辑内容，而他们提供的内容中往往包含政治主张。当时英国企图控制北美殖民地的发展，殖民地人们的愤怒情绪在蔓延，因此在13个殖民地出版的报纸就成为党派政治的工具（见第11章）[3]。富兰克林知道报纸刊物的力量，而且他认识到，如果大众传媒构成一个网络，那么在经济上将具有很大的活力。在富兰克林的影响下，出版商正式组成网络。因此，富兰克林的媒介网络成为传播新闻、政治评论的主要媒体，以改革和革命的名义促进了北美殖民地的团结。

报纸最早起步于城镇，后来很快向主要贸易通道周边的农村蔓延。当1774年第一次大陆会议计划对英国的政治和经济进攻进行统一回应的时候，殖民地的报纸已成为大众跟踪、关注代表争论的首要媒介。同时，报纸和小册子上发表的读者来信和评论使大陆会议感受到了大众的情绪和舆论的风向。

除了正式建立第一个也是最大的新闻分享系统，富兰克林还推出了美国第一个可行的邮政服务，并在后来被任命为美利坚合众国的首任邮政总长。因为掌握了邮政服务体系，富兰克林对媒介发行的主要渠道拥有了很大控制力。不幸的是，由于当时信息流动缓慢，报纸在出版后送达读者时，多数内容已经过时，或是对读者缺少地域上的相关性。[4]如果没有新技术的出现，信息流动的有效性依旧不会改变。这指的是电报（本章稍后会讨论）。

报纸发展为主导媒体

在富兰克林创办《宾夕法尼亚公报》整整100年之后，到19世纪30年代，报纸业占据了美国大众传媒的控制地位，一直持续了大约160年，而基本商业模式一直未变。从19世纪中期到现在，报 97

纸出版涉及三方面密切相关的活动：新闻的发展和传送；新闻产品的制作；新闻业的经济自给。

随着年轻的美国走向成熟，报纸读者群也在扩大，吸引了技工、店主和妇女的兴趣与关注。

首先也是最重要的一点就是报纸要传递新闻。这项任务需要记者、编辑、摄影师的工作。报纸还需要生产经营，这样才能印制实物产品并把它们投递给订户。这一过程需要版面设计者、印刷工、发行递送人员、运输物流等环节的工作。因为报纸主要是靠广告支撑，它们的生存主要依赖于广告和市场人员的才能和技艺。虽然技术进步改变了报纸业所有领域的运转方式，但这三方面的分工和互相依赖的关系依旧重要，即使不同的报纸形式已经开始出现。在报纸统治大众传媒的160年时间里，出现了三种主要的报纸类型。第一类是商业报纸，主要报道贸易和商业活动，经济来源是广告和产品推介。第二类是党派报纸，主要充当美国政党和其他有政治议程的组织的媒介代言人——比如，内战前的废奴主义者和反废奴主义者运动。这类报纸主要靠政治捐助获得资金，这使得党派报纸成为当时主要政党的宣传机器。

塞缪尔·哈里森·史密斯（Samuel Harrison Smith，1772—1845）是一名早期的美国记者。他认为报刊是维护美国民主至关重要的工具。报刊的这一功能最早是被美国的“国父”们界定的。史密斯大力提倡新闻自由和公民权利。自由的报刊和公民被称为第四势力。这一术语要归功于苏格兰评论家、史密斯同时代的托马斯·卡里利（Thomas Carlyle，1759—1881）。这一理论认为，第四势力有责任监督另外三种势力——行政权、立法权和司法权——之间的权力平衡。史密斯强烈认为，“因为政府都可能会犯错，每个公民有权根据个人意见揭发他们所犯的错误”[5]。

第三类报纸是便士报。之所以这样命名是因为报纸卖价极低，只有一便士。便士报的出现是为了迎合读者对娱乐和知识的兴趣。当时，随着教育的发展，报纸受众增加，而他们对政治和意识形态并不感兴趣。他们需要的是生产生活中各种各样话题的大众化建议，比如耕种知识和家庭医药知识等。便士报还提供幽默故事、小说连载和人情味文章等。与党派报纸不同，便士报通过报纸零售养活自己，而不是通过广告和订阅。[6]

1833年9月3日，出版商本杰明·戴（Benjamin H. Day，1810—1889）在纽约创办了美国的第一份便士报《太阳报》。和所有便士报一样，《太阳报》是一份小报（煽情主义路线），在其他报纸卖6美分的时候，它的售价只有1美分。它迎合工人阶层的需求，用煽情主义手法表现犯罪新闻、政治丑闻、公共人物八卦和短篇小说等内容。其他出版商，如霍勒斯·格里利（Horace Greeley）和弗朗西斯·斯多利（Francis Story）很快开始效仿戴的模式。经过一段时间，从东海岸大城市，再慢慢蔓延到全国各地，便士报发展成为一种报业现象。

技术已经改变了印刷媒介新闻的制作、传送方式，那么它又如何改变了新闻编辑、制作和营销间的关系呢？

98 工业革命改变报业

发端于欧洲并最终蔓延到北美和世界其他地方的工业革命（18—19世纪）带来了农业、制造业、矿业和交通的进步。在美国，工业革命时期也是移民增加和城市化扩大的时期。为了获得成功，这批移民渴望学习自己新家乡的语言。这带动了这一群体文化程度的提高。随着社会、经济和政治环境的变化，美国报纸认识到自己也必须“革命”，因为它们需要拥抱这一可能带来巨大利润的潜在读者群。

美国报纸此前只专注于经济和社会精英的兴趣，19世纪的时候，它们开始越来越多地关注城市工人阶层和中产阶级的兴趣。读者涌向便士报并非仅仅因为它价格便宜，而更多的是因为便士报内容有强烈的地方特色——因为上面登载的多是这些新的读者群居住的地方发生的事情。

出版商能够满足日益增长的对便士报的需求，这要感谢蒸汽印刷机提高了生产能力，使得批量印刷和发行成为可能。便士报发行量增加的另一个贡献者是街头的报童（而不是通过订阅和邮政系统投递）。这些因素结合在一起，提高了人们对便士报的兴趣，也促进了便士报的商业发展，并最终改变了整个报业的融资模式。随着读者增加，广告支持也在增多，这意味着报业以订阅为基础的商业模式向以广告为基础的商业模式过渡。当然，这种经营模式的变化影响了报纸的内容和风格。

报纸转向广告为基础的经营模式

在便士报出现之前，报纸广告内容主要是出版商或出资人（特别是政党持股的报纸）的产品和服务。随着便士报的普及，报纸不必再局限于出版商的广告客户。出版商对报纸可以登载的广告产品很少限制。任何东西、所有东西都可以登上报纸广告，而出版商不再承担监督广告内容的责任。为什么？因为便士报的商业成功要归功于广告，而出版商关心的主要就是扩大读者群，增加广告收入。

街头报童对便士报发行和销量的增加做出了贡献。

在真实的新闻把大量受众吸引到便士报的时候，这些报纸上开始充斥着丑闻、言过其实的报道，甚至编造的故事。随着受众对这些内容的需
99 求增加，广告销售业在增加，这进一步刺激了煽情主义新闻的蔓延。这一潮流被称为“黄色新闻”。这种报道风格成就了约瑟夫·普利策（Pulitzer）和威廉·鲁道夫·赫斯特（Hearst）的出版帝国（见第 2、第 9 章）。这一时期登载丑闻最多也是最受欢迎的报纸就是《纽约先驱报》。这份报纸的创始人是苏格兰出生的编辑、出版商小詹姆斯·戈登·班尼特（James Bennett Sr.，1795—1872）。班尼特很少尊重个人、组织的权利和隐私，总是希望依靠低级下流的新闻赚钱，置道德风尚于不顾。他喜欢让读者感到咂舌，他知道报道内容越丑陋，报纸越好卖，广告费也就赚得越多。

从妓女被杀案到赌博和当选官员的越轨丑闻，班尼特知道如何撩拨读者的口味。有记录表明，班尼特经常在自己报纸的社论中恶意攻击自己的竞争对手，所以让竞争者深恶痛绝。曾经有一次《信使问询报》的总编詹姆斯·华生·韦伯（James Waston Webb）试图在华尔街上痛打班尼特。虽然班尼特的新闻职业道德受到了质疑，但他成为自己业界最著名的创新者：

- 班尼特和他的记者进行的一些采访堪称报界首创。
- 班尼特率先利用木板印刷技术给报道配置插图。
- 班尼特确立了预付现金的广告模式，后来被大多数报刊效仿。
- 班尼特是最早对美国总统进行独家采访的报纸编辑之一［1839 年采访马丁·布仁总统（Martin Van Buren)］。

虽然公众批评《先驱报》和班尼特靠内容哗众取宠，但是这份报纸的读者持续增加。到 1866 年，《先驱报》成为美国发行量最大的报纸。

然而，到 19 世纪末，出版商开始逐渐放弃了“黄色新闻”的做法。得益于已经建立起来的影响和增长的发行量，一些报纸开始冒险大胆重新回归党派政治，与政党、社会运动组织和劳工组织结成联盟，再次努力影响美国的政治变革。《纽约时报》和《芝加哥论坛报》是 19 世纪中期与政党联合的主要报纸中的两个例子。[7]

早期通信技术进一步带动报业变革

19 世纪下半叶，塞缪尔·莫尔斯（1791—1872）的电报技术推动了报业的发展。莫尔斯的发明主要带来了两方面重要的变化。

首先，报业开始按财富分层。虽然电报是个美好的发明，但其价格不菲。电报运营商按照发报字数收费。一些报纸无法支付连续发送和接收
100 散布在全国各地记者的电报。这对一个依靠时效和相关性生存的行业来说，是一大不利因素。事实上，其他印刷工业相对报纸来说，仅仅因为它们有能力支付电报费用，反倒具有一定的市场优势。其次，电报影响了报纸新闻的长度。因为电报是按发报字数付费，记者被迫尽量压缩稿件长度，经常剪掉有意思的细节以节省电报费用。历史似乎暗示了一些重要事实也因此被删减，而编辑则被迫“填空”，哪怕这意味着他们不得不创作一些细节以确保吸引读者的兴趣。记者压缩信息以适应电报格式，这样造成了报纸新闻稿的简短趋势，并催生了简洁的新闻简报体。这种新闻写作格式摆脱了传统写作的冗长、叙事方式。美国南北战争期间，电报网络表现出越来越多的不可靠性，这就使得按时间顺序报道的方式更加不受用。由于这一行业最看重时效与相关性，记者们开始使用倒金字塔的报道结构，即把最重要的事实放在导语中，之后再展开细节支撑那些事实。这一新的范式后来发展成为今天新闻写作的基础。

因为电报是按发报字数付费，记者被迫尽量压缩稿件长度，经常剪掉有意思的细节以节省电报费用。

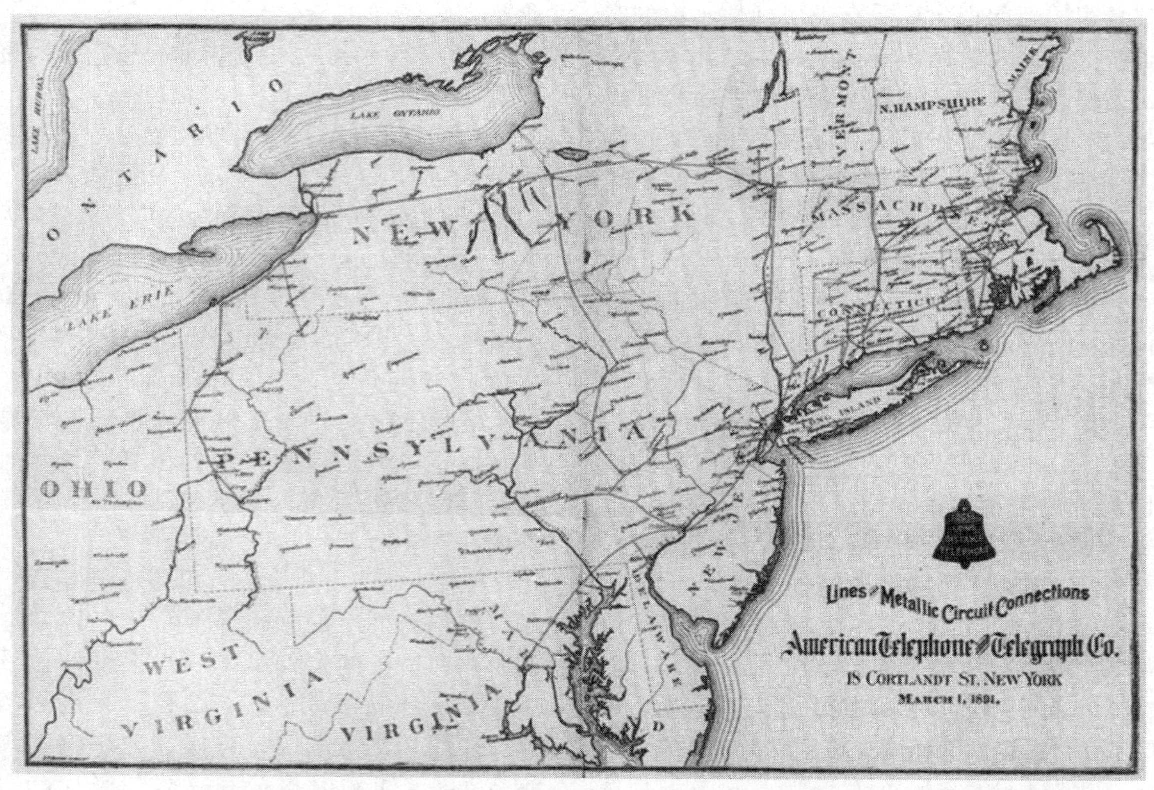

电报通信延展了新闻报道的覆盖范围，但同时它的昂贵费用也限制了新闻的长度。这样就产生了新闻简报，并催生了新闻报道的倒金字塔结构。

101 ## 新闻辛迪加的建立

新闻辛迪加是新闻机构的合作体，允许成员组织共享新闻和资源，因此极大地提高了报纸和其他新闻媒体的报道能力。因为电传技术的发展，我们现在可以幸运地看到一些新闻辛迪加依旧在运营，其中最有历史、最有名的就是美联社（AP）与合众国际社（UPI）。新闻辛迪加的历史可以追溯到纽约的两个编辑群体：纽约州联合新闻社与纽约市联合新闻社。这两家新闻社在 1846 年左右开始合作，旗下所属报纸等媒体分担新闻采集的费用，分享报道资源，成为早期媒体合作的范例。大约 50 年之后，1897 年，这两家新闻社合并，成为我们今天所知道的美联社。[8]

有了这些商业和技术网络，新闻信息得以传播到美国更大的范围——从东部城市地区到发展中的中部地区甚至西部农村地区。如前所述，这种发展（与工业革命的其他进程一起）促进识字率取得了历史性的提高。

识字率的快速提高以及这个民族对阅读惊人的渴望，刺激了运输、印刷的进步，并催生了新的印刷媒体种类，使之成为信息和娱乐的来源。由于对信息和娱乐需求的稳步增长，19 世纪诞生了杂志业。报业对于杂志业的诞生功不可没。[9]

杂志业的兴起

18 世纪，作为报业和小册子的副产品，杂志在欧洲和美洲得到发展。然而，当时，这个概念其实并不新鲜。小说《鲁宾逊漂流记》作者、英国作家、记者丹尼尔·笛福（Daniel Defoe，1659—1731）早在 1704 年就已经出版了第一本杂志《评论》。这本杂志是笛福政治时事评论事业的一部分。大约 40 年之后，安德鲁·布拉德福特（Andrew Bradford，1686—1742）在北美殖民地出版了第一本杂志《美洲杂志》（1741）。布拉德福特的杂志比本杰明·富兰克林的《综合杂志》早上市三天。虽然《美洲杂志》很短命，仅仅生存了三个月，但它标志着美国出版业的一个巨大跨越。[10]

因为自己没有后代继承刚刚起步的出版王国，布拉德福特指导他的侄子威廉·布拉德福特三世进入出版业。这位年轻人充满了独立思想，于 1742 年 12 月创办了《宾夕法尼亚杂志和每周广告》。在美国独立战争期间，威廉·布
102 拉德福特三世遭受了重大的经济损失，主要原因就是他的出版物中的爱国内容。但是他的儿子托马斯重新振兴了自己家族的事业，并把《宾夕法尼亚杂志》改为日报，并一直持续出版到 1814 年。[11]

THE

AMERICAN MAGAZINE,

AND

MONTHLY CHRONICLE for the BRITISH Colonies.

Vol. I. N°. VI. FOR MARCH 1758.

CONTAINING

I. DEBATES in MARYLAND.
II. PHILOSOPHICAL MISCELLANY.
III. MONTHLY ESSAYS.
IV. POETICAL ESSAYS.
V. HISTORY of the WAR in NORTH AMERICA.
VI. MONTHLY CHRONICLE.

To be continued (Price One Shilling Pennsylvania Currency each Month)

By a SOCIETY of Gentlemen.

PHILADELPHIA

Printed and Sold by WILLIAM BRADFORD, at the Corner-House in Front and Market-Streets.

安德鲁·布拉德福特因 1741 年创办了美洲殖民地第一本杂志《美洲杂志》，并建立了美国最早的报纸杂志出版王国之一而确立了自己的历史地位。

早期商业挑战

早期发展杂志业的尝试遇到了一些挑战，包括发行、出版成本和公众认知等。那时，报纸主要是通过邮政发行，而邮政车难以载着重量更大的杂志四处转，而且这样的运输成本也比较大。在独立战争前后，邮政所长们有权拒绝递送杂志。不过，这一切因为 1792 年的邮政法而发生了改变。但是，即使有了这样一个法令，报纸获利依旧超过杂志。在 19 世纪早期，一本杂志的运送成本占年订阅收入的 20%～40%，而这并不是杂志出版商面临的唯一经济挑战。

杂志的下一个问题与出版成本有关。杂志的出版成本总体上比报纸的出版成本高得多。杂志出版成本仅有一小部分可以被广告收入充抵，而那时广告业也处于早期发展阶段，而且广告主更钟情于报纸。因此，杂志出版的大部分成本都需要由订阅者埋单。只有有钱人才能付得起一年的订阅费，因为这相当于一个工人一周的平均工资。所以，毫不奇怪，在公众心中，杂志是为精英准备的。

只有有钱人才能付得起一年的杂志订阅费，因为这相当于一个工人一周的平均工资。所以，毫不奇怪，在公众心中，杂志是为精英准备的。

大约在 1790 年，杂志遇到的这种阻力以及对杂志的公共认知开始改变。当时，兴起了一批大众趣味的杂志，如《纽约杂志》（也被称为《文学库》）。该杂志编辑声称：“一本运行良好的杂志所关注的话题应该具有普遍性，会给各行各业提供信息，而它的多样性则会给各种口味的人提供满意的内容。”这本新推出的杂志附有定价，所以除了最穷困的人，其他人都买得起。由于读者需求增加，同时邮递费用逐渐下降，到 1820 年的时候，出现了大约 100 本新杂志。美国杂志逐渐被人接受在很大程度上要归功于其中有意思的内容，但是这一行业的经济学对它们的发展贡献更大。[12]

杂志出版的经济学

在摄影照片出现之前，杂志和报纸的插图使用的是木版雕刻，因为这一手段耗力耗钱，所以当时杂志插图并不常见。

早期的美国杂志制作比较粗糙，一般都是 60～70 页的内容，纸张边缘参差不齐，页面比较小，跟今天印刷的分类广告差不多。图片是现代杂志的看家货，但在那时还很少见。木版或偶尔铜版、钢版雕刻在那时被用来给杂志配插图。插图印刷 103
非常耗力，印制一幅插图的成本相当于整个文字内容的成本。为了减少成本，美国早期杂志出版商主要从书籍和英国杂志中选取内容，然后照样子印下来。这种做法使杂志成为连载书籍的出色媒介，从本质上说，使杂志成为书籍出版商的广告载体。从已经出版的图书中摘取的内容远远超过了专门的杂志撰稿人的作品，但这也意味着 18—19 世纪期间，杂志业是依靠盗版发展的（见第 11 章）。与当代人对待作者和著作权的态度不同，那一时期的杂志出版商认为，他们复印已经发表过的内容实际是在为作者做宣传，对读者也是好事。

从已经出版的图书中摘取的内容远远超过了专门的杂志撰稿人的作品，但这也意味着 18—19 世纪期间，杂志业是依靠盗版发展的。

随着杂志逐渐受到欢迎，全国性的广告很快普及开来，杂志很快成为为各种各样的公司和产品刊载广告的主要媒介。后来国会通过立法，降低了非报纸类期刊的邮递费用，杂志出版因此成本降低，一批杂志得以进入 19 世纪正在扩大的美国消费市场，出现了数十份新杂志，同时也出现了一批为这些杂志提供有创意内容的新的职业作者。这些新杂志迎合正在壮大的中产阶级需求，给作者兜售作品提供了新的出路。因此，对于作者来说，杂志成为更有吸引力的挣钱来源。

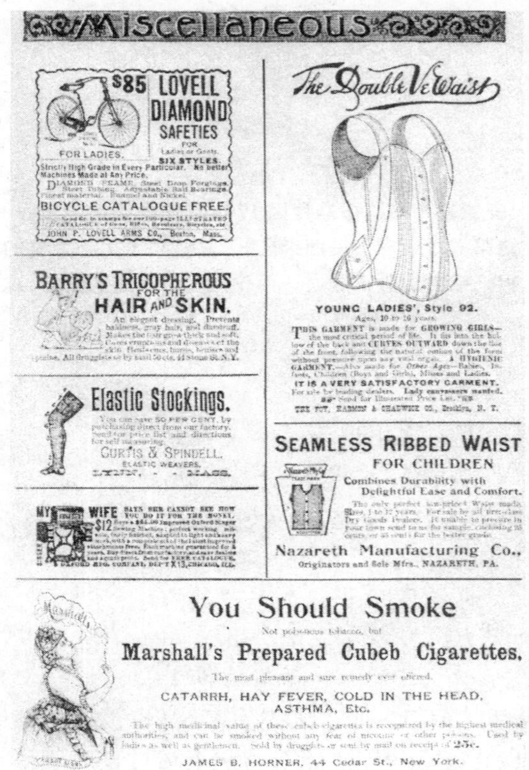

因为杂志能够按照更细分的读者口味制作内容，广告商可以精确地把自己的投入瞄准潜在购买者。

杂志受众、风格和特色的多样化

南北战争前，《大西洋月刊》、《斯克里布纳》、《哈珀周刊》等成功的杂志迎合受过良好教育、有钱的受众，从保守的视角提供风雅的文学、旅游和文化内容。南北战争之后的岁月里，大众趣味的杂志开始流行，如《弗兰克·莱斯利每周画报》。此类杂志的读者范围广，注重新闻和插图，风格非常像当时的报纸。杂志业逐渐经历了风格和特色的分化，有月刊，也有文学周刊，还有专门为妇女、宗教组织和某一地域专门阅读的杂志。其中一些大受欢迎，并成功迎合了特殊读者群，吸引了许多当时一流的作者和诗人；有的则很快就销声匿迹了。成功的案例有《戈德妇女杂志》，由路易斯·戈德（Louis A. Godey，1804—1878）出版。

《戈德妇女杂志》是美国最早专门供妇女阅读
104 的杂志之一，并成为美国主要的妇女时尚杂志之
一。这本杂志原本为上层妇女提供化妆、时尚、礼仪方面的信息，以及以女性为主要读者的小说，但它的吸引力超越了社会阶层的界限，读者超过了 15 万，在当时可谓惊人。《戈德妇女杂志》刊载的内容庞杂，包括短篇小说、诗歌、文章以及方方面面的咨询建议，起到了教育妇女、提高她们能力的作用，为早期的妇女解放做出了重要贡献。当时，为《戈德妇女杂志》撰稿的著名作家有斯托夫人、爱默生、朗费罗、奥利佛·温德尔·霍姆斯、霍桑、爱伦坡等。[13]

杂志出版业随着印刷和运输技术的进步而发展。如前所述，这一进程伴随着这个民族整体识字率和阅读兴趣的提高。报纸（特别是便士报）和杂志并不能完全满足这种需要，所以这就带动了人们对另外一种印刷媒体——书籍——的兴趣。

图书业的发展

图书业在 19 世纪经历了巨大的变化。印刷工，在 18 世纪的时候也往往身兼出版商，不再沿用学徒制，而开始使用工资制，并组建行会和工会，以确保获得公正的薪酬（见第 2 章）。除了对薪酬方面发挥更大影响，工会的组建使印刷工在工作条件和福利上有了一些操控权。印刷厂的老板和经理也成为图书生产业中不可分割的一个环节。更重要的是，妇女开始进入这一产业工作。就在此前 50 年，因为印刷工作过于繁重，这一职业只限于男性。后来发明了铅版印刷技术、电版技术、长网新闻纸机，装订速度也得到提高，这些都带动图书出版业发生了巨大变化。例如，印刷技术的进步使得出版商可以小批量印刷，这样就降低了他们的风险，如果销路好，然后可以再加印。

书籍的社会和文化影响

对普及识字持批判态度的人担心能够读书的妇女和少数群体越来越多。这些人群中认读率的提高会如何影响社会和文化呢？

随着识字率在美国呈指数增长，书籍对社会和文化产生的影响成为一个广为争论的话题。今天，我们已经广泛接受甚至在大力促进书籍和阅读对社会的益处，但在 19 世纪的美国，人们对阅读的好处，特别是妇女和少数群体读书识字问题，还是持怀疑的态度。对普及识字持批判态度的人认为，报纸杂志中小说和其他非小说类文学的普及会造成懒惰，他们害怕妇女尤其更容易受到阅读的“危害”。虽然从整体上来看没有什么证据证明阅读会对持家和生育产生什么危害，但很明显，在 19 世纪时，美国妇女是文字作品的饥渴的消费者。她们对文学、诗歌和信息的需求帮助推动了图

在 19 世纪时，美国妇女是文字作品的饥渴的消费者。她们对文学、诗歌和信息的需求帮助推动了图书出版业的发展。

书出版业的发展。

105 长篇小说的诞生

长篇小说通常被拆分成若干部分在报纸和杂志上分期连载，这样吸引了一大群固定的读者，他们总是盼着下一期报纸或杂志的出版。小说描述的故事、人物和主题反映了当时工业革命中正在兴起的中产阶级的心声。当时，小说主要讲述的是阶级斗争、浪漫故事以及阴谋，每章结尾都是一个悬念。这种吊胃口的内容编排往往促使读者购买下一期报刊——这种方法就如同今天电视连续剧每集结束时让观众欲罢不能一样。

纸张生产、书籍装订（布面代替皮面）以及印刷效率的提高使小说成为 19 世纪 50 年代中期公众获取消遣的一种主要方式。当时，许多小说售价是一角（10 分）硬币，所以这些小说被称为硬币小说[①]。当时，铁路的快速发展把美国广袤的土地连接起来，给旅游业带来一场革命。为了满足铁路消费者的需要，廉价小说都是批量生产。这些书籍都是以生产线的模式制作，出版商密切监督作者的质量和小说长度，要求作者快速写作。出版商主导着这一行业，而廉价小说的作者通常只能每本书领取固定的报酬，即使他们的书卖得很好也是如此。

廉价小说吸引的主要读者群是工人阶层。宗教不再是这些小说的中心内容，但是道德问题依旧在小说中占据重要位置。罪犯、侦探、工厂工人和妓女等角色是小说能够激起读者兴趣的主要元素，而小说中的冒险商人、骑兵军官、粗犷的牛仔和迷人的女主角可以说帮助触发了西进运动。

技术延展印刷媒体

印刷媒体的发展与运输和印刷技术及基础设施的进步密切相关。18—19 世纪，运输和发行成本占出版业经营成本的一大部分，而这种情况一直持续到今天。若想取得成功，报纸、杂志和书籍需要以经济、可靠而有效率的方式发行到地理上分散的受众。如前所述，早期杂志和书籍发行遇到的一大问题就是邮局拒绝递送任何超过 3 磅重的包裹，所以通过全国性渠道递送报纸以外的出版物几乎不可能。这样，图书发行商不得不想办法以使出版商的书籍能够到达偏远市场。有时候他们需要借助火车货厢上的空地，有时候甚至要
106 雇用乘客把书带给顾客。1851 年，国会最终批准邮政服务接受超过 3 磅重的包裹，这一政策特别增加了图书与杂志之间的竞争。

铁路邮政人员对于印刷媒介在美国广袤土地上的发行和传播发挥了重要作用。

印刷与图书装订技术的发展进一步拓展了印刷媒体的影响。工业革命见证了许多机器的发明，并进而带动了印刷媒介生产的技术创新。例如，长网造纸机（fourdrinier）提高了造纸的速度，因此增加了纸张供应量，减少了印刷商和出版商的

① 廉价小说。——译者注

成本。可靠性更强、更精确的铁制轮转印刷机代替了木制螺旋式印刷机，这使得长网造纸机每小时可以出 7 000 张印纸，这是在工业革命前根本想不到的。19 世纪义务教育在欧洲和美国开始推广，这也意味着一代代新人正在阅读生产出来的大批课本。[14]

印刷出版的另一个技术飞跃是铅版系统。铅版印刷系统由法国人菲尔敏·迪多（Firmin Didot，1764—1836）发明，使用一套软的金属印刷板，每块板就是一整张要印刷的内容，包括文字和图表等。这种方式比活字排版要高效，因为活字排版需要用人工一个字母一个字母排版，而每块铅板不仅可以根据需要想印多少就印多少，印完后还可以熔化再用。

打字机的发明也为提高出版过程的效率做出了贡献。稿件经过校阅、完成编辑过程之后，打印出来的稿子被转印到铅板上印刷。在打字机发明之前，作者和编辑所有的工作都要用手写完成。现在，作者可以用打字机进行写作，速度比手写时代快得多。

这里所介绍的每个技术创新都促使出版业在扩大出版规模、丰富出版内容、提高出版效率的基础上，建立了新的商业模式。报纸、杂志和图书出版产生了巨大效益，同时广告业的发展也带来了健康的收入，使报纸杂志得到更多资金，19 世纪晚期到 20 世纪早期，这一时期成为出版业的黄金时代。出版业的发展和早期垂直合并（行业链条上的数家企业由一个所有者管理）创造了史无前例的财富并帮助巩固了一些出版帝国的领先地位。

出版王朝的诞生

在 19 世纪 70 年代早期，美国出版的报纸有 574 家。到了 1890 年，即仅仅 20 年之后，这一数字增长至 1 536 家。20 世纪早期，报纸的新闻理念大相径庭。赫斯特的报纸走的是“黄色新闻”煽情主义路线，而堪萨斯“进步的”共和派报人威廉·艾伦·怀特（Willam Allen White，1868—1944）则主张一种冷静的报道理念。后来怀特成为美国中部报界一个代表性声音。20 世纪初，报纸成为商界和政界都离不开的东西。即使一家报纸并没有政治观点上明显的倾向，报纸及其出版人也都成为“人民的声音”，扮演着美国民主进程中关键的角色。[15]

“美国出版王朝”这个词通常指历史上赫斯特、普利策这样的出版界大人物或是当今如默多克和泰德·特纳（Ted Turner）这样的传媒大亨
107 建立的庞大的出版帝国。今天，大多数主要报纸、杂志和图书出版公司都是由大的传媒集团所拥有，但情况并非从来如此（见第 9 章）。19—20 世纪大多数时间里，美国有实力的家族控制了许多主要出版企业，尤其是报纸，例如，钱德勒（Chandler）家族的《洛杉矶时报》、奥克斯-索尔兹伯格家族的《纽约时报》、梅耶-格雷厄姆家族的《华盛顿邮报》和宾汉姆家族的《信使报》和《路易斯维尔时报》等。

这些出版帝国往往通过自己的经济和媒介资源向国家政治施加影响，从总统选举到战争等。请思考以下几个经典的案例：

- 赫斯特以“黄色新闻”起家的报业帝国推动国会和威廉·麦金利（William McKinley）政府实施扩张主义政策，使美国和西班牙冲突升级，并最终发动美西战争（1898）。
- 钱德勒家族是尼克松（1969）和里根（1981）竞选总统的出资人和推介者。关于《洛杉矶时报》如何影响和塑造美国文化与政治的深度分析，请看视频资料《奥蒂斯钱·德勒〈洛杉矶时报〉》
- 奥克斯-索尔兹伯格家族和梅耶-格雷厄姆家族在反越战报道中合作，先后对约翰逊总统（1963—1969）和尼克松总统（1969—1974）展开进攻。

约瑟夫·普利策（1847—1911）在与赫斯特的竞争中积聚了财富，并建立了自己的报业帝国。两人都是通过“黄色新闻”实现了建立出版帝国、推动各自政治议程的梦想。但与赫斯特不同的是，普利策后来放弃了“黄色新闻”，成为最好的新闻实践与新闻道德的典范。今天，以普利策名字命名的普利策新闻奖把荣誉授予新闻界得到最高认可的专业人士。

> 与赫斯特不同的是，普利策后来放弃了“黄色新闻”，成为最好的新闻实践与新闻道德的典范。

宾汉姆家族报业王朝植根于肯塔基。这个家族的故事可谓 20 世纪一个家族报业帝国如何对美国社会和政治产生正反两方面影响的有趣案例。宾汉姆家族在肯塔基州拥有两家主要报纸《信使报》和《路易斯维尔时报》以及最大的电台和电视台。如果不能说宾汉姆家族直接控制了 20 世纪大多数时期肯塔基州的政治生活，那这个家族至少也是在这方面发挥了影响。1971 年，这一帝国的控制权传到了这一家族目前的家长小巴里·宾汉姆手中。在执掌这一家族传媒帝国的时候，巴里·宾汉姆推动了肯塔基的社会和经济向自由的方向变化。这对于这个南部地区的州来说
108 可谓史无前例。宾汉姆强烈反对种族隔离政策，为贫困的白人和黑人开办了学校，设立了慈善项目。这为他赢得了 6 项普利策奖。宾汉姆利用事实报道，致力于揭发不公正和贪腐，以改变公众的态度。

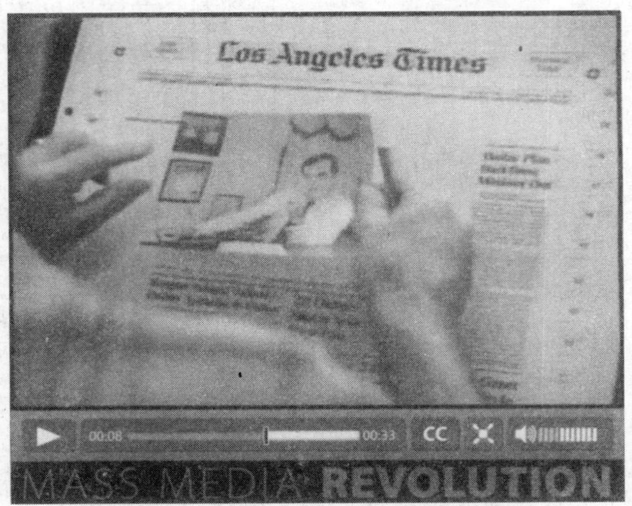

《奥蒂斯·钱德勒（洛杉矶时报）》截图。

《洛杉矶时报》已故前出版人奥蒂斯·钱德勒谈报纸和出版帝国对美国文化与政治的影响。

但是，强大的家族帝国也有不好的地方。[16] 在老巴里·宾汉姆 1988 年去世前，他的孩子们展开争夺继承权的斗争。斗得筋疲力尽之后，他们最终把报纸变卖给甘内特（Gannett）集团，把广播电视股权转卖给清晰频道（Clear Channel Communications）。宾汉姆家族退出之后，许多家族传媒王朝开始成为股份公开交易的公司，与其他传媒集团整合，或是解散、抽资。老宾汉姆的女儿萨利后来出书，介绍了这个家族传媒帝国崛起、影响南方政治文化以及最终瓦解的全过程。[17]

印刷媒介追求视觉效果

现在进入 21 世纪已经 10 多年，现代印刷媒介为读者提供了文字和视觉的双重体验，我们对印刷媒介的视觉手段和风格已经司空见惯。图像在报刊书籍中的重要地位已经在 19 世纪晚期确立。这一点，我们将在第 8、第 10、第 12 章详细探讨。在整个 20 世纪，视觉手段的运用逐渐增多，背后的推动力就是印刷和摄影领域一系列的技术创新。

插图的使用

插图是随着平版印刷术的发明而开始在出版业中使用的。平版印刷术由德国剧作家、印刷匠阿罗斯·塞尼菲尔德（Alois Senefelder，1771—1834）在 1796 年发明的，标志着印刷技术的巨大飞跃。在运用这一技术印刷图像时，只有图像区域需要油墨，版面其他地方无须使用。平版可以

反复使用，图像细节比较生动，使用寿命也长。

不顾 20 世纪 60 年代晚期至 70 年代早期南方的政治气候，小巴里·宾汉姆利用自己的家族报纸公开支持反种族隔离法，并推动慈善项目帮助本州的穷人——无论黑人与白人。

109 1896 年，赫斯特在他的报纸上推出了连载漫画《霍根小巷》。起初漫画只是黑白色。为了招徕读者，赫斯特的编辑们给漫画中一个小男孩儿的长睡衣添上了黄色。结果这个小把戏大受欢迎，这个小男孩因此被称为“黄孩子”，后来成为赫斯特报纸“黄色新闻”煽情内容的象征。

照片的使用

虽然南北战争时期照片并没有直接进入报纸和杂志，但是根据照片制作的木刻却登上了报刊。这些图像在新闻报道中发挥了重要作用，使报道变得生动不枯燥。内战前，平版印刷出现，且这一技术最终得到改善，与此同时，摄影技术也取得了进步。这些技术都为我们今天所熟知的图像丰富的当代出版业奠定了基础。

从现代视角看，我们不会去质疑照片在报纸和杂志中的重要性。但是，19 世纪的一些出版商和读者一开始对报纸使用照片持反对意见，而原因并非仅仅是成本问题。或许，反对者没有看到照片可以让新闻报道更生动、更容易理解的潜力。当时的受众也不大适应把公众人物与他们的照片联系起来：照片与传统的文字报道放在一起似乎是一个奇怪的现象。尽管似乎有这样的反对，普利策还是决定率先把照片大量引入报纸。

画报

20 世纪早期，出版业经历了一次扩展。到了喧嚣的 20 世纪 20 年代，报纸、杂志出版经历了另一轮热潮，这得益于广告业的发展和新的营销术。印刷的现代化和照片印刷新技术的大力使用对这一轮新的营销潮给予了大力支持，并因此形成了出版业与广告业之间的现代共生关系（见第 8 章）。到了 20 世纪 30 年代，技术进步推动了杂志出版业一个新分类的出现——画报。这一新的杂志形式能够声名鹊起，有一个人功不可没，他就是亨利·卢斯（Henry Luce）。

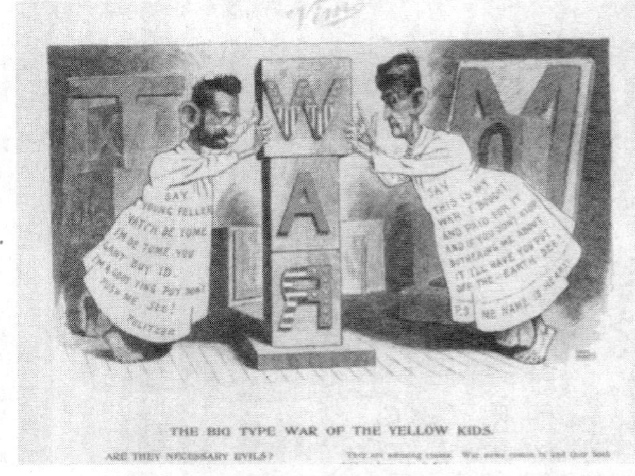

理查德·奥特考特的“黄孩子”为人们定义“黄色新闻”提供了灵感。

亨利·卢斯（1898—1967）出生于中国港口城市蓬莱。他的父母是传教士。卢斯先后在中国、 110
欧洲和美国接受教育，曾在耶鲁大学的《耶鲁每日新闻》担任主编。这段经历可以说为卢斯后来成为美国最重要的杂志出版人奠定了基础。1923 年，卢斯创办了《时代》周刊，1930 年创办了《财富》，1927 年创办了《生活》，1954 年创办了《体育画报》。以上只是略举一二。1987 年，卢斯的出版帝国与华纳传播公司（华纳兄弟电影公司的母公司）合并，组成美国媒体企业集团“时代华纳”。后来，特纳广播公司（1996）和美国在线（2001）也加入这一集团，时代华纳成为世界五大媒体集团之一（见第 9 章）。1936 年，卢斯收购了《生活》杂志。这本杂志于 1883 年问世。当时，纪实摄影开始热起来，让国内和国际的杂志读者为之着迷。受此激发，卢斯打算为读者提供一本以图片为主、文字为辅的杂志。卢斯接手后，《生活》很快成为美国最受欢迎的杂志之一。那一时期，主打图片的著名杂志还有德国的 BIZ，以及《周中画报》（《纽约时报》

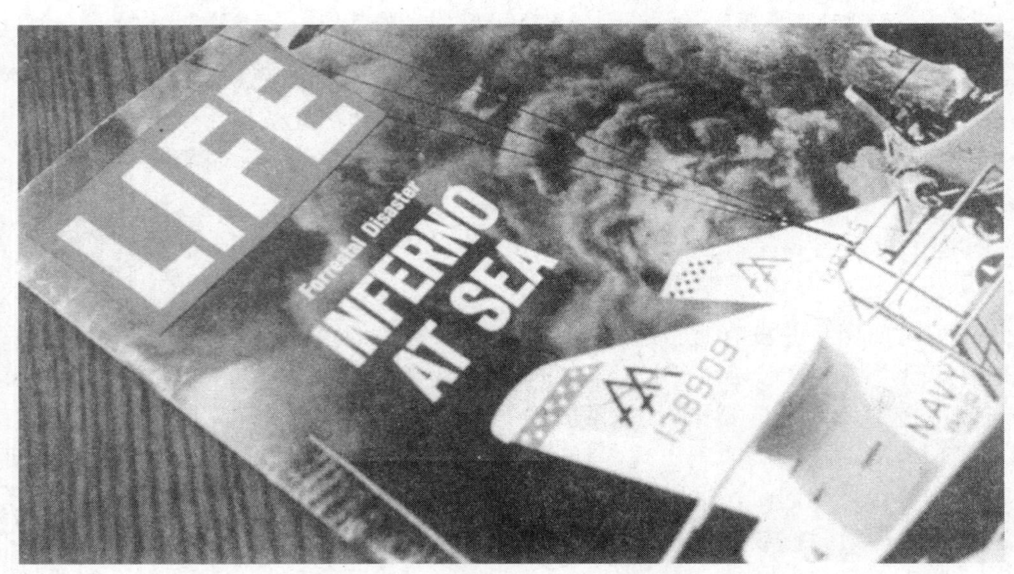

亨利·卢斯被认为确立了画报这一新的杂志形式的地位。《生活》是广受欢迎的摄影类新闻出版物之一，至今仍在报刊亭售卖。

出版，实际上早于《生活》，被认为是美国最早的画报之一）。《生活》的成功帮助确立了画报的风格和商业模式。卢斯担任他创办的所有杂志的总编辑，直到 1964 年。他利用自己的媒介势力推动反共政治议程，支持保守派总统候选人。这再一次证明了，在美国，一个成功的出版帝国是如何发挥政治影响的。

> 《生活》的成功帮助确立了画报的风格和商业模式。

卢斯是新闻出版自由的铁杆儿支持者，为保证民主，主张媒体发挥第四势力的作用。因为担心新闻出版未能如美国国父们所期望的那样发挥第四势力的作用，卢斯要求成立一个专门委员会研究调查这一问题。1942 年，哈钦斯委员会①成立。五年后，该委员会发布调查结论，认为新闻出版和所有大众传媒都对现代民主社会的发展、维护和稳定负有关键的责任。因此，新闻工作者被要求坚持职业道德准则，所做决定应有益于广大公众。后来，1957—1962 年间，《生活》将种族主义问题作为美国当时最重要的社会问题进行报道，成为最早关注这一问题的报刊之一，大量记录了当时的公民权利运动和阿肯色、密西西比学校里的种族融合。

亨利·卢斯的《生活》杂志大量记录了美国一些最具社会意义的历史片段，如公民权利运动和南方学校的种族融合等。

111 

连环画产业

在过去的 150 年中，对现代出版业做出过视觉贡献的不仅仅是照片。卡通和连环画以及绘画小说都在这方面产生过重要影响。例如，讽刺漫画的历史可以追溯到 18 世纪中期。在美国独立战争之前的年代里，冲突双方分别在大西洋两岸用饱含政治意蕴的漫画吸引公众的注意力，传达自己的观点。

连环画以及美国的连环画产业始自 19 世纪晚期。那时，讽刺漫画和连环画连载开始成为最早一批报纸的特色，后来又登上了纸浆杂志②。19 世纪 90 年代，同时供给多家报纸刊载的连环画（连环画辛迪加服务），如《黄孩子》、《捣蛋鬼》、《马特和杰夫》等，成为对美国社会生活以及工业时代社会文化挑战的视觉讽刺作品。它们成为表达美国社会中长期存在的种族和民族紧张状态的平台，同时也是对这种紧张的一种释放。在众多 20 世纪早期事业有成的漫画家中，威尔·埃斯纳（Will Eisner，1917—2005）的故事最杰出。

① 新闻自由委员会。——译者注

② 也被称为纸浆小说，廉价杂志和小说的代名词。——译者注

威尔·埃斯纳开启现代连环画时代

威尔·埃斯纳被认为是现代漫画工作室和连环画出版业的先锋，促使绘画小说成为今天印刷业中大受欢迎的一个领域。埃斯纳 1917 年出生于纽约布鲁克林。十几岁时，埃斯纳在华尔街卖报以补给家用。卖报这份工作使他可以每天看到当时著名漫画家刊载在报纸上的作品。这些漫画家包括埃尔兹·西格（EC Segar《大力水手》）、乔治·赫里曼（George Herriman，《顶针戏院》）、哈罗德·格雷（Harold Gray，《孤儿安妮》）和莱曼·杨（Lyman Young，《蒂姆泰勒的运气》）。

埃斯纳也被《星期六晚邮报》、《柯里尔》杂志等高雅出版物上的讽刺漫画所吸引。年少的埃斯纳是个贪得无厌的读者，经常阅读报刊上那些广受欢迎的作者的作品，比如霍雷肖·阿尔杰（Horatio Alger）。阿尔杰的作品对埃斯纳成为有远大理想的艺术家产生了长远影响。埃斯纳还对纸浆小说和通俗电影产生了兴趣。中学时代，许多老师［其中值得一提的是《蝙蝠侠》的创造者鲍勃·凯恩（Bob Kane）］鼓励埃斯纳去做一名插图画家和作家。其实，就是在中学时期，埃斯纳学会了木版印刷。在当时给文字出版物配制插图的技术中，木版印刷最廉价，也占据主导地位。埃斯纳曾说："学习木刻印版的经历对我很重要，因为它使我懂得了学习在其他媒介工作的价值。我现在依旧在告诉我的学生，不要拒绝涉足其他媒介。它们都有价值。"[18]

亨利·费舍尔的《马特和杰夫》(1913) 是最早同时供给多家报纸登载的连环画之一，讽刺了当时的美国生活。

112 埃斯纳后来遇到了《哇!》杂志的编辑塞缪尔·艾格（Samuel Iger），并开始了与他的长期工作关系。《哇!》是一本同时发表常规内容与漫画的杂志。埃斯纳从艾格身上发现了与自己同样的敏锐创造力。他们也同时认为当时还被看做幼稚搞怪的连环漫画具有商业潜力。当《哇!》杂志在出了几期就被迫关张的时候，两人组成了埃斯纳—艾格漫画工作室。他们的合作最终推出漫画业的几个传奇式人物：鲍勃·凯恩（蝙蝠侠）、路易丝·范恩（Lou Fine）和杰克·科兹伯格（Jack Kurtzberg）（二人合作创作了《蜘蛛侠》和《神奇四侠》。杰克·科兹伯格后改名为杰克·科比），以及莫特·麦思金（Mort Meskin）。这些人后来都成为漫画和绘画小说界的巨人，他们的作品推动了今天以漫画人物为蓝本的真人电影的成功。

1938 年，当企业家、"大忙人"埃弗雷特·阿诺德（Everett M Arnold）决定成立自己的漫画出版公司的时候，他找到埃斯纳，请他专门为自己工作。虽然决定做起来有些难，但埃斯纳无法放弃这次机会，他同意把自己工作室的股份转给艾格，这样他成为阿诺德"优质漫画"公司的一员。一些原来的同事也加入了埃斯纳的新团队。埃斯纳继续从事他最受认可的作品《幽灵》的创作。他独自承担了这部作品的创意，并保留了完全的创作和法律权利——这种特权在当时属于闻所未闻。

一些原来的同事也加入了埃斯纳的新团队。埃斯纳继续从事他最受认可的作品《幽灵》的创作。他独自承担了这部作品的创意，并保留了完全的创作和法律权利——这种特权在当时属于闻所未闻。

虽然获得了持续成功，但埃斯纳于 1952

年放弃了《幽灵》，开始追求利润更大、更具挑战性的项目。为了表示对埃斯纳一生以来对漫画业所做的突出贡献，1988 年，漫画界设立了埃斯纳奖，其在业界地位堪比电影界的奥斯卡奖。

西格尔和沙斯特的漫画英雄

到 1929 年，纸浆杂志的故事与漫画已经互不可分。人猿泰山、巴克・罗杰斯、狄克・特雷西、飞侠哥顿以及幽灵等经典漫画人物纷纷登上全国性报纸。1934 年，俄亥俄州克利夫兰的两名中学生杰瑞・西格尔（Jerry Siegel）和乔・沙斯特（Joe Shuster）创造出了或许是漫画历史上最重要的人物。西格尔和沙斯特都是犹太人第二代移民，在为摆脱社会边缘地位而挣扎，他们同时喜欢大众文化，追求美国梦。这两个青年奋斗的结果就是创造了一个虚构的英雄——超人。这一形象吸引了几代美国人。超人这一形象在美国文化中的出现可谓正逢其时。当时美国已经陷入大萧条，而在德国，希特勒的法西斯主义正在成为吞噬全世界的威胁。

20 世纪 30 年代的美国文化气候是西格尔和沙斯特创作《超人》的主要土壤。当时人们渴望从大萧条中走出来，与威胁自由世界的法西斯主义进行斗争。

超人生于遥远的氪星，在一场大灾难中乘坐火箭弹来到地球，成为这次灾难的唯一幸存者。这位氪星的最后之子被堪萨斯州一对年迈夫妇玛莎和乔纳森・肯特收养，被他们当做自己的儿子养大，取名克拉克。在成长过程中，克拉克吸聚了特殊能力——超人的视、听功能，强大的力量和飞快的速度，并最终具备了飞行的能力和热感视力。克拉克发誓要用这些能力捍卫真理、正义和美国精神。长大后，克拉克当上了《星球日报》的记者，不过工作表现平平，但是作为另一个他的超人则成为地球上最强大的保卫者和民主的象征。

西格尔和沙斯特四处投稿，但无人理会他们的《超人》。那些主编们认为超人是一个让人无法置信的人物，因此不会得到读者认同。两人后来
孤注一掷，给 DC 漫画公司讲述了他们的想法。当 113
时，DC 漫画公司正在为漫画新书《动作漫画》寻找故事，所以决定拿超人试一试。虽然西格尔和沙斯特原本梦想《超人》能够同时登上几家报纸，但 DC 漫画公司看似是他们最后的机会了。结果，西格尔和沙斯特以 130 美元这一难以想象的超低价把《超人》的版权卖给了 DC 公司，并开始为《动作漫画》创作全本的超人故事。DC 公司小心翼翼，《动作漫画之一》只印了 20 万册，结果上市后很快卖光，之后三次再印，同样很快售罄。几乎一夜之间《动作漫画》成为漫画的业界领袖，每月平均销量 90 万册，而它的竞争对手销量只在 20 万～40 万册之间。[19]

为了复制《超人》的巨大成功，DC 公司让它旗下一位刚刚起步的画家鲍勃・凯恩创作另一超级英雄形象——蝙蝠侠。与超人不同，蝙蝠侠利用智慧、科学、技术和身体上的超能力与邪恶展开斗争。西格尔和沙斯特笔下的超人衣着鲜艳，而凯恩的蝙蝠侠外表则是暗色调。凯恩自己的艺术风格对塑造蝙蝠侠这一人物形象和角色背景发挥了重要作用。凯恩运用了不同寻常的角度、扭曲的视角，并大量使用阴影，为作品营造了一种

审美品质，在某种程度上，堪称奥森·威尔斯电影《公民凯恩》的漫画版。

由于超人、蝙蝠侠等人物形象的巨大成功，一批出版商和企业家纷纷效仿，到新兴的漫画市场掘金。这些公司包括戴尔出版公司（购买了迪士尼公司的一些人物形象版权）、小说馆（创作了希娜这一形象）、优质漫画（橡胶人，埃斯纳的幽灵），以及业界新手、马丁·古德曼（Martin Goodman）1939年成立的惊奇漫画。古德曼十几岁的外甥斯坦利·利伯曼（Stanlet Lieberman）掌管惊奇漫画公司的创意制作，以斯坦·李（Stan Lee）的名字发表作品。一时间，漫画业充斥着山寨版超人和蝙蝠侠，绘画粗糙、故事烂俗。当时的观点普遍认为漫画是一种低俗、廉价的青少年读物。漫画作者和插图作者薪酬很低，截稿期限要求很严，出版商多采用生产线的制作模式，作者拿不到版税。这样，诸多因素一起造成了当时多数漫画的模式化。所以，不足为奇，在漫画业的形成阶段，随便一个出版商都会时常对自己的员工说："我不需要伦勃朗，我要的是生产。"[20]

漫画影响社会

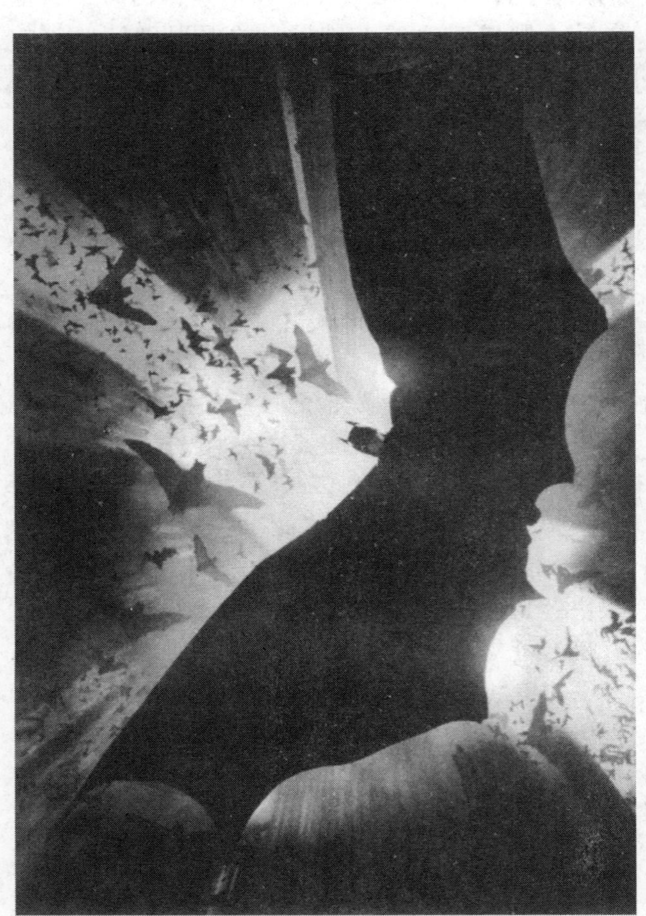

蝙蝠侠的当代形象保持了对鲍勃·凯恩原版的忠实——他依旧是与罪恶做斗争的"黑暗骑士"。

漫画业雇用了大批自由主义者和犹太裔大力支持了美国参与第二次世界大战。战争期间，DC漫画公司尝试改善自己的形象，组成了编辑咨询委员会，以确保所有的漫画作品符合道德标准。DC公司的受欢迎度因此极大提高。到1945年，美国市场调查公司报告说，7 000万美国人痴迷于漫画，几乎相当于美国人口的半数。

有意思的是，第二次世界大战后，美国的经济 114
繁荣却导致了漫画业的衰落。许多漫画英雄的受欢迎度迅速下降，除了超人和蝙蝠侠，几乎所有漫画作品的销量都在减少。随着美国人回到和平时期，人们对漫画的关注度似乎在减弱。

为了支撑下滑的销量，漫画出版商开始推出从已经被接受的超级英雄身上衍生出来的人物形象，其中包括穿着暴露的女性超级英雄以吸引男性读者的眼球。出版商还推出了诸如《阿奇漫画》中的普通人形象，这反映了20世纪50年代美国人的生存状况。这一时期，犯罪故事也成为漫画业的主题，这表明出版商在挖掘一股美国文化中的暗流，即战后的黄金年代并非那么金光闪闪。第二次世界大战期间爱国主题很受欢迎，但冷战期间复活传统超级英雄的尝试却以失败告终。例如，《美国队长》在此期间重新推出，讲述他与美国的新敌人——苏联——斗争的故事，但是读者已经厌烦了充斥20世纪三四十年代的那些过分简单的政治和社会故事。虽然从发端之日漫画市场经历了重大发展，但是现在读者成熟了，要求更有活力的故事。[21]

漫画业的转折

冷战期间，漫画业已经毫无新奇和创意可言。这部分是因为当时的社会气候，但出版商不敢冒险尝试新的想法也是原因之一。这一时期，有创意的漫画公司为数不多，EC 是其中之一。EC 本名教育漫画（Educational Comics），后来更名为娱乐漫画（Entertainment Comics）。EC 的创立者是漫画业的先驱麦克斯·盖恩（Max Gaines）。1947 年，盖恩划船出事身亡，他的儿子威廉·盖恩接管了公司。起初，EC 主要做非商业主题，不过最终转向山寨犯罪、爱情和西部题材。当这一切被证明无济于事的时候，盖恩和他的创意团队决定进行漫画业前所未有的新尝试——这与该公司光荣的起步阶段有些不相称。

EC 开始制作比同时代漫画都要复杂的作品，画风创新，主题超越以往，涉及人类心理更深层次的问题以及其他成熟主题。这一转变的开篇作品是《恐怖的地下室》（为通过审查，后更名为《地下室的故事》）。随后，EC 推出的作品有《恐怖的穹顶》、《恐惧缠身》、《古怪的幻想》、《离奇的科学》以及幽默作品《疯狂》。这些另类的漫画作品故事结构离奇，女性穿着暴露，充满了暴力、犯罪和血腥的画面，使漫画业成为冷战时期保守主义的主要攻击对象。

第二次世界大战结束后，漫画告别了第二次世界大战期间的超级英雄题材。《阿奇漫画》反映了战后对美国生活方式的理想化。

115 最终，由传统主义斗士艾斯蒂·柯夫维尔（Estes Kefauver）领导的参议院青少年犯罪委员会对此展开了调查。由于参议院对漫画业的攻击，出于自律的考虑，出版商于 1954 年成立了美国漫画杂志协会（CMAA），并任命纽约市长查尔斯·墨菲（Charles Murphy）为“漫画沙皇”。一个月之后，墨菲制定了审查漫画作品的规则，并组成了全职团队对所有漫画作品进行审查。只有符合漫画杂志协会严格标准的作品才有资格盖上通过权威审查的大印。[22]

EC 在 20 世纪 40—50 年代是漫画业的主要创新源泉，但不幸成为业界的牺牲品。麦克斯·盖恩被当做正派的敌人，在参议院的听证会上出席作证。听证会结束和漫画杂志协会成立之后，其他的漫画出版商抛弃了盖恩和 EC 公司。负面宣传的浪潮给 EC 公司的销售以毁灭性的打击。没有任何解释，发行商和报摊原封不动地退回 EC 的漫画。盖恩几次尝试改变公司的产品构成以适应“干净的漫画”这一新的趋势。他停掉了所有其他系列，只保留了《疯狂》，使之后来成为历史上最受欢迎的漫画之一。

20 世纪 50 年代是漫画业的萎靡时代，一部分是因为严格的自审，一部分是因为缺少像美国新闻公司这样的发行公司。曾经有一半以上在美国制作的漫画由美国新闻公司发行，但因为后来被控垄断，该公司不再发行杂志。漫画内容显然在随着美国文化的演变而变化，但是在其历史上，真正的形式创新几乎没有发生过。不过，接下来很快出现了绘画小说——一种源自漫画形式，但有其自身风格、长度更长、故事情节更具体的印刷媒介。

绘画小说

虽然绘画小说的根脉可以追溯到 20 世纪 20 年代，但第一本真正意义上的绘画小说出现在 1971 年，是吉尔·凯恩（Gil Kane）和阿奇·古德温（Archie Goodwin）的《污点》。现代绘画小说的定义一直有争议。现在它的定义范围在扩大，涵盖了曾经独立出版过具有完整故事情节的系列漫画。纯粹意义上的绘画小说是漫画这一艺术类型的延伸，它把一个完整的故事归纳为开始、发展和结局，通常探讨更成熟的主题。真正的现代绘画小说的典型例子包括理查德·科本（Richard Corben）的《热血红星》（1976），斯坦·李和杰克·科比的《银影侠》（1978），被奉为经典的埃斯纳的《与神的契约》（1978），戴维·西姆（David Sim）的《赛贝罗斯》（1977）和弗兰克·米勒（Frank Miller）的《蝙蝠侠：黑暗骑士归来》（1986）也堪称经典。更多的当代绘画小说后来被改编成了电影，如尼尔·盖曼（Neil Gaiman）的《睡魔》（1989—1996），弗兰克·米勒的《300》（1998），以及玛嘉·莎塔碧的《我在伊朗长大》（2004）。

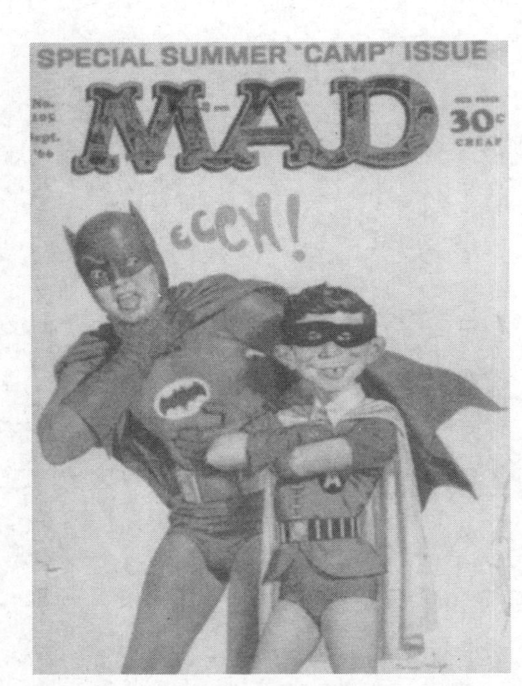

《疯狂》杂志（1953）。这本讽刺漫画与当时那些平淡乏味的漫画（例如，《阿奇漫画》）形成鲜明的对比。《疯狂》因此成为冷战时期保守主义者攻击的对象。

116 日本漫画作为一种艺术形式产生于 12 世纪，在第二次世界大战后经历了显著的变化，现在已经成为在美国广受欢迎的漫画和绘画小说流派。除了严格的日本元素，现代日本漫画反映了美国与日本的一种共同努力，即第二次世界大战后，把日本重塑为一个非军国主义文化，虽然用西方的政治和社会影响定义日本漫画是一种不公平的做法。从动作冒险题材到爱情故事和令人感觉不可思议的超现实主义，日本漫画人物形象多种多样，代表了这一艺术形式的典型审美质素。

到 21 世纪早期，漫画与绘画小说成为出版业中经济上最稳定、最有利可图的领域。DC 漫画公司已并入时代华纳，成为美国最大的漫画出版商，惊奇漫画也成为迪士尼的旗下企业。这二者都从出版和电影业中获得了巨大收入。通过购买特许权，受欢迎的漫画人物如蝙蝠侠、超人与蝙蝠侠，被改编成电影大片。绘画小说继续走红，并创作出一批新的故事和人物。2009 年，詹姆斯·卡梅隆给国际观众奉上了 3D 动画电影《阿凡达》，大受欢迎。虽然《阿凡达》并没有以先前发表过的绘画小说为蓝本，但这部电影的创意和成功再次证明了动画电影的巨大利润潜能。这种认识提升了漫画和绘画小说出版业的价值，因为它们依旧拥有广大的读者基础，成为提供人物、故事和发现创意人才的源泉。在当下互联网占主导地位的数字时代，从报纸、杂志到图书，多数印刷媒介正在努力重塑自我，而漫画和绘画小说的成功对出版业来说，可谓一个好消息。

玛嘉·莎塔碧的《我在伊朗长大》是作者对自己在成长期经历的伊朗 1979 年革命的自传体描述。

20 世纪的报业

在整个 20 世纪，出版业遭遇了一系列技术和市场挑战。在 20 世纪早期，出版业认真评价了工业化的影响。报纸和杂志已经成为对现代美国商业至关重要的大众传媒，对于出版业的成功举足轻重。同时，出版商和编辑依旧感觉必须引领公众关注社会问题以及政府和大公司滥用权力和影响等问题，并捍卫宪法第一修正案、私人财产所有权和新闻自由。

早期美国报纸和信息自由

如前所述，19 世纪的技术创新，报纸的崛起做出了重要贡献，但是运输和印刷技术停滞不前
117 造成了这一行业成本的整体增长。后来，报纸的收入情况发生了改变，原因就是报纸开始以广告作为赚钱的主要渠道，而不再单纯依赖报纸销售。1879 年，报纸业的整个收入估计有 8 900 万美元，其中 56%来自报摊销售和预订，而 44%来自广告。这一情形持续到新世纪。到 1914 年，报业收入达到 4.19 亿美元。

报纸的多人共同所有模式经营收益良好，但是公众逐渐产生疑虑，认为这些主要报纸经常在推动它们所有者的利益和政治议程，即经济上富有、政治上活跃的个人和家族王朝。后来，国会颁布了《1912 年报纸公开法》，要求报纸公布所有者，并清楚地标明那些容易让读者误认为是新闻的广告（见第 9 章）。[23]

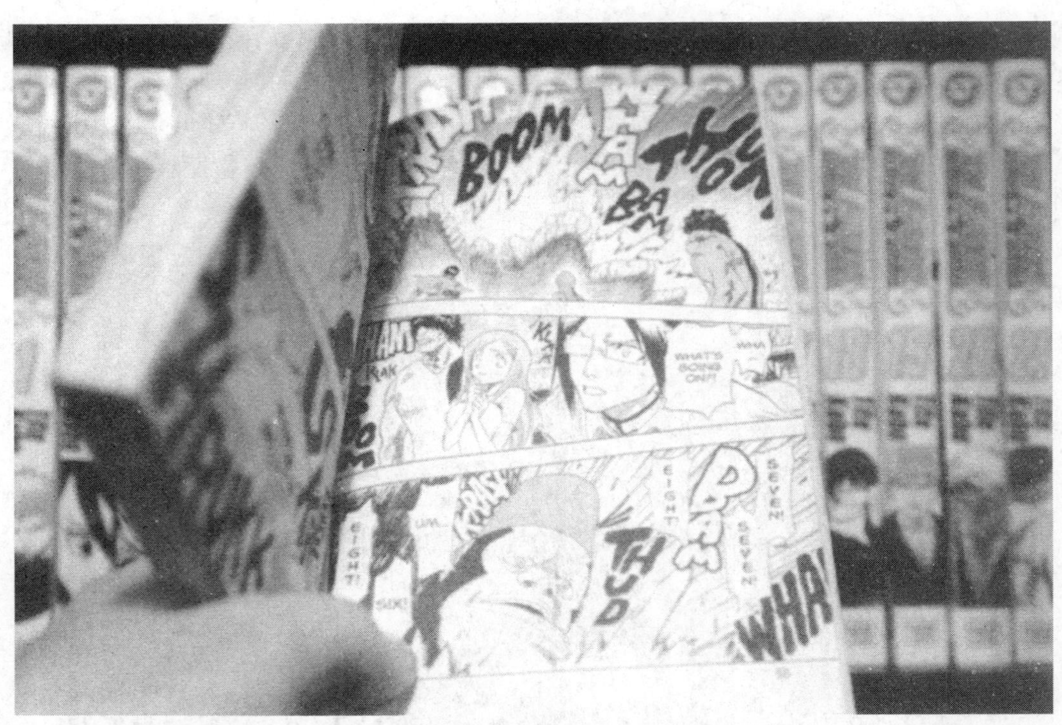

日本漫画艺术展现出了超现实主义的审美形式，试图融合第二次世界大战后美日两国间的“非军国主义日本”的幻象。

美国被卷入第一次世界大战后，有人害怕自由和不受审查的报刊会削弱公众对国家行动的支持，对国家安全造成危险。1917 年，伍德罗·威尔逊（Woodrow Wilson）总统任命堪萨斯市记者和报纸发行商乔治·克里尔（George Greel，1876—1953）掌管公共信息委员会。该委员会有权对有关第一次世界大战的观点进行控制，并规范报纸、杂志等出版物的战争报道。克里尔受命进行的工作包括：把自审和强制审查与直接的宣传结合起来。克里尔招募了 7.5 万名公共演讲者，发表演讲和评论，推动战争行动。他还委托一批画家和漫画家创作了数千件作品，被他的委员会用来树立公众对战争必胜的信心，帮助鼓舞公众士气。

克里尔的做法取得了成功。他认为，这种把宣传与审查相结合的做法是“表达，而不是压制”。但这被证明是错误的。事实上，公众信息委员会在战争年代对出版自由产生了可怕的影响。作为该委员会的负责人，克里尔把新闻划分为危险的、有问题的和常规的三类。危险的新闻可能包含关于军事行动的内容或有可能威胁到总统安全，不能刊印。有问题的新闻包括有关美国在国内外行动的传言，以及有可能被美国的敌人利用的关于科技成果的报道，例如美国每年的钢产量和商业运输的水平等。常规的新闻包括上述内容之外的任何报道，可以未经授权刊印。

报纸发行商乔治·克里尔受伍德罗·威尔逊总统任命，通过管理报纸出版，掌控公众对美国参与第一次世界大战的舆论。

20 世纪 20 年代，报业继续发展，而新闻的控制权集中到了少数实力强大的出版商手中。到 1933 年，美国六大报系是赫斯特、帕特森—麦考米克、斯克利普—霍华德、保罗·布洛克、里德、甘内特。这六个报系控制了美国大约 70%的日报发行量和 26%的全部报纸发行量。20 世纪二三十年代，人们越来越担心报业垄断正在形成，这不仅会危及报纸作为第四势力的功能，也会让大集团愈发强势，对相关出版业和整个大众传媒业产生更大影响。这些大的出版集团还拥有杂志、电影制片厂、广播电台和图书出版业务。更重要的是，这几家公司正在开始控制哪些产品和服务可以成功推向消费者，哪些产品和服务根本无法进入全国市场。

118 20 世纪二三十年代，通过翻新煽情主义手法，小报继续受到欢迎，读者持续增加。批评者认为，小报的出现是那个时代世风日下的结果，特别是喧嚣的 20 年代。小报通过渲染不堪入目的男女关系、恐怖的谋杀和奇闻怪事吸引读者，这是事实，不过，它们的那些主流同行们比它们也好不到哪里去。同时代的主流大报为了吸引读者、销售广告，同样登载与小报差不多的东西。小报兴起的原因之一就是普通人的阅读兴趣形成了一个扩大的市场。另外，有轨电车在全国成为大众交通工具也是一个很重要的原因——小报标题醒目、字号大、图画多而印张小，电车上的乘客可以一边拉住吊环，一边看报。同时，20 世纪 30 年代，特别是大萧条时期，报纸上开始出现记者署名，目的就是把事实报道与言论和分析融合在一起。署名可以帮助读者认识到，在国内和国际政治经济问题对每个人产生影响的环境下，记者工作日趋复杂。相应地，记者和编辑也认识到，他们需要向读者展示他们的报道是准确、客观的。

小报新闻大行其道以及漫谈专栏的兴起在文化上有积极的一面。这一点今天往往被人们忽视，但当时一位最著名的漫谈专栏作家沃特·温切尔（Walter Winchell）在这方面给了一个很好的注解。温切尔写了一系列绑架案的文章，涉及著名飞行员查尔斯·林德伯格之子以及政客、商业大亨、黑帮和影星等名人。这些文章使温切尔在全国声名大噪，而此前还没有一个报纸记者能够如此。在事业的顶峰时期，温切尔的漫谈专栏同时供给 2 000多家报纸登载，每天吸引超过 5 000 万读者。温切尔还带动了一档每周播出的广播节目的收听率——他的报纸读者被吸引到这一节目，这一节目因此增加了 2 000 万听众，这种情况一直持续到 20 世纪 50 年代。

温切尔采取煽情主义小报路线报道这些针对富人和名人的罪行，其中既有事实也有夸大其词，在当时特别是大萧条背景下，为千百万需要为谋生度日而奋力挣扎的美国人提供了一剂社会良方。他的文章充满娱乐，帮助读者忘记了自己的艰辛奋斗，而加入一场全国性的八卦。想一想今天公众对迈克尔·杰克逊、奥普拉·温弗瑞（Oprah Winfrey）、安吉丽娜·朱莉（Angelina Jolie）以及泰格·伍兹等明星的兴趣以及媒体对他们的狂轰滥炸，我们就可以很容易地理解为什么温切尔的小报风格的文章会在遭受大萧条、第二次世界大战来临之前的美国受到追捧——当时的美国弥漫着经济、社会和政治将要崩溃的恐慌。[24]

> 温切尔采取煽情主义小报路线报道这些针对富人和名人的罪行，其中既有事实也有夸大其词，在当时特别是大萧条背景下，为千百万需要为谋生度日而奋力挣扎的美国人提供了一剂社会良方。

20 世纪 30 年代，美国政府通过管理加强了 119
对媒体的控制，同时更加有意识地努力影响关于政府行动和政策的报道内容。今天，我们把这一过程叫做新闻导控（news spin）。20 世纪三四十年代，为了影响记者、编辑并最终影响美国公众，政府官员与新闻媒体之间竞相包装和控制新闻，只有第二次世界大战期间双方才有短暂的“休战”。第二次世界大战期间，大多数记者和出版商都认为全面与美国政府合作，接受审查，配合宣传，避免给敌人提供“帮助和抚慰”是他们的爱国责任。这种合作经常意味着在战争部的要求下放弃或暂缓某些报道。这种主要基于自愿的合作也运用到了朝鲜战争中，但是在 1954 年停顿下来，原因就是出现了一位直言不讳的参议员——来自威斯康星州的约瑟夫·麦卡锡。

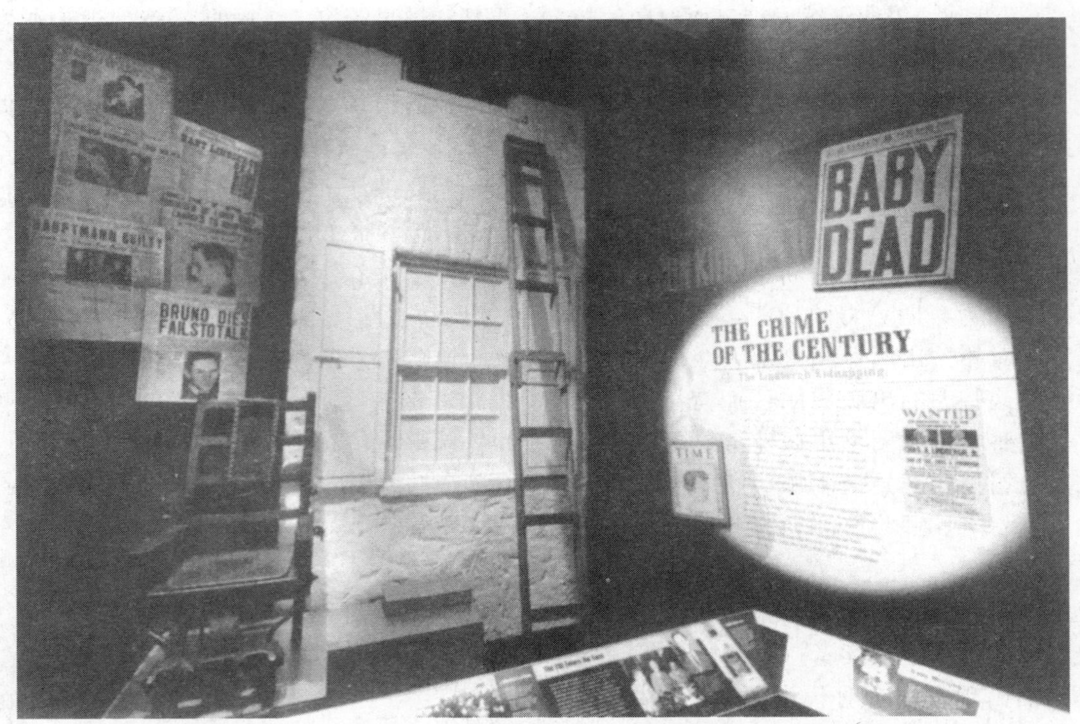

沃尔特·温切尔开创了漫谈专栏，并因为关于林德伯格之子被绑架案的报道而引起全国关注。

50年代

在20世纪50年代早期，温切尔对麦卡锡参议员红色恐怖策略的支持导致自己在全国的受欢迎度下降。麦卡锡利用自己任参议院某一重要委员会主席的职位发起了肃清共产主义者和共产主义同情者的运动。麦卡锡认为，这些人已经渗透到政府部门，尤其是美国媒体，从报纸杂志到电影业，都不能幸免。麦卡锡娴熟地掌控了报道有关听证会的新闻媒体。因此，起初公众舆论对他有利。麦卡锡参议员是善用媒体的专家，经常在报纸截稿前发布一些指控共产主义同情者的耸人听闻的消息。遇到这种情况，记者往往被迫选择：是核实麦卡锡参议员提供的东西，还是不经核实就发稿？而前者毫无疑问意味着可能错过一条重磅新闻。然而，一些报纸杂志，如《基督教科学箴言报》、《华盛顿邮报》、《密尔瓦基报》、《时代》周刊等，从一开始就对麦卡锡提出质疑。这个国家应该感到幸运，随着新闻媒体揭露出这位参议员的运动恐吓了许多无辜人士并最终导致他们事业毁灭，麦卡锡的公共支持迅速逆转。在揭露麦卡锡的过程中，哥伦比亚广播公司的爱德华·默罗（Edward Murrow）的报道和评论做出了杰出的贡献。

六七十年代

20世纪60年代，美国经历了巨大的文化、社会和政治变革。公民权利运动、肯尼迪被刺，还有越南战争，这些都成为在这充满变革的10年里报刊业遭遇的挑战。报纸面临的问题之一就是分化。这一点对于那些热心于报道公民权利运动的记者可以说深有感触。印刷媒体无法像电视或电台一样清楚地说明抗议者遭受的暴力。记者罗伯特·多诺文（Donovan）和雷·舍尔（Ray Schere）在《并不沉默的革命：电视新闻与美国公众生活》一书中写道："在报纸杂志上，警犬看上去只是像警犬；而在电视中，这些狗会露齿狂吠。"[25]

20世纪六七十年代发生的文化、经济和政治变革也在媒体上上演，具体说来就是电视开始挑战报纸、杂志作为大众传媒在美国的统治地位。这一时期，报纸业也发生了其他一些重要变化。首先是下午报几近消亡。下午报曾经在大中城市非常普及，在这些地方，报纸一般每天出上下午
120 两版。可是，后来广告商不再情愿一天重复付费，所以下午报就失去了利润空间。其次，虽然报纸广告收入持续增加，到 1968 年达到 52 亿美元，而电视同年只有 31 亿美元，但报纸的出版成本提高了。因为害怕新技术会挤占传统的出版工作，工人们举行了多次罢工，这加重了出版成本的上升。所有这些因素均导致报纸业整体利润的下滑。

20 世纪 70 年代，报纸所有权合并的趋势继续发展，大多数出版商和投资人认为，从经济学的角度看，只有最大的城市能够支撑得起一份主要报纸。报纸发行商尝试寻找新的增利手段，并最终绕过了反对报纸企业合并资产的反垄断法。1968 年，一群出版商成功游说国会，使有违联邦反垄断法的个案合法化，允许各地相互竞争的报纸出版商组成报纸联合经营协议（JOA）。最高法院很快判定这一协议违法。但是，国会通过了《报纸保护法》，并由总统尼克松签署，最高法院的裁定被置之不理。《报纸保护法》有关组成联合经营的一个决定性条件是加入协议的两家报纸中需要有一家陷入了经济困境——这个法律门槛实在是太容易跨过了。

公民权利运动和越南战争对记者和编辑的专业主义产生了正面影响。记者以及他们为之工作的报纸再次以第四势力推动者的身份为荣，为能够肩负监督、报道政府行动的职责感到骄傲。这种态度标志着报刊告别了之前 50 年中与政府的合作关系。同时，记者对新闻事实的忠实、对读者的忠实替代了之前对他们供职的报纸杂志的忠实。调查性报道和扒粪运动的兴起是这一趋势的代表。

记者对新闻事实的忠实、对读者的忠实替代了之前对他们供职的报纸杂志的忠实。

80 年代进入数字时代

数字时代给印刷媒体带来了挑战。这种挑战即使不能用可怕来形容，也足以说是重大。电台和电视台的普及意味着报纸开始衰退，而互联网的发展和渗透加速了这一进程。报纸过去通过广告销售挖掘的资金源，在 20 世纪后几十年被电台、电视台成功地分走一大杯羹，不过，报纸依旧在为消费者提供观察这个世界的独特、批判的视角。当时，报纸的内容还没有被其他媒体广泛复制。作为新闻内容的提供者，报纸依旧是一种吸引人的媒介形式，读者携带方便，可以随时随地阅读。

报纸适应数字时代的一个非常成功的先驱实际上早在互联网初期阶段就已经几乎同步开始了。1982 年，甘内特报业集团的艾伦·纽哈斯（Allen Neuharth）和他颇富创新精神的编辑、技术和市场团队创办了《今日美国》。这份设计独特的全国性日报最终成为出版史上发行量最大的报纸，到 2009 年，每天发行 190 万份。[26]《今日美国》能够吸引如此多的读者以及随之而来的巨额广告收入，部分是因为它摆脱了传统报纸高度集中的印刷、发行模式，而是在全美和世界各地创立了印刷、发行网络。

当然，对于《今日美国》的成功来说，更重要的原因是，它的设计和内容模仿了电视图像丰富和短篇幅专题报道的方式。《今日美国》以大量 121
运用彩色图片和大幅彩色图表而闻名。这些手段可以帮助读者快速理解新闻内容。一些批评者抱怨说，《今日美国》的报道风格丢掉了传统报纸细节丰富的优势，而沦为电视新闻同期声的印刷版。但是，多数消费者还是喜欢这种新的形式，因为这种展现方式让人们读起来比传统报纸更快。最终，许多报纸开始仿效《今日美国》，新闻变得更短，增加了彩色图片，目的就是让报纸看起来与《今日美国》一样，也有丰富的图片。不过，对于许多报纸来说，效仿《今日美国》的方法被证明是“步子太小，起步太晚”[27]。为了更好地理解《今日美国》为何能够取得成功和大受欢迎，请看视频资料《艾伦·纽哈斯，〈今日美国〉》。▶

互联网的出现和快速发展打开了数字内容的闸门，使得新闻可以以廉价的方式，大批量、源源不断地发布到全球，而消费者基本无须为此买

单。到 20 世纪 90 年代，报纸业已经为适应不断变化的市场做出了近百年的努力。虽然为数不多的几个大公司拥有并经营着美国大多数报纸，但几十年来，这个行业整体上并没有什么真正的创新。除了缺乏创新，报纸也无法找到能够扭转它经济困境的方法。互联网上大量的免费新闻内容让报纸沦落成一个为消费者提供新闻的再普通不过的来源，而这样的来源已经数不胜数。

在很短的时间内，易趣（eBay）和克雷格列表（Craigslist）等拍卖和分类广告网站的惊人发展和走红卷走了报纸分类广告的大部分收入。商业广告商也开始纷纷涌向互联网，因为较之报纸，这一新的媒介收费更低廉，传播范围更广。许多报纸慢慢开始建设同步网站，为广告商提供跨平台的选择，但它们没有找到一个有效的商业模式把互联网内容转化为广告收入。由于无法找到一个出路继续支撑曾经奠定了美国传媒基础的这一庞大遗产，在 21 世纪第一个十年中，许多报纸开始关张。

2009 年，普华永道国际会计公司发布了一项关于报纸业未来的研究报告，题为《走向多种商业模式：数字时代报纸的前景》。这一研究重点关注了报纸业在数字时代面临的两大挑战：人们获得和消费新闻内容行为方式的变化；在新闻消费持续从印刷媒介走向互联网的背景下，报纸发行商、广告主和广告公司、媒介策划公司受到的影响和面临的挑战。[28]

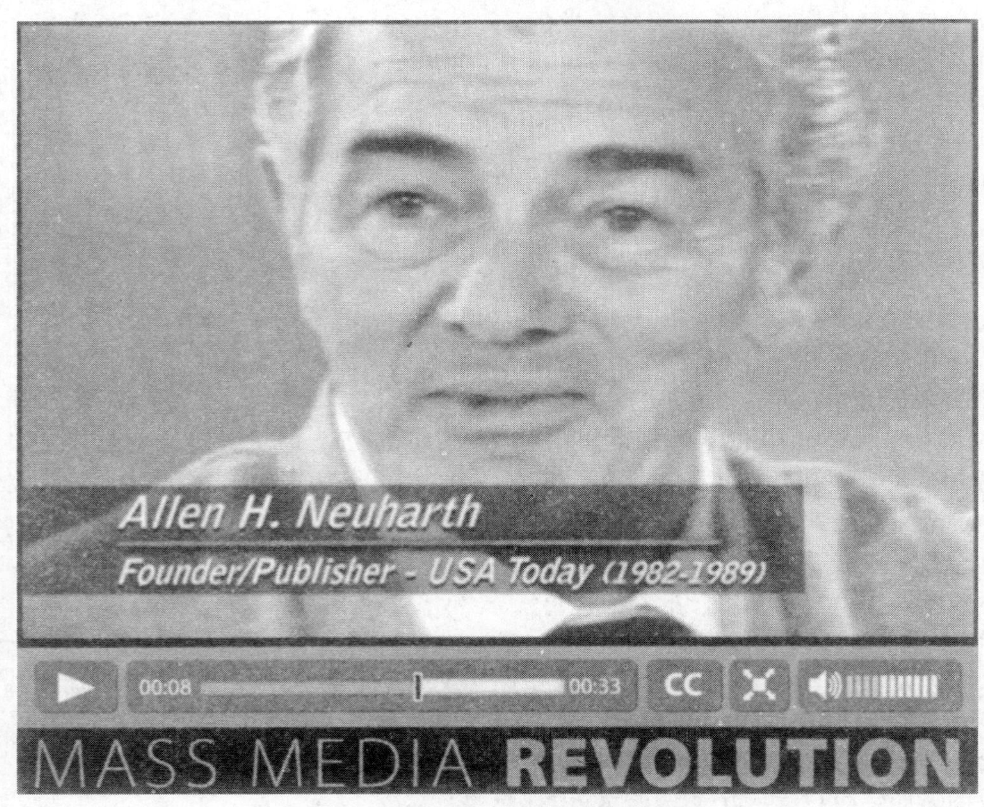

《艾伦·纽哈斯，〈今日美国〉》截图。

《今日美国》创办者艾伦·纽哈斯深入分析他的报纸如何获得成功，受到欢迎。

同样是在 2009 年，《哥伦比亚新闻评论》发表了《华盛顿邮报》副总裁伦纳德·唐尼（Leonard Downie）和哥伦比亚大学新闻学院教授迈克尔·
122 舒德森（Michael Schudson）的报告，名为《重建美国新闻业》。唐尼和舒德森告诫人们不要轻易发表或接受报纸面临消亡的说法。同时，他们指出，报纸业衰退的真正悲剧是与之相伴的扎实新闻——特别是地方新闻——的减少，以及它对美国民主的影响。除了讨论互联网对以前报纸近乎垄断地位的冲击，他们的报告还着重指出了独立调查性报道减少的问题，强调调查性报道对保证健康的民主的重要性。资深媒体人艾伦·穆特（Alan Mutter）在自己的博客文章《一个新闻恐龙的思考》中断言说：“无论如何想象，报纸都已不再堪当大众媒介。”[29]在穆特发出这番言论之前，美国报纸发行量审核署（Audit Bureau of Circulations）发布的一组数据确实表明 2009 年报纸的读者迅速减少。当年，《今日美国》的发行量减少了 17.2%，《纽约时报》减少了 7.3%，《洛杉矶时报》减少了 11.1%，《华盛顿邮报》减少了 6.4%。[30]

20 世纪的杂志业

西奥多·罗斯福总统创造了“扒粪”（muck rake）一词，用来指称某些搞调查报道的杂志记者，认为他们与约翰·班扬的作品《天路历程》中的一个人物很相像：

> 此人手中拿着粪耙，只能向下看；他因扒粪而被赐予一顶上天的王冠，但是，他既不向上仰望也不理会被授予的王冠，只是继续默默地扒起地上的秽物。[31]

123 作为调查报道记者，“扒粪者”是便士报时期煽情的犯罪新闻作者的自然继承人。19 世纪后期，这些作者试图把犯罪与更宏观的社会问题背景联系起来，以适应全国读者，因此他们的报道变得严肃起来。借助廉价的大批量发行的杂志，扒粪者通过曝光商界与政府的关系、揭露官员腐败和滥用职权，教育美国中产阶级。

扒粪在 20 世纪早期曾经非常普遍，但是在两次世界大战之间，逐渐不再风行。不过，从 20 世纪 60 年代开始，美国再度刮起扒粪之风。同时，大众兴趣、妇女杂志和摄影的吸引力在提高。因为能够提供话题广泛、篇幅更长、配有图片的文章，杂志成为提供新闻和娱乐的重要来源，而且杂志的广告收入也有所提升。

新闻杂志起源于 20 世纪二三十年代，在 60 年代成为影响力很强的媒体，其动力主要是一些新闻期刊的调查性报道获得奖励。新闻杂志最早以传统报纸和严肃杂志混合体的形式出现。《时代》（1923）、《新闻周刊》（1933）、《美国新闻与世界报道》等每周或每月盘点日报刊载的新闻，对这些新闻进行延伸报道，同时提供时尚、体育、名人和娱乐等内容。

从经济角度来看，因为维持大的发行量意味着成本的增加，专业杂志开始代替大众杂志。同时，电视的挑战冲击了杂志的广告收入，因为广告商在电视上 1 美元的广告投入所能有效覆盖的消费者要比杂志多得多。从 1961 年到 1972 年，160 多家杂志被出售或并购，但由于杂志业在尝试挖掘专门的消费群体，因此在这一段时间里，有大约 760 份新杂志登上报摊。[32]

报刊内容向互联网聚合给杂志业带来了新挑战。一些杂志，如《国家地理》，能够成功地直面挑战。这部分是因为它们能够把自己的网站当做完全整合的多媒体“套装”中一个有机的组成部分加以利用。这样的套装中包括网站、印刷版、电视节目制作和专门为苹果 iPhone 等便携设备量身定做的简短、多图的内容产品。在视频资料《鲍勃·科维，国家地理》中，国家地理在线的主编和创意总监鲍勃·科维将给大家讲解该杂志如 124
何自我调整以适应内容迅速向网络迁移的新形势。

《广告时代》是一份既有印刷版也有数字版的商贸杂志。它的数字版可以通过订阅在网站上获取。《广告时代》每年报告因经济压力和内容、广告和消费者向互联网转移而停刊的杂志。《广告时代》指出，在 2008—2009 这一年度里，有 35 份全国发行的杂志停止出版。这一数字包括一些由国家地理学会出版的杂志，而该学会实际上是比较成功地进行了网络内容迁移的出版商之一。当然，这并不意味着这些出版物完全消失。一些杂志蜕变为只提供网络内容的制作者；或许，这种新的互联网出版商业模式能成功地吸引并留住网站访问者，只有这样它们才能获得足够的广告收入来维持基本利润。

20 世纪 60 年代，杂志重新得到爱好新闻、娱乐和摄影的美国消费者的青睐。尽管今天许多杂志不再出版，但人们依旧可以在网上浏览。

20 世纪的图书业

虽然 20 世纪中期杂志持续发展，但书籍，特别是小说在这一时期广受欢迎。在某种程度上，这种趋势是由杂志上刊登的图书广告、书评和书摘等带动的。二三十年代，小说在公众中非常流行，平装书成为一种廉价的消遣选择，吸引了大批男女。在这一时期，冒险小说和科幻小说有大批拥趸。科幻小说走红特别要感谢 20 世纪中期人们对技术进步的广泛兴趣，当时出现了许多探索未来世界的书籍，提出了在未来技术驱动的世界里人类社会如何生存的问题。

> 科幻小说走红特别要感谢 20 世纪中期人们对技术进步的广泛兴趣，当时出现了许多探索未来世界的书籍，提出了在未来技术驱动的世界里，人类社会如何生存的问题。

125 从 20 世纪 50 年代到 80 年代，美国图书出版社爆炸式增长到 2.2 万家，每年大约出版新书 4.9 万部。第二次世界大战之后美国大力推动教育，带动了课本需求量的增加，因此出现了一批大型媒介组织，如时代华纳和哥伦比亚广播公司在图书业购买股权。外国投资商也看中了美国的图书市场，如德国的媒介巨头贝塔斯曼 20 世纪 80 年代购买了美国出版公司双日、矮脚鸡、戴尔和兰登书屋等。

20 世纪最后 10 年和 21 世纪头 10 年，互联网的兴起以及由此带动的消费主义给图书出版和销售带来重大变化和挑战。虽然小型书店和小的出版公司中不乏遭受损失的案例，一些未来学家看好数字替代品，预言印刷图书即将消亡，但是图书出版业整体上继续繁荣，每年推出的新书数量都要超过以往。部分原因是，亚马逊等网站提供的网上图书销售以及按需出版技术的进步（见第 3 章）已经开创了许多新的机会，使大大小小的出版公司和作者可以把他们的书推送到一个随着互联网发展同时扩大的消费者市场。

《鲍勃·科维，〈国家地理〉》截图。

《国家地理》在线主编兼创意总监鲍勃·科维讲述杂志业如何应对媒介内容向网络转移。

20 世纪中期，由于科技进步和数字媒体的发展，科幻小说受到更多欢迎。

和其他媒体一样，出版商、作者和读者也在积极讨论数字时代图书的未来。什么因素会鼓励读者选择电子形式？数字图书或电子图书提供的好处包括：这些手段或工具可以存储几百本书的能力、可以改变字体的能力、通过无线连接几乎可以即刻获得上千本书的能力、接收电子邮件和浏览网页的能力，以及购买电子书的费用整体上在下降。

许多公司在争着把自己的电子阅读器技术推向正在发展的市场的同时，它们也在努力寻找通向市场、售卖电子书的盈利之路。截至 2009 年，市场上三大电子阅读器是索尼阅读器、亚马逊的 kindle 和 Bookeen。与多数新兴技术一样，这些电子书在推出初期，成本都很高，因此只有那些技术时尚达人才会购买。此外，零售商还需要发现一种可以有效应对数字时代信息民主化的商业模式。亚马逊与索尼都拥有零售网站，分别提供 35 万册、10 万册的图书，供用户以远远少于传统印刷图书的价格下载。然而，那些要把所有印刷知识进行数字化处理的工程，如谷歌图书搜索、古登堡计划和开放内容联盟等，都对电子书产业盈利造成了障碍。

越来越多的人正在通过互联网购买印刷媒体或是购买传统印刷媒体的数字版。这种趋势会如何影响书商和出版商的业务经营？

126 音乐产业正面临数字手段和对等网络（P2P）带来的内容交换过程中违反传统版权法的问题。与之相似，关于人们通过互联网到底可以获得什么免费内容的争论目前甚嚣尘上。例如，谷歌图书搜索仅提供版权公有的图书的全本，而对于版权尚在保护期的图书，则仅提供节选。即使如此，图书业也在试图限制谷歌把版权内容编目。2008年，谷歌与出版业达成协议，同意支付1.25亿美元给图书版权所有者。双方还同意建立图书版权登记制度，以此证明其数据库中所有作品的法律地位，以方便仲裁有关方面提出的版权诉求（见第11章）。然而，所有最近关于版权以及图书向数字世界迁移等问题的关注都忽略了一个事实，即全球的大众传媒市场已经完全接受了数字出版。虽然2008年电子书的销售额超过了11亿美元，但这一数字只占当年世界图书销售的0.9%。[33]

结论：印刷媒体能在数字革命中存活下来吗？

印刷大众媒介——报纸、杂志和图书——在美国历史中发挥了关键作用。虽然绝大多数专家并不认为印刷媒介将会完全消失，但现在——21世纪的前几十年——就是决定印刷媒介未来的时候。新的数字技术，特别是互联网的持续发展与统治，正在对出版商形成挑战，促使他们寻找新的商业模式以保证在数字时代能够立于不败之地乃至走向兴旺。反过来，出版方面的创新正在改变我们赖以获得新闻、信息、娱乐的大众传媒平台，并要求记者、作者和编辑掌握新方法、新技能，以便能够用印刷和数字两种形式提供内容（见第3、第13章）。现在，老牌儿出版商，特别是报纸杂志出版商，正在奋力改变自己，出版企业和内容创作者都在面临新的机遇。这些新的机遇将使他们的产品覆盖广大的受众，而这些受众规模之大，仅仅在几十年前还根本无法想象。

思考题

1. 整个19世纪，报纸、杂志出版主要因印刷和运输技术进步而发展变革。这些进步帮助扩大了印刷媒体的读者数量和可辐射的地理范围。请将19世纪这些方面的进步列举两项与20世纪后期的两项有关发展进行比较。

2. 从19世纪中期到20世纪中期，“黄色新闻”的兴起不仅帮助报纸杂志出版商吸引了更多的读者、增加了广告收入，而且影响了公共舆论，甚至在一些情况下，影响了政府决策。请结合今天影响力正在兴起的博客和其他基于互联网的非主流新闻、评论，谈谈你对“黄色新闻”的看法。

3. 数字时代，美国报纸正在为生存而奋斗并力求自我再造，一些报纸取得了成功，而更多的则不复存在。如果报纸想要在21世纪继续成为重要媒体，你认为需要怎么办？你认为纸质报纸还会有读者吗？还是会在21世纪中叶作为一种大众传媒彻底消失？

4. 杂志业在21世纪正在经历重大变革，许多杂志正在迁移到互联网。随着越来越多读者更青睐上网或掌上阅读器等数字方式获取内容，一些杂志已经停刊。你觉得杂志出版业的未来怎样？你认为从长远看，纸质杂志在未来还有生存空间吗？

5. 今天，连环画和绘画小说已经成为最成功的出版物类型，为出版商带来巨大利润。此外，连环画、绘画小说的人物、故事情节以及视觉风格继续对电影、电视剧和电子游戏甚至时尚产生深远影响。为什么这种类型的出版物今天如此成功？你认为它会继续风行并影响文化吗？

6. 内容数字化已经影响了我们对图书媒体的消费与互动。这种趋势的好处与坏处是什么？数字化会以什么方式帮助传统图书延续生命或促使其被淘汰呢？

【注释】

[1] Folkerts, J., and feeler, D. (2002). *Voices of a nation: A history of mass media in the United States*. Allyn and Bacon.

[2] New York Times Corporation Annual Report. (2009). http://www.nytimes.com/interactive

[3] Folkerts, J., and Teeter, D. (2002). *Voices of a nation: A History Of Mass Media in the United States*. Allyn and Bacon.

[4] Fang, I. (1997). *A history of mass communication*. Focal Press.

[5] Folkerts, J., and Teeter, D. (2002). *Voices of a nation: A history of mass media in the United States*. Allyn and Bacon.

[6] Fang, I. (1997). *A history of mass communication*. Focal Press.

[7] Ibid.

[8] Folkerts, J., and Teeter, D. (2002). *Voices of a nation: A history of mass media in the United States*. Allyn and Bacon.

[9] Fang, I. (1997). *A history of mass communication*. Focal Press.

[10] Ibid.

[11] Folkerts, J., and Teeter, D. (2002). *Voices of a nation: A history of mass media in the United States*, Allyn and Bacon.

[12] Ibid.

[13] Ibid.

[14] Ibid.

[15] Ibid.

[16] Bingham, S. (1989). *Passion and prejudice: A family memoir*. Alfred Knopf.

[17] 1985年，作者对老巴里·宾汉姆进行了深入的录像采访。这是公共广播公司的34集系列节目“新闻领袖”的一部分。作者为波因特媒体研究院制作并导演了这一节目。

[18] http://www.willeisner.com/biography/1_early_years.html.

[19] Wright, B. W. (2001). *Comic book nation: The transformation of youth culture in America*. Johns Hopkins University Press.

[20] Ibid.

[21] Ibid.

[22] Ibid.

[23] Folkerts, J., and Teeter, D. (2002). *Voices of a nation: A history of mass media in the United States*. Allyn and Bacon.

[24] Gabler, G. (2009, December 21). Celebrity: The greatest show on earth. *Newsweek*.

[25] Donovan, R., and Scherer, R. (1992). *Unsilent revolution: Television news and American public life*, 1948—1991. Woodrow Wilson Center Press.

[26] Audit Bureau of Circulation Statistics. (2009).

[27] 1985年，作者对老巴里·宾汉姆进行了深入的录像采访。这是公共广播公司的34集系列节目“新闻领袖”的一部分。作者为波因特媒体研究院制作并导演了这一节目。

[28] *Moving into multiple business models: Outlook for newspaper publishing in the Digital Age*. (2006). London: PricewaterhouseCoopers. http://www.pwc.com/gx/en/ entertainment-media/publications/outlook newspaper-publishing-in-digital.jhtml.

[29] Ahrens, F. (2009, October 27). The accelerating decline of newspapers: Small dailies are rare bright spot in latest

figures. *Washington Post*. http：//www. washingtonpost. com/w p-dyn/content/article/2009/10/ 26/AR2009102603272. html

[30] Ibid.

[31] Bunyan，P. (1678) . *The pilgrim's progress*.

[32] Wolseley，R. E. (1972) . *Understanding magazines*. Iowa State University Press.

[33] *Authors Guild v. Google settlement*. (2008，October 28) . http：//www. authorsguild. org/advocacy/articles/ settlement-resources. html.

Tour opens
Kidnap

学习目标

1. 学习掌握音乐唱片发展史上的一些重要人物和事件，以及对流行音乐的兴起有着影响作用的社会和政治因素。

2. 从马可尼最初发明到商业广播的兴起，了解无线电台的发展历史。

3. 了解无线电广播的三位先驱者是如何对现代广播的巨大发展变化做出贡献的。

4. 认识广播和唱片业之间的密切关系，解释这种关系如何对美国文化产生重大影响。

5. 解释音乐对现代美国历史上两次主要的文化转向所做出的贡献。

6. 理解多轨录音技术对唱片业的影响和作用。

7. 思考音乐电视（MTV）对广播事业和观众在音乐消费方式上的影响和积极意义。

8. 描述在另类音乐兴起及其随即所取得的巨大成功过程中来自社会和商业方面因素的影响。

9. 解释唱片录制和文件分享技术的进步对唱片业的深远影响和变革。

10. 描述媒介与内容的聚合对音乐和广播的生存起到了什么作用。

第5章 音乐和广播

131 马特·约翰逊（Matt Johnson）和金·史费诺（Kim Schifino）是在纽约普拉特学院上学时候认识的。当时金学习的是插画，而马特的专业则是电影。虽然他们已经无法确切地回忆起具体是在什么时候决定一起开始演奏音乐的，但大概就是在2004年的某个时间，当时马特正在学习如何操作音乐键盘，而金开始学习如何打鼓，他们的共同愿望是组建一个乐队。数月之后，一个新的乐队“马修和金百利”（Matthew and Kimberly）——当时他们自己给起的名字——在纽约布朗克斯区马特和金的一个朋友的聚会上进行了首秀。金那充满嘻哈节奏的鼓点和马特那易记上口的和声旋律组合在一起，显得非常具有感染力。很快，这样一个新的乐队在当地拥有了一大群追随者。随后马特和金把乐队名称缩减为“马特和金”（Matt and Kim），他们开始以疯狂的速度在纽约周边的仓库和旧工厂派对上演奏音乐。尽管曾经在2005年录制过一张唱片小样《去/来》（To/From），但是他们发现在现场音乐会上演奏不仅能够给作为音乐家的他们带来更多的满足感，而且在销售CD唱片方面也能够获得更大的收益。就这样经过连续不断的两年巡回演出之后，他们开始收到一些音乐节主办方的邀请，如海妖和西南偏南（SXSW）等，到现场进行演出。2006年，在独立音乐制作品牌IHeartComix的帮助下，这对组合录制了首张完整的同名专辑，并且还在他们的音乐会上销售唱片。

在最初的几年里，马特和金在唱片业是如何运作的方面吸取了深刻的教训。由于对唱片业的相关法律一无所知，他们在与IHeartComix签订的唱片发行协议中几乎丧失了他们所有早期作品的版权。自此之后，他们雇用了一名经理人，而这位经理人的一项工作就是帮助他们保护将来作品的版权。他们自己则可以在舞台上倾尽全力演出，用那让人感觉良好的、充满活力的音乐愉悦现场观众。通过在互联网上的饥饿营销，以及不断的巡回演出，马特和金组合逐渐在全国的音乐圈子里获得了关注，其中还包括一些主要的唱片公司。他们开始接到经纪公司的电话，接洽将他们的音乐用到广告宣传中，其中有维珍移动公司、美国著名音乐杂志 Spin，以及一些电视节目中。接下来，马特和金与独立多媒体公司飞德尔（Fader）就音乐的推广宣传和发行签订了合约。飞德尔公司保证马特和金对他们的作品在创作上和法律上享有控制权，并且以自身多年跨媒介运作的经验保证这对组合的经济收益。有关马特和金是如何与大的知名唱片公司进行对抗的，详细的深度报道情况可以通过一个名为《马特和金》的视频短片进行了解。

2009 年，马特和金在美国音乐界取得了突破。当时一首来自于他们的第二张专辑《盛大》中的单曲《日光》（*Daylight*），出现在了百加得酒（Bacardi Generations）的广告中，顿时在网上引发了饥饿营销的热潮。通过他们自己的网站、聚友网（MySpace）和 YouTube，以及与他们新签订宣传合同的唱片公司，如百事的激浪（Mountain Dew）、绿标之声（Green Label Sound），粉丝们可以很快地获得这支乐队的音乐，这样使得他们的受欢迎程度呈指数级别的增长，同时他们现场音乐会的门票也得到了大卖。通过利用互联网的力量，进行全方位的宣传和营销（见第 8 章），马特和金成为又一个从本地音乐组合发展成为具有全国影响力的乐队，并且在全美国范围内的演唱会上进行售票演出。虽然只有时间才能告诉我们这支乐队的成功将会持续多久，但是就目前而言，对于马特和金来说，他们的前途是光明的，这句话也同样适用于许多其他有才华的独立艺人，他们的事业依赖于 21 世纪新的发展进步以及音乐和广播业的融合。

《马特和金》截图。

流行独立摇滚乐组合“马特和金”叙说他们对抗大牌唱片公司的故事。

132 

音乐和录音的文化影响力

在探讨音乐和广播在互联网上的聚合之前，我们必须首先了解激发和产生这种趋势的历史。在第 2 章中，我们介绍了音乐作为大众传媒的一种形式的历史根源；在本章中，我们将展开探讨音乐作为推动美国文化以及美国文化在世界范围内的影响力发展过程中所扮演的角色。在当代历史上，音乐和唱片录制产业的发展与广播的发展是相互联系的，所以这就要求我们必须将两者放在一起记录。

在 19 世纪后期，美国开始挑战欧洲作为音乐的世界中心的地位，而与此同时，美国也正开始成为技术和工业变革创新的世界中心。在 19 世纪初期塞缪尔·莫尔斯发明了陆基电报技术之后，通信技术面临的下一个挑战就是找到远距离传输电报信号的方法，而不是依靠累赘的电缆网路。录音技术的发明，或者说是包括声音、音乐和音效的声波的再创造，标志着在解决这一问题上所取得的第一次真正意义上的进步。虽然有很多个人发明家对此做出了贡献，但是被普遍认为是现代录音技术发明者的则是托马斯·阿尔瓦·爱迪生。

留声机推动音乐产业发展

1877 年，爱迪生完成制作了第一台留声机。这台机器将声音刻录在锡箔包裹的刻有螺旋槽纹的金属圆筒上，与一个卷筒厕纸的硬纸板内芯差不多大小。爱迪生当时的兴趣主要集中在找到一种能够记录通过电报和电话线传输的信息的方法，并且将这种录音技术投入到商业用途中。爱迪生认为自己正在创造一个市场。为此，他创立了爱迪生留声机公司。不仅如此，通过新成立的公司，爱迪生建造了供展示用的留声机模型，培训技术人员，并且将模型在美国巡回展出，希望能够招揽新的顾客购买留声机。但是人们对第一台留声机的新鲜感很快就过去了，这迫使爱迪生不得不急忙改进设备，并且发掘新的应用，使其能够抓住美国人的想象力——当然了，还要让美国人愿意打开他们的钱包。

爱迪生并不是唯一在做这些努力的人，相关内容将在第 9 章中详细讨论。当时，一位名叫路易斯·格拉斯的美国企业家在拼命地试图让自己的公司维持下去。这家公司销售的就是爱迪生的机器，在营销过程中将其称为录音机。1889 年，格拉斯发明了一种投币装置，并安装在位于旧金山皇家宫殿沙龙的留声机上，将其变成一台娱乐设备。格拉斯的机器投币留声机也就是后来自动点唱机的雏形，只能播放一首短曲，不过却在当时消费者中间产生了轰动，并且由此引发了投币娱乐机器的热潮。

格拉斯投币娱乐机器的流行与一项在 1888 年首先诞生于波士顿的发明创造——五分钱娱乐场——差不多同时，五分钱娱乐场就是供人们娱乐的小房子，里面摆满了自动演奏的钢琴和风琴。在不到数年的时间里，利用投币留声机和其他机器设备播放早期的无声电影短片和动画片段也开始成为五分钱娱乐场里的常态。所有这些机器都是投入一枚五分钱或者一角的硬币就能够运转起来，这也是五分钱娱乐场名字的由来。五分钱娱乐场也成为早期电影工业的摇篮和起点，这些在第 4 章的内容里已有所讲述。五分钱娱乐场的流行及其提供的录制音乐和电影短片，进一步在 19 世纪后期推动美国从清教徒时代和维多利亚时代的文化局限中摆脱出来。

133

时代变化中音乐品位的变化

禁酒令和大萧条，这两件大事一起帮助形成了美国音乐在 19 世纪最初的几十年里的风格。维多利亚时代经常被认为是保守的社会和宗教精英通过一致的行动来规范人们道德的年代。其中一项举措就是规定在美国宪法第十八修正案通过一年后，即 1920 年开始，禁止酿造、运输和销售酒。作为禁酒运动的一部分，第十八修正案的支持者们认为酒精是导致人们道德水准迅速下降的根源，并且这将威胁到整个美国社会。随着售酒成为非法行为，滑稽杂耍表演——综合了唱歌和舞蹈的讽刺表演——全都消失了，滑稽戏和卡巴莱特歌舞表演也转入地下。那些早年能够在全国剧院里进行巡回演出的表演者们为了谋生，要么转投到广播中，要么就转为地下酒吧的表演者。那段时间里，非法的沙龙和舞厅在全国范围内开始纷纷涌现出来。

和酒精一样，音乐娱乐是地下酒吧这些场所能提供的主要的东西。地下酒吧为一个新的时代——咆哮的20年代——的诞生提供了肥沃的土壤，并且为一种新样式的音乐的发展打下了良好基础，这种音乐起源于新奥尔良的爵士乐。在当时，上层社会阶层认为那些投币娱乐机器是非常低级趣味的，也就是说，是不那么富有智慧的或者不是那么有教养的。可是尽管如此，也正是在这段时间里，正是这些投币娱乐机器将黑人音乐的风格介绍给了白人观众，并且为后来的爵士乐和摇滚乐席卷整个美国以及世界其他各个国家奠定了良好的开端。

投币娱乐机器将黑人音乐的风格介绍给了白人观众，并且为后来的爵士乐和摇滚乐席卷整个美国以及世界其他各个国家奠定了良好的开端。

咆哮的20年代也常常被称做爵士乐年代，这是因为爵士乐的发展体现了那个年代的时代精神。爵士乐发源于拉格泰姆音乐，这种音乐融合了锡盘巷（纽约市音乐出版的集中地区，因该地区的如锡盘撞击声般的钢琴乐而得名）的音乐标准和切分节奏（一种音乐节奏安排，其重音落在往往接收不到的节拍上）以及美国种植园民歌的曲调。这种富有感染力和适合跳舞的混合音乐风格最终形成了爵士乐。爵士乐包含有注入了非洲音乐元素的韵律和大量伴有乐器的即兴演奏和表演。爵士乐和地下社交场所以及非法饮酒，还有与显而易见的性方面事情的结合，使得社会上的保守派们开始妖魔化爵士乐这样一种音乐形式和那些接受爵士乐的年轻人（也包括年长的进步人士）。尽管在当时是作为一种社会禁忌而存在，但是爵士乐却和欧洲音乐一样，深刻地影响了美国人。

就像他们歌舞杂耍表演的前辈们一样，爵士乐音乐家在广播里向白人观众介绍了美国黑人音乐的风格，并且为唱片公司和广播商带来了新一轮的盈利风潮。唱片公司开始录制以爵士乐为基础而产生的歌曲，但是在这一过程中将曲调变得柔和，以更好地满足“文明”社会的需求。其中歌词也做了改写，音乐节拍也变得缓和，并且还让白人表演者来录制翻唱（由不是原来演奏者表演的歌曲或者旋律）。

路易斯·阿姆斯特朗，1953。

134 一直到20世纪30年代，美国还正处在大萧条时期糟糕的经济下行状况之中。由于爵士乐即兴演奏的本质，它很轻易地从体现咆哮的20年代中人们高昂的情绪过渡到成为在大萧条时代普通民众为生存不断努力的象征。在美国处于大萧条的那些年，人们渴望为他们所遭受到的痛苦寻找到其意义所在。虽然爵士乐（和富兰克林·罗斯福的“炉边谈话”不同，这一点将稍后在本章中详细讨论）没法解决这个国家所遭受的前所未有的贫困，但是它确实能够引发大多数经历过那些艰苦年代人们的共鸣。爵士乐的节奏和歌词有助于人们在文化上将自己和能够转移分散注意力的事情，比如跳舞和性联系起来。作家比埃罗·斯卡卢菲（Piero Scaruffi）认为，这两项联系使得爵士乐为美国人在艰苦年代提供了一个非常重要的减压方法。[1]

新播放平台的出现

随着整个文化大环境和市场对某种音乐形式需求的变化，技术创新者们则很快对此做出了反应，为美国人所渴望和热爱的流行音乐提供新的播放平台。爱迪生发现，他所发明的留声机作为一台自动播放录音设备，无法开拓出很大的市场。受到格拉斯制作的机器走红的鼓舞，爱迪生觉得大众对娱乐唱片有着很大的需求，于是他开始重新回归到发明创造工作中。而此时，亚历山大·格拉汉姆·贝尔发明的留声机和埃米尔·贝林纳制作的留声机进入市场，与爱迪生的机器形成了直接的竞争。

贝林纳的留声机，也是唱片机的前身，对于现代音乐的发展尤其重要。因为这种机器使用的是一片硬塑料碟片，这样使得消费者可以在不同音乐唱片之间进行切换，这点区别于爱迪生和贝尔所采用的圆筒设计。和圆筒不一样的是，塑料碟片可以通过原片或者是原拷贝进行大量的复制。这种留声机所用的碟片比圆筒更加便宜和结实，并且可以进行批量生产。而且，这样制作出来的音乐在音量上也更加响亮。这些发明引发了音乐产业重心的一次重要转移，并且形成了我们今天所熟知的唱片业。为了设计出美国市场上最便宜同时也是最可靠的唱片机，贝林纳得到了新泽西州卡姆登市一位名叫厄尔德里奇·约翰逊的机械师的帮助。但是这两人后来却成了竞争对手，最后以约翰逊和他于 1901 年成立的胜利留声机公司获胜而告终。

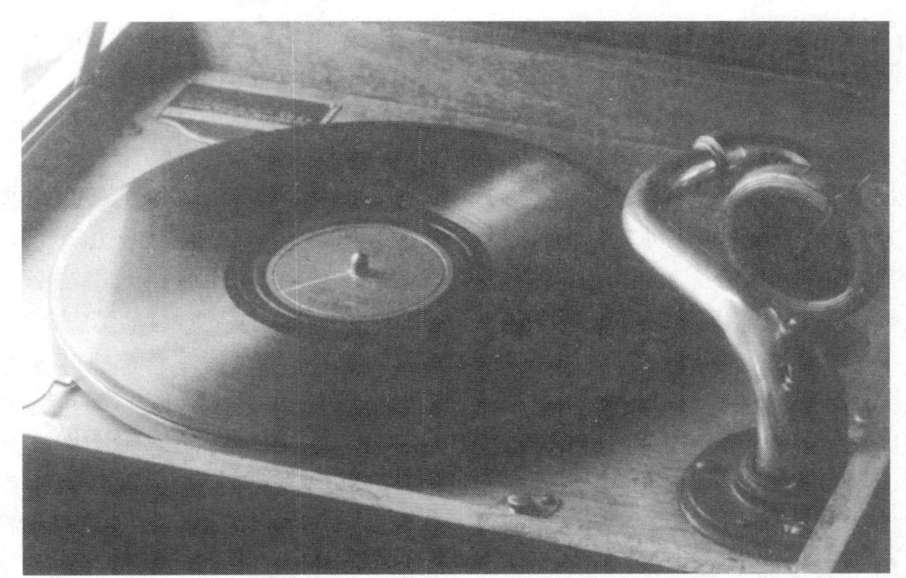

如图所示的唱片机及其相关技术的革新进步向建立在现场表演基础之上的音乐产业发起了挑战。

在第 9 章我们将进一步讨论到，家用唱片机的销量在 20 世纪初期得到了极大的提升，这在很大程度上归功于普通美国消费者财富的增加。然而有很多音乐家则担心新的技术威胁到了他们的生计，因为现场表演是他们在 19 世纪后期主要的收入来源。在当时，有关保护艺术家们从录制音乐中获得版税的相关法律还比较薄弱，许多音乐家和作曲家认为，如果唱片业取得成功的话，那么观众们将不会选择去现场音乐会。尽管最初录制音乐的音质是人们所担心的问题，但是随着录音技术的不断进步，比如胜利公司出品的高保真度的“红印鉴”唱片，最终诱使相当数量的一批以恩里科·卡鲁索为代表的欧洲歌剧明星，开始在唱片上录音，这同时给唱片业带来了
135 很大的可信度。虽然古典音乐，尤其是歌剧，在 20 世纪初期并不符合普通美国老百姓的口味，但是由于在富人阶层中普遍受到欢迎，这种有文化修养的（也就是有智慧的、有教养的）音乐使得年轻的唱片业在美国大萧条时期免受崩溃之灾。

1939 年，大萧条时代末期，第二次世界大战也刚刚开始，虽然美国经济在整体上已经开始恢复，但是唱片的产量却受到了严重的限制，主要是因为一种虫胶的稀缺。这种较硬的物质主要产自亚洲，并且可以用于军用物资的生产。除了原材料的短缺之外，美国音乐协会发起了对音乐唱片的联合抵制，要求唱片行业在唱片销售的版税中给予音乐家更大的份额。从 1942 年到 1944 年，所有美国音乐协会的成员都没有录制任何一张音乐唱片，但是其中有一个值得注意的例外。为了支持美国军队在海外作战，美国音乐协会与美国政府合作，允许录制胜利唱片。胜利唱片是专门为了驻扎在世界各地的美国军队娱乐服务的。第二次世界大战的这段时间也成为无线电广播和唱片业发展过程中的一个重要时期。军队方面采用了相当数量的无线电广播和录音方面的技术，同时也为这两个领域的技术创新提供了资金支持。第二次世界大战也引发了后来持续数十年之久的现代广播技术的三位主要先驱者之间的斗争。

无线电广播产业的诞生

通过学习第 2 章，我们知道，音乐唱片产业的诞生根植于 19 世纪美国的科技创新，而无线电广播的诞生，则要归功于意大利的发明家和推广者马可尼，他是第一个将无线电广播传递到世界各地的人，即向收音机进行不受限制的信号传输。马可尼发明这项技术的本意是试图实现长距离的电报信息传输，尤其是穿越较大的水域，同时还不需要建造花费昂贵的电缆网络。美国企业家们很快就认识到无线电能够覆盖大片区域，通达广大受众这一惊人的潜力。于是他们通过在第一次世界大战期间从美国军方获得的资金支持进行研究，将无线电广播变得切实可行，而这一结果对美国文化和唱片业也带来了广泛的影响。

由于商业广播潜在的盈利能力，一些大型公司纷纷开始投入相当数量的资金来抢占新的无线电广播市场，他们中有很多都是诞生于唱片业发展的初期（详见第 9 章）。早期的无线电广播公司，如西屋公司和美国通用电气公司所属的美国无线电公司，成立伊始就立刻面临与业余无线电广播爱好者在带宽方面的竞争，因为当时美国政府缺乏有关广播频率方面的规定。这些由业余爱好者们建立的小型无线电广播站，向听众提供各种内容丰富的广播节目，并且包括音乐在内的大多数内容，都符合当地听众的口味。

这些早期新成立的无线电广播公司，为了将许多本地的小广播电台挤出市场，采取了双管齐下的战略。首先，他们利用花费昂贵的现场直播来吸引听众，这一点被证明非常成功。与那些低成本运营的小广播电台经常用录制好的内容来填充节目时间相比，现场直播更加受到美国听众的欢迎。其次，早期的无线电广播公司游说美国政府施行一项法律，其中规定哪些广播公司有资格可以进行商业广播。于是，1927 年美国通过了《1927 年无线电法》。联邦无线电委员会（FRC），即现在联邦通信委员会的前身，颁布了无线电广播的相关法律规定。而这些规定有利于大的无线电广播公司的发展，这也使得小的广播电台在美国几乎灭绝。不过，在 20 世纪 30 年代后期，为了 136

保证艺术家们能够从他们的作品中获得版税，美国通过了更加严格的版权法和许可法，这也使得录制音乐重新回到广播节目中来（见第 11 章）。

唱片业与广播的联系

在历史的这段节点处，我们开始发现唱片业的发展和无线电广播产业的发展道路是相互关联的。即使是当广播在大萧条时期成为最受美国人欢迎的居家娱乐的时候，广播电台还是不得不削减雇用音乐家进行现场表演的开支。与此同时，在 20 世纪 20 年代的后期，消费者对唱片和唱片机的需求在走低，迫使唱片业中相关产品价格下降，这也使得音乐唱片成为广播电台用来填充节目时间的最佳选择。广播是唱片业能够获得成功的关键。在很多情况下，唱片业制作什么样的音乐，在很大程度上取决于当时广播播放的需求。

广播是唱片业能够获得成功的关键。在很多情况下，唱片业制作什么样的音乐，在很大程度上取决于当时广播播放的需求。

直到 20 世纪 20 年代的初期，无线电广播已经成为一个可靠的、作用显著的大众传媒工具。而唱片的销量则几乎立即开始下降，因为广播可以给消费者带来唱片所能够提供的一模一样的服务，并且还不用花钱。起初，广播内容的制作和广播网络的形成被认为是推动了收音机的销售。以美国无线电公司为代表的无线电广播制造商，迅速为其新的收音机提供节目内容，来满足其日益增长和扩大的听众市场需求。美国无线电公司从美国电话电报公司（AT&T）手中收购了位于纽约的 WEAF 广播电台，并且从西屋公司收购了位于新泽西的 WJZ 广播电台。这一系列收购标志着美国第一个广播网络——全国广播公司（NBC）——于 1926 年诞生。

虽然在当时广播业被认为是潜在的金矿，这一点是显而易见的，但是却没有人真正知道如何将其进行商业化运作，来挖掘资源并从中获利。曾经以免费宣传为交换条件、为广播公司制作了许多音乐剧和喜剧的表演家们，开始要求支付他们的表演费和许可费。同时随着运营费用的增加，广播电台需要找到一个办法来保证在经济上能够养活自己并生存下去。而解决问题的办法就是广告。最初，听众非常不欢迎在广播中出现商业赞助广告。1923 年，发明家、美国著名科幻作家雨果·根斯巴克在《纽约时报》中说道："如果广播的未来是需要依靠建立在广告的基础之上的话，那么我们宁愿不要广播这个东西。"[2]

他的这段话道出了很多反对在广播中引入商业广告的消费者的心声。尽管面临听众的反对，尽管面临着美国联邦政府试图通过出台相关规定来削减广播中的广告的局面，然而由广告商赞助的广播节目还是很快取得了成功，并且广播公司的利润也得到了暴涨。

无线电广播的先驱者

正是在第二次世纪大战期间，无线电广播发展史上三位最重要的人物开始影响广播产业的未来。他们分别是李·德弗雷斯特（1873—1961）、埃德温·霍华德·阿姆斯特朗（1890—1954）和大卫·沙诺夫（1891—1971）。

德弗雷斯特是一名美国发明家，自称为"无线电之父"和"电视始祖"。他人生中的一次重大转折就是获得了真空三极管的发明专利。真空三极管第一次实现了人类声音的传输和接收。尽管当时德弗雷斯特确信他的真空三极管是一项非常了不起的发明成就，但是他对其工作原理却是一无所知。

而这一问题的解决则落到了比德弗雷斯特小 137
17 岁、纽约的一名年轻有为的发明家身上。他也是我们所要介绍的无线电广播发展史上的三位有着竞争关系的先驱者中的一位。

埃德温·霍华德·阿姆斯特朗在成长的过程中对技术有着非常贪婪的好奇心。凭借着在工程学方面罕见的天赋，阿姆斯特朗开始建造无线电塔并且研究改善无线电信号的方法。在哥伦比亚大学读本科期间，阿姆斯特朗就在理论层面和设计层面提出了第一次真正的再生无线电电路，即相互连接的、能够极大提升无线电信号清晰度的电子元件。他的这一理论成果和发明设计将无线电技术的发展带到了一个新的阶段。阿姆斯特朗在 1914 年为自己的发明申请了专利。但是两年之后，德弗雷斯特也就同一设计试图申请专利，并将其卖给美国电话电报公司。这一举动也诞生了后来成为美国法律史上历时最长的专利案件，同时这也是这两位无线电先驱者之间一系列法律战中的第一次交锋。两人之间有关专利的法律战一直贯穿于他们的一生，也给两位发明家造成了非常严重的损失。

1914 年 1 月 31 日，阿姆斯特朗向马可尼电报公司展示了他的反馈电路能够如何清晰和熟练地接收到世界各地的电台。马可尼电报公司的一位总监动员这位年轻人允许自己的公司使用他的设计。而这位总监则正是有着竞争关系的三位无线电先驱者中的第三人——大卫·沙诺夫。大卫·沙诺夫其实并不是一名工程师和发明家，相反他倒可以被认为是一个有远见卓识的人和一个精明的无线电技术的推广者。通过推广他本人以及他所认为的未来世界将是被无线电技术所主导的这一远景规划，沙诺夫很快在马可尼电报公司晋升到管理层。他早年的一份备忘录中曾经详细描述了每一个美国家庭将会如何迅速接受无线电广播。当通用电气公司收购马可尼电报公司在美国的资产，并组建成立美国无线电公司的时候，沙诺夫被邀请担任新公司的总经理。

与此同时，阿姆斯特朗在第一次世界大战期间应征入伍，加入美国海军。他的工作是设计研发航空飞行所用的无线电装置。在此期间，阿姆斯特朗又获得了一项无线电方面的重要发明——超外差电路，可以大大增强无线电信号接收器的敏感度。在第一次与阿姆斯特朗见面后就保持关系的沙诺夫，买下了这项新技术。战后，他以这一技术为基础，将其运用到公司的住宅电话业务中，使得美国无线电公司占据了无线电电子产业的早期统治地位。如果想要详细了解无线电的先驱者们是如何建立并争夺这一产业的控制权的，请看视频《早期无线电的发展》。

《早期无线电的发展》截图。

观看视频片段，了解早期无线电先驱者们之间的斗争。

到了 1930 年，虽然处在大萧条时期的美国经济状况非常糟糕，但是广播业还是艰难地维持了下来。广播不仅通过娱乐和教育节目吸引住了美国观众的内心和思想，而且还在危机时刻团结了许多美国人。在当时，由于贫困和生存压力等原因，矛盾有些时候开始在美国人内部产生。

138 1933 年 3 月 12 日，美国进入大萧条时期整三年，此时美国的银行都处在崩溃的边缘，罗斯福总统要求关闭整个美国银行业。接着，他在广播中与美国民众进行谈话，这就是后来大家所知晓的“炉边谈话”。这些讲话在 1929 年刚开始的时候还是较为正式的广播讲话，当时罗斯福是纽约州的州长，他通过这些讲话来获取民众对他所提出的政治议题的支持。到后来他成为美国总统之后，这些演说的内容就显得更加轻松，并且带有亲近的和帮助美国人民重建信心的感觉，自此它们就被称为“炉边谈话”。

罗斯福总统在他任职期间一共进行了 30 次炉边谈话。其中有些是讲述银行业的目的和价值，有些是谈论通过美国国会的立法来应对大萧条，还有一些则是讲授公民学和民主的。在 10 年的时间里，罗斯福总统的谈话帮助整个国家减缓了对未来的畏惧和担心。同时，广播还通过提供娱乐内容安慰了当时的美国人，比如喜剧表演《阿伯特和科斯特罗》（*Abbot and Costello*）和《先知安迪》（*Amos “n” Andy*），肥皂剧《克拉拉和卢》（*Clara and Lu*），连环画改编剧《迪克·特雷西》（*Dick Tracy*）和《小孤儿安妮》（*Lil'Orphan Annie*），还有音乐节目如全国广播公司的《交响乐团》等。这些节目，与罗斯福的谈话，以及之前提到的爵士乐节目一起，帮助美国人经受住了大萧条时期的考验。

技术进步刺激广播的增长

有一件事情是德弗雷斯特和阿姆斯特朗两人所共同的，那就是他们实际上都没有拿到商业广播的许可证。德弗雷斯特没有这么做是因为他本人反对将广播这一媒介商业化，而阿姆斯特朗是因为他无法忍受当时广播格式标准调幅（AM）技术所产生的噪音，他将自己的全部精力投入研究一种新的广播格式标准调频（FM）。

富兰克林·罗斯福总统在广播节目中的炉边谈话，让美国家庭在大萧条时期坚信积极的未来。

阿姆斯特朗的调频广播电路能够十分清楚地接收到广播信号，而这在采用调幅技术的广播中是根本不可能出现的。调频技术成为优质无线电广播的新的标准和规范，这一地位直到数字广播的出现才被撼动。但是沙诺夫拒绝支持阿姆斯特朗的调频广播技术，这件事情使得两个人化友为敌，最终成为一辈子生意上的对手。阿姆斯特朗决定自己单独研发调频技术并营销开发其市场。在数年之内，共有超过 50 万的美国家庭使用的收音机采用的是调频技术，由阿姆斯特朗的广播集团扬基网络提供调频信号服务。更多地了解阿姆斯特朗的调频技术是如何改变商业广播的未来的，请观看视频短片《调频广播》。

《调频广播》截图。
阿姆斯特朗发明了调频广播并且改变了商业广播的未来。

139 沙诺夫随后继续推出了彩色电视，并且为卫星电视的诞生铺平了道路（见第 4 章）。尽管无线电广播发展史上这三位先驱者之间的竞争持续了数十年之久，然而可能正是因为这一点，他们建立并奠定了广播产业，即我们今天的广播和电视的基础。就是通过这样的方式，他们改变了美国以及世界上大多数地区经济和文化面貌，并且这种改变是永远的。[3]

流行音乐：第一次文化转向

在爵士乐和乡村民歌成为大众兴趣爱好并建立了其共同市场的过程中，广播起到了决定性的作用，并且这些音乐的曲调和风格能够使得普通美国人产生共鸣。

对广播产业发展方向控制权的斗争，同时也为音乐历史上一次最重要的革命性转向做好了准备。在爵士乐和乡村民歌成为大众兴趣爱好并建立了其共同市场的过程中，广播起到了决定性的作用，并且这些音乐的曲调和风格能够使得普通美国人产生共鸣。流行音乐是一种广泛包含了所有非古典音乐风格的音乐。作为一种文化形式，唱片产业的核心业务，同时也是一种时代的声音，在广播的帮助下，流行音乐正逐步走上统治地位。

与其他根植于美国文化景观下的音乐类型一样，比如从蓝调到福音歌曲，再到西部牛仔音乐，美国民歌手和音乐家有着非常广泛的群众基础。很多民歌曲作家和表演家利用广播来表达他们对当前社会问题和政治的关注。在这群具有影响力的民歌积极分子群体中，有一个人值得注意，他就是伍迪·加斯里。他对大萧条时期美国政治和个人生活经历诙谐机智的批评，为他赢得了“黑色风暴歌手”的昵称。虽然伍迪·加斯里以及和他一起的民歌积极分子对美国政府持鲜明的批判态度，但是他们创作的歌曲仍然在广播里播放，他们的唱片仍然在市场上销售。

爵士乐依然持续赢得不少的广播听众并且卖出许多唱片，因为即使是那些认为爵士乐太过于狂野和充满着性的美国消费者，都蜂拥去听大牌乐队，还有融合了 20 世纪 30 年代末 40 年代初摇摆时代精神的大型爵士乐团以及低声吟唱歌手，他们采用了一种弱化了的爵士乐风格，并且在声乐技巧方面非常个性化。低声吟唱，是一种在电式麦克风出现之后才有的演唱方法，也造就了美国音乐界和世界音乐的众多巨星，如纳京高、平·克劳斯贝、迪安·马丁和法兰克·辛纳屈。但在当时，只有年轻一代中的一大部分人群，他们曾经受过咆哮的 20 年代的自由精神的影响，能够接受黑人音乐；而对于大部分白人听众来说，直到过了至少 30 年之后，他们才开始完全接受黑人表演者。

突破常规，挑战传统的摇滚乐

摇滚是“性”的俗称，这种说法来源于蓝调音乐。同样地，作为音乐类型来说，摇滚乐的历史可以追溯到城市黑人音乐的一种，叫做“节奏布鲁斯”，或者是 R&B。节奏布鲁斯发源于 20 世纪四五十年代的美国黑人音乐的大熔炉，其中包括爵士乐、蓝调音乐和福音音乐。摇滚乐在 20 世纪 50 年代开始登上历史舞台，在发展的早期以及 20 世纪 60 年代，摇滚乐不仅引发了流行音乐界的变革，还推动和反映了文化的变化。例如，埃尔维斯·普雷斯利在他歌手生涯的早期是颇受争议的，他的行为也被认为是不恰当的，这些在很大程度上是因为作
140 为一名白人表演者，他的表演跨越了种族的界限。他会演唱具有黑人音乐文化和传统的音乐，并且这些音乐经常会加入性方面的意象，而这在当时是被禁止的。美国国内正进行着民权运动，有关种族的观点也开始在逐步发生变化。人们开始认识到种族隔离是违反宪法的。摇滚乐试图将黑人音乐的传统和白人音乐的传统结合起来，这在一定程度上可以说是其受欢迎的原因。摇滚乐也被看做美国走向种族融合这一必然趋势的具有象征意义的反映。

摇滚乐在 20 世纪 50 年代开始登上历史舞台，在发展的早期以及 20 世纪 60 年代，摇滚乐不仅引发了流行音乐界的变革，还推动和反映了文化的变化。

美国的年轻人也同样不甘寂寞，他们渴望从父辈们的那种传统和保守的生活方式和价值观念中解脱出来，他们希望摆脱那已经渗透进美国人全部生活的紧张政治局势，如来自冷战的威胁和对社会主义的恐惧。年轻人不仅欣赏音乐，同时还被当时许多著名摇滚乐明星华丽耀眼的外表和大胆的生活方式所吸引。例如，小理查德，20 世纪 50 年代著名的摇滚乐歌手，他模糊了性别的区别，并且完全改变了人们对性和对种族的期望。他被认为是第一个在摇滚乐界“男扮女装”的人（之后像艾尔顿·约翰、大卫·鲍威、乔治男孩、凯瑟琳·道恩·朗、安妮·蓝妮克丝等人纷纷开始效仿他的做法）。小理查德甚至被一些黑人音乐家批评，因为他的歌声听上去太“白人”。

或许被认为是最突破社会底线和道德的一件离经叛道的事情发生在杰瑞·李·刘易斯的身上。杰瑞·李·刘易斯是摇滚乐界的先驱，他的名曲《大火球》至今还为人们所熟悉。1958 年，23 岁的杰瑞·李·刘易斯与他 13 岁的堂妹结婚，这使得美国和英格兰的公众陷入一片哗然，并且引发了有关（适当）性行为和婚姻神圣性的辩论。这件丑闻也几乎毁了他的演唱生涯。如果在今天，杰瑞·李·刘易斯无疑会因强奸幼女罪而锒铛入狱，但是在当时，他为此所付出的代价只是环欧洲巡回演唱会被取消，他本人也被列入美国电视广播的黑名单。

唱片公司的贿赂：为了出名

在20世纪50年代，虽然电影和早期的电视综艺节目（见第4章）对宣传推广各种音乐风格和其表演者们有着一定的帮助作用，但是广播仍然是推动唱片业发展的重要力量。广播节目和唱片销售之间紧密的市场联系，也必然为腐败打开了方便之门。这种腐败有一个专门的名称，叫做行贿(payola)。其一般的做法是通过向广播电台的音乐节目主持人（DJ）或是广播电台的老板行贿，以图达到控制谁的唱片能够在广播中播出的目的。此后，收受了贿赂的电台音乐节目主持人就会不选择那些最受当地听众欢迎的歌曲，而是将那些唱片公司花钱要求的音乐在节目中播出。就这样，唱片公司行贿的做法左右了听众们将会购买什么样的唱片，从而接着影响到唱片公司能否在经济上获得成功，甚至能否继续生存维持下去。这其中最著名的事件发生在1959年，主角是当时《美国音乐台》节目的主持人迪克·克拉克。这档节目属于现场舞蹈秀，并且被认为是决定当时流行音乐的风向标。克拉克与六家行贿的主要唱片公司有牵连。

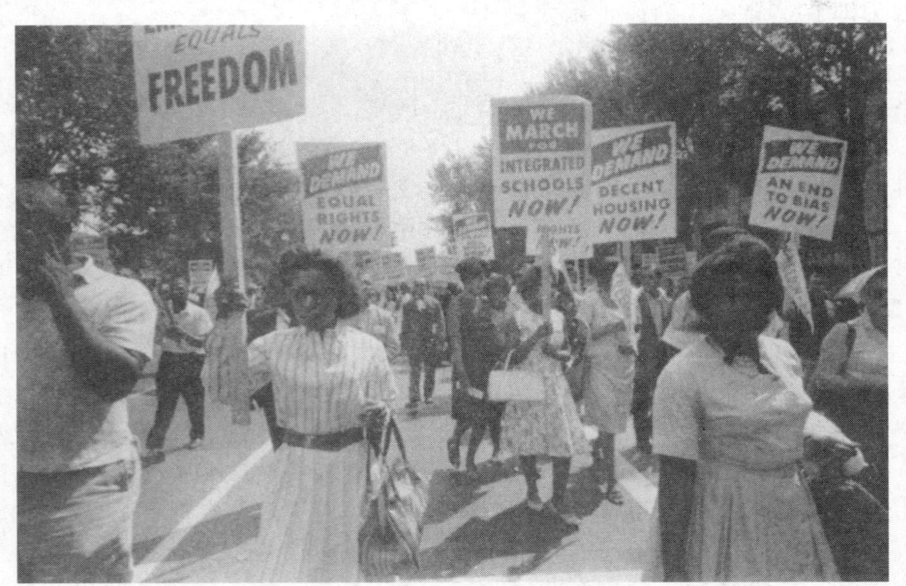

摇滚乐结合了黑人音乐和白人音乐的特点，并且反映了美国走向种族融合的必然趋势。

141 虽然广播业还没有完全掌控美国人的音乐品位，但无疑广播是决定音乐潮流的巨人。具有这样地位的广播，当然会影响唱片公司选择制作什么类型的音乐和谁的音乐，从而进一步增强了广播的权力。除了通过贿赂让广播公司播放他们指定歌手的音乐之外，唱片公司也开始有目的性地挑选那些他们认为在当前的音乐潮流中有市场价值的艺术家。在商业电台行贿尤为鼎盛的时期里，摇滚乐不只是流行音乐的选择，实际上还推动了商业广播的成功。那些在广播和唱片业背后进行操控的大佬们，开始变得习惯于推动或是摧毁艺术家的演艺生涯，同时操控美国流行文化的发展变化。

唱片公司行贿的丑闻不仅损害了美国人对广播的信任，而且还玷污了摇滚乐的可信度，激怒了美国公众。美国老百姓厌恶他们听音乐的选择权被广播和唱片业操控这样的事实。尽管这种行为在20世纪60年代初被正式认定为非法的，但是新形式的贿赂，以及由此导致的新的法律案件，即使在今天，也仍然不时出现。2003年和2005年，纽约州的首席检察官曾经两次向法院提交商业贿赂诉讼，控告美国作曲家、作家与出版商协会（ASCAP）和美国广播音乐联合会（BMI）等主要版权许可机构曾经试图要求广播公司使用歌曲的时候要按照播放次数每次向其支付一笔小额费用。

新声音，旧声音

到 20 世纪 50 年代后期，随着一系列丑闻和悲剧的发生，广播和唱片业的领军企业开始不再将注意力全部集中在挑战传统的摇滚乐，而是更多地关注那些声誉清白的、社会影响力相对不是那么负面的音乐家。这些人中就包括非常著名的法比安、帕特·布恩、法兰基·艾瓦隆、瑞奇·尼尔森以及音乐组合如雪瑞尔（Shirelles）、海滩男孩等。他们的歌声都是建立在以往传奇低声吟唱歌手的基础之上的，其中有些人还是非常受欢迎的电影明星，如迪安·马丁、弗兰克·辛纳屈和小萨米·戴维斯。这些表演者都是穿戴整洁、外表形象和声音俱佳的人，但是他们通常不自己谱曲写歌，而是演唱时长在三分钟左右、风格和曲调变化差别不大，如以初恋故事这种不易招惹麻烦为主题的歌曲。

随着摇滚乐在 20 世纪 50 年代末期逐渐退居流行文化的边缘地带，美国青年人在音乐娱乐方面几乎没有太多的选择。主要的大型唱片公司仍然在不断推广那些相同类型的艺术家。这些歌手中的许多人追随低声吟唱歌手的足迹，将歌唱事业与电影事业相结合，从而受到了更大的欢迎与支持。在这段时间里，跨界偶像的代表就是法兰基·艾瓦隆。他经常与美国电视甜心、同时也是前迪士尼米老鼠俱乐部成员的安妮特·富尼切洛一起出现在美国观众的电视屏幕上。他们二人还共同出演了一系列“海滩派对”类型的喜剧电影，如《海滩聚会》、《海滩性事》[1]，以及《如何填充一件狂野的比基尼》等。实际上，这些电影内容本身并不是像他们的片名所容易引起读者想象的那样。在 50 年代末期，一位不同寻常的主流音乐制作者开始征服整个美国音乐界。

摩城唱片：来自底特律的音乐

1959 年 1 月 12 日，30 岁的小贝里·高迪从家里借了 800 美元，创立了一家名为塔姆拉的唱片公司。作为一名有抱负的作家和唱片生产者，高迪在随后的一年里将公司的名字改为摩城唱片公司（摩城是“摩托”和“城”的组合）。高迪高中辍学，在美国军队里待了一段时间之后，成为一家
142 小的唱片商店的老板，并且在底特律的林肯-水星汽车厂做一名流水线工人。高迪是一名狂热的爵士乐爱好者，后来也被证明是一位非常机智敏锐的商人。杰基·威尔逊，先前只是一名高迪经常光顾的当地夜总会的普通歌手，后来成为第一批高迪为之写歌和出唱片的歌手之一。高迪的下一个发现是斯莫基·罗宾逊，他曾经是斗牛士组合的一员（后来罗宾逊将组合的名字改为奇迹乐队，再后来又称做斯莫基·罗宾逊和奇迹乐队）。没过多久，高迪就建立起了一个非常出色且稳定的摇滚乐歌手群体，并且迅速地制作出许多流行畅销的歌曲。

因为雷·查尔斯、山姆·库克以及被称为美国灵魂乐教父的詹姆斯·布朗等人的广受欢迎，摇滚乐在当时的美国仍然有商业上的追随者，但是由于种族的障碍，其影响力也受到了限制。高迪的天才之处就在于他精明地采用了鲜明的、符合主流审美和流行的情感元素，将其包装在正宗和丰富的摇滚乐的音乐内核之上，使得摩城唱片公司的产品对白人听众产生吸引力。就这样，在高迪的精心组织策划下，一种独特的、具有感染力的“摩城之声”开始发展起来，并很快占据美国唱片销售和电视广播节目内容，同时也促使野心勃勃的高迪非正式地将其音乐工作室改名为“美国的希茨维尔”。摩城唱片公司持续不断地以极快的速度推出一首又一首排名流行音乐榜单榜首的歌曲。

和他曾经工作过的汽车生产线一致的是，高

① 原文有误，应该是 *beach blanket bingo*，而不是 *bleach*。——译者注

迪以一种机器般的精确方式来运营他的公司。摩城唱片在20世纪60年代不仅推出了上百首畅销流行歌曲，而且还为整个音乐界缔造了许多具有传奇色彩的歌手和组合，包括戴安娜·罗斯、史提夫·汪达、马文·盖伊、诱惑乐队、迈克尔·杰克逊和“杰克逊五人组”等。摩城唱片公司出品的音乐席卷了美国广播和电视节目内容，并大获成功，但是音乐和唱片业下一次革命性的转向却没有诞生在摩城，而是从大西洋彼岸的英伦漂洋过海来到了美洲大陆。

甲壳虫乐队和英国入侵

即使摩城唱片公司的音乐取得了成功，美国的音乐迷们也同样做好了接受一些完全不同风格音乐的准备。而这种音乐很快就从英国来了，这也是日后为人们所知晓的英国入侵。受到美国摇滚乐、爵士乐和蓝调布鲁斯音乐的影响，英国的音乐家们组建了自己的乐队，并诞生了一种更加粗犷的、以节拍驱动的音乐，被称为噪音爵士乐。在当时战后的英国，噪音爵士乐成为人们一种比较简单而且又便宜的娱乐方式。随着这些英国音乐组合的日渐成熟，以及形成了自己独特的音乐，他们发现这些音乐能够满足美国这样一个巨大市场对新音乐的需求。于是，英国音乐家的音乐开始漂洋过海，在20世纪60年代早期登上了美国的音乐排行榜。截至1963年，只有三首来自英国的歌曲能够挤进美国流行音乐榜的前40名，其中有来自甲壳虫乐队专辑里的《我所有的爱》（*All My Loving*）和滚石乐队的《我想成为你的男人》（*I Want to Be Your Man*）。而仅仅过了一年之后，这个数字爆炸般地增长到65首，并且23首排名第一的歌曲中就有9首来自英国的音乐组合。[4]

伴随着甲壳虫乐队掀起的狂潮，他们于1964年2月9日在《艾德·沙利文秀》上进行了在美国的首演。

在美国本土，英国的音乐家们如此受欢迎，而这一惊人的跨越则毫无疑问要归功于一个来自利物浦的音乐组合，这当然就是甲壳虫乐队。他们创造了一个新的文化现象。甲壳虫乐队初登英国乐坛是在1962年年末，当时他们只是在欧洲的一些酒吧和小的俱乐部里进行表演，也没有受到
太大的关注和欢迎。没有任何一家主要的英国唱 *143*
片公司愿意与他们签订唱片合约，因为他们的音乐被认为是太容易让人们想起美国的摇滚乐了。在当时，英国唱片界的经理们都坚信这种类型的

音乐将永远无法重新获得人们的欢迎。最后还是甲壳虫乐队的经理布莱恩·爱普斯坦成功说服了百代唱片公司与乐队签下了一份可续签的一年合同。即使是这样，甲壳虫乐队与百代唱片公司的第一次录音合作也没有产生一首叫座的歌曲。但是转机发生在 1962 年 9 月的那次录音合作，这一次甲壳虫乐队的歌曲《请爱我》（*Love Me Do*）、《请让我高兴》（*Please Please Me*）和《从我到你》（*From Me to You*）全部杀进英国流行音乐排行榜，不仅如此，《从我到你》还以火箭般的速度一路攀升至榜首。美国唱片公司同样认为摇滚乐已经过时，对甲壳虫乐队那较为沙哑的音乐风格不太感冒，也几乎没有任何兴趣与这帮披着长头发的来自利物浦的小伙子们签订在美国发行销售他们流行歌曲的合同。但是很快，这样的情形就发生了变化。

1963 年 12 月 10 日，一段五分钟的有关英国掀起甲壳虫乐队狂热的新闻在美国哥伦比亚广播公司的晚间新闻节目中播出。新闻讲述了英国众多年轻人对这个组合疯狂的热爱。这也使得后来美国的年轻人们开始纷纷打进当地广播电台的电话，要求点播甲壳虫乐队的最新单曲，《我想握住你的手》（*I Want to Hold Your Hand*）。事实上也几乎是在一夜之间一股新的对甲壳虫乐队的狂热席卷了整个美国，这也促成了乐队的第一次美国之旅。差不多两个月之后，1964 年 2 月 7 日，有超过 3 000 名美国乐迷等待在纽约肯尼迪机场，为了迎接这支来自英伦的四人乐队组合。两天之后，甲壳虫乐队在当时一档广受民众欢迎的黄金时段电视综艺节目《艾德·沙利文秀》上进行了第一次现场演出。当晚，观看这场演出的人数达到了惊人的 7 400 万，相当于差不多美国当时全国人口的一半。

美国的青少年对来自英国的新音乐陷入了疯狂。这让美国广播和唱片业的经理们很快意识到，甲壳虫乐队以及英国的摇滚乐，将是下一波大的音乐热潮，并且认为这波热潮在很大程度上仅仅是现有美国音乐风格融合的一次再包装。英国的音乐组合，如“动物”乐队、奇想乐队和滚石乐队纷纷借着这股由甲壳虫乐队引发的热潮前往美国并受到热烈欢迎。其中滚石乐队尤其受到美国乐迷的青睐，因为他们那更加原始的噪音被认为不及甲壳虫乐队那样对青少年有益。但正是他们“坏孩子”的形象激励了随后其他的“英国入侵者”开始带着不同的音乐形式纷纷登陆美国，其中包括朋克摇滚、迷惑摇滚以及重金属和垃圾摇滚等诸多音乐风格的兴起，这些随后将在本章中涉及。

录音棚混音改变流行音乐

与此同时，随着新面孔和新声音从英国来到美国音乐圈，在音乐史上两位具有影响力的人物探索出了新的方式来录制和生产音乐，他们首创的做法对音乐产业和广播产业都产生了深远的影响。当莱斯·保罗在 1939 年完成设计和发明第一台实心电吉他之后，他开始研究新的用电子设备来录音的办法。保罗使用磁化了的磁带录音机技术，将多种乐器和声道的声音作为一个单独的、
144 分层且结合在一起的整体录制下来，这样的做法也称为多轨录音。保罗的新方法使得在将音乐送到广播电台播放之前对现场和录制的音乐素材进行编辑成为可能。这种对音乐的剪辑办法也意味着音乐家可以将多种乐器的声音和人的声音合在一起，创造出完全不同的新的音乐混音以及先前所没有听到过的各种丰富多样的声音。

但是直到传奇唱片制作人菲尔·史佩克特在 20 世纪 60 年代经过含有大量科技元素的程序，推动并改进了这项技术，同时还创建了自己的品牌商标“音墙”之后多轨录音技术才在音乐产业中占据统治地位。音墙技术可以使得声音变得厚重，有层次感，通过广播播放有着极佳的效果。作为他个人方法的一部分，史佩克特有时将单声道多次叠加来制造出更丰满的声音。[5]

音墙技术的出现还同时改变了歌手和制作人之间的关系与权力架构。在以往，唱片制作人往往是扮演技术员的角色，由于每张专辑的整体声音效果和品质特点都是由歌手的视野和他在录音棚里的表现所决定的，所以制作人的发挥受到限制。而自从有了多轨录音技术之后，音乐制作人成为歌手声音的主宰，这时候歌手则更像是等待演奏的乐器，根

据制作人所期望达到的音乐效果，随时接通和断开。也就是说，一方面来讲，多轨录音技术像是为歌手和音乐制作人提供了一个调色板，让他们制造出新的极其奇妙和丰富多彩的声音；而在另一方面，这项技术也使得音乐制作人和唱片公司对公众所能接触到的音乐具有更大的掌控权。

音乐制作人菲尔·史佩克特 1967 年在他早期的多轨录音工作室里。

革命的音乐：第二次文化转向

到了 20 世纪 60 年代中期，广播仍然是美国商业音乐的“成功制造者”。主要的唱片公司在美国人的音乐偏好方面拥有着极大的决定权，这在一部分程度上要归功于多声道录音技术的出现。即使如此，这些大的唱片商们也没有完全主宰美国音乐的口味和内涵。20 世纪 60 年代是一个动荡不安的 10 年。许多高中生和大学生，对主宰了第二次世界大战之后美国文化的那种田园牧歌式生活的描绘感到极度的厌倦。他们更加关心的是美国对越南的介入，以及国内的种族隔离和性别歧视。传统意义上对女性和性的态度发生了彻底的改变。人们开始试吸毒品，将其作为逃脱现实的一种方式，甚至以此试图找到生命深层次的意义。在这样一种环境下，地下独立的艺术家开始出现，他们都是反主流的音乐家，他们的歌曲都集中关注改变人们的政治和社会意识。

民谣：抗议之歌

民谣的主要特点是其音乐家都未受过专门的训练，并且他们的艺术作品是通过口头传诵的形式相传下来的。就是这样一种音乐，在 20 世纪 60 年代的美国变得极受欢迎。美国民谣是与社会的无序和抗争相联系的，所以很快成为人们呼唤民主和社会变革的声音。像鲍勃·迪伦、皮特·西格，还有琼·贝兹这样的民谣歌手，影响了整整一 145
代美国人，使得他们中有许多人奋起反抗当时社会的不公平。

妇女解放运动是 20 世纪 60 年代激励反主流音乐家的社会运动之一。

鲍勃·迪伦和一些与他同时代的歌手一起为 20 世纪 60 年代的美国反主流文化运动创作歌曲。这一运动后来不仅在精神上持续深刻地影响着美国人，而且还向那一代人传递了音乐良心。广播和唱片公司也逐渐意识到这样一种文化上的转向，开始试图将其包装成为主流商业文化的消费品。美国男声二重唱组合西蒙和加芬克尔，因其优美的和声和脍炙人口的歌曲《寂静之声》、《拳击手》、《美国寻梦》而闻名于世，他们是桥接歌手的代表。这些歌手在音乐精神上仍然忠实于当下正在变化的音乐环境和氛围，但是他们的作品也同样非常适合主流美国人的口味。所以，他们获得了大量的广播听众，并且为唱片公司售出了数以百万计的音乐专辑。

迷幻音乐：当潮流开始转变

随着文化潮流发生转变，主流艺术家在音乐上的方向也同时发生着变化。甲壳虫乐队开始试验多声道技术和非西方的音乐风格，并且通过食用迷幻药物使得音乐表演更加活跃。这些迷幻药物在当时被他们以及很多其他音乐家们认为能够提高他们的创造力和艺术表现力。而在这些作用下产生的音乐风格，后来被称为迷幻音乐，其中最著名的代表就是甲壳虫乐队的一张专辑《帕伯军士孤独之心俱乐部乐队》。[6]

20 世纪 60 年代后期和 70 年代还见证了其他流行组合向更加对抗性的、反主流文化的摇滚形式的转变。在英国，与甲壳虫乐队一起进行风格转变的还有“谁人”乐队、滚石乐队和“雏鸟”组合。效仿他们，随后跟进的有来自英国的平克·弗洛伊德乐队以及美国的大门乐队、“感恩而死”乐队和杰弗森飞机乐队。民谣歌手鲍勃·迪伦改变自己的音乐风格，去吸引与以往不同的、更加年轻的群体，并且推动了民谣摇滚组合——飞鸟乐队的诞生。民谣摇滚其特点是更加强烈和火爆的电声音乐。具有浓重蓝调布鲁斯色彩的摇滚歌手，如詹尼斯·乔普林、乔·库克、奶油乐队和吉米·亨德里克斯等，这些都是在当时极具影响力的音乐家，也在伍德斯托克音乐节上进行了表演。

> 处在一个充满着社会局势紧张的环境中，当社会现状几近被民权、公民自由、反战运动、和平和自由性爱这些字眼所颠覆的时候，人们转而用当时的音乐来加速和大声说出这样的奋斗目标。

处在一个充满着社会局势紧张的环境中，当社会现状几近被民权、公民自由、反战运动、和平和自由性爱这些字眼所颠覆的时候，人们转而用当时的音乐来加速和大声说出这样的奋斗目标。也许正是这种渴望，在 1969 年 8 月 15 日那天，有将接近 50 万的人聚集到纽约州伍德斯托克小镇 600 英亩的农田上。伍德斯托克音乐节也被认为是迄今为止世界上曾经举办过的最大的户外音乐节之一。纪录片导演迈克尔·沃德利和著名的导演兼制片人马丁·斯科塞斯就此次音乐节拍摄的纪录片，获得了奥斯卡最佳纪录长片奖。也正是这次获奖，使得媒体开始注意 1969 年伍德斯托克音乐节上人们所演唱的歌曲以及欢庆的反主流文化的精神。除了人们的欢庆和媒体对反主流文化理想的关注以外，对音乐产业更加持久的影响则是它让美国的商人们见识到了反主流文化运动和反主流文化运动受众中那相对而言还没有触碰到的潜在的盈利机会。[7]想要回顾伍德斯托克 146
音乐节及其对一代人在音乐、文化和生活方式的影响，可以观看视频短片《伍德斯托克》。

在 1969 年伍德斯托克音乐节上，吉米·亨德里克斯向近 50 万观众展示了出神入化的吉他表演，其技艺可谓前所未有。

音乐风格的多样化

在伍德斯托克音乐节之后，音乐文化经历了一次爆炸性的多元化过程，一直从20世纪70年代持续至今。唱片公司和广播电台持续不断地培育出最新的流行趋势，并且成功地将反抗、性和青春这些元素包装到产品中，从而获得了更多的广播听众和唱片销售，以及一直不断增长的商业利润。因为有了伍德斯托克所留下来的现场音乐演唱会的宝贵遗产，混音技术和录音技术得到进一步的发展。舞台制作中音响系统的改进让乐队可以在较大的场馆里进行不同寻常的现场演出，包括户外的体育场和圆形露天竞技场。作为这种潮流的一部分，舞台摇滚乐队成为20世纪70年代音乐界中显著的不可或缺的元素。这些乐队在音乐制作和商业化方面有着很高的价值，但是在创造力和与广播的亲和度上则较为欠缺，其中的典型代表有冥河摇滚乐团（Styx）、旅程乐队（Journey）、外国人乐队（Foreigner）、心乐队（Heart）以及REO快速马车等。他们与当年反叛的摇滚乐队有部分相似之处，但是所创造出来的音乐远远比他们外表表现的要温和，这也使得舞台摇滚广受大众的欢迎和接受。

两个极端：硬摇滚和迪斯科

舞台制作技术的进步同时也催生了硬摇滚的诞生。这种音乐的特点是应用强烈的旋律和失真的电子声音。硬摇滚为重金属音乐的出现铺平了道路。重金属音乐的特征是刺耳的乐器声、标新立异的演出服装和常带有暴力色彩的歌词，其根源最早可以追溯到吉米·亨德里克斯、齐柏林飞船乐队、深紫乐队和奶油乐队。但是直到像黑色安息日乐队和犹大圣徒乐队在音乐界的出现，重金属音乐才开始完全展现出自己的特点。许多摇滚乐组合将这些年轻的音乐形式综合在一起，吸引了大量来自摇滚乐世界中不同领域的粉丝。这要部分归功于音乐制作和录音技术的进步极大地改善了听众在听唱片或是现场表演时的听觉感受。吻乐队（Kiss）和蓝牡蛎信徒乐队（Blue Oyster Cult）是两个最为成功的跨越多种音乐风格的乐队。

在音乐统一体的另一端，多轨混音技术的进步导致产生了迪斯科，其最主要的特点是适合跳舞。迪斯科吸收容纳了许多不同风格的音乐，包括灵魂音乐、疯克音乐、摇滚乐、拉丁、爵士乐和古典乐，而且还综合了高昂的声音，不变的4/4拍节奏和强烈的切分低音线。从很多方面来讲，迪斯科并不是一个新的音乐，它只是融合了许多现有的音乐形式，这样听众可以很轻松地伴着音乐跳舞。对社会各行各业的人来说，先前将人们 147
分隔开的种种界限在舞厅里则全部被华丽的时尚、性、毒品、热舞、镜球和永不停息的音乐一扫而空。艺术家如唐娜·莎曼、比吉斯乐队（the Bee Gees）、葛罗莉亚·盖罗和诗莱芝姐妹组合（Sister Sledge）都是20世纪70年代迪斯科音乐的领军人物。

因为迪斯科音乐和跳舞还有夜总会是紧密相连的，所以像纽约的54俱乐部这样的场所则成为这种类型音乐的中心。迪斯科被好莱坞通过如《周末夜狂热》（1977）这样著名的电影在商业和文化上取得了进一步的成功。迪斯科音乐的一个突出贡献是流行音乐节目主持人上升成为娱乐圈的名人。汤姆·莫尔顿，被很多人称为“混音之父”，曾经创作了一种新的艺术形式，就是将不同的唱片放在一起交替播放，制作出了长时间持续不断放送的音乐，让人们可以整夜跳舞。

《伍德斯托克》截图。
伍德斯托克音乐节 40 周年之回顾。

创作歌手

到了 20 世纪 80 年代早期，唱片业和广播的老板们开始担心迪斯科的流行会给摇滚乐带来重创。在广播电台创造的公式化的播放清单的帮助下，唱片公司开始在市场上寻找和支持一种多样化的音乐风格。这么做的结果就是 20 世纪 70 年代的流行音乐家，包括杰克逊五人组、卡朋特乐队、洛史都华和佛利伍麦克乐队在 80 年代获得了大批的追随者。从很多方面来说，20 世纪 80 年代是流行音乐创作型歌手的时代。那些 60 年代的音乐偶像，诸如史蒂夫·旺德、保罗·西蒙、约翰·列侬和鲍勃·迪伦等人，以及 70 年代新加入的后来者如凯特·斯蒂文斯、比利·乔、艾尔顿·约翰、卡洛尔·金、尼尔·戴蒙德、唐·马克林和琼尼·米歇尔等人都成功地适应了这一商业潮流的变化，从而创作出了大量新潮的、适合在广播中播放的歌曲。

朋克摇滚

硬摇滚和其风格相似的朋克摇滚也在寻求抓住特定的受众并保证自身在商业上的发展。充满传奇色彩的 CB-GB，一个坐落于纽约市鲍厄里酒吧街的小摇滚俱乐部，被认为是美国朋克摇滚的发源地和中心（这个著名的酒吧在 2006 年关门歇业）。开始出现于 20 世纪 70 年代，当时的朋克摇滚试图挑战主流的音乐品位和主流音乐产业的统治地位。原先最早的朋克摇滚歌手包括地下丝绒乐队、纽约玩偶乐队、MC5 乐队和傀儡乐队，尽管这些音乐组合从来没有取得过真正意义的商业成功。随后，派蒂·史密斯、雷蒙斯乐队、金发女郎乐队、传声头像乐队、死者肯尼迪乐队（Dead Kennedys）等开始纷纷登上朋克摇滚乐的舞台，而这些音乐家们为接下来来自英国声名狼藉

> 开始出现于 20 世纪 70 年代，当时的朋克摇滚试图挑战主流的音乐品位和主流音乐产业的统治地位。

的朋克摇滚歌手——如性手枪乐队、碰撞乐队和吵闹公鸡乐团——的发展奠定了基础。

每一支乐队组合都有他们独自的对文化、政治、性和毒品的愤世嫉俗和刻薄的诠释。他们中有很多也通过演唱会和音乐专辑发行的成功获得很多粉丝的追随。更重要的是，朋克运动将女性推上了摇滚乐舞台的最前线，造就了如派蒂·史密斯、狄波拉·哈利、琼·杰特和克里斯·辛德等著名的歌手。这些女歌手影响了 20 世纪 90 年代地下女性主义的朋克运动，后来也被称为暴女运 148
动。在这场运动中最受欢迎的是洞穴乐队。由科特尼·洛芙担任主唱歌手的这支乐队，后来在主流音乐界获得了成功。这也表明音乐产业变得能够更加熟练地跟进并挖掘地下音乐现象。这一潮流一直持续到 21 世纪。

硬摇滚/重金属跨界乐队——吻乐队——在俄亥俄州辛辛那提的告别巡回演出。

音乐电视和音乐视频的诞生

1981 年，商业音乐产业正处在一次巨大的跨越式发展的边缘。这一次的变革创新不再是由音乐产业长期的合作伙伴——广播业——所推动的，取而代之的则是音乐产业与电视的融合。

1981 年，商业音乐产业正处在一次巨大的跨越式发展的边缘。这一次的变革创新不再是由音乐产业长期的合作伙伴——广播业——所推动的，取而代之的则是音乐产业与电视的融合。1981 年 8 月 1 日的午夜零点刚过，位于北部新泽西州的华纳爱美克斯有线电视台开始播放节目，后来这被证明是音乐和唱片产业下一次革命性变革的开端。最早播放的电视画面是“阿波罗 11 号”从美国肯尼迪航天中心发射升空，紧接着是以蒙太奇式手法拍摄的月球行走的画面，最后的高潮则是标志性地将美国国旗插在月球的表面上。但是，在美国国旗上星星和条纹的位置，闪烁出现的是一个五彩缤纷图案的动画，上面是一个大大的字母“M”，穿过其右半部分偏下的位置有“TV”两个字母，在三个字母整体下方的是一个短语——

20 世纪 90 年代的朋克摇滚乐组合洞穴乐队产生于地下女性主义的朋克运动——暴女运动中，并且在主流音乐界获得了成功。

“音乐电视”，同时配有画外音：“女士们先生们……摇滚乐起”，随之而来的就是一段强烈的失真的吉他演奏的重复片段。随后，史上第一位电视综艺节目主持人（VJ）马克·古德曼大声宣布：“就是这个！欢迎来到 MTV 音乐电视——世界上第一家 24 小时不间断播放的立体声音乐电视频道……综合了最好的无线广播技术的最好的电视频道……现在开始，你将以全新的视角来看待音乐。”[8]

古德曼和这家新的音乐电视台的年轻工作人员们当时完全不知道音乐电视频道将能够获得巨大的成功，以及这个频道将会对音乐产业产生如此重大的影响。罗伯特·皮特曼曾经是一名非常成功的广播节目主持人，后来成为一档广播节目的主管。他曾在双向交互式有线电视网络库贝系统（QUBE）工作。这一电视网络曾推出了一些轰动的节目，如《五分钱娱乐场》。借助库贝系统的经验，皮特曼创立了音乐电视频道。这在当时再次引起了有线电视广播业的轰动。尽管现在看来显得不是那么有争议，但是皮特曼对音乐电视频道的愿景对于当时的电视业和其主管们来说是全新的，与以往完全不同的。当时，华纳爱美克斯有线电视的主管们坚持要求得到这个项目在经济上是可行的保证。音乐电视频道成立伊始就被证明确实是一项收益丰厚的投资。不仅如此，它的成立对音乐创作和消费方式也产生了立竿见影和前所未有的影响。

具有讽刺意义的是，音乐电视频道在那个决定 149
性的八月的早晨播出的第一部音乐视频就是巴格斯乐队（Buggles）的《录像带杀死了电台明星》。这首歌也在本质上预告了视频时代来临之后电台广播的衰落。而实际上，电台广播并不是被视频时代所杀死的。音乐电视的迅速兴起在一定程度上也迫使电台广播产业重新调整其内容。在音乐电视之前，电台广播是对新的音乐进行宣传推广和将其传递到观众当中最主要的媒介。实际上，电台在宣传推广唱片销售过程中的统治地位一直保持并贯穿了差不多整个 20 世纪。但是当人们可以从音乐电视频道中看到音乐和视频的结合的时候，电台就很快让位于电视，使其迅速成为推广宣传歌手的最流行的方式。虽然这一方式如今已经转移到了互联网上，但其仍旧是建立在音乐视频的基础之上的。

在音乐电视之前，电台广播是对新的音乐进行宣传推广和将其传递到观众当中最主要的媒介……但是当人们可以从音乐电视频道中看到音乐和视频的结合的时候，电台就很快让位于电视，使其迅速成为推广宣传歌手的最流行的方式。

在音乐电视频道出现之前，视频技术的采用和传播使得音乐界出现了一种趋势，许多艺术家早就已经开始录制他们表演的视频录像或者是事先准备好的精心制作的演出视频，来用做他们巡回演唱会的宣传工具。音乐视频的起源可以追溯到最早的视频的开端，但是人们看到的最多的清晰视频是动物乐队录制的《日升之屋》片段和甲壳虫乐队标准长度的电影《一夜狂欢》。虽然音乐电视频道早期播放的音乐视频只不过是各种各样演唱会片段镜头的拼凑，再配以录音棚质量标准的唱片，但是唱片业很快意识到音乐电视迅速流行的意义，并且开始为电视网络制作生产更加有意思的原版歌手的视频表演。有年轻时尚的音乐电视节目主持人，以及最尖端前沿的音乐视频，再加上宣传其最新的反主流文化的潮流，MTV 频道的收视率开始迅速暴涨，这也使得广告商们纷纷杀入到新的电视音乐现象中。这个刚成立不久的年轻的电视频道在其开播运营的前 18 个月里就获得了超过 700 万美元的净收益。音乐电视是音乐和广播联姻的又一次飞跃，只是这次对象换成了有线电视。音乐电视同时也是媒介融合的一次推进，宣告了电台广播在美国和全世界作为决定时代潮流风向的统治地位的终结。[9]

迈克尔·杰克逊的专辑《颤栗》的音乐视频，于 1983 年在音乐电视频道 MTV 首播。

随着音乐电视的诞生，一批善于挖掘音乐视频新的创造潜能的艺术家得以重生或是冉冉升起。其中一个成功的例子就是迈克尔·杰克逊 1983 年为新专辑的同名主打歌《颤栗》制作的音乐视频。杰克逊和电影导演约翰·兰迪斯合作，为《颤栗》制作了一部长达 14 分钟的微电影/音乐视频。这段视频迅速在音乐电视频道引发了轰动，并且进一步推动了这张专辑的销售，还巩固了迈克尔·杰克逊作为世界上商业运作最成功的唱片歌手的地位以及“流行音乐之王”的称号。这张专辑成为史上销量最高的一张专辑，在全世界共售出 1.1 亿张，在很大程度上要归功于音乐电视频道重复播放宣传《颤栗》的音乐视频。[10]

150 

另类音乐和独立音乐

发生在美国 20 世纪 60—80 年代之间的两次大规模的文化转向，为音乐艺术家们进行创造性的跨越不同音乐类型的创作提供了肥沃的土壤。这些艺术家大都来自不同背景，拥有不同的视角和品位。其结果就是音乐类型和子类型的数量有了爆炸性的增长。在过去，由于唱片和广播业掌控着人们所听音乐的权力，这就导致了很多种音乐类型和风格无法被大众所注意，或者只能通过影响更主流的音乐家来使自己获得公众的关注。流行于 20 世纪 80 年代的音乐电视现象则为另类音乐风格打开了一扇机会的窗户。这种无法很轻易地适应主流流行音乐圈的音乐有一个笼统的名称叫另类或独立音乐。独立唱片公司通常会与这些拥有非主流欢迎度人群的歌手和乐队签约，其中具有代表性的是低技术的、三人或四人、以歌词成为关注焦点的乐队组合。

在过去，由于唱片和广播业掌控着人们所听音乐的权力，这就导致了很多种音乐类型和风格无法被大众所注意，或者只能通过影响更主流的音乐家来使自己获得公众的关注。流行于20世纪80年代的音乐电视现象则为另类音乐风格打开了一扇机会的窗户。

这种类型中的一支非主流乐队就是 U2 乐队，他们的第一张唱片在欧洲和美国只是取得了名义上的成功。随着时间的推移，这支乐队粗犷和未经雕琢的声音以及他们富有感染力的现场演出，尤其是主唱歌手波诺，为他们赢得了一大群地下追随者。U2 乐队的第三张专辑《战争》，是这帮与众不同的天才首次合作创作出的备受赞扬的音乐。这张专辑也标志着 U2 乐队第一次成功地进入主流音乐界，帮助他们巩固了乐队在欧洲和美国音乐界的地位。和其他大多数的主流乐团不一样，U2 乐队不仅在音乐成就上和他们不一样，而且在走向商业化成功的道路上也与众不同。

从 1980 年到 2006 年，U2 乐队一直与世界上最大的独立唱片公司小岛唱片合作。小岛唱片公司允许乐队对其专辑拥有创作上的控制权和法律上的权力。而在 U2 乐队之前，唱片公司与歌手这样的生意关系对于音乐家们来说是闻所未闻的。但是 U2 乐队也不是唯一要求从唱片公司的掌控中要求获得独立权益的，加入他们行列的还有来自美国佐治亚州的 REM 乐队。

REM 乐队在创立的前八年时间里进行了不知疲倦的巡回演出。他们在大学以及小的场馆里进行表演，通过他们那刺耳、极其简单和反省到抽象风格的流行摇滚乐，获得了大量非主流的关注者与追随者。随着这支乐队受欢迎程度的上升，他们拒绝了主流唱片公司的合约，而是选择了与迈尔斯·科普兰三世的国际唱片辛迪加公司（I. R. S.）进行合作。国际唱片辛迪加公司是一家独立的唱片公司，与主流唱片公司 A&M 签订有帮助其旗下艺人进行专辑发行的合同。从 1983 年发行的《Murmur》专辑开始，REM 接连制作了数张备受赞扬的专辑，包括 Reckoning，Fables of the Reconstruction 和 Life’s Rich Pageant 等。尽管所有这些专辑被评论家们认为是超凡的作品，《滚石》杂志也给予它们高度的评价，但是其中没有一张专辑能够进入到美国音乐排行榜的前 40 位。最终在 1987 年，REM 乐队发行的专辑 Document 151
使得他们终于第一次进入全美音乐排行榜的前 40 位，其中歌曲“The One I Love”使得《滚石》杂志将他们称为“美国最好的摇滚乐队”。1988 年，因为乐队认为国际唱片辛迪加公司无法在海外有效地发行唱片，所以决定转投华纳兄弟唱片公司。此后不久，他们就成为美国独立音乐界的模范和标志性人物。由此，另类音乐，在开始的时候是作为地下暗流来反对主流音乐的，最后还是被接受并营销成为下一个音乐时尚。

另类音乐之垃圾摇滚

1985 年华盛顿州的西雅图市，另类/地下乐队讨厌鬼乐队的两个粉丝在乐队的练习场地周围闲逛的时候偶遇相识。在经历了一次次建立他们自己的乐队组合尝试之后，奎斯·诺沃斯里克和柯特·科本终于找到了一名鼓手，于是他们开始写歌，排练歌曲，并且为乐队起了一个名字——涅槃乐队。涅槃乐队凭借着他们原始的、粗糙的音乐和巡回演唱会的演出，很快就培养起了一大群持续增长的粉丝人群。他们的头两张专辑和一些单曲都是通过独立唱片公司“地下流行”（Sub

U2 乐队是第一支在主流音乐界获得成功，并且能够在与小岛唱片——全球最大的独立唱片公司——的合作中保持拥有其在专辑创作上的控制权和法律权力的乐队。

迈克尔·斯泰普和他的乐队 REM 在 2008 年的巡回演唱中。多年来，他们被认为是美国独立音乐的典范。

Pop）发行的。不仅如此，这支乐队还经常在许多大学的广播电台里演奏他们的音乐。涅槃乐队的三人组在两年之后通过他们非常卖座的音乐唱片《别介意》杀入美国主流乐坛。这张唱片也是乐队新的发片公司 DGC 唱片公司所出的第一张专辑。随着涅槃乐队的歌曲在广播中的大量曝光以及他们的单曲《少年心气》的音乐视频在音乐电视频道的流行，他们的唱片销量也一路飙升。截至 1992 年 1 月，涅槃乐队的唱片《别介意》的销量达到了每周 40 万张，将迈克尔·杰克逊的《危险之旅》从公告牌排行榜第一的位置上拉下马来。

《别介意》专辑的一夜成名震惊了这支乐队本身和整个唱片业。但是随之而来的将其作为超级明星追捧的压力对乐队产生了负面印象，尤其是对科本。涅槃乐队的第二张重要的专辑《在母体》，尽管是由主流唱片公司发行的，但是对于许多另类音乐的追随者来说，仍然是一项坚持另类音乐精神并具有创造力的作品。这支乐队还创作了一批发自肺腑的歌曲，大都抒发了科本自己内心的魔鬼。这些歌曲都非常抽象和原始，以至于不经意地冒犯了偶尔的听众，但是对于那些非主流音乐的粉丝来说，歌曲所表达出的科本的焦虑让他们非常着迷。《在母体》这张专辑初次上榜就占据了美国音乐公告牌排行榜的第一名。1994 年 4 月 8 日，一位在科本的西雅图住所附近工作的电工发现了这位涅槃乐队主唱的尸体，他死于开枪自杀。随着科本的死，涅槃乐队也就什么都不是了。

尽管只在音乐界存在了很短的一段时间，柯特·科本和他的垃圾摇滚涅槃乐队却在主流音乐界和商业上取得了成功。

虽然涅槃乐队只是在音乐界里活跃了不到五年的时间，但是他们对美国音乐和唱片业的影响却是非常深的。涅槃乐队被认为是另类音乐中垃圾摇滚的代表。垃圾摇滚是一种以失真的吉他音、原始的歌声和对朋克摇滚怀旧的歌词为特征的音乐类型。在艺术家的时尚选择方面，垃圾摇滚也 *152*
经常被描绘成是穿着破烂的牛仔裤、法兰绒衬衫以及其他显得节俭的服饰。涅槃乐队也为接下来在20世纪90年代进入主流乐坛的一些富有才华的组合，如碎南瓜乐队、珍珠果酱乐队、洞穴乐队（主唱歌手是科本的妻子科特尼·洛芙）和九寸钉乐队铺平了道路。

嘻哈文化运动

在20世纪70年代早期，黑人DJ开始试验将现场音乐和录制音乐混合在一起。具体的做法是他们以强调音乐节奏停顿的方式，将属于不同音乐类型的歌曲进行剪切，然后粘贴到一起，尤其是在一首爵士乐或者疯克乐歌曲“断开”的地方，这样就可以让节奏部分能够单独播放。他们通常会同时使用两个唱盘，这样可以很快地重复播放歌曲中间停顿的部分，以此制作出一种独特的、现场混制的音乐。来自内地城市的艺术家，如库尔·赫克（Kool Herc）开始搞街区聚会，试图通过音乐将相互敌对的团体联合起来，于是一种新的音乐类型开始出现。这种音乐建立在被称为说唱的即兴说出的歌词的基础之上，配合着现场音乐霹雳舞的节奏。因为这种音乐形式节奏“时尚”，后来被称为嘻哈音乐[①]。霹雳舞和涂鸦艺术成为新的嘻哈文化的同义词。三者都反映了一种原始的城市街道的氛围；都属于自发的、低技术含量的创造；还都需要合作。通过即兴的跳舞和口头上的“交锋”，以及将荒废的公共空间喷涂成为艺术品，许多街头年轻人找到了一种创造性的释放的出口。与此同时，创新也随着这样的竞争方式而产生。

这场嘻哈文化运动诞生了一种新的流行音乐艺术家，其中包括酷杰（LL Cool J）和全民公敌乐队。新成立的唱片公司如糖山唱片和街头教父Def Jam唱片（后者是拉塞尔·西蒙斯和里克·鲁宾构想的产物）通过不断努力，将嘻哈音乐家介绍给更广大的人群以及最终的美国主流文化。嘻哈音乐很快在夜总会、广播以及音乐电视频道中立足，取代了迪斯科成为新的炙手可热的舞曲。其他的说唱歌手，包括Run-DMC和野兽男孩乐队等，继续发展这种音乐类型，从而增强了嘻哈音乐的影响力，尤其是在年轻的白人中产阶级群体中。

而说唱音乐阴暗的一面则出现在加利福尼亚南部紧张的种族关系中。1992年，陪审团宣布无罪释放四名当地警察，他们被指控曾野蛮殴打一位非洲裔美国人罗德尼·金。此后，种族间紧张的关系也引发了加州历史上最大规模的骚乱。后来为人们所知晓的匪帮说唱，是从起源于东海岸的相对较为轻松的聚会嘻哈音乐中分离出来的。通过下流脏话的歌词以及吹嘘暗示采用暴力的方式，匪帮说唱表达了一种悲观的、充满了愤怒的生活态度。嘻哈音乐中的匪帮说唱和摇滚乐中的早期朋克摇滚两者之间有着惊人的相似之处。这两种附属音乐类型最后都发展成为比它们相对温和的母音乐类型更加不友好的音乐分支。

> 嘻哈音乐中的匪帮说唱和摇滚乐中的早期朋克摇滚两者之间有着惊人的相似之处。这两种附属音乐类型最后都发展成为比它们相对温和的母音乐类型更加不友好的音乐分支。

西海岸的歌手，如Ice-T（特雷西·莫罗），NWA，被称为史努比狗狗的科多扎·布罗德斯和吐派克·夏库尔，以及和“德瑞博士”安德烈·扬共同创立死囚牢房（Death Row）唱片公司的声名狼藉的商人苏吉·奈特，这帮人在匪帮说唱的发展过程中起到了核心的作用。不久之后，美国东海岸的歌手们用他们自己风格的匪帮说唱做出了回应。其中领衔的是被称为声名狼藉先生的克里斯托弗·华莱士，外号“吹牛老爹”的尚恩·库姆斯和纳斯，他们都是与库姆斯的坏小子唱片公司签订了合同。这两派之间紧张的关系也引起了新闻媒体的有效关注，这从另一方面也帮助匪帮说唱获得了更多的观众和增加了大量的唱片销量。两派之间长期的不和最终演变成暴力行动，

① “嘻哈”英文“Hip Hop”，其中“hip”一词有“时尚”“流行”之意。——译者注

被认为是在嘻哈音乐历史上具有超凡才能和起到奠基作用的两位著名人物——声名狼藉先生和吐派克·夏库尔——在暴力冲突中丧生。

在这两人死后，嘻哈音乐仍然在持续不断地发展、成熟和多样化，并且还加入了地方风味以及融合了其他音乐类型并形成了各种各样的分支音乐类型。许多美国和国际上的嘻哈歌手在嘻哈音 153
乐的发展过程中都做出了实实在在的贡献。尽管嘻哈音乐的唱片销量在2005年开始稳步下滑，这可能是因为点对点（P2P）文件分享技术使用增多的结果，但是嘻哈音乐在美国的公告牌排行榜上仍然有着非常稳定的表现和规模较大的粉丝群体。

音乐和广播转型进入数字时代

不断发展变化的技术在迫使音乐改变其营销和消费方式的过程中持续扮演着重要的角色。在20世纪的大部分时间里，唱片业为了应对技术方面的变化而不得不改变其做生意和营销的办法。在20世纪70年代，盒式磁带的出现使得消费者可以很容易地在家拷贝音乐并与朋友们进行分享。这种潮流也使得唱片公司极度渴望找到一种新的技术来用于将高质量的音乐传送到消费者手中，以一种比消费者自己用盒式磁带翻录的音乐质量效果更好的方式，这样才有可能让消费者不再自行拷贝和传播音乐作品。而唱片公司寻找到的新技术就是光盘（CD）。光盘格式是飞利浦公司和索尼公司大约在1981年合作的产物。当时飞利浦公司是从MCA唱片公司购得了激光碟片设计的许可。

与先前以磁带为基础的系统所制作出来的音乐相比，光盘技术复制出来的数字声音具有更高的保真度。当用光盘技术制作出来的唱片于1983年在美国第一次向大众发行的时候，光盘的这一特性使其很快成为音乐鉴赏家们首选的媒介。在当时声音技术的条件下，早期的光盘系统比磁带系统要贵很多。CD唱机的标价在2 000美元左右，并且每张CD的价格也在12～15美元之间不等。但是到1986年，购买一台CD唱机的花费有了显著的下降，差不多在200美元。尽管磁带作为录制音乐的主要模式这一现象持续到了1994年，但是随着密纹唱片和只能容纳八首歌的磁带的逐渐消亡，唱片公司开始在20世纪80年代和90年代早期大量制作以光盘技术为基础的唱片。

> 光盘技术的采用给了唱片业一个虚假的安全感，他们错误地认为光盘技术能够停止消费者之间相互传播盗版唱片，甚至能够阻止日益高涨的国际音乐盗版潮流。就像我们现在所知道的，这个根本不起作用。

光盘技术的采用给了唱片业一个虚假的安全感，他们错误地认为光盘技术能够停止消费者之间相互传播盗版唱片，甚至能够阻止日益高涨的国际音乐盗版潮流。就像我们现在所知道的，这个根本不起作用。大多数的消费者不但没有停止使用磁带录音机来拷贝光盘上的音乐，而且个人电脑（PC）产业的发展也很快将光盘刻录（复制）能力作为所有个人电脑的标准配置。这些技术不仅导致了音乐盗版的迅猛发展，而且还为基于互联网的音乐分享文化打下了基础，这些都很快成为唱片业越来越大的威胁。[11]

放松管制和合并改变21世纪电台广播业

在向数字时代转型的过程中，电台广播，和其姐妹行业唱片业都在努力调整自身的定位以此来维持其受众群体。美国政府也试图帮助电台广播业，并且通过放松管制的办法来刺激行业竞争。
154 而这些做法的结果就是1996年电信法的出台。这项法案删除了先前的一些法律规定，取消了对一家公司所能够拥有的调幅和调频广播电台的数量限制，对广播业产生了深远的影响。实际上，这项法案的出台不仅没有鼓励更多的竞争，相反，却为现有广播网络收购大量有着竞争关系但规模相对较小的电台开了绿灯。清晰频道通信公司成为美国最大的广播集团，拥有的广播电台数量从1996年之前的46家增长到2002年的超过1 200家，覆盖了美国排名前250位市场中的247个。清晰频道还收购了SFX——一家大型演唱会推广公司和场地拥有者。最后，清晰频道/SFX公司通过合并1 200多家广播电台的宣传能力和美国最大的演出场所网络，取得了对美国现场音乐演唱会市场的实际控制。

说唱歌手，同时也是坏小子唱片公司创始人的“吹牛老爹”尚恩·库姆斯，在东海岸匪帮说唱的建立发展过程中起到了核心的作用。

除了合并广播电台以外，政府的放松管制使得唱片业通过一系列备受瞩目的合并完成了整个行业的重组。这些合并的完成在市场上形成了四家具有统治地位的唱片公司，通常被简称为“大公司”：环球唱片、索尼音乐娱乐、华纳唱片和百代唱片。作为这一波合并潮所带来的后果之一，就是一小部分唱片业的高管获得了极大的权力，用来决定哪些歌手能够获得唱片合同并且得到媒体曝光，通过投入大量的资金来宣传推广那些已经被证明是非常优秀的表演者，然后对其进行剥削，最后从本质上来说，即建造一堵墙，将有创新精神和才华的人隔绝在外。

同时，这几家主要的唱片公司还建立了一种独立推广机制，以此来规避有关商业贿赂方面法律的规定。这些独立推广人在音乐人才的发掘和商业营销方面扮演着极具影响力的角色，这也为独立音乐人设置了进一步的障碍。特雷·阿纳斯塔西奥是独立乐队Phish的歌手兼吉他手，他亲身见识到了推广者对音乐唱片行业的掌控：

> 如果你不花大量的钱在独立推广人身上的话，那么你将不可能获得一首畅销流行歌曲……如果你不花钱，那么你是肯定不会有（畅销歌）的。这和音乐的质量没有一点点的关系，而起着决定性作用的则是用于宣传推广音乐的花费。[12]

那些为数不多的占据统治地位的广播网络，例如清晰频道公司所运营的广播网，给顶级的表演者如麦当娜、布兰妮、德瑞博士、瑞奇·马丁、超级男孩乐队等大量的节目播出时间。美国几家大型广播电台的节目清单差不多是一样的，而新的富有才华的创新性的音乐人才则几乎得不到发展空间。多音乐类型艺术家莫比很坦率地表达了在经历了所有这些放松管制和合并之后的音乐产业的现状：

> 现在对于另类的、富有个性的艺术家来说基本上没有任何发展空间。你必须去适应那个模式，而广播决定了这样的模式。现在，如果你不是一名十几岁的流行歌手、一名摇滚乐歌手、一名嘻哈乐艺人、一个另类摇滚

> 乐队或者是一名女性创作歌手，那么录制专辑这样的事情就想都不用想了。[13]

同时，现在消费者可以更轻松地获得 CD 音乐，再加上现场音乐会受欢迎程度的不断提升，这些都在一点点蚕食广播网络的收听率。是什么原因导致了这么显著的下降呢？广播节目制片人安迪·戴维斯说："人们现在电台广播听得少了，而且当他们选择听广播的时候，会发现更加失望。"[14] 2002 年，音乐消费者和许多音乐家都开始反抗消费者权益保护团体所认为的广播集团的垄断行为，尤其是针对清晰频道公司。广播业的垄断导致广播电台所提供的是些死气沉沉、一成不变的节目内容和低水平的音乐。

美国唱片业协会（RIAA）与由艺术家、广播者和零售商所组成的联盟一起，向美国国会提交了要求针对广播业内的垄断行为进行调查的文件，并且在文件中将 1996 年电信法所带来的影响批评
155 为是"反艺术家、反竞争和反消费者"的。这一联盟在威斯康星州找到了一位支持者，那就是参议员拉塞尔·范戈尔德（Russell Feingold）。他指控广播业，特别是清晰频道"欺负人民群众"，并且提交了新的法案，强硬要求改写与商业贿赂相关的法律，并且把独立推广也加入商业贿赂中，还要求对广播业的权力施以更多的限制。但是当唱片业开始表达出他们的忧虑，并将责任全部推到广播网络上时，一些艺术家们这才意识到他们自己同样也是受害者。传奇性的南方摇滚乐组合欧曼兄弟乐团的经理伯特·霍尔曼说："那些唱片公司创造了这样一个系统，而现在他们想着要把责任推卸到其他地方。他们当然能够这么做。如果只是艺人们由于商业贿赂受到了不公正的待遇，那他们才懒得管这些事呢。"[15]

2007 年，美国联邦通信委员会介入调查并最终处罚了四家最大的广播网络公司——清晰频道公司、哥伦比亚广播公司、城堡广播公司（Citadel）和安特康姆通信公司（Entercom），并且对他们处以 1 250 万美元的罚款。前唱片业主管霍伊·克莱恩曾经这样反思道："商业贿赂腐化了整个行业，这样我们最后在广播中只能听到越来越差的歌曲，这也意味着越来越差的艺术家在被签约和发展。这让我想到了美国的政治，其整个操作过程都被金钱腐化了。"[16]

互联网正在杀死电台广播吗？

认为互联网已经杀死广播这样的想法是不正确的。但是，政府的放松管制、市场的合并以及传统唱片业和电台广播向互联网的转移这些因素的合力，使得广播业慌忙调整来适应新的市场现状。近些年来，纯粹只有音乐的电台广播节目逐渐开始失势于谈话电台——一种基于对当天热点话题进行讨论的形式。全国公共广播电台（NPR）的子电台以及独立的短波电台——为数众多的分布在北美和世界各地的小的独立电台——广播各种信息类、政治类和宗教类的节目，这些在 20 世纪的后期，一起为谈话电台节目模式的发展奠定了基础。在美国的调幅和调频商业电台中，保守派政治脱口秀主持人如拉什·林堡（Rush Limbaugh）等人，就比他们偏自由主义的同行们更快地认识到，通过利用对政治甚至是流行文化进行评论的方式，电台广播在聚拢人气和追随者的作用上有着巨大的潜力。很多其他的时事评论家在 20 世纪 90 年代和 21 世纪初受到了欢迎，其中包括电台广播和福克斯有线新闻节目主持人肖恩·哈尼蒂和格林·贝克。诙谐幽默的评论员，现在是美国参议员的艾尔·弗兰肯，在他参选之前，曾经在现已破产的空中美国广播电台（Air America）主持过一档非常受欢迎的脱口秀节目。

除了来自以政治内容为定位的谈话电台节目所造成的压力以外，在 20 世纪 90 年代，传统的音乐节目也开始面临"早间动物园模式"的竞争。这是一种时尚的脱口秀节目内容安排方式，通常音乐内容较少，但是有滑稽表演和持续的对流行文化的评论等。在这种"早间动物园模式"节目形式兴起的同时，音乐电视频道也正在进行着从纯粹的音乐视频节目安排到时尚节目内容编排的转向。这种"早间动物园模式"主要是为了适应 18 岁及以上男性听众的需求。其中一些广播节目主持人如霍华德·斯特恩和唐·伊姆斯等在"早间动物

园模式”的帮助下获得了巨大的成功。他们被称为惊人的节目主持，这些人现在都已经创立了自己的个人品牌节目，他们所主持的脱口秀生动活泼，但内容也常富有争议。

其他风格形式的广播节目在21世纪仍然吸引了符合其定位的听众群体。除了公共广播电台因为其音乐节目和新闻评论节目而继续得到听众的欢迎之外，其他商业广播的节目内容编排采用一种音乐混合模式，被称为“四种模式”：成人专辑另类（AAA）音乐、新闻评论节目、古典乐和城市生活。许多采用四种模式的广播电台都是曾经由高校运营的全国公共广播电台的分电台。他们不得不将自己改造成商业电台，这是因为之前负责运营的大学发现非常难以维系这样的非营利机构。这些电台在艰难地争取已经缩水的广告市场份额，而他们的竞争对手往往都是那些拥有更好
156 地理位置的商业调幅和调频广播电台。与许多其他风格的小独立广播电台在21世纪的做法一样，向互联网广播的转移能够帮助保证它们的生存。

毫无疑问，互联网电台——也就是传统电台广播内容向网络的转移——对于传统的电台来讲有着最重要的影响。同样可以获得在商业广告方面的收益，以及拥有无线电广播电台的听众群体，但是其运营成本只有原来的一部分，因此互联网广播的数量在网络上开始激增，并很快成为在21世纪数字时代人们所使用的最流行的音乐消费方式之一。以最低的限度插播商业广播从而提供大量的音乐内容选择，互联网广播电台如潘多拉电台和懒虫电台，可以让听众从任何只要是能上网的地方都可以免费收听，接入的方式则是通过可以联网的设备——从个人电脑到上网本再到智能手机。汽车厂商也在进军卫星广播行业，将卫星广播接收器作为标配或者是选配安装入新款的汽车和卡车中。2009年，汽车厂商还开始推行为客户安装无线网络接收器的计划。

互联网电台正在显现出取代传统电台广播市场的趋势。现在人们在互联网上同样能够收听到大多数的脱口秀节目，并且还有相当数量的比较流行的节目内容被制作成了播客的形式——专门为网络和联网手持便携设备制作并发行的媒体内容。互联网广播不仅没有将传统广播置于死地，实际上，从逻辑上说，它可能是现有大众传媒在媒介聚合时代更好地利用最新技术唯一行得通的发展模式。

> 互联网广播不仅没有将传统广播置于死地，实际上，从逻辑上说，它可能是现有大众传媒在媒介聚合时代更好地利用最新技术唯一行得通的发展模式。

在21世纪早期，早已厌倦了广播中的各种商业广告和在音乐CD上花费过多金钱的消费者正转向互联网，将其作为主要的音乐来源。这也迫使广播业和唱片业改革他们的商业行为。在新千年来临之前，一场技术和流行的运动将广播业和唱片业几乎推向灭绝的边缘，而这场运动在先前完全被这些大企业所忽视了。

商业卫星广播

商业卫星广播兴起于2000年，主要是为了满足日益增长的，尤其是青年音乐消费者的需要。他们主要是对传统音乐电台非常不满，如陈旧的音乐播放清单，以及节目内容被一些超大牌的艺术家所占据。还有就是商业卫星广播试图在评论节目上也能够获得成功等。商业卫星广播希望能利用美国听众渴望获得更加丰富的广播节目内容的需求，向听众提供数以百计的各种没有广告的音乐和谈话节目，包括一些为特定音乐类型所设置的频道。作为卫星广播市场上两家主要的基于注册用户的公司，XM卫星广播和天狼星卫星广播在2001年和2002年分别成立。这两家竞争对手后来在2007年合并成立为天狼星XM卫星广播公司。通过特定的卫星广播接收器，听众可以在几乎世界上任何一个地方收听到没有广告干扰、声音还非常清晰的娱乐节目，而为此每个月所需要的花费则从2.99美元到12.99美元不等。但是，虽然卫星广播的概念对于消费者来说非常吸引人，但是互联网广播数量的增长和多媒体智能手机的迅速普及与技术进步却限制了卫星广播注册用户

数量的增加。所以，随着有迹象表明在 2009 年年初天狼星 XM 卫星广播公司正在走向破产，商业卫星广播产业也正在持续艰难地维持其生存。

点对点文件分享技术彻底改变音乐

1999 年，19 岁的大学辍学生肖恩·范宁依靠暑期在他叔叔的互联网公司工作的机会，学会了电脑编程。他把自己关在马萨诸塞州赫尔市的一件办公室里数周，编写出了一个软件的源代码。而这个软件后来引发了整个音乐世界的一次大变
157 革。范宁所创作出来的软件 Napster，利用了互联网点对点（P2P）的网络连接能力。这种技术可以使每一个软件的使用者在自己的个人电脑资源上分配出一小部分用于网络文件的共享（详见第 7 章）。Napster 软件就其本身而言并不是一件那么具有开创性的事情，因为数据和文件的分享本来就是互联网最基础和根本的特点。但是，Napster 软件的出现，再加上 MP3 数字声音和刻录光盘（CDR）技术的进步，这些因素综合在一起，在消费者尤其是高中和大学年龄阶段的音乐消费者如何获取音乐这件事情上引发了一场革命。

尽管已经做了很大程度的努力，但是唱片业仍然没有成功说服国会禁止或者是严格限制 MP3 和刻录光盘技术。随着宽带连接在 20 世纪 90 年代中期的迅速推广和广泛应用，Napster 能够将其最受欢迎的互联网服务提供给用户，从而实现其用户成员之间快速和简单的音乐传输。尽管音乐分享已经开展了差不多有 10 年的时间，但是 Napster 却代表了第一个成功实现将原版音乐和预先录制音乐广泛并免费传播的大型点对点软件平台。在发布数月之后，范宁的 Napster 免费软件就拥有了大概 5 000 万用户。[17]

> 尽管音乐分享已经开展了差不多有十年的时间，但是 Napster 却代表了第一个成功实现原版音乐和预先录制音乐广泛并免费传播的大型点对点软件平台。

到了 20 世纪 90 年代后期，将这波新的数字音乐传播浪潮视为对自身全面进攻的唱片业、向制作和销售数字录音系统、MP3、刻录光盘和刻录 DVD 碟机的企业，还有美国唱片业协会（RIAA）发出了其在政治和法律上的警报。唱片业还瞄准了那些为消费者提供软件的企业和使用户可以绕过版权保护从而免费获得音乐内容的互联网平台。当然了，他们的目标还包括以 Napster 为代表的 P2P 文件分享网站。美国国会在 1998 年颁布了《数字千年版权法》来帮助美国唱片业协会打赢这场战争。《数字千年版权法》更改了美国的版权法，将生产和销售以避开保护作品版权措施为目的的技术、设备和服务定为违法犯罪。

2001 年，美国唱片业协会在联邦法院赢得了针对 Napster 的一项禁令，迫使 Napster 公司关闭其点对点文件分享网站。几个月之后，Napster 与其达成和解，同意向音乐版权拥有者支付 2 600 万美元的费用，并且还额外追加预付了 1 000 万美元用于支付未来版权许可的费用。但是，这些费用仅是 Napster 公司市值的一小部分，因为它在建立和发展一个全新的基于互联网的音乐市场过程中起着关键的作用。在达成和解之后不到一年，Napster 的资产被德国传媒巨头贝塔斯曼以 8 500 万美元的价格购买。2008 年 Napster 再次被出售，而这次的买家是消费电子产品零售连锁公司百思买，据媒体报道价格是 1.21 亿美元。Napster 原先最早是反抗唱片业的，最终还是帮助音乐销售向网络的大规模转移铺平了道路。这次转移加速了音乐零售公司的灭亡，如曾经盛极一时的全国连锁唱片销售公司淘儿音乐城等，同时也帮助建立了一种基于网络的音乐消费文化，这一文化迫使整个音乐产业自身进行了部分的变革。而在这场新的文化转向过程中，没有其他公司比苹果公司通过其网络在线音乐商店 iTunes 获利更多了。

苹果公司的 iTunes 网络在线商店于 2003 年 4 月 28 日开始运营。仅仅过了几年时间，它就成长为世界上最大的单个音乐销售公司，占据了世界所有音乐零售总额的差不多 70%，有超过 90 亿首歌曲被用户购买和下载，这也帮助了苹果公司旗下的音乐随身听设备 iPod 销量的迅速飞涨。就像唱片业和广播业之前经历的那样，苹果公司

iTunes 商店的统治级地位也遭到了来自消费者和音乐家越来越多的抱怨和投诉。他们都声称苹果公司对同意将其音乐作品在 iTunes 商店进行销售的艺术家们设置了太多的市场控制，这就意味着苹果公司对流行音乐施加了太多的影响。苹果公司的市场霸主地位，尤其引起了独立音乐家的关
158 注和担心，他们感觉自己被排挤在市场之外。和 YouTube 不一样，苹果的 iTunes 并不是一个完全开放的媒介平台。YouTube 允许任何人都可以上传几乎任何他们喜欢的内容，只要上传内容不违反 YouTube 最基本的用户管理规定。而 iTunes 则是一个内容受到控制的商业公司，艺术家们必须申请，才能够让他们的作品在 iTunes 上出现，这个过程可以说是花费非常昂贵和困难的。

为了寻找到苹果公司 iTunes 的替代方式，越来越多的音乐家和小的独立音乐唱片公司正在利用互联网的力量，将音乐视频上传到 YouTube 上，建立自己的网站，并且运用流行音乐博客和社交媒体网站等方式，发挥病毒营销的力量，从而将音乐传递给数以百万计的观众，最后取得前所未有的唱片销量和巡回演唱会的成功。我们在本章最开始的部分，通过马特和金的例子，已经了解了有关这样的努力和他们的成功。在他们的推广伙伴费德的帮助下，这个二人组合也和 iTunes 达成了协议，将他们的音乐收入其中，并且价格比一般唱片便宜。马特和金代表了新的一批很有前途的艺术家，他们利用媒介聚合技术为自己打造了一条新的通往成功的道路。这条道路避免了乐队和唱片公司的那种传统的以唱片业为主导的关系。正如他们在本章最开始的视频片段中所介绍到的，马特和金的事业是建立在他们乐队具有说服力的现场表演的基础之上的。他们采用多种方式来宣传自己，例如通过社交媒体（MySpace）、植入式广告（他们的单曲《黎明》被用在百加得 Generations 系列酒的广告中），以及利用自己的网站和 YouTube，将他们的音乐和视频免费发行等。尽管马特和金鼓励消费者为他们通过互联网下载的音乐付费，但是这对组合认为，与极力通过传统的销售唱片的方法获利相比，将人们吸引到他们的表演中，对于他们的成功来说要重要得多。

结论：音乐和电台广播的融合及持续

沿着音乐产业和电台广播产业相互联系的发展历史过程，尤其是快要进入和进入数字时代的那段关键的历史时期，读者读完这一章之后很可能会问这样一个问题："这两种产业已经死了吗，还是正在死亡的过程中？"换句话说，尽管音乐产业和电台广播产业曾经在给我们带来音乐、新闻和娱乐的过程中起到了重要的作用，但是技术的变化和受众消费行为的转变会最终杀死这两项传奇的产业吗？会使得音乐和电台广播最终与我们的文化和社会的贡献无关吗？答案是明确的：不会。音乐和电台广播并没有死亡，它们实际上在蓬勃发展，不过是以新的、不同的方式。

> 音乐和广播并没有死亡，它们实际上在蓬勃发展，不过是以新的、不同的方式。

虽然电台广播业和唱片业，尤其是后者没有能够很快地适应数字时代的发展变化，实际上，它们曾试图（但没有成功）阻止音乐内容向互联网和消费者文件分享的转移，但是所有的技术和市场的变化在实际过程中增加了音乐的销量。数字音乐和基于网络的市场营销及发行模式的出现为音乐产业带来了新鲜的空气和活力。流行音乐的市场比以往任何时候都要庞大，听众和音乐家的多元化程度比先前要广阔。在互联网的支持下，现在越来越多的数字广播电台开始以更低的运营成本，向区域的、全国的以及国际的听众提供更加丰富多彩的节目内容，这比传统广播几十年前所梦想的状况还要好。在 21 世纪，互联网除了让人们越来越容易地接收到更加丰富多样的娱乐和音乐节目之外，还使得基于广播的新闻报道的地位和影响得到了提升。电台广播和流行音乐——它们的内容，还有那些成功地适应了新技术和市场状况的公司和组织——是非常有活力并且正在蓬勃发展的。

159 思考题

1. 路易斯·格拉斯给早期的唱片机增加了投币装置，并且将其放置在美国的沙龙里，这些做法对于早期的唱片机来说是一个非常有突破性的应用。后来爱迪生也注意到了这一做法，促使他将唱片机改造成一个娱乐产品。在数字时代中有哪些重要的媒体技术也经历了这样的过程，从最开始被消费者所拒绝，到后来适应了另一种用法，再到最后受到人们的欢迎？这种拒绝到改进再到运用的模式在所有的技术里是否典型？解释你的理由。

2. 1927 年新成立的联邦无线电委员会（现在的联邦通信委员会的前身）制定了《无线电法》。回顾整个电台广播的发展历程，《无线电法》带来的积极影响和消极影响都有哪些？现在正在不断发展的媒介技术是否也面临着同样相似的情况？

3. 本章详细讲述到，电台广播和唱片业曾经试图以独立推广人的方式来绕过有关严禁商业贿赂的法律规定，但是最后它们的行为还是被曝光并且被处以重罚。回顾整个电台广播在美国的发展历程，什么样的因素驱使广播和唱片业不仅向行业道德标准做出了妥协，而且还以商业贿赂和独立推广等方式违反法律？是否能找到理由为它们的这些做法进行辩护？

4. 美国音乐和广播业的发展历史显示了音乐形式的变化和媒介技术的发展两者之间的协同作用。其中任何一方的发展要么是因另一方发展的刺激所引起的，要么就是另一方发展的催化剂。技术，尤其是媒介融合技术，建立起了过去和现在之间的桥梁。这些技术是如何影响处于数字时代的人们所创造和消费的音乐的？

5. 作为音乐艺术家，马特和金的那种依靠媒介融合技术推动所获得的成功有哪些有益的地方？又存在着哪些缺点？如果有更多的乐队采用他们这种办法的话，会对音乐产业带来怎样的影响作用？

【注释】

[1] Scaruffi, P. (2007). *A history of popular music before rock music*. Omniware.

[2] Burns, K. (1991) *Empire of the air*. PBS. http://earlyradiohistory.us/sec020.htm.

[3] Blanchard, M. A. History of the mass media in the United States, http://www.history-of-rock.com/payola.htm.

[4] DiMartino, D. Hitsville USA. P. Trynka, ed. (2004). *The Beatles: 10 Years That Shook the World*. London: Dorling Kindersley.

[5] http://www.rollingstone.com/artists/philspector/biography.

[6] http://news.bbc.co.uk/2/hi/uk_news/magazine/4065193.stm.

[7] Tiber, E. (1994). How Woodstock happened. *The Times Herald-Record* (Middletown, N.Y.).

[8] http://vids.myspace.com/index.cfm?fuseaction=vids.individual&VideoID=32304837.

[9] http://student.valpo.edu/kpage/comm/history.html.

[10] Lee, M. (2009, June 26). *Michael Jackson's Thriller*: Interview with John Landis. *The Telegraph*.

[11] Morton, J. (2004). *Sound recording: The life story of a technology*. Johns Hopkins University Press.

[12] Kot, G. (2009). *Ripped: How the wired generation revolutionized music*. Scribner. p. 19.

[13] Kot, G. (2009). *Ripped: How the wired generation revolutionized music*. Scribner. p. 9.

[14] Kot, G. (2009). *Ripped: How the wired generation revolutionized music*. Scribner. p. 12.

[15] Kot, G. (2009). *Ripped: How the wired generation revolutionized music*. Scribner. p. 22.

[16] Kot, G. (2009). *Ripped: How the wired generation revolutionized music*. Scribner. pp. 21 - 23.

[17] Kot, G. (2009). *Ripped: How the wired generation revolutionized music*. Scribner. p. 25.

学习目标

1. 解释约瑟夫·坎贝尔的“英雄之旅”理论，包括它怎样阐释许多电影和电视的叙事结构。

2. 能够说出两个电影早期的重要革新人物，并且明确了解他们对电影产业做出了哪些永恒的贡献。

3. 讨论好莱坞的片场制度和片场制度在把好莱坞引向黄金时期的过程中所起的作用。

4. 识别好莱坞的五大电影公司。讨论哪些事件削弱了五大电影公司在好莱坞的影响力。

5. 认识国外电影产业的概况。了解国外电影产业中大量存在的独特文化艺术风格怎样影响了美国电影的风格和叙事。

6. 理解1968年电影分级制度的起源。描述分级制度怎样帮助激发了独立电影运动。

7. 解释特效技术如何改变了电影产业。识别数字时代的哪些潮流正在显著地改变着电影产业、电影制作、电影分布和电影文化。

8. 将电视中的故事叙述同电影中的故事叙述进行比较和对比，并且解释这两种风格怎样相互影响。

9. 讨论四大电视网如何一步步控制电视播放，以及它们的主导地位怎样在过去和现在影响电视节目的策划。

10. 熟悉最常见的电视类型。理解怎样用尼尔森收视率来衡量每种类型的电视连续剧和试播集的成败。

11. 理解有线电视和卫星电视怎样促进了电视节目策划的创新。

12. 清晰地阐述观众在决定电视节目的经济成败中所发挥的作用。

13. 讨论在不断进步的媒体技术面前，学者和评论家对电视的未来有哪些相冲突的愿景。

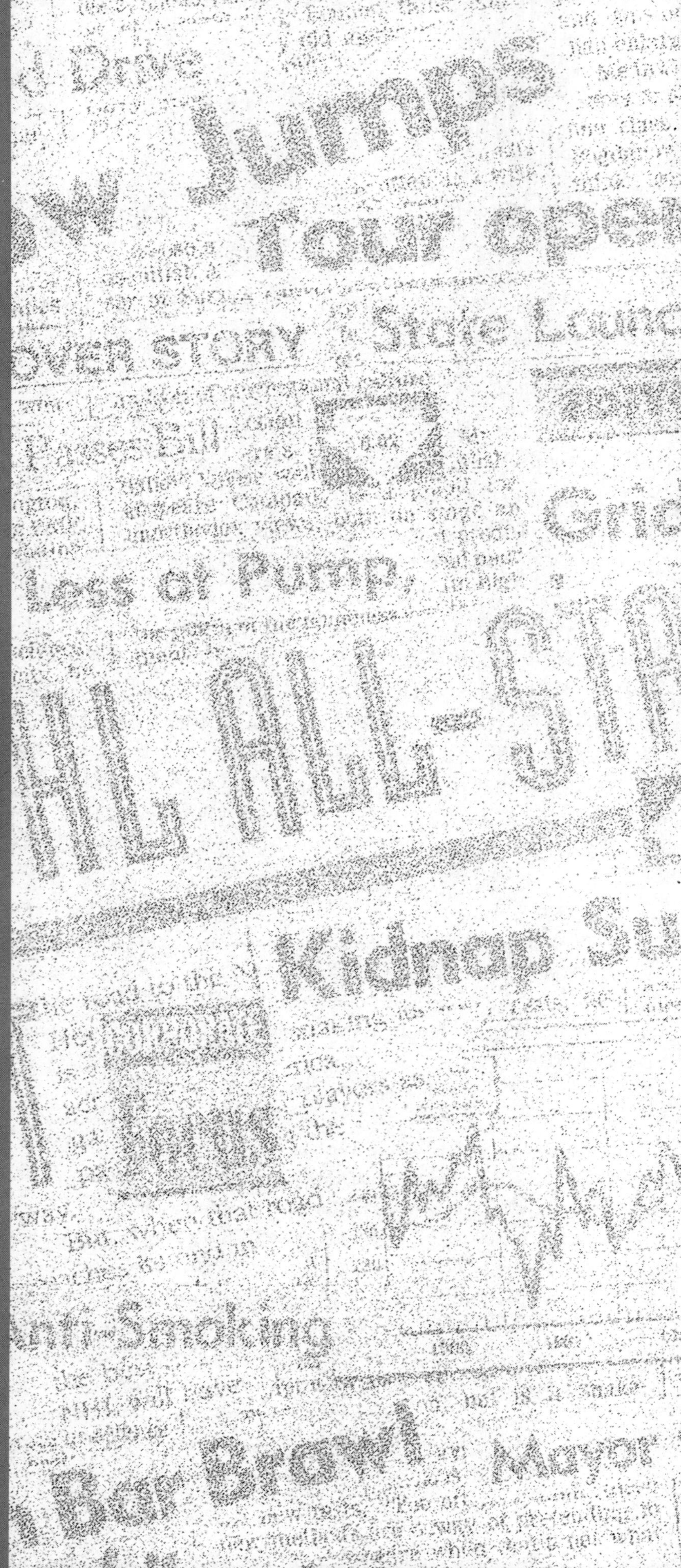

第6章

电影和电视

163 按照美国神话学家约瑟夫·坎贝尔（Joseph Campbell，著有《千面英雄》一书）的理论，我们存在于神话英雄的世界里——从某种意义上说，神话英雄是我们的人生指导：

> 此外，我们甚至不需要去独自冒险，自古以来的英雄们已经走在了我们前面，对迷宫的奥秘已经了如指掌，我们只需要沿着标明了英雄足迹的路线走即可。在认为发现怪物的地方，我们会发现一位天神；在认为杀死别人的地方，我们会杀死自己；在认为旅行到外界去的地方，我们会来到自我存在的中心；在认为独处的地方，我们会和整个世界联在一起。[1]

换句话说，我们生活中的故事强调“英雄”。英雄会被召唤去冒险，会在艰难的旅途中受到挑战。生活中的事件促使英雄为了更高的追求而离开安逸的日常生活。这些事件激发英雄去踏上赌注很大的旅途。旅途中的敌人可能不是那么容易就能被认出来。一个充满智慧的角色——向导或者导师——会一路上支持这位英雄，并且透露他对英雄世界、英雄自我以及英雄能力的洞察。英雄最终会遇到异常痛苦的终极考验：这时，我们期待英雄的成功或者失败，生存或者死亡；我们期待一段关系的终止，或者另一段关系的强化。

美国电影和电视的编剧们长期以来都在运用“英雄之旅”的故事，坎贝尔称之为元神话。在经典的电影或电视叙事中，故事情节总是落脚到主人公踏上了某条通往成功的道路。然而，这条道路并不意味着主人公已经脱离险境，但只要揭示主人公已经拥有了所需的技能和认知，能够击败敌人、夺得实际或象征的奖赏，这也就足够了。这些情节要素往往集探险和悬念于一身，然后在坎贝尔所称的“转世重生”中达到高潮——在那一刻，旅途和终极考验永久地改变了主人公。

元神话的叙事围绕一条故事主线进行。这条故事主线通过各种挑战的形式来呈现，而这些挑战就是故事的主要角色们所要面对的。一连串的次要情节将主要情节变得更加复杂。次要角色也进入到场景中，有些是帮助主人公的，有些是和主人公作对的。这些讲故事的基本元素几乎存在于所有的电影和电视叙事中，同时，根据坎贝尔的说法，还普遍存在于所有文化的神话故事结构中。[2]从最纯粹的意义上来讲，电影和电视在许多方面就是讲故事的产业。本章将探究此概念。首先从检视电影中的讲故事开始。

在电影《X战警前传：金刚狼》(2009)中，金刚狼洛根放弃他的正常生活去为死去的女朋友报仇。与约瑟夫·坎贝尔的“英雄之旅”理论相一致，洛根在旅途中的发现永久地改变了他。

164 

电影叙事

坎贝尔不只是一位很受欢迎的演讲者，还是许多好莱坞著名电影的剧本顾问，包括乔治·卢卡斯的《星球大战》系列。坎贝尔有关叙述故事的理论还影响了很多当代电影，其中有《哈利·波特》系列影片以及詹姆斯·卡梅隆执导的2009年大片《阿凡达》。有些故事情节融解到了电影之中，另一些则任由观众自己解读；还有一些暗示了再拍一部续集的可能性。不论这些结构上的变化如何，叙述故事都对电影的效果和力量做出了很大的贡献。观众总是会被那些提供熟悉叙事的电影所吸引，虽然一些新奇的峰回路转和变化也起了作用。

类型使得我们能够系统化电影样式，帮助我们判定一部电影的基本叙事。在给定的类型范围里把电影进行分类，不但让观众能够辨别电影的故事结构，而且可以帮助制片人和发行人更加容易地推广他们的产品。像奥斯卡奖和金球奖这样的主要奖项也在年复一年地强化这套完善的电影类型体系。如果哪个制片人试图偏离这些公认类型太远的话，他就要在经济上冒很大的风险。这并不意味着跨类型电影——涵盖类型超过一个的电影——不能做好。就像动作喜剧片《热带惊雷》

(2008) 或者犯罪惊悚片《口是心非》(2009)，还有《BJ 单身日记》(2001)、《朱诺》(2007) 和《寻找伴郎》(2009) 这类的爱情喜剧片，它们都有很好的票房表现。不过，这样的电影想要取得成功，无论它们怎样聪明地跨越多种类型，都得要观众能辨认这些电影的叙事风格才行。表 6—1 列举了常见的电影类型，并且给每种类型都提供了一个例子。

跨介质电影 (hybrid film) 也变得越来越流行。这些电影在运用已确立的讲故事手法的同时，还倾向于混杂一些根植于其他媒介中的体裁成分。在主要的电影公司中，迪士尼第一个制作了一系列非常成功的跨介质电影。这些电影结合了音乐和动画，比如《狮子王》(1994)，还有与动画制作室皮克斯合作的电影《海底总动员》(2003) 和《飞屋环游记》(2009)。从很多方面来看，詹姆斯·卡梅隆的大片《阿凡达》(2009) 为跨介质电影开辟了新的领域。它对真实演员使用电脑成像技术，将电影角色和环境结合成了一个整体。这个新发明的风格注定会被未来的电影制作人员模仿。

一部电影的环境或者场面调度(mise-en-scène) 在很大程度上影响着观众对电影的观感。电影的场面调度包含摄像机前的所有内容：从实际的道具

表 6—1　电影类型 *165*

喜剧片：《宿醉》(2009)
剧情片：《拆弹部队》(2009)
动作/冒险/惊悚片：《第 9 区》(2009)
神秘/悬疑片：《谍影重重 2》(2004)
爱情片：《欲望都市》(2008)
西部片：《老无所依》(2007)
犯罪/警匪片：《跨国银行》(2009)
恐怖片：《午夜凶铃》(2002)
奇幻/科幻片：《阿凡达》(2009)
歌舞片：《妈妈咪呀!》(2008)
外国电影：《窃听风暴》(2006，德国)

(比如，没有叶子的树、装着半杯水的玻璃杯、一栋废弃的房子)，到演出服装，再到某个场景中演员应该站在哪里或者在哪里做动作。对于大多数电影而言，场面调度反应叙事的中心主题。举例来说，电影《末日危途》(2009) 改编自考麦克·麦卡锡的一部描写世界末日之后景象的小说。如果《末日危途》的环境没有那么荒凉、那么充满不祥之兆，或者电影角色没有被放成景观中的次要元素的话，这部电影就不会对观众产生原来那样的冲击。为了更好地理解怎样把单一的影像变成充满力量的场景，请看视频“场面调度”(mise-en-scène)。

《场面调度》截图。

通过视频了解场面调度在电影故事讲述中的重要意义。

电影早期革新者

同第2章已经简要说明过的一样，电影并不是由特定的哪一个人发明的。即便如此，美国的托马斯·爱迪生和法国的卢米埃尔兄弟还是被认为引领建立了电影的基础。卢米埃尔兄弟把电影视做艺术的延伸；而爱迪生则集中于制作、发行能够娱乐大众的电影——这会让他赚到很多钱。

乔治·梅里爱的特效

在法国，法国电影制作人乔治·梅里爱（Georges Méliès，1861—1938）曾经是一位舞台魔术师。受到卢米埃尔兄弟技术的激发，梅里爱在屋顶上建了一个工作室。在那里，梅里爱开始了他在电影特效和科幻片领域的开拓性工作。梅里爱的电影几乎没有什么严肃的情节，但却有丰富的特效，比如《一个人的乐队》（*The One Man Band*）里的多重曝光，以及在《十字路口的歌剧》（*Carrefour de l'Opera*）中的延时摄影。梅里爱的著名影片《月球旅行记》（*Le voyage dans la lune*）更是挑战了动画和长片的极限。[3]

梅里爱开创性的工作使他跻身于电影史上重要革新者之列，也为他赢得了电影特效主要发明者的称号。他还是最早一批意识到电影还具有传递奇幻环境、娱乐性人物和视觉景观（不管是真实还是想象）等潜力的制作人之一。请观看《月球旅行记》，并且思考这部短片中的特效怎样启发了现代电影。

《月球旅行记》截图。

观看梅里爱电影《月球旅行记》的特效，这在当时是惊人的成就。

埃德温·波特的剪辑手法

在美国，爱迪生雇用的电影放映员中有一个叫埃德温·波特的。在用电影娱乐观众方面，波特有着第一手的经验。他后来成为爱迪生纽约片场的电影制作 166 主管。他不但操作摄影机，还导演拍摄，并做最终的剪辑。波特最重要的作品《火车大劫案》（*The Great Train Robbery*）通过使用交叉剪接（cross-cutting）为电影制作树立了新的标准。交叉剪接是将不同场景发生的动作放在一起的技术。它强化了波特作为美国 20 世纪初最重要电影制作人之一的地位。[4] 辨认这段《火车大劫案》中的交叉剪接技术，并思考如果电影没有这种特效将会变得怎样不同。

梅里爱和波特的贡献极大地推动了电影这个年轻产业的进步。通过引入强大的故事叙述和令人眼花缭乱的特效，这些先驱者们让身处美国和欧洲的观众们确信电影是一个奇幻的新媒体，它能提供的从未想过的娱乐值得掏钱一看。1905 年，五分钱戏院（nickelodeon）——收五分钱入场费的电影院——在全美大量兴起，对电影内容的需求随即增加。[5] 这在很大程度上也要归功于梅里爱和波特。由于入场费低且电影是无声的，五分钱戏院受到了欧洲移民们的特别青睐。推动情节的对话内容是写在字幕卡片上。这些卡片可以非常容易地更换成任何一门语言，本质上提供了多语种字幕。[6]

《火车大劫案》截图。
波特的交叉剪接技术使得电影能够展示发生在多个地点的动作。

好莱坞片场制度兴起

1908 年，很多拥有重要专利的电影公司联合组成了寡头垄断（即一个市场被少数几个卖方所控制），这些公司把它们的寡头垄断集团称做电影专利公司（Motion Picture Patens Company）。电影专利公司是爱迪生的主意。爱迪生下定决心要确保电影产业只被他自己以及少数几个拥有各种电影、摄像机和放映机专利的公司所控制。加入了电影专利公司的企业既能共享资源，还可以向集团外的电影制造商、发行商和放映商索要许可费。在组成电影专利公司的企业中，很多是在爱迪生的威胁下才加入的。要不然，爱迪生就会起诉它们。

不属于电影专利公司的电影企业被称之为“独立厂商”。这些独立电影厂商使用并非由电影专利公司授权的设备，这样它们就可以绕过寡头垄断的制约。地下电影文化随即兴起。为了应对突然崛起的独立电影厂商，电影专利公司又塑造了一个强大的子公司来迫使它们归顺，这个子公司就是人们熟知的通用电影公司（General Film Company）。通用电影公司不但设法从独立电影制作商那里没收未经授权的设备，而且还停止供应产品给那些播放独立电影的放映商。[7]

独立电影公司很快开始建立它们自己的寡头垄断。1910 年，美国电影放映机及传记公司（American Mutoscope and Biograph Company）指派颇具抱负的导演大卫·格里菲斯（D. W. Griffith,
167 1875—1948）前往洛杉矶，去拍摄一部描述 18 世纪加利福尼亚的情节剧《在古老的加利福尼亚》（*In Old California*）。在离拍摄地点向北几英里的地方，格里菲斯和他的摄制组发现了一个叫做好莱坞的村子。格里菲斯一行受到了好莱坞居民的欢迎。短短几年时间，许多东海岸的独立电影厂商前往西部，在好莱坞建立工作室。以加利福尼亚的好莱坞为基地，八个电影公司把电影产业塑造成了一个巨大的系统。在 20 世纪的大部分时间，这个以片场为基础的系统支配了整个电影产业。

在大萧条（20 世纪 30 年代）之前，五个主要电影制片厂，即五大电影公司（Big Five），还有三个较小的电影公司不断加强它们对美国电影产业的控制。这八家公司的产量合起来占到了美国电影总产量的 95%。这些大型电影公司的收入有 75%是来自它们对遍布全美约 3 000 家电影院的所有权。这种明显的纵向合并——在一个系统中，产权或管理集团控制所有层级和所有方面的生产、发行和供应链——成为美国电影产业的主要商业模式。[8]电影变成了美国的大型产业，同时，由独立厂商创立的大型电影公司也成为电影黄金时代的推动力量。表 6—2 简要概述了这些制片场的成立，以及它们在创造美国电影文化时所采用的方法。

好莱坞黄金时代

默片主导了早期电影。到了黄金时代则出现了有声电影——电影配音混合了外景声音（真实或构建）、对话和背景音乐。但是，很多技术上的挑战却折磨着有声电影的先驱们。虽然仪器能分别录下声音或者动作，但那时还没有哪种技术可以同步画面和声音。电影配音也不能因为来看电影的人多了就调大点，录音的音效也得不到保证。这种新的电影形式还有许多方面需要改善。

新声音技术预示有声电影的成功

为了应对这些挑战，无数欧洲和美国的发明家们创造出新技术来提升电影音效。李·德弗雷斯特（Lee De Forest）发明的胶片录音技术（sound-on-film technology）运用了一套简单而有效的方法把声音印刻成光波，这样声音就可以像视觉影像一样被记录在同一个连续的胶卷条上。这种技术很快就受到了青睐。

由华纳兄弟发行、艾尔·乔森（Al Jolson）主演的《爵士乐歌星》（*The Jazz Singer*，1927）是第一部取得巨大成功的有声电影，虽然它并不是第一部有声电影。[9]《爵士乐歌星》穿插了配乐、音响效果、现场录制的曲子和两段即兴演说。它的成功证明了制作有声电影是有利可图的，而且把电影产业推向了一个新的高度。

大卫·格里菲斯（左）和影星玛丽·毕克馥、查理·卓别林（坐）和道格拉斯·费尔班克斯（右）在 1919 年共同创办了联艺电影公司（United Artists）。

168　**表 6—2**　　**好莱坞黄金时代的片场制度**

好莱坞五大电影公司	较小的电影公司
派拉蒙影业公司 1912 年由阿道夫·楚柯尔（Adolf Zukor，1873—1976）创立。 合并名演员—拉斯基公司，1925 年收购芝加哥的巴拉巴—卡茨连锁剧院。 早期有两大品牌明星：宾·克罗斯比（Bing Crosby）、鲍勃·霍普（Bob Hope）。 现为今日六大电影公司之一的维亚康姆所拥有。 **米高梅公司** 1924 年由马库斯·洛（Marcus Loew，1870—1927）创立。 由米特罗影片公司（Metro Pictures Corporation，1916）、高尔温影片公司（Goldwyn Pictures，1917）和 L. B. 梅耶制片厂合并而成。 路易斯·梅耶（Louis B. Mayer，1884—1957）在米高梅建立了明星体系。 正在和加拿大狮门娱乐进行合并协商。 **福克斯电影公司** 1915 年由独立电影先驱威廉·福克斯（William Fox，1879—1952）创办。 由福克斯的电影发行公司大纽约电影租借公司和他的电影制作公司福克斯办公室魅力公司合并而成。 是最早实行纵向合并的电影公司之一。 福克斯主要看重制作电影的商业价值，着力控制影院和放映技术市场；拍摄电影只是附加的商业企图。 1927 年，马库斯·洛去世后，福克斯几乎就要收购米高梅，	**联艺电影公司** 由大卫·格里菲斯和影星玛丽·毕克馥、查理·卓别林和道格拉斯·费尔班克斯在 1919 年共同创办。当时，这几个人为了反抗片场体制下电影公司对演员薪酬和创意的控制而创办了这家公司。 1941 年，毕克馥、卓别林等人加入奥森威尔斯、迪士尼继续为演员利益呼号。直到 1951 年，毕克馥、卓别林允许阿瑟·克里姆与罗伯特·本杰明尝试复兴联艺，这个公司才真正制作出作品来。 现归米高梅所有，目前正与狮门电影公司商谈并购事宜。 **环球影片公司** 创建于 1912 年，创始人卡尔·莱姆勒是威斯康星州奥什科什的一个服装店经理。此人放弃了服装店，收购了当时最早的几家五分钱戏院。 爱迪生的电影专利公司收取的放映费后来大幅提高，莱姆勒和其他一些独立的五分钱戏院老板决定自己制作电影。 1909 年，莱姆勒创立了扬基电影公司，后来很快发展成为独立电影公司。 采取了与爱迪生相反的做法，加入演员表和鸣谢字幕等，赢得了演员的尊重。 被誉为创造了明星体制，因为莱姆勒率先对电影明星进行宣传推介。 1912 年，与八家小电影公司合并，组成环球影片公司。 与其竞争者不同，环球并没有进行垂直整合，而是继续专注于电影制作和发行（不包括放映）。 现在属通用电气和威旺迪集团所有。

续表

但是路易斯·梅耶使得美国政府确信这项收购会违反反垄断法。 现归今日六大电影公司之一的新闻集团所有。 **华纳兄弟** 由哈利·华纳（1881—1958）、亚伯特·华纳（1883—1967）、山姆·华纳（1887—1927）及杰克·华纳（1892—1978）共同创立。 1903年在宾夕法尼亚州的纽卡索市建立了第一家电影院。 1904年组建华纳兄弟影业公司。 1918年在好莱坞日落大道成立了华纳兄弟片场。 第一部成功影片：《北方开始的地方》（*Where the North begins*）。电影讲述了法国出生的德国牧羊犬 Rin-Tin-Tin 的故事。这部电影将华纳从即将破产的境地拯救出来，也为后来把这只牧羊犬的故事拍成长篇系列电影提供了试金石。 现归今日六大电影公司之一的时代华纳所有。 **雷电华电影公司** 1928年由 RCA 的大卫（David Sarnoff，1891—1971）创立，是为了推广 RCA 创立的胶片录音技术。 兼并美国电影票预售公司（兼营制片）和凯思-阿尔比-奥菲姆商业放映系统后成立公司。 在有声电影方面致力于成为华纳兄弟的竞争者。 公司现在废止；电影产权归属雷电华电影有限公司（独立公司）。	**哥伦比亚电影公司** 1919年由哈里·科恩与杰克·科恩创立，当时的名字是科恩—布兰迪—科恩电影销售公司。 1924年，在科恩兄弟主张下，布兰迪出让全部股权，公司更名为哥伦比亚电影公司。 与环球影片公司一样，哥伦比亚也是平行收购，并没有涉猎放映链条。 主要以制作低成本电影出名。 在导演弗兰克·卡普拉的不断鼓励下，1927—1939年投资拍摄了成本高一些的电影，包括奥斯卡获奖影片《一夜风流》，以及大受欢迎的《一日贵妇》、《史密斯先生到华盛顿》等。 《史密斯先生到华盛顿》的成功巩固了詹姆斯·斯图亚特作为一个正在升起的明星的地位，也奠定了哥伦比亚作为主要电影公司的地位。 在大电影公司中，最后一个使用彩色电影技术。 现归索尼电影公司所有。

169 明星系统使片场利润最大化

片场制度的成功在很大程度上依赖于明星系统——推广知名影星的形象而不是演技。制片厂和影星签订为期七年的合约，旨在最大化片场的利润，并且防止影星在别的地方工作。制片厂微观管理影星的职业和个人生活的各个方面，包括把影星租借给其他制片厂，迫使他们表演特定的角色，而且会单纯为了造星和增加票房而开发剧本。

今天，这个明星系统仍有残余。影迷还是会成群结队地奔向影院，去看他们所喜欢的明星主演的电影，就像布拉德·皮特（Brad Pitt）、凯特·布兰切特（Cate Blanchett）、珍妮佛·安妮斯顿（Jennifer Aniston）、马特·戴蒙（Matthew Damon）、莱昂纳多·迪卡普里奥（Leonardo DiCaprio）、哈莉·贝瑞（Halle Berry）等人。但和好莱坞黄金时代的影星不同，如今的名流们都是自己雇用经理人、经纪人和公关公司，制片厂和制作公司的控制力已经大大减弱了。实际上，领衔的影星们常常都是他们所属电影公司的老板之一。但在好莱坞的黄金时代，演员们只能被制片厂的补偿协议牢牢控制。

五大电影公司开始失去权力

在第二次世界大战爆发之前，五大电影公司控制着整个电影产业。它们加起来对美国的经济和文化形成了辛迪加式的垄断。从20世纪30年代末期到美国加入第二次世界大战，联邦政府在罗斯福总统的要求下，开始瞄准五大电影公司，以及整个电影产业中违反公平贸易法案的情况。

1938 年，美国司法部起诉电影产业违反《休曼法案》（美国反垄断法律体系的一部分），并对五大电影公司发起指控。这些电影公司宣称纵向合并和包档发行是必需的，只有这样，经营制作和放映电影的公司才在经济上是可行的。包档系统（block-booking system）通常将五部电影打包——一部高质量的 A 级电影和四部质量较低的 A-和 B-级电影——预期影院经营方会租赁并放映整个一套电影而不是选择其中一部。政府利用第二次世界大战中的经济数据清楚地表明电影产业在此期间收获了很多意外之财。面对可能的政府强制监管，这些电影公司尝试制定一个监督协议。这个协议基于以下条款：

（1）五大电影公司将同意停止限制影院在预定长片的同时预订独立制作的短片。

（2）它们将不再强迫影院预订五部以上的电影套装。

（3）它们将不再强迫电影套装的盲定。五大电影公司将允许影院所有者或者他们的代表在购买或租赁影片前观看电影。这一惯例今天依旧存在，它被称做业内试映（trade showing）。

（4）它们将同意成立一个监管机构，以确保这些改变能够被执行。[10]

联邦法庭的审理于 1946 年 1 月结束。法庭判定五大电影公司图谋限制贸易、违反《休曼法案》的罪名成立。但是，直到最高法院审理之前，此判决并没有强制要求五大电影公司分割它们的财 170
产。1948 年 5 月 4 日，美国联邦最高法院维持反垄断判决，并将案件发回，让较低的法庭来考虑对纵向合并进行强制的、完全的资产剥离。五大电影公司和政府的反垄断斗争加速终结了它们对电影产业的控制。[11]

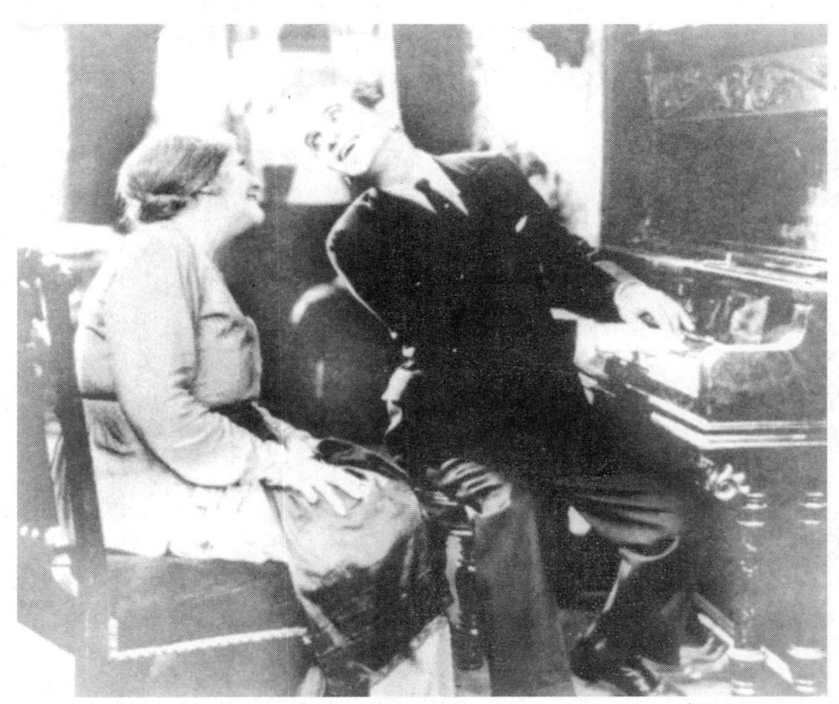

华纳兄弟的场景：《爵士乐歌星》(1927)，电影产业第一部取得巨大成功的“有声电影”。

融资发行模式兴起

由于监管和电影观众等方面的变化，大型电影公司的阵地丧失，让给了许多独立制作团队。从 20 世纪 50 年代到 70 年代，好莱坞将逐渐和最早的那五大电影公司告别。雷电华破产，米高梅和联艺合并，迪士尼电影公司崛起。

随着片场制度的消亡和纵向合并体系的分拆，

一种新型的电影产业模式浮出水面：融资发行模式（financing-distribution model）。不同于片场制度，这种新模式依赖外部融资来拍摄影片。发行公司寻找影院来传播影片，并且常常协助最初的项目融资。除此之外，较小的电影制作公司会请经纪人（talent agents）帮忙寻找、确定演员，而不是培育属于公司自己的明星。

虽然电影公司再不能通过控制从制作到放映的整个链条来最大化自己的利润，但它们也不会遭受财务风险。在片场制度下，财务风险是电影产业常见的灾祸。这种融资发行模式减轻了电影制作公司的财务压力，使得主流电影有了更加丰富的内容。大型电影公司开始倚仗独立电影制作人来拍摄电影。这样一来，不论什么人，只要他能够获得融资并且拍出好电影，就会有大型电影公司挑中并发行他的电影。

大型电影公司开始倚仗独立电影制作人来拍摄需要发行的电影。这样一来，不论什么人，只要他能够获得融资并且拍出好电影，就能让一家大型电影公司挑中并发行他的电影。

后片场制度的发行和放映实践

在后片场制度下，相互独立的电影发行商和放映商就放映许可（exhibition license）的条款进行协商。他们明确商定哪里的影院在什么时候放映这部电影，以及双方的财务协议。为了竭力争取利润，电影发行商（film distributors）把宣传材料和影片剪辑作为预览提供给影院负责预定的经纪人。发行商专注于让尽可能多的电影在尽可能多的影院的尽可能多的银幕上放映。一般而言，发行商会把电影的发行时间放在一年中人们看电影的高峰期：夏季和主要节假日。

虽然发行商把电影发行的时间放在高峰期可以赚得最多，但是放映商需要稳定的电影供应以确保一年到头都有观众和利润。发行商认识到相互妥协是必需的，因此，它们一般会设计发行战略来帮助影院保持稳定的门票收入。与此同时，负责影片预定的经纪人也不断地评估影片，然后确定哪些电影在一年中的任何时候都能在所在地区卖得最好。放映许可条款的协商比较复杂，包含 171
很多方面。比如，发行商的投资，放映商的营运成本，放映商放映电影的时间期限，以及放映商要付给发行商多大比例的电影门票收入。电影发行商一般能从放映商那里拿到大约 90%的票房收入。虽然剩下的 10%的票房收入看起来不会给放映商带来很大利润，但实际上放映商的大部分利润本身并不是来自票房收入，而是来自影院特许经营店的销售。

电影发行商一般能从放映商那里拿到大约 90%的票房收入。虽然剩下的 10%的票房收入看起来不会给放映商带来很大利润，但实际上放映商的大部分利润本身并不是来自票房收入，而是来自影院特许经营店的销售。

黄金时代之后的电影产业

分拆五大电影公司的法庭判决可能预示了美国电影黄金时代的终结，但它并没有导致电影产业的消亡。从 20 世纪 50 年代到 70 年代，即便电视受到越来越多的欢迎，即便政府试图实施电影审查，电影产业通过改变自身的商业模式还是变得更加强大。电影公司开始集中力量拍摄大片（blockbuster）——场面壮观、预算高昂的制作，比如，《乱世佳人》（1939）、《80 天环游世界》（1956）和《宾虚》（1959）。

这些大片制作不单单展示了稳赚的票房（到今天还是如此），而且还吸引了巨大的观众群，而这是电视网所不能比的。新的机械和光学特效，包括宽银幕镜头、全景电影在内的宽屏技术，电影工作室的 3D 试验，进一步增加了电影的魅力。另外，在后片场制度时代，美国的电影院可以自由放映外国电影，这也持续促进了电影产业的兴旺和生存。

外国电影风格的影响

想要认识国外影片对美国电影制作的冲击，我们必须追溯到电影制作艺术和产业的发源地——欧洲。理解美国之外的电影发展对于理解今天的电影风格至关重要。当然，国际影片的贡献远远超过了这一章内容所能涵盖的范围。

欧洲电影

诺迪斯克影片公司（Nordisk Film）是目前还在运营的电影制片厂中最古老的一个。1906 年，丹麦电影先驱奥勒·奥尔森（Ole Olsen，1863—1943）在哥本哈根的郊区建立了诺迪斯克。1908 年，他在纽约开了一家分公司，叫做大北方电影
172 公司（Great Northern Film Company）。1910 年标志着它对剧情片制作（为了在艺术界发行）开始大胆探索。和当时丹麦拍摄的大多数电影一样，诺迪斯克的影片包含色情情节。如果要让国外观众接受，这些情节得变得更柔和才行。诺迪斯克一直运营到今天，现在是欧洲主要媒体集团爱格蒙特公司旗下的一员（Egmont Media Group）。

在好莱坞黄金时代终结之后，影片《乱世佳人》是最早的大片之一，它反映了电影商业模式的变化在经济上取得的成功。

德国表现主义（German expressionist）电影关注人类体验的黑暗一面，总是围绕疯狂、精神错乱和背叛等主题。为了在电影中传达非理性恐惧，导演们会依靠强烈的灯光效果，以及极端的背景和服装设计。20 世纪 20 年代的大部分时间，表现主义都在德国电影中处于支配地位。像弗里茨·朗《大都会》（*Metropolis*，1927）这样的电影不但影响了后期德国和世界的电影运动，还最

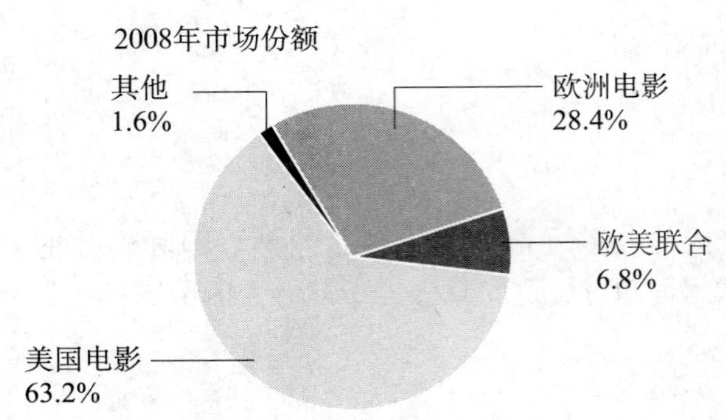

2008 年国际电影产业票房。

终传递到了之后的科幻片，比如由雷德利·斯科特（Ridley Scott）执导的影片《银翼杀手》。德国表现主义电影对 20 世纪四五十年代的一种独特黑白片风格产生了巨大影响。这种风格就是黑色电影，它先在法国流行，后来又风靡全美。

流行于 20 世纪四五十年代的法国黑色电影（film noir）和其他的欧洲电影的风格非常不同，总体具有愤世嫉俗和险恶的暗示。为了捕捉这种情绪，法国的导演们应用了黑白视效、晦暗灯光和城市背景来模仿激发了这种电影类型的美国罪案和神秘小说，情节主要以圈套、腐败、背叛和复仇为主。优秀的美国导演约翰·休斯顿（《马耳他之鹰》，1941）和阿尔弗雷德·希区柯克（《火车怪客》，1951）等也采用过这类风格。希区柯克出生于英格兰，但他的主要导演生涯是在美国度过的。受美国黑色电影风格启发的影片有：罗曼·波兰斯基的《唐人街》（1974）、雷德利·斯科特的《银翼杀手》、柯蒂斯·汉森的《洛城机密》（1997）、沙恩·布莱克的《小贼、美女和妙探》（2005）、保罗·麦奎根的《幸运数字斯莱文》（2006）。看看你能否辨认出电影《马耳他之鹰》中的现实主义元素。

下一代的法国导演把黑色电影推向了新高度。独立导演们开始尝试新的风格。这些集中表现复杂人物关系、性激情和宗教信仰混乱的电影风格被归类为法国新浪潮（French New Wave）。新浪潮导演们控制了 20 世纪六七十年代的银幕，最知名的有弗朗索瓦· 特吕弗（《野孩子》，1970；《夜以继日》，1973）、让-吕克·戈达尔（《精疲力竭》，1960）、埃里克·侯麦（《午后之爱》，1972）。

意大利新现实主义（Italian neorealism）使用非专业演员来表演与穷人以及工人阶级有关的故事情节。维多里奥·狄西嘉（Vittorio De Sica）的《偷自行车的人》（*The Bicycle Thief*，1952）和费德里柯·费里尼（Federico Fellini）的《甜蜜生活》（*La Dolce Vita*，1960）是这种风格的著名代表。这两部电影还启发了朱赛贝· 托纳多雷（Giuseppe Tornatore）的作品《天堂电影院》（*Cinema Paradiso*，1988）。这三部作品在美国和国际影坛都获得了成功。

《马耳他之鹰》截图。

约翰·休斯顿的《马耳他之鹰》（1941）采用了黑色电影风格。

在此期间（20 世纪 60 年代中期），意大利还产生了另一种电影亚类型——意大利式西部片。意大利式西部片（Spaghetti Westerns）是为了视觉上模仿美国西南部而在意大利南部拍摄的低成本电影。除了主演之外，其他演员和摄制组成员
173 主要都是意大利人。最知名的意大利西部片是赛尔乔·莱翁内（Sergio Leone）执导、克林特·伊斯特伍德主演的三部曲：《荒野大镖客》（*A Fistful of Dollars*，1964）、《黄昏双镖客》（*For a Few Dollars More*，1965）和《黄金三镖客》（*The Good*，*the Bad and the Ugly*，1966）。这三部电影帮助奠定了伊斯特伍德国际影星的地位。稀少但写实的摄影技术，加上坚毅但有限的对话，使得意大利式西部片对当代电影制作产生了重要影响。不过意大利式西部片风格本身是受日本电影的启发。

亚洲电影

亚洲电影的历史可以回溯到 19 世纪 90 年代。当时日本和印度的电影导演拍摄出了所在地区最早的电影短片。到 1912 年，日本已经发行了它的第一部电影长片。同时，亚洲其他国家也在发展各自的风格、类型和韵味。

日本电影业是世界上最悠久、最成功的电影产业之一。它有几个独特的电影类型，其中最为西方观众所熟知的有怪兽电影（kaiju，比如 20 世纪 50 年代的哥斯拉系列）、武士剧（Samurai Cinema，比如稻垣浩 50 年代的武士三部曲）和日本动漫（anime，比如宫崎骏 2002 年的电影《千与千寻》）。在日本战后的电影黄金时期，最具影响力的人物之一就是集导演、编剧和剪辑师于一身的黑泽明（1910—1998）。

如图所示的荒凉景色展现了意大利式西部片的拍摄特征。意大利式西部片这种电影亚类型实际上是受到了日本电影的启发。

在无与伦比的 57 年电影职业生涯中，黑泽明共导演了 30 部电影。他的作品对日本电影、亚洲电影以及美国电影都产生了深刻的影响。黑泽明的风格影响了以“天降大任”（men on a mission）为主题的电影所采用的拍摄和叙事手法，比如罗伯特·奥尔德里奇（Robert Aldrich）的《十二金刚》（1967）和 J·李·汤普森（J. Lee Thompson）的《纳瓦隆大炮》（*The Guns of Navarone*，1961）。黑泽明最具

影响力的电影之一可能当属犯罪神秘电影《罗生门》(1950)。《罗生门》创造了一种新的故事讲述风格——罗生门效应(rashomon effect)。罗生门效应是指利用多个角色之间的对立观点来拍摄神秘惊悚电影。美国影片《非常嫌疑犯》(1995)、《生死豪情》(1996)、《刺杀据点》(2008)就展示了这种效应。黑泽明创立的拍摄和剪辑技巧在全 174
世界继续影响着新一代的电影导演。他的作品也是所有主要电影学院的必修课程。

日本怪兽电影受到了美国观众的狂热欢迎。

很多宝莱坞电影的故事和人物都是受错综复杂的印度教神话启发。

日本电影业是世界上最大的电影产业之一,而位于印度孟买的宝莱坞则是全世界电影产业中规模最大的。宝莱坞每年制作超过 1 000 部电影,其中大多数是面向印度国内市场。宝莱坞电影充满了印度教中的神话故事和神话人物。宝莱坞的电影风格有着印度独特的制作传统,它综合了动作、喜剧、爱情、音乐、歌唱等多种元素。在最近几年,这种与众不同的电影风格开始走出印度国内市场,吸引了全世界范围的观众,并影响了美国的电影制作。比如,《性福大师》(*The Guru*,2002)的导演就依靠主演喧闹的印度歌舞来给电影增添风味和活力。在澳大利亚导演巴兹·鲁尔曼(Baz Luhrmann)的歌舞片《红磨坊》(2001),以及丹尼·博伊尔(Danny Boyle)执导、西蒙·比尤弗伊(Simon Beaufoy)编剧的国际大片《贫民窟的百万富翁》(2008)中,宝莱坞风格的迹象也很明显。[12]

中国电影的故事情节经常以历史事件、历史人物、民间神话以及流行戏曲为中心。和日本一样,20 世纪 40 年代到“文化大革命”时期的中国电影突出表现政府的政治主张,尝试把娱乐和宣传相结合。不过,80 年代末和 90 年代初中国内地涌现出了新一代的电影导演。他们的作品注重展现更加个体化的主题,因而也更能和新的、更多的国际观众产生共鸣。[13] 王颖 1993 年的电影《喜福会》就取得了成功。这部改编自谭恩美 1989 年畅销小说的电影深刻洞察了四对华裔母女之间的代际矛盾:母亲们固守着中国传统,而女儿们则努力融入美国文化。

20 世纪 40 年代后期,和中国大陆电影业一同成长的还有两个平行的中国电影产业:中国香港电影和中国台湾电影。备受赞誉的中国台湾导演李安凭借获得奥斯卡奖的武侠片(中国功夫电影)《卧虎藏龙》(2000)为中国电影开辟了新局面。《卧虎藏龙》惊人的视觉效果和奇幻的飞行特技为李安赢得了业界的称赞。这部电影共荣获四项奥斯卡奖及两项金球奖。李安的作品持续显著地影 175
响着美国电影的制作风格,比如,电影版的《霹雳娇娃》(2000)就吸收了武侠片的元素。新一代的中国电影导演们也在跟随他们前辈的步伐,使用新的拍摄和叙事风格。

《喜福会》是一部非常成功的电影。它洞察了第一、第二代中国移民所感触到的文化冲突。

中东电影

直到最近，中东电影还一直都是由西方电影人特别是美国和德国的导演所掌控。几个比较有名的例子有《卡萨布兰卡》(1942)、《阿拉伯的劳伦斯》(1962) 和《阿拉丁》(1992)。为了表现或者说控制那些能够定义本地区身份认同的故事，中东一直进行着长久而艰苦的奋斗。中东电影既是这种奋斗的产物，也是对这种奋斗的反抗。中东地区的身份认同融合了文化、民族、政治、宗教和审美这些元素。每一种元素都在为了能在西方主导的电影业中得到公平的呈现而斗争。从历史上来看，中东电影可以回溯到 1925 年的埃及，然而，直到 30 年代，中东电影才开始起飞。在那段时间里，埃及的主要唱片公司逼迫签约的阿拉伯语歌星在它们的电影音乐剧中担当主角。埃及电影的黄金时代一直延续到 60 年代，产生了《黑水》(*The Black Waters*，1956) 和《不朽之歌》(*The Immortal Song*，1959) 等影片。今天，埃及继续掌控着阿拉伯语电影。埃及的电影制作公司独立制作原创电影或是与欧美电影公司合作制作电影。埃及举办的开罗国际电影节还是主要国际电影节之一。

> 为了表现或者说控制那些能够定义本地区身份认同的故事，中东一直进行着长久而艰苦的奋斗。中东电影既是这种奋斗的产物，也是对这种奋斗的反抗。

政治危机在推动中东的电影制作上也发挥了作用。作为对第一次海湾战争（1990 年 8 月 2 日—1991 年 2 月 28 日）、第二次海湾战争（2003 年 3 月 20 日至今）和阿富汗战争（2001 年至今）的回应，导演们拍摄了多部重量级电影来反映这些地区的状况，并揭示正在折磨着这些地区的普遍社会、政治矛盾。在阿富汗战争期间发行的影片《追风筝的人》(2007) 就是其中一例。这部获得多个奖项的电影改编自阿富汗出生的作家和医生卡勒德·胡赛尼 (Khaled Hosseini) 的同名小说。虽没有明确涉及阿富汗正在遭受的这场战争，但影片通过两个小男孩的生活成长经历，展现了苏联入侵阿富汗、战争产生的大规模人口迁移和塔利班宗教激进主义对阿富汗的影响。

拉美电影

最重要的是，最初中美洲和南美洲国家的政府都会给电影拍摄提供资金支持；因此，拉美电影就成了表达文化和政治信息的工具，而它所传达的内容都深深根植于民族主义之中。

拉丁美洲的文化传统，社会、政治历史，原住民的故事和叙事方式影响着本地区的电影制作。最重要的是，最初中美洲和南美洲国家的政府都会给电影拍摄提供资金支持；因此，拉美电影就成了表达文化和政治信息的工具，而它所传达的内容都深深根植于民族主义之中。20 世纪后半期，拉美电影经历了一场缓慢的文艺复兴，其中一个推动力就是当时中南美洲拉丁人向美国移民。移民潮扩大了西班牙语市场，同时，也增加了对西语电影的需求。作为对这种文化转变的回应，好 *176*
莱坞制作出了更优秀的影片。它们更好地描绘了拉美地区和拉美人民的文化、性格和多样性。这类影片最近的例子有：《巧克力情人》（*Like Water for Chocolate*，1992，墨西哥）、《乐满哈瓦那》（*Buena Vista Social Club*，1999，古巴）、《沼泽》（*La Ciénaga*，2001，阿根廷）和《上帝之城》（*City of God*，2002，巴西）。这些影片在美国都受到了观众的认可，其中有很多还获得了最佳外国影片的奖项。它们一起为充满生机的拉美电影产业打开了新的大门。

很受欢迎的电视剧《霹雳娇娃》2000 年被翻拍成电影。这部影片吸收了中国武侠片的元素。

1968 年电影分级制度

新的分级制度使得电影导演在拍摄争议性内容上可以不断打破界限。同时，电影公司还依旧保持着它关切公众道德的形象。

很多外国电影都倾向以性或其他成人题材为特征，而它们挑战了美国当时的社会规范。电影导演拍摄这些主题的目的是为了让影片超越商业和大众的范畴。不过，票房收入反映出观众开始喜欢这类电影。因此 1922 年制定的严格审查条款《海斯法典》（Hays Code）最终被废除。作为回应，电影产业自己发展了一套分级制度，希望能够避免惹起政府的干预。这套新的分级制度使得电影导演在拍摄争议性内容上可以不断打破界限。同时，电影公司还依旧保持着它关切公众道德的形象。[14]

从 20 世纪 60 年代开始，伴随当时震动全美的社会和文化革命，好莱坞的制片厂开始充分利用放松了的电影管制，不断引入更多有关性和暴力的内容。旨在应对这种趋势，美国电影协会（Motion Picture Association of America）在 1968 年采用了新的电影分级制度。这就让电影公司可以试水更加有争议性的内容。电影开始涉及以前被视为禁忌的主题：毒瘾、卖淫、分娩等。因为契合了观众品位变化，分级制度的变更非但没有阻碍票房收入，实际上反而增加了。这体现出美国观众对电影内容的新趋势充满了兴趣。

独立电影运动兴起

《海斯法典》被废除后，法律上和创作上的自由十分旺盛，电影制作的新途径得到发展，独立电影运动应运而生。电影公司的大佬意识到单靠相同的电影套路再也没办法维持观众的兴趣了。他们开始借鉴外国电影的风格，包括黑色电影、新古典和新浪潮。最初，越来越多的英国和法国“艺术”短片引领着美国的独立电影运动。后来，意大利、日本和中国的电影也迅速跟了上来。

阿方索·阿雷奥（Alfonso Aráu）导演的《巧克力情人》(1992) 中的场景。影片受到了美国主流观众的认可。

到 20 世纪 70 年代末，全美有超过 1 000 个艺术影院（art house theaters）专门放映外国的和低
177 成本的独立电影。这些影院通常位于城市中心区。独立电影是指独立于大型片场系统之外拍摄的电影。然而，电影公司往往成为独立电影的主要发行商，特别是当这样的电影在国际电影节获得专业好评之后。这类电影节中最著名的是圣丹斯电影节。这个电影节的发起人是演员兼导演罗伯特·雷德福，每年在犹他州的帕克城举行。有时，一些已经功成名就的制片人也会有意避开好莱坞的片场之路，而进行独立制作。他们这样做是希望承担一些被认为非常有争议的电影，或是在创意方面不想被大的电影公司所控制。独立电影的成本只是主流好莱坞制作成本的一小部分，而如果一部独立电影能够获得观众的好评，就会引来发行伙伴。所以，对制片人和投资方来说，独立电影的风险要小许多。换言之，独立电影要想成功，就必须得有人看。

神奇的特效

过去 60 年里，电影制作在很大程度上依靠特效（也称模仿）技术和创意的发展。特别是今天大片的成功，主要取决于制片人是否能够引领影片人物、场景和动作的下一步跨越。例如，我们可以想一想，如果没有使用那些富有创意、让观众从座椅上欠起身子的特效，索尼电影公司的《2012》(2009) 还会受到观众的欢迎吗？

20 世纪 70 年代后期，艺术影院在城市中心区纷纷出现，主要放映外国电影和独立电影。这反映了美国电影观众的口味在变化。

没有奇异的特效，大片《2012》就不可能会对观众产生同样的冲击，而其故事也就不会如此抓人。

比尔·阿伯特（Bill Abbott，1908—1985）和斯坦·温斯顿（Stan Winston，1946—2008）被誉为 20 世纪电影制作特效的先驱。阿伯特率先采用了复杂的、高度细节展现的动作特效技术——从第二次世界大战中的战舰到微型火车、汽车、卡
178 车和飞机，还有动物和怪兽，无所不包。他将特殊的灯光效果和高速摄像机结合起来，创造了前电脑时期非常逼真的特效。阿伯特和他的团队还创造性地使用了接景和挡摄技术，并通过在这些过程中插入实景拍摄而让场景拥有了之前不可能运到的高度逼真。挡摄（matte shots）技术将一大幅包含环境所有要素（树木、道路、建筑）的图画作为背景。接下来只拍摄场景中需要拍摄的那一小部分——或是缩放或是实际大小：可能是街上的一匹马，而整个村子剩余的内容其实是一幅画。接景还可以隐藏不合需要的真实背景——在阿伯特的年代，那可能是好莱坞周围高速公路的车辆，抑或是好莱坞山上的油井。阿伯特的团队经常根据剧本的要求改变背景。

1968 年，斯坦利·库布里克的未来主义电影史诗《2001 太空漫游》为更多观众展现了一幅令人惊奇的景象——在遥远的未来，太空旅行和探险可能成为现实。这部电影使用高速摄像机和回射技术来拍摄相互协调的缩放模型，开创了电影特效的新纪元。静态动作摄影和在镜子上投射录像这些方法都在电影的特效中得到了应用。通过使用这种特效，库布里克创造出了演员表演时所处的背景和环境，而实际上它们是不存在的。摄像机沿着特别建造的轨道从不同角度重复拍摄场景，这个过程被称之为运动控制（motion control）。除此之外，《2001 太空漫游》还通过机械来操纵特别制作的布景，以此来让观众感受到在没有引力的环境中工作和生活是什么样子。

有时候，电影拍摄会建造一些由机械操作的大型布景。这样，导演们就能创造出那些要么违反自然规律、要么对演员而言太危险的场景——比如，电影《海神号遇险记》（1972，2005）和《泰坦尼克号》（1997）里的那些船。《泰坦尼克号》中的力学/光学特效实际上都结合了电脑特效。在这两部电影里，演员们在特别建造的“船”

特效师为电影《侏罗纪公园》（1993）制作恐龙的电子动画模型。

上表演场景。它们模拟了那些大型豪华游轮的颠覆和沉没，虽然现实中没有那些违反引力规律的方位和大水泛滥的景象。同时，演员们也没有身处险境。

好莱坞特效大师斯坦·温斯顿是第一个使用复杂电子动画（animatronics）的导演。他的电影《侏罗纪公园》、《异形》（1979，1986，1992，1997）和《终结者》（1984，1991，2003，2009）都有很多机械和电脑控制的特效。在这些电影里，电子动画和运动控制等拍摄技术让这些大型生物能够走来走去并且和演员互动，同时画面也达到了惊人的逼真度。数十年来，悠久而丰富的力学和光学特效一直都让观众眼花缭乱，饶有兴趣，直到电脑的更广泛应用将电影特效推向了新纪元。

导演和制片人乔治·卢卡斯带领他的制作团队把电影特效带到了数字时代。系列电影史诗《星球大战》就是由卢卡斯和他的工业光魔特效公司奉献给银幕的。卢卡斯的团队由艺术家、模型制作人、摄像师和电脑特效师组成。他的团队制作了巨大的、复杂的接景，然后把超级逼真的模型和电子动画人物放在那些可以确立新行业标准的接景中。制作团队还同步使
用电脑控制的灯光效果和运动控制摄影机。在 179
1977 年（《星球大战》系列第一部上映时间），工业光魔公司实际上发明并建立了一个完全崭新的特效时代：计算机绘图、3D 电脑动画、图像处理（CGI）硬件和软件，以及把这些技术应用到摄像和故事叙述中去的创作方法和想象力。在视频《特效》中大家可以学习关于电影特效的更多历史。

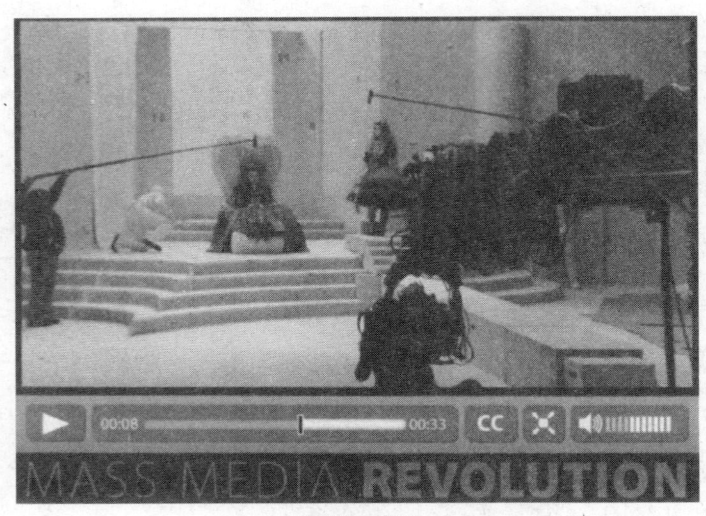

《特效》截图。

正如这部视频短片所说，观众喜爱特效。

数字时代的电影产业

在大众传媒融合和电子技术爆炸的数字时代，电影产业和其他媒体一样都面临着相同的挑战。随着 20 世纪 70 年代家用录影技术的发展，电影产业也能够通过家庭录影带销售、电影带租赁和在电视上播放电影等方式来获取潜在利润。由于技术发展让消费者在家里就能够欣赏到电影，电影产业随之便具备了扩大市场并延长产品经济寿命的能力。

由于技术发展让消费者在家里就能够欣赏到电影，电影产业随之便具备了扩大市场并延长产品经济寿命的能力。

在此之前，票房收入是电影公司收回成本的唯一途径，也是它们利润的主要来源。但是电影零售（sell-through products，直接卖给公众的产品）和租赁公司的出现让影片在影院上映之后还能拥有第二次经济生命。同时，有线电视为电影产业带来了新的收入，比如发给 HBO 和"好戏上演"（Showtime）这些付费频道的播放许可。按次计费的点播模式也开辟了潜在的收入来源。虽然市场在 20 世纪 40 年代就第一次试验了付费点播模式，但这种服务直到 90 年代才被大众消费者所接受。[15]

电影产业遭遇收入下滑

最近几年，电影产业在家庭录影销售方面经历了明显的收入下滑，利润也随之大幅减少。分析人士、学者和电影产业代表把这种下降归咎于三个主要因素：数字盗版、全球经济下滑和新的竞争。首先，通过互联网传播的数字盗版影响了票房收入和零售收入。在 2004 年到 2009 年之间，电影产业 40%的损失都是由数字盗版造成的。当然，数字盗版到底造成多大比例的损失还是大家争论的话题。不过，就像分析人士和国会调查人员警示的那样，电影产业还远远未能提供过硬的数据来支撑"盗版影响销售"的言论。其次，有电影业内人士暗示全球经济下滑加重了电影盗版。因为很多人手上有了更多的时间，而且人们也不倾向于在娱乐上花钱，尤其当他们可以很容易地就获得免费电影的时候。虽然有证据清晰地指出互联网上的电影非法下载量显著增加，但这些数据并不能说明这种行为就代替了消费者在过去可能采取的手段。[16]

最近几年，电影产业在家庭录影销售方面经历了明显的收入下滑，利润也随之大幅减少。分析人士、学者和电影产业代表把这种下降归咎于三个主要因素：数字盗版、全球经济下滑和新的竞争。

很多专家认为造成电影收入下降的第三个因素就

是新的竞争。由于消费者可以在相对廉价的租赁订阅商［比如网飞公司（Netflix）和大片在线（Blockbuster Online）］或者自助租赁公司［比如显著崛起的红盒子（Redbox）］之间随意选择，购买 DVD 如今就更加
180 没有必要了。消费者通过租赁就可以享受持续更新的电影，而且租赁的影碟要么是直接运送到家门口，要么是可以在当地的 24 小时贩卖机上自取。当然，这也多亏了 DVD 和蓝光技术。从花费层面来看，网飞和大片在线根据租赁的数量向消费者收取固定的费率（2009 年两家公司每月的收费都是 19.99 美元），并且不收取滞纳金。这两家公司还开始将它们影片库的很多内容通过互联网提供给客户。此项由网飞公司最先发起的服务被称做直接入户分销（direct-to-home distribution）。只用花一部半 DVD 的钱，消费者想看多少电影就能看多少，只要每三部还一次就行。对于只对短期观看有兴趣的消费者而言，红盒子更有竞争力，它每晚的租赁费只要 1 美元。

除了租赁公司的竞争之外，DVD 零售商之间的竞争也大幅拉低了每张 DVD 的价格。零售巨头沃尔玛和亚马逊之间的价格战让很多新发行 DVD 的价格下降到平均每张 10 美元。电影界寄予厚望的蓝光碟片一直被认为是能够引领潮流的新型影片格式。但是，为了同租赁市场以及价钱更低的 DVD 竞争，蓝光碟片也已经大幅降价了。这样就更进一步削减了电影公司的利润率。[17]

2010 年年初发行的苹果 iPad 给电影产业带来了最新的挑战。通过 iTunes，这种平板电脑让用户能够接触大量的长片电影和电视节目。本质上讲，iPad 变成了一个新型的、强大的电影分销渠道。这个渠道由苹果公司控制，而非电影制片厂或者电影经销公司。因此，苹果公司能够在电影下载收入中收取可达 30%的份额。就此而言，iPad 可能迫使电影商业模式进行局部修正，就像 iPod 和 iPhone 那样根本性地改变了音乐产业的面貌。

电视叙事

如同本章之前提到的那样，神话故事普遍存在于所有文化之中，即所有遍布着电影和电视的文化之中。我们之前讨论了电影如何讲故事，现在让我们来检视一下电视如何讲故事。自 20 世纪 50 年代电视的全盛时代起，美国电视业就一直给观众提供和电影叙事内容相一致的电视节目内容。不过，和电影故事片不同，电视叙事必须应对特殊的限制——比如，每 10 到 12 分钟就要插播广告，以及在每季电视剧末尾都要留一个“扣人心弦的悬念”来吸引观众收看下一季剧集。

分集电视剧（episodic television drama）拥有更多讲故事的空间：共 13 个小时，跨度 13 周。这些节目结构让电视剧编剧和导演能够提供多层次的、引人注目的情节；而且同 90～120 分钟的故事片相比，电视剧能够包含更多的主要角色——这有时被称为群戏（ensemble casts）。随着黄金时段电视剧的制作预算持续增长，电视剧创作人员现在可以用动作场面和特效来增强他们的故事叙述。而就在 10 年前，此类元素只能在高成本电影中找到。

网飞公司引领了已发行影片的直接入户分销。
一些分析人士称这项服务模式造成了电影收入的下降。

增加的制作预算可以让讲故事变得更加复杂、更加有视觉效果。因此，罪案片、间谍片、动作/冒险片和科幻片就成了目前黄金时段电视剧的支柱。如今，黄金时段电视剧在视觉和叙事上的复杂程
181 度在很多情况下可以比得上甚至超过故事片电影。电视——包括有线电视和卫星电视——和电影（不管是最初在影院放映的还是影院、DVD/蓝光、按次付费频道同时播出的）之间逐渐形成了一场争夺观众的新竞争。

以多重情节为特征的复杂电视剧明显可以吸引观众。比如，想一想 2004 年 9 月到 2010 年 5 月间在美国广播公司（ABC）播出的电视剧《迷失》是多么受欢迎。这部科幻剧受到了广泛赞誉。它的制作人员故意将高度复杂并且很少完全解释的叙事元素构建在故事中。这些元素包罗万象，从时间旅行到宗教，到神话故事，再到关于善恶本质的伦理和哲学问题。《迷失》吸引了一大批观众，还有大量的网站和影迷博客。这部剧集叙事的复杂性和它时常开放性的多重情节挑战着观众。它让观众自己来“填空”，让观众用自己的想象来使故事变得完整。请看《迷失》的宣传片，注意那些复杂曲折的情节，它们让观众痴迷了六年之久。

电视剧经常提供复杂的故事叙述，就像很受欢迎的剧集《迷失》所描述的那样。

电视的演变

在好莱坞黄金时代，五大电影公司忙着抢夺电影产业的控制权，以至于它们都没有意识到电视正开始从电影院里拉走观众。电影产业开始把它们收入的很大一部分都输给了这个 20 世纪 40 年代末才起步的新兴媒体。越来越多的美国人开始待在家里，聚拢在电视机周围，而不是成群结队地去电影院了。电视节目是免费的，而且他们在自己的客厅里就能享受到娱乐。当然，好莱坞已经认识到这种新媒体的吸引力和高人气。第 2 章讲述了电视的历史，本章将集中讨论电视在美国当下媒体文化中的地位和作用。

虽然电视观众在 20 世纪 40 年代末到 50 年代初之间快速增长，传媒公司和广告商还是怀疑这种媒体能否在经济上取得成功；因此，最初它们在花钱发展电视产业方面都很犹豫。从 1948 年到 1958 年，拥有电视的美国家庭从 172 000 户增长到了 4 200 万户。1948—1952 年间，美国联邦通信委员会试图冷却电视的发展来研究电台和电视相互争夺、干扰电波的问题。在电视台蓬勃发展的城市，电影院和夜总会开始出现困难。同产业高管和政府官员的看法完全相反，美国公众已经接受了电视作为未来的大众媒体的角色。[18]

早期电视节目

电视剧花了几十年的时间来进行技术和创意革新，才使得它的故事叙述从最初改编电台节目变成今天我们已经习以为常的复杂节目。早期电视节目改编了很多最受欢迎的电台广播节目，让听众能够看到他们之前在广播上听过的内容。与此相类似，电视台使用的赞助模式和电台成功的赞助模式是相同的。很多节目都以它们的企业合作伙伴来命名——比如《飞歌电视剧场》（*Philco Television Playhouse*，1948—1955）、《卡夫电视剧
182 院》（*Kraft Television Theater*，1947—1955）以及《美钢时间》（*the U. S Steel Hour*，1953—1963）。[19]在电视业发展早期，企业赞助和融资帮助建立了主要电视网，但它也控制了节目内容。那些为还处于婴儿时期的电视网提供贷款和财务支持的公司其实也主要是将电视看成推广它们产品的一种手段而已。

在电视业发展早期，企业赞助和融资帮助建立了主要电视网，但它也控制了节目内容。

1947 年，哥伦比亚广播公司（CBS）和美国无线电公司（RCA）——电视发展早期的两支主要力量——竞相向联邦通信委员会申请批准各自所有的电子彩色系统。在首轮竞争中，美国无线电公司胜出。美国无线电公司的系统很快就让古老的黑白电视机显得过时了。这极大地冲击了哥伦比亚广播公司。一直到 20 世纪 50 年代，哥伦比亚广播公司和美国广播公司在电视创新方面都落后于美国无线电公司。到了 1950 年，在观众方面，电视已经让广播电台在一些城市黯然失色。哥伦比亚广播公司副总裁小哈贝尔·罗宾逊（Hubbell Robinson Jr.）宣称："电视将要对广播做的事就和西蒙（Simon）对卡斯特（Custer）做的事一样。这将会是一场屠杀。"[20]电视已经明显成了电影产业的强劲对手，并且威胁着电影作为美国最重要娱乐媒体的地位。除此之外，电视不断增加的成功和受欢迎程度也开辟了它寻找新的制作、经销伙伴的机会。

从三大电视网到四大电视网

1926 年，美国无线电公司建立了全国广播公司（NBC），与美国广播公司和哥伦比亚广播公司

共同构成了控制美国电视业的三大电视网。这三大电视网都提供大量的电视内容：新闻、黄金时段节目、日间节目、体育等。而1986年出现的福克斯广播公司（Fox）让三大电视网变成了四大电视网。公共广播公司（PBS）虽然不算在四大电视网之内，但它却是美国最大的电视网络。和四大电视网不同，PBS的加盟电视台包括独立的非营利电视台，以及无数新成立的有线和卫星电视网。联邦政府和州政府还对PBS提供部分补贴。同时，PBS也接受观众的捐助。

从节目设计的角度来看，四大电视网并没有很大不同。最近几年，四大电视网除了各自之间的竞争之外，还都面临着来自有线和卫星电视网的挑战。和第9章媒体产业中阐释的一样，电视网吸引和保持观众的斗争（通过收视率来测量），即对广告收入的竞争，使得电视节目质量得到前所未有的提高。这一点在晚上8时到11时的黄金时段体现得格外明显。在电视业，观众决定了剧集的成败。如果一个节目不能吸引住观众的兴趣，这个节目随即就会被取消，不管它的制作成本有多高，也不管它的演员多么出名。

从节目设计的角度来看，四大电视网并没有很大不同。最近几年，四大电视网除了各自之间的竞争之外，还都面临着来自有线和卫星电视网的挑战。

在衡量电视观众数量和构成的测评体系中，尼尔森收视率（Nielsen Ratings）是使用最广泛的一个。尼尔森收视率对一小部分有数据代表性的美国（和世界）观众的观看习惯进行每时每刻的监控。这样，它就能为电视节目快速提供每日甚至每小时一次的观众情况汇报。尼尔森收视率报告某一时刻观众的百分点或者份额，其中，“1份”表示“全美电视网”所有观众数的1%。尼尔森媒 183
体研究服务（Nielson Media Research）每天进行的收视率调查规模最大也最有影响力。尼尔森在每年的3月、5月、7月和11月的第一个星期会进行更大规模的收视率调查（200万户家庭）。这个大规模调查为期7天，被称为全扫周（sweep week）。这四周的收视率调查结果在很大程度上决定了哪些剧集会被保留，哪些剧集的时段会受到调整，以及哪些剧集就干脆被取消。

这四周的收视率调查结果在很大程度上决定了哪些剧集会被保留，哪些剧集的时段会受到调整，以及哪些剧集就干脆被取消。

电视类型

和以叙事为基础的电影一样，以叙事为基础的电视也是由不同类型组成的系统。今天，最受欢迎的类型包括情景喜剧、情节剧、体育节目、肥皂剧和真人秀。

从20世纪50年代开始到60年代初，电视逐渐代替广播成了大多数美国家庭获取新闻、娱乐以及体育信息的主要电子窗口。在此期间，电视网和它们的企业广告商之间的关系也成熟了。美国电视文化逐步形成，首先是大众欢迎的喜剧小品（sketch comedies，短小的喜剧场景或片段）最终成为定期播出的系列剧，比如哥伦比亚公司的《我爱露西》（1951—1957）。实际上，在《我爱露西》最初播出的时候，这部六季的剧集有四季都是观众最常看的节目。到《我爱露西》结束时，它荣登了尼尔森收视率的榜首——这是电视节目第一次获此殊荣。

情景喜剧

《我爱露西》、《雷德·斯克尔顿秀》（*The Red Skelton Show*，1951—1971）以及后来的《卡罗尔·伯内特秀》（*the Carol Burnett Show*，1967—1978）产生了一系列丰富的情景喜剧（此类喜剧有着固定的出场人物和熟悉的环境），比如，《安迪·格里菲思秀》（*The Andy Griffith Show*，

1960—1968）、《家有仙妻》（*Bewitched*，1964—1972）、《迪克·范戴克秀》（*The Dick Van Dyke Show*，1961—1966）和《陆军野战医院》（*M＊A＊S＊H*，1972—1983）。后来出现的这些情景喜剧中有一些论述了争议性的社会议题，为重要的社会变革铺平了道路。虽然《陆军野战医院》讲述的是朝鲜战争期间的故事，但它实际上讨论了越南战争后期的反战情绪。而《玛丽·泰勒·摩尔秀》（*The Mary Tyler Moore Show*，1970—1977）则帮助女性在工作上拥有了更多的机会和平等的权利。电视剧《一家子》（*All in the Family*，1971—1979）是一部开创性的但也经常充满了争议的剧集。这部电视剧非常直接地涉及了种族、社会和性别方面的成见。

20 世纪 70 年代很受欢迎的电视剧《一家子》触及了社会、种族以及性别方面的成见。

184
情节剧

大多数黄金时段播出的电视节目都是情节剧。情节剧包括悬疑剧、动作/冒险剧、政治剧、犯罪剧和惊悚剧等各种内容。《希区柯克悬念故事集》（*Alfred Hitchcock Presents*，1955—1965）、《剧场 90》（*Playhouse 90*，1956—1960）和《罗德·瑟林的阴阳魔界》（*Rod Serling's Twilight Zone*，1959—1964）在当时都是非常受欢迎的电视剧。这些节目最终为今天流行的《犯罪现场调查》、《海军罪案调查处》、《平地风云》等分集系列剧铺平了道路，同时也为《迷离档案》、《迷失》等科幻冒险剧做好了准备。如今，分集电视剧成为电视网的支柱。在受观众欢迎方面，超过分集电视剧的只有像《幸存者》和《美国偶像》这样的真人秀节目。我们稍后将更加细致地讨论真人秀。

体育节目

体育节目也是和电视网历史息息相关的节目类型。在许多方面，职业体育和电视建立了一个互利的关系。体育需要电视报道来建立它的爱好群体并吸引赞助。同时，电视网需要体育节目所带来的广告商和广告收入。体育报道对电视技术提出了挑战，因而也就促进了技术革新。而这些革新让所有节目类型的各个方面都有所受益。

早期的电视摄影机又大又重，还需要很亮的灯光才能制作出让人勉强接受的图像。拳击和摔跤是最早经电视转播的体育赛事，因为这些比赛都是在场地小、光照好的室内举行。不过，第一场电视转播的体育比赛是 1939 年哥伦比亚大学对阵普林斯顿大学的棒球赛。虽然技术上还是挑战重重，但体育还是迅速成为电视网的固定内容，而且经常占到黄金时段节目的三分之一。后来，由于电视网在黄金时段加入了更多样的节目，体育节目也就被移动到了它最合适的时间段——周末。随着多年来的不断进化，体育节目继续吸引着忠实的观众群，并且持续为电视网带来日益增长的稳定广告收入。最终，一些体育节目又回到了黄金时段，其中有《吉列运动》（*Gillette Cavalcade of Sports*，1942—1962）和美国广播公司的《体育大世界》（*Wide World of Sports*，1961—1998）。今天，我们拥有非常多样的体育电视节目，有些是电视网的体育报道，有些是像娱乐体育节目电视网 ESPN 这样只报道体育的有线/卫星频道。特别的体育赛事继续吸引着最多的观众群以及巨大的电视广告收入，其中包括非常赚钱的玫瑰杯和超级杯橄榄球赛、世界职业棒球大赛和全美大学篮球联赛。在某些情况下，体育电视节目极大地促进了一些体育项目变成美国文化现象的一部分——最好的例子当属全国汽车运动竞赛（NASCAR racing）。[21]

随着多年来的不断进化，体育节目继续吸引着忠实的观众群，并且持续为电视网带来日益增长的稳定广告收入。

肥皂剧

肥皂剧是另外一种由电视推动的文化现象。这些从广播演变而来的节目之所以叫肥皂剧，是因为最早给它们提供赞助的是一些家用清洁剂制造商。这些白天播出的肥皂剧主要是为了娱乐女性观众，特别在 20 世纪 40 年代到 60 年代之间，家庭妇女的数量远远多于参加工作的女性。肥皂剧和连载小说类型相同，它巧妙地将故事元素统
185 一起来，日复一日，联播上千集。肥皂剧的故事情节总是不停地展开却从不完全解决。肥皂剧发展出了它们独特的故事叙述和制作风格，其中一个原因是肥皂剧的编剧、制作人和演员不得不填充非常多的电视节目时长——一周五天，一年 52 周。

一些最受欢迎的肥皂剧成为史上持续播放时间最长的电视节目，比如《指路明灯》（1993—2009）、《我们的日子》（1965 年至今）、《当世界转动》（*As the World Turns*，1956 年至今）以及《综合医院》（*General Hospital*，1963 年至今）。肥皂剧独特的故事叙述方式是它广受欢迎的原因。这种故事叙述方式以人际关系、性、不忠等情感和道德冲突为中心，集中展现“日常”人物。对于很多肥皂剧迷而言，这些人物几乎变成了第二种家人，剧中人物虚构的麻烦也变成了真的。这些白天播出的肥皂剧长期使用相同的演员，重复使用那几个不变的场景，极少离开影棚拍摄，并且不使用特技或者特效。这样一来，肥皂剧的制作成本就低了。非常多的忠实观众又能帮助肥皂剧创造令人惊奇的收入。这样也使得电视网能够有钱投资成本更高的黄金时段节目。肥皂剧证明了连载小说般的叙事很受观众欢迎，因此，这种叙事也极大地影响了黄金时段电视剧的故事和人物结构。目前电视上有那么多肥皂剧在上演，到底它们之间有什么不同？请从这个关于制作日间电视剧《年轻与躁动》（*The Young and the Restless*）的视频中寻找灵感。

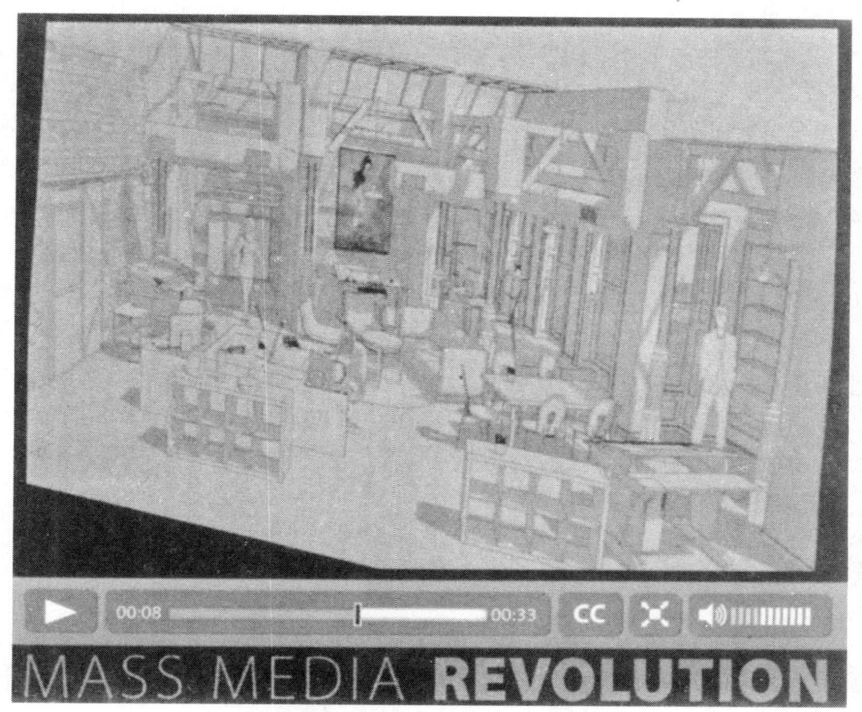

《解剖电视剧〈年轻与躁动〉》截图。

看看这部很受欢迎的日间肥皂剧的幕后制作。

在 1978 年到 1993 年间，数以百万计的黄金时段电视观众开始熟悉夜间肥皂剧时代。夜间肥皂剧受到了日间肥皂剧连续叙事和情节集中于人物关系等特点的启发。在夜间肥皂剧的鼎盛时期，受美国观众喜欢的剧集有：《达拉斯》（*Dallas*，1978—1991，CBS）、《王朝》（*Dynasty*，1981—1989，ABC）、《节点着陆》（*Knots Landing*，1979—1993，CBS）以及《双峰》（*Twin Peaks*，1990—1991，ABC）。这些节目的制作价值远高于日间肥皂剧，而且最终被世界各地的电视台重播。从情节线到人物，到叙事风格，再到每集之间的悬念，肥皂剧强大的影响力在很多最近几年播出的黄金时段剧集里都能找得到。这种影响力在新一代的黄金时段肥皂剧中尤其普遍，比如有《飞跃比弗利 90210》（1990—2000）、《黑道家族》（1999—2007）、《拉字至上》（2004—2009）和《六尺之下》（2001—2005，HBO）等。

随着在全世界范围的重播，很多早先拍摄的黄金时段肥皂剧（比如《达拉斯》和《王朝》）有了国际知名度，但也在外国观众中产生了意想不到的负面影响。特别是在前苏东国家和中东地区，这些电视剧的重播和 DVD 的发行加重了美国人富有、贪婪、性混乱、商业和社会交往缺乏伦理等捏造出来的形象。[22]

电视真人秀

1996 年，英国电视制作人查理·帕森斯（Charlie Parsons）想到了一个将会改变电视节目设计的理念。这个理念就是将一群现实生活中的人投放到一个遥远的荒岛，然后让他们参与一个
186 真实的游戏。这群人将会被分成两个“部落”；困在这个荒岛之上的部落之间要相互竞争。这个节目最早在瑞典电视台 STV 上播出，节目名字叫做《鲁宾逊远征记》（根据丹尼尔·笛福的《鲁宾逊漂流记》命名）。节目一经播出便取得了成功。到了 2000 年，帕森斯的这个理念变成

了全世界范围制作的系列节目《幸存者》。哥伦比亚广播公司播出了美国版的《幸存者》。它在第一季就吸引了大量的观众和顶尖的收视率，而且之后的每一季都同样成功。这就是新的节目类型真人秀的起源。真人秀制作成本低，依靠将现实生活中的人放在不寻常的环境中来构建情节。这些环境、囚禁经历以及他们之间的争执都自然地呈现在摄像机前，并且这个过程是每时每刻都在进行的。

真人秀可以追溯到像《埃伦·方特偷拍记》(*Allen Funt's Candid Camera*，1948年首次播出）这类由现实人物参与的节目，以及像泰德·麦克（Ted Mack）的《原始业余时间》(*Original Amateur Hour*，也是1948年首播）等这些在20世纪五六十年代流行的游戏竞赛节目。《最后的节目》(*The Last Program*）是今天超级流行的《美国偶像》系列和它的国际版本的先驱。如今的真人秀节目综合了戏剧性情节、爱情、性和幽默。在许多情况下，这些真人秀都遵循了本章之前概述的经典故事叙述元素。真人秀（比如，《减肥达人》、《极速前进》、《美国达人秀》）在数量和受欢迎程度上的不断提升反映了电视节目悠久创新历程中的最新趋势。

有线电视革新内容

自从有线新闻网在20世纪50年代创立开始，它的受欢迎程度在稳步增长，随着20世纪60年代中期卫星电视服务的来临，有线电视的市场份额也获得了增长，它给电视频道的数量和多样性带来了巨大变化。有线电视、卫星电视之间对观众和广告商的争夺严重挑战了主要电视网的商业模式，并且在电视节目方面引起了显著的文化和风格变化。像HBO这样的付费有线电视网不但增加了消费者可以选择的节目数量，而且还发展出了新的电视节目形式。那些触及争议话题的电影、剧集和纪录片在有线和卫星电视网上屡见不鲜。这些节目受到了巨大的欢迎，结果是传统电视网的节目类型和内容也相似地变得多样。不过传统电视网节目的多样性并没有达到有线/卫星电视那么广泛。

最近几年，电视行业的经济状况推动了传统电视网和有线/卫星电视的聚合，比如，其中一个平台制作的节目经常会在另一个平台上播出。对于新的、创意性的系列节目，以及为电视量身定做的电影而言，这种趋势减小了制作它们的财务风险（参阅第9章）。这样一来，观众就可以欣赏到种类不断增多的高质量电视内容，其中的例子有：《大爱》(*Big Love*)、《倒错人生》(*The United States of Tara*）、《嗜血法医》和《火线》。

冲突的未来电视愿景

替代性的发布平台正在根本性地改变着电视产业。网络电视、数字视频录像机、移动媒体以及互联网有线/卫星视频点播服务等正在迫使电视
187 改变其节目设计和经销方式。电视—网络聚合看起来将不可避免地同时改变消费者怎样选择和观看电视节目，广告商怎样影响观众。实际上，电视聚合已经形成了一场电视革命。

一些重要的疑问也随着这场接下来的电视革命而来：各式各样的接入门户怎样一起工作？哪些公司将掌控电视业？四大电视网对电视节目制作和经销根深蒂固的统治已经被废止了；主要有线和卫星电视服务商（比如有线电视的

Xifinity 和卫星电视的 DirectTV）享有的次要控制权也不例外。现在的情况是谁都可以抢夺电视产业的霸权地位。而且未来电视会是什么样子，大家的愿景也不一致。

以下摘选的研究报告来自弗雷斯特研究公司（Forrester Research）高级分析师波比·塔西雅尼（Bobby Tulsiani）、天际传媒（Horizon Media）高级副总裁布拉德·阿德盖特（Brad Adgate）以及埃培智市场咨询（Interpublic Group）：

> 传统的电视收视正在减弱，而其他类型的视频娱乐消费在上升……和 1994 年的同期数据相比，四大电视网的观众总数在本季（2009 年，截至 11 月中旬）骤降了 42%。如果加上 CW 电视网，这个数字同期仍下降了大约 38.5%。与此同时，其他提供视频接入的技术却持续增长。截至 2009 年第一季度末，超过四分之一的美国家庭拥有数字视频录像机（即 3 100 万美国家庭，占总数 27%）。预期这一数字到 2014 年将达到约 50%（5 100 万户美国家庭，占总数 42%）。2009 年，4 310万户家庭使用过视频点播，占拥有电视的家庭总数的 42%。而使用视频点播服务的家庭到 2014 年将可能达到 6 660 万户，占家庭总数的 64%，即将近三分之二。而这些趋势仅仅是传统客厅设备的观看经验变化。[23]

很快，任何人都将能从几百个选项里挑选想看的电视剧或者电影，然后打开配置了联合互联网和直接卫星连接的家用电视机开始观看剧集（或影片），即便中途被一个电话打断，他之后还能从刚才中断的那部分重新看起。人们在去学校或单位的路上可以通过智能手机和 iPad 观看电影，然后等回家后再在手提电脑上看完剩余的部分。[24]

这些新型电视接入服务的花费必然会降下来，来自相似的电视供应服务商的竞争会加剧。同时，领先的电子游戏机制造商也都赶着给游戏机加入网络电视接入服务。像电影租赁网站“电影进行时”（CinemaNow）这样的新秀公司正在打造下一代的视频下载技术。宽带连接不断增多，美国政府也要求 2009 年 6 月把模拟电视变成数字电视，这些都让高清电视节目成为常态。所有这些新的电视技术、节目选择和接入窗口的成本都在下降，这就降低了消费者所要付的价格。广告商也持续发展新的方式，试图通过这些新兴电视服务商来影响目标受众。这样一来，电视网传统广告位置所能吸引的收入就被抽去了一部分。这种趋势将继续降低消费者的成本，同时增加可供消费者选择的内容。

这些趋势对四大电视网的未来意味着什么？四大电视网中的两家公司之间的竞争让我们可以一窥业界对于电视未来发展有哪些相互冲突的展望。

哥伦比亚广播公司和全国广播公司这两家最古老的电视网都起源于早期的广播电台。它们对电视未来是什么样子持有不同看法。NBC 环球公司投入巨资发展有线/卫星频道（USA Networks，Syfy，Bravo，Trio）、环球高清频道和新闻频道（MSNBC 和 CNBC），并且为这些频道量身制作原创剧集。NBC 环球和福克斯、迪士尼/美国广播公司一样，都是很受欢迎的网络电视网站葫芦（Hulu）的所有者。因此，全 *188* 国广播公司对于电视未来的愿景很明显地集中在了电视和网络的聚合上。有些分析人士甚至推测，在不远的将来，全国广播公司可能彻底关掉它传奇性的电视网。

哥伦比亚广播公司则计划继续把大量的钱花在受大众欢迎的节目上。在哥伦比亚广播公司看来，只要它继续给观众提供《犯罪现场调查》、《海军罪案调查处》这样的获奖剧集，《幸存者》这样的顶尖真人秀，以及受到高度认可的传统新闻节目《60 分钟》，它就能打赢这场收视率战争，并且重夺电视产业的支配地位。不过，哥伦比亚对它下的注提供了对冲：它也在投资基于网络的电视。然而，其中大多数钱都花在了给它的黄金时段剧集制作网站，以及给 CBS.com 提供其大多数节目的视频上。

到底哪一种愿景是正确的还有待观察。但有一件事是肯定的：以电视业现在的变化速度来看，我们用不了多久就会找到答案。

结论：观众推动电影和电视的未来

电视和电视从早期开始就一直行进在既紧密连接又相互平行的道路上。在许多情况下，这两种产业延续着它们既互利共赢又经常相互竞争的关系。两者都面临数字时代的严峻挑战，特别是新技术的快速发展，以及大众传媒和网络不可避免的聚合。在此过程中，我们作为观众从这两种产业中都受益良多。电影和电视对我们的生活、文化和社会都产生了深远的影响。这个不断演化的过程还在以前所未有的速度继续前行。电影产业和电视产业的革新给我们持续带来越来越多的娱乐、体育、新闻和信息选择。作为消费者，每当我们选择看哪一个电影或电视节目的时候，每当我们选择怎样看媒体的时候，我们都是在引导电影和电视的未来。对于电影和电视里的好故事，观众的需求也从未像今天这样强烈。很明显，电影和电视的未来将会成为未来大众传媒的闪光点。

作为消费者，每当我们选择看哪一个电影或电视节目的时候，每当我们选择怎样看媒体的时候，我们都是在引导电影和电视的未来。

189

思考题

1. 细想你最近看过的一部电影或者一集电视剧。描述其中一个主要角色怎样展现了约瑟夫·坎贝尔所提出的“英雄之旅”。注意描述英雄的冒险和英雄的转世重生。

2. 你认为哪种外国电影风格目前对美国电影制作的影响最大？请解释你的选择并举一两个例子。

3. 你认为今天的电影特效中哪种潮流是最重要的？你认为下一个电影制作的重大革新可能会是什么？

4. 对于媒体聚合将改变电影产业，你怎么想？为了应对数字时代的挑战，电影产业需要在哪些方面进行转变或者发展？

5. 四大电视网怎样应对媒体聚合趋势？指出几个电影产业在数字时代所面临的挑战。解释媒体聚合如何实际上促进了电视网的生存而非消亡。

6. 电视通过什么方式来超越大众娱乐、切实促进社会和文化变迁？说出一个取得了这种效果的电视节目，不管是过去的节目还是正在播出的。

【注释】

[1] Campbell, J. (1949/2008). *The hero with a thousand faces*. New World Library.

[2] Ibid.

[3] Ezra, E. (2000). *Georges Melies*. Manchester University Press.

[4] Fang, I. (1997). *A history of mass communication: Six information revolutions*. Focal Press.

[5] Ibid.

[6] Turow, J. (2009). *Media today: An introduction to mass communications*. Routledge, p. 466.

[7] http://www.cobbles.com/simpp_archive/edison_trust.htm.

[8] Gomery, D. (2008). *Hollywood studio system: A history*. British Film Institute.

[9] Nordin, J. (2009). The first talkie. All talking! All talking! All talking!: A celebration of the early talkies and their times. http://talkieking.blogspot.com/2009/02/first-talkie.html.

[10] Aberdeen, J. (2000). *Hollywood renegades: The Society of Independent Motion Picture Producers*. Cobblestone Enterprises.

[11] http://www.cobbles.com/simpp_archive/paramountcase_6supreme 1948.htm.

[12] Khatami, E. (2009). Is Bollywood coming to Hollywood? CNN.com. http://www.cnn.com/2009/SHOWBIZ/Movies/02/23/bollywood.hollywood/index.html.

[13] Rose, S. (2002, August 1). The great fall of China. *The Guardian*.

[14] Mills, M. (2009). HUAC & the censorship changes. http://www.moderntimes.com/huac/; Georgakas, D. (1992). Hollywood blacklist. In B. Buhle and D. Georgakas, *Encyclopedia of the American left*. University of Illinois Press.

[15] Moul, C. (2005). *A concise handbook of movie industry economics*. Cambridge University Press.

[16] Stetler, B., and Stone, B. (2009, February 4). Digital pirates winning battle with studios. *The New York Times*; Masnick, M. (2009, February 5). *NY Times* buys bogus movie industry complaint about piracy. *Tech Dirt*. http://www.techdirt.com/articles/20090205/0319043658.shtml.

[17] Smith, S. (2009, September 23). DVD sales continue to drop, rentals on the rise. *The Wall Street Journal*; Smith, S. (2009, February 12). Blu-ray prices dropping to DVD levels. *The Tech Herald*; P. Kaufman, P. B., and Mohan, J. (2008). "The economics of independent and video distribution in the Digital Age." Tribeca Film Institute; Magiera, M. (2009). DVD threatens film economics. *Video Business*, http://www.videobusiness.com/blog/1120000312/post/60050C06.html.

[18] Folkerts, J., and Teeter, D. (2002). *Voices of a nation: A history of mass media in the United States*. Allyn & Bacon, p. 442.

[19] Briggs, A., and Burke, P. (2007). *A social history of the media: From Gutenberg to the Internet*. Polity Press.

[20] Folkerts, J., and Teeter, D. (2002). *Voices of a nation: A history of mass media in the United States*. Allyn & Bacon, p. 442.

[21] Sports and television. Museum of Broadcasting. http://www.museum.tv/eotvsection.php? entrycode = sportsandte.

[22] Snauffer, S., Reynolds, K. A., and Reynolds, C. (2009). *Prime time soap operas*. Praeger.

[23] Steinberg, B. (2009, November 30). The future of television. *Advertising Age*.

[24] Ibid.

学习目标

1. 了解互联网的历史和发展概况。

2. 学习新媒体的根源和基本架构及其内容的动态本质。

3. 探索电子邮件和短信在世界范围内的影响。

4. 思考知识分享的价值和作用。

5. 区分线性信息和非线性信息。

6. 定义用户介导的内容，并且认识它是如何改变媒介用户与内容制造者之间的关系的。

7. 认识媒介聚合的积极作用和消极作用。

8. 理解在线社交网络的社会影响和文化影响。

9. 学习新媒体是如何作用于草根运动和主流政治的。

10. 追溯多种形式的游戏的发展过程及其对社会和文化的影响和重要性。

第 7 章 新媒体

193 约翰·佩里·巴洛，摇滚乐组合“感恩而死”的作词人，同时也是电子前哨基金会（一个致力于保护公民在数字世界中个人自由的组织）的创始人之一，在 1996 年给当时的美国总统比尔·克林顿发去了一份自称为“赛博空间独立宣言”的公开电子邮件。这份“独立宣言”是一则措辞强硬的声明，批评克林顿签署 1996 年美国电信法，这项法案将试图控制互联网上的一些信息和媒介内容。那些支持互联网的迅猛发展，并且坚信正是政府管制的缺失才使得互联网有如此迅速发展的人们，对这项法案的反对声尤为高涨。巴洛的“独立宣言”本身也是一个非常好的证明，它展示了这些抗议是如何通过互联网而迅速起到作用的。在这份声明通过电子邮件和网站发布后仅仅数小时之内，就有数以百万计的互联网用户读到了巴洛的“独立宣言”：

> 工业世界的政府们，你们这些令人厌倦的钢铁巨人，我来自网络世界，它是思想的新家园。代表未来，我要求你们这些来自过去的人不要打扰和干涉我们。你们在我们当中并不受欢迎。你们在我们聚集的地方没有主权。我们没有选举的政府，并且我们也不太可能有一个这样的政府，所以，我以不大于自由本身经常所说的权力来对你们讲话。我宣布，我们正在建造的全球社会空间天生独立于你们想要强加于我们的暴政。[1]

网络空间的迅速发展将互联网变成一个全球经济和全国性及区域性基础设施运行的平台。同时一个具有极其强大和深远影响力的平行的数字世界正在建成，在这个世界中充满了信息、图像、观点和知识的自由传播与流动。并不是所有人都对这个有时很吵闹并且没有控制的新媒体世界感到很舒服。并且随着发展，还出现了潜伏于网络空间中的一些潜在的威胁，如网络身份盗窃、儿童色情和网络恐怖主义等。所以，在 21 世纪之初，就有新的观点认为在网络中立的基础上，要增加政府对互联网的管控。其中网络中立的原则就是要求所有的网络服务提供商和网站拥有者必须允许用户以平等的速度和平等的接入权限来获

网络空间的迅速发展将互联网变成一个全球经济和全国性及区域性基础设施运行的平台。

得他们在线的内容。

自从互联网诞生伊始，其运行和发展都是基于中立的原则。很多专家如媒体法领域著名的教授们（如斯坦福大学的劳伦斯·莱西格）和开放互联网联盟的成员们，都认为这样一种中立性是使得互联网在所有领域，如社会、商业和政府，得到全国乃至全世界范围内的广泛应用的关键因素，并且这种中立性也是我们从中获益的令人惊讶的创造力和创新的基础。[2]网络中立性保证了在网络空间的平等接入和平等的机会。许多人认为政府必须被允许通过规范管理互联网流量的方式来维持网络的中立性，他们担心互联网不受控制的开放性可能会招来对公众隐私和安全持续不断的滥用和威胁。

2010年4月6日，美国联邦上诉法院做出判决，决定联邦通信委员会（FCC）不能强制实行网络中立，也就是说，不能规范管理互联网服务。这项判决使得如Xfinity（之前被称为Comcast，美国最大的互联网服务提供商之一）公司以及类似的公司，可以降低或是阻拦用户访问某些网站的接入速度或权限，或者是通过提高收费让客户获得更快的速度和权限。如果事情是这样的话，那么国会将发现其实这是给予了联邦通信委员会所希望得到的对网络空间进行管理的权力。[3]

国会，以及国际贸易组织，都在持续讨论这个问题。有些声音要求至少一些特定范围需要的管理是不可避免的，比如针对减少侵犯个人隐私和网络身份盗窃的法律。这场主题为互联网最基础的开放性最终是否会因为管控而被牺牲的辩论可能还将持续数年。我们将在本章后半部分以及第11章中探讨如何在两者之间进行平衡，其中一方面是互联网的内容自由和接入自由，另一方面是对互联网进行管理的必要性。

194 什么是新媒体？ 新媒体从哪里来？

其实稍加考虑我们就可以知道，电报以及后来的电话是它们那个时代的新媒体。这些发明以深远地影响文化、社会和政府的方式，革命性地改变了信息的流通，并且将世界以先前从未想象过的方式拉近了彼此之间的距离。电报是世界上第一个电子“网”，由美国发明家和画家塞缪尔·莫尔斯研制发明。在当时，绝大多数人都是通过西联公司获得电报服务的。这家垄断性公司雇用了一批经过培训并且能够熟练掌握莫尔斯电码的操作员。莫尔斯电码是一种通过声音和可视符号（点和划）来传输信息的字符编码系统。当这些点和划以特定的方式排列组合起来的时候，就能代表特定的字母和数字。任何传输的信息都是以单词来收费的。尽管电报在提高传播的速度方面有着革命性的进步，但是它也有自身的缺点。举例来说，只有那些能够承担得起按字收费费用的人才可以用电报来发送信息。另外，由于电报通信需要和依赖电缆的存在，所以在没有电缆的地区则无法进行任何信息或是新闻的传输。这些局限使得一批新的发明家争相开始探索其他传输的技术——这一次是通过声音。

1876年诞生了这样一种装置，可以将人的声音转化成为各种不同频率的电脉冲信号，然后通过无线电波再次转换成人的声音，这样的装置名叫电话。尽管没有哪一个具体的发明家被认为是真正意义上发明电话的人，但是亚历山大·格拉汉姆·贝尔被公认为是第一个将电话申请并获得其专利的人。无论从哪一点来看，电话实现了直接的用户对用户的通信，尽管早期的电话网络需要接线生来转接电话。中央电话系统（交换系统），位于一些较大的城市并且由贝尔电话公司运营，将许多本地的电话网络连接成一个单个的全国性的、后来是国际性的通信网络系统。就这样，这个新的工具极大地改善了通信的速度和距离。

那么，与昨天的所谓“旧媒体”相对的，今天的“新媒体”到底是什么呢？旧媒体主要包括印刷类媒体，如报纸、杂志和书籍，以及模拟信号播放的媒体，如电视、广播和电影。从20世纪80年代中期开始，专家们开始用新媒体来指代数字媒体。数字媒体利用电脑技术，通过数字平台进行发布公开，并且部分或是全部寄居于网络空间。这些从本质上来讲都被称为Web 1.0。

Web 1.0主要聚焦于数字化的出版和发行，同时还包括早期的电子邮件通信。这样，互联网开始作为一个以文本为主导的印刷出版的替代方法，开始进行学术和专业期刊文章的发布，后来扩展到书籍、杂志和报纸这些含有图片的媒体。和传统的印刷发行一样，这样一种媒介只允许单向的信息传播，即从生产者到消费者。那些含有静态信息并且很少更新的个人网站在那段时间的互联网上占据了统治地位，这在很大程度上是因为网站设计软件较为复杂，而且当时新技术成本很高。同时，那时候网速缓慢得让人痛苦，这也使得获取网上的内容这一过程变得非常困难，完全不能和我们现在所享受到的令人愉悦的网速相比。随着时间的推移，用于网站开发的软件程序变得容易操作和使用，同时网络基础设施，即我们所知的互联网骨干网，发展得更为完备，这样原先静态的内容被更加具有互动性和动态的媒体内容所取代。[4]

20 世纪早期，正在接线总机上工作的接线员。这些中央电话交换系统使得更快速的、跨越更远距离的通信成为可能。

195 ## 新新媒体

截至 2000 年，新媒体发展成为可以包含数字化制作和发行的并且具有互动性的媒介内容。到了 2010 年，新媒体经历了又一次变化：媒介聚合，即在技术推动下，将媒介内容（电视、广播、印刷文字和图表）融合到数字化通信交流平台（互联网、电子邮件和电话）。基于互联网的社交网络以及通过博客圈形成的参与式新闻也在以惊人的速度增长。正是通过利用这些新媒体的发展和进步，全球互联网公司如谷歌、亚马逊和 eBay（电子湾）等才开始能够有效地开发利用正在不断扩张的新媒体市场。现在，任何一个新媒体的工作定义也必须同时包括数字通信设备如手机、智能手机（iPhone 手机、黑莓手机、安卓手机）、掌上电脑（PDA）和在线教育平台如“黑板”（Blackboard）等。从一个大众媒介的角度来讲，这些工具为更加小众但是更加精准定位的受众群体获得精致的媒介内容提供了更大范围的选择。[5]

这次正在进行的媒介聚合和新媒体的发展又再次合并成为一场更加有力的大众媒介现象，被称为“新新媒体”。这个词最早是由蒂姆·奥雷利和约翰·巴特利在 2004 年首先创造并使用的。现在更为人们所广为接受的有关其最新迭代的称呼是 Web 2.0。Web 2.0 的特点是极大增强的用户参与度，用户可以通过网络交流创意、创新和信息，进行内容分享，实现用户之间的知识产权交流。Web 2.0 建立在得到了极大改善的视觉和流媒体的基础之上，立刻成为新媒体的核心和主要平台。流媒体的信息内容是以一种恒定的、持续不间断的方式来进行传输的。随着互联网带宽增加，电脑处理和操作系统运行速度加快，其价格也越来越容易被人们接受，网络服务提供商和虚拟主机服务也都开始发展得更加繁荣，实力得到了增强，这些因素加在一起将 Web 2.0 变成了现实。

到目前为止，这些发展催生了基于互联网的社交网络、博客圈以及全球范围内由用户自己来维护的资料信息档案库如维基百科，还有通过多种媒介形式传递娱乐、教育和商业内容这一领域的创新。这些新事物影响了互联网的力量，从而将数以百万计的用户通过网络连接起来，形成一个不断扩大的、全球的、通过网络互联的创新引擎。

新媒体模因

新媒体所包括的不仅仅只是生存在数字世界网络空间里的媒体。其概念本身就是一个文化模因——一个通过文化进行快速传播的观点，以指数形式扩散，就像一个细菌在生物活体中的传播一样。实际上，新媒体代表了可能是 21 世纪最重要的单个模因。

在互联网上进行传播的观点，即使是不可靠的或者是不真实的，也有可能成为模因。就因为它们像八卦或者是耸人听闻的新闻一样，在网络空间里传播的时候，能够更加容易抓住和吸引一大群人的视线和注意力，所以很多这些在网络中广泛传播的观点被普遍地认为是“真理”。Snopes. com 是一个非常受欢迎的网站，致力于验证和揭穿那些所谓的都市传奇。尽管这些都市传奇的来源无法确定，并且其可信度也非常可疑，然而它们还是能够渗透到流行文化中。许多这些传奇能够通过互联网得到传播，在很大程度上是因为其病毒传播的本质特征大大加速了流言传播的过程。举例来说，在 2008 年美国总统大选期间，有传言称民主党总统候选人奥巴马是穆斯林，即使据他本人说，自己是一名身体力行的基督徒。尽管后来有事实证明这样的传言是明显错误的，但还是有很多人对此信以为真。

苹果公司的 **iPhone** 手机很快成为人们体验聚合媒体的首选数字平台。

196 尽管有大量未经证实的或者是错误的信息仍旧在互联网中飘荡，但是模因也可以被用来传播准确和平衡的观点，并且反作用于之前所传播的错误的信息。还是举例来说明，著名导演詹姆斯·卡梅隆 2009 年的好莱坞巨作《阿凡达》上映数周之后，就有传言声称这部电影里包含有故意煽动种族主义的隐蔽信息。这些互联网模因引发了一场大体上积极的媒体讨论，不仅纠正了先前错误的传言，还掀起了一场有关世界上现存土著文化是否有价值保护的公众大讨论。在病毒性媒体中，媒介信息是经由互联网的迅速复制而得到分享和传播的。这种通过病毒性媒体来进行模因传播的现象使得那些仅仅具有基本的网页技巧和有限资源的人能够发起有效的病毒式营销和政治运动。这些网络居民利用了互联网的力量，制造出相互矛盾的信息，最后发展成为另外可供替代的世界观，被众多群体的人们所接受和传播。[6]

作为文化模因的传播渠道，以及在互联网惊人的发展之下，新媒体的影响也得到了爆炸性的增长。根据 2010 年由美国商务部下属的美国电信和信息管理局所发布的报告《数字化国度》所提供的数据，有超过 1.18 亿的美国人每天都要上网。[7] 新媒体和互联网已经从根本上改变了人们交流、社交和获取信息和娱乐的方式，我们将在本章的学习过程中探索这一重大变化的影响。为了帮助我们更好地理解这一转变是如何在如此惊人的短时间范围内产生的，我们先熟悉和认识一些主要的新媒体的先驱者，新媒体的故事正是从这些人当中开始的。

> 新媒体和互联网已经从根本上改变了人们交流、社交和获得信息和娱乐的方式……

互联网的创新者和远见者

新媒体的编年史开始于自身发展历史也不长的互联网。在第 2 章中我们已经讨论过，互联网诞生于 20 世纪 70 年代中期美国国防部的一个叫阿帕网的项目。研究者们起初是利用阿帕网来共享有关国防事务的研究项目的工作。这些研究项目的基地大多数都安排在全美国范围内的一些主要的大学里。过了一些年之后，随着电脑网络连接技术和通信交流方面取得的巨大进步，越来越多的大学开始加入到阿帕网中。在接下来的 20 年里，计算机、应用软件和网络技术一起将利用计算机进行计算的力量带给了不断增长的用户。越来越多的用户友好的软件应用和图形界面进一步在数字时代刺激鼓舞了这一趋势。

1991 年，一位名叫蒂姆·伯纳斯-李的英国数学家做出了一个意义深远并且随后将改变整个世界历史的决定。当时在欧洲核子研究组织（CERN）与罗伯特·卡里奥一起共事的蒂姆·伯纳斯-李，发明了一项通信语言，使得客户端计算机和服务器可以在一个广阔的网络中使用标准的协议进行相互之间的交流。而这样一个广阔的网络就是后来人们所称的环球信息网（WWW，通常也称为万维网）。万维网是一个存在于互联网中的 197
文档（网页）系统，包含有文字、图片和多媒体的内容，所有都是通过链接相互联结在一起，并且易于访问。伯纳斯-李决定将他的万维网项目向世界公开发布——并且免费。

以下三个缩略词组成了互联网的根基并且代表了伯纳斯-李的巧妙创新的核心。

URL（统一资源定位符）：一个命名系统，给互联网上每一个网页中的每一个站点的一个唯一可定位的“地址”，这样任何人都可以轻松进行访问。

HTTP（超文本传送协议）：一系列通信和软件方面的标准和规则，允许不同种类、不同品牌，使用不同操作系统和不同程序语言的计算机，能够在万维网上进行相互间的通信交流。

HTML（超文本标记语言）：一个相对较为简单的程序语言，使得网络开发者们可以具体说明当一个网页被不同的互联网浏览器程序访问的时候，会呈现出什么样的效果。

尽管伯纳斯-李被人们普遍称为是“互联网之父”，但是直到另外两名年轻的富有远见者的出现，才将万维网变成当今无处不在的数字世界。1992年，在伊利诺伊大学国家超级计算机应用中心工作的马克·安德森和艾瑞克·比纳研发出了马赛克——世界上首个互联网浏览器。马赛克是这样一个软件，它可以让人们浏览、检索和移动万维网上的信息。作为一个基于图表的网络浏览器，马赛克可以展示文字和图片，并且让用户通过鼠标点击URL链接的方式浏览网站。

一个最近的基于互联网的模因使得无数人相信詹姆斯·卡梅隆的电影《阿凡达》含有潜意识煽动种族主义的信息。

1994年，安德森加入了其他互联网创新者的行列，其中就包括吉姆·克拉克（硅谷图形公司的创始人）和集体首次发布了网景领航员的团体组织。网景领航员是首个公众可以广泛利用的互联网浏览器，与马赛克不一样，网景领航员对现有的网页界面做了很多技术改进和效果增强，其中包括对新的调制解调器技术的优化。调制解调器是通过电话线将计算机接入互联网，但是如果网络通信堵塞的话，这样的连接就会变得众所周知地慢，而且还会在文件下载方面产生延迟。而网景公司给人们带来了更快的下载速度和用户可以自己定制的书签功能，这样可以将浏览过的文档直接保存到电脑的硬盘里。这些进步都极大地增加了万维网的实用功能和可靠性。[8]

信息高速公路

1991年，当时的美国参议员阿尔·戈尔起草了《高性能计算和通信法案》，这一法案更为人们所熟悉的名称是《戈尔法案》。该法案的通过意味着美国将为国家科研教育网（NREN）的建立拨款6亿美元。戈尔将这一网络称赞为建造“信息高速公路”的基础。而“信息高速公路”这一概念早就被许多知名的20世纪的哲学家、科学家和梦想家所提出和设想出来了，远远比支撑这一概念的技术和应用全部都就位的时间要早得多。举例来说，哲学家和大众传媒的领袖级大师马歇尔·麦克卢汉早在20世纪60年代就设想了“地球村”的概念。他认为在地球村里人们可以享受到能够广泛获取的数字媒介以及基于计算机的通信交流，通过极快的由无数相互连接的电脑所组成的全球网络进行信息传输和传播。他设想了这样一个世界：即时的通信交流和知识在全世界范围内的共享可以弥合不同国家和文化之间的障碍、时间和距离，而正是这些因素在贯穿历史的过程中将人们分隔开来。如今，在互联网和基于网络的新媒体的帮助之下，我们可以说麦克卢汉未来主义的“地球村”在很多方面已经实现了。[9]

如今，在互联网和基于网络的新媒体的帮助之下，我们可以说麦克卢汉未来主义的“地球村”在很多方面已经实现了。

蒂姆·伯纳斯-李，也被称为是“互联网之父”，在 1991 年思考万维网。

198 随着政府利益和资金投入在其中扮演着重要的角色，曾经被认为是具有创新性的 Web 1.0 逐渐地发展成为融合了丰富的媒介形式、更加便于获得内容和进行互动的 Web 2.0。美国联邦政府的机构如美国宇航局（NASA）、美国国家海洋和大气管理局（NOAA）和史密森尼学会一起都进行了相当大的投资，来帮助创造出能够向网络传送高度可视化内容的应用，同时这在实践中也需要更快传输技术的进步。这些机构和其他政府机构都在持续不断地发展 Web 2.0 中最新的进展。主要的大型公司，包括微软、美国在线、网景、谷歌和奥多比，在创造新的媒介技术方面也投入了显著的研究与开发（R&D）资源，而也正是这些新的媒介技术在不断推动 Web 2.0 的进步与创新。

Web 2.0 的演变历程

尽管看起来似乎并不是太有关联，但是互联网的起源确实是和新媒体的另一个主要内容——电子游戏——紧密相连的。[10] 在第二次世界大战刚刚结束时，美国军方就认识到开发一个能够让全世界范围内的研究者们分享他们工作的通信系统的好处。与此同时，美国国防部也在开发基于计算机的模拟程序，来训练复杂武器平台的操作者们，从战斗机和直升机的飞行员到空中交通指挥员、船员，再到装甲车司机以及其他。这种模拟技术最终在商业领域以一种美国当今文化中无处不在的形式找到了其应用的价值：电脑和视频游戏。为了使科学家们能够与他们的同事进行合作，同时也为了促进模拟技术更快和更有效的发展，美国政府在研究过程中也参与了投入，最终诞生了后来的互联网。

除了美国政府所提供的重要支持以外，国际广播电视业也在 Web 2.0 的发展演变过程中做出了重要的贡献，因为它们需要依靠 Web 2.0 来向观众展示所制作的富媒体内容。英国广播公司和美国公共电视网是最早认识到用户希望能够互动

选择和“自我编排”节目内容这一需求的电视
199 广播网络。现在这些电视台的节目有很大一部分
在网络上也能看到，而且大多数免费。网络上的电视节目内容通常都会嵌入广告，也有一些网站所提供的内容需要向用户收取小额的使用或下载费用。

美国国家海洋和大气管理局和史密森尼学会都进行了相当大的投资，用于网络高度可视化内容的发展和传送。

所有这些政府机构和商业运营公司在过去 20 年新媒体获得突飞猛进的发展过程中起到了重要的推动作用。与此同时，包括电子邮件、短信和 IP 电话（VoIP——互联网上的语音通信）在内的通过利用互联网进行的通信交流在世界范围内成为主导的通信媒介。

重新发现文本：电子邮件和短信

新的大众传媒形式的出现所伴随而来的是更加强大和易于使用的社交和商业网络工具。电子邮件，现在常简称为电邮，最初就是一个基于网络化的、为了发送和接收仅限于文本信息的数字化系统。随着时间的推移，现在电子邮件技术也发展到了可以容纳图片、视频和音频等多种形式的内容。

电子邮件的发展实际在时间上要早于互联网。我们现在所知道的电子邮件的前身是 1961 年在麻省理工学院研发出来的，当时的名字叫兼容分时系统（CTSS）。兼容分时系统可以让 IBM 主机计算机的用户在同一个系统内给其他用户留言，它也同样可以使远程终端的用户访问到主机计算机。[11]随后在 1972 年，一个曾经在麻省理工学院学习过的年轻电气工程师雷·汤姆林森（当时和一个小的团队一起工作）写出了文件传输协议（FTP）。这是一套标准的程序用于对计算机网络上的文件进行交换和操作，称为 CPYNEY。这个具有实际意义的程序的普及也导致产生了第一个标准化电子邮件协议 SMTP（简单邮件传输协议），后来发展成为 POP（邮局协议）电子邮件标准，这也是我们现在所应用的。为了表彰他在这方面的工作，汤姆林森也被广泛地认为是电子邮件的发明者。

现在世界上每天大约有 7 亿人要发送或接收超过 10 亿封电子邮件。[12]在很多方面，电子邮件代表了过去书信写作的流行和利用的一次复兴，将其带入到了数字世界的网络空间里，并且将其应用扩展到不可思议的程度。在 21 世纪，电子邮件的使用已经非常有效地参与到了人们日常生活的各个方面，包括工作、学校和商业以及其他各个方面的社交活动。

随着短信的发明，通过数字文本进行的通信交流又再次向前有了飞跃。短信，也就是通过掌上便携式数码设备如手机和个人掌上电脑等来传输仅限于文本的信息。短信，也被称为 SMS（短消息服务），它的流行和普及也在以一个超乎寻常的速度在增长。虽然现在还没有明确的证据显示是谁写出了第一条短信，但是普遍的观点认为第一条短信大概是 1992 年被发出的。2000 年，全世界范围内人们共发出了大约 200 亿条短信，到了 2005 年，这个数字增长到 5 000 亿，而截至 2009 年年底，则达到了 1.6 万亿条。在仅仅 10 年的时间里，全世界每年发出的短信数量都是前一年的三倍。[13]

手机短信的流行在日本青年中几乎无处不在，以至于在短信中使用的缩略语被日本语本身所接受和采用。

短信正在并将持续对整个世界在文化上产生 200
重要的影响。比如在印度，媒人已经开始利用短信将其作为包办家庭婚姻、联结不同家庭之间的一个有效方式。再从一个更大的角度来看，贸易协会发起了有效的短信活动，来抗议新政府的税收项目，并且这些抗议活动还产生了强大的效果。[14]在美国，奥巴马在其竞选总统期间使用短信来争取年轻选民的选票，并且还形成了一次成功的草根政治运动。在日本，短信在年轻人和白领中间是如此受欢迎，以至于短信使得日本语言本身都发生了变化。市民们开始不得不采用缩略语和固定词组来适应短信文本格式的要求，这从根本上具有深远意义地影响了日本文化。[15]

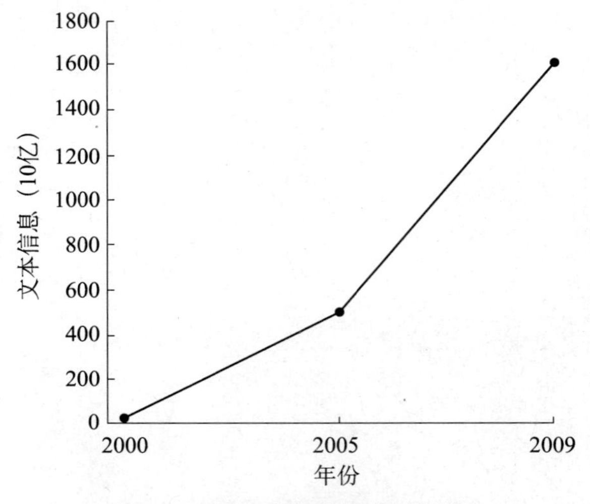

2002—2009 年文本信息的增长量。

短信在日本、美国以及整个欧洲的数字化居民这一代人群中得到了指数级别的增长，这一现象引起了社会的广泛注意，就像在视频短片“短信的语言”里所揭示的。短信在美国的高中生群体中尤其受到欢迎和流行，因此还引发了家长与文化、语言学和社会心理学方面专家之间的热烈讨论。因为短信花费较为便宜，不是那么具有对抗性的，并且从技术上讲还较为先进从而使得政府无法进行有效控制，所以短信也成为在中国最流行的数字化通信交流方式。根据中国工信部的数据统计，2008 年 1 月，中国人共发出了 160 亿条短信。[16]

动态的新媒体

自中世纪以来，信息的传播和获取都是通过书本的方式。在这样一种直到数字时代都没有发生太大变化的方式中，作者自己进行内容的写作，根据一个具体的结构，尤以线性结构为典型来进行组织，最后送达读者的手中，然后读者也根据作者叙述的顺序阅读书籍。但是，新媒体的形式是非线性的。

线性信息对阵非线性信息

信息是如何组织和获取的，这是新媒体和“旧媒体”相比一个不同的方面。旧媒体的组织方式主要是线性的。旧媒体，如报纸、杂志、书籍、音乐专辑和电视节目中的内容，都有非常清楚的开头和结尾。而且如果用户还想跟踪了解内容中所提到的任何引用的材料，就必须自己花额外的精力去找资料，比如说，有一篇讲述佛罗里达州基维斯特生活的文章刊登在一本印刷杂志上，其中引用了海明威的一句话，并在脚注中注明了这句话的出处。如果读者对阅读所引用的海明威这句话的原文上下文感兴趣，并且想了解其本意的话，那就需要自己去进行实际的搜索最后找到具
201 体的那本书。或许这位读者会在某家图书馆或是书店中找到这本书。接着他就要翻阅此书，然后找到那篇文章中具体的所引用的部分，最终只有到这里，才能按照文本字面的意思来体会到海明威当时想要表达的内容。

新媒体和旧媒体相比要动态得多，其部分原因是因为大多数的用户是以一种非线性的方式来获取内容的。在这样一个新的模式里，用户可以“再创造”或者“重新混排”媒介内容来满足他们个人的兴趣和需求。新媒体存在于一个没有边际的、多层次的、由知识的各种片段拼接起来的世界中，其中的元素也常常是以多样的方式联结在一起。

要弄明白这个是如何操作的，我们还是来看先前海明威的引语的例子，不过这次是把场景从印刷杂志上的一篇文章挪到网站上。这个网站会包含许多嵌入的超链接（通过鼠标点击链接能够获得的引文或者来源）来链接数目众多的其他网页资源和网站，而它们中的每一个也都有着自己的一套超链接与其他更多的网站相关联。如果我们继续更加深入地探究下去的话，那么这些“链

接着”的知识将以指数级别的方式增长；这样整个看上去就是无边无际的，其范围和界限仅仅与每个用户选择探索到多深的程度有关。很有可能当用户点击海明威的那句引语的时候，呈现在他面前的就是在书中那句话所在那一页的图片。这一页有可能是以弹出窗口的形式，或者是链接到另一个能够自动打开的网页上的形式出现。这时，其他有关探索海明威在基维斯特生活的文章、照片、视频片段和博客的链接也会出现。这些链接还有可能会将用户带到更多的网站，其中会有探索其他著名作家在基维斯特的作品，或者是展示海明威本人图片的网站，再或者是仅仅关注他那只多趾猫的网站，这样持续不断地下去，只要这个用户愿意继续点击他的鼠标。

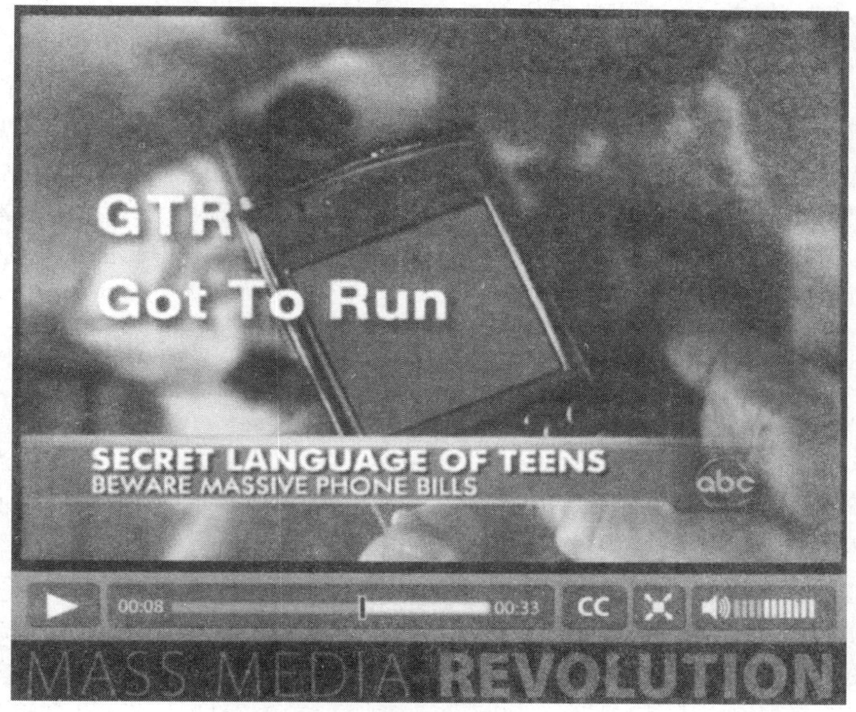

《短信的语言》截图。

调查性报道详细描述了短信在高中生群体中迅速流行的现状。

用户介导的内容

正如前面所提到的，在网络空间中，用户并没有被强迫要求以一种时间的顺序或者是线性的方式来获取信息。与之相反，媒介内容是以流媒体、播客（可以从网络上下载的数字视频或音频文件）的形式或者节点或者例子等方式呈现出来的。而这些流媒体和播客中也有许多相关联的链接，能够链接到同一网站上的相关材料，或者是链接到在整个互联网上与该信息相关的网页。与之前占据主导的媒体形式相比，这种新的模式代表了一种彻底的改变，它使得用户能够用他们自己的语言来创造、获取和组织信息。

最近有关人类大脑是如何获取、处理和存储信息的神经心理学研究显示，对于大多数人来说，自我主导的知识节点的选择和自我创建的知识结构组织能够极大程度地提升人们吸收和运用新信息的能力。这种方法利用了人类学习如何才能达到最佳效果的方式，被称为动态适应性学习。[17] 动态适应性学习是新一代基于网络的培训网站用户界面设计的基础，同时也是维基百科这样基于网络的知识总汇网站的基础。

> 当动态地适应了每一位用户的兴趣之后，新媒体传输的信息可以让我们有力量来控制如何消费在新媒体中发现的信息，包括我们什么时候从哪里得到信息以及如何利用信息等。

当动态地适应了每一位用户的兴趣之后，新媒体传输的信息可以让我们能够来控制如何消费在新媒体中发现的信息，包括我们什么时候从哪里得到信息以及如何利用信息等。假设你是一个特定音乐组合的超级大粉丝，但是你并不是喜欢他们所有的歌曲。在传统媒体的世界里，你唯一的选择就是到一家音乐商店里，买下这支乐队的一张完整专辑，但是这其中就很可能含有你不想要的部分。而在如今这样一个新媒体的时代里，你可以登录任何一个在线音乐商店，试听你所喜欢的这个组合的所有作品的试样歌曲，然后选择、购买和下载那些你所喜欢的歌曲到电脑上。你可以按照你自己的顺序任意安排组织这些歌曲，然后同步下载到你的 iPod 或者其他便携媒体播放设备（PMP）上，最终制作出属于你自己的音乐专辑。

202 新媒体内容可以“再创造”和“重新混排”的能力也使得我们可以将音乐从一个组合中提取出来，然后与其他（或者是自己）的歌曲尝试拼接在一起，从而创造出从实际效果来看一个新的作品。任何人，只要有一台电脑、一些便宜的媒体剪辑软件和一些技巧，就能以这样的方式制作出属于自己的独一无二的媒体作品。这些再创造和重新混排出来的作品可以很轻易地上传并且在流行内容分享网站上如 YouTube 和聚友网进行广泛传播，还可以在点对点（P2P）技术用户网络如纳普斯特（Napster）和比特流（BitTorrent）上传播，这样不仅在用户之间分享了内容，而且用户还可以提供和购买相关内容。以用户介导的内容的增长和扩散实际上是新媒体时代的一个关键的特征。当然在利用别人创造的原材料中重新混排新的作品这一过程中会涉及具有争议的版权问题，这一点我们将在第 11 章中探讨。

参与式内容创造

Web 2.0 正在让越来越多的人从中获取信息，它实际上是一个不断增长的集体智慧的范围。想想这一作为知识分享基地的新的集体智慧，如果不是数十亿人，起码也有几亿的个体通过不间断合作在搭建这一基地。新媒体的内容是从这些贡献者集体的合作中诞生出来的，同时它也是新出现的观点和创新的源泉，而这些又反过来为我们提供了新的工具，参与到新媒体内容的不断扩张过程中。

想想这一作为知识分享基地的新的集体智慧，如果不是数十亿人，起码也有几亿的个体通过不间断合作在搭建这一基地。新媒体的内容就是从这些贡献者集体的合作中诞生出来的……

从某种程度上说，新媒体内容的创造者和发明出能够增加内容创造的可达性与参与度工具的人之间是一种共生的关系。用户所创造的媒介内容的力量部分在于它的效率和自我修正上。科学技术的进步及其内容的可用性正在以非常快的速度发展变化，这也使得任何人都不可能跟上每一个科技创新方面的脚步，所以反过来就要求依赖拥有一个庞大专家网络的知识分享。与单独个体或者是小的孤立的团体创造出同样的内容相比，参与式内容创造则显得在经济上要划算得多，内容上也可靠得多。

以全球在线网络百科全书——维基百科为例。成立于 2001 年的维基百科是一个非营利的、内容开放的和以互联网为基础的百科全书，由互联网企业家吉米·威尔斯和哲学家拉里·桑格共同创建。他们的目标是建立一个能够自我创造内容的平台，最终将世界上所有的知识都总结到其中，并且以世界上所有的主要语言免费向每个人开放。多亏了 Web 2.0 时代里的居民们，刚开始还是一个看似遥不可及的梦想现在迅速地变成了现实。如今，维基百科是世界上使用最多的知识来源，它的准确度已经达到并且经常还超过那些来自传统媒体的对手们，如《大英百科全书》（鉴于维基百科的成功，《大英百科全书》2008 年也开始在其基于网络的百科全书中提供用户所创造的内容）。[18]

在维基百科的早期，很多学者和百科全书内容方面的专家质疑其文章的可靠性和潜在的偏见。考虑到其贡献者庞大的人群规模，有评论家担忧维基百科缺乏实际控制和事实核对。然而随着时间的推移，维基百科被证明是可以进行有效自我修正的。其内容的准确性是由数量众多的内容专
家们志愿监督和维护网站上由用户创造的词条内 203
容的工作的结果。这些成千上万名的义务编辑对错

误的、有偏见的或是有恶意的词条反应迅速，并很快将其修改过来。其中带有恶意的或者涉及诽谤的词条将会被通知给维基百科的工作人员，随后立刻进行删除。与此同时，软件开发志愿者们也在紧张地研发新的工具，使得维基百科这一虚拟社区对所有的文章就其可靠性进行打分评价。[19]

学生们在体验动态适应性学习。神经心理学相关研究表明，动态适应性学习可以帮助我们改善吸收和运用新信息的能力。

知识分享：一种开源模式

在新媒体时代，作为内容生产和管理的一种方式，开源模式开始逐渐脱颖而出。开源模式允许分布广泛的普通用户能够轻松获取信息，这是为了鼓励信息来源和信息消费者之间产生富有创造力的交流和成果，从而获得进步并且培育出一个更加功能强大的知识库。这一模式的支持者认为，通过将传统的受控制的、被保护的和有版权的材料公布出来，社会获得的整体的利益要比单个的内容生产者所付出的代价有意义得多。而且到最后，即使是这些单个的内容生产者也会因为对文化中有益的方面所做出的贡献而获得更多。

通过向公众开放一些经过选择且先前是完全不公开的内容，开源模式证明会给所有学科带来益处。这一模式对科学的作用特别好。网络空间的进步诞生了两项著名的与科学有关的开源应用：arXiv 预印本数据库和开放科学项目。

ArXiv 读做 archive（意为“档案馆”），于 1991 年在洛斯阿拉莫斯国家实验室成立，是一个“硬科学”领域如数学、物理学、生物学、计算机科学和天文学科学文章的在线集合。这个数据库免费向所有对科学感兴趣人开放。但是 arXiv 上面的文章有一个突出的方面就是所有这些文章都没有经过同行评审——而这是传统科学和学术出版的前提，取而代之的则是有一批“核对人”来审查这些文章，然后通过主题—专家许可系统（类似于维基百科）获得进一步的详细审查。

开放科学项目的运营更多地像是一个博客。这一网站是由一批强烈拥护和支持开源理论思想的科学家和工程师所发起成立的。网站建立的目的就是为了支持开源的科学工程、数学和计算机程序设计的信息，以此来鼓励科学合作、创造和革新。开放科学项目这种方式的受欢迎程度正在稳定地得到提升，尤其是在大学生和大学教师中间。他们被科学就是一项集体的努力这样的观点所吸引，反对过去那种科学界中过度强调竞争的氛围。[20]但是，开放科学项目这种信息分享的方式对知识产权保护如版权和专利，提出了挑战性的问题，这些和参与这一项目的政府及提供资金支持的公司等都有所牵连。我们将在第 11 章中讨论其中的一些问题。

消费新媒体：磨炼关键技能

在网络空间里区别信息质量的优劣，对于即使是最熟练的网络用户来说，都是一个挑战。复杂的搜索引擎（目的是为了在网络上搜索信息）如谷歌可以帮我们做其中的一些工作。它们以每一个网站的点击数为基础对网站进行搜索，然后
204 将结果以降序排列出来。仔细浏览成百上千个网站、社交网络站点和博客的经验可以帮助人们熟悉关键词和核心概念——信息可以被用来定位与个人或者研究主题利益相关的可信和可靠的站点。

> 我们当中的所有人——不管是数字土著还是数字移民，都必须掌握有效选择和过滤信息的技巧，以避免被信息淹没和误导。

培养关键的媒介消费技巧一直是大众传媒中一个重要的组成部分。新媒体和网络的扩散只不过是提高了这一要求的关键特性。我们当中的所有人——不管是数字土著还是数字移民，都必须掌握有效选择和过滤信息的技巧，以避免被信息淹没和误导。举例来说，每个月互联网上都会新出现上千个博客，其中只有一小部分能够吸引到大量的访问者，而能够保证长时间受欢迎或者是能够保持足够影响力的博客就更少。[21]这是为什么呢？这些数据告诉我们什么？有些博客之所以能够获得很大的网络访问流量是因为其良好的口碑宣传。一些访问者告诉其他人这个网站始终如一地提供高质量和值得信赖的内容。而那些建立在低质量内容和不可靠信息基础上的网站则很快没有访问者，结果这些博客不是几乎没有任何访问，就是直接关闭消失了。

当然，媒介消费者不应该仅仅因为某些内容是流行就盲目接受流行的内容。考虑到还有其他一些因素能够影响一大批网络用户访问一个特定的网站——比如，富有争议的媒体和通过有偿搜索引擎优化（利用网络广告增加站点流量）的方式人为获得高评分的网站等，所以媒介消费者必须保持警惕，对互联网上即使是最流行内容的来源的准确性都要进行严格的评估。

媒介聚合：当下潮流

正如本书一直所讨论的，媒介聚合是当今一股主导的潮流，正在改变新媒体和传统媒体。这场运动事实上将新媒体内容的各种各样的类型融合成一个新兴的、完全整合的和互动的媒介形式，而不是那种简单的复制旧媒体的等效对象，然后通过互联网传送内容。这种做法刺激了媒介内容生产和发行整体的一次重组，同时又反过来导致了大众媒体商业模式的一次彻底的重新设计。我们将在第 9 章中更加完整地探索这一由新媒体推动的大众媒体商业模式的转型。尤其是主要的新闻媒体机构，从报纸和杂志到广播电台和电视网络，都在把他们的内容投放到网络空间中，并且在这一过程中，加入许多不同程度的用户可选的选项和互动部分的内容。

在主要的电视网络（如美国广播公司、全国广播公司、哥伦比亚广播公司、福克斯广播公司）和有线/卫星电视新闻网（如美国有线电视新闻网、微软全国广播公司）的网站上，粉丝们可以沉浸在他们最喜欢的电视节目人物的幕后故事中，参与到观众论坛的讨论中，就未来剧集的发展向电视节目的编剧提出建议，还可以观看特别专题 205
如节目的加长版和演员的采访。不仅如此，观众还能看到新闻报道的加长版参与到明星新闻主播的博客互动中，提出他们自己的报道构思，甚至

是提交他们自己的视频片段。

当涉及健康和医药话题的时候，如果不能掌握关键的新媒体消费技巧会很危险。有很多值得信赖的网站现在可以利用，如梅约诊所（Mayo Clinic），但是用户必须对决定什么样的信息是可信的、什么是不可信的负责。

媒介聚合的实现得益于先前所提到的所有媒介形式向数字形式以及后来的网络空间的转移。媒介聚合在很大程度上提高了新媒体用户的主动参与，以至于往往模糊了专业和业余（媒介内容生产者）之间的界限。

在新媒体时代，在自然灾害如飓风或者龙卷风现场的人们可以向天气频道（为全国广播公司所有）贡献数量可观的视频。天气频道将这些视频收集起来，然后通过它们的网站向其他的广播网络进行发送。这一电视网络的新闻节目甚至会播放用户所制作的视频片段中最惊人的部分。媒介聚合的实现得益于先前所提到的所有媒介形式向数字形式以及后来的网络空间的转移。媒介聚合在很大程度上提高了新媒体用户的主动参与，以至于往往模糊了专业和业余（媒介内容生产者）之间的界限。这一转变反过来也要求重新考虑传统意义上定义的“记者”或是“专业”媒介内容制作人。其中媒介聚合最成功的代表就是曾经获得过艾美奖的独立媒体网络“潮流”（Current）。

潮流电视频道和潮流网

潮流电视频道（Current TV）和潮流网（Current. com）是由美国前副总统阿尔·戈尔和海伊特法律服务的创始人乔尔·海伊特共同创建的。2004 年，戈尔和海伊特购买了“国际新闻世界”——一个在经济上处于困境的加拿大 24 小时有线电视新闻台。戈尔很有预见性地想到了要创造第一个整合互联网的卫星电视新闻网络，针对的对象则是不断增长的新千年一代的媒介消费者——年龄在 18～34 岁之间的电视观众和互联网用户。潮流传媒在 2005 年 8 月 1 日正式成立。在其开始打造受众群体和获得市场认可的几个月之内，整合为一体的潮流电视频道和潮流网就已经获得了极大的成功，在全国范围内大概有 4 000 万的家庭用户和每个月数以百万计的网络登录用户。[22] 在谷歌公司成为其主要的投资者和赞助商之后，潮流传媒网络的发展速度更是得到了稳步提升。

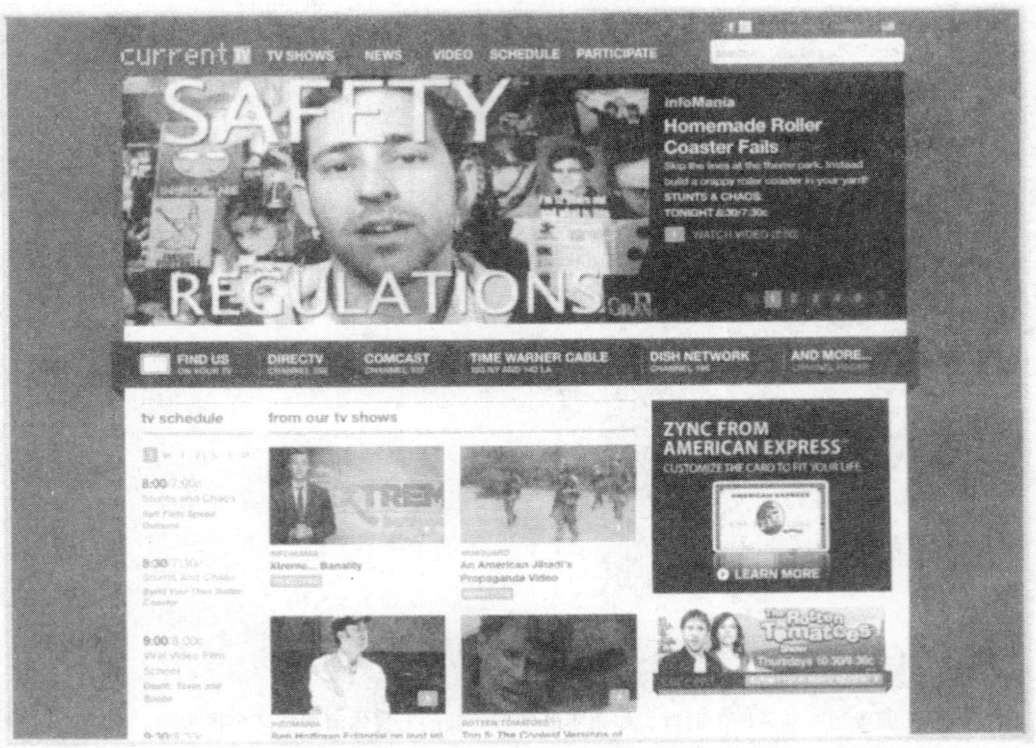

潮流传媒侧重用户创作的电视新闻，所以它是将电视广播和互联网新闻服务以及基于网络的新闻业融合在一起的一个非常典型的案例。从最开始，潮流传媒就通过电视和网络播放“潮流播客”，其中里面大部分的故事都是由观众或者是用户自己制作的。为了更好地鼓励这种类型的用户参与，潮流传媒还提供在线视频新闻及其制作的培训教程。为了保证用户所提交的内容质量达到足够高的标准，一个由新闻专业人士所组成的评委会将选择那些能够体现潮流传媒在公民新闻的编辑管理中所秉持的信仰的新闻进行播放。和YouTube等网站不同，潮流传媒这样的模式给混乱的用户生成内容的新媒体世界带来了节目制作和新闻业的标准。它向所接受的节目和报道支付费用，还邀请其最好的用户参与者加入到它的自由电视制作人的行列中，并且愿意对公民新闻记者所制作的视频播客进行投资。

在节目播出当中，潮流网络会实时通报谷 206
歌上的热门搜索，每个小时差不多有四次。除此之外，它还提供主题式的用户论坛和博客。潮流传媒不仅被证明是一个成功的聚合新媒体模式，而且还证明自己同样是一个非常有效的商业模式。所有潮流传媒提供的服务都是由广告商支持的，然后免费向观众/用户提供。用户制作的内容以及潮流网络对那些迷人的图表、照片和制作精良的独立视频片段等动态的融合，将潮流传媒推到了以图像为主导的媒介平台的首位。这些平台代表了21世纪新闻的标志和特征，同时也是Web 2.0时代以及以后的核心。

内容移动性的作用

美国国会要求电视行业向全数字电视标准过渡，并且规定这一转变必须在2009年2月底之前全部完成。这也为大众媒介市场的领导者们提供了额外的动力，激励他们开发出能够利用新的全数字媒介生态环境的技术和商业模式。其中在全数字环境里制作和发行媒介内容的众多好处之一就是内容移动性，有时也被称做三屏融合。内容移动性可以促进视频内容在数字电视、个人电脑和移动设备之间以一种相对无缝连接的方式进行传送，从而给消费者在获取视频节目、电视新闻、电子游戏和其他流媒体材料的过程中提供更加宽泛的选择。不断增强的内容移动性正在帮助许多软件项目扩大其受众人群。同时它也在激励新一代的内容制作者设计出新的生产技术，从而能够将它们的视频故事展现在更短的、更易便携的视频播客中。

病毒式媒体

病毒式媒体包含的媒介内容在大多数情况下是由业余爱好者或者是专业人士制作的视频短片。它在互联网上通过内容存储网站（如 YouTube）和博客还有社交网络站点（如聚友网和脸书）等得到了广泛的传播和普遍的欢迎。它的名字是受生物学上的病毒启发而来的。生物学上的病毒可以在寄主体内迅速扩散，并且还可以在大片人群中传播，就像在流感中那样。病毒式视频可以是原创作品，也可以是从其他视频或者电视节目中截取的片段。病毒式媒体越聪明和成功，它从互联网到主流媒体的传播速度就越快。它们有时也会被重新编辑，或者“重新混排”，来表达创作者的政治的、文化的抑或讽刺性的观点。

病毒式视频在数字时代对文化有着重大的影响。从产品营销到娱乐营销（包括为新的电视剧集、新电影和新音乐专辑制造一个市场“噱头”）再到政治运动，它的影响力已经在众多领域被感受到了。病毒式视频也可以用于更加暗黑的目的： 207
它们可以被轻易和有效地用做传播谬见和谣言，从而加深人们在种族、民族和性别方面的刻板印象。不过即使如此，病毒式视频一般仅仅是拓展了有关热点话题在文化和政治上的对话，并且通常是非常有娱乐性和讽刺性的。暂且不管病毒式媒体背后的动机问题，在我们的新媒体时代，病毒式媒体的作品实际上经常能够吸引数以百万计的观众。因为这些原因，病毒式媒体代表了21世纪新媒体版图中一个重要的元素，也是我们当中许多人每天所接触到的媒介内容的一个常规组成部分。

中国上海外滩黄浦江上的一处景象展现了极度的数字移动性。

YouTube和用户生成电视

当下最流行的、访问来源范围最广的、以各种各样的视频内容为主体包括病毒式视频的新媒体平台，毫无疑问就是 YouTube。YouTube 现象变得如此有影响力，以至于它使得传统的主流媒体组织，特别是广播和有线/卫星电视新闻网也开始加入到 YouTube 掀起的革命中来。

成立于 2005 年的 YouTube 是一个免费的视频分享网站。该网站上有特别多的各种各样的用户生成和专业制作的视频内容，从视频短片到完整标准长度的电视节目应有尽有。2006 年 10 月，据报道，搜索巨头谷歌宣布以 16.5 亿美元的股票收购视频分享网站 YouTube。从 2008 年 5 月份开始，YouTube 和谷歌开始一起向公众发布用户数据信息。根据这些公开发布的用户数据信息，谷歌每天有超过 1 亿的用户访问量，这使其成为全世界最忙碌的网站之一。截至 2009 年年底，有报道称 YouTube 每个月新增超过 500 万的视频节目内容，占据了所有在线视频的 40%，每个月大概吸引 1 亿名访问者。[23]

YouTube 被广泛认可为新媒体中的佼佼者，并且是将旧媒体的电视和视频融合进入网络空间的领导者。但即使是这样，它还是受到了一些人的批评。其中 YouTube 最频繁被指责的一个原因就是它在保证网站内容遵守美国和国际版权法和条约方面的工作做得不够好。虽然 YouTube 向用户发出了警告信息，禁止侵犯版权的行为，并且花大力气巡查大量的视频节目内容流，但还是经常有相当数量的侵犯版权的视频被上传和发布，这也导致这家公司持续不断地受到针对其侵权行为的诉讼。然而，YouTube 现在巨大的规模使得真正针对版权保护的政策几乎无法实现。最终，YouTube，就和互联网上的很多内容一样，依靠它的用户群体进行自我修正和纠错。

一些国家，如伊朗和巴基斯坦，都已经屏蔽了 YouTube 和其他一些开源的网站，因为它们担心其中的一些内容是对伊斯兰教的不敬和冒犯。与此同时，本土化版本的 YouTube 开始在世界各地以超过 20 种语言纷纷出现。[24]

连接你我：21 世纪的社交网络现象

在线社交网络很快成为千禧年一代成员中主要的网络应用工具，代表了一个完全在网络空间中存在的新形式的社会文化。但是究竟是哪些人在参与网络在线社交活动？它的趋势和走向又是怎样？拉普利夫（RapLeaf）是一家行业领先的 Web 2.0 社交网络追踪组织，它在 2008 年进行了一项探查社交网络使用情况的研究。在这家公司所拥有的 1.75 亿人的数据库中，最后有 4 930 万人实际参与了这项调查研究，其中大约 90% 的受
208 访者来自美国。拉普利夫公司的研究显示，年轻男性群体和年轻女性群体在新媒体和互联网整体上的使用度和参与度上大致相当，但是在主要的社交网站如聚友网、脸书、推特和朋友圈（Friendster）上，年轻女性参与者在数量上要比年轻男性参与者多得多。不过这一趋势也在发生变化，男性用户的比例也在迅速地增长。[25]

数字土著是第一代在数字技术和互联网已经诞生的世界中成长起来的人，他们每天在醒着的大部分时间里都和网络空间保持着联系。他们为自己创造了多种数字身份，这些数字身份与他们在现实世界中的身份以及相互之间都平行存在，同时"生存"。利用互联网的力量，数字土著们创造了属于他们自己的虚拟社会和通过网络关系构建起来的虚拟文化，而这些基本上都是他们的家长和老师所不知道的。[26]

截至 2007 年，差不多 90% 的美国青少年每周七天、每天的很大一部分时间都要保持在线，并且这一比例还在持续增高。[27]数字土著并不把他们在网上的生活看做与现实分开的，而是把这些当做他们现实生活的一个无缝对接和延续。他们也深度地陷入并且熟练于多重数字任务处理。他们经常利用各种网站的资源来同时完成家庭作业、做研究、娱乐，以及和众多的在线"朋友"聊天。当手头没有电脑的时候，他们就会用手机和个人掌上电脑，通过短信和上网，来保持他们在多个站点的网络在线关系。甚至有些人已经非常擅长于这样的多重任务处理，以致即使脱离这个数字空间哪怕一小段时间，他们都会感到不舒服。

表 7—1　　社交网络站点的性别和年龄分析

		年龄组别						
		14～17	18～24	25～34	35～44	45～54	55～64	65＋
所有的社交网络	女性	6 322 060	9 651 584	5 683 422	1 929 328	857 965	279 684	97 858
	男性	4 050 429	7 546 654	5 543 729	2 113 597	873 135	323 251	108 731
	未说明性别的	682 756	1 456 780	1 045 381	428 357	181 913	72 196	20 240

表 7—2　　社交网络站点的性别和年龄分析：好友数量

		年龄组别						
		14～17	18～24	25～34	35～44	45～54	55～64	65＋
至少有一名好友	女性	3 386 077	6 827 175	3 885 996	1 383 558	628 907	198 125	61 800
	男性	2 194 686	5 919 758	4 153 066	1 546 963	622 988	219 002	70 843
	未说明性别的	621 771	1 339 069	939 981	379 682	160 809	64 233	18 113

资料来源：拉普利夫的研究揭示了社交网络用户性别和年龄方面的数据，参见 Http：//www. rapleaf. com/business/press _ release/age。

家庭　　部落　　乡村

州　　国家　　地球村

209 数字聚会网站

社交网络服务使得人们能够在一个远远的、　不那么吓人的环境中培养和锻炼他们的社交技巧，这当然是与人们面对面进行交流互动时所经历的那种环境相比较而言的。数字聚会网站如聚友网和脸书等正在融合，在有些情况下甚至已经取代孩子们放学之后玩耍的真实有形的会面地点。[28]在2010年，仅这两个网站加起来就有超过6 000万的用户，并且非数字土著用户的数量已经增长到超过了所有用户的半数。[29]

数字环境也提供了更加专注集中的互动，如主题聊天室和讨论区。这些论坛通过如兴趣爱好等，能够很轻易地将人们联系起来，然后起到在线社交“破冰船”的作用。在网络空间的会面聊天能够给用户提供一定程度的匿名性、自由以及隐私——这些都是在个人身份形成过程中重要的因素。实际上，能够尝试建立许多不同网络在线身份的能力似乎正是为什么社交网站在年轻用户中如此受欢迎的一个主要原因。大多数的家长们都不允许他们只有十几岁的孩子在真实的世界里随意漫游，但是数字世界提供了一个相对安全的环境，可以用来尝试人际关系，并且学习如何负责任地对其进行管理。[30]鉴于数字世界里几乎没有文化上的或者受空间条件限制的障碍，年轻的社交网络用户们可以与世界上许多地方的人产生联系，体验不同的文化。这样的互动可以产生跨界的观点、更高的跨文化意识和增加对他人的宽容。所有这些好处对许多年轻人来说都很有吸引力。[31]

在线社交网络对于那些可能有学习障碍或者社交障碍的人来说也是非常有吸引力的。[32]对于这些人来说，在线社交网络可以提供培养人际关系的机会，并且不会遇到许多经常阻碍他们全身心参与到社会中的因素。参与到数字社区，可以使人与持续进步的技术保持接触，还能帮助年轻人培养适应不断发展变化的21世纪所必需的技能。如果能够比较早地意识到数字世界的好处和危险，年轻的网民就能够获得基础技能，使其能够在充满不确定性的创新领域进行有效的航行探索，同时还能保持对自己数字身份的把控。[33]

如果能够比较早地意识到数字世界的好处和危险，年轻的网民就能够获得基础技能，使其能够在充满不确定性的创新领域进行有效的航行探索，同时还能保持对自己数字身份的把控。

210 ## 社交网络服务的阴暗面

社交网络服务有着许多对人们有益的地方，但是这个世界也存在着更加黑暗和危险的另一面，比如传播谣言、打架和恃强凌弱的行为等潜在的问题，在数字世界里正以指数级别的速度在增长。但是在数字世界里没有——如果有的话，那也几乎等于没有——对用户活动进行监督管理的办法。举例来说，近些年与在线网霸行为有关的青少年自杀事件正在以令人忧虑的速度增长。2010年4月，六名马萨诸塞州的高中学生被指控犯了重罪，他们在过去的几个月里对一名新来者——来自爱尔兰的15岁的菲比·普林斯——进行了长期的在线口头攻击和暴力威胁，并且还在普林斯的脸书页面和以她的名字建立的假冒网站上发表贬低蔑视的言论。普林斯最终选择了上吊自杀来作为对长期受到欺辱而带来的压力的回应。尽管有许多人（包括普林斯和折磨她的学生所在的这所高中的老师和行政人员）似乎都知晓所发生的事情，但是很显然没有人站出来进行干预。美国教育部在2009年11月到2010年4月所开展的一项调查研究显示，大约有15%的年龄在12～18岁之间的青少年报告称他们是被欺辱的受害者，其中这种骚扰有相当一部分发生在网络上。[34]

大多数青少年在参与到社交网络服务的过程中对个人隐私通常不加以太多关注。就像之前所说的，很多用户觉得他们在社交网站上比在实际生活中的社交场合更加拥有隐私。不幸的是，这一广泛传播的有关匿名的看法忽视了一个非常真实的问题：任何在网络上发布的内容将会永远存在下去。

尽管用户在网络世界中拥有创建似乎是秘密人格的自由，但是聚友网这类网站允许用户显示个人信息，而且在网络上随着人际关系的自然发展彼此之间会交流一些私密细节，这样网民们实际上是在网络上留下了一个几乎无法消除的痕迹。任何发布在网络上的个人信息或是图像都有可能被你所无法想象的众多人所得到和利用。这样的内容，特别是如果内容是“不合适的”，将会返回来纠缠这些个人。这一问题在青少年或者大学生群体中显得尤为严重。这一群体处在一个向更加成熟的环境过渡的状态——比如说，你会进入研究生院学习，或者是工作的地点或领域要高度面向公众，如从事娱乐业，或是从政。

除了在数字世界中长大，当面对社交网络黑暗面的时候，这些年轻人又有多少判断力呢？

根据主流媒体上广泛流行的故事，青少年和年轻人在网络空间所面临的最大的潜在危险之一就是性侵犯者的存在。这些人在网上装做是同伴，可能的朋友，或者是浪漫对象，来利用互联网所谓的安全性，诱使没有戒备的互联网用户进入到败坏名声和受虐待的处境中。尽管这样的威胁已经通过新闻报道和电视进行了广而告之，但是这样的危险有多真实呢？如果我们随着时间的推移回顾历史的话不难发现，性越轨和性侵犯者早已是存在长达数个世纪的一个社会问题。有证据显示，21 世纪的年轻人更加容易受到性侵犯者的影响而成为其猎物，这是因为他们通常很自由地与大群的陌生人在网络上分享他们内心最深处的想法。和媒体上报道的一些更具煽动性的故事相反的是，多数研究显示，这些可溯源到网络的案件，所占比例与发生在整个社会中的案件的比例几乎没有差别。但是，当我们把这一事实和在网络上制造虚假身份的容易程度结合起来的时候，就会发现意料之中的是：许多儿童安全组织和官员对社交网站的作用保持关注，担心社交网站会使得年轻受害者被引诱、操控和暴露于真正的危险之中（这样的情况不多）[35]。

媒体对网络侵犯者的报道在过去几年里一直在增多。比如克里斯·汉森制作的受欢迎的——也有人认为是耸人听闻的——电视连续剧《捕猎恋童癖》，主要讲述了险遇性侵犯者的一些令人不安的故事。美国国会就此问题已经举行了一系列 211
的听证会，警察局也定期派侦查网络侵犯者方面的专家到学校和教堂，目的是提醒和说服家长们要了解和掌控孩子们在网络上的活动。尽管这么做完全是出于好意，但是他们的努力对年轻人如何使用社交网站的影响收效甚微，甚至几乎没有。[36]高中生和大学生在无数次的媒体采访和民意调查中声称，他们知道潜在的网络性侵犯者的危险标志和信号，并且有能力——实际上比他们的父母能力还强——轻易地鉴别和避免这些危险。[37]

一项 2007 年开展的由美国司法部资助的有关网络性侵犯威胁的研究支持了以上声称的这些说法。研究表明，有五分之一的儿童曾经在网络上遇到过轻度到中度的性引诱，这些孩子大部分都很快鉴别出并且避免了这些不恰当的事情进一步的发展。一项调查研究了媒体曾经报道过的性虐待事件，这些事件中人们的关系都是从网络上开始的，非常明显地，涉及的都是那些主动寻求这样的关系并随后同意与成年罪犯见面的年轻人。[38]

这样看来，似乎通过父母加强控制这一方法来与社交网络服务的阴暗面做斗争不是最终解决问题的办法，因为青少年很容易地就躲开父母对他们的监控。那么提高媒介素养和数字消费者的辨识技能是否能成为避免大部分网络性犯罪的唯一的关键呢？反对这一观点的人认为媒介素养能够完全保护青少年网民不受网络潜在危险的威胁这一想法是非常天真的。不过，正如 2007 年美国司法部的调查所显示的，千禧年一代对网络社区的危险能够在很大程度上分辨出来，从而也不太可能陷入到罪犯的陷阱中。[39]

为什么青少年能够如此强烈地被互联网所吸引？基于对青少年行为整体的观察，其中一个原因似乎是，在互联网中，他们总能找到一个愿意倾听的听众。对于年轻人来说，这种和他们所认为的“亲密的朋友圈”讨论生活和感受的想法是非常自然的。按照这样的做法，有一些年轻人就直接忽略或者否认了所有发布在网络上的内容都会有一个庞大和无法控制的潜在观众这一事实。在这种情况下，即使是媒介素养也无法完全保护网络用户不受不断变化的网络世界里所存在的潜在危险的伤害。

关注我的推特账户

斯蒂芬妮·莎莉文，46岁，是北卡罗来纳州威尔明顿市一家网络发展公司的创始人。当她第一次知道有微博客（一种非常缩略的形式的博客）这回事的时候，她觉得每天每小时在网上和她的一帮朋友还有熟人们保持在线联系这样的想法真是完全荒唐的一个概念。然而后来，她开始使用推特和她的男朋友格雷格·刘易斯保持联系。44岁的格雷格住在亚利桑那州的菲尼克斯市，在奥多比系统公司工作。有一天，斯蒂芬妮收到了来自格雷格的一条推特，内容是这样写的：

> @stefsull：好吧。在这余下来的推特世界里（这是第一条，同志们）——你愿意嫁给我吗？

她回应道：

> @garazi - 我的天哪 - 厄厄厄……我觉得在整个这样一个推特世界面前，我要说——我非常愿意和你共度以后的极客人生。[40]

尽管非常难以用确切的事实来证实，但是格雷格的求婚和斯蒂芬妮的接受求婚是在推特或者其他任何微博网站上所诞生的第一个订婚约定。这两个自称是“极客”的人最终迈进了婚姻的殿 212
堂，还合作写了一本关于 Adobe Dreamweaver 软件的实用指导用书。

格雷格和斯蒂芬妮之间浪漫的求婚恰好凸显了推特社交体验的本质特点——数以百万计的人将他们生活中每天所发生的事情在一个公开的在线论坛上进行分享和交流。推特网是2006年在旧金山成立的，是一个免费的社交网站。网站的参与者可以发送短小的基于文本的更新（发表的每条留言最多不超过140个字），这叫做推特。一些大的公司开始使用推特网来代替原先使用的电子邮件和短信。甚至有政府机构开始将推特作为发生紧急情况如森林火灾或者其他自然灾害之后向公众汇报第一时间的反应和状况的交流工具。

记录生活

总的来讲，推特最大的用处就是用来记录生活。在其中，数以百万计的用户在他们的网络“朋友”圈子里通过推特这样一个非常公开的平台来分享每天生活中的亮点和精彩，而这些大部分都是琐事。生活记录者，也称为生活登录者，借助新媒体技术——电脑和个人掌上电脑、数码相机和互联网照片分享网站如 Flickr——以一种类似于不间断实时真人秀的方式来记录和公开分享他们每天的生活。

可能你还记得导演彼得·威尔1998年拍摄的喜剧电影《楚门的世界》里的主人公。这部获得美国奥斯卡奖提名的影片记录了著名喜剧明星金·凯瑞所扮演的楚门·伯班克的生活。楚门并不知道他实际上是生活在一个每周七天、全天24小时不间断的电视直播的真人秀中，在这场秀里，他生活的每一分钟都通过电视被世界上数以百万计的观众看到。当他发现他的生活实际上是被世界各地的观众所收看时，他便尝试着去摆脱这一状况。而生活记录者们做的恰好相反：他们主动志愿地与成千上万名社交网站的注册用户分享他们的生活。[41]

受到这部电影的启发，一个基于视频的社交网络“你的楚门秀”在2007年成立。这个网站将博客记录和类似于 YouTube 的那种业余爱好者水平的视频结合到一个平台上，让人们能够上传发布自己私人生活的视频，并且邀请观看者对此进行回应。用网站创办者的话来说：“我们的目标是将随时随地用镜头捕捉的生活扩展成‘明日在线真人秀之星’的一个网络，将用户制作的内容从单个的视频变为多集的电视剧集。”[42]

那些希望以一种数字记录的方式详细记录下他们生活点滴的人，可以利用另一种相对较为私密的个人生活记录的方式，名叫“我的生活片段”（MyLifeBits）——是一个由戈登·贝尔领衔的微软团队花费了九年时间创作出来的产品。这一软件应用可以让用户详细记录他们一生的各种详细的信息，并且还可以使用关键词搜索。同时这款软件也可以将记录与他人分享，还可以传给他们的孩子以及后代。我的生活片段（MyLifeBits）是一个不断增长扩大的数据库，到最后就有可能发展成为一个人自我生活的数字克隆体，或者如贝尔所描述的，“整个在手提电脑上的生命”。贝尔同时也开始记录他自己的生活。他收集每一个他所访问过的网页的图片，并且记录下他自己生活的每时每刻。他还开发创造了一种新的功能，可以存储每次与人会面之后的信息，每一张或每一篇他所看过的图片或文章，每一个他所去过的商场和饭店，每一次他所参加的会议，以及每一场他所看过的体育比赛等。[43]

推特神奇般的速度让其在中国 2008 年汶川大地震的时候击败了其他任何形式的媒体，最先将消息报道出来。

213 任何人建造一个属于自己生活的数据库克隆体的能力现在看来比我们想的要更加现实和可能，但是这个有什么样的实际用途呢？有人会认为就因为新媒体技术能够让我们做出一些超乎寻常的事情，那通常并不意味着这样的结果有实际价值。而反对者的观点则认为，人们常常会寻找新的和有创意的方式来利用像推特和我的生活片段（MyLifeBits）这样的新媒体，从而在日常生活中获益或者支持政治和社会事业。

激进主义和公民新闻

在国内和国际前线上，激进主义分子正在有效地利用推特来组织集会和协调街头抗议活动：比如 2009 年 4 月在摩尔多瓦，有操纵和舞弊嫌疑的选举使得共产党重新获得执政的权力；再比如 2009 年 6 月总统大选期间的伊朗。

离美国更近一点的则是 2008 年 3 月，在纪念美国发动伊拉克战争五周年的时候，反战抗议人士用博客站点和推特来组织波及全美国范围的大量的抗议活动，还通过短信获得了额外的公众支持。潜在的抗议者可以通过注册获得组织者活动的实时更新以及来自媒体和政府的反应。有关警察针对一些激进分子所采取的过激行为，还有抗议群众的反应的相关视频都被拍摄下来。这些视频很快就被上传到 YouTube 和一些基于网络的视频新闻服务网站如美国新闻计划（ANP)。然后根据这些故事，美国新闻计划向它的观看者发出了数以十万计的电子邮件快报。仅仅数小时之内，主流新闻媒体就获得了这些视频，它们开始出现在 CNN、MSNBC 和其他电视台的专题节目报道中。

这些故事最早是以病毒式视频开始的，后来才进入主流媒体圈中，它们所达到的新闻媒体覆盖率和观众的覆盖范围是传统媒体制作出来的同类型新闻节目的覆盖情况所不能比的。不仅如此，因为大众媒体经常进行公众和政府的议程设置，这些故事还使得参议员黛安娜·范斯坦（民主党—加利福尼亚）和众议院议长南希·佩洛西（民主党—加利福尼亚）做出了回应，鼓励他们在自己的媒体出镜中保持更加强烈的反战立场。[44]

博客圈的迅速发展进一步证明了技术和潮流能够以多么快的速度来改变 21 世纪的新媒体世界。博客圈在 1994 年开始出现，已经有数万公民记者进驻并占据主导地位。他们在博客圈出现是受到以下两个因素的驱动：第一是他们希望绕过那些在传统意义上只针对专业新闻记者所开放的道路；第二是他们希望公众对他们所发出的声音、表达的意见做出回应。到了 2004 年美国总统大选期间，一些著名的基于博客的网络新闻记者在文化上获得了极大的影响力，以至于他们在民主党和共和党全国代表大会上都获得了记者入场报道许可，并
且还被允许进入白宫的新闻发布会。到 2008 年年 214
底，博客圈大部分已经从最先开始的平民的、任何人都可以参与的公众话语的表达，转变成为以广告商所支持的广告占主导地位的博客。这些博客因为职业作家、新闻记者和政论者受到民众的欢迎，这些写博客的人大多数都供职于主流媒体组织。这些“专业”博客网站的出现使得个人独立博客主难以（但也不是不可能）吸引到网民的关注和广告商的支持，并让他们的声音在公众讨论和大众传媒的观点市场上被听到。[45]

博客圈的迅速发展进一步证明了技术和潮流能够以多么快的速度来改变 21 世纪的新媒体世界。博客圈在 1994 年开始出现，已经有数万公民记者进驻并占据主导地位。

《楚门的世界》电影海报广告。电影里的楚门试图逃脱每时每刻都生活在公众监视下的生活。

新媒体政治：从草根到主流

马科斯·莫里特萨斯·祖尼迦于 1971 年 9 月 11 日出生于美国的芝加哥。他的父亲是一名希腊裔美国人，他的母亲是萨尔瓦多人。祖尼迦全家在萨尔瓦多战争（1980—1992）的时候搬入到萨尔瓦多。萨尔瓦多战争是萨尔瓦多政府的右翼安全部队与左翼叛军之间的一场暴力内战。在这场战争中，对战双方都有严重的侵犯人权的行为，包括“消失”的做法，即有平民和政治人物被绑架然后就“消失”了，他们的家人再也没有见到过这些人，也不知道到底发生了什么事情。祖尼迦每天生活在枪声和爆炸声之下的经历深深地影响了他对战争和政治的看法。他在很小的时候就明白政治有可能成为一项事关生死的事情。当他的父母收到一个不知来历的信封，里面装有他和弟弟登上公交车去学校的照片的时候，他们认为这是叛军对他们生命的一次明确的威胁。随即祖尼迦一家人就离开了萨尔瓦多，重新回到了芝加哥。

祖尼迦在 17 岁的时候加入美国军队，他自称这是他生命中的一个转折点。在军队里，祖尼迦获得了个人的自信和昵称“科斯”。他在军队的经历彻底改变了他的政治观。在参军以前，祖尼迦是一个热情年轻的共和党人；而他从军队退伍以后则变成了一个激情和直言不讳的自由主义的民主党人。祖尼迦于 1992 年成为北伊利诺伊大学的一名学生。在那里，他后来成为校报《北方之星》的编辑，并且将这份报纸变成第一份在互联网上发行的校报。他后来还成为《芝加哥论坛报》的自由撰稿人，并且随后进入波士顿大学法学院学习。

网根运动

让祖尼迦的故事更加有意思的是，他还创办了“每日科斯”（Daily Kos）——一个在美国读者人数最多的政治博客之一，每天大约有 75 万的访问量。通过每日科斯，祖尼迦帮助掀起了一场重振民主党的运动，并且将这场运动推到了互联网时代政治的最中心地带。祖尼迦的每日科斯博客成长为网根（网络草根）运动（用博客作为政治激进主义的一种形式）中最有影响力的网站之一，而他本人也被认为是这场运动的主要发起力量。在 2006 年接受美国全国广播公司财经频道 CNBC 的采访中，祖尼迦评论道：

> 我们现在所说的是，现在的人们，通过技术能够在他们的政府里扮演一个活跃的角色，在媒体上扮演一个活跃的角色，而不要再让华盛顿特区决定在这个国家里发生了什么和没有发生什么。[46]

祖尼迦的思想不仅反映了传统权力结构在数字时代正在变化的方式，而且还反映了数字土著日益增长的自觉意识，即他们早就在手指边拥有可以塑造未来的工具。此外，祖尼迦还突出强调 215
了新媒体正在对我们的人生所产生的重大影响。他的故事恰好表明了新媒体是如何造就新一代政治和社会领导人的——记者、政治家、发明家和艺术家，这些人在数字时代以他们的创造力和利用互联网力量的能力为基础，能够达到超乎寻常的影响力。聊天室、论坛和博客正在成为 21 世纪民主的最有影响力媒介中的一部分，尤其是在美国。对于数字土著来说，这些技术是他们参与到政治过程中来的主要媒介。[47] 在题为《网络空间中的政治》视频短片中，新媒体的先驱者罗伯特·格林沃德进一步强调了这一点，探索了互联网对人们获取新闻，尤其是电视新闻的惊人影响，和随后对政治以及参与民主制的影响。

技术和参与民主制

在2008年美国总统大选期间，奥巴马的团队充分利用了新媒体，使他主宰了整个竞选过程。奥巴马团队认真研究了此前通过互联网来获得草根支持和资金募集的做法，因而认识到了吸引数量正在迅速增长的一群美国人的注意力的价值。这群美国人都是通过博客圈和社交网站来参与到政治过程中的。正因为如此，奥巴马的团队将为支持者建立虚拟社区放到非常重要和优先的地位，在那里他们可以在网上聚集在一起，讨论重要的问题。奥巴马的竞选活动还利用了互联网的病毒性传播的本质，他们在网络用户参与的场所，如博客、YouTube、推特、脸书、聚友网等，上传发布了许多内容丰富的媒体内容，从演讲到集会活动，还有由支持者制作的视频和音频片段。在选举过去两周之后，奥巴马就通过YouTube向美国人民发表了一次讲话。

尽管在2008年，所有的总统候选人都有平等的机会来利用网络工具，但是有观点认为他们当中没有人能够像奥巴马的团队那样充分有效地利用这些工具。举例来说，当奥巴马计划将健康保险覆盖到所有美国人的竞选广告播出的时候，他的团队向此前被确认为急需健康保险帮助的人都发去了电子邮件和短信。通过这些邮件和短信，人们可以链接到竞选网站，包括博客和论坛，上面都有关于此事的更多内容。那些登录到网站上和参与到针对这一话题的论坛中的人有许多还收到了后续的电子邮件，甚至是接到竞选志愿者打来的电话。

解释一个候选人为什么比其他竞争对手能够更好地利用新媒体的因素非常复杂。不过，奥巴马的团队似乎在利用新媒体技术对受众进行细分（仔细地定义）方面显得非常得心应手和熟练。这一过程使得竞选团队的工作人员能够很快地将“打包”好的信息传送给适合的特定的受众群体，而与此同时，在更大的大众传媒市场上播放电视广播或者网络的竞选广告，两者相互配合，相得益彰。

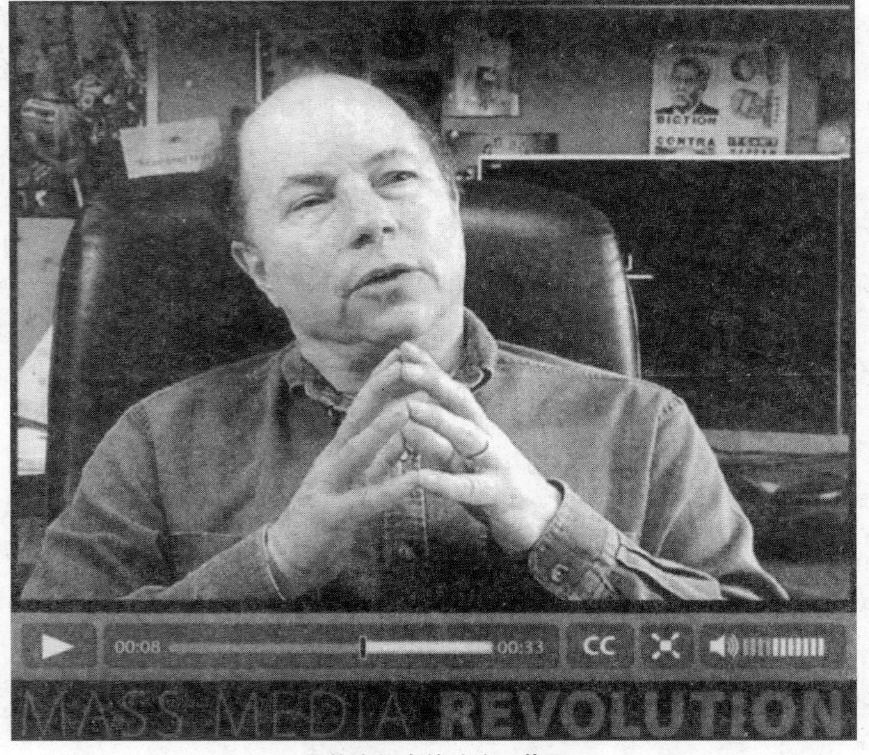

《网络空间中的政治》截图。

新媒体的先驱者罗伯特·格林沃德谈新媒体新闻对政治和民主的影响。

216 游戏的一代

威尔·莱特不是一名数字土著，但他却是电子游戏世界里的先驱者之一。出生于 1960 年的莱特成长于数字时代的早期。在孩提时代，莱特就喜欢将大量的时间用在建造等比例的飞机、轮船、汽车和太空飞船的模型上。在大学的时候，他最擅长的学科是建筑学和工程学，但是随后他转到了计算机科学和机器人学上。在大学里待了五年的时间，不过在他拿到学位之前，莱特决定尝试开发电子游戏。他努力的第一项成果就是 1984 年发行的游戏《救难直升机》。这款游戏被认为是首批获得成功的战争军事游戏之一。在游戏里，玩家需要驾驶一架直升机飞越战区，并且通过成功完成一系列的轰炸任务来挣得积分。五年之后的 1989 年，莱特又发布了新的游戏《模拟城市》，这是他的以建造城市为主题的模拟游戏系列中的第一个版本。《模拟城市》后来成为史上最成功的电子游戏系列，截至 2008 年年底共卖出了超过 1 亿份游戏拷贝，同时威尔·莱特也成为史上最富有和最著名的电子游戏开发者之一。

2008 年 9 月 15 日，经过了六年的时间，莱特的公司推出了他们被期待已久的革命性的、对有些人来说是富有争议的电脑游戏《孢子》(*Spore*)。在这款游戏里，玩家控制着整个一个虚拟物种的发展进化过程，从最早的单细胞的形式，经过进化，最后发展成为一个在太空中穿梭的高级物种。取决于不同人的视角，《孢子》游戏可以被看做一个基于游戏的对达尔文主义的演示，或者是让玩家有机会能够尝试“扮演上帝”的感觉。这款游戏还提供了很高程度的用户创意参与的分享，这在之前的电脑游戏中是从来没有的，同时也为未来的游戏开创了一种新的模式。在《华盛顿邮报》的一次采访中，莱特解释说，《孢子》游戏类似于社交网络，如脸书，在游戏中，用户可以自己创造大量的游戏内容、角色和环境：

> 《孢子》游戏软件将决定权在很大程度上留给了玩家自己，一个物种，是在它们的母星球上与邻居互相帮助，友好相处，繁荣壮大，还是将这些物种捕猎作为自己的食物？当玩家所培养的物种有了能够冒险进入太空的能力之后，他们就可以继续探索（游戏的）虚拟宇宙……[48]

电子游戏代表了艺术或者娱乐的一种新的形式，同时也是一种新的文化。有些人甚至认为电子游戏是动态的叙事方式的巅峰。它们可以展现丰富的、多层次的娱乐环境，这比电影、电视甚至是小说更加复杂和更加吸引人。在传统的这些形式里，导演、制片人或者作家展现了他们对一个故事的看法，而电子游戏可以让玩家参与到人物情节的发展和故事的发展方向中。

电子游戏代表了艺术或者娱乐的一种新的形式，同时也是一种新的文化。有些人甚至认为电子游戏是动态的叙事方式的巅峰。

计算机技术和屏幕显示技术的不断发展变化正在我们的数字化文化中扮演着一个更加重要的角色。这些技术进步为人们提供了另一种大众媒介，人们可以以一种相比于其他媒体形式更加互动的潮流方式来表达他们对人类存在的观点和视角。整个电子游戏发展和成长的故事有丰富多彩的内容，同样也是很吸引人的。这是一个创新和创造力的故事，所有内容加起来可以写一整本书，但不幸的是，这大大超出了我们这次的讨论范围。在本章最后的参考书目中我们列出了有关这一话题的许多书和著作，供对此有兴趣的学生进行进一步的探索研究，而我们这里讨论的重点则是理解电子游戏对 21 世纪大众传媒文化的影响。

217 战争游戏导致电子游戏的产生

很多人没有认识到，现在的电子游戏产业在历史上曾经和军事有着紧密的联系。美国国防部的冷战作战模拟项目在开发人工智能程序设计技术的过程中起到了非常重要的作用，而这一技术是现在充满动作性电子游戏的关键组成部分。即使是现在，模拟游戏仍然是世界上各国军队和情报机构一项非常重要的训练和风险分析工具。电子游戏最早从高度机密的军事环境转移进入到公共娱乐的世界中是在冷战达到巅峰的那段时间。[49]

1962年，在麻省理工学院工作的物理学家威廉·辛吉勃森正在想如何建造一个可以让人亲自动手实际操作的展览，帮助来到他实验室的访客们理解这里所正在进行的工作。后来他所制作出来的是一个非常基本的双人对战的电脑游戏，叫《双人网球》。在游戏中，游戏者可以操控屏幕上出现的一个很小的发光的、类似于“弹球”的小光点的运行轨迹，这就让人感觉实际上是打了一场虚拟的网球。即使在当时这只是特别早期的电脑游戏，但是所有玩游戏的人都觉得非常神奇和有意思。和他之前所做过的项目相比，例如其中有一个就是在曼哈顿计划期间为美国最早期的炸弹设计定时装备，辛吉勃森也并没有觉得自己当时是创造了一件多么有意义的东西。仅过了一年之后，麻省理工学院的程序设计员史蒂芬·罗素发明出了一款游戏星际飞行（Spacewar!），这也是第一个成功的第三人称射击电脑游戏。在游戏中，由于受到冷战恐慌的影响，玩家们驾驶武装飞船进行相互之间的战斗，同时在此过程中还不能撞到死亡星球上。这款星际飞行游戏也在20世纪70年代中期推动了高分辨率视频显示技术的发展进步。

电子游戏产业最早是通过放置在酒吧、餐馆和游戏厅的投币大型电玩游戏获得成功的。但是，这并不是说大型电玩游戏实际上所诞生的时间就比家庭电子游戏要早。基于电视的网球和曲棍球模拟游戏早在1967年就已经被开发出来并投入消费者市场了。电子游戏的一位重要的先驱者是在德国出生的美国电子发明家拉尔夫·贝尔。在第二次世界大战期间，贝尔在美国军队驻伦敦的情报处工作。战争结束之后，他成立了自己的国防电子公司，名叫桑德斯联合公司（Sanders Associates）。1963年，贝尔和他的同事一起开发出了第一个单机视频游戏系统“棕色盒子”。后来他将“棕色盒子”的使用权许可给了米罗华公司。这家公司于1972年将其发布为第一个消费者视频游戏平台——“米罗华奥德赛”。“奥德赛”游戏控制平台可以和家用电视机相连接，是一项革命性的产品，因为它插入卡槽的卡带可以拆卸，这样的技术就使得一个游戏控制平台可以让玩家玩许多不同的游戏。这项发明创新也帮助电子游戏软件开发成为一项独立的产业。

218 电脑游戏和单机游戏的发展

电脑软件和专用单机游戏系统两者交织的发展进步构成了电子游戏的历史。1972 年，诺兰·布什内尔和他的同事泰德·达布尼共同创办了雅达利公司——这是第一家大型商业和家用电脑公司。就在同年，布什内尔和达布尼雇用了加州大学伯克利分校的一名工程学专业的学生阿兰·奥尔康姆来开发设计一款投币的类似于网球的商业游戏。实际上真实的情况是，布什内尔对奥尔康姆的第一项作品没有抱任何期望，他只是想看看这个小伙子到底能够干些什么。但是最后的结果则是诞生了一个到现在还很传奇的游戏——《乓》。为了测试当地市场对《乓》这款游戏的反应和兴趣，布什内尔将奥尔康姆设计出来的机器原型做成一个投币电子游戏机，放到附近的一家酒店里。这款游戏被证明大获成功，每周收集到的硬币加起来超过 300 美元。当雅达利公司后来将《乓》这款游戏改造成可以在个人电脑上玩的时候，它很快又成为一个国际上轰动的游戏。雅达利公司也成长为第一家成功的跨国电子游戏公司，后来时代华纳在 1977 年以 2 800 万美元的价格买下这家公司，这个价格在当时还是非常令人瞩目的。

电子游戏技术的进步不仅仅只发生在美国。1985 年，一位工作于苏联科学院名叫阿列克谢·帕基特诺夫的年轻计算机工程师发明了一个简单但是很有挑战性的游戏，他将其命名为《俄罗斯方块》。在这款游戏中，玩家要操纵从屏幕上方落下来的不同形状的方块。游戏的目的是移动这些方块来建造一座没有缝隙空格的墙，最后这个墙将充满整个屏幕。随着游戏的进行，方块下落的速度也越来越快，使得游戏变得越来越难。在不到一年的时间里，可以在个人电脑上玩的《俄罗斯方块》的游戏版本就出现在了苏联以外的地区。截至 1989 年柏林墙最终倒下的时候，《俄罗斯方块》游戏几乎可以在世界上大多数的个人电脑和几乎所有的手持游戏设备上能够找到它的踪影。它的成功也明确证明了共有的电子游戏经历具有超乎寻常的强大力量。这种力量能够很轻易地跨越文化和政治的界限，为创造一个全球的大众传媒文化做出贡献。

同样还是在 1985 年，日本游戏生产商任天堂向西方世界推出了第一个游戏机，一个设计用于互动娱乐的电脑系统。任天堂制作的游戏《超级马里奥兄弟》，虽然里面只有非常简单的游戏人物和有限的故事发展情节，但是仍然是现在高度发展变化之后的游戏的先驱者。现在的游戏都有着复杂的任务和故事发展线索，在人物和情节上可以与故事片相媲美，甚至有的还超越了故事片。几年之后，任天堂在多重人物和游戏故事叙事领域再往前推进一步，推出了如《塞尔达传说》（1987）这种类型的游戏。这款游戏是第一个具有丰富内容的电子游戏，并且随着游戏的不断推进，每一个玩家游戏技能的发展成为游戏的重点，这一过程被称为玩家同
步发展。在当时，这种做法被认为在电子游戏 219
世界中是革命性的和激进的。游戏人物包含了经典的故事叙事元素，如善恶之争的主题、完成关卡任务和勇敢测试等。《塞尔达传说》这款游戏复杂的故事情节和动听的背景音乐使得它异乎寻常地受欢迎，并且它还是第一个向玩家提供丰富幻想经历的电子游戏。

1991 年，也就是在任天堂推出史诗游戏《塞尔达传说》之后不到五年的时间里，索尼公司发布了第一款基于光盘的电子游戏系统——索尼玩乐站（PlayStation）。这款机器的处理速度和存储能力将电子游戏的适用范围从复杂的玩具推进到更大一点的青少年和成年人所选择的娱乐方式中。这项技术使得索尼可以向用户展示由快速移动的人物和动态场景变化所带来的逼真但又非常奇妙的 3D 环境效果，立体声的背景音乐和音效又进一步增强了这一效果。由新技术所提供的如电影般品质的 CGI（通用网关接口）效果，其可能性范围对电子游戏产业自身进行了一次彻底的变革。像《最终幻想》系列游戏能够让玩家参与到复杂的故事互动中，并且还伴有堪比电影娱乐效果的逼真特效。

《最终幻想七》(1997)——最早提供有如电影般逼真效果和互动故事情节的电子游戏之一。

电子游戏与好莱坞电影的融合

随着电子游戏技术在21世纪从2D发展到3D，游戏互动也变得更加迅速和动态化，电子游戏公司如索尼和任天堂也开始变得越来越有竞争力。各种各样的公司开始向市场推出能够彰显他们最佳技术能力的全新的游戏平台，如索尼公司的PlayStation 3、微软公司的Xbox 360和任天堂公司的Wii。起初，这些公司发布赛车、飞行模拟以及战争游戏，使得玩家可以在逼真的3D效果环境下操控速度极快的驾驶工具，以此来展现他们游戏平台的能力，并且吸引比竞争对手更高的销量。

回到20世纪90年代初，电脑处理器和视频卡的速度使得游戏开发者能够创造出更加动态的游戏人物。这些人物对玩家游戏按钮和操纵杆的操纵做出实时的回应，这就催生了格斗游戏的出现，如《街头霸王》（1990）和《真人快打系列》(1992)。《真人快打系列》在当时显得特别先进，与《街头霸王》那些传统的动画人物不一样，它采用了将真实演员的形象数字化的方法。许多格斗游戏也包含前所未有的大量的暴力。游戏中的人物能够表演血淋淋的、令人恐惧的动作行为，如肢解对手的身体和耀武扬威地手里拿着还在滴血的身体部分。

这些游戏中的暴力引发了家长团体组织和政府的抗议，尤其是在美国和英国，最后要求政府对电子游戏的内容加强管控。随着图像和动作逼真度越来越高，再加上第一人称射击游戏如《毁灭战士》(1993）和第三人称射击游戏《侠盗猎车手3》（2001）的流行，这一争议被进一步扩大。尤其是《侠盗猎车手 3》备受争议，因为玩家在游戏中可以杀死任何游戏角色，包括警察甚至是无辜的旁观者。这款游戏还引发了新的潮流，即越来越多的露骨的新的内容开始出现在电子游戏中。

电子游戏在 20 世纪末到 21 世纪初这段时间的跨越式发展过程中，动作和暴力并不是仅有的值得注意的潮流。从 1995 年到 2005 年，互动体育电子游戏的受欢迎程度也在不断提高，如橄榄球游戏《Madden》(1989—2008)，足球游戏《FIFA》(1993—2008)，还有画面图像丰富的多层模式的幻想游戏如《最终幻想七》(1997)、《无尽的任务》(1999) 和《魔兽世界》(2004) 等也受到玩家的追捧和喜爱。近些年来，电子游戏的奇妙世界 220
正在与好莱坞电影的奇妙世界相融合。流行电影系列如乔治·卢卡斯的电影《星球大战》后来就被改编和扩展成为电子游戏。与此同时，普遍受到欢迎的电子游戏如《生化危机》、《生化危机 2：启示录》、《最终幻想：灵魂深处》和《古墓丽影》等都被成功地搬上了大银幕。想要快速预览这种类型中的一些最令人惊叹的系列游戏，请观看视频短片：《电子游戏的历史》。

虽然这场运动标志着媒体技术向前发展的一大步，但是电子游戏和电影的融合只是新媒体进步的最初阶段之一。下一步，数字环境和物理环境的融合才是虚拟现实出现的标志。

《电子游戏的历史》截图。

电子游戏进化过程中的部分关键节点之旅。

虚拟世界：在交替现实里游戏

在 21 世纪，虚拟现实（一个由计算机模拟的环境）已经变成我们日常生活的一部分。参与到虚拟世界中这样的观点是任何有关新媒体的讨论所必需的。可以这么说，我们当中的绝大多数人实际上生活、工作和游戏在两个平行的世界里——一个是真实存在的世界，而另一个则是虚拟世界。我们很多人可以很自如地在这两个世界里自由地来回切换，但是几乎或者从来没有去思考过同时生活在两个世界里意味着什么。

> 可以这么说，我们当中的绝大多数人实际上生活、工作和游戏在两个平行的世界里——一个是真实存在的世界，而另一个则是虚拟世界。我们很多人可以很自如地在这两个世界里自由地来回切换，但是几乎或者从来没有去思考过同时生活在两个世界里意味着什么。

新媒体技术仍然在不断地以令人惊讶的速度发展前进。与此同时，媒介融合在新媒体内容的生产和传送方面正扮演着中心的角色，也在培养我们在虚拟世界里管理自身经历的能力。虚拟现实（VR）大致可以分为基本的两类，虽然二者之间的界限较为松散，并且在慢慢地合为一体，但是之间的区别还是要分清。

第一类我们称为沉浸式虚拟现实（IVR）——是追求虚拟现实的形式。数字虚拟现实技术包括各种复杂的互动设备，在大多数情况下会有3D效果的立体眼镜、立体声耳机以及手上和脚上戴的传感器，并且是在有电脑生成的逼真的环境里，从而就包含了我们人类大部分的感官功能。这些设备将向我们传递令人震惊的同时又是让人信服的现实模拟。用户可以在电脑生成的环境中体验完全沉浸式和高水平的互动。完全沉浸式虚拟现实需要价格昂贵的计算机能力和技术，所以这些系统大多都存在于一些先进的训练设施里，如军队会使用这一系统来训练飞行员，医学院会用来培训外科医生等。

221 一些这种形式的虚拟现实技术已经渗透到了消费者市场。比如说，近些年来，迪士尼公司就在其主题公园中加入了虚拟现实或用虚拟现实增强的游乐项目。电子游戏厂商如索尼和任天堂也开发出了部分沉浸式的游戏系统。其中有一些游戏系统是通过让游戏玩家戴上特制的眼镜和将传感器戴在他们的手腕和脚踝上，来制造出一种部分的虚拟现实的游戏体验。任天堂的游戏主机Wii于2006年下半年首次推出，很快就受到了众多游戏玩家的欢迎。仅在美国，Wii在其发行的前两年就卖出了超过1 300万台。Wii使用了大屏幕液晶显示屏，或称为平板等离子显示，并且还配备了一套手持控制器，叫做手柄，还有根据玩家具体玩的游戏有一个可以站在上面的感应平台。

虚拟现实的第二种类型是交互式虚拟现实（PVR），也叫做交互式探索。这种通过网络在线或者是数字存储设备如DVD光盘或者蓝光光盘获得的新媒体技术，可以让使用者在电脑生成的环境中穿过、探索和互动。交互式虚拟现实，虽然不是沉浸式的，但是仍然能够让使用者体验神奇迷人的经历。这种技术也是流行交互式内容平台如《模拟城市》、《第二人生》的基础。

《模拟城市》

回到2000年，威尔·莱特，一个天才的电子游戏设计者，同时也是游戏《孢子》的开发者（已经在本节前面讨论过），发布了最早的战略人生模拟电脑游戏之一《模拟城市》。这款游戏的创作是受到了莱特的一次个人危机的启发。1991年10月20日，一场大火席卷了加利福尼亚州奥克兰市的山区，莱特的家没能幸免于难，而且他还丧失了大部分的财产。这场破坏性极大的火灾不仅调动了当地的应急人员和资源投入到救灾之中，就连附近的一个美国海军驻地的人员和设备也被紧急调动到扑灭大火的第一线。大火之后所留下来的灾难景象，使得人们对当地的建筑规范和发展规划产生了质疑，也迫使许多灾难的受害者完全从废墟中开始重建他们的家园和生活。《模拟城市》是以此为主题的游戏系列的第一部，从此之后，这一游戏系列有了许多扩展和更新，还产生了一个非常流行的副产品——《模拟人生》。《模拟城市》现在仍旧是史上最卖座的电子游戏之一。

《模拟城市》游戏的目标是最终成功地建造和运行一个虚拟的城市。玩家必须首先建立一个城市的发展规划，计划居民区、商业区和工业区的发展区域；然后创建一个税收机构，发展能源和交通系统，还要建造一个普通城市里所常见的其他建筑和基础设施。在此过程中，玩家必须应对各种自然灾害，还有其他一些稀奇古怪威胁的袭击，如怪兽、外来入侵者等。在《模拟城市》创造的虚拟现实中，玩家需要做出决策，以及面对决策带来的结果，除此之外，还要做出一系列的各种决定来建造虚拟的环境。在《模拟人生》游戏中，玩家自己创建了一个虚拟化身的家庭（玩家在游戏中的“我”），即模拟人生，然后控制他们这个虚拟化身家庭所做出的决定，但是只能在一定程度上，并不是完全地进行控制。

《模拟人生》游戏在设计方面的一个聪明之处就在于游戏中的人物有一定的自主权，他们的行为经常独立于玩家。就像在原来《模拟城市》游戏中需要做出有关城市设计和基础设施的决定一样，玩家在《模拟人生》游戏中需要为虚拟化身的家庭决定职业、健康、工作和休闲活动等各方面的情况。在游戏理论中，这样的方法产生了一种基于代理的人工生命项目。从技术上来讲，这款游戏会有一个开放式的、无限制的游戏进程，只要玩家想继续玩下去，这个游戏就永远也不会结束，无论是几天、几周、几个月甚至是几年的时间。

从社交网站到博客再到在线游戏世界，现在的新媒体社会中充满着建立了各种虚拟身份来代
222 表自己的人们。通过在数目惊人的一批在线网站和服务中所创建的交替身份，数字土著能够建立和富有创造力地表达自己的观点。在网络空间中通过使用多种不同身份建立与他人的互动关系，我们对这一魅力最极限的表达或许就是在《第二人生》中所能找到的在线交互式虚拟现实了。

《第二人生》

《第二人生》是目前最大的基于互联网的互动3D模拟世界，于 2003 年 6 月推出。这款游戏是由一家旧金山的新媒体公司“林登实验室”创建并且负责运营的。这家公司将《第二人生》作为免费可下载的游戏向公众开放。在《第二人生》游戏中，玩家可以创建自己个人的虚拟化身或者居民身份，在浩瀚的《第二人生》的交替世界中生存，在游戏的虚拟空间中自由翱翔。同时，玩家在其中还可以与其他居民进行交流，使用《第二人生》游戏中的内部货币“林登元”来购买财产、货物和服务，还可以参与到大部分与真实世界相关的人类活动中。你可以设定自己的虚拟化身是高个或者矮个、胖或者瘦、是人类或者不是人类。这些都和你在真实世界中的样子没有任何关系。

这些交互式探索环境的效果非常好，甚至有政府机构如美国宇航局（NASA）将《第二人生》用做内部网络联系和交流的替代办法，同时还作为一种新颖的方式来推广宇宙太空探索。[50]其他一些先锋公司也在《第二人生》游戏中划定他们自己的空间，因为他们认识到这是一个廉价但有效的培训或销售平台。电脑生产商戴尔公司就在《第二人生》中创建了一个虚拟的销售办事处。好莱坞影视制作公司 20 世纪福克斯甚至在《第二人生》中举办过虚拟的电影首映式。还有其他组织利用该游戏来举行虚拟会议和召开虚拟销售会谈。

越来越多的大学也在《第二人生》中建立了教育“岛”。这种做法背后的理念是虚拟导师和虚拟学生之间的互动，相比于传统的在线远程教育平台，可能更加私人化和有效，这在很大程度上是因为虚拟现实环境更加吸引人，并且虚拟化身的学生与导师之间的互动比传统在线教育平台中学生与导师之间单一维度的互动更加能够激发学
生的学习兴趣。[51]图书馆也已经在《第二人生》中 223
创建了“信息岛”和特别话题的岛如“科学岛”，用于科学技术的教育。

网游《第二人生》中的人物虚拟化身。

真实世界和《第二人生》中的虚拟世界也在流行文化中开始相融合。电脑艺术家开始举办虚拟美术展览，作家也使用《第二人生》中的元素来推广宣传他们的最新作品。他们甚至将《第二人生》中的虚拟人物作为故事情节发展的元素写进新的小说里。悬疑小说家丁·昆士在他2007年的小说《最黑暗的夜》中，将故事中的警探设置为《第二人生》中生活和工作的一名虚拟警探。

2007年，HBO电视台播放了一部由美国纪录片制片人道格拉斯·盖伊顿完全在《第二人生》的环境中制作的一部纪录片《莫洛托夫·阿尔瓦和他追寻造物主的历程：一个第二人生的奥德赛》。这部纪录片讲述了一个决定完全生活在《第二人生》虚拟世界中的虚拟人物的故事。这部影片是莫洛托夫在他创建虚拟生活过程中经历和冒险的视频日记。他在现实生活中饱受失忆的困扰。不仅如此，他的现实生活有可能完全停止存在，而他可能永远陷在虚拟现实中这样的可能性也让他痛苦不堪。正如盖伊顿在接受新闻采访时所说的，这个吸引人的故事要么是反映了一个新媒体的马可·波罗故事，要么是对那些让自己完全沉浸在虚拟世界中，而使得自身在现实世界中的生存陷入危险的人们所即将面临的危险的一次发人深省的批判。

就像在现实生活中一样，《第二人生》中的世界也并不是完美的，色情内容和诱惑充斥于其中。《第二人生》中的居民对林登实验室在货币问题上的处理不满和抱怨，于是将其告上现实中的法院，这样的法律案件数量在上升。2007年夏天，林登实验室被迫将《第二人生》中占据整个游戏虚拟经济交易额超过5%的赌博活动全部取消。[52]同年，《第二人生》中最大的虚拟银行倒闭。尽管有这些所有发生在虚拟世界的金融交易，从买卖虚拟货物和服务到虚拟土地的虚拟商业出售合同，再到虚拟建筑的建设，但是对于这些在《第二人生》中看似非常真实的商业活动，在现实世界中对其是没有任何法律约束力的。

大型多人在线角色扮演游戏

另一种在全世界范围内受到极大欢迎的虚拟现实游戏就是大型多人在线角色扮演游戏（MMORPGs）。这种游戏玩家们（经常简称为MMOs）将《第二人生》这类游戏的虚拟现实和在线网络互联的特点，与引人入胜的、玩家驱动的魔幻历险故事结合在一起。其中一款最受欢迎的多人在线游戏就是《魔兽世界》（WoW）。这款游戏是暴雪娱乐公司对其大名鼎鼎的实时策略游戏《魔兽争霸》的虚拟世界所进行的扩展。《魔兽世界》于2004年开始发行，游戏最初是设置在“艾泽拉斯”这个梦幻的3D世界中。在这一虚拟的世界中，玩家要通过游戏中的人物开拓疆土，与敌对的生物和恶人作战，并且在真实的叙事传统中承担大型的任务。

这些任务往往在游戏发展到一个特定的地方或者地理区域的时候会出现，通过完成任务，游戏人物就可以获得累积的经验值并随之提升他们的级别，同时还能获得新的可定制的战斗能力，交易技能、装甲和武器。那些比较难的任务或者恶人需要玩家自行组织起来进行团队作战或者突袭，以击败威胁艾泽拉斯世界的史诗般的敌人。这种在《魔兽世界》中的玩法叫做“玩家对抗环境”（PvE）。玩家们也可以通过网络互联的方式在游戏中进行玩家对战——就是本方的一群人与敌对势力的一群人之间进行相互战斗的玩法。

游戏设计者也会通过创造新的故事线索、危 224
机和挑战的方式，推动游戏故事动态持续不断地发展变化。有时候，游戏的开发者暴雪娱乐公司会通过发布新的补丁文件的方式给游戏加入新的故事元素和挑战。2005年9月，暴雪娱乐公司就发布了一次游戏的更新（常称为补丁），向《魔兽世界》中引入了一种虚拟的瘟疫，叫做“堕落之血”。由《魔兽世界》游戏中一个主要的恶人所引发的这场瘟疫，在数天的时间内就开始在游戏的虚拟世界中迅速蔓延，杀死了上万个在线玩家游戏人物，这种情形非常类似于中世纪肆虐欧洲的黑死病。这场虚拟瘟疫的传播和蔓延，以及玩家们面对这场瘟疫的反应，非常贴切和接近地模仿了在现实世界中瘟疫爆发之后所能够发生的情况，以至于后来有流行病学家将此作为模型，来研究如流感等疾病爆发之后人类所面临的威胁，以呈现社区和政府将怎样应对世界上所爆发的大规模流行病。

《魔兽世界》中“堕落之血”的爆发只是现实和虚拟在数字时代中重叠的方式的一次例证说明而已。除了给人们带来休闲娱乐以外，这样的场景还在一些领域产生了对人类很有帮助的应用，如预言性科学和人类行为研究等。并且，除了这款游戏的受欢迎程度以外，还有很多有关虚拟现实的出现及其与现实世界的融合将如何影响人类生活和社会这样的问题有待解答。在过去，建立我们的身份认同——所有构成我们是谁和我们怎样看待自己的元素——是一个相对直截了当但又较为困难的过程。然而现在，虚拟现实给用户提供了机会来创造轮替的身份认同和逃避每天的现实生活。与此同时，当人们尝试着将他们的经历和关系带回到身边的时候，虚拟现实中的一些方面又能够很轻易地混入到现实生活中。传统观点认为，大多数人在成人后的一辈子的时间中，都不太可能会彻底改变他们是谁这样的身份认同。但情况正在发生革命性的变化。作为现实和虚拟现实两个平行世界的公民，我们现在拥有力量来经常甚至是彻底改变我们的身份认同。这也提出了一些有关我们所称的“现实”的最终本质的重要问题。

结论：新新媒体及其对社会和文化的影响

在本章中，我们探索了新媒体在其进化发展过程中的一些重要的阶段，了解了它们与之前的旧媒体相比较的不同之处。更重要的是，本章研究了新媒体在 21 世纪对社会和文化，以及所有我们生活的影响。新媒体对于我们如今体验大众传媒起到了非常基础的作用，以至于这一称谓已经变得不复存在。这也就是说，新媒体正在以一种无缝连接的方式融入我们的生活中，使得我们不再将它们认为是“新”的。随着科学技术和创新不断推动 Web 2.0 的丰富和发展，并向着即将到来的 Web 3.0 时代发展，或许这一尖端科技应该更加合适地被称为“新新媒体”。电子游戏对其他媒介内容的形式有着如此深远的影响，从电视节目到电影，到教育传媒，再到我们与网上内容互动的方式，以致有时候我们在经历媒介中一些源于电子游戏的体验的时候，都没有意识到这一关系的存在。同时，在线网络社交，从聚友网到脸书再到推特这些不同的具体形式，也正在成为我们大多数人每天日常社交的一部分。

除了我们授予新媒体的很多方面的一个集体的名字以外，21 世纪似乎将注定在两个平行但是正在融合的世界——一个现实的，一个虚拟的——中发展前进，并且伴随着我们每个人在搜寻最满意的和最健康的方式来融入这两个世界中。对于数字土著和随后的人们来说，大众传媒在这两个平行世界中的融合将继续丰富我们的生活，为我们的知识做出贡献，同时也给我们带来新的挑战。

225 ## 思考题

1. Web 2.0 的发展和社交网络是如何改变我们在 21 世纪对“社区”的理解和参与的？这些变化对社会的进步和危害又是到了什么样的程度？

2. 讲述一个最近的例子来说明一个特定的互

联网模因的发展是如何引发对国家基础层面的社会、文化或者政治问题的破坏性或生产性变化的。

3. 解释和评价内容移动性的进步正在如何改变我们获取和消费大众传媒内容？你是如何预测这样的发展将会在近期和中长期的未来改变你自己的生活的？

4. 我们在现实世界中的经历正在以什么样的方式与我们在虚拟世界中的经历同时平行存在，甚至被其所覆盖？

【注释】

[1] The full text of this famous e-mail can be read at www. homes. eff. org/～barlow/Declaration-Final. html.

[2] Schonfeld, E. (2008, August 31). The net neutrality debate all on one page. *TechCrunch*. h ttp: //techcrunch. com/ 2008/08/31/the-net-neutrality-debate-all-on-one-page/.

[3] Wyatt, E. (2010, April 6). U. S. court curbs FCC authority on Web traffic. *New York Times*. http: //www. nytimes. com/2010/04/07/technology/07net. html? nl=te chnology&emc=techupdateema.

[4] Flew, T. (2008). *New media: An introduction*. Oxford University Press. .

[5] Cotton, B., and Oliver, R. (1997). *Understanding hypermedia 2000*. Phaiden.

[6] Alvarez-Hamelin, I., et al. (2007, June 19). Mapping the Internet: Lanet-vi program. *MIT Technology Review*.

[7] U. S. Department of Commerce, National Telecommunications and Information Administration. (2010, February). *Digital nation: 21st century America's progress toward universal broadband Internet access*.

[8] Graham, I. (1995). *The HTML sourcebook: The complete guide to HTML*. John Wiley & Sons.

[9] McLuhan, M. (1962). *The Gutenberg galaxy: The making of the typographic man*. University of Toronto Press.

[10] Moschovitis, C. J. P. (1999) *The history of the Internet*. ABC-CLIO.

[11] VanVleck, T. (2004). The IBM 7094 and CTSS. www. multicians. org/thw/7094. html.

[12] Team, R. (2008). The Radicati Group, Inc. releases Q2 2008 market numbers update. The Radicati Group, Inc. www. radicati. com/? p=638.

[13] CTIA. (2010). Wireless quick facts. www. ctia. org/ media/industry _ info/index. cfm/AID/10323.

[14] Birla, P. (2003). VAT a way 2 protest: Traders turn to SMS. *DELHI Newsline*, www. cities. expressindia. com/fullstory. php? newsid=46606.

[15] Okada, T. (2005). Youth culture and shaping of Japanese mobile media: Personalization and the keitain Internet as multimedia. In Ito, M., Okabe, D., and Matsuda, M. (Eds.), *Personal, portable, pedestrian: Mobile phones in Japanese life*. MIT Press.

[16] Hongé M. (2008) Chinese expected to send 17 billion text messages during Spring Festival. *China View*. www. news. xinhuanet. com/english/2008—02/08/ content _ 7581868. htm.

[17] From author's work with Robert Goddard et al., Adaptive Learning Technologies, Inc. and Cognitive Path Systems, LLC.

[18] Terdiman, D. (2005, December 15) Study: Wikipedia as accurate as *Britannica*. *CNet News*.

[19] Giles, J. (2005, Decemoer 14). Internet encyclopedias go head to head. *Nature*.

[20] Open Science Project, http: //www. openscience. org/blog.

[21] Caslon Analytics. Blog statistics and analytics. http: //www. caslon. com. au/weblogprofilel. htm.

[22] Current. com.

[23] Clean Cut Media. YouTube statistics http : //www. cleancutmedia. com/video/youtube-statistics-the-ultimate-time-suck.

[24] Helft, M. (2009, March 24). YouTube blocked in China, Google says. *The New York Times*. http: //www. nytimes. com/2009/03/25/technology/interect/ 25youtube. html? _ r=1.

[25] Rapleaf study reveals gender and age data of social network users, http: //www. rapleaf. com/business /press _ release/age.

[26] Palfrey, J. G., and Gasser, U. (2008). *Born digital: Understanding the first generation of digital natives*.

Perseus.

[27] Pew Internet & American Life Project. (2010, February 3). Social media and young adults. http://www pewinternet. org/Reports/2010/Social-Media-and-Young-Adults. aspx.

[28] Nielsen Company. (2008). Nielsen Online provides fastest growing social networks for September 2008 www. blog. nielsen. com/nielsenwire/wp-content/uploads/2008/10/press _ release24. pdf.

[29] McCarthy, C. (2009, January 13). ComScore: In U. S, MySpace Facebook race goes on. *CNet News*.

[30] Lewin, T. (2008, November 19). Teenagers' Internet socializing not a bad thing. *The New York Times*, http://www. nytimes. com/2008/11/20/us/20internet. html.

[31] Ibid.

[32] Ibid.

[33] Ibid.

[34] Krasny, R. (2010, April 9). Teen suicide puts spotlight on high-tech bullying. *The Washington Post and Reuters*, http://www. washingtonpost. com/wp-dyn/content/article/2010/04/09/AR2010040903193. html.

[35] Standberry, K. (2006). When kids with LD network online: The benefits and risks, www. greatschools. net/ cgi-bin/showarticle/3120.

[36] Ibid.

[37] Wolak, J., Finkelhor, D., Mitchell, K. J., and Ybarra, M. L. (2008). Online "predators" and their victims. *American Psychologist*, 63 (2), 111—128.

[38] U. S. Department of Justice, Internet Crimes Against Children Task Force.

[39] Ibid.

[40] Wallace, L. (2008, March 23). True story of a Twitter marriage proposal. *Wired*.

[41] Riley, D. *Your Truman Show*: Organized life blogging. (2007, June 12). *TechCrunch*. http://techcrunch. com/2007/06/12/your-truman-show-organized-life-blogging/.

[42] MyLifeBits Project. (2005). http://www. research. microsoft. com/barc/mediapresence/mylifebits. aspx.

[43] Stirland, S. (2008, March 18) S. F. activists use Twitter, pirate radio to manage anti-war protesters. *Wired*. http://www. blog. wired. com/27bstroke6/online _ political _ campaigns/.

[44] Boutin, P. (2008, October 20) Twitter, Flickr, Face-book make blogs look so 2004. *Wired*. http://www. wired. com/entertainment/theweb/magazine/16-11 / st _ essay.

[45] Moulitsas, M. www. dailykos. com/special/about.

[46] Ibid.

[47] Musgrove, M. (2008, September 6). In the beginning, finally: Much-delayed game lets you play God. *The Washington Post*.

[48] Sanger, D. E. (1984, July 3). Warner Sells Atari to Tramiel. *The New York Times*.

[49] Foust, J. (2007, June 25). Virtual reality and participatory exploration. *The Space Review*.

[50] Talbot, D. (2008, January/February). The fleecing of the avatars. *Technology Review*.

[51] Naone, E. (2007. November/December). Financial woes in Second Life. *Technology Review*.

[52] Ibid.

Tour opens
STORY
Kidnap

第三部分

媒介产业、媒介经济学和媒介法规

学习目标

1. 学习广告业的主要历史和演变趋势。

2. 定义广告业和它的多种形式（从产品到政治）。解释广告怎样影响大众传媒的内容。

3. 理解产品亲和力的概念，并解释它如何帮助广告发布者来说服、吸引消费者。

4. 思考观众在大众传媒广告中的作用。

5. 解释窄播如何帮助广告发布者瞄准特定观众群体，从而使观众和广告影响力最大化。

6. 解释并评估产品广告、品牌广告和政治广告中的新途径。讨论它们怎样体现了传统广告形式的转变。

7. 定义公共关系，辨别公共关系和广告的不同。

8. 理解公共关系行业的历史和演变，以及它同广告业的密切关系。

9. 清晰地说出公共关系产业如何设定公共议题、消费议题、社会议题和政治议题。

10. 比较和对比公共关系产业的过去和现在。明确了解哪些趋势导致了公共关系在理念和实践上的转变。

第8章

广告与公共关系

231 英国作家和社会批评家乔治·奥威尔（George Orwell）在他的小说《1984》中展现了一幅独裁专政下的骇人景象——在一个叫做大洋国的地方，极权政府监视着每一个人并控制所有的信息。在小说虚构的社会中，个人隐私以国家安全的名义被牺牲；真理部监控所有的媒体和言论。政府限制言论自由、大众媒体，甚至限制公民的想法和思想。政府操纵所有的信息，决定什么是“事实”，什么是“真理”。人民生存在顺从的爱国口号下：比如“老大哥在看着你”，还有“自由即奴役”、“无知即力量”这些玄虚言辞。故事主人公温斯顿·史密斯是真理部的“知识工作者”。在史密斯试图冲破政府极权束缚的挣扎中，他的生命受到了威胁。虽然小说第一次出版的时间是1949年，但随着1984年的临近，它的知名度变得更高了。

在1984年的橄榄球超级杯转播中，数百万电视观众见证了一个令人不安的、奥威尔式的广告：一大群身穿灰色制服的未来人顺从地朝巨大的体育场行进。在体育场，人们好像催了眠似的聆听荧幕上老大哥口中迸出的教条口号。突然，头戴盔甲的突击部队出现了。他们在追逐一位女子。这位形单影只的女子没穿官方的灰色工人制服。她穿的是色彩鲜艳的跑步短裤和运动T恤。这位英勇的女子跑向巨大的荧幕，然后用力向荧幕抛掷了一个大锤。荧幕碎掉了，老大哥对公民催眠似的控制也被打破了。这个现在很出名的电视广告由巧迪广告公司（Chiat-Day）策划。广告设计巧妙且充满争议。不过，它传达的并不是政治信息，而是宣布苹果公司推出了一款新型麦金托什（Macintosh）计算机。

苹果公司的这个广告由雷德利·斯科特执导。斯科特当时刚刚完成他的科幻巨制《银翼杀手》（1982）。斯科特的电影成为经典，但苹果的《1984》广告却再没播放过。根据A.C.尼尔森的估计，苹果的这个广告触及了46.4%的美国家庭。虽然广告只播放了一次，但它获得了前所未有的、天文数字般的观众回想评级。不管是在它播出前还是播出后，都没有哪一个广告能与之匹敌。在接下来的几个星期里，媒体评论家和学者都在争论这个广告的信息和影响。这又为苹果公司带来了价值数百万美元的免费媒体宣传。当然，所有这些争议都使得苹果新型麦金托什计算机的销售大大超过了最初的预期。[1]

具有传奇色彩的苹果公司《1984》广告被誉为历史上最有影响的电视广告之一。它不仅流行于类似 YouTube 这样的网站，而且还塑造了技术和通信产品的未来主义风格广告。为什么过了将近 30 年这个充满争议的广告的影响力依旧存在？我们或许可以说这是因为苹果《1984》广告并不是直接试图来卖新型的麦金托什计算机，它卖的是麦金托什计算机所包含的“理念”。他们兜售这样一个理念：拥有一台新型的 Mac 计算机就是发表一个声明。他们暗示，买一个 Mac 就等同于反对循规蹈矩，就等同于伸张独立和思想自由。他们的目标是打造麦金托什（Macintosh）坚定自信、思想自由的品牌象征。至于麦金托什是不是比其他个人计算机性能好——或者额外多花钱来买它值不值——就无关紧要了。

苹果公司《1984》电视广告所传达的信息影响十分深远。它例证了大众传媒广告的力量，并且清晰地阐明了大众传媒广告通过它的说服力来销售理念、创造文化运动的能力。很多市场营销专家提出，广告能够影响大批观众的理念、信仰和行为，就如同重大突发新闻的报道一样。同时，很多评论人士警告说广告的力量也构成了逐渐增大的危险。由于广告为美国的大众传媒业提供资金，它的意见有控制内容生产的倾向。有关广告对社会和文化产生积极、消极影响的辩论依然不可避免地在进行。

232 追踪美国广告历史

美国是历史上媒体最丰富的国家。我们现在拥有的媒体选择和接入途径比 20 年前想象的多很多。而且，这些媒体选择和接入途径要么完全免费，要么价格低廉。是广告让如此丰富的内容变得可能。广告是一种沟通形式，它试图说服个体对产品、理念或服务采取某种形式的行动。

18 世纪早期，报纸在美国大众媒体中处于支配地位。殖民时期的发行人用于支持报业的收入来自当地商人发布的付费公告。随着美国的发展，广告业变得更加复杂。工业革命催生了消费主义——它创造并鼓励购买更多的产品和服务。由于社会的巨大变迁，广告演变成了一股文化力量，它将产品和服务的大幅增长同市场不断增加的消费需求联系在一起。在广告的支持下，大规模生产形成了现代化进程的核心。它在现代美国的广告业和媒体之间建立了一个持久的结合。随着大众传媒指数级的增长，支撑传媒业的广告产业也获得了大发展。

到了 20 世纪后期，广告业的竞争迅速变得激烈。企业都试图在这个能产生巨大收入的产业中保有一席之地。广告从业人员不仅为了市场份额相互竞争，而且他们还面临其他媒体制作人的挑战。大家都抢着吸引美国公众的注意力，随着节目内容的增加和扩容，市场营销人员不得不寻找新的、创造性的方法来抓住公众的注意力，他们甚至要和非商业性媒体竞争。

即便面临这些新的挑战，21 世纪的广告业仍旧在大众传媒中扮演着重要角色。为了更好地明确市场、检测对目标受众的影响，广告发布者经常进行复杂的人口统计研究（即调查人的基本特征，比如个体的年龄、性别、种族和收入）和心理统计研究（即查看个体的生活方式、价值观、态度和个性）。仔细分析这些结果能够帮助它们更好地集中广告经费和资源。就像一位不具名的广告主管曾经嘲讽的那样，“我知道我浪费了一半的广告经费——我只是不知道是哪一半”。广告发布者必须直面让消费者关注自己广告的艰巨任务。广告提供的资金在很大程度上驱动着如今这个拥有丰富媒体的数字时代。偏离消费者的雷达将危害广告发布者巧妙地向公众讲故事或告知产品和服务的能力。而正是这种能力产生了企业持续生存所必需的收入。

广告发布者必须直面让消费者关注自己广告的艰巨任务。广告提供的资金在很大程度上驱动着如今这个拥有丰富媒体的数字时代。

广告就在我们身边

广告无处不在。每天广告都在轰炸着我们，竞相追逐我们的注意力，要求我们在构成 21 世纪媒体的影像、声音和动作中寻找意义。在美国，广告收入让我们今天享有的大众媒体多样化成为可能。这在世界上的其他地方亦是如此。这一点我们会在第 9 章进行更加细致的探索。广告努力改变我们的态度、信仰和行为，从而试图让我们来购买和消费某些产品，使用特定的服务，或是形成某种观点。在最好的情况下，广告娱乐我们，233 甚至教育我们。根据上奇广告公司（Saatchi & Saatchi Ideas Company，曾是世界领先的广告公司之一）前任 CEO 凯文·罗伯茨（Kevin Roberts）的说法，正是影像、声音和动作的结合才让好的广告变得如此迷人和成功。罗伯茨给这三者的结合起了个新名字叫 sismo [sight（影像）、sound（声音）、motion（动作）]。他认为这种结合极大地影响着所有 21 世纪的大众传媒。[2]

广告制作人和罗伯特的看法一致。他们观察并利用媒体技术的进步（比如高清电视、视频播放手机、增强的平面广告色彩和图像清晰度，以及卫星和数字广播的扩张）来捕获消费者的注意力。广告发布者希望它们能让受众关注某一产品或者品牌。就像之前阐述的那样，一个好广告讲述的是能激起受众想象的小故事。这些广告用它们动态的图像来吸引我们；它们娱乐我们或触动我们；它们让我们和产品在情感上产生了联系。好的广告激发我们参与到产品体验中，鼓动我们成为广告信息所构建的文化“小圈子”的一部分。

想一想星巴克的体验。星巴克在创造产品需求方面异常成功，它的产品大大超越了买一杯咖啡这个现实举动。我们去星巴克不是为了买一杯精品咖啡。毕竟，我们能在快餐店或者小超市更容易、更快也更便宜地买到一杯咖啡。在很多情况下，一杯 1 美元的咖啡和星巴克 4.5 美元的咖啡一样好。星巴克能够让我们排队，给我们很复杂的选单，要别的咖啡店 3～4 倍的价钱，这是因为星巴克实际上卖的不只是咖啡。星巴克卖给我们的是一种理念，一种情感和文化体验。星巴克是款待自己，是挥霍，是缺乏乐事和奢华的一天中的那一点奢侈享受。从本质上来讲，星巴克的产品是情感回报，它来自一种制造出来的文化体验；世界其他地方的人们也重视这种回报——因此，一杯咖啡往往是星巴克卖给我们的东西里最无足轻重的东西。

产品亲和力：让我们要它

无论广告在媒体中如何展现，大部分广告都试图完成同样的事情：说服我们接受一个产品的信息或品牌，并创造人们和产品之间强烈的情感关系，亦称产品亲和力（product affinity），即便这种亲和力是非理性的。如果一个广告能成功地做到这些事情，受众就更有可能改变观点，并且购买此产品。如果某一广告能创造一种文化上的动量，那它将促使更多的目标受众感觉到他们是故事的一部分，使得他们相信自己属于一个“小圈子”，而这个“小圈子”发现了改变生活的品牌或产品。因此，苹果公司广告所要表达的信息不 234 只是麦金托什计算机是一台好的个人计算机，更多的是说拥有一台 Mac 就能让你进入 Mac 拥有者的那个“小圈子”，并成为 Mac“文化”的一部分。同样地，星巴克不仅仅是一个买咖啡的地方，它还是实现一种特定文化和社会身份的途径。

迷你故事：莫比广告奖（Mobius Award）获奖广告的这段视频蒙太奇展示了广告在用故事吸引我们方面是多么成功。不管这些故事多么不切实际、不合常理。

虽然有些广告（比如谷歌的文字广告）完全旨在告知信息而不是说服受众，但大多数收效最好的广告都是让我们暂且忘记现实，认为我们可以成为广告故事中的一部分。买这双鞋、吃这种药、喝这个牌子的啤酒、开这辆车，你会和故事中的那些人一样美丽、幸福。鞋不舒服、药的副作用严重、啤酒喝起来和别的没区别，一旦你陷入虚幻之中，这些事实便无关紧要了。

破解我们欲望的代码

什么让你对某种产品产生了欲望？广告商们采用哪些策略来说服你？作为很多世界顶级广告和营销公司高管顾问的克莱泰尔·拉派勒博士(Clotaire Rapaille) 就此谈了他的观点。拉派勒让人第一眼觉得像是间谍小说中的人物。他有很多头衔：巴黎索邦大学毕业的专业心理分析师、非常赚钱的咨询公司原型发现全球（Archetype Discoveries Worldwide）的创始人，以及无数广告和市场营销书籍的作者。拉派勒所著的书籍中最有名、最具影响力的是《文化密码：理解全世界所有人生活和购买的独特方法》（*The Culture Code: An Ingenious Way to Understand Why People Around the World Live and Buy as They Do*）。他还因解码“人们为什么这样做”而闻名。因此也就不奇怪为什么他在美国和欧洲举行的研讨会总能引得行业人士蜂拥而至。在超过 30 年的时间里，拉派勒和他的团队发展出成套的技术来培养广告创意头脑，帮助行业人士揭露超越市场调查范畴的人类行为。拉派勒的原型发现公司“挖掘理性推理之下的观点和行为，揭开真正的情感和生理根源”。理解这种无意识的行为基础给了我们更好的工具来激励消费者、设计新产品以及提升沟通策略。[3]

拉派勒认为最好的广告应能和个体的内在欲望直接对话。他声称某些文化规则决定了个体消费者如何把自己投射到广告故事中。人们倾向于 235
将自己的身份定位和个体世界建立在所购买产品的周围。为了揭示消费者到底想从某一特定产品中获取什么东西——他们如何潜意识地将自己和产品名称联系起来，产品的物质特征应该是怎样，消费者如何设想他们拥有这个产品时的情况——

广告商必须解开一个“密码”。一旦这个密码被解开，广告商必须构建能和消费者欲望直接对话的广告——即便这些内在欲望同实用、理性大相径庭。

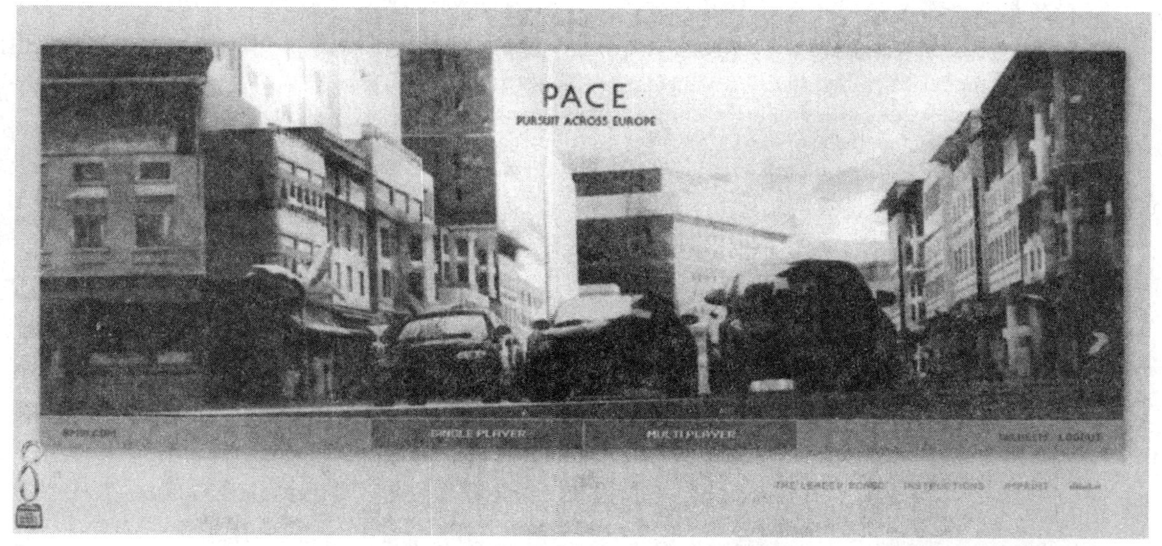

拉派勒认为卓有成效的广告触碰了个体最深处的欲望和幻想（图片由 Mobius 提供）。

拉派勒做广告的方法对于一些人来说似乎过于极端。不过，他的理论有助于解释为什么一些广告如此成功，为什么一些广告引起了人们想要的或是必要的生活方式的转变。比如 2008 年飞涨的汽油价格以及涨价对汽车文化的影响。那一年，广告商转向推广小型、省油、“清洁”的汽车（比如奔驰 Smart 和丰田雅力士），这同崇尚体积大、速度快和越野车的美国汽车文化背道而驰。总体上来说，为了让广告达到效果，广告商需要的不只是能让人产生共鸣的人物或非凡的、动态的影像，他们还必须要传递触碰当今重要议题的信息，以 Smart 和雅力士为例，有关广告触及了汽油价格、对国外石油的依赖、环境和全球变暖等议题。

依靠普遍吸引力

和依赖消费者的欲望或社会责任感一样，广告发布者还依靠普遍吸引力来促进文化转变或销售产品——性就是其中一例。广告中有关性的意象经常触碰文化极限，呈现那些唤起人们联想的情形。一般地，一个广告的性刺激越强烈，它似乎越能获得观众持久的关注。[4]

并不是所有以性为主题的广告都是把性作为“卖点”，同时这一类广告也不一定都充满色情内容。一些广告通过有效地将幽默和性相结合来吸引观众。比如 2010 年年初播映的“古风”（Old Spice）广告“你男人闻起来就和这个男人一样”。通过半开玩笑式的性描写，广告暗示使用古风产品的人虽然可能不会和广告中的人面貌一样英俊、声音一样有磁性、身材一样好，但至少他们能和广告中的人闻起来一样——而这就足够了。[5]古风的这则广告恶搞不断、妙趣横生，而像“维多利亚的秘密”所拍摄的天使系列广告中有关性的内容则非常明显。这些广告中的女性是否必定被物化？或者她们是否应该为自己的性感和女性身份感到自豪？性方面的影像也被用来传递和性没有一点关系的信息：比如在善待动物组织（PETA）艺术感十足的“裸奔”广告中，名流们摆着性感的姿势宣称自己宁可“裸奔”也不穿皮草。

广告商还依靠大众文化的普遍吸引力。就像本章之前讨论的那样，广告商推动了大众文化的产生和保持。这样来看，广告充当了建立文化规范的传媒工具。

> 广告商推动了大众文化的产生和保持。这样来看，广告充当了建立文化规范的传媒工具。

比如，假设没有广告的影响，还会有这么多人听iPod、用黑莓手机发短信、穿Gap牛仔裤，或者喜欢麦当劳吗？甚至我们的日常对话中也充斥着广告词："你现在能听见我说吗?"；"尽管去做"；"如此简单，原始人都会做"；"牛奶：它对身体有

模特和电视工作者科勒·卡戴珊（Khloe Kardashian）为PETA拍摄"皮草？我宁肯裸奔"的广告牌——加利福尼亚洛杉矶，2008。

236 好处"；"你上葫芦网吗?"；等等。广告影像也在大众文化中占有一席之地。我们看到壁虎就马上会想到政府员工保险公司（GEICO Insurance）广告里那只会说话的壁虎；我们看到苹果公司的标志马上就想起Mac笔记本电脑和iPhone；我们看到一个金色的拱门可能就想吃麦当劳（也可能不会）。

除了这些，广告商还触及个体的价值观：健康和美丽，朋友和家庭，成功和幸福，希望和信念。宗教组织、宗教广播电台和大教堂使用广告吸引了成千上万的信众/消费者，其中有很多人都会向这些机构捐款，并且从它们那里购买宗教用品、书籍、磁带、CD和DVD。单从大众传播的角度看，广告是教堂和各种宗教行动的一个可行选择，因为广告有效果——就像它在产品营销、政治舞台和社会运动中的作用一样。请观看非常具有感染力的宗教广告片段《教堂长椅喷射器》（*E-jector Pew*）。注意观察广告如何运用幽默和娱乐来宣扬它的信息。

观众一般都倾向娱乐。那些有探险片段的视觉动作广告通常都能抓住观众的注意力。同时，幽默和惊奇的故事也能吸引观众。不管运用哪些技术，或者使用哪些具有普遍吸引力的主题，广告的结论一定要为观众呈现出一个或真实或幻想的回报。我们想象自己解决了困扰，得到了美丽的女子或英俊的男子，开着那辆新越野车去冒险，或者和朋友度过愉快的时光——手中握着某一个品牌的啤酒或者汽水。为了感触这类广告，请观看视频片段《暂停现实》。思考此类广告能在多大程度上把你卷入到它们的奇幻中：看了这个广告以后，你是不是处在现实暂停的状态下呢？

教育观众和告知信息

广告发布者主要依靠说服来吸引用户并保持他们的兴趣。但是，它们也通过介绍产品信息来引起消费者的兴趣。商业广告可以告诉我们现在市场上有哪些技术趋势，下一个热销的产品会是什么。此外，广告能告知我们很多产品和发展的
237 应用，比如新的医疗手段、新研制的药品、汽车安全和能效的进步，以及环境友好型产品等。广告还能提供有价值的学校数据、假期旅行目的地信息和值得参加的慈善活动等。

然而我们每天都面临着广告的猛烈攻击——特别是在电视和互联网上。这会带来过多的信息负荷，并压倒我们深刻分析各种想法的能力。如此一来，我们就变得更倾向于接受内容生产者的观点。过多的信息负荷挑战我们选择性、批判性地思考信息的能力。因此，我们必须对广告发布者的目标和手段有更加清醒的认识。我们必须让自己成为负责任的媒体消费者。我们需要培养自己提出关键问题的能力，比如"我们如何评价那些轰炸我们的信息"，还有"我们如何区分事实和误导"，我们应该通过仔细检视广告内容来回答这些问题。

过多的信息负荷挑战我们选择性、批判性地思考信息的能力。因此，我们必须对广告发布者的目标和手段有更加清醒的认识。

广告不但教给我们产品的信息，而且还培育我们成为有学识的媒体消费者。比

《教堂长椅喷射器》截图。

非常具有感染力的宗教广告能够通过运用时髦甚至幽默的意象来传递宗教信息。

《暂停现实》截图。

广告让我们暂停现实，并成为叙述故事中的一部分。

如，我们经常听到药品广告说“三分之一的医生推荐……”当听到这种陈述时，我们应该立即运用一些关键标准来判断这些叙述的正确性。我们可能会问自己，这些医生的专长领域是什么？他们到底被问了些什么？这些医生到底具体怎么说的？哪些研究证明了广告商的要点？这些广告必然会附注一个免责声明，声明中会提到此药品有“严重的副作用”。我们可能会想：真的会有三分之一的医生推荐一个有如此多副作用的药物吗？广告发布者会给消费者足够多的细节来帮助他们得出自己的结论，但接下来消费者就必须自行判断这些产品是否会让自己的生活变得更加令人满意。

238

窄播：连接消费者和产品

如同之前提到的，广告团体的增多和广告内容的扩散使得广告发布商在确定目标受众方面受到越来越多的挑战。结果，向消费者提供有吸引力的相关内容成了更加困难的事情。由于准确、有效地衡量某一广告的成败变得十分复杂，明智地分配资金对广告商而言也就更加不容易。21 世纪的大众传媒时刻变化，广告商们意识到他们也必须随时代而变。具体而言，越来越多的广告商正在从受众广播（audience broadcasting，即寻求最大范围的"眼"和"耳"）向窄播（narrowcasting，即直接向规模更小、定位更准确的受众群体传递信息）转变。窄播是数字时代市场营销的基础。窄播突出了对消费者关键需求（真实或是感觉）的认识。它提供给市场营销人员的重要反馈能够更好地度量广告运作的相关性和有效性。从广播到窄播的转变强调了在消费者和产品之间建立相关联系的重要性，同时也突出反映了在媒体环境中建立这一联系所要应对的挑战。

> 从广播到窄播的转变强调了在消费者和产品之间建立相关联系的重要性，同时也突出反映了在媒体环境中建立这一联系所要应对的挑战。

广告商还依靠互联网。互联网是商业广告发展最快的平台。互联网广告集中在关键词搜索行为上，而非人口统计数据。谷歌发展出了世界上最大的互联网广告配置服务，也叫长尾广告（long-tail advertising）、关键字广告（AdWords）和广告感知（AdSense）。通过对这些服务付费，广告商可以将自己的广告放置在关键词搜索结果的旁边。这些广告的收费根据点击率来计算。比如，搜索"滑雪"、"度假"或"科罗拉多"这些关键词，搜索结果页面就会显示广告商付费链接：位于科罗拉多州韦尔镇的滑雪度假村、提供滑雪度假套餐的旅行社，以及售卖滑雪设备和服装的网站。最近，这种形式的窄播被日益增长的点击欺诈（click fraud）所困扰。网站所有者生成大量的重复自动点击，并提供虚假的访问量数据。这些虚假访问由被称为点击机器人（click bots）的程序生成。虚假访问增加了广告成本。

客制化广告收看（customized ad viewing）被证实是一种更加有效的互联网广告窄播形式。想一想 hulu. com 的成功事例。Hulu 向互联网用户提供专业制作的视频流，并且这些媒体内容都经过了授权。和它最大的竞争者 YouTube 一样，Hulu 也是靠卖互联网广告挣钱。Hulu 并不强迫消费者观看某一特定广告，也不会让广告打断娱乐内容。在观看哪些广告和什么时候观看广告上，Hulu 给予了消费者选择的机会。如果有人登录 Hulu 来观看最近一集的流行科幻剧《英雄》，Hulu 可能会让他选择到底是看新越野车的广告，还是看 MP3 的广告，抑或是看零食的广告。人们还能选择到底是在节目开头看一段长广告还是在节目播放中途看几段短广告。通过客制化广告收看，不但观众有机会了解他们感兴趣的新产品，而且 Hulu 和广告商还能获取观众兴趣方面有价值的信息。这些信息会让窄播变得更加有效。

在很大程度上，技术进步促成了窄播的成功。新型媒体技术的来临（比如手机、个人数字助理、iPod，还有互联网的持续发展）为广告商影响新的受众创造了机会。可靠地追踪窄播的效果、计算窄播的成本收益率是数字时代广告业所要面临的挑战之一。广告商在多个平台花费数百万美元运营广告（电视广告、杂志广告、长尾互联网广告），它们如何判断哪些方面收效最好？它们如何判断综合哪些媒体平台才会最终提振销售？

将广告集中在范围更小、定位更明确的观众身上催生了一个新的产业，即搜集和销售消费者信息数据库。安客诚集团（Acxiom Corporation）是美国最大的数据挖掘公司。大多数人从来都没听过这个公司的名字，Acxiom 公司也愿意继续保持低调。

在美国，只要你刷信用卡购物，使用商店或药店打折卡，邮寄客户注册单，购买或租赁汽车、房屋，加入健身俱乐部，订阅报纸杂志，或者填写处方单，安客诚就几乎肯定会收集你的公开信息。每当我们使用信用卡、刷超市打折卡或者填处方表的时候，我们都会留下有关自己生活方式和消费行为的信息。安客诚庞大的服务器群持续地收集这些数据。安客诚的客户包括广告商、制造商、出版商和政客。这些客户通过向安客诚付费来识别小范围的目标受众和消费者。如果没有这些高度集中的数据挖掘服务，窄播就不可能存在，广告运营也会变得更贵且缺乏效率。[6]

广告植入：没有广告的广告

广告植入（product placement）以一种非常高效的方式来创建产品或信息的受众亲和力，但它并不使用直接的商业广告。广告植入也被称做产品融合，它将能够被识别的产品和品牌融入娱乐节目中。广告植入就是每集《美国偶像》评委前面大红的可口可乐杯子；广告植入就是电影或电视剧中的人物在摄像机前打开印有苹果或戴尔标志的手提电脑；所有主演都开通用公司的悍马车，或者英雄人物开宝马而坏人都开更一般的车，这也是广告植入。平时晚上看电视的时候可以试着数一数有多少广告植入——主演手里的星巴克咖啡杯，酒吧里的司木露（Smirnoff）伏特加，车道上停着的大众甲壳虫。你将会看到商业信息是多么彻底地融入了娱乐媒体之中。

产品和电视节目、电影之间的融合被称为麦迪逊大街遇上藤街（Madison-meets-Vine）。广告业的核心坐落在纽约市的麦迪逊大街上，而电视和电影产业的中心则位于好莱坞的藤街。它们一起拉动了产品融合。双重原因推动了两者的联姻。

可口可乐的产品和《美国偶像》的名流评委一同出现在这个很受欢迎的真人秀的显著位置。

240 首先，制作视觉效果更为复杂的娱乐节目所需的成本持续上升。同时，越来越多的频道在竞争获得观众的注意力，各家娱乐媒体的市场份额都变少了。面对高度碎片化的观众群以及由此可能导致的收入降低，制作公司为了收回成本必须在项目初期就找到新的收入来源。而产品融合就变成一种更加重要的融资方式。

其次，很多媒体技术可以让观众完全避免电视广告，比如，观众可以用无处不在的遥控器“静音”掉不想看的广告。数字录影机（DVR）和电视节目录制（TiVo）服务的迅速发展让观众自己制定电视节目内容，而观众一般都会避开所有的广告。无广告付费电影和视频点播服务进一步减少了广告的影响范围和收入。

奥美娱乐（Ogilvy Entertainment）高级合伙人和执行理事道格·斯科特（Doug Scott）认为，相较传统的 30 秒电视广告而言，产品融合是更佳的投资选择：

> 看一看传统市场营销人员的开销，一个 30 秒的电视广告可能要花 100 万美元，甚至更多。然而它的保质期只有 6 个月……但是一个很简略的品牌植入的保质期却可以持续数年。节目内容的所有者允许你展现你真正期望塑造的信息。[7]

产品融合已经被证实是一种非常成功的广告手段，它正在悄悄地进入所有电视节目类型。除了娱乐节目之外，音乐视频和电子游戏里的广告植入也越来越常见。艺电黑匣子公司（EA Black Box）2009 年推出了多人游戏《滑板 2》，游戏美轮美奂的场景里那些动感广告牌上出现了现实生活中的广告。广告植入不断演进的趋势展示了广告和大众传媒内容之间长久的结合。对于观众而言，这种结合使得大量或免费或廉价的优秀大众传媒内容成为可能，因为广告业付了其中的大头。

打破常规：21 世纪的广告

随着数字时代的来临，广告业和大众传媒行业一样都在不断演变。在过去，广告公司向很多公司、品牌和产品提供有关广告、促销、公关的创造、计划和生产等服务。但在最近几年，为了保持竞争力，包括奥美和上奇在内的 10 大广告公司正被迫转变它们的商业模式。这些大型广告商的竞争对手是那些直接根植于千禧年市场体验、文化和生活方式的公司。总部位于迈阿密的 CP+B 公司（Crispin Porter + Bogusky）就因极为成功的迷你库柏（Mini Cooper）宣传而闻名全美。它的广告帮助迷你库柏汽车打入了美国市场。

CP+B 由山姆·库里斯宾（Sam Crispin）创建。库里斯宾当时雇了两个不大像能从事广告的自由职业者：亚历克斯·博古斯基（Alex Bogusky），平面设计师和野外轻型摩托车爱好者；还有查克·波特（Chuck Porter），文案撰稿人和狂热的帆板运动员。这三个年轻人开始着手建立一个同主流思维模式尽可能不同的广告公司。他们雇用的大都是极富革新意识的年轻人。这些人
241 的专业背景都和广告无关。这群人是极限运动爱好者，是音乐家，是艺术家。他们深深地沉浸在新千禧年文化的方方面面。他们以同样的方式应对广告行业和各自生活中的挑战——工作和玩耍完全或者几乎没有区别。

最初，CP+B 吸引的客户都比较小。这些客户认可 CP+B 的观点和文化价值观，它们卖的产品也都是电子游戏、冲浪用品、竞赛自行车、滑板或极限运动服装之类。这些客户没有时间和资源来参与传统的广告和市场营销方式，但它们敢于用相对很少的广告预算来承担非常巨大的风险。敢于承担风险的客户和敢于打破常规的创意团队之间形成了独特的结合。这种结合使得 CP+B 能够试验它在广告运作方面的新点子。CP+B 的团队将广告连接到市场的生活方式上——他们的广告运作结合了电视和平面广告、网站、在线短片、互动媒体、现场活动、销售点促销、播客、海报、T 恤衫、街头剧噱头等所有能想到的东西。这些活动合起来为他们客户的产品和品牌打造了一场“文化运动”。

CP+B 的目标是让它的客户受到公众关注，让它的客户的产品被千禧年文化所认同。企业的领导者们很快发现，广告越是打破常规，它的成效就越好。结果，CP+B 的名望也就越来越高。CP+B 把它的广告策略叫做“创造喧闹”（creating hoopla）。CP+B 还采用了一种打破常规的手段来宣扬它自己的市场营销方式——它出版了一本装帧美丽的书，书名就叫《喧闹》（*Hoopla*）。很快，CP+B 就从位于纽约和伦敦的 10 大广告公司那里抢来了客户。这些大客户包括汉堡王、维珍航空、美乐淡啤（Miller Lite）、宜家、Gap、大众汽车，当然还有 CP+B 最有名的广告对象——迷你库柏。

迷你库柏在美国的广告是十足的 CP+B 风格。这种完全融合的大众媒体促销旨在创造一种新的生活方式图腾，一场反对越野车的新文化运动。它将受众拉进“迷你故事”中，告诉他们“反对越野车现在正式开始”。从《偷天换日》此类流行电影中的广告植入（迷你成了故事中的角色），到电视广告，再到网络媒体、海报和广告牌，CP+B 242
把幽默感十足的迷你故事带到了所有地方。

在广告中，迷你车或是行驶在大城市的街道上，或是跑到越野车的行李架上，广告夸耀着“这个周末玩什么”的口号。被拆开的迷你车出现在广告牌上，就好像变形金刚玩具似的。CP+B 还创建了网站和背景故事来让迷你机器人看起来“有生气”。CP+B 的广告里甚至还包括关于迷你的小报“新闻”：“变种人偷迷你库柏兜风”，“伪造迷你库柏：越来越严重的大问题”。这些小报标题把读者链接到迷你库柏的网站。这些网站又登载了诸如“如何识别真迷你车”之类的照片。网站还请求公众向“反造假委员会”（Counter Counterfeit Commission）举报伪造迷你车的问题，目的是帮助公众“防止自己因开一辆假车而感到难堪”，还以非常有趣的故事来记录“反造假委员会”

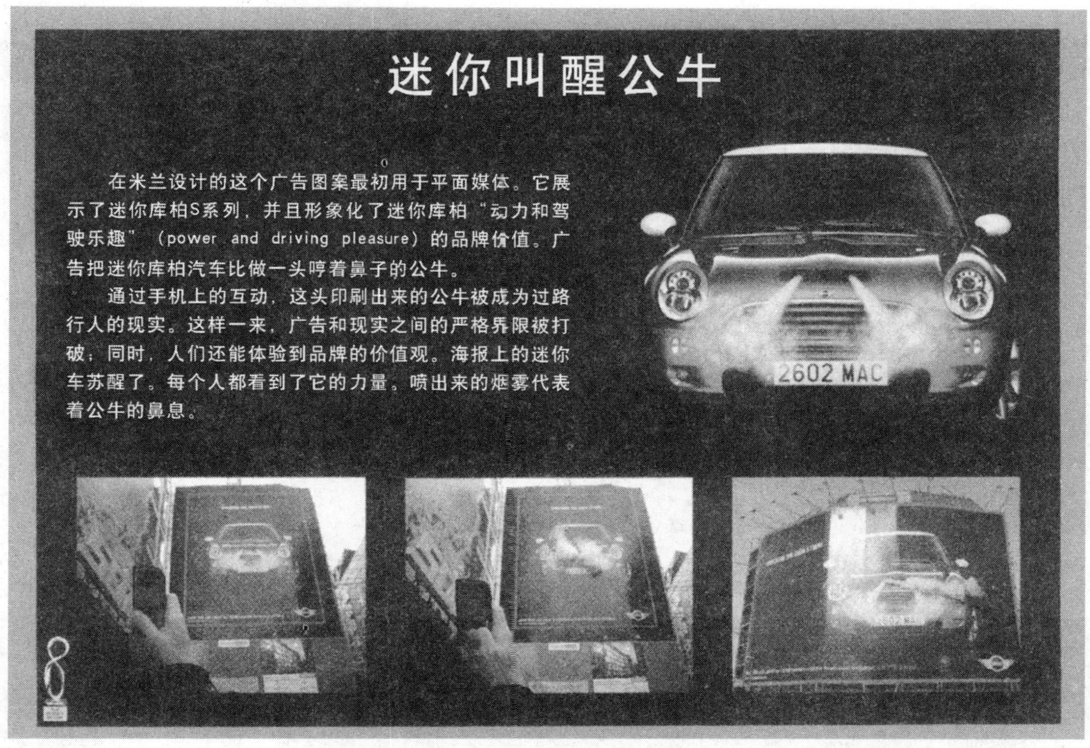

迷你叫醒公牛
在米兰设计的这个广告图案最初用于平面媒体。它展示了迷你库柏S系列，并且形象化了迷你库柏“动力和驾驶乐趣”（power and driving pleasure）的品牌价值。广告把迷你库柏汽车比做一头哼着鼻子的公牛。
通过手机上的互动，这头印刷出来的公牛被成为过路行人的现实。这样一来，广告和现实之间的严格界限被打破；同时，人们还能体验到品牌的价值观。海报上的迷你车苏醒了。每个人都看到了它的力量。喷出来的烟雾代表着公牛的鼻息。
2602 MAC

CP+B 颇具创造力的迷你库柏广告让小型汽车在美国又一次“酷”了起来。

的功绩。“反造假委员会”的工作人员或在网上潜伏，或在乡下搜寻，以追捕冒牌迷你库柏。

CP+B 的迷你库柏广告运作是一个动态的整体。它非常成功地俘获了公众的关注，并且创造了品牌认知。依靠整合大众传媒的力量，CP+B 的广告迅速、高效地将迷你库柏的形象提高到了图腾的高度。它通过所有可行的大众传媒技术来有效地连接受众。此外，CP+B 的广告运作还揭示了设计巧妙的广告怎样打造产品高品质的形象，怎样让产品成为人们热议的对象。产品变成了一种象征，这种象征和产品本身一样令人渴求、让人满足。广告刺激下的巨额销量，以及美国人对迷你库柏理念和气质的接受都证明了这一点。

除此之外，迷你库柏的广告运作还表明，有效的意象对广告的成功至关重要。意象吸引受众并抓住他们注意力的过程在业界被称做“抓住眼球”——有的影像令人吃惊，有的影像出乎意料，有的影像则是动作、冒险、奇幻、浪漫、喜剧等各种类型片中的人物故事。观看视频，体会它如何通过有效运用幽默和意象来“抓住眼球”。

商业广告的影响

美国文化是消费文化，商业广告被认为是形成这种文化的主要影响力之一。最明显的是广告影像鼓励观众将自己投射到一个幻想世界中，那里到处都是性感的人们，他们过着有趣、冒险的生活。通过兜售这些影像和观念，广告商操纵着受众的目标和期待。不幸的是，广告的这种冲击力可能对儿童和青少年有显著的负面影响。

评论家称儿童极易受到广告的操纵，因为他 243
们更容易相信广告中呈现的那些影像都是真实的。相较成人而言，儿童在判断广告价值上面临更多困难。实际上，一些全国性的家长团体已经游说国会控制广告内容。他们相信儿童必须远离任何暗示性的媒体内容。另一方面，广告产业则辩称刊播广告等同于商业上的言论自由。有关此话题的辩论还远

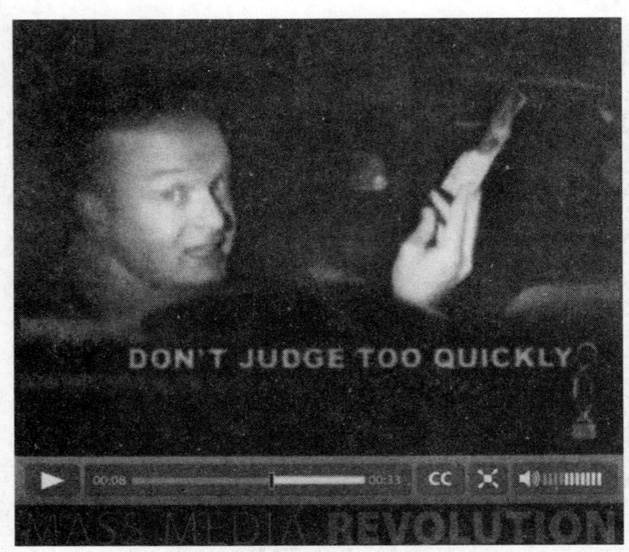

《幽默》截图。

幽默是吸引受众注意或“抓住眼球”的一种有效方式。

远没有尘埃落定。我们将在第11章具体讨论。

对商业广告的担忧不只是信息和影像如何影响儿童和年轻人，还包括它们如何影响年轻女性。在2005年的一期《社会和临床心理学期刊》（*Journal of Social and Clinical Psychology*）上，一位研究人员报告了这个议题的研究成果：

> 广告里的模特给现实生活中的女孩和女性设定了一个不切实际的目标。在广告中，理想的美女是“超级苗条、体型健美、个子高挑（一般情况下）的白人模特”。广告中一般使用的模特都比标准体重轻20%以上。[8]

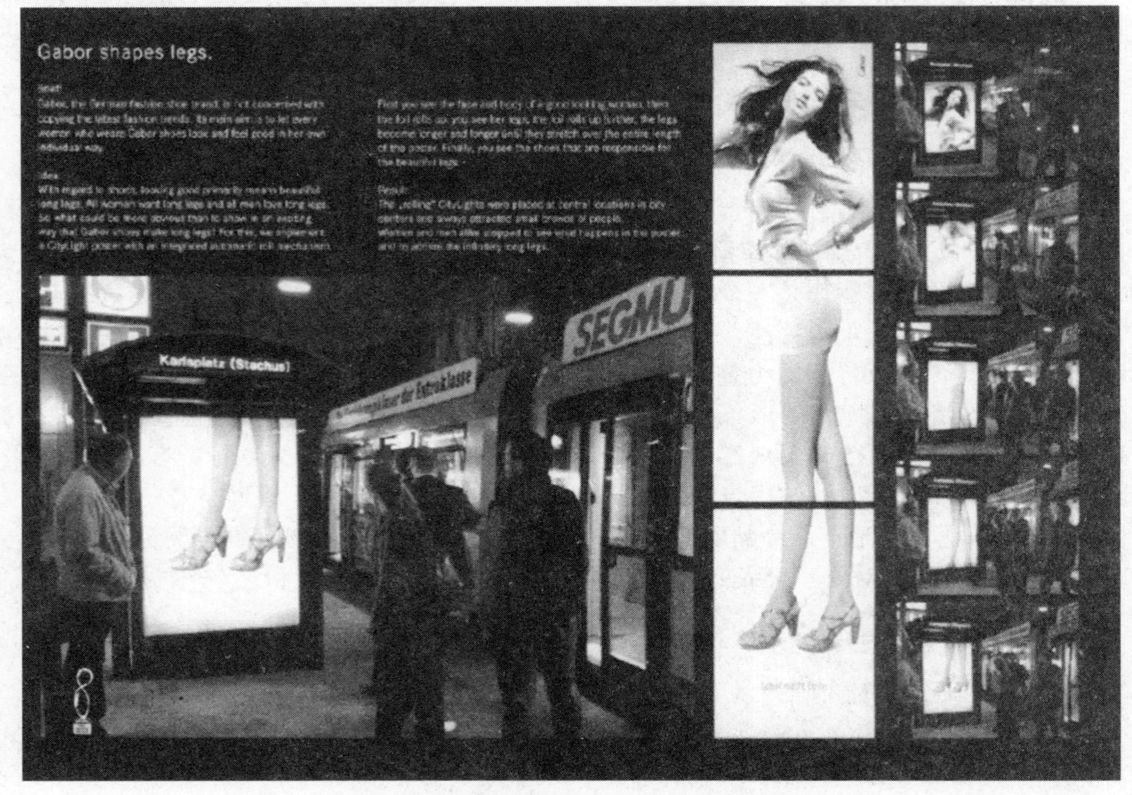

广告刻画了不切实际的“完美女性”形象？

这些广告里的“完美女人”形象造成令人担忧的影响：很多女性采用极端手段来达到广告产
244 业的标准。比如，研究认定越来越年轻的女性做过整容手术，有饮食紊乱的人数也显著增加。1998年的《美国大学健康期刊》（*Journal of American College Health*）以及2008年的《行为矫正期刊》（*Journal of Behavior Modification*）指出，美国大学中20%的女学生都患有轻微至中度的厌食症或暴食症症状。

根据美国整容医师协会所收集的数据，在2001年，25岁以下的女性群体共进行了850万次自主性整容手术。2003年，18岁以下的女性群体进行了近 10 万次整容手术。随着以广告为支撑的网络媒体迅速发展，20 岁以下的美国和西欧女性群体中有越来越多的人选择做整容手术。这样的增长速度令人担忧。[9] 为了回应这种令人不安的趋势，多芬（Dove）制作了一系列脱离了人造美女的广告片。这些广告片鼓励年轻女性拥抱自然美，激励女性培育天生的身体和自尊心。可点击视频《多芬的演变》来观看其中一则广告。

《多芬的演变》截图。

多芬（Dove）制作了一系列脱离了人造美女的广告片。这些广告片鼓励年轻女性拥抱自然美，激励女性培育天生的身体和自尊心。

只有一小部分观众受到了广告中完美形象的负面影响。广告商依靠这些健康、积极的形象产生了积极影响——健康的生活、丰富的营养、定期锻炼的行为榜样。广告商正是通过激励观众努力变成广告中的人物这一方式来说服观众接受它们的故事，并建立广告信息的受众亲和力，从而鼓励消费者购买产品或服务。50 多年前，大众传媒理论家麦克卢汉认定，广告的积极信息可以平衡新闻媒体报道里的灰暗故事：

> 迄今为止，广告是杂志和报纸里最好的部分。与撰写报纸杂志的特稿相比，制作广告要花费更多的辛劳、思考、机智和艺术。广告即新闻。但广告的缺点是它们总是报喜不报忧。为了平衡这种影响，就必须要有很多坏消息。为了强度和读者参与度，（报纸和新闻杂志）要有坏消息。真正的新闻是坏消息……所有报纸一印刷出来就开始证实各种洪水、火灾以及其他陆地、海上、空中的灾难，这些灾难新闻超过了任何个人的恐惧或恶行。而广告则恰恰相反。广告必须洪亮、清晰地尖声喊出它的幸福信息。这样一来，它才能和坏消息的穿透力抗衡。[10]

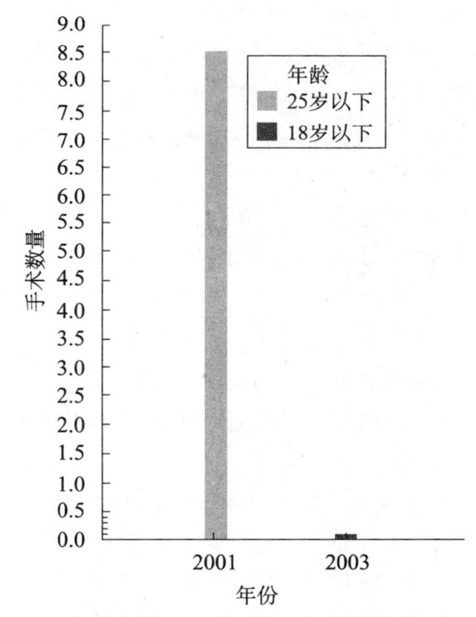

自主性整容手术的比率（美国整容医师协会）。

245 政治广告：让我们投一票

和商业广告一样，了解如何判定产品、服务、信息的正面或负面影响在政治广告中也至关重要。政治广告一直都是美国政治中一个非常重要的方面。现在，总统竞选在广告上的开支已经达到了天文数字。在 2008 年的总统初选和全国普选过程中，民主党的希拉里·克林顿、巴拉克·奥巴马还有共和党的约翰·麦凯恩这三位主要候选人一共筹集并花费了超过 10 亿美元的竞选资金。[11] 这个数字还不包括其他候选人退选之前的开销。电视广告占据了这些资金开销中最大的部分，是全国性政治活动中最高的单笔开支。

奥巴马阵营通过有效地运用社交媒体巧妙地获取了很多支持。其实，到民主党候选人和共和党候选人单对单比拼时，双方都使用了窄播手段来同选民对话，受众甚至具体到特定的社区。选举组织者还派支持者拿着掌上电脑挨家挨户去播放广告。而这些广告都是和当地人们高度关切的议题有关。比如，在以工厂工人为主的社区里播放的广告可能是关于就业被转移到海外的风险，而在河岸边上的社区里播放的广告可能就变成了联邦政府需要增加开支以巩固堤坝等防洪设施。

政客、选举顾问、民意调查员、资金筹集人等都认定政治广告绝对是所有选战中非常重要的元素，不管该场选举是全国性的、各州的，还是地方的。但实际上专家们还在继续探讨政治广告到底能起多大效果。政治广告产生的最大的影响是正面的还是负面的业界仍有争论。但有两点得到了大家的广泛认同：一是电视上播放的政治广告对选民影响显著；二是过去 40 年里最富争议、最声名狼藉、最让人难忘的广告都传递了负面的信息。

有时这些负面信息一点都不含蓄。比如 1964 年林登·约翰逊的《雏菊女孩》（*Daisy Girl*）广告。一个小女孩站在草地上玩雏菊。她边扯雏菊的花瓣边数数“1，2，3……”当小女孩数到 9 时，一个咄咄逼人的男性声音开始倒计时“10，9，8……”摄像机拉近到小女孩恐惧的脸庞并聚焦到她的眼睛，眼睛里映现的是核爆炸的蘑菇云。正当观众注视这场毁灭性的爆炸时，林登·约翰逊的声音出现了，并盖过了轰鸣的隆隆声。约翰逊说：“改变世界，让所有上帝的孩子都能生存，或是到黑暗中去。这是你们投票时要考虑的利害关系。”广告直接以黑屏结尾，此时配音说“11 月 3 日投约翰逊总统一票”。约翰逊的广告明显、直接地传递了负面信息。它利用了当时大多数美国人
246 对冷战的恐惧。那年 11 月，林登·约翰逊以压倒性优势击败了共和党竞选人贝利·高华德（Barry Goldwater）。约翰逊的竞选活动遭到了广泛批评。约翰逊暗示选贝利·高华德当总统将不可避免地导致第三次世界大战以及美利坚合众国的灭亡。虽然《雏菊女孩》只在 1964 年 9 月 7 日的全国广播公司《周一晚间影院》（*Monday Night Movie*）中播了一次，但大家依旧认定这则广告对约翰逊压倒性的胜利贡献颇多。▶

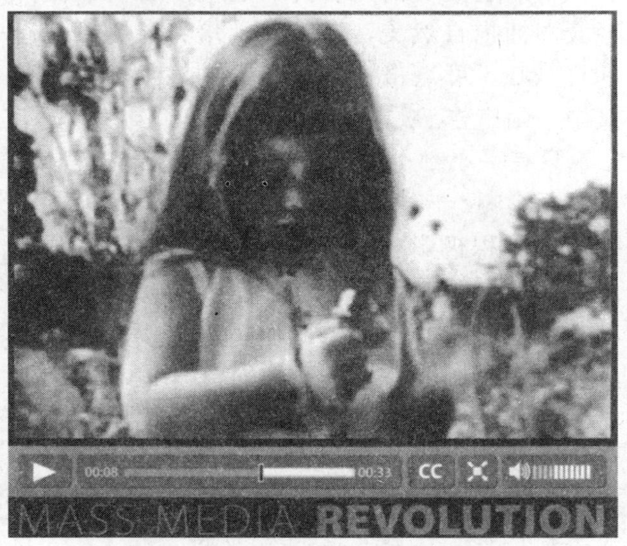

《约翰逊的〈雏菊女孩〉》截图。

有时这些负面信息一点都不含蓄，比如 1964 年林登·约翰逊的《雏菊女孩》广告。它利用了当时大多数美国人对冷战的恐惧心理。

2004 年的总统选战中，一个叫做“斯威夫特战船老兵求真相”（Swift Boat Veterans for Truth）的共和党政治运动团体制作了一系列广告来质疑民主党候选人、国会参议员约翰·克里。这些广告不仅暗示克里编造了自己作为越南战争期间一艘斯威夫特战船船长的经历，而且攻击克里是叛徒，称他不适合成为美国总统。随后接踵而来的媒体调查报道揭示了克里服役期间英勇事迹的真相——他确实自己冲到敌人火线前面去拯救他船上的士兵。不过，即便有证据维护克里，斯威夫特战船老兵的广告还是严重损害了他的竞选。有人说斯威夫特老兵的广告帮助小布什得以连任。不像克里，布什躲过了去越南服役。请大家自行判断这些斯威夫特战船老兵的广告是真的完全负面，还是对克里竞选总统的资格提出了合理关切。▶

一个更近的负面广告的例子发生在 2008 年总统大选的初选阶段。当时奥巴马顽强地紧紧保持他在民主党总统候选人提名竞选中的领先地位。

《克里和斯威夫特战船老兵》截图。

共和党政治运动团体“斯威夫特战船老兵求真相”

制作了一系列电视广告来质疑 2004 年民主党总统候选人约翰·克里。

希拉里·克林顿阵营打出了如今声名狼藉的广告《凌晨 3 点的电话》(3 *A. M. Phone Call*)。这则广告利用了公众在“9·11”事件后对恐怖主义的担忧。广告暗示奥巴马缺乏领导国家度过危机所必需的经历。伴随孩子们在床上安详熟睡的视频蒙太奇，广告旁白说道：

> 现在是凌晨 3 点。你的孩子们正在安全的环境里熟睡。此时白宫响起了电话声。世界出事了。你的选票将决定谁来接那个电话。你的选票将决定接电话的那个人是不是认识世界各国领导人，是不是和军方关系熟稔，是不是经受过历练，是不是已经准备好领导一个危险的世界。现在是凌晨 3 点。你的孩子们正在安全的环境里熟睡。你想让谁来接那个电话?[12]

就在此时，画面黑屏，然后出现了希拉里·克林顿接电话的影像。看起来，她就在白宫。

这则广告在播出后不到 24 小时就受到了广泛批评。人们指责广告宣扬恐惧，而且它还成为大家嘲笑的对象。克林顿广告里出现的熟睡小孩中有一个（现在已经是青年人了）原来是奥巴马的支持者。奥巴马阵营后来专门为这个小孩制作了一则广告。克林顿的竞选广告受到了电视和平面媒体的大规模报道。广告在博客群里也引起了成千上万条跟帖。这则广告有没有直接影响到这场差距如此之小的总统初选结果呢？我们可不可以说它就是个货真价实的、索然无味的负面广告呢？这很难说。不过请在观看视频片段《克林顿凌晨 3 点》时考虑这些问题。

不管是评论家、选举代理人、学者、博客主 *247*
还是推特或脸书用户，政治广告总能在这些人中引起大量的争论。问题是这些广告常常把大众的注意力从国家所面临的重要议题转移到政治人物的冲突上，因为后者比前者更有趣味性。政治竞选和网络的聚合对政治广告的寿命周期和影响力都产生了明显的冲击。今天，所有候选人肯定有自己的网站。如果是全国性选举的话，他们可能会有好几个网站。支持某一名候选人的社交媒体、

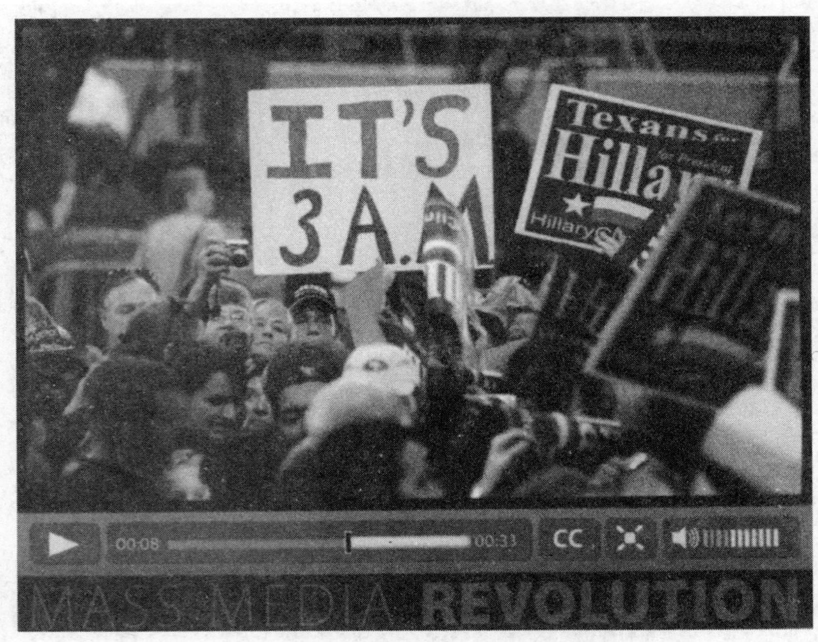

《克林顿凌晨3点》截图。

当时，民主党总统候选人的提名竞争非常激烈。时任参议员的巴拉克·奥巴马顽强地紧紧保持他的领先地位。参议员希拉里·克林顿阵营打出了这则广告。

网上团体和博客圈用户也都会设立好多网站来推销他们的观点。这些网站成为政治广告扩大其影响范围的平台；像YouTube这样很受欢迎的媒体门户延长了政治广告的保质期。因此，负面或颇具争议的广告就尤其经久不衰。

我们仔细研究本书的方方面面就会发现，数字时代聚合的大众传媒技术正深刻地影响着美国的选举程序和民主制度。更多的大众传媒渠道和不断增加的互联网互动确保公众可以听到各种各样的政治言论。因此，全国性辩论的数量和质量也就得到了扩充。除此之外，在负面和误导性政治广告达到新高的当下，政治网站、社交媒体和博客圈的广泛增长创造出了很多劲头十足的事实校对员。这些都有效地抵消了政治广告中一直存在的“大话精”(spin doctor)、信息误报和虚假信息。

公共关系：建立、管理形象

2008年年中，威瑞森(Verizon)的公共关系部给科技记者的收件箱里发送了大量的文章。这些文章称苹果公司和美国电话电报公司(AT&T)合作销售的iPhone手机存在问题。威瑞森公关团队散布的这些文章的标题包括《又一个iPhone/AT&T的负面故事》、《iPhone付诸东流》、《iPhone大量掉话》、《厌恶iPhone》等。科技记者和博客主使用了其中的很多篇。这些内容为报道iPhone问题的文章注入了新的活力，并迫使苹果和AT&T发动广泛的公关反击。这些公司的活动合起来又让最初的报道富有生机、不停循环，尤其是在网络上。通过利用公关活动而非广告或市场营销，威瑞森成功地提升了其手机和服务同这个性感新产品相比的竞争力，虽然这只是很短的一段时间。威瑞森的公关活动影响了记者和博客主文章的内容，并且尽可能长时间地把聚光灯照在iPhone3G传说中的问题上。

虽然公关人员没有力量直接说服记者和编辑以 248
特定的方式来做报道，但是他们可以非常有效地向记者指出产品、服务或公司本身的新颖和不同之处。这样一来，他们就能将新闻报道重新构造到新的方向上——对他们客户有利的方向。这种说法准确地描述了公共关系行业的早期历史，不过，数字时代的公关业已经演变得非常不同——它和广告业一起改变、推动着企业、文化团体、政府机构在媒体上的形象存在和信息传达。公关和市场营销之间差异的不断缩小表明公共关系正在成为广告整合的组成部分，即便公关产业仍被视为集中于建立和管理客户品牌和大众认知。看起来，广告和公关的整合不断增强，这在学界和业界中都引起了一些争论。有人对这种技能的混合持怀疑态度，但也有人欢迎这种趋势，他们认为这种整合能更好地应对大众媒体聚合带来的挑战和机遇。

追溯美国公关行业历史

在美国，现代公关行业的根源可以回溯到美国独立革命时期。在矛盾爆发前数月甚至数年的时间中，支持独立的人士通过举行波士顿倾茶事件等活动，散发波士顿大屠杀的图画，以及分发诸如托马斯·潘恩的《常识》之类的小册子来增强公众对英国暴行（真实的或想象出来的）的认识。这些旨在让公众支持独立的尝试和今天受众认为的公平、平衡的新闻报道相去甚远。这一点我们在第 13 章会讨论到。拥护独立的人士对当时发生的事件做了很多修饰，加入了一些让人觉得不得不反抗的虚构元素。[13]

20 世纪最初的那几年，前报社记者艾维·李（Ivy Ledbetter Lee）从一些大型美国企业那里接过了改进公众形象的活。他把公共关系打造成了一个独立的职业。那时，公关还只是传媒制作人（查尔斯·狄更斯、P. T. 巴纳姆）和报业大亨（威廉·赫斯特、约瑟夫·普利策）在政治和娱乐上的发声工具。

李的奠基性工作包括制订、发展了公关业最早的行业道德标准。李把这些行业规范发表在他的《原则宣言》（*Declaration of Principles*）上。不过，实际上李本人在他的职业生涯中就多次违反了这些原则。李成了众人批判的对象。虽然李声称自己是改革的拥护者，但很多人还是批评他试图粉饰许多大型美国企业的声誉。李辩称这些企业都是为了公共利益在运营。那时消费者保护法律根本不存在，而政府在保护消费者方面也只是采取了一种“让消费者多当心”的态度。[14]李在晚年时因其支持纳粹的公关活动而被美国国会调查。李替法本公司（I. G. Farben）工作过，而法本公司曾是 20 世纪初世界第四大跨国公司，是希特勒第三德意志帝国最大的工业企业之一。[15]

“大话精”的形象大概就是 20 世纪公关业的写照。不过，到了 21 世纪，公关行业得到了彻底改造。为了讨论方便的目的，我们这里把彻底改造过的公关称为“新公关”。接下来我们将讨论如何区别新公关和旧公关。

249 当今的公关行业

21 世纪的科技使得公众可以即刻接触到无限量的信息。这支“事实校对员”大军让“大话精”在多数情况下变得无利可图、缺乏理智。比如，烟草业曾采取公关活动来试图让大众和美国国会相信烟草不会导致癌症和其他健康问题。大量强有力的证据表明吸烟能产生多种健康危险，因此烟草业被迫签署了历史上最大一笔有关消费者产品安全责任的和解协议。主要烟草公司和 46 个州的总检察长之间签署的《烟草业和解协议》在很大程度上就是拜几十年的虚假广告和公关信息造假所赐。[16]

公平宣传

有人提出，在互联网上散布虚假信息和传播事实真相一样容易。不过，大家时刻都能接触到的互联网技术使相反或少数的观点不会再从公众视野中避开。互联网技术出现之前有时确实会发生这样的情况。

有人提出，在互联网上散布虚假信息和传播事实真相一样容易。不过，大家时刻都能接触到的互联网技术使相反或少数的观点不会再从公众视野中避开。互联网技术出现之前有时确实会发生这样的情况。但现在大部分公关从业人员都认识到了诚实、公平宣传的必要性。篡改事实会毁了公关人员的事业。一旦公众得知公关活动故意隐瞒产品信息或者未能告知候选人背景的所有真相，客户的利益就会受到很大的损害。当公关活动故意向公众提供虚假信息时，衍生出来的后果会非常严重。比如，一家制药厂误导消费者说柜台售卖的药品是安全的，而实际上此药品对一些使用者产生的副作用可能会十分严重甚至危及生命。在 21 世纪的大众传媒环境下，事实和真相很快就会浮出水面，散布谎言和虚假信息将面临很大风险。以一种更加有良心、更加直接的方式来进行战略沟通是区别新、旧两种公关形式的主要特征。

内容创造

作家菲尔·霍尔（Phil Hall）在他的著作《新公关》（*New PR*）中描述了房利美（Freddie Mac，即联邦住房抵押贷款公司）如何通过自己制作电视剧来吸引潜在的西班牙裔购房者。电视剧《我们的街坊》（*Nuestro Barrio*）照搬了西班牙语浪漫肥皂电视剧（telenovela）的形式，因为这类通俗、夸张的情节剧很受欢迎。《我们的街坊》记录了两个已婚夜总会老板买房子的生活故事。到 2008 年，很多独立电视台都播放了这部 13 集的电视剧，而且到现在它还在一些电视台上映。《我们的街坊》及相类似的项目阐释了新公关区别于旧公关的第二个方面：与旧公关不同，新公关已经成为媒体制作和发行的一支重要力量。

过去，公关从业人员利用他们的影响力来诱使传统媒体制作人（比如纸媒记者）去调查、创作有利于客户或客户产品的报道内容，从而形成正面的媒体关注。而新公关则是自己创造内容然后把它传递给大众媒体——大众消费者。就比如《我们的街坊》，它不但在电视上播，互联网上也能直接看到。《我们的街坊》给予了观众多场所的媒体体验。观众可以接触到有趣的故事、充满张 250
力的画面、流行的音乐，以及其他个人互动的机会。

360 度公关

如同第 7 章所讨论过的，新媒体和 Web2.0 让网络“病毒式”公关变得可能，而在 10 年前，这种公关形式还不存在。让某一信息“像病毒一样扩散”最简单的办法是开一个博客，通过诸如脸书和推特等社交媒体网站来激发消费者的兴趣，或者也可以在 YouTube 上发布一些短小的宣传视频。网络上很多链接都会转发这个博客，信息便像电脑病毒一样传播开来。对于 21 世纪的公关人士而言，大众传媒这种扩散本质才是真正的核心挑战。公关活动的中心就是让公关和 Web2.0 的流动本质保持同步。

就和我们用脸书或者聚友网联系朋友、家人一样，公关公司和它们的客户现在也都将互联网作为社交资源。公司通过社交网络来建立客户的认同感，同时还吸引消费者对其产品产生新的兴趣。它们的目标是围绕客户的产品和服务来建立一个大型的虚拟社群。为了达到这个目标，公关

就和我们用脸书或者聚友网联系朋友、家人一样，公关公司和它们的客户现在也都将互联网作为社交资源。公司通过社交网络来建立客户的认同感，同时还吸引消费者对其产品产生新的兴趣。

公司经常采取 360 度公关（360-degree campaigns），即在各种不同的媒体平台传递客户的信息，包括互联网、电视、广告、平面媒体和移动终端。这些公关活动会在消费者（或某一政治获选人的支持者）中产生一种“特殊社群”的感觉。新闻报道和付费广告接下来又强化人们对这一虚拟社群的身份认同。比如，想一想苹果的 iPhone 3G 手机。即便竞争对手威瑞森筹划了一场负面的公关活动，苹果最终还是取得了成功。苹果的产品一直都比竞争对手的产品售价高，而且还经常受到技术故障的困扰。但是，长期以来，苹果公司都能让其忠实用户产生一种社群感和身份感，iPhone3G 手机的成功在某种程度上就是对这种做法的证明。2008 年年中，威瑞森的公关部门向科技报刊一波接一波地散发报告，突出强调 iPhone 手机存在的问题。虽然这些负面报道给 iPhone 闪亮的形象蒙上了一层阴影，但大多数苹果用户还是对产品保持了忠诚，这在很大程度上要归功于所谓的“苹果气质”。苹果公司持续、巧妙地让它的消费群体感觉到自己属于一个能够适应和使用高科技的精英团体。

成功的公关活动如何利用那些能够让大众喜爱的娱乐惯例？

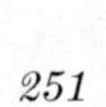

251 开发公众兴趣：狗仔队和促销员

19世纪之前，美国的公关主要是为宣扬、支持政治议题和政治活动服务。不过，1842年，围绕查尔斯·狄更斯首次访美的宣传活动改变了公关的目标。那时，狄更斯的书在美国非常受欢迎，他每到一处都会有很多人迎接。美国报纸报道狄更斯游历全美的方式就像今天的狗仔队。

19世纪的美国深爱着狄更斯。不过这只是一厢情愿，狄更斯对这个年轻的国家远没有那么倾心。这位著名的英国作家和社会批评家在回到英格兰之后把他的美国行记发表成书，书名叫《旅美札记》(*American Notes*)。在这本书中，狄更斯严厉批判了美国的奴隶制度，沮丧地谈论了可怕的监狱和精神病院里普遍的虐待现象。狄更斯在书中还嘲笑了他眼中美国人那种缺乏教养的、乡巴佬式的生活方式和礼仪规矩。最让狄更斯感到生气的是美国在保护版权方面的缺失。狄更斯认为这等同于从他那里骗取了相当多的忠实读者，而这些读者本应是他巨大名望的产物。对美国以及在欧洲的美国出版商而言，狄更斯的《旅美札记》引发了一场公关危机。

8年后，等到P. T. 巴纳姆（1810—1891）访美时，公共关系则完全不同。巴纳姆是娱乐推广的先驱人物，也是巴纳姆—巴利（Barnum & Bailey Circus）马戏团的联合创始人。1919年巴纳姆的马戏团和林林兄弟（Ringling Brothers Circus）马戏团合并。马戏团至今仍在北美巡演。巴纳姆通过熟练地举行公关活动来推广他的娱乐生意。他为旗下的名演员们创造了大量的媒体报道和广泛的公众兴趣。在巴纳姆的努力下，珍妮·林德（“瑞典女夜莺”）等欧洲音乐明星纷纷前往美国参加全国巡演。巴纳姆还为马戏团著名的“暹罗双胞胎”和“侏儒”建立了广受欢迎的博物馆。除此之外，巴纳姆还说服公众相信了诸如“美人鱼”、假冒的考古珍品、动物标本等这些彻彻底底的恶作剧。

不过，巴纳姆这些公关活动一点都不光彩。实际上，这些活动可以用经常被认为是巴纳姆说的话来概括：“每时每刻都有上当受骗的人出生”。由于巴纳姆公然操弄公众对真实和非真实的信念，公关从业人员在之后的数十年里都无法摆脱缺乏道德的“小贩”形象。很多公关从业人员追随巴纳姆的脚步，他们隐藏客户的不当行为，操纵大众的信任。

培养大众信任：公关的职业伦理

为了回应这种对大众信任的操弄，艾维·李（现代公关之父）撰写了《原则宣言》。它为公关从业人员建立了道德行为准则的框架。李是真正的先行者。他成立了最早的现代公关机构，创立了公关新闻稿的概念，并将公关业者这一角色引入危机管理中。李相信他所说的“双向道”公关原则（“two-way street” principle of PR）。“双向
252 道”公关原则提出公关业者只是引导客户和公众进行沟通。不过，即便是李自己的公司也多半在推销政治宣传——集中于说服客户支持某一特定的议题，比如一项事业或社会运动，而其中最常见的是政府的战争决定。[17]

当公关行业扩展到20世纪中期时，公关公司和从业人员发现他们完全是依据李的商业模式来服务各自的企业、政界和政府机构客户。这种模式本质上认可政治宣传，支持不惜一切代价保护客户的利益，而且通常都会牺牲事实和真相。[18]但是，到了20世纪六七十年代，公关行业开始朝更加道德、更加专业的方向转变了。公关的角色不再仅仅集中于帮助客户提升积极的媒体形象或影响公众舆论，公关还能有效地应对媒体危机，比如著名的强生泰诺止痛药案例（Johnson & Johnson Tylenol case）就展现了公关公司是如何积极主动，如何应对自如的。

应对性公关（Reactive PR）是指在危机发生时试图挽救公司。被污染的泰诺止痛药是有效进行应对性公关的经典案例。1982 年 9 月开始，7 名 12～35 岁的芝加哥地区居民神秘死亡。调查人员发现每名受害者在去世之前都刚刚服用了泰诺强效止痛胶囊。这些从不同商店买来的药品都沾有致命含量的氰化物。执法部门立即向公众发出警告，甚至还带着高音喇叭开车穿行于芝加哥的大街小巷。恐惧迅速在芝加哥蔓延并传向全国。本被视为业界领先的泰诺现在被怀疑为造成死亡的药剂。麦克尼尔公司（McNeil Consumer Products）及其母公司强生公司的公关人员迅速采取措施警告公众，并且大规模召回了 3 100 万瓶总值 1 亿美元的泰诺胶囊。他们还说服公司管理层下令停产泰诺胶囊。

恐惧迅速在芝加哥蔓延并传向全国。本被视为业界领先的泰诺现在被怀疑成为造成死亡的药剂。

公司还马上进行了非常全面、透明的调查，以此来判定问题到底出在生产过程中还是胶囊抵达消费者之前的其他阶段。调查人员发现是有人在商店污染了胶囊，并认定制造商并没有犯错。但是，制造商的声誉已经受损，而且公司股价也急剧下跌。

强生公司迅速开始重建泰诺的品牌声誉。它开发出了新的防损毁包装，并且免费更换之前的泰诺药片。强生还利用大规模的媒体活动来检视芝加哥中毒事件，并告知公众它已经采取了措施来保护消费者的安全。这些改变取得了巨大成功，短短几年内，泰诺就又一次成为市场上最热销的止痛药之一。

在危机中，公司如何处理公共关系决定了生与死（泰诺胶囊）。这点突出了旧公关和新公关之间的第三个差别：眼界——或者说是公关的目的，以及为了达到这个目的而使用的手段。

提升社会认知度：公益广告

保罗·大卫·休森（Paul David Hewson）出生于爱尔兰的都柏林，并在那里长大。休森的家庭是根深蒂固的爱尔兰圣公会（Anglican Church of Ireland）教徒。休森的妻子艾莉森和四个孩子大部分时间都住在位于都柏林地区南部的基利尼（Killiney），只要他们不是在和休森周游世界的话。休森更为人们所熟知的名字是他的艺名博诺（Bo-
253 no）——摇滚乐队 U2 的主唱兼创作人。

博诺不只是一个有钱的摇滚明星。人道主义者的身份大概为他赢得了更大的声誉。博诺的行动受到了全世界的赞誉，他和世界各国领导人成为朋友，并且三次获得诺贝尔和平奖的提名。2005 年，美国《时代》杂志将博诺作为当年的年度人物。2007 年，他获封爵位。博诺创造了最近历史上最成功的有关政治和社会议题的媒体运动。这项运动旨在削减发展中国家的贷款并且提升国际社会对非洲艾滋病困境的认识。

博诺熟知如何利用电视广告来推动社会和政治事业。作为“统一行动”（ONE）的联合创始人之一，博诺是这个非常有影响力的公益广告的主要创作力量。这个电视广告的目标是提升非洲贫困和艾滋病问题的能见度，提高这些问题在公众议程上的位置，并鼓励美国国会增加对这些问题的人道主义援助。2005 年，这些援助只占美国预算的百分之一。2010 年，此比例仍未改变。[19]

通过与多名创意制作人通力合作，“统一行动”在全球范围内首映发行了统一行动宣言电视广告。20 多位娱乐明星先后出场。2005 年 G8 峰会前几周，广告影响力达到了顶峰。全球超过 15 亿人次观看了广告。非洲的艾滋病问题成为那年峰会的重要议题。广告的天才之处在于它并不要任何钱，它只是要观众为这人道主义的疾呼“加上自己的声音”。

20 多位名流齐声诵读了这段 30 秒的广告词。虽然没指明这些名流是谁，但大家都能认得出来，他们好像在用一个声音说话：

> 他们一步一步向前迈进。护士，教师，家庭主妇。拯救了生命，但问题是巨大的。每 3 秒就有一个人死去。又过了 3 秒，又死一个人。在非洲、亚洲甚至美洲，有些地方的

情况令人绝望。救援组织团结一心、行动一致，就像海啸（2004 年印度洋海啸）救援时一样。我们可以击败极度贫困、饥饿、艾滋病。但是我们需要你的帮助。多一个人、多一封信、多一点声音，这意味着几百万人的生
死。请一起加入。共同努力，美国人拥有前 254
所未有的机遇。我们可以创造历史。我们可以开始让贫困变成历史。一个，一个，再一个。请访问 www.one.org。我们不要你的钱，我们要你的声音。[20]

博诺的“统一行动”是过去 10 年来最受欢迎也最具成效的社会认知公关。

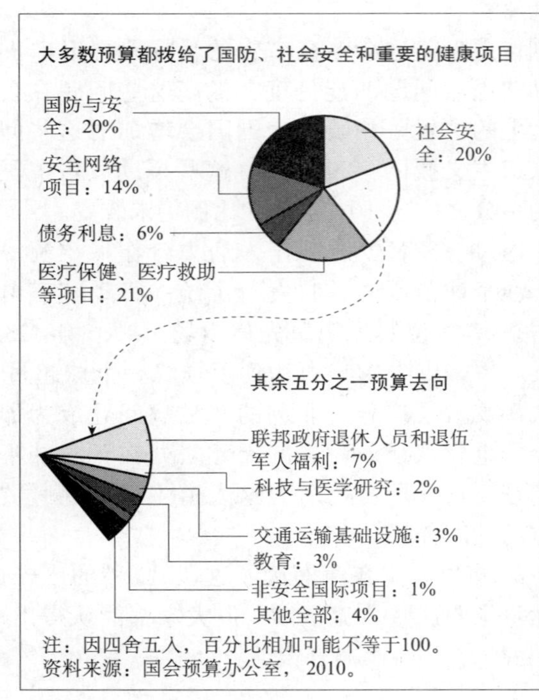

联邦预算开支。

根据预算与政策优先事宜中心（Center on Budget and Policy Priorities）的数据，用于人道主义援助的拨款自 2005 年以来从未增加。

博诺的统一行动宣言是积极公关（proactive PR）的例证。这种公关形式紧密联系公众，设法展示善意。它还证明了社会事业推广（social cause promotion）的力量和影响力。其总体目标是说服受众接受某一组织在某一特定议题上的看法。公益广告（public service announcements）是社会事业推广的一种表现形式。公益广告是非商业、非政治的（假定看来）。从广播广告产业早期开始就有了公益广告。实际上，20 世纪后期，政府管制要求电视台和广播电台播放一定数量的免费公益广告。对于这些媒体而言，播放公益广告很容易地展现了其服务“公众利益”的形象。

20 世纪 80 年代初，联邦通信委员会（FCC）开始着力减少对电视和广播的管制。它剔除了一些管理广播电台和电视台的复杂规定。联邦通信委员会此举的前提是它认为依靠广告支撑的媒体市场会自然确保电台、电视台继续提供受众觉得有价值、感兴趣的节目。从 20 世纪 80 年代放松管制开始直到 21 世纪，广播电台、电视台依旧播放公益广告，甚至有线电视、卫星电视也播放公益

广告，而从来没有哪项法律规定要求它们这么做。对很多公益广告活动，大型的媒体行业组织都会慷慨解囊。这些公益广告促进解决一系列广泛涵盖社会、教育、健康、安全等方面的议题。它们还鼓励各自成员播放公益广告。这些团体包括广告理事会（Advertising Council）、全美广播事业者联盟（National Association of Broadcasters）以及全国有线和电信协会（National Cable and Telecommunication Association）。实际上，广告理事会（受广告行业支持的非营利私人组织）是美国最大的公益广告制作商。

一些公益广告试图瞄准特定的人群。比如，反吸烟行动“真相”（Truth）主要针对年轻受众，强调吸烟导致的健康风险。不管是有科学支撑，还是聚焦于受众，公益广告的主要关注点是相同的：说服受众接受特定的观点——为某项事业创造出受众亲和力。和商业广告、政治广告一样，公益广告的次要目标是说服受众基于某个观点而采取行动。以反大麻广告为例，它可能建议公众监控儿童使用大麻的迹象，并提议公众联系州议员来抗议大麻合法化。点击《公益广告范例》，观看公益广告。

《公益广告范例》截图。

视频中展示的反饮酒和反吸烟广告强化了饮酒和吸烟的健康和安全风险。它们特别针对年轻受众。

255 

促进沟通：新公关的多样性

今天，公关领域和广告领域之间的联系变得更加紧密。企业、政府机构、政治团体和非营利组织都通过努力打造综合的活动来改变受众的态度和亲和力。而受众也变得更加有针对性。公关从业人员对促进媒体业者之间的沟通十分重要。这些媒体业者背景多样，包括品牌和产品经理、写手、媒体制作人、受众调查分析师、说客、广告植入专家等。他们都试图创造、管理有效的媒体活动，从而影响公众的意见、态度和行动。

按照旧的公关理念，公关业者总是默默地为企业高管服务。而这些高管对公关运作一无所知。在产品线开发出来之后激发消费者对产品的兴趣，或者紧急事态发生后改善公司的形象（即危机沟通，crisis communications），这些都是公关人员的工作。此类工作大部分都涉及损害控制（damage control），但公关人员却丝毫影响不了公司的政策或未来增长点的培育。在数字时代下，公关专家逐渐认识到，成功的公共关系在产品开发和政策制定的最初阶段就着手运作了。成功的公关运作要在问题出现之前就早早开始。以泰诺止痛药为例，强生公司之前并未建立任何处理此类紧急事件的内部程序。管理层不得不依靠公关人员急中生智来拯救公司的声誉。虽然强生公司得以在危机后恢复活力，但有太多的机构都未能有效应对此类公关问题，从而导致了它们的最终消亡。

在数字时代下，公关专家逐渐认识到，成功的公共关系在产品开发和政策制定的最初阶段就着手运作了。成功的公关运作要在问题出现之前就早早开始。

公关行业正在从传统模式向更加扩展、更加聚合的多种附属专业转变。但是，对有兴趣从事公关的人来说，熟悉传统的公关类别也会有所裨益。游说（lobbying）是其中最大的类别之一。游说主要是向地方、州或联邦立法机构传达与某些特定个体或组织相关的利益、关切和议题。同游说相对立的是政治咨询（political consulting），它为政客提供联络选区方面的建议。形象咨询（image consulting）设法打理客户的形象，提升大众对客户的正面认识。而财经公关（financial PR）则能够准确地、充满说服力地和其他机构或消费者交流商业领域的事件。

很多组织依靠善于筹款（fundraising）的公关人员来推动需要资金支持的活动。应急规划（contingency planning）主要是为了处理未来可能遇到的问题而制订行动计划。应急规划包括本章之前讨论过的危机管理。公关民意调查（public relations polling）是公司客户或其他公关机构获取数据的重要手段，它有助于培育公众舆论。

以上这些并没有穷尽所有公关次类别。但传统的公关类别在很广的范围内描绘了那些主宰数字时代公关行业的兴趣点。新公关不仅应对当下的需求，而且还让客户为未来的挑战做好准备。 256
为了实现这个目标，新公关研究文化、政治、经济形势，影响公共政策，保护、强化客户在未来的利益和形象。新公关筹划当下的潮流，谋划未来的趋势。新公关还会对公司管理层进行培训，让他们能够和媒体有效沟通，能够制定出危机管理的策略，能够创造出引人注目的媒体形象，能够打造好公司的公信力。

结论：销售理念、设计认知

我们讨论了广告怎样利用窄播手段销售车辆（或政治候选人），讨论了公共关系如何利用媒体说服人们从事特定的社会事业。但归根到底，广告和公关共同的中心主题是建立事物（理念、人物、团体、商业或者产品）和受众之间的亲和力。聚合媒体行动的成功彰显了这项工程的复杂程度。同时，广告商和公关业者还在不断地努力提出普遍有效的方案。

效果最佳的广告是那些给我们呈现了迷人另类现实的广告。这些广告把我们吸引到故事中去，鼓励我们将自己投射到故事叙述中。有效的广告联系受众，重新定义态度，吸收新的理念，建立亲和力，从而使得广告所代表的个人和团体受益。作为广告必不可少的组成部分，公共关系旨在培育公众对客户的认知，并且直接处理影响客户品牌、形象和公众认知的事件。和旧公关相比，新公关采取了一种更加主动的方式。新公关不单单在幕后吸引传统媒体进行正面报道，而且还积极主动地在媒体活动管理方面充当关键角色。

新公关在处理传统公关需求时采用了更加全面的手段。它既帮助客户建立、管理长期的媒体目标，又指导危机管理中的媒体事务。换句话说，新公关在处理客户当前有关媒体形象和信息管理需求的同时，还让客户为将来的未知领域做好有效准备。随着我们对媒体和文化认知的成熟，广告和公关已经取得了很大进展。但未来还是完全开放的。广告和公关紧密联系。在数字时代，这两个产业的成功取决于它们持续联系受众的能力，取决于它们在全球媒体文化下创造、改变受众态度的能力。

为发展公信力并和种族多样的客户建立产品亲和力，贝纳通（Benetton）发起了一场媒体活动来形象化地宣扬它最出名的口号："全色彩的贝纳通。"

257 

思考题

1. 浏览网页，找一个你觉得很有效果的政治电视广告。描述你为什么觉得它能影响选民的态度。

2. 选取一个 360 度的产品 / 品牌的广告运作。评价它在创造消费者亲和力方面效果有多少，并给出原因。

3. 解释为什么产品广告（特别是电视和杂志）经常使用与性有关的内容。描述这种广告方式的一个重要方面，不管它产生的广泛文化影响是正面的还是负面的。

4. 2010 年 10 月，BP（即之前的英国石油公司）的一个近海石油和天然气田着火爆炸。这场爆炸是历史上最大的漏油事故之一，造成了巨大的环境和经济破坏。BP 对墨西哥湾这场灾难的回应拖拖拉拉，从而导致了严重的公关挑战。在你看来，BP 在危机中和危机后续阶段的哪些公关努力奏效了，哪些没有？

【注释】

[1] Linzmayer, O. (2004). *Apple confidential 2.0: The definitive history of the world's most colorful company*. No Starch Press.

[2] Roberts, K. (2005). *Sisomo: The future on the screen*. PowerHouse Books.

[3] Rapaille, C. (2006). *The culture code: An ingenious way to understand why people around the world live and buy as they do*. Broadway Publishing, Crown Publishing Group.

[4] Ewen, S. (1988). *All consuming images*. Basic Books.

[5] To view this commercial, go to http://www.youtube.com/watch?v=owGykVbfgUE.

[6] Behar, R. (2004, February 23). Never heard of Acxiom? Chances are it's heard of you. How a little-known Little Rock company—the world's largest processor of consumer data—found itself at the center of a very big national security debate. *Fortune*. http://money.cnn.com/magazines/fortune/fortune_archive/2004/02/23/362182/index.htm.

[7] Hampp, A. (2008). Branded content has a longer shelf life than a 30-second spot. *Advertising Age*.

[8] Tiggemann, M. (2005). The state of body image research in clinical and social psychology. *Journal of*

Socia&Clinical Psychology, *24* (*8*), 1202 - 1210.

[9] http://www.plasticsurgery.org/Media/Press_Releases.html.

[10] McLuhan, M. (2003). *Understanding media: The extensions of man*. Gingko Press.

[11] Salant, J. (2008, December 27). Spending doubled as Obama led billion-dollar campaign. *Bloomberg.com*. http://www.bloomberg.com/apps/news?pid=20601087&sid=anLDS9WWPQW8&refer=home.

[12] See the video segment "Clinton, 3 A. M," in this chapter.

[13] Ross, J. (1975). Paul—Revere patriot engraver. Early American life. *Early American Society*, *VI* (1 - 6).

[14] Hiebert, R. E. (1966). *Courtier to the crowd: The story of Ivy Lee and the development of public relations*. Iowa State University Press.

[15] Ibid.

[16] King, C. III, and Siegel, M. (2001, August 16). The Master Settlement Agreement with the tobacco industry and cigarette advertising in magazines. *New England Journal of Medicine*, *345* (*7*), 504 - 511.

[17] Gale, T. (1999). *Gale encyclopedia of U. S. economic history*. Thomson Gale.

[18] Ibid.

[19] Center on Budget and Policy Priorities. (2010). http://www.cbpp.org/cms/index.cfm?fa=view&id=1258.

[20] ONE.org. (2005). Declaration spot: ONE: The campaign to make poverty history.

Tour opens
State Launches
ALL-STAR
Kidnap
Smoking

学习目标

1. 回顾美国大众传媒所有制的历史根源。

2. 定义纵向合并，并且理解其是如何作用于大众传媒产业的发展与控制的。

3. 理解媒体所有制和媒体控制两者之间的关系。

4. 对大众传媒的主要商业模式进行分类。

5. 说出区分以下各产业企业组织结构的特点：出版业、电视和电影业、广播和音乐产业。

6. 明确观众在大众传媒内容的发展、生产和发行等方面所起到的重要作用。

7. 理解传媒产业是如何和为何依赖于受众定位和受众调查的。

8. 认识互联网是如何迫使传媒产业调整他们传统的受众调查方式，以及这些变化是如何影响受众定位的。

9. 明确各种大众传媒产业在其努力适应迅速发展变化的媒介技术和受众的过程中所面临的重要挑战。

第9章

传媒产业

261 奥逊·威尔斯的未来在1941年看上去前途光明。年仅29岁，他就已经是一名雄心勃勃和才华横溢的电影导演、剧作家和演员。随后他推出了一部电影《公民凯恩》，这部电影在随后的数月时间里成为当时舆论的焦点。现在许多电影历史学家仍然把威尔斯的这部杰作看做史上最佳的电影之一。在这部电影中，威尔斯本人扮演了其中的主要角色查尔斯·福斯特·凯恩，而凯恩这一人物形象则是以当时美国的传媒大亨威廉·赫斯特为原型，以一种直截了当和批判的方式刻画了赫斯特的形象。在当时，赫斯特是美国实力最强的新闻业巨头，同时也是世界上最富有的人之一。同样地，凯恩这一人物形象是一名无情的报业巨头，利用他在媒体方面几乎垄断性的地位，以及强大的政治和经济实力，来操控新闻和影响政府官员，从国会议员到美国总统。

当意识到《公民凯恩》这部电影对他本人不带任何奉承的形象刻画之后，赫斯特试图阻挠其发行。首先是通过尝试买下这部电影所有权的方式，后来是企图在这部电影上映之前毁掉其所有的拷贝。当以上这些做法全都以失败而告终的时候，赫斯特开始针对放映这部电影的影院老板发起了恐吓威胁和骚扰的活动。同时他还在自己所拥有的报纸上发起一场全国性的媒体“闪电战”，威胁要将那些所涉及的好莱坞明星和华盛顿的政治人物的丑闻曝光，并且希望以此能够败坏威尔斯以及其他参与到这部电影制作的所有人的名声。而当所有这些威胁全部失败之后，赫斯特试图胁迫政府官员关闭所有放映《公民凯恩》影片的电影院。他甚至强迫约翰·埃德加·胡佛的美国联邦调查局对电影进行调查，从而达到停放电影的目的。《公民凯恩》在1942年一共获得了九项奥斯卡金像奖的提名，但是由于赫斯特在幕后对评委们的恐吓，最终威尔斯的这部影片只获得了奥斯卡最佳剧本奖，由威尔斯和剧作家赫尔曼·曼凯维奇两人共同分享此奖项。[1]

威尔斯的这部伟大杰作以及他在影片中对凯恩这一人物强有力的刻画，现实和逼真地描绘了那些寻求掌控美国大众传媒的人的不受约束的权力，和这种独霸的掌控所造成的巨大破坏。现实中赫斯特的故事恰好说明了单独一个人或者组织拥有太多大型媒体公司是如何影响历史进程，以及在经济上如何造就媒体大亨和家族王朝的。

原本就出生于一个富有的家庭的赫斯特很早就意识到获得对媒体的掌控意味着累积巨大的权力。从哈佛大学毕业之后，他就通过一场赌债偿还的方式于 1887 年成为《旧金山考察家报》的所有者和出版商。赫斯特随后通过迅速收购《纽约晨报》建立起了他的全国新闻出版帝国的基础。通过以耸人听闻的手法对新闻进行处理，即经常让他的记者和编辑们编造新闻事件和新闻人物，并且将这些内容以新闻事实的方式进行报道，赫斯特建立起了美国的“黄色新闻”时代。并且在此过程中，赫斯特进一步扩张了其个人财富。[2]

就如鲁伯特·默多克、罗伯特·麦斯威尔、西尔维奥·贝鲁斯科尼和泰德·特纳等现代的媒介巨头们都带有强烈的政治主张一样，赫斯特最主要的目标是建立和管理经营一个传媒帝国，当然了，还有在此过程中累积大量的财富。这种基于媒体所有制的财富所带来的是史无前例的全国和国际影响力。赫斯特，和他的竞争对手约瑟夫·普利策，还有 E. W. 斯克里普斯一起，成功地造就了大众传媒集团现象，即一个单独的实体旗下拥有传媒产业的大多数种类。在当时，这样的传媒帝国包含全国的报业连锁、杂志和新闻通讯社（对新闻发行进行收费的机构）。而发展到 20 世纪，图书出版业、电影制作公司和广播电视网络都已经纳入这些传媒产业巨人囊中。

奥逊·威尔斯在雷电华电影公司（RKO）出品制作的《公民凯恩》（1941）电影中所饰演的查尔斯·福斯特·凯恩。

262 回顾美国的传媒所有制

媒介巨头手中掌握着极大的权力，并且累积获得了大量的财富，这些都有可能导致对媒体异乎寻常的滥用。掌握着媒体控制权的个人或者家族王朝把媒体作为向公众提供公正和可靠信息的角色，从而使得这些媒体拥有者可以利用媒体对政府施加压力，推动他们自己的议程和影响历史的进程。这些对媒体的滥用正是威尔斯在其电影《公民凯恩》中所极力巧妙刻画的，也是赫斯特对媒体的利用所表明的。在赫斯特明目张胆地对事实进行操控和试图控制媒介信息的所作所为中有一件事值得一提，就是他煽动了美西战争（1898）的爆发。他通过大量编造有关西班牙人在古巴和加勒比海地区的暴行的新闻，激怒美国公众和煽动美国国会以及总统威廉·麦金利对西班牙宣战。这些编造的故事，再加上赫斯特的评论文章，直接导致国会决定对西班牙开战。

掌握着媒体控制权的单个个人或者家族王朝把媒体作为向公众提供公正和可靠信息的角色，从而使得这些媒体拥有者可以利用媒体对政府施加压力，推动他们自己的议程和影响历史的进程。

通过牺牲真相的方式来获得经济利益和政治影响力，这样的做法通常是危险的，但是以下这种情况甚至是更加令人不安的，就是当一个个体或者家族已经积累了足够大的对媒体的控制力时，他们就有能力来操控政府和改变世界大事的发展进程。在本章中，我们将探索大众传媒是如何商业运作的，美国和其他的国际传媒集团的所有制和控制权是如何发展形成的。我们还将探讨一个关键的问题：在 21 世纪，媒体所有制在影响国内和国际事务的过程中扮演了怎样的角色？

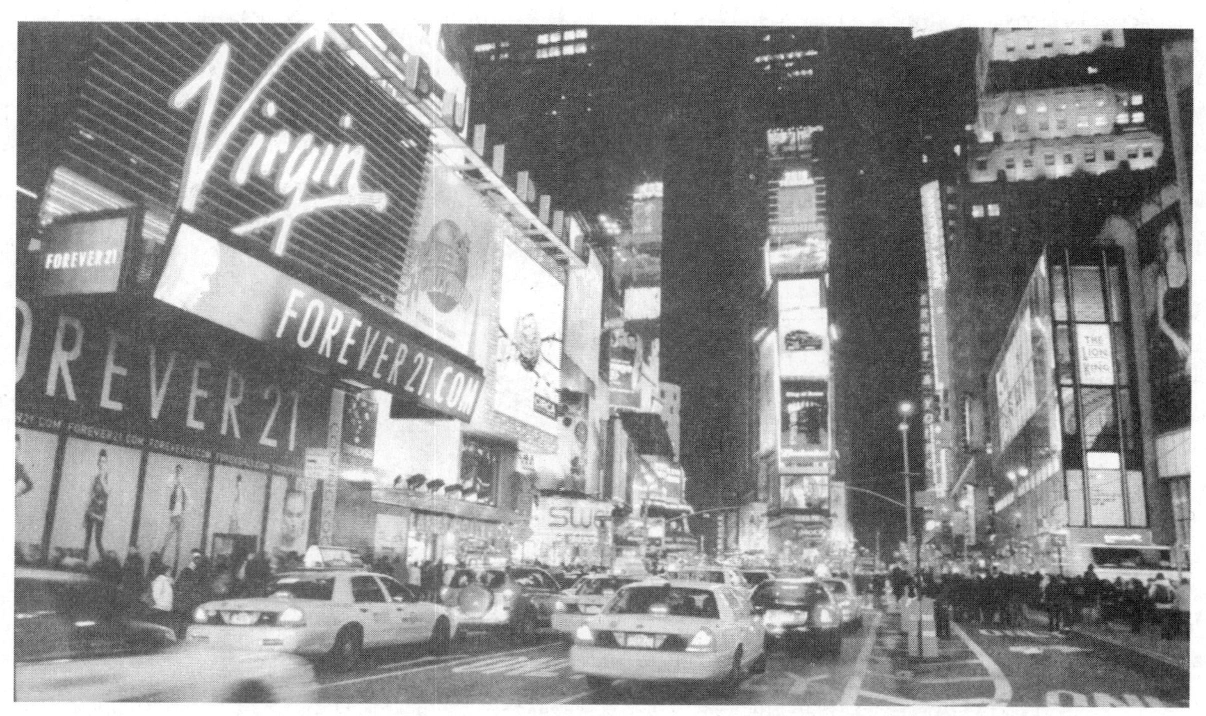

媒体所有制，无论是单个的传媒集团，还是几个传媒公司，在哪些方面影响了媒介消费和社会文化？

263 19 世纪后期到 20 世纪早期的这段时间是媒体垄断的时代。在那个时候，一个特定媒介产业的制作和发行都是由单独的集团所主导的。报纸当时在美国是占据主导地位的大众媒介。因此，通过收购最大规模的报纸和排挤竞争，像赫斯特这样的个体就能够积累大量的个人财富。赫斯特、普利策和斯克里普斯等人都试图通过运营媒体从制作到发行的所有方面，以及拥有和控制美国每个主要城市的主导媒体的方式，来成功建造一个全国性的大众传媒帝国。

当好莱坞电影产业在 20 世纪 20 年代开始成功发展起来的时候，赫斯特和其他传媒大亨，包括路易斯·B·梅耶尔、阿道夫·朱克、华纳兄弟（阿尔伯特、哈里、山姆和杰克）和马库斯·洛尔（洛尔影院）等人创建了后来为人们所称的片场系统。好莱坞片场系统包括一部分数量庞大的实际上控制整个电影产业的电影工作室。好莱坞片场系统控制了所有的环节，从剧作家和演员的合同到生产设备和融资，到影片的发行，再到电影院的所有权。在 20 世纪 20 年代末期到 60 年代的这段被称为好莱坞黄金时代的时间里，在市场上占据着主导地位的五家大型影片制作公司分别是米特罗-高德温-梅耶尔（米高梅）、派拉蒙、华纳兄弟、20 世纪福克斯和雷电华（RKO）。这些电影制作公司巨头有时候会相互合作，有时候又会相互竞争。在那时，这些公司在很大程度上都能够规避美国国会的反垄断法。反垄断法是美国联邦在钢铁、烟草和石油等行业领域为了打破行业垄断，保证健康竞争而实施的法律。这些反垄断法律手段的出台时间跨度有 60 年，从 1890 年国会制定的《谢尔曼反托拉斯法》（其中规定政府有权对涉嫌违反反垄断法规定的公司企业进行调查），到 1950 年出台的《塞勒-凯佛维尔反兼并法》[也被称为反兼并法，目的在于弥补有可能导致企业商业合并的法律漏洞（比如说，当一家公司试图购买或者合并另一家公司的所有资产的时候）]。

纵向合并：过程和影响

264 在探索传媒集团是如何发展和变化，以及它们是如何使得美国成为世界上领先的媒介生产的国家之前，我们应该首先看一下早期的传媒巨头们所创造的基本商业模式，尤其是其在报纸和电影产业方面的实践运用。如果一家公司能够运营和掌控大部分新闻出版业或者电影产业在生产、发行以及展示过程的全部链条，这一做法被称为纵向合并，那么它就能够吸引全国范围内的广告收入和票房收入。这样的一种统治性使得公司从根本上唯一地拥有整个行业及其创造的收入。

纵向合并使得单独的传媒公司不仅能够掌控整个产业，而且还能掌握所涉及的劳动行为中的每个人，从印刷出版业中的排字工人到电影产业中的影视制作团队。

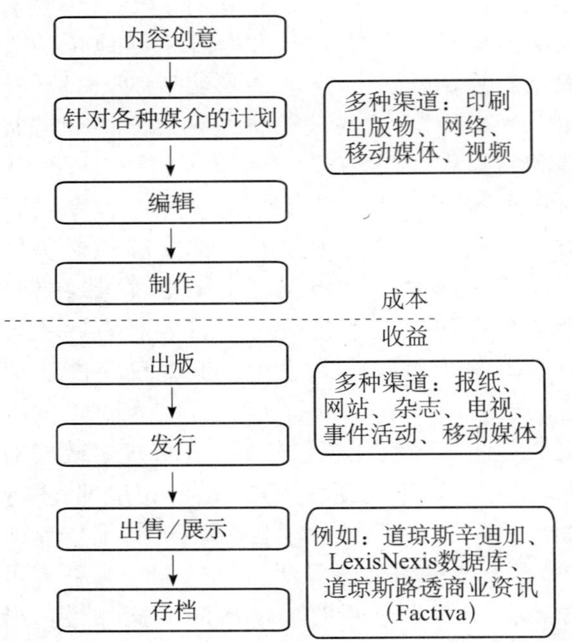

这张图表描绘出了一家典型的多媒体公司的投资成本和收益。

资料来源：世界报业协会。

通过遵循规模效应的原则，即通过增加产量和扩大规模的方式来提高成本优势，那些占据统治地位的、纵向合并程度较高的企业和公司使得规模较小的、整合程度相对较低的竞争对手极其难以与其在市场上展开竞争。这些较小的竞争对手最后就只剩下几个有限的选择：与整合完整的媒介巨头们继续进行一场经济亏损的战争，与其他小的公司联合起来形成一个合作的企业联合组织（集体的）来更好地参与市场竞争，允许自身被其中的一个媒介巨头收购或者合并，或者直接退出市场。另外一种能够更好地保证规模较小的公司在市场中生存的选择，同时也是我们将在本章后半部分探索的，就是重新改造和调整公司的目标，将其定位于一个非常清晰的本土化市场（如报纸和杂志那样）或者满足迎合特殊话题和受众群体的需要（就像小型独立影片制作公司那样）。

除了垄断企业相对于规模较小的竞争对手来说所掌握的或许是不公平的竞争优势以外，这些大众传媒集团的存在还有着其他令人烦恼的影响。因为传媒大亨们掌握和控制了所在产业的很多方面，这样他们就能够在劳动行为关系方面独断专行。例如，他们可以决定雇员的合同年限，以及不同行业人员的薪酬水平，如印刷出版业中的印刷工人、排字工人，以及类似的如电影产业中的电工、摄影师、木工、服装师等。更加麻烦的是，这些行业的领导者有权力来推动他们所喜爱的作家、编辑、演员、导演和制片人的职业生涯向前发展，并且同时在事实上将那些他们不是很欣赏的从事以上类似职业的人列入黑名单（拒绝给予特权），毁掉他们的职业生涯。这一点在影片《公民凯恩》中得到很好的体现，成为赫斯特对这部电影如此敌视的原因之一。

更加麻烦的是，这些行业的领导者有权力来推动他们所喜爱的作家、编辑、演员、导演和制片人的职业生涯向前发展，并且同时在事实上将那些他们不是很欣赏的从事以上类似职业的人列入黑名单（拒绝给予特权），毁掉他们的职业生涯。

上市公司和私人所有制

并不是所有的媒体所有制形式都是一样的。其中一些传媒集团是可以进行公开上市交易的公司，他们的资产（在公司里所拥有的股份）每天都在纽约证券交易所、纳斯达克（NASDAQ）证券交易所或者世界上其他主要的证券交易所进行着买入和售出的交易。公开上市交易的传媒集团的股份持有者则是这些公司实际法律意义上的“拥有者”，并且他们由每家公司的董事会所选出来的成员所代表。有时候，有投票权的董事会成员中会有一名或者多名成员可能来自原来拥有这家公司的家族现存的成员代表，这些家族都是在公开上市之前的这些公司集团的所有者，华盛顿邮报集团就是这样的一个例子。

不管与公司私人所有制是否有着历史联系，公开上市交易公司所有的董事会成员在法律上被要求必须全力管理好他们的公司以此来保证所有股东的利益。这项基本职责在法律上的专业术语叫做信托责任。传媒公司的董事会成员有责任和义务维持或者增加他们公司的市场价值，并且在可能的情况下，要创造渗透到公司所有者即股东们的利润作为他们投资的分红。因此大型公开上市交易传媒公司的董事会成员和上层管理人员只是对他们所管理媒体的新闻和节目内容进行一般
265 原则性的投入。因为对新闻和媒介内容施加影响可能会违反他们受托人的角色和导致重大的个人法律责任，所以取而代之的做法是，这些人的工作主要是引领他们的公司向市场反应最活跃的方向发展，帮助他们管理的媒体吸引到最大规模的受众，吸引到最高的广告收入和订阅。

但是也有一些非常著名的个例存在。有时候一两个非常有权势的个人或者家庭掌握了一家媒体集团显著份额的所有权。因为他们所掌握的所有权程度，这些人确实能够影响新闻和媒体的内容。或许最著名的特例就是国际传媒巨头新闻集团旗下所拥有的福克斯新闻频道。新闻集团是一家公开上市交易的跨国传媒集团，总部在美国纽约，在以下领域都有重大的控股。

- 图书出版：哈珀柯林斯出版集团和其他一些公司。
- 新闻出版：《华尔街日报》、《纽约邮报》、《太阳报》（英国）、《星期日泰晤士报》（英国）和其他许多世界各地的报纸。
- 杂志：《旗帜周刊》、《时尚》（澳大利亚）、GQ（澳大利亚）还有超过 20 多种其他杂志。
- 20 世纪福克斯电影制片公司和福克斯电视公司。
- 福克斯电视广播公司包括福克斯新闻频道。
- 世界上最大的卫星电视服务网络，其中包括美国的“直播电视”（DirectTV）、英国的天空广播公司、拉丁美洲的天空电视台以及世界上许多其他的电视公司。
- 在网络上有福克斯互动传媒、聚友网、IGN 娱乐、葫芦网（与 NBC 环球公司等合资）以及遍布全世界的数十个其他的互联网内容提供商。

今天，全世界排名前十位的跨国传媒集团在世

界媒体生产和发行市场中占据了一个惊人的份额。这些公司对社会和文化施加了大量的影响，而这些影响往往是不受欢迎的，这一点我们将在第 9 章讲述媒介偏见和第 14 章介绍全球媒体的时候讨论。

本土化：一种替代模式

与上述潮流相对抗的力量出现在 20 世纪的早期和中期，并且创造了一批大型联合传媒集团。这些集团主要来自两个方向：本土化和政府调控（随后将在本章中讨论到）。当大的全国性传媒集团发现覆盖每一个当地和区域性的受众所感兴趣的话题是不现实的时候，有一些报纸杂志以及广播电视新闻的生产者将此视为填补市场空白的机会，并且将目标特地倾向于这些本土的受众。

现代媒体合并所产生的大型传媒集团的实例[3]

1989	大都会通信公司以 35 亿美元的价格收购美国广播公司，组建成大都会美国广播公司
1989	索尼集团以 34 亿美元的价格收购哥伦比亚电影公司
1990	华纳通信公司与时代集团达成总价值为 141 亿美元的合并协议
1991	松下电器公司以 69 亿美元的价格收购电影制片厂商美国音乐公司（MCA）
1993	纽约时报公司以 11 亿美元的价格收购《波士顿环球报》
1994	维亚康姆公司花费 100 亿美元收购电影制作公司派拉蒙
1994	维亚康姆公司花费 80 亿美元收购 Blockbuster 娱乐公司
1995	华特迪士尼公司以 190 亿美元的价格购入大都会美国广播公司
1996	时代华纳以 76 亿美元的价格购入特纳广播公司
1996	国际图书出版商企鹅出版集团以 3.36 亿美元的价格从 MCS 手中购得普特南集团
1997	广播巨头钱斯勒媒介公司（Chancellor）合并了 103 家广播电台，无线广播公司与哥伦比亚广播公司合并了 1 000 家广播电台
1999	CBS 集团以 25 亿美元的价格购买当时主要的电视节目联合体金氏世界制片公司
1999	维亚康姆以 380 亿美元的价格合并了哥伦比亚广播公司
1999	美国传媒公司合并了《国家询问报》、《每周明星报》、《每周环球报》和《太阳报》等主要的小报报纸，将其统一在单个的所有权下面
2000	美国在线以 1 360 亿美元的价格买下时代华纳

续表

2000	芝加哥论坛报公司以 63 亿美元的价格购买时代镜报公司（《洛杉矶时报》的出版商），使得芝加哥论坛报公司成为规模在全美位居第三的报业集团，旗下拥有 11 家报纸（和网站）以及 22 家电视台
2006	由于合并之后效果不佳，时代华纳与美国在线又相互分拆为各自独立的公司
2006	新闻集团将其所拥有的卫星电视运营商直播电视出售给自由媒体集团
2007	新闻集团买下《华尔街日报》
2008	时代华纳出售其旗下的时代华纳有线部门
2010	《华盛顿邮报》将《新闻周刊》杂志挂牌出售

因为很多人日常的生活是集中在附近街坊这样 266
的话题上的，例如他们在哪里生活、工作、上学、去教堂做礼拜、到社区中心参加活动、逛商场、去图书馆等，所以报纸和杂志就意识到报道这些本土化的新闻能够为他们创造一个市场需求，并且这些是全国性的媒体无法直接与其进行竞争的，所以出版商和广播电视台就弄清楚了如何在本土市场份额中获取利益，并且通过他们这样的做法之后，还随之带来了贯穿整个 20 世纪繁荣发展的独立报纸和广播产业。

消费者倾向于从全国性的媒体上获取国内新闻、国际新闻和娱乐内容，而从基于社区的新闻媒体上获取有关他们当地和本地区的新闻报道，因为他们认为当地媒体所报道的社区新闻和话题更加可靠和协调。这样的消费习惯进一步增强了这些产业的发展。但不幸的是，随着越来越多的内容转移到了互联网上，广播和电视频道也扩张到有线电视和卫星电视广播，这种本土化的替代性媒体模式变得不那么可行。

本土化媒体实力的削弱实际上开始于媒体所有制从本地占优势的所有制到缺席所有制的转变，这也是全国性的传媒集团的一个特征。这一转变随之而来的则是本土化媒体丧失了其本土的根源和本地的意见声音。尽管报纸集团已经在特别努力地通过开设地方新闻板块和迎合本土广告商的需求等方式来维持其与当地的联系和利益，然而从企业运营和经济方面的角度来看，试图服务于全国的受众和广告商，并且同时满足多个本区域的服务要求，这两个方面在很多情况下是背道而驰的。媒体的全国和国际所有权意味着媒体对全国性和国际新闻兴趣的增加。为了保证企业的成本效益和利润的最大化，那些能够覆盖最远范围受众兴趣的内容就处于媒体选择的优先位置。

> 媒体的全国和国际所有权意味着媒体对全国性和国际新闻兴趣的增加。为了保证企业的成本效益和利润的最大化，那些能够覆盖最远范围受众兴趣的内容就处于媒体选择的优先位置。

这种本土化媒体商业模式与更加全国性和国际性的商业模式之间的矛盾仍然是现在许多传媒公司挣扎的根源。并且，随着互联网持续将整个世界平面化和消除国界的限制，无数的本土企业发现它们必须要么找到一个有钱的公司将其收购，要么就直接退出市场歇业倒闭。这种趋势并不意味着受众对本土新闻媒体内容需求的减弱，而只能说明这些受众已经转移到新的基于网络的媒体平台和商业模式中来获取信息内容。

来自董事会的内容控制

本章将探讨的一个关键问题是传媒公司所有者对受众所消费的媒介内容到底施加了多大的影响，以及对他们的媒体实际播出内容的影响，如这些媒体是否播放新闻、电视、广播或者电影等。除此之外，如果有的话，我们将看一看他们是如何实际运用这一影响力的。

新闻集团：议程还是利润？

想一想新闻集团的例子。能够轻松跻身当今全球传媒集团排行榜的前五名或者前十名的新闻集团是由澳大利亚传媒企业家鲁伯特・默多克于1980年创立的。如今公开上市交易之后，这家公司现在被默多克本人和他的两个儿子拉克兰和詹姆斯有效地掌控着，尽管拉克兰已经在2005年辞去了他在新闻集团管理者的职务。新闻集团的第
267 二大股东是约翰・马龙的自由媒体集团，其本身也是一个（相对较小）传媒集团。

尽管默多克本人和他的发言人经常否认这些指控，但正如与教材配套的视频短片所清楚显示的，默多克在以往就对新闻集团旗下所拥有的媒介组织所播出的新闻和节目内容施加了强烈和相当富有争议的影响。考虑到默多克曾经以私人名誉向共和党捐赠了100万美元，那么他对媒介内容的政治议程的影响就必须引起人们的疑问。正如短片“企业对新闻的影响”中所说的，一个直言不讳的人掌握着一家公司大部分资产的所有权会产生一种媒介偏见。这段视频里包含了纪录片制作人罗伯特・格林沃德的获奖影片《解密福克斯：默多克的新闻界战争》中的部分片段。在这部纪录片里，格林沃德试图向观众传达公众强烈和高度的关注，即当大型传媒集团对政府的议程掌控了太大的权力的话，这将会导致一种公认的和明显的对民主的威胁。▶

不管人们是否赞同默多克的政治和社会观点，在我们这次讨论的上下文环境中重要的问题是传媒所有制能够如何对媒介内容，尤其是新闻报道产生不恰当的影响。在实际情况中，默多克新闻集团只是个特例而并不是常规案例。如今大多数全球传媒集团的所有权的分布都非常广泛，集团的经理和主管将任务集中在影响公司的运营决策上，从而保证企业的收益，并没有去推动某个特定的议程。即使是在新闻集团这样的例子中，默多克也多次在新闻发布会和媒体采访等场合明确表示，他最主要的目标是利润。

迎合本地受众

在现代大众传媒历史发展的很长一段时间里，传媒公司一般由本地资本所有。这一点在首批报纸和随后出现的广播成为公众获取新闻和娱乐的最主要的媒介渠道方式时表现得最为真切。本地所有权意味着这些传媒公司关注本地人所关心的事情。正如在第 4 章中所提到的，报纸为本地人所关心的新闻故事提供了理想的平台，并且为开展有关社区大事的政治辩论提供了便利。

在很早之前互联网还没有出现的时候，报纸为公民提供机会参与涉及他们生活事务的讨论，同时也给政治家与选民之间开展互动提供了工具。尤其有代表性的是，这些公开的对话通常以社论和读者来信的方式呈现出来。社区新闻报纸将他们与本地人生活的联系看做不仅仅是他们所扮演的角色，而且还是他们的责任。

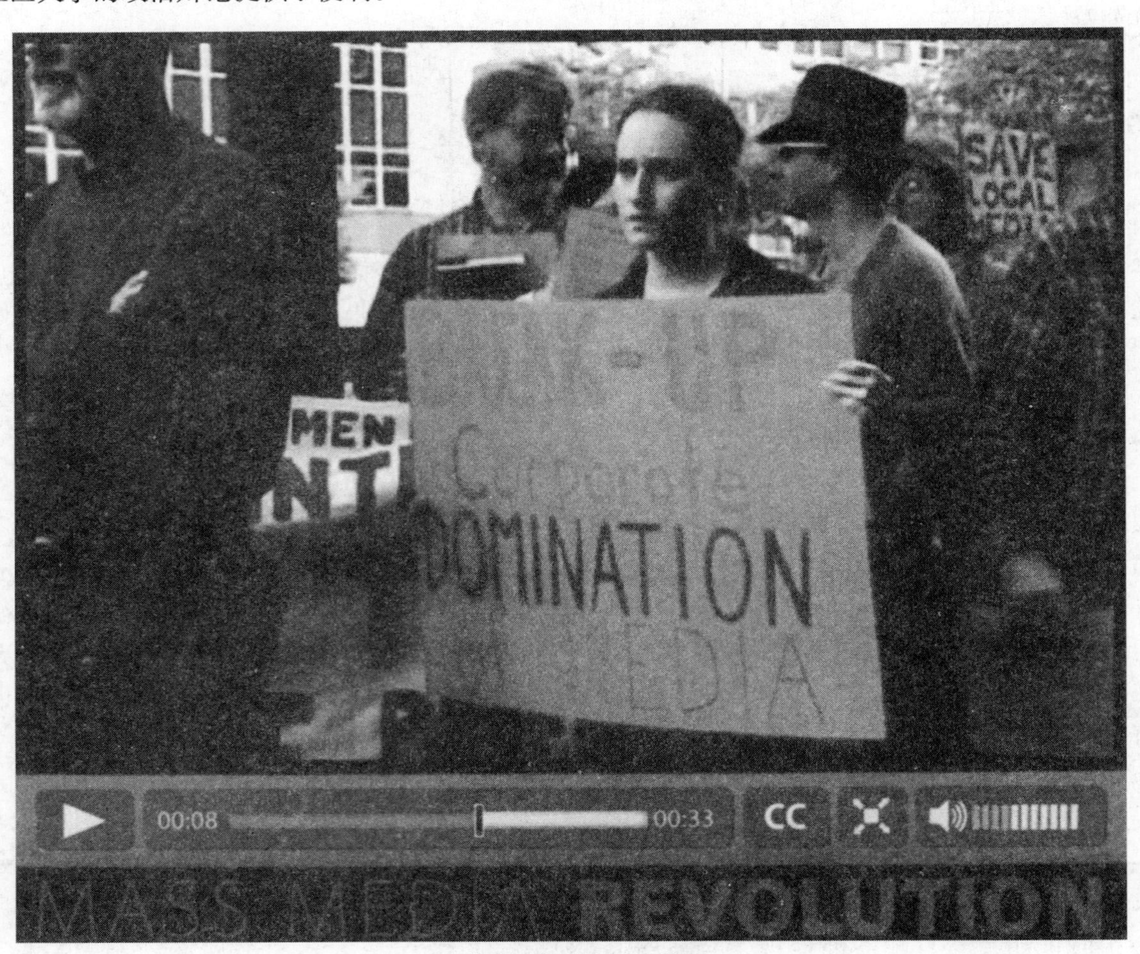

《企业对新闻的影响》截图。

《解密福克斯：默多克的新闻界战争》影片中的片段，突出表现了公众对公司掌控新闻的关注。

268 当地的商业企业通过在本地媒体上进行广告宣传瞄准本地消费者。本地的报纸、广播和电视媒体通过由此获得的广告收入来维持财务稳定。在这种商业模式之下，本地报纸的出版商或者是本地广播或电视台的所有者被期望利用他们的媒体公司来支持某些政治候选人，并在重大话题上影响公众意见和舆论。与现在的博客较为相似（这点我们将在第 10 章中讨论），为了劝说人们朝着某个方向行动所制作和发行出来的内容被称为有意的媒介偏见。在很多方面，读者和观众接受这样的偏见并且为之鼓掌叫好。一些显赫的家族，如果他们的家族成员本身不是担任选举出来的领导角色的话，那么往往都是在社区里备受尊敬的人物。这些家族也都拥有多种形式的媒体，包括报纸、广播电台和电视台等，并且这样的媒体所有权会有代表性地一代又一代传递下去。

向全国性的传媒集团发展的趋势极大地改变了本地所有媒体对媒介内容的影响。控制权再也不是掌握在本地社区之中，媒介内容也不再严格地关注和本地受众相关的话题。报道本地街区坊间的新闻变得不再是经济上获利的方式，反而导致了亏本。为了应对这一状况，新闻的报道内容开始逐渐转变到更加全国性和国际性的辩论话题上。本地所有制媒体在经济可行性上进一步面临的挑战则是互联网没有疆界限制的特点。虽然人们对地区性内容话题的信息和新闻需求并没有减少，但是，传递这些内容的平台数量无疑在下降。这也给我们留下了这样一个问题：即使本地新闻博客和超本地化新闻网站能够在网络上找到安身之处，那么它们又能否在传媒产业持续的集团化浪潮中生存下来呢？

虽然人们对地区性内容话题的信息和新闻需求并没有减少，但是，传递这些内容的平台数量无疑却在下降。这也给我们留下了这样一个问题：即使本地新闻博客和超本地化新闻网站能够在网络上找到安身之处，那么它们又能否在传媒产业持续的集团化浪潮中生存下来呢？

媒介经济学：三种模式

在第 11 章中我们将更加全面地探讨历史上被称做“报业”的大众传媒，在一个民主政体的建立和保持其健康发展的过程中起到了至关重要的作用。大众传媒通过保证公众获知他们政府的行为，以及为言论自由和表达自由的实现提供平台的方式，在民主的发展过程中扮演了重要的角色。这并不意味着媒体需要政府的资金支持。美国的开国国父们，他们中有很多人是当时殖民地报纸的出版商或者撰稿人，有些还身兼以上两职，认为政府不应该是国家媒体的主要拥有者。相反，他们认为当新闻界被商业拥有和得到市场的支持之后，民主和公众利益才能得到更好的保障（见第 2 章和第 11 章）。

Topix. com 是一个基于网络的新闻社区，将每个美国城市的人们与他们城市有关的重要讨论和新闻联系起来。想要了解更多 Topix 网站是如何工作的，请登录网站 http：//www. topix. com。

269 美国的商业模式

带有美国风格的媒介商业模式，也称为市场模式，通过广告收入和订阅费用来为大多数的媒体提供资金支持。在这两股收入来源中，广告收入仍然保持着统治性的地位。对于这种模式下制作的媒介内容，联邦、州和地方政府都会以一定的方式对其创作和发行给以扶持，例如通过美国政府印刷局、公共广播公司（缩写为 CPB，支持美国公共广播公司 PBS 和美国国家公共广播电台 NPR 的节目制播），或者通过其他个人或组织的拨款，如美国全国艺术基金会，再或者是半官方机构如史密森尼学会等。还有的赞助支持则是来自各种政府机构的网站如 NASA 和 NOAA。

除了政府的资助以外，这些媒介内容的生产者还必须在商业媒体内容生产者占据主导地位的开放市场中与其展开对观众的竞争。也就是说，尽管获得了政府的部分资金支持，但是要想获得成功，一个由公共广播公司（PBS）制作的节目也需要像商业广播电视网的节目一样，必须吸引观众，签订发行合同，在流行杂志和网站上购买和投放广告，销售 DVD 光盘，让订阅者到同步网站注册登录。带有美国风格的媒体的流行及其在商业上的成功，尤其是美国制作的音乐、电视节目和电影，都是对媒体的所有制以及内容制作生产和发行商业模式力量的一个长久的证明。事实上，这种模式已经多次被世界各地的媒体所复制和模仿。

判断一个传媒公司的成功与否，我们可以看以下几个方面：它所制作的内容的流行程度，它的媒介内容所能吸引到的观众规模与构成，它所制作的媒介内容每年所能够获得的各种奖项的数量及其奖项相对的声望等。经济学家和商业分析人士则喜欢看一家传媒公司在收入方面的实力，包括直接收入和间接收入。直接媒体收入来自将传媒产品和内容直接销售给消费者，所采用的方式通常有书籍、电影票、DVD 光盘和付费订阅等。间接媒体收入则主要来自广告商和与广告相关的销售，如植入式广告（见第 8 章中对植入式广告的讨论）。

其他的间接媒体收入还有来自向包括全世界范围内的其他内容发行公司授权和同步出售其全部或部分媒介产品从而进行再次使用的过程。比如说，一部电视剧最初是由 NBC 环球公司旗下所拥有的电视网络进行播出的，它很有可能很快就被全球同步地出售到覆盖欧盟境内的电视网络，这样就为 NBC 环球公司创造了额外的授权收入。

美国政府印刷局是由美国国会 1869 年通过的一项法案批准建立的，是美国最大的出版业务之一，其印刷出版的有《9·11 委员会报告》。

（图中人物独白译文：我是一个能够清醒思考的美国人，赞同这里的信息。）

270 再举一个例子，一篇配有摄影图片的专题文章最初是由华盛顿邮报集团旗下的《新闻周刊》杂志（但是在 2010 年 5 月 6 日，集团决定将该杂志挂牌出售）所制作和出版的。它的部分内容有可能被授权收录进入哈珀柯林斯出版集团的一本书中，而哈珀柯林斯出版集团又是属于新闻集团的。所以在文本和摄影图片被哈珀柯林斯再次使用之后，就产生了两份授权收入。

当任何特定的媒体财产经过上述过程被成百上千次地使用之后，这一过程就能够产生数目可观的收入。实际上在有些情况下，授权或同步出售所获得的收入还可能会超过媒介产品原本的出版或者播出所产生的收入。

传媒领域的商业分析人士尝试预测一个特定的媒体财产在其使用期限内所产生的总的最终的收益，包括直接收益和间接收益。他们把这一收益流当做体现媒体财产价值的基础。然后，一家公司在任意一年所制作和拥有的所有媒介产品或财产的总的预测价值，有时候也称做“媒体资产价值”，被用来与这家公司为创造或者收购这些资产所花费的总的成本相比较。分析人士发现，一家公司通过对其制作资源的有效利用（称做规模经济）所能够在经济上生产出来的高附加值的媒介资产越多，这些媒介资产所联合起来的价值就越高，公司的收入也就会越高，同样地这家公司股东们的投资回报率（ROI）就越高。很明显，如果要想获得成功的话，一家传媒公司必须能够创造出吸引大量受众的持续高质量的媒介产品，这样才能够吸引到希望获得同样的受众关注的企业来投入广告费。同时，成功的传媒公司必须能够利用独创性和科技创新来达到以下几个目标：

> 通过有成本效益的方式制作出最受欢迎的媒介产品财产
>
> 维持有效的市场营销和发行运作，全面利用如今在向数字媒体和互联网转型趋势下的聚合多平台支持
>
> 以聚焦世界市场的视角创造和营销可行的授权和同步出售媒介产品的能力

现在成功的传媒公司能够在一个复杂和违反常理的商业环境下运营。这样的环境往往要求公司之间展开激烈的竞争，但同时又不乏战略性的合作。一个成功的例子就是现在非常流行和成功的网络电视网站葫芦网（Hulu），该网站是由互为竞争对手的福克斯广播公司、NBC 环球公司和 ABC 迪士尼电视公司合资建立和经营的。[4]

由全国广播公司、福克斯和全美广播公司三家电视网络共同合资成立的葫芦网，是最早的发展成为以广告商支持为盈利模式的网络电视平台之一。

271 公共领域模式

大众媒体的公共领域模式是与利润驱动的市场模式相对的。前面所提到的“逐利性”或商业模式是如今美国大众传媒和世界上大多数大众传媒的主要经济结构。与此相反的是，在公共领域模式下，各种各样的媒体是作为中心的环境或“空间”存在的，在这里，观点和意见可以进行传播，并且起到信息分享和叙事的工具的作用。公共领域模式的一个代表就是 CSPAN 的电视和广播。在这种方式下，媒体成为民主进程和社会进步的中心。处在公共领域模式下，传媒公司不能仅仅用他们在市场上的表现和为他们的股东创造利润来衡量，而且还需要从他们是如何较好地体现了公众利益的角度来评价。不仅如此，这种模式假定传媒公司的所有者有责任保证信息和媒介内容能够自由地传递给公众，并且不受任何政府或者是所有者所施加的限制。

要想成为消息灵通的公民，媒介消费者需要完全和平等地获得所有可能的信息。换句话说，最大可能广阔的受众必须能够轻松地获得最广阔范围的知识、思想、政治、文化还有宗教观点。

要想成为消息灵通的公民，媒介消费者需要完全和平等地获得所有可能的信息。换句话说，最大可能广阔的受众必须能够轻松地获得最广阔范围的知识、思想、政治、文化还有宗教观点。最终，在公共领域模式下，媒体应当教育受众如何才能更积极和有意义地参与到政治和社会生活舞台中。

从经济的角度来看，公共领域模式假定媒体公司或媒介集团为了公众利益做得越多，那么它将能够为更多的人服务，这样也就能够获得更多的利润。而且，以市场为导向的媒体所有制也通过多种方式作用于公众利益，如保证最大限度的多样化的媒介内容和观点意见等，创造和发行公众需要的、市场反应强烈的媒介内容，以及支持最大限度的创造力和科技创新等。

随着大众传媒产业发展经历过 20 世纪，如今已经迈入 21 世纪，市场模式仍然占据主导地位，但是公共领域模式仍然持续存在。特别是在有线电视和卫星电视出现以前，电台和电视都需要联邦政府的频率分配，这种情况今天仍然存在。这些广播频率被认为是作为一种公众信任而被拥有和控制的。美国政府正是通过联邦通信委员会（FCC）分配、批准和监控广播频率，得以针对那些占据主导的以市场为驱动的商业广播电视公司进行制衡。近些年来，随着电视和电台从公共控制的广播频道向公司所有和控制的有线和卫星传送频道转移，联邦通信委员会作为一种平衡市场的力量，其实力已经被大大削弱。但是，这并不是唯一推动媒体在公众利益方面有所作为的力量。

1970 年，美国公共广播公司（PBS）和它的姐妹组织美国国家公共电台（NPR）分别作为由政府部分资助的非营利性的电视台和广播电台在美国成立。它们主要是为了平衡商业化广播电视在市场中的影响，并且播放坚定为公众利益服务的节目。公共广播公司和国家公共电台所获得的来源于政府的实际支持只是其所获得的所有资金支持的一部分，另外它们还拥有各种各样其他的资金支持来源。现在，它们的资金来源是基金会的捐助，会员的捐款“来自像你这样的观众”和企业的资助。任何看过 PBS 节目或者收听过 NPR 272
节目的人会很快发现，这种企业资助是以一种直截了当的广告的形式出现的。虽然公共广播公司和国家公共电台的整体风格、类型和节目都明显地与公共领域模式相一致，并且这两家媒体的性质仍然是非营利性的，但是这些公共广播机构必须与那些商业化逐利性的电台和电视网络在一个或多或少平等的环境下展开对受众和收入的竞争。实际上，公共广播公司和国家公共电台在与他们的商业化同行的竞争中干得非常不错。[5]

虽然公共广播公司和国家公共电台的整体风格、类型和节目都明显地与公共领域模式相一致，并且这两家媒体的性质仍然是非营利性的，但是这些公共广播机构必须与那些商业化逐利性的电台和电视网络在一个或多或少平等的环境下展开对受众和收入的竞争。

但是，以市场为导向的模式在收益方面似乎再一次胜过了公共领域模式。在 21 世纪后现代传媒世界中，两种媒介模式的聚合似乎是最好的出路，这样才能保持媒体生存的可能性，同时继续服务于公众各种各样不同的需求。随着美国国会在 2009 年 6 月要求全部向数字电视（DTV）转换，同时伴随着有线和卫星传输的电视和广播节目内容时间的增加，再加上媒体向互联网的转移——这看上去似乎并不是只有传媒公司从中获益，我们作为媒介消费者也收获了很多。我们所赢得的是极大范围的节目内容的选择。

新媒体模式：互联网

互联网的快速发展给书籍、杂志和报纸出版商的商业和运营模式带来了极大的挑战。在互联网的早期时代（见第 7 章），一个被广泛认同的观点是，随着媒介内容向数字领域的转移，媒介内容的创造者，如作者、制片人、作曲家、摄影家还有艺术家等诸如此类，将从中获益最多，因为他们可以回避在媒体世界中掌控、主导媒介生产和发行的大型集团。许多独立媒体制作人正在尝试使用这种新媒体模式，或者称为互联网方式，来直接获得他们的受众和销售自己的作品。这些企业家中有一些是非常成功的，我们将在本章后半部分的“音乐和唱片行业”中看到。

对报纸的影响

很多读者会很惊讶地发现，在报纸行业发展的大部分历史过程中，分类广告占据了一家报纸所有收入的三分之一到一半。[6]随着网络在线分类广告服务如克雷格列表和热门工作（HotJobs. com）等网站的出现，以及包括 eBay 等拍卖网站的诞生，很多来源于本地的广告收入都转移到网络上。报纸在广告收入方面的损失尤为惊人，这也是导致许多报纸要么缩小版面尺寸，要么转向只提供网络版，或者是干脆完全停刊的众多经济方面的原因之一。根据商业出版杂志《信息周刊》的数据，基于网络的分类广告服务现在每年获得超过 50%的市场份额。这一情形把报纸逼入困境。为了弥补这一巨大的损失，报纸不得不吸引更多的广告商——这也是一个日益严峻的挑战。[7]

2009 年，国际会计和咨询公司普华永道会计师事务所与世界报业协会（WAN）合作，共同发布了有关报纸产业所面临的充满挑战的未来的报告，报告的题目是《走向多种商业模式：数字时
273 代报纸的前景》。这份报告总结道：报纸出版商必须改变他们的商业模式，从而在 21 世纪媒介聚合的环境下继续保持盈利。

- 报纸出版商在内容的创作方面具有竞争性优势。有关消费者的调查显示，报纸出版商可以通过针对特定专门的市场制作出吸引人的内容和在多个平台上发行报纸内容的方式来利用这一竞争性优势，并从中获利。
- 报纸出版商还可以通过与其他内容提供商建立战略性合作伙伴关系，来增强他们的地位。经常与读者进行对话对于报纸及时了解他们不断变化的媒介偏好显得尤为重要。读者必须能够对现有的媒介组合给出反馈，并且表达他们在媒介消费中的需要和偏好。
- 技术的发展进步，如目录检索、电子商务和二维条形码技术等为报纸出版商发展增值服务和增强与广告商之间的关系提供了潜在的可能。在他们的网络平台中，报纸出版商需要提供独特的、高端的服务概念。横幅标语式的展示广告已经相对而言不那么起作用了，而类似谷歌这样的公司主导着更为成功的搜索广告市场。
- 内容生产是报纸出版商的核心竞争力，传统的组织结构正在从渠道至上的结构转向内容生产的结构。这一转变对传统上认为的纵向合并的需要提出了挑战，过去的观点认为报纸出版商不仅创造内容，而且还需要印刷和发行报纸。
- 考虑到广告市场正在日益被多平台的活动所主导，报纸出版商需要重新思考他们的市场营销策略。与广告商进行更加紧密的合作会帮助他们提前预期到这些发展，并且能够优化他们在为顾客定制服务活动中的地位。
- 报纸出版商需要在他们提供产品的过程中变得更加灵活和富有创意，并且还需要做好准备与广告商商谈替代性的、灵活的和应急性的费用。

超过一半的分类广告已经转移到网络中，并且这一趋势似乎将每年持续不断地增长。

274 • 分类广告业务的崩溃显著地影响了报纸的盈利能力。尽管“消费者对消费者”模式的分类广告已经大部分流失了，但是“企业对消费者”模式的广告依然是报纸出版商可以利用的机会，至少在一些国家是如此的。

• 提供灵活性的解决方案，如基于模板的自助选择不仅能够促进降低成本，而且还能吸引广告商。[8]

对于报纸来说，向这种新的聚合媒体的商业模式转型，意味着困难和高昂的代价。它涉及重新分配资源、提供培训，在很多情况下还需要裁员。考虑到报纸产业是高度工会化的，所以做出这些改变经常需要对工会合同进行艰难的重新谈判。同时转型也需要招募受过“新媒体”训练和技术熟练的人才，这包括编辑、记者、摄影师以及网站开发建设技术人员等。

在这种新媒体模式下最成功的独立新闻组织之一就是《赫芬顿邮报》，2005 年由希腊裔美国作家奥利安娜·赫芬顿创建。她也是向多家报刊同时供稿的专栏作家和经常在电视上出现的新闻评论员。在诞生后仅仅四年的时间里，《赫芬顿邮报》就获得了许多新闻奖项。截至 2009 年年初，该网站每个月吸引差不多 900 万的独立访客，使其成为世界上最大的基于互联网的新闻组织之一。《赫芬顿邮报》在传统报纸正在艰难维持生存并且被迫进行重组和向网络转移的时代获得了成功。一些评论家将传统媒体报纸出版产业的衰败怪罪于赫芬顿本人。而在从美国广播公司的《夜线》栏目特别报道中截取的一个视频片段中，她很轻松地就这一指责为自己进行了辩护。

对图书出版商的影响

尽管报纸和杂志出版商似乎是受新媒体市场和商业模式变化打击最严重的，但是图书出版商在混乱的媒体时代也在极力地适应新的形势，并寻求发展。在第 6 章中我们看到了图书出版业面临的一些发展变化，这些变化对书籍的生死存亡有着暗示意义。当然，图书出版业不可能消失。然而正如报纸出版商正在紧张地改造他们的商业模式，图书出版商和发行商也同样面临挑战，需要找到一条新的道路来维持经济上的稳定。

有一小部分作者通过在亚马逊网站上自行出版和发行他们的作品，已经能够积累数目不小的销量，尽管亚马逊网站公司在所有这些销售收益中获得较高份额。

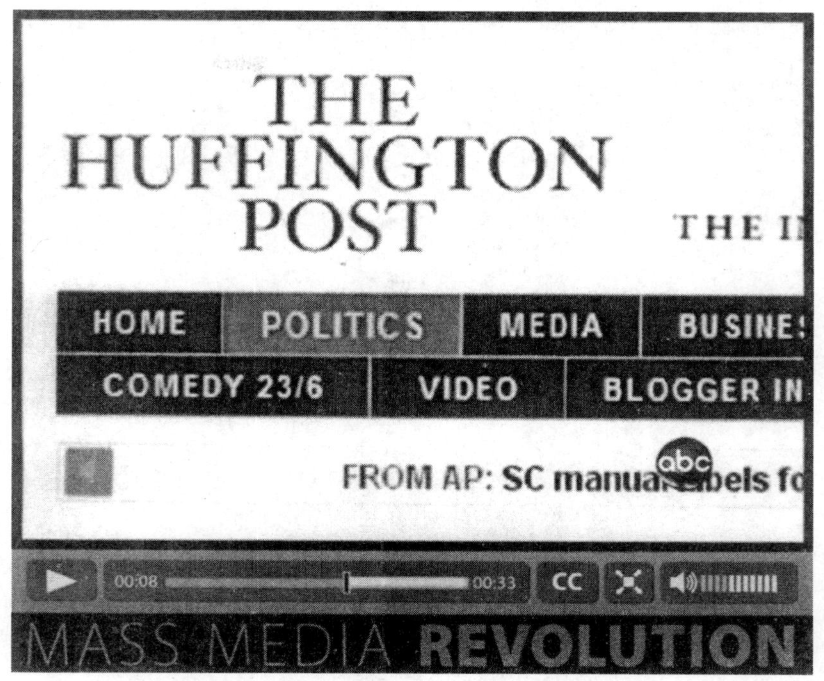

《奥利安娜・赫芬顿》截图。

《赫芬顿邮报》成功的商业模式正在帮助推动报纸和新闻组织向网络转移。

像 XLibris 和 Dorrance Publishing 这样的自费出版
275 和资助出版服务能够为作者提供花费较低的选择替代方案，因为对于这些作者来说，想要和商业的出版集团进行签约是一个挑战。这些出版机构利用按需印刷的运营模式和基于互联网的市场营销和发行，并且要求他们的作者部分承担作品的出版和宣传推广费用。

网络在线图书零售商的增长和成功表明我们购买和使用书籍的方式正在发生变化。正因为如此，我们现在拥有一个新的占据统治地位的传媒集团类型：谷歌、亚马逊网站、苹果公司的 iTunes。实际上，这三大网络巨头控制了人们获取互联网上媒介内容的大部分渠道，对自费出版和资助出版服务产生冲击。举例来说，正如我们在第 4 章中所看到的，亚马逊的 Kindle 电子书阅读器，允许用户下载大量的书籍、杂志和报纸，正在统治数字出版产业。2009 年年底，Kindle 已经在销售中获得了超过 10 亿美元的收入，在所有下载到 Kindle 的内容的销售份额中达到了惊人的 70%。用美国《新闻周刊》杂志科技版编辑丹尼尔・莱昂斯的话来说："这就好比索尼公司走进 HBO 电视网，说他们要获得观众收看 HBO 频道所需费用的 70%，因为他们是在索尼电视机上观看节目的。"[9]

对音乐和视频发行的影响

苹果公司的 iTunes 商店已经成为互联网上最大的合法音乐下载的提供商。在这种情况下，它主导了音乐产业，对哪些音乐家会受到人们欢迎，哪些巡回演唱会能够卖出更多的票都有着非常重大的影响，再加上与美国电视节目如《美国偶像》的合作伙伴关系，它对哪些新出道的艺人将能够获得商业上的成功也起到了举足轻重的作用。这 276
就和主要的音乐品牌在模拟世界中所扮演的角色一样。苹果公司的 iTunes 商店从用户每下载的一首歌曲中能获利 30 美分。在 2009 年年初，iTunes 每天差不多有 2 000 万的音乐下载量，产生估计约 600 万美元的销售收入。

美国《新闻周刊》杂志科技版编辑丹尼尔・莱昂斯曾指出，数字时代的伟大神话就在于，一旦我们从旧的模拟媒介发行完全转型，那么我们在数字世界的内容发行过程中将几乎不会遇到任何障碍。[10]而现实结果却证明是一个非常不同的状况：一个由新类型的内容提供商所主导的数字世界。像谷歌、亚马逊和苹果这样的公司是世界上少

公共领域模式认为，一个传媒公司必须负责任地做到保证其传递给公民的信息没有受到任何政府或公司企业的干涉。而这样一种模式在我们当代社会中将会如何运行呢？

数几家公司，通过他们的技术资源来建立和运营它们对媒介内容的传输和发行的世界主宰权。2006年10月，谷歌公司收购YouTube。YouTube是独立艺术家和内容创造者发起病毒式传播的一个大型的平台（见第5章中独立音乐组合马特和金的故事），并且同时还是传统唱片公司、电影制作公司、电视网络甚至出版商对其新作品进行发布和市场营销的主要平台之一。

联邦通信委员会

在美国和世界范围内存在已久的一个辩论话题就是政府应当如何规范大型联合集团的商业行为。政府是否注意到这些集团的商业行为利用了消费者？政府是否在用心限制这些集团带有垄断性质的做法或者企业联合，从而保证市场处于一个健康和富有竞争性的状态？因为传媒公司控制了信息交流平台的渠道以及信息流动本身，而这有可能导致媒介偏见的产生（见第10章），所以要求政府对传媒公司进行更加严格管控的政治取向和呼声也变得越来越强烈。

> 因为传媒公司控制了信息交流平台的渠道以及信息流动本身，而这有可能推动媒介偏见的产生，所以要求政府对传媒公司进行更加严格管控的政治取向和呼声也变得越来越强烈。

这种传媒产业模式中固有的摩擦来源激发了两种势力：（1）一种势力驱动传媒公司进行合并和收购，尤为典型的就是纵向合并，在这一过程中，媒介生产、发行和展示等环节都被一个单独的普通所有者所掌控。（2）第二种势力导致政府对由此产生的单个公司所掌握的不平衡的权力的关注。[11]政府的这些关注来源于当年的“黄色新闻”时代，也就是在本章开始的时候奥逊·威尔斯的电影《公民凯恩》的片段所描绘的。传媒大亨

工作人员正在亚马逊公司的一个巨大仓库里分拣商品和打包，完成顾客的订单。

赫斯特不受限制的媒体权力后来所引发的问题给
美国国会上了宝贵的一课。媒介权力不受限制可
277 能会导致灾难性的后果，甚至威胁到民主本身。
为了防止这种情况在将来再次发生，美国国会试
图用一个单独的机构来管控传媒领域的垄断。虽
然没有办法阻止报纸和杂志间的合并，但是它有
权力管控广播电台和电视台的所有制形式，因为
联邦政府通过授权联邦通信委员会的方式掌控了
所有这些广播和电视台的牌照许可。

管控

联邦通信委员会（FCC）最初是由美国国会 1934 年的通信法案所创立的，通过获得联邦政府授权的方式，对所有包括组织、公司和个人在内的非政府机构的无线电频率的批准和使用进行管控。通过其批准权，联邦通信委员会行使监督和限制广播电台和电视台数量的职责，从而保证广播市场有一个可行的有竞争性的环境，而不是由任何单个的传媒公司所主宰。联邦通信委员会规定了任何一家公司在一定的地理市场中所能够拥有的电视台数量的限制。在 20 世纪后期的大多数时间里，这些管理规定在鼓励竞争和限制某一传媒公司试图主导市场的可能性方面发挥了作用，至少限制了电视台的数量。最终，联邦通信委员会限制了单独一家公司所能够拥有的电视台的数量，一个公司在每一个单独的广播区域里所能够拥有的电视台的数量，以及同时拥有报纸的公司旗下的电视台的数量及其地理扩展范围。

到了 1996 年，当有线电视和卫星电视即将取代无线电广播，成为电视频道主要的播放系统方式这一趋势变得明朗的时候，国会批准解除了对广播电视产业的管控，并且取消了长期实行的对多个电台所有制（MSO）的限制。1996 年美国《电信法》被认为推动了在当今占据主导地位的传媒集团的重新出现。[12]在传媒产业经过一系列史无前例的合并和收购之后，政府放松管制，因此掀起了创造新一代跨国超大型传媒集团的高潮。

从 20 世纪 80 年代后期开始，传媒公司认识到媒介巨头前辈们所享受的规模经济带来的好处，

于是开始了一系列高风险的企业合并和收购，从而诞生了我们现在所知道的主要的联合传媒集团。同时，我们将在第 11 章中较为详细地讨论到，美国《版权法》通过维持一个让企业版权所有者获利的复杂的版权法规系统，持续支持传媒产业在商业上的成功。美国版权法的部分做法就是，如果没有获得版权所有者的许可，这通常需要花费高额的代价，尤其是对于个人或者基于小规模生意的媒介内容生产商来说，他们将非常难以合法地重新利用、重新包装或者重新合成这些大公司所创造出来的媒介内容。[13]

放松管制

联邦政府看似希望通过法律的形式支持和保护基于商业广告的媒介模式的利益，所以至少在某种程度上来说，政府是推动当今传媒向跨国超大型传媒集团方向发展的一个重要因素。但是，联邦政府扮演这一角色是一个循序渐进的过程。首先最开始的时候，在传媒产业中政府的监管是缺失的，后来是一段时间的反垄断调控和严格管理广播的数量和授权许可，再接下来是最近这一阶段的放松管制。现在向放松管制方向发展的潮流反映了联邦政府和联邦通信委员会的管理者们对媒体垄断的担忧在减少。

278 对媒体产业放松管制的支持来源于这样的观点，即纵向整合的美国传媒集团可以更好地与世界上其他国家的传媒集团进行竞争，而这些传媒集团正在通过吸引传媒受众和在世界范围内取得销售收入的方式来挑战美国的领导者地位。由不到十个主要的传媒集团所主导的全世界的传媒产业，有可能在 21 世纪出现发展下滑的趋势，但是却为我们提供了另一个支持放松管制做法的论据。随着越来越多的人能够获得内容生产的技术（如思科翻转式摄像机），一个更广阔范围的独立媒体制作人群体将会出现。越来越多的个人拥有制作媒介内容的能力，再加上基于互联网或者网络连接的媒介渠道的增长，使得规模较小的、独立的内容制作者能够更加轻松地获得更多的受众，并在经济上取得成功。

虽然互联网使得更大范围和更多数量的媒介内容制作者能够吸引到受众，但是从这些受众中所获得的潜在收入却没有与内容制作者数量的增长成正比。当然，这其中也有例外。比如电子游戏和电脑游戏的销量仍然在持续攀升，但是音乐产业正在重新改造自身，来迎合以网络为主要载体购买音乐的潮流。院线电影产业，即首先在电影院放映的电影，而非直接通过 DVD 光盘、蓝光或者有线/卫星电视等方式播放的电影，也在美国和世界范围内持续获得积极的收益增长。与之形成对比的是电视的收视率和广告收入正在经历持续长达十年的下滑。电视和电影向互联网的转移代表了非常显著的变化，即第三方的发行商如网飞公司开始从中获利，而电影制作公司还需要建立一种从这一来源中持续不断获得利润的商业模式。

音乐和唱片行业

音乐作为一种商业形式最早出现于古典音乐时期（大概从 1750 年到 1825 年期间）。[14] 在这段时间里，莫扎特和贝多芬等作曲家开始对通过广泛的公共演出将他们的音乐带给大众越来越感兴趣。大多数这种音乐会都是在令人难忘的音乐厅和歌剧院或者是小一点的室内音乐场所中举行的。这些表演需要观众买票进场，所以当然会产生收入。从这个意义上来讲，古典音乐的作曲家是最早的音乐产业的企业家。直到 18 世纪末 19 世纪初，作曲家们才第一次能够靠他们的作品来谋生，尤其是公众对乐谱需求的攀升。古登堡早在 1440 年就发明了印刷机，这使得作曲家能够批量印制其作品并在欧洲范围内销售。[15] 实际上，这一时代标志着新的音乐出版产业的诞生。

技术改变潮流：音乐可以赚钱

音乐技术的发展进一步彻底改变了音乐作为一种商业形式的概念。在 19 世纪早期，法国科学家和数学家让-玛丽·康斯坦特·杜哈梅尔（1797—1852）开始进行声学实验。声学是一门跨学科的研究有关声音的学问。在研究了之前数百年有关声音的 279
理论之后，杜哈梅尔将一支钢笔附加在一个音叉上，当轻轻敲打音叉的时候，这支笔就能画出声波的形状。这一小小的实验后来产生了最早的音乐录制设备。建立在杜哈梅尔理论的基础之上，这一领域后来的研究者们，包括英国物理学家托马斯·杨，法国印刷工莱昂·斯科特·德·马丁维尔，美国科学家亚历山大·格拉汉姆·贝尔以及最终第一个发明留声机并将其公布于众的托马斯·爱迪生，都为推动早期声音录制产业的技术发展做出了贡献。

类似手持数码相机这样的设备正在使得每个普通的公民都能成为媒介内容的生产者，这是技术正在改变我们的大众传媒文化、体验和互动的又一表现。

唱片业历史上的一个关键人物就是爱迪生，他不仅改进和实现了早期的设计成果，将音乐复制到录音圆筒上，发明了最早的留声机，而且他还不遗余力地对自己的发明进行推广。当爱迪生在 1887 年 12 月刚刚完成了他的第一个锡筒留声机的制作时，他和两位助手就搭乘火车，从位于新泽西门洛帕克的实验室来到了曼哈顿。在那里，他们通过现场演示设备的方式，让备受推崇的《科学美国人》杂志的编辑记者们都大吃一惊。这本杂志的编辑被爱迪生的发明所震惊和感到高兴，他后来在杂志上为此写了一篇热情洋溢的文章，最后引发了一场全国性的轰动。虽然在此之后过了十多年，唱片产业才开始真正得到突飞猛进的发展，但是那个时候，爱迪生的第一台留声机和与之竞争的贝尔留声机都已经推向了大众市场。相比贝尔而言，爱迪生是一名更加出色的商业推广者和企业家，他认识到为流行娱乐服务的唱片业有着巨大的商业方面的潜力。

1889 年，一件重要的事情给了爱迪生追求他这一愿景的机会。路易斯·格拉斯，一位早期的留声机技术的使用者，同时还是加利福尼亚州一家小型留声机销售公司的老板，在旧金山的皇家宫殿沙龙里安装了第一台投币留声机。格拉斯此前已经尝试了多种方式来让他处于困境中的生意继续维持下去。他在沙龙里安装的留声机中有一台是爱迪生的机器，这台机器装备了一个定制的收集硬币的装置，还有四套能够听到声音的橡皮导管。尽管这台机器仍然有着明显的设计问题，并且每次只能播放一首音乐录音，播放的效果质量也相对较差，但还是在当时引起巨大轰动。就在那一年里，格拉斯开始销售能够将爱迪生的机器转化为商用的设备，同时在公共区域安装更多的他自己的机器设备。这些投币留声机大受欢迎并在商业上获得成功，鼓励格拉斯本人继续留在这个生意行当中，并且很快得到了爱迪生的注意。[16]

唱片产业

最开始的时候，严肃的音乐作曲家和表演者对唱片录音作为一种真正的音乐形式的合法性提出了质疑。他们批评早期的唱片录音效果和质量太差，并且宣称唱片业不仅仅败坏了听众的品位，而且还破坏了那些依靠现场表演作为收入来源的作曲家、歌手和音乐家的生活。直到1902年，当意大利歌剧表演家恩里科·卡鲁索（1873—1921）同意对他的表演进行录音之后，这种抵抗的态度才开始有所减弱。这些唱片的销售范围很广，并且是由一家商业公司——创建于1904年的胜利音乐公司——进行的市场营销活动（最后，这家公司更名为RCA胜利公司）。为了对艺术家的批评做出回应，胜利公司设计出了高保真高端唱片（唱片中包含有高水准条件下制作出来的声音），并且以“红印鉴”的名字进行市场
280 营销。这些唱片每张的零售价格大约是2美元，相比于当时价格在0.25～0.5美元之间的常见的唱片来说，价格上涨了不少。

托马斯·爱迪生被认为是早期唱片产业发展过程中一名非常重要的人物，同样他也是一名聪明的推广者。

卡鲁索的明星号召力，再加上这些新的唱片的更高水准的制作质量，对于当时还很稚嫩的唱片产业来说，是一个巨大的福音，为唱片业吸引了为数不少的顶尖艺术家。随着录制音乐的质量得到改善，以及唱片和用来播放唱片的机器的价格降到了足够低的程度，唱片音乐的巨大市场被创造出来，一个综合性的音乐产业，不仅仅是音乐出版由此诞生。而那些见证了音乐产业的兴起以及在今天仍然主导着这个产业的公司包括哥伦比亚唱片公司、美国无线电公司（RCA）和百代唱片公司。

黑人音乐：节奏布鲁斯音乐的前身

随着唱片公司的数量在1900—1920年这段时间得到大幅度的增长，过度竞争开始慢慢地导致唱片市场的恶化。规模较小的唱片公司试图在美国少数群体中开拓利基市场，即专门化的需求市场，所以他们常常关注迎合种族刻板印象的音乐，即通常所称的黑人音乐。尽管它与我们现在21世纪的感受有所矛盾，但是这种不同种族群体之间充满着种族色彩的戏谑在20世纪上半叶非常流行，并且得到了社会的认可。最后，“黑人音乐”这个词语在20世纪50年代被“节奏布鲁斯”所替代。[17]

新的音乐利基市场中最重要的亚类型之一就是美国黑人音乐。尽管在20世纪20年代以前，很少有黑人能够去录制他们的音乐，当时只有白人艺术家才能被花钱邀请去录制缓和版本的爵士和布鲁斯曲调。这些曲调因为它们富有挑逗意味的

歌词和性感的声音而为人们所了解，并且专门供白人听众来消费。唱片公司担心这些音乐类型愉悦感官的本质特点可能会冒犯白人听众，而实际上，正是这种令人愉悦的感觉才是吸引听众的一个重要原因。爵士乐迷人的主题，再加上其适合跳舞的、打击乐效果的曲调，两者的结合使得爵士乐在都市白人听众中尤其受欢迎。这些听众正在极力地冲破他们先前几代人在道德上的狭隘。[18]所以在这里，我们可以看到早期的音乐是作为一种社会革命的形式存在的，即使这种商业策略推动了唱片的销售，迎合了利基市场的需求。从历史上来看，这种策略累积了大量的受众和人气，推动了销售收入的增长，并且是到现在都还有效的方式。

截至 20 世纪 20 年代，随着广播的诞生，美国消费者基本上都不再购买唱片了，因为他们可以免费地通过广播就能够收听到高质量的音乐。唱片销量的下降也导致了当时主要的唱片公司如哥伦比亚公司和胜利公司的解散。这两家公司随后在 20 世纪 30 年代早期最终被新的基于广播的哥伦比亚广播公司（CBS）和美国无线电公司（RCA）所合并。尽管向广播的转型标志着许多早期唱片 281
业巨头的消亡，但是也同样为重新改造之后的唱片产业带来了新的活力，并推动唱片技术和音乐本身进入到广播时代——美国传媒历史上一个全新的时代。

尽管对爵士乐的兴趣与日俱增，但是在 20 世纪 20 年代以前，很少有黑人能够录制他们的音乐。图为爵士乐的传奇人物艾拉·费兹杰拉、迪兹·吉莱斯皮、雷·布朗、米特（米尔顿）·杰克逊和蒂米·罗森克兰茨于 1947 年在纽约的一家夜总会里。

电台广播产业

20 世纪早期到中期的电台广播时代代表了美国传媒产业发展进程中又一次跨越式的发展。最开始的时候，作为一种能够带来收益的产业，电台广播被认为是一项失败的技术，因为广播业最早的商人和发明家将其主要看做电话的替代品，即无线电话。从商业模式的角度来讲，这项技术的问题就在于任何人只要有一个无线电接收器，就能够收到所有的无线电信号，这样就使得私人通信在当时成为一个具有挑战性的并且无法解决的技术障碍。对早期广播有远见的人开始跳出固有的思维模式，从而很快意识到新的无线电广播技术所提供的商机：无线电信号代表了一个空前的市场资源。

商业广播：开端

广播惊人的市场覆盖范围，以及通过无线电通信传播媒介内容的方式，使得无线电广播成为第一次世界大战后经济繁荣时代广告商较为青睐的媒介。而在此之前，由于最初的广播技术还不是很完善，再加上与之相关的费用也相对较高，所以商业广播的出现也是在具备了一定的时代条件下才成为可能。在战争期间出于军用发展的需要，人们对无线电广播技术做出了重大的改进，这使得广播成为大型公司可以运营的一项可盈利的新的媒体商业形式，而随后紧接着而来的就是对这一商业形式的投资。战争也使得业余无线电广播发烧友利用他们在技术上的智慧和能力，帮助推动广播技术持续在 20 世纪后半叶向前发展。但是由于业余无线电广播经常关注的是实验和创新，并不是商业开发和利用，所以这种发展的开放性质最初也引发了不少问题。[19]

第一次世界大战之后，无线电广播技术变得相对便宜。随着业余无线电广播电台在全国范围内的纷纷出现，并且与主要的大型广播网络展开竞争，数量可观的市场竞争也得到了保证。这些小规模的电台和那些主要的大型广播网络的主要区别之一就是节目内容。像西屋公司和通用/美国无线电公司这样的大型企业，开始在全美国范围内建立能够集中资金承担更高质量现场直播节目内容的广播电台连锁。这些节目内容吸引了更多的广告收入，同时这些收入也为广播公司在人才引进、无线电广播设施和设备的投资方面提供了更多的资金。这些大型广播网络所提供的节目内容在美国听众中受到了极大的欢迎，使得小型广播网络和非隶属电台不得不艰难寻找一种方式以在整个美国市场中分得一杯羹。

规模较小的商业广播电台无法承担雇用现场表演者的费用，所以不得不主要依靠播放唱片的方式。胜利公司等唱片公司，通过出售授权许可的方式允许广播电台播放它们所出品的明星表演家的唱片，较早尝试从中获利。小规模的电台开始集中它们自己的资源来购买新的节目内容，如在多家电台播放的《先知安迪》(*Amos 'n' Andy*)节目，在当时就是通过硬拷贝的方式分发到下面的附属电台的。西电公司在 20 世纪 30 年代推出的每分钟转约 33.3 圈的可长时间播放的唱片使得完整广播节目的同步多次出售成为小规模电台可以负担得起的一种替代方案。

正如在第 5 章中已经提到，并且将在第 11 章 282
中更加详细探讨的，美国政府通过《1927 年无线电法》有力地控制了新兴的美国广播市场。政府开始明确要求所有的广播电台必须申请营业执照，并且还控制了所有的无线电频率分配，以及对电台的功率做了限制。这些做法在一定程度上也限制了广播电台可以播放的节目内容。这些规定偏向于那些经济实力较强的广播公司所拥有的大型电台和广播网络，最终将来自规模较小、低功率电台的竞争驱逐出市场。

直到 1934 年联邦通信委员会的建立，这种带有偏见的监管环境才发生改变。在当时，美国国会已经日益感受到一些掌控无线电商业广播的大型广播集团在经济和政治上所带来的压力，所以让联邦通信委员会做出了一个具有突破意义的决定，命令由美国无线电公司、通用公司和西屋公司所共同拥有的全国广播公司（NBC）拆分其旗下拥有的两个广播网络。全国广播公司不得不将其所拥有的 NBC 蓝网——主要播出文化和新闻节目内容且没有商业赞助的分支网络——出售给了实业家爱德华·约翰·诺贝尔。1945 年，诺贝尔获权将其命名为美国广播公司（ABC），该名称也一直沿用至今。尽管这次分拆计划并没在广播业中营造出完全公平竞争的环境，但是也确实刺激了产业内的竞争。[20]

唱片技术驱动广播内容

截至 20 世纪 30 年代后期，在无线电广播中播放录制音乐开始回归，这其中的部分原因是因为美国通过了更加严格的版权和授权许可法律，以保证艺术家能够从他们的作品中获得版税。流行音乐市场的重新出现还可以归功于在唱片业和广播业中其他的经济和技术进步。这些发展进步包括高保真唱片的出现和高保真唱片机的使用，还有广播在声音质量方面的改善，以及 1932 年由贝尔实验室发明的立体声技术。

1934 年，位于纽约布鲁克林的普雷斯托唱片公司推出了一种新的醋酸空白录音盘。有了这种录音盘，广播电台可以当场进行录音，也为其赢得了“即时”唱片的称号。这种可以随时廉价制作录音的能力使得广播电台在可以录制的节目内容种类上，从有潜力的表演艺术家的试演到播音记录（送给广告商的广告录音，以此来证明他们收到了所购买的广播时段）都急剧增加。这项技术的改进使得广播电台成为可以代替报纸和杂志的又一种投放商业广告的载体，从而为电台拥有者们带来了数量可观的广告收入方面的增长。

美国加入第二次世界大战几乎使得这股新的唱片流行的浪潮停滞在 20 世纪 40 年代。由于生产唱片所需要的材料（主要是虫胶清漆）需要被用来制造战时所需的物资，尤其是日本切断了从亚洲航运过来的物资补给之后，美国人被要求上缴他们的唱片当做材料回收，以供战争的需要。除了因为缺乏材料制造唱片之外，由于在版税问题上有争议，美国音乐家协会在 1942 年发起了一场罢工，这也意味着几乎没有新的唱片可供人们购买。但是尽管在当
283 时战争期间，美国的商业电台广播和唱片业都基本上进入了冬眠状态，但是美国军方却持续不断地在技术方面获得进步，而这些都在战后影响了这两个产业的发展进程。军队在战争期间对录音材料的需求使得唱片公司在不景气的年代得以维持经营下去。战争同样激励了包括美国音乐家协会成员在内的音乐家，解除制作生产新唱片的禁令，将音乐送到军队里，虽然这有可能被广播电台所利用并且不向艺术家支付版税。

尽管电台广播产业获得商业上的成功花费了一段时间，但是它最终还是成功了，而这要归功于第一次世界大战期间业余无线电广播电台发烧友的贡献。

基于磁带的多轨录音技术对唱片公司与作曲家、音乐家和表演家之间的商业动态关系有着深远

的影响。先前，唱片产业需要抓取现场演出的独特的质量，这种音乐质量会因为表演者而出现不稳定的状况。古典音乐唱片在两次世界大战期间的经济困难时期帮助唱片业得以继续维持。对于古典音乐唱片，喜欢欣赏卓越的音乐作品和音乐才能的消费者对唱片质量和播放时间提出了更高要求，而音乐就是以这样的方式推动着录音技术的创新。

在20世纪50—60年代，这种模式开始向相反的方向转变。多轨录音设备可以让录音师剪掉和替换表演过程中的错误，并且还能创造出非常复杂的作品，这些作品几乎不可能在录音棚以外的环境里进行复制。观众也无法注意到传统的现场音乐唱片和新混合的唱片之间的区别。实际上，消费者对高保真音乐的兴趣、经济的繁荣，再加上消费者品位的转变，导致了20世纪50—60年代唱片销量爆炸式的增长，这同时也引发了市场需求的提升，从而进一步提高了销售高质量音乐唱片的收入。虽然公众在购买唱片时会根据所印有的流行音乐家的名字进行选择，但他们知之甚少的是，在很多情况下这些音乐背后真正的天才是那些工程师和制作人，他们实际上通过剪辑技术来“创作”新的音乐。

虽然公众在购买唱片时会根据所印有的流行音乐家的名字进行选择，但他们知之甚少的是，在很多情况下这些音乐背后真正的天才是那些工程师和制作人，他们实际上通过剪辑技术来“创作”新的音乐。

尽管音乐家仍然在音乐唱片的市场营销中起着一定的作用，同时他们也或多或少对他们自己的音乐负责，但是唱片产业才最终有权决定谁的音乐作品将会出现在零售商的销售柜台以及广播节目中。这种对音乐产业制作和发行的支配和统治直到数字技术的出现才有了改变。随着消费者可以获得的数字录音和混音技术的出现，以及基于互联网的音乐发行渠道的诞生，比方说从Napster到iTunes，挑战了原先的商业模式，并且迫使唱片业不得不对自身进行重新改造。

走向数字化：电台音乐的终结

数字录音技术的出现和消费者市场的迅速饱和导致了音乐零售额的急剧下滑，并且迫使音乐产业自身进行迅速的改造。首先到来的是CD-R和CD-RW格式，虽然唱片业和广播也试图说服国会或者法院对其进行限制，但是最终都以失败告终。随后而来的是MPEG-3（MP3）格式和P2P文件分享软件。这些软件程序来自像Napster这样的公司，可以允许数以百万计的音乐消费者获得和分享任何他们所希望得到的音乐，并且还不用向唱
284 片公司付费。尽管唱片业做出了各种努力企图重新获得对市场的控制，但是依旧无法阻止音乐CD的销量在2000年左右的这段时间里急剧下降。唱片业的经理主管简直无法阻止这一市场的灾难。2003年，苹果公司开始进入还在苦苦挣扎的唱片公司所留下来的市场空白，在互联网上通过其旗下具有创新意义的iTunes商店销售MP4（苹果公司针对MP3的替代产品）。而就在同一年，唱片公司通过他们的行业协会［美国唱片工业协会(RIAA)］，向个人音乐分享者发动了一系列版权侵犯的诉讼。[21]

2007年，街头教父唱片公司Def Jam创始人里克·鲁宾开始担任哥伦比亚唱片公司的联席主管。他的任务是重新改造唱片公司，使其能够在数字时代生存和繁荣下去。和竞争对手一样，哥伦比亚唱片公司需要改造自身的商业模式，并且在传统音乐产业正处于一个急速或许是不可逆转的下滑趋势的时代保持活力。电台广播中大部分的内容已经转移到互联网和卫星服务中，剩下新闻评论广播节目成为唯一还能够吸引大群听众和可靠收入的节目形式。实体的音乐零售商店已经消失了；音乐市场营销的桥头堡MTV也很少播放音乐电视了；CD光盘的音乐专辑也很快跟随音乐唱片专辑在市场中销声匿迹。而仅仅是在十年以前，唱片公司还在通过多种方式控制着整个音乐产业。它们可以挑选和“制造”音乐新星，为已经成名的音乐家维持其流行市场，控制音乐巡回演出和推广，最后达到的目的是主宰流行音乐的品位和潮流。而现在，音乐唱片公司所曾经拥有的权力已经不复存在，这些公司也全部被市场边缘化。

当哥伦比亚唱片公司（现在为索尼公司所有）任命鲁宾为公司联席主管一职的时候，就已经意识到旧的商业策略虽然曾经是通往成功的大道，但是必然会走向失败。把现在年轻的音乐购买者作为主要市场目标，哥伦比亚唱片公司很容易发现，他们的目标受众已经不再收听广播了。而这些潜在的顾客在网上下载他们想要的音乐，无论是通过合法的方式如从 iTunes 上付费下载，还是非法地从文件分享网站获取。哥伦比亚唱片公司同时也认识到音乐市场营销中最有力的形式是通过社交网站实现的“口口相传”。哥伦比亚唱片公司的主管们也为自己证实了，现在市场最感兴趣的是人们一首歌一首歌地建立起自己的数字音乐收藏库，而他们公司的品牌已经无法对销售产生重大的影响。

为了鼓励音乐销售，一些公司在推广来自流行电影和电视剧的音乐原声。而鲁宾则想着将这一做法再往前推进一步。他和其他主要音乐唱片公司的老总希望为一种新的数字订阅模式的推出铺平道路。这种模式类似于现在基于网络的电视和电影中所出现的内容点播模式。现在大部分的市场人群都拥有能够进行媒介内容播放的智能手机和像 iPod 这样的设备，对于音乐公司来说，他们所拥有的市场潜力从未如此广阔；但与此同时，向市场进行产品销售的具有创意的销售策略也从来没有如此具有挑战性。[22]

随着数字时代的到来，那些曾经一家人一起围坐在收音机前收听像罗斯福“炉边谈话”这样的广播节目的日子也一去不复返了。现在，人们更多的是戴上耳机，收听播客、播放列表上的音乐和其他下载的媒介内容。

285 

电视和电影业

我们每天都在被各种各样的最新电视连续剧或者即将上映的电影大片的广告所轰炸，但是我们当中是否有人真正地停下来想过，我们所消费的这些媒介产品是如何产生的？这一过程首先开始于收购和发展阶段。在收购的过程中，通常是电影或者电视剧的制片人通过购买书的版权、剧本或者是故事创意的方式获得将一个故事拍摄成电影或电视剧的权利。这些最初的故事创意和剧本等都是由剧作家以一种简略的形式编写和呈现出来的，叫做剧本大纲。这些剧本大纲可能是事先早已写好的，并且是带有市场目的性的，被称做推销用剧本（为公开市场所写作的剧本），也有可能是受制片人、制片工作室或者制片公司的委托所创作的。在发展阶段的过程中，制片人会投入大量的时间和资源用于将剧本和任务具体化，并且研究故事的背景和潜在可能的拍摄地点，以及制作出一个详细的电影拍摄预算来预估整个拍摄过程中所需要的费用。在很多情况下，制片人在这一过程中会与知名的导演或者主演进行联系，从而使得整个计划对于投资者来说显得更加可行和具有投资前景。这些在制作过程的初期就被签约下的人才被称为节目运作者，因为他们通常可以凭借先前项目运作的实力来使得这一项目得到顺利实施。

有些时候，主要的制作公司或者发行商会在整个项目开始的初期就进行投资，以帮助完成收购和发展阶段，同时作为回报，他们将获得一定比例的项目所有权，并且在电影制作完成之后就立刻获得影片的独家发行权。在其他的一些情况

286 中，尤其是涉及独立制片人的，制片人必须承担与收购和发展阶段相关的费用，从而与制作公司、电视广播商和发行商达成项目合作的协议，以最终获得全部的资金支持。主要的制作公司、电视广播商和发行商将在随后提供额外的项目发展资金。然而即使如此，这一阶段获得的初步成功并不能保证整个项目计划将会进入制作阶段。传媒公司会投资很多项目的发展计划，但是其中有大量的项目从来没有进入制作阶段。[23]

接下来的就是制作融资阶段。在这一阶段中，制片人将会组织安排为整个项目所进行的最大份额的投资。尽管常常被人们所忽略，但是传媒产品的制作融资是一个非常复杂的话题，是每一部电影和电视节目得以实现的核心。在好莱坞的黄金年代（已在第 6 章中讨论过），主要的制片公司也是它们所拍摄制作的电影的单独的资金提供者。但是现在，情况已经大不相同了，尽管主要的制片公司通过提供软成本资源的方式在项目融资过程中扮演着多重角色。这些软成本资源包括制作团队和设备、后期制作的设施、专业的市场营销和产品推广以及在项目的发行过程中扮演主要角色的意愿。通常现在的电影或电视剧制作计划的融资主要来源于多方面的综合，其中有制作公司和（或者）电视广播网络商的参与，作为发行商提前预售合同一部分的国际性合作计划、产品植入式广告的协议（见第 8 章），独立投资人、银行贷款和关联产品（如 T 恤衫、书籍和玩具）增值版权的出售等。通过这些融资来源，项目制作的成本就得到了资金的支持，但是制作人的所有权通常会被降低到较小的份额。然而如果这一项目最终能够获得即使是中规中矩的市场成功，那么他们所占到的这小部分的股权也仍然是非常有价值和重要的。

随着所有各项资金都已经到位，整个项目进

入前期制作、制作和后期制作的阶段。在前期制作过程中，电影或电视剧制作过程中的许多细节必须全部落实到位，包括演员的选定、制作团队的雇用、与拍摄地点合同的签订、设计和制造场景或者特效、服装和交通的安排、剧组和制作团队住宿和餐饮方面的安排等。

制作阶段，即通常意义所说的主要的拍摄阶段，是所有的故事场景进行拍摄（或者以高清图
像摄制）的过程。影片的拍摄制作通常是以非线 287
性的顺序进行的，有时为了充分利用拍摄地点、节省费用开支和注重时间日程安排上的效率等，会有多个拍摄团队同时进行拍摄工作。影片的制作阶段往往是一个项目中最花钱和资源最密集的阶段，任何延误或者变化可能都会很快导致成本的增加以及随之而来的与项目相关的风险。现在复杂的数字技术可以让大多数的电影和电视制作项目同时处于拍摄制作和后期制作阶段，这点对于设计数字特效的项目来说显得非常重要。

如图中所看到《暮光之城》系列电影的各种商品，附属产品的销售往往是对电影和电视剧拍摄项目在财政上的一种补充。

在后期制作阶段，所有已经拍摄的材料会被剪辑成一个线性的故事。音乐、特效甚至是图像着色会在这一过程中被加入。很多电影或电视剧的故事其实是在后期制作阶段才被从拍摄制作阶段产生的原材料中创造出来。

在发行阶段，项目最终的成品会在电影院与公众见面，或者在电视广播网进行首映。如果电影是根据一本畅销书改编的，那么书的出版商将分享电影的市场营销和推广，从而创造更轰动的市场效应和媒体报道来吸引更多受众的关注，最终从各式各样的参与者中获得更高的销售收入。在现今全球传媒市场中，电影院上映的影片有时候在几周之内，观众就能通过有线电视和卫星电视的付费观看（字面意思上的“付费点播”）收看到，而家用 DVD 和蓝光光盘以及国际性的发行和同步出售也会紧随其后。

媒介的制作和发行首先是一门生意，需要基础设施和资金的支持，同时要有扎实的市场计划、对受众的产品需要有很好的理解，而且需要有很多纯粹的运气。最后，无论是电视电影、电视连续剧、杂志、报纸、广播节目还是互联网媒体网站，传媒商业的核心都是受众为王。

媒介的制作和发行首先是一门生意，需要基础设施和资金的支持，同时要有扎实的市场计划、对受众所想要产品很好的理解以及很多纯粹的运气。

受众为“王”

我们在第 8 章中学到，现在的传媒公司和广告商，对规模较小但是明确区分的目标受众，有时也叫做利基受众的这一群体表现出了极大的兴趣。一个产业决定受众想要什么和如何将受众想要的产品送达到他们手中的能力，与产业通过广告产生利润的能力两者之间有着紧密的联系。对于这些公司来说，知道如何界定他们所想获得的受众，以及足够长时间地有效获得和吸引受众的注意力，从而将广告商愿意付费推广的产品送达到这一规模数量的人群中，依旧是持续的挑战。举例来说，如果一个商家极力想要销售的产品并不适合所针对的特定受众的规模和年龄层次，那么公司的收益肯定将会下降。即使在电视、广播和网络上有免费的媒介内容提供，媒介公司的收益流也完全和最终取决于作为媒介消费者的受众。在通过受众所想要的媒介内容对受众群体进行区分和目标受众定位的过程中，有一系列的因素在此过程中起到了作用。

发现合适的受众：目标受众选择因素

受众可以通过地理区域、年龄结构、性别、收入水平、教育背景、种族或民族、社会阶层和生活方式（有时被称做心理统计学）等多种标准进行区分。可能你会认为这些决定因素足够将大众传媒受众轻松地划分为不同的目标受众群体，但是实际上，在如今复杂的传媒市场中，这些基本的人口统计学因素对于许多媒介内容提供商和他们的广告客户来说还不够详细和完美。受众定
288 位越细致，每个受众细分所代表的价值就越大。在 20 世纪 50 年代到 80 年代之间，受众定位的主要办法是“散弹枪”法。这个理论是这样的，如果一个媒介产品，比如一部电视节目，所观看的观众有上百万，但是有 1%～2%的观众对广告信息做出了反应，这样受众的价值就算被击中了，而剩下的 98%～99%的受众就被认为是不重要的附带品。这种定位大众传媒受众的方法在媒体数量相对较少的时候所起到的效果非常好，那时候的媒体与现在的媒体相比数量很小。

为了帮助形象化理解这一区别，我们以一部有关钓鱼的电视剧为例。在过去，这样的话题可能只会吸引所有潜在受众中的一小部分群体来使其在商业上维持下去。这当然不会是一个能够吸引数百万忠实观众的话题，这也就是为什么我们不会见到太多有关钓鱼的电视节目。而在今天，通过各种各样的广告、出版物和印刷体的、网络在线的以及电视上的推广促销活动等形式所开展的复杂的区分受众和与受众进行的交流的方法，使得一部定位于仅仅是小众群体的有关钓鱼的电视剧在商业上获得成功成为可能。这部电视剧对于那些渔具装备、帆船、捕鱼别墅、捕鱼指南和户外服装的广告商来说是具有高度吸引力的，因为他们想针对的正是特定的收视群体。一个节目或者出版物越是聚焦于利基受众，这些受众对广告商的价值就越大。换句话说，今天的受众价值取决于受众定位的质量，其重要性与媒介所能够获得的受众的规模旗鼓相当，甚至是有过之而无不及。

一个节目或者出版物越是聚焦于利基受众，这些受众对广告商的价值就越大。换句话说，今天的受众价值取决于受众定位的质量，其重要性与媒介所能够获得的受众的规模旗鼓相当，甚至是有过之而无不及。

受媒介影响的受众：媒介效果

为了讨论的需要，我们把大众传媒产业分为媒介内容的生产者、媒介内容的提供者、广告商

和广告代理机构。大众传媒产业关注的是抓住和稳定目标受众的注意力。同时，大众传媒产业还关注媒介内容和广告将会怎样影响受众的观点、态度和行动。我们在第 1 章中介绍了一些主要的媒介效果或媒介影响理论。这里我们将其中的一种理论展开讨论，以帮助我们更好地理解受众对大众传媒的商业运行所起的作用和重要性。

荷兰阿姆斯特丹大学的传播学教授丹尼斯·麦奎尔是当今大众传媒理论研究的佼佼者之一。他曾经仔细研究媒介是如何影响受众的，并且提出了一个广为人们所接受的理论模式——使用与满足模式。麦奎尔的这个模式是从过去 50 多年里所进行的广泛的大众媒体的调查研究中总结出来的。这一模式主要聚焦于为什么媒介消费者会努力为了获得他们个人所需要的特定的满足而选择和使用媒体。当我们每个人在想获得某个特定媒介内容的时候，我们是在寻找——不管是有意识地还是无意识地——满足一种需要或者一系列的需要。我们每天面对许多媒介内容和媒介平台，而我们从中做出选择的时候实际上是在满足一种或者多种需要，或者至少我们认为是这样的。根据麦奎尔的这个模式，有四个主要的原因说明我们为什么选择和使用媒体。

- 通过认同行为榜样及其他们所表现出来的价值观，包括政治、宗教、社会，甚至性方面的观念，来帮助我们增强自己的态度和行为。这样，我们的媒介选择满足了一个自我认同的需要。
- 通过让我们感觉到我们是在与其他人进行互动、对他人有所了解，我们的媒介选择和使用满足了我们社交的需要，哪怕这种互动与了解是非直接地，与电视、电影、互联网、杂志和报纸上的人物所展开的。
- 通过提供信息窗口，我们了解了世界上正 *289*
在发生的事情，我们选择和使用的媒体以这种方式帮助我们满足了寻求安全感的需要。
- 我们选择和使用的媒体共同演变为满足我们娱乐需求和获得娱乐内容的主要工具。

麦奎尔的理论认为，以上四点是我们消费媒体的基本原因，可以解释为什么大众传媒是向我们售卖东西的最好方式——从产品到娱乐再到观点。这一模型也是广告业大师克莱泰尔·拉派勒博士著作的基础，我们已经在第 8 章中做了介绍。

让我们从更宽广的大众传媒产业的角度来思考使用与满足模式。在 21 世纪这个媒体丰富多样的世界中，我们对媒体有着前所未有的需求，因为媒介内容满足了我们大多数的个人和社交方面的需要，并且我们倾向于和能够满足这些需求的媒体保持联系。如果我们将这种模式确定为整个传媒产业的核心的话，那么人们就可以认为传媒的商业模式是建立在受众区分、目标受众定位和需求满足的基础上的，这些因素合起来对传媒产业参与者来说意味着收入和盈利。媒介内容越是有效集中，它就能直接或间接地产生越多的金钱。[24]

> 在 21 世纪这个媒体丰富多样的世界中，我们对媒体有着前所未有的需求，因为媒介内容满足了我们大多数的个人和社交方面的需要，并且我们倾向于和能够满足这些需求的媒体保持联系。

受众研究：识别潮流

传媒公司会经常分析他们的内容采用什么样的形式和方法能够吸引到他们所希望获得的目标受众的注意力。他们经常会通过受众分析跟踪和报告服务的方式进行以上的分析，而这些服务的提供者就是类似于尼尔森媒介研究（NMR）这样的公司。尼尔森媒介研究是最大的同时也是最知名的统计电视收视率的媒介研究公司。从 1950 年开始，它的收视率系统就已经被用来给电视剧排名，并且排名的结果会有力地影响哪些电视节目会被取消而哪些电视节目会得到新一季的续订。

尼尔森媒介研究集团也研究已经吸引了所想达到的受众注意力的媒介内容，并且跟踪正在试图模仿当下最成功方法的媒体。相互竞争的公司通过广告的方式争夺这些特定受众的市场，希望说服他们转投成为自己的受众。这就是为什么当一部新的电视真人秀、情景喜剧或者是情节系列剧获得成功之后，就会很快出现许多其他模仿这种风格的电视节目内容（比如说，最近涌现的一系列的厨艺烹饪真人秀节目）。通过观看我们所喜欢的节目，我们参与到受众细分的过程，这不仅帮助节目内容提供商增加了他们的收益，而且还决定了很快会出现其他什么样的节目。这一过程反过来也同样成立。当一部电视剧开始损失大量的观众份额时，不仅这部电视剧有可能会被从电视节目表中删去，而且还可能会导致其他正处于发展阶段或者制作阶段的相类似的节目被终结。

这一过程始终存在于所有形式的媒介内容中：电视、电影、杂志、报纸、音乐、广播和互联网网站等。所有这些不同的媒介内容的生产者和提供者不断面临“三分法则”的挑战：获得目标受众＝销售和（或）广告收入增长＝内容控制。受众对哪些媒介内容会得到制作和发行拥有最高的控制权，因为通过选择他们想要享受并且从中能够满足其某些需要的电视节目、电影和音乐的这一方式，受众决定了资金将流向何处，从而也决定了什么样的新的媒介内容将会得到制作。[25]

290 定位儿童受众

儿童，尤其是那些 12 岁以下的儿童，是非常特别同时又有利可图的媒体受众，尤其是针对电视和现在的互联网。但是将媒介内容和广告定位于儿童仍然是一个有争议的话题。这场辩论的起因在很大程度上是源于儿童作为一个特定的受众群体，因为还没有完全形成个人在情感、道德自觉意识和成熟度方面的基础，所以被公众和政府认为是非常容易受到媒介影响，甚至是媒介操控的群体。在这种传统的观念看来，年幼的儿童对他们的需要满足过程几乎没有任何理解，所以很有可能被操控之后认为他们需要实际上他们并不需要的东西，甚至是那些有害的或者是危险的东西。美国国家媒体与家庭研究所是这么说的：

> 随着有关儿童或受儿童影响的购买消费达到了 5 000 亿美元的规模，市场营销的技巧就已经被倒置了。在过去，向儿童卖出产品的最有效的方式是通过他们的爸爸妈妈。现在反过来才是正确的：儿童成为密集的广告所寻求影响的数十亿美元的家庭支出的核心。广告商明白儿童对购物的影响已经不仅仅是儿童产品，而且还包括了家庭里的所有东西，从汽车到牙膏。因此，这些“成人”产品都被配套了以儿童为目标的标识和图像。
>
> 随着现在家庭的快节奏和繁忙的日程安排，儿童有更多的机会来接触和获取新的通信技术，这也使得家长无法像以前那样完全地帮助孩子筛选广告世界里的信息。儿童自己被要求做出之前从来没有的更多的购物决定。
>
> 在电视中始终存在的市场营销工具已经走出电视，传播进入到儿童生活的许多方面。
>
> ● 针对儿童的杂志得到了成功发展。这些杂志中有很多是成人看的杂志的儿童版本。如非常流行的《体育画报》（儿童版）就有小型货车的广告。
>
> ● 玩具促销要么成为动画片、电视节目和电影的附属品，要么就被用来推销品牌意识和忠诚度。
>
> ● 动画片和玩具中的人物被用到各种各样的儿童产品中，就是为了吸引儿童的眼球和购买欲。
>
> ● 儿童消费者的数据库正在被建立。信息数据的来源有互联网上登录和聊天室中搜集到的信息，还有如玩具反斗城这样的商店里的电子玩具注册信息，以及直接的调查等。
>
> ● 学校里的广告：广告商和营销人员利用学校严重的财政紧张状况为其提供现金或产品，以获得向儿童推行广告的准入机会。
>
> ● 第一频道：新闻简讯节目被商业广告所

包围，导致儿童不得不在学校观看广告。

- 产品促销许可也瞄准了儿童，通常包括媒体推销信息，例如，一款寻呼机上会包括来自 MTV 的信息。
- 商标标识等会出现在所有种类的商品上，以及所有儿童去的地方。
- 儿童的广播网络正在变得愈加流行。
- 儿童玩具开始带有产品植入（如佩戴着可口可乐配件的芭比娃娃）。
- 赠品中包含有针对儿童的推销商品（如麦当劳的“快乐儿童餐”）。[26]

当下正在进行的有关媒介影响和儿童之间关系的学术和社会讨论很有可能在未来一段时间内持续，并成为未来几代数字土著关注的话题。那
291 些成长于今天媒介丰富环境里的孩子，在早期的指导和教育之下，很有可能比他们的上一代更快地养成具有批判意识的媒介消费技能。但是，媒介和广告产业将如何适应下一代年轻消费者并调整针对这一群体信息传播战略呢？人们对此只能拭目以待。

现在的儿童被各种媒介内容所包围，这对完全控制儿童所消费的媒介内容的家长和政府机构来说是一个挑战。

给被动媒介消费者以动力

新媒体技术挑战了传统的媒介商业模式，并且迫使传媒公司重新改造自身以便在数字时代能够盈利。这些自我重新改造必须建立在一些新的现实状况的基础之上：各种各样的媒体正在向网络空间进行转移和聚合。这一潮流也同时为媒介消费者提供了在仅仅十年之前还无法想象的更多的内容选择和内容渠道。这些技术方面的进步，再加上内容选择指数级的增加，正在让我们实现从被动的媒介消费者向主动进行媒介内容自我编排的角色转变。主动进行内容消费自我编排的受众使得媒介公司想要建立可靠的收益模式变得更加困难，因为这些受众在不断改变他们所消费的内容。

主动进行内容消费自我编排的受众使得媒介公司想要建立可靠的收益模式变得更加困难，因为这些受众在不断改变他们所消费的内容。

比如说，如果消费者使用可以完全避开电视广告的数字录影服务（DVR），如 TiVo，那么电视广播商或者广告中介商将如何为节目广告定价呢？如果观众能够在网站或者是通过像葫芦网这样的跨网络平台观看到相同的电视节目，那么电视广播商将如何获得可靠的广告收入呢？如果现在大多数的音乐消费者通过购买或者下载专辑中他们想听的歌曲的方式，来自我编排属于他们自己的音乐收藏的话，如苹果公司的 iTunes 网络在线商店中每首歌的售价在 0.99 美元到 1.29 美元之间，那么唱片公司将如何卖出他们价格为 20 美元的整张 CD 音乐专辑呢？

极大丰富的内容选择，数量日益增多的内容 292
传递平台，再加上消费者具备了按照自己喜好自我编排媒介内容的能力，这三者综合在一起向我们今天的媒介内容生产者和发行商提出了前所未有

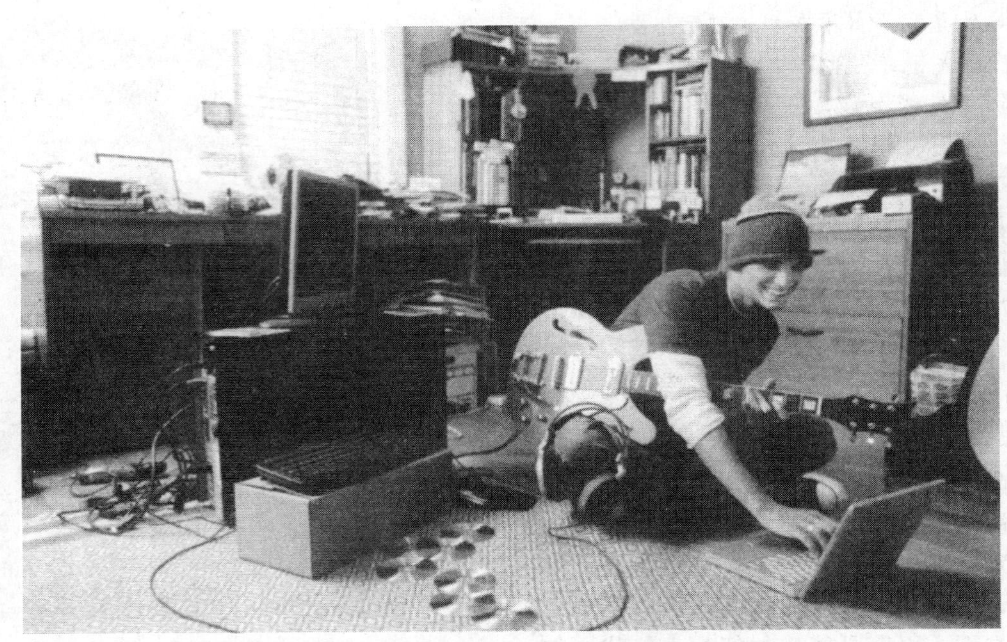

基于个人电脑的典型廉价的家庭录音棚——这些技术的实现正在使得被动媒介消费者向媒介内容生产者的角色转变。

数字技术和互联网的持续扩张是否为传媒业提供了足够的新机会来抵消其在提供新内容的过程中所产生的新的费用和风险？我们不再怀疑传媒业是否应该进入一个媒介聚合的世界，而我们所需要问的是，媒体业将怎样生存和像曾经那样繁荣发展下去？

的挑战。他们怎样才能以盈利的方式提供目标受众想要的媒介内容，并且从商业的角度来保证这一过程的可行性呢？一部新的电视剧的制片人要怎样打造一个商业模式，来获得足够的资金去制作一个高端的媒介产品呢？同时这一模式包括有线电视/卫星电视、网络、便携式媒体播放装置、DVD/蓝光光盘销售和国际版权同步出售等一系列的发行渠道，而且这一模式还要保证项目资金的投资回报。数字技术和互联网的持续扩张是否为传媒业提供了足够的新机会来抵消其在提供新内容的过程中所产生的新的费用和风险？我们不再怀疑传媒业是否应该进入一个媒介聚合的世界，而我们所需要问的是，媒体业将怎样生存和像曾经那样繁荣发展下去？

媒介全球化的影响

从 20 世纪 80 年代发端，到整个 90 年代呈现增多之势，许多国家之间开始建立双边和多边的国际媒体合作条约，这主要是为了应对各国本土的传媒制作公司所面临的经济挑战。媒介技术的进步带来了这些挑战，同时也带来了媒介内容和渠道的聚合，以及各国试图对抗美国传媒公司的持续统治地位和由此导致的文化和政治上的影响（见第 14 章）。这些合约的主要目的是支持传媒制作公司之间的合作，以及在经济资源和媒介制作资源上的共享，从而降低投资风险，并且增加传媒公司的市场竞争力。

现在最大的媒体合作条约是在欧盟内部，法国是最大的参与者。加拿大和英国在国际合作条约的框架中也非常活跃。尽管美国不是任何这些条约的签约方，但是美国传媒公司经常和参与条约的加拿大、欧洲和亚洲的传媒公司进行合作，主要是为了利用由政府支持的给予这些合作公司的财政激励政策。

对于那些需要进行广泛的海外传播和以跨国或者跨文化的故事为基础的电影和电视剧来说，国际合作能够提供重要和有创意的“本土内容”的好处。尽管有通过国际合作进行媒介内容生产的财政激励政策的存在，并且这样的国际合作能够为项目增加国际发行的潜力，但是这些交流合作中的缺点和权衡也是大量存在的。

权衡

美国传媒公司经常会难以适应在国际媒体合作条约下与其他传媒公司合作所需要做出的权衡。合作条约的目的旨在为传媒业创造一个公平竞争的环境，并且通过要求关键的制作人员，如作者、编辑、演员、制片人和导演等必须是合约国公民的方式，来支持条约缔约国的文化遗产。他们经常要求制作资源的一大部分来自条约缔约国。在这些合作条约框架下，为了扶持参与国的传媒产业和文化，关于各国所占份额的方案也是经过协商和一致同意的。

293 例如，一部电影是在欧盟内部的国际合作框架条约下进行制作的，就比如说是法国和德国，但是电影的制作过程有可能受到了一家美国电影公司的赞助。在合作条约的规定下，这部电影大部分的拍摄地点必须是法国和德国，并且所占的比例必须几乎相等。电影的剧作家是美国人，但是导演是法国人，并且雇用了一批来自法国和德国的主要的剧作成员。主演可能是知名的美国演员，但是来自法国和德国的演员必须承担所有配角的角色，可能还有一些配角是由来自欧盟的其他国家的演员扮演。电影的后期制作剪辑、音乐配乐和特效制作等也应该主要在法国或者德国境内进行。法国和德国的电影制作合作伙伴公司，以及它们各自的政府和投资银行，很有可能要求电影的首映和发行必须在欧洲境内同时进行。

所有这些基于合作条约的要求能够增加电影的创意，以及增强电影跨文化、跨市场的吸引力，但是它们也给这个项目增加了许多商业上和后勤方面的复杂性。除此之外，坚持合约所规定的条款限制了使用美国创意人才的美国公司的工作量。

媒介市场持续的国际化，正如图中所示的印度的宝莱坞，将如何影响美国媒体在国内和全世界的影响力呢？

美国公司每年制作的电影和电视节目中只有一小部分是在国际合作条约框架下进行的。这些节目大部分内容的制作是在加拿大。因为加拿大在传媒制作产业上与美国有着非常密切的关系，并且还能成为与欧盟合作条约系统的“桥梁”，所以加拿大成为美国最大的合作伙伴，而英国则紧随其后。由于国际市场的重要性与日俱增，并且生产制作和发行的成本也在不断上涨，这股潮流正在向更多的国际合作发展。尽管如此，美国公司和团队每年还是在国际合作系统之外制作了数量多得多的有关国际性话题、故事和现场的美国媒体项目。使得获取国际市场变得更加容易和廉价的新媒体技术的发展推动了当今潮流向更加国际化的合作伙伴关系发展，不管是在合作条约体系之内还是之外。下一次当你在电影院或者电视上观看一部电影的时候，留意其字幕和摄制人员名单，看看你能否判断出这部作品是通过国际合作制作出来的还是由美国公司单独生产制作的。

294 发行

21 世纪，互联网取得了惊人的发展，已经无所不在，加之印刷、音乐、电视和电影等传统媒体平台媒介内容的聚合，大部分大众传媒公司正在走向全球化，不管是出于自身的选择还是客观需要。从公司和商业的角度来看，全球化需要内容生产者和发行者在一个全球范围的商业环境下进行运作。在这里，他们肯定会遇到需要兼顾同时存在的商业上的两方面需求的挑战，一方面，需要与本地的、本区域的或者是全国的受众保持关联，另一方面还要迎合那些国际受众，而这些国际受众通常具有与本土受众相冲突的文化背景、政治立场、敏感性以及媒介消费需求。在 20 世纪后半叶，美国的传媒公司能够主导它们在国际上的竞争，这是基于美国传媒产业绝对的规模，而与它们在国际市场上的文化敏感性几乎或者是完全没有关系。换句话说，美国传媒产业的历史是被这样的商业价值观所指引的，“美国媒体比其他任何媒体都要好，所以其他社会和文化就只能适应美国的偏好”。我们将在第 14 章中更加详细地探讨，这种美国媒体的主宰导致了文化上、政治上和外交上的强烈反应。

最近，美国传媒产业正在被迫做出一定的改变，以便增强自身的国际敏感性。这并不意味着美国传媒产业已经丧失了他们在国际市场上的统治地位。他们并没有。美国传媒的内容——电影、电视剧、音乐、杂志、电子游戏和一些新闻组织机构（如 CNN、彭博社、《华盛顿邮报》、《纽约时报》、《新闻周刊》和《时代周刊》杂志等）——仍旧吸引着越来越多的国际受众。但是，这在现在却意味着在一个国际化的大众传媒市场中运营美国的传媒公司，并且与来自英国、法国、德国、意大利、印度、日本、澳大利亚和中东的传媒公司展开直接竞争。并不是所有的美国公司都已经准备好应对来自拥有国际竞争者的全球化传媒市场的挑战。有公司犯了错误，被市场抛弃，或是被非美国的传媒集团所收购。这些收购美国公司的传媒集团在文化敏感的国际舞台上有着更强大的商业成就。

结论：拯救数字时代的大众传媒产业

如同以往历史阶段一样，数字时代的大众传媒依旧以一种商业存在运行，尤其是在美国。大众传媒产业现在面临经济上的挑战，要求它们改造自身的商业模式来应对媒介内容制作和发行方面不断发展变化的技术，以及不断变化的消费者市场。数字时代，尤其是互联网的扩散，以一种非常深远的方式增加了这些改变的程度和规模，所以这就迫使整个传媒产业在它们如何运营才能保持竞争力方面做出彻底的改变。最终，传媒产业将得以继续生存下来，这在很大程度上是基于它们提前判断经济和市场变化的能力，以及根据变化调整运营的能力。

对于公司拥有者和经理、投资者、金融机构，当然还包括消费者来说，紧跟这些变化的步伐显得尤其困难。正如在所有的经济动荡期一样，不管是哪个行业，那些善于变革创新和机智敏感的公司将会继续生存下去，而那些无法适应新形势的公司将会被收购甚至是直接退出市场。作为媒介消费者，我们最终将从这场生存之战中所引发的创新和企业改革中获益。在大众传媒产业中，革新将会带来更先进的技术、更优质的内容和极大地扩展了消费者的选择。

295

思考题

1. 你是否认为由于受到互联网和相关数字内容平台的挑战，报纸因此正在走向死亡，或者你认为报纸产业作为一个整体能够成功适应新的形势和变化，以及继续生存下去吗？你怎么评价有评论认为奥利安娜·赫芬顿引发了报纸的死亡这样的言论？

2. 在奥利安娜·赫芬顿接受采访视频片段的最后，她被要求预测她的新闻来源在接下来的十年里将会发生什么样的变化？你已经学习了有关正在不断发展进步的大众传媒技术以及这些技术进步对新闻业和新闻实践的影响等相关方面的内容，你预测将会有怎样的变化？

3. 在《企业对新闻的影响》视频片段中，让摄影记者大卫·伯耐特感到失望的是，现在大多数的新闻，尤其是电视新闻，不再像是从新闻来源中获得新闻，而更像是被宣传推广部门所推动产生的。伯耐特是如何评论新闻作为一种商业形式和由此带来的新闻在社会中所扮演角色的转变的？

4. 美国的大众传媒，包括新闻报道，从最早开始就已经建立在一个商业模式的基础之上。在一个民主的社会，新闻是否应当首先被当做一种商业形式来对待？尽管新闻媒体的任务可能是及时向公众提供信息，但是新闻媒体的所有者和股东们也有吸引受众和广告商从而获得更多的收入和利润的责任，所以你认为，将新闻媒体作为一种商业形式来运营，有什么样的好处和危险？

5. 音乐产业是大众传媒产业中最早受到新技术和新的受众获取渠道的挑战并面临生存危机的，同时也是第一个被迫对其商业模式进行重大改变的，你认为其他类型的媒体产业能够从音乐产业中学习到什么，来帮助其在 21 世纪适应和生存发展下去？

6. 本章认为，丹尼斯·麦奎尔的使用与满足理论代表了整个传媒产业的核心："如果我们将这种模式确定为整个传媒产业的核心的话，人们就可以认为传媒的商业模式是建立在受众区分、目标受众定位和需求满足的基础上的，这些因素合起来对传媒产业参与者来说意味着收入和盈利。媒介内容越是有效集中，它就能直接或间接地产生越多的金钱。"你是否认同这样的观点？在本章中找到证据或者从你自己个人的媒体经验中寻找依据来支持你的观点。

【注释】

[1] Epstein, M. (1996). *The battle over* Citizen Kane. PBS.

[2] Filler, L. (1994). *The muckrakers*. Stanford University Press.

[3] Potter, J. W. (2008). *AP online and media literacy*. Sage.

[4] Croteau, D., and Hoynes, W. (2006). *The business of media*. Pine Forge Press.

[5] Adelson, A. (1999, April 5). The business of National Public Radio. *The New York Times*.

[6] Nikbakht, E., and Goppelli, A. A. (2000). *Barron's finance*. Barron's EducationalSeries.

[7] *InformationWeek*.

[8] Price Waterhouse Cooper, in cooperation with the World Association of Newspapers. (2009). *Moving into multiple business models: Outlook for newspaper publishing in the Digital Age*.

[9] Lyons, D. (2009, June 6). Don't 'i-Tune' us. *Newsweek*.

[10] Ibid.

[11] Blevins, J., and Brown, D. (2008). *Broadcast ownership regulation in a border era: An analysis of how the U. S. Federal Communications Commission is shaping the debate on broadcast ownership limits*. All Academic Research.

[12] Ibid.

[13] Croteau, D., and Hoynes, W. (2006). *The business of media*. Pine Forge Press.

[14] Bekker, P., and Herter Norton, M. D. (2007). *The story of music: An historical sketch of the changes in musical form*. Kessinger Publishing.

[15] Ibid.

[16] Morton, D. L.; (2004). *Sound recording: The life story of a technology*. Johns Hopkins University Press.

[17] du Noyer, P. (2003). *The Billboard illustrated encyclopedia of music*. Watson-Guptill.

[18] Vogel, S. (2009). *The scene of Harlem cabaret: Race, sexuality and performance*. Chicago: University of Chicago Press.

[19] Balk, A. (2005). *The rise of radio: From Marconi through the Golden Age*. McFarland & Company.

[20] Morton, D. L. (2004). *Sound recording: The life story of a technology*. Johns Hopkins University Press.

[21] Ibid.

[22] Hirschberg, L. (2007, September 2). The music man. *New York Times Magazine*.

[23] Cones, J. W. (2009). *Introduction to the motion picture industry: A guide for filmmakers, students and scholars*. Marquette Books.

[24] McQuail, D. (2000), *McQuail's mass communication theory* (4th ed.). Sage.

[25] 三分法则是描述受众定位、广告收入与媒介内容生产者的新内容创作决策之间关系的简单公式。这一法则基于作者30多年的电视制作人的经验。作者曾在众多讲座和论坛上进行过阐述，但这一法则并非作者原创，许多作者和专家对这种关系都进行过类似阐释。

[26] http://www.mediafamily.org/facts/facts_childadv.shtml.

[27] Baltruschat, D. (2002). *Globalization and international TV and film co-productions: Search for new narratives*. Paper presented at Media in Transition-2: Globalization and Convergence, Massachusetts Institute of Technology, Cambridge, Mass.

Tour opens
STORY
of Pump
ALL-STAR
Kidnap
Smoking

学习目标

1. 理解并认定新闻报道中自然偏见和故意偏见的区别。

2. 认识所有媒体都存在某种程度的偏见。理解为什么有些媒体形式和机构的偏见更严重。

3. 对三种主要的大众媒体偏见予以分类，并对它们进行比较和对比。

4. 更加批判性地认识电影和电视等娱乐节目中的社会、文化、政治偏见。

5. 理解为什么新闻和娱乐媒体中的故意偏见能吸引住观众。理解它怎样充当一个可行的媒体商业策略。

6. 更加熟练地认定、区分新闻报道和新闻分析中的事实和观点。

第10章
媒体偏见

299 1972年6月17日夜，首都华盛顿特区，天气和平常的夏日晚上没什么区别。但那晚的新闻却一点都不寻常。那天晚上太静悄悄了，似乎没什么有新闻价值的事情发生，可能是天气太热、太潮湿的缘故吧。一家报纸的发行人正躺卧在她豪华轿车的后座上。经过了一整天紧张的工作，她也要放松放松。司机载着她穿过华盛顿的大街小巷，前往发行人位于乔治敦的家。路上，一座座灯火通明的纪念碑、纪念堂从她眼前掠过。

自从丈夫自杀后，她就接过丈夫的职位，成了美国一家大报的发行人。颇让她吃惊的是，虽然自己大半生不是在相夫教子就是在混迹社交圈，她好像生来就是从事新闻行业的。对，她确实是天生干这个的料。报社的员工也大大地松了口气。她父亲曾带领这份之前曾经死气沉沉的破报纸一跃成为全美领先的媒体机构。如今，作为发行人，她也中了新闻的毒。今晚，她感到无聊，还有点小小的沮丧。拿起车里的电话，她播了个快捷号码——那是报纸城市版编辑的电话。

> 我正在回家的路上。城里今晚有什么有趣的事吗？
>
> 还真没什么有趣的。今晚过得慢吞吞的。水门大厦那里报告了一起有点古怪的盗窃案。可能也没什么事。但警方逮捕了几个西装革履的小伙子。我派了两个新来的小孩去跟了。让他们看看这新闻有没有什么意思。

为了不让老板失望，也知道她笑点古怪，编辑开始把发行人的注意力转向了另一边。

> 有个事你可能觉得挺有趣。不久前一辆车因为开得太快撞进了威斯康星大街上的一栋房子里。听着，你肯定会喜欢这个故事。没人受伤，但有个问题。住在房子里的那对夫妻当时在客厅，浑身赤裸。当不速之客开车从墙外冲进来的时候，这对夫妻正在沙发上做爱。[1]

想到这对夫妻和车撞进来的场景，发行人和城市版编辑一阵大笑。不出所料，发行人告诉司机绕道到事故现场。这样她就对故事有了第一手的资料。

这位发行人名叫凯瑟琳·格雷厄姆（Katharine Graham）。那晚讲的另一个故事被载入美国的历史。接下来调查这个案件的两个“新来的小孩”是鲍勃·伍德沃德（Bob Woodward）和卡尔·伯恩斯坦（Carl Bernstein）。那几个闯进民主党全国委员会办公室的盗贼实际上是“善用卑鄙伎俩”的中情局特工。保安抓住了这些人，特区警察后来逮捕了他们。原来是理查德·尼克松总统非法授权联邦机构来帮助自己再次赢得选举。这件事轰动了全美和全世界，并最终导致了尼克松总统的辞职——当时国会威胁要弹劾他。

300 《华盛顿邮报》被认为是一份自由派的、倾向于民主党的报纸。当时很多公众都谴责凯瑟琳·格雷厄姆和《华盛顿邮报》故意和共和党的尼克松政府作对。这种认识是错误的。《华盛顿邮报》声称它仅仅是跟着新闻走，得出的结论也是自然而然的。《华盛顿邮报》并没有创造“水门事件”，但它却突破了这个新闻。经典电影《惊天大阴谋》（*All the President's Men*，1976）描述了当时的情景。《华盛顿邮报》更没有试图破坏尼克松政府，它做的只是紧紧跟着新闻走，而在此过程中越来越多的细节变得真相大白。

怎样定义媒体偏见？大家的争议还很多。但从基本层面上看，媒体偏见是指故意或非故意地使新闻报道倾向于某一方。产生这种偏见的原因是记者、出版人或者媒体所有者的政治观点和文化信仰。偏见总是建立在扭曲事实的基础上，其目的是歪曲新闻的意义和信息，从而使新闻的方向支持媒体及受众的特定观点。即便是毫无争辩的“事实”（包括数据研究、调查结果等）也可以很容易地用来支持某一议题的某一观点。

偏见总是建立在扭曲事实的基础上，其目的是歪曲新闻的意义和信息，从而使新闻的方向支持媒体及受众的特定观点。

让我们想一想凯瑟琳·克莱尔（Katherine Crier）的例子。她是得克萨斯选出的最年轻的州法官之一。她是共和党人，得克萨斯历史上也一直是共和党掌权的州。但克莱尔很快就直言不讳地大力批判得州的极端保守运动。她认为这种运动试图把“激进的”法官调离联邦法院，然后换上保守的法官。攻击克莱尔的保守政客将她看做共和党事业的叛徒。但对克莱尔的攻击却事与愿违。克莱尔在她的著作《藐视法庭：右派如何加害美国司法》（*Contempt: How the Right is Wronging American Justice*）中揭穿了一个都市谎言。谎言称自由派的法官倾向于摧毁美国的宗教和家庭价值观，而且他们已经接管了联邦司法体系。克莱尔的著作反驳了那些很受欢迎的保守媒体传达的信息，它提供了许多很容易就能被证实的事实，比如现在大多数现任联邦法官都是由共和党提名。他们在做好本职工作、支持宪法上的积极性都很高。

克莱尔的故事表明，只要掌握了事实，并有胆量冒事业受损的风险，任何会讲故事的人都能扭转大众媒体上被歪曲的信息。对克莱尔而言，移除媒体上的偏见不单单是平衡左、右两派的争论，它是对真相的阐述，包含了各政治派别不同声音的有益辩论。在下面这段视频片段《论媒体偏见》中，克莱尔认为对话应以议题为基础，而不使用会常常带来偏见的标签，比如自由主义者、保守主义者、民主党、共和党。

对克莱尔而言，移除媒体上的偏见不单单是平衡左、右两派的争论，它是对真相的阐述，包含了各政治派别不同声音的有益辩论。

和克莱尔相对立的是马克·莱温（Mark Levin）。莱温是著名的保守派评论员，也是一位广受尊重的宪法学者。他曾经是罗纳德·里根总统的顾问，并在里根政府身居高职。和克莱尔一样，莱温从法律从业者变成了全国知名的媒体人。他主持一档收视率很高的广播节目，还是《国民评论》（*National Review*）的编辑。他的著作《黑衣人：最高法院如何摧毁美国》和克莱尔使用的事实证据是相同的。不过莱温 301
辩称联邦法院——特别是最高法院——“专制地摧毁法律，并且完全恣意妄为地将新法律强加于人”[2]。莱温声称最高法院实行的是某种形式的“司法暴政”。这种“司法暴政”青睐自由派政策，从而造成美国社会持续不断地向“左”转。莱温认为，联邦法官长久以来都实行司法激进主义，大多数最高法院大法官为了自己的自由派议程伤害了美国的民主。[3]

媒体总是有偏见？

很多人都认为媒体存在偏见，这种媒体偏见违背了他们秉持的政治、社会和文化信仰。所有媒体观察组织（这些组织大多数有各自的议程）都声称媒体在某一方向上存在偏见。媒体准确组织（Accuracy in Media www.aim.org）的研究断言主流媒体倾向于自由派观点。但公平准确报道组织（Fairness&Accuracy in Reporting www.fair.org）的研究则声称主流媒体的偏见是保守的。盖洛普和皮尤研究中心的调查发现，公众认为媒体“总体上”是平衡、准确的。不过，当调查特定的热点议题时，大多数人都批评媒体突出了他们反对的那一方观点。

事实是，媒体机构倾向于吸引、雇用那些具有共同政治倾向和世界观的人。比如，NBC 及其有线新闻台 MSNBC 有着深深地倾向自由主义的组织文化，因此也易于吸引分享这种观点的记者。相反，更加倾向于保守的 FOX 和 ABC 则易于吸引价值观更加保守的记者。[4] 与此同时，新生代媒体业者的观念和偏见也都遵循了社会总体的转变。20 世纪八九十年代在新闻研究生院做的调查显示，这段时间进入新闻行业的大多数记者都倾向于自由主义，其比例大概是 8∶1。之后几年这种趋势有所改变。直到 2006 年，钟摆又回到了自由主义一边。[5]

大家通常认为所有媒体偏见都是坏的，而且这种偏见无处不在。当然，现实要复杂得多，也有趣得多。此外，当今媒体纷繁复杂，展现不同声音、观点的平台很多，在通常情况下，人们很自然地会对接收的媒体内容进行检查和平衡。换句话说，某个议题两边的极端声音和观点让媒体消费者有机会打定自己的主意——假定我们每个人付出努力、负起责任。

某个议题两边的极端声音和观点让媒体消费有机会打定自己的主意——假定我们每个人付出努力、负起责任。

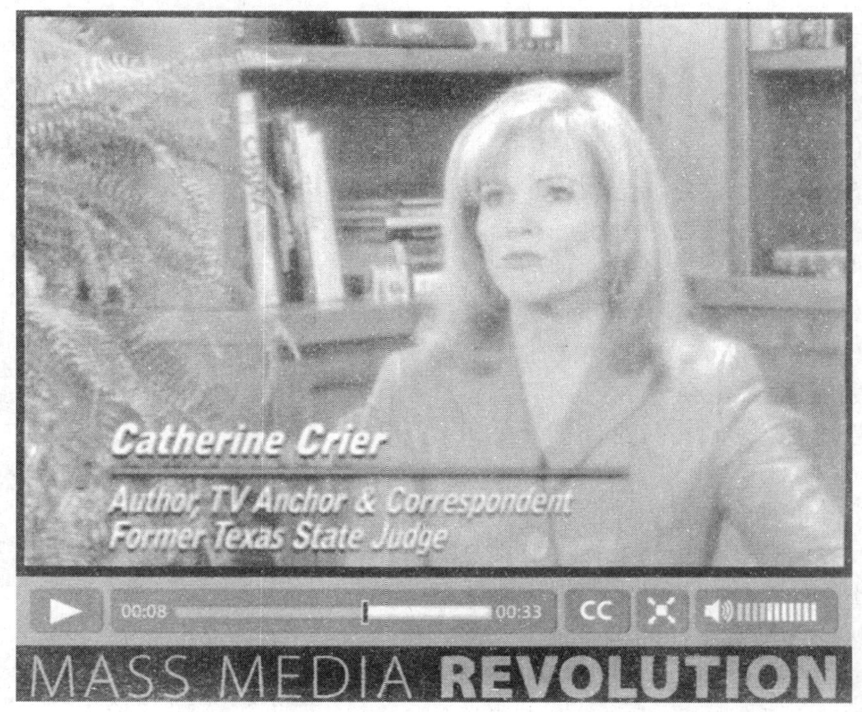

《论媒体偏见》截图。

凯瑟琳·克莱尔讨论媒体偏见。克莱尔是前任得克萨斯州最高法院法官、作家和电视主持人。

302

包装媒体偏见

大多数人都想相信他们消费的新闻是准确的，特别是他们觉得舒服的媒体机构。一旦观众对某个特定的媒体机构感觉舒服，很多人就容易将此媒体提供给他们的内容作为事实接受，即使有批判性的评论指出“他们的”电视网或者最喜爱的广告评论员在歪曲一些重要的事实。一旦某个明星记者或评论员把新闻搞错了，如此之高的观众信任度会产生严重的后果。

2004 年 9 月，美国媒体正在全力集中报道一场高度负面、分裂的总统选举。哥伦比亚广播公司著名的黄金时段新闻主播丹·拉瑟在《60 分钟》节目里播出了一则新闻。这则新闻最终被证实是错误的，它对时任总统乔治·沃克·布什非常不利。拉瑟和他的制作人最初声称他们有文件“证明”布什总统在越战期间逃避他作为国民警卫队飞行员的责任。他们暗示布什利用家庭的财富和政治影响力来逃避训练，并确保他待在美国本土。拉瑟的报道还展示了“专家”来证实这些文件是真实的。

布什和他的团队很快就挑战了这些文件的真实性。布什团队谴责哥伦比亚广播电台和拉瑟捏造新闻，声称哥伦比亚广播公司和拉瑟是为了推进自己的政治意图，支持民主党候选人约翰·克里。哥伦比亚广播公司否认了故意偏见的指责。它任命一个独立的委员会来调查拉瑟和他的制作人玛丽·马培斯（Mary Mapes）。拉瑟继续为这则新闻以及背后的调查报道辩护。至少，哥伦比亚广播公司管理层最初还站在电视台明星主持背后。他们谴责布什阵营试图通过攻击拉瑟和广播公司来误导公众舆论。

然而越来越多的证据，包括独立的文件鉴定专家的观点在内，表明拉瑟和他的制作人原来是被人愚弄了，那些文件是伪造的。人们指责哥伦比亚广播公司公然持有反对布什的偏见。为了平息公众的谴责，哥伦比亚广播公司开始撤回对这条新闻和拉瑟的辩护，并以一种更加不偏不倚的方式来报道这起争论。最终，拉瑟被迫承认他在审查原始资料方面做得很差。拉瑟称他听制作人说这篇报道有事实依据，原始文件也是真实的，于是就信以为真。哥伦比亚广播公司向观众道歉；拉瑟宣布“提前退休”。

直到现在我们还不清楚到底是拉瑟为了支持其政治偏好而故意捏造新闻，还是太粗心大意才落入了别人的圈套。但是，丹·拉瑟的故事告诉我们，只要新闻内容令人信服，报道新闻的人有说服力，在媒体巧妙的包装下，即便这条信息包含了明显可以被认出来的谎言，它还是能很容易地就让大量观众接受。相信我们想相信的，这是人性，即使它和事实不符。媒体评论员［比如偏“右”的比尔·奥雷利（Bill O' Reilly）、拉什·林堡（Rush Limbaugh）和安·库尔特（Ann Coulter）；以及偏“左”的比尔·马赫（Bill Maher）、瑞切尔·玛窦（Rachel Maddow）和兰迪·罗兹（Randi Rhodes）］可以给他们心情急迫的忠实观众

在 2004 年的总统大选中，《60 分钟》前主播丹·拉瑟报道乔治·沃克·布什在越南战争期间曾逃避他国民警卫队的职责。后来有证据表明事实和拉瑟的报道相反，拉瑟宣布“提前退休”。

创造、包装各自的真相，却不管事实究竟怎样。因为这才是观众希望他们做的。他们高明地提供了观众想要相信的东西。

在很大程度上，媒体偏见之所以有市场是因为我们对它有需求。包装媒体偏见会产生具有深远历史影响的后果。麻省理工学院著名语言学教
303 授、哲学家、政治运动家诺姆·乔姆斯基创造了“制造共识”（manufacturing consent）这个术语，并用它来描述如何用媒体设定公共议程（public agenda）。公共议程是指一系列能影响某个集镇、城市或国家的政策议题。[6] 在操纵大众传媒以获取公众同意的事例中，乔姆斯基最喜欢举的是伍德罗·威尔逊当总统期间发生的一件事情。

1916 年，伍德罗·威尔逊靠他“以孤立求和平”的立场当选美国总统。当时大多数美国人反对参与任何欧洲的战争。那些战争是为了对抗日益崛起的德国。实际上，威尔逊政府却偷偷地决心把美国引向战争，目的是“让世界的民主更加安全”。为了赢得支持，威尔逊政府必须要改变美国公众的孤立主义态度，要让美国人变得爱国，变得支持战争。威尔逊建立了一个叫做克里尔委员会（Creel Commission）的宣传组织。在不到一年的时间里，克里尔委员会诋毁了一切和德国有关的事情。它使大多数美国人确信一个邪恶的、充满攻击性的敌人正将美国置于迫切的危险之中。事实上，德国根本没有计划攻击美国，它反而是竭力避免把美国拖入冲突中。

快进 85 年，历史重演了。乔治·沃克·布什执政期间，美国人又一次见证了制造出来的共识。2001 年“9·11”恐怖袭击后，布什政府利用了美国公众的恐惧心理和高涨的爱国热情，赢得了公众对先发制人的第二次伊拉克战争的支持。布什政府声称时任伊拉克总统的萨达姆·侯赛因持有、使用、谋求大规模杀伤性武器，对自由世界构成了迫在眉睫的威胁。在对进攻伊拉克的鼓吹中，布什强调，美国迫切需要罢黜萨达姆并没收所谓的大规模杀伤性武器。现在 10 年过去了，美国公众普遍认为布什之所以宣称伊拉克拥有大规模杀伤性武器，完全是试图操弄美国国会、公众和国际社会，在国际上积聚对进攻伊拉克的支持。

比较 1916 年的伍德罗·威尔逊总统和 2002 年的乔治·沃克·布什，真正的不同并不在于他们怎样应对各自所处的情况，而在于媒体如何反应。如今，媒体更有可能质疑这些广泛指责的真实性（特别是那些来自自由世界领袖的指责），而且它们在查验事实方面也要激进得多。后来，大量证

和许多媒体评论员一样，安·库尔特（Ann Coulter）会针对观众包装事实。

媒体抓拍到了前总统乔治·沃克·布什声辩的一瞬。

据表明，布什政府对假定的伊拉克威胁处理不当，派美军去伊拉克作战也缺乏合理性。甚至几家支持布什的媒体都只好改变它们的立场。值得注意的是，2010年年初，布什总统前白宫高级顾问卡
304 尔·罗夫（Karl Rove）出版了他的回忆录《勇气与后果：我的人生——战斗的保守派》（*Courage and Consequences: My Life as a Conservative in the Fight*）。罗夫在他的书中提供了一手的信息来阐述布什政府怎样错误地导致了伊拉克战争。由于罗夫长期建立起的公信力和他内幕知情人的视角，包括福克斯电视台的比尔·奥雷利在内的保守派评论员被迫修正了他们之前对布什总统和切尼副总统在处理伊拉克战争上毫不动摇的支持态度。

媒体偏见类型

媒体偏见类型很多，有些是故意的，有些不是故意的。东安格利亚大学政治学教授约翰·斯崔特（John Street）在他的著作《大众媒体、政治和民主》（*Mass Media, Politics and Democracy*）中大概列出了以下媒体偏见类型。

> 党派偏见（partisan bias）：刻意促进某项事业……表现形式是明确建议投某个党派一票或非常明显地赞同某项社会运动。
>
> 宣传偏见（propaganda bias）：在报道新闻时故意为一个特定的党派、政策或观点提供依据，但并不明确陈述出来。
>
> 不知情偏见（unwitting bias）：在选择新闻包含什么、排除什么时，不知情偏见便会出现……（受出版物页数或广播电视台播放时长限制）排列新闻的播放顺序同样会产生不知情偏见：主要的新闻最先播出，时间也长。这些编辑的判断构成了不知情偏见的一种形式，虽然此类偏见是明显的……但却并不是有意识或故意的。[7]

在如何认知特定新闻报道或媒体机构的偏见时，媒体消费者先入为主的观点和信念起着重要的作用。在很大程度上，媒体偏见存在于观察者的心中。

比如，以色列人和巴勒斯坦人之间的冲突。巴以双方的媒体机构都不断地试图诱导外界同情、支持它们各自的斗争和运动。有的新闻媒体可能会展示巴勒斯坦人的凄凉景象：食品救助站外大排长队；受重伤的儿童在设施简陋的医院接受治疗；

这些有关巴以冲突的图片通过何种方式描绘了（或未描绘）媒体偏见？

饥寒交迫的家庭挤在难民营的小火炉旁取暖。但还有的媒体则可能播放对自杀性爆炸袭击遇难者家属的采访，这些以色列人家属因失去了他们的挚爱和家园而感到极度痛苦；它也可能播出另外一种让人痛心的画面：满载以色列妇女和儿童的公共汽车遭受路边炸弹袭击，满眼全是流血和杀
305 戮。所有这些图像都试图影响公众舆论，使其偏向巴勒斯坦或以色列一方。不过，虽然我们会自然而然地对这些人类苦难的报道产生同感相怜和恻隐之心，根本上讲，我们作为消费者所经历的媒体偏见大部分是受到自我政治观点的指引。这并不是说媒体机构本身没有策略性地考虑怎样或者何时播放、刊登某个特定的报道，也不是说它们没有考虑怎样或何时切实报道某个新闻的特定细节。换句话说，媒体偏见可以是编辑部决策过程的自然结果。

选择性偏见

编辑部的决策过程涉及做出选择。这些选择包括判定报道哪些新闻、每条新闻的篇幅多长、每条新闻出现在什么时段。哪些新闻出现在晚间新闻节目的开头，哪些新闻出现在第一段插播广播之后，哪些新闻在节目末尾播放，节目制作人通过决定这些事项来展现各条新闻的相对重要性。在制作人决定不播的新闻，或者编辑决定不刊登的报道中，选择性偏见的过程更容易被理解。当然，必须要选出头条新闻。发生的新闻总是远远多于 23 分钟的晚间新闻节目或者版面有限的报纸所能涵盖的报道数量。每天必须要砍掉一些报道。因此，编辑过程的本质造成了结果偏见，而这些偏见的产生也是故意的。

现代新闻受众正从传统的晚间新闻节目向一周七天、一天 24 小时的新闻频道（例如 CNN、MSNBC 和 FOX News）和互联网新闻渠道（例如 TotalNews. com 和 Newsmax. com）转移。与此同时，选择性媒体偏见的过程也发生了变化。传统上新闻编辑和制作人的角色现在大都被受众代替。时时刻刻都有这么多的新闻媒体可供选择，大多数观众自然会倾向于选择那些和自身观念相符的媒体。当然，只接触那些和我们观念相一致的媒体就意味着我们在新闻选择上存在偏见。这种趋势不但让我们无视其他观点和其他声音，而且还会使我们只能接触到一半的媒体报道，因此很容易受到不知情偏见的影响。结果是，我们没能付出足够的努力来成为具有批判意识的媒体消费者。

只接触那些和我们观念相一致的媒体就意味着我们在新闻选择上存在偏见。这种趋势不但让我们无视其他观点和其他声音，而且还会使我们只能接触到一半的媒体报道，因此很容易受到不知情偏见的影响。结果是，我们没能付出足够的努力来成为具有批判意识的媒体消费者。

特殊经历带来的偏见

大多数媒体记者、编辑和评论员在有些时候都会展现出无意的偏见。比如，他们对一些非凡事件（比如战争、恐怖主义、种族屠杀、自然灾害、负面政治运动等）的自然反应会造成某种程度的偏见报道，不管这种偏见是多么无意识。记者也是人，他们也禁不住被悲剧或人类体验所触动。CNN 创始人、24 小时连续播报新闻模式发明人泰德·特纳曾表示，报道人类苦难的前线记者常常倾向于做出有偏见的报道。当面对战场的恐
306 惧景象或自然灾害的浩劫时，媒体专业人员很难保持客观。人类本性促使记者尝试使用媒体的力量来鼓动受众和政府采取行动——做点事，什么事都行，只要它能减轻或结束这场劫难。[8]

不管这种经历能在多大程度上驱使记者抛弃客观报道，记者个人的倾向只取决于他们自身的经历和政治立场。我们不知道见证过狙击手射杀儿童的摄影记者是否支持结束战争的呼吁。实际上，他可能鼓励继续战斗。他会声称自由世界有责任保护那些无力自保的民众。或者，这名摄影记者从现代战争回来之后会更加坚定自己的信念——战争即罪恶。

重点是，不管媒体有意或无意地展现偏见，

作为媒体报道消费者的我们有责任决定怎样阅读、理解媒体传达的信息。这就给我们带来了有一个需要讨论的方面：媒体偏见是否只依赖于市场需求？

市场需求偏见

美国主流媒体公司都是企业，它们被收视率所驱动，依靠广告商支持。在 21 世纪的美国，观点和争议有卖点，也就是说，带有偏见的声音和观点受欢迎。就像运动场上的恶霸一样，带有偏见的声音往往是最响亮的；它们能够连推带挤地将自己的极端意见置于消费者注意力最显著的位置。今天，为了迎合四分五裂的受众，美国出现了一大批带有故意倾向的新闻广播和电视节目。对于每一个受众群体而言，哪些媒体机构能加强他们想相信和已经相信的东西，哪些机构就吸引他们。比如，福克斯新闻就迎合了坚决保守的受众群体，而 MSNBC 和 CNN 则倾向于更加自由派的受众群体。此外，就像视频片段《媒体偏见透视》（*Perspectives on Media Bias*）中的媒体声音所表明的那样，能够娱乐大众、超越底线的个性往往吸引了最多的观众——即便在事实信息方面，这些娱乐几乎没提供什么内容。▶

能够娱乐大众、超越底线的个性往往吸引了最多的观众——即便在事实信息方面，这些娱乐几乎没提供什么内容。

307

涉及伤害或牵扯到人的景象能够激起媒体记者和消费者的非故意偏见。这幅清理漏油事故的画面如何影响了作为观众的你？

根据全美广播协会、皮尤研究中心和哈佛大学肯尼迪政府学院的研究，在美国，带有故意偏见的广播和电视倾向于保守主义。故意倾向于保守的媒体数量大概是故意倾向于自由主义的三倍，保守的脱口秀广播节目大获成功便是例证。[9] 又娱乐、又受欢迎的保守声音有格伦·贝克（Glenn Beck）、拉什·林堡（Rush Limbaugh）、肖恩·哈尼蒂（Sean Hannity）、拉丝·拉森（Lars Larson）和劳拉·英格拉姆（Laura Ingraham）。受到保守主义人士欢迎的还有位于得克萨斯州达拉斯的塞伦广播网（Salem Radio Network）。这是一个以基督教为导向的全方位卫星广播网，它给近 2 000 家媒体集团提供节目，并且拥有、运营着近 100 个广播台，并且在全国电台 25 强中占据了 23 个席位。[10]

广播访谈节目《自由谈话直播》（*Free Talk Live*）服务于有时左倾有时右倾的自由主义者（这取决于各自对于财产权的观点）。这个节目在 2002 年 11 月首播。自从亮相起，节目的影响范围持续扩大。目前，节目在全美约 65 家广播台、5 家电视台上播放。它还有一个综合性的网站，网站上有节目的播客。[11] 2004 年，为了对抗保守势力对脱口秀广播的控制，也为了抓住自己的受众份额，企业家兄弟史蒂芬·格林（Stephen Green）、马克·格林（Mark Green）开办了空中美国广播（Air America Radio）。该电台雇用了马克·马龙（Marc Maron）、艾尔·弗兰肯（Al Franken，现任明尼苏达州参议员）和兰迪·罗德（Randi Rhodes）等自由主义主持人。虽然最初的成功让电台运营了六年之久，而且节目在遍布全美的 100 家媒体上播放，但不幸的是，空中美国广播在 2010 年宣布破产、关门。[12]

清晰频道公司（Clear Channel）是世界领先的广播网络，它在全美拥有 1 300 家广播电台，是美国最大的广播电台公司东家。它最初的节目刚开始在政治上有几分平衡，评论员和广播主持人有保守派也有自由派。但随着公司现金流出现困难，又要和债权人做斗争，它的节目便转变得趋向保守。值得注意的是，2010 年 3 月，清晰频道公司解雇了著名的自由主义脱口秀主持人艾尔·罗尼（Al Roney），然后换上了保守的脱口秀主持人格伦·贝克（Glenn Beck）。贝克极端的观点毁誉参半，但结果是他变得很受欢迎、十分有名。清晰频道公司把罗尼换成贝克的决定表明，至少在脱口秀广播行业，保守主义节目和评论员很有卖点，而自由主义评论员为了吸引观众却要奋力拼搏。在博客圈里，造成这种区别的原因是很热的辩论话题。有一件事很明显，与其听脱口秀广播，自由主义的受众更倾向于听国家公共广播电台（National Public Radio），或者在互联网上寻找 CNN 和 MSNBC 的广播版。

《媒体偏见透视》截图。

从观察极富个性的顶级媒体从业者来多角度透视媒体偏见。

308 

媒体偏见的经济学

诺姆·乔姆斯基认为媒体有偏见主要是经济原因。他认为媒体偏见的根源是企业对大众媒体的所有权，以及利用广告资助媒体的做法。[13] 1987年，媒体偏见的经济学问题以脱口秀广播的形式当众展现出来——自联邦通信委员会废除公平原则（Fairness Doctrine）后，脱口秀广播蓬勃发展。公平原则，即人们熟知的相等时间法则（equal time law），它要求广播电台给予所有对立观点一定的广播时间。它的目的是保证重要议题的各个方面都拥有相同的广播机会来影响听众，而不管广播电台的立场和经济资源如何。但是，当边缘团体和个人要求给予主流美国认为极端的观点（宣扬暴力或异常性行为）相等的播放时间时，问题就出现了（请参阅第11章）。

相等时间的理念与美国媒体体系中依靠广告做经济支撑的实践背道而驰。由于广播收入严重依赖广告销售，媒体偏见的经济学意味着广告商有时会在塑造媒体信息时扮演重要角色。当然，这种关系让编辑、记者同在经济上支持他们的人（他们也控制着收入）产生了直接的冲突。媒体偏见的经济考量如此重要，以至于广告销售的需求有时会在塑造信息方面发挥不成比例的作用。保持广告收入的经济压力有时会使编辑、记者与保证出资人开心、稳定广告收入的现实要求发生直接冲突。

媒体偏见的经济考量如此重要，以至于广告销售的需求有时会在塑造信息方面发挥不成比例的作用。

309

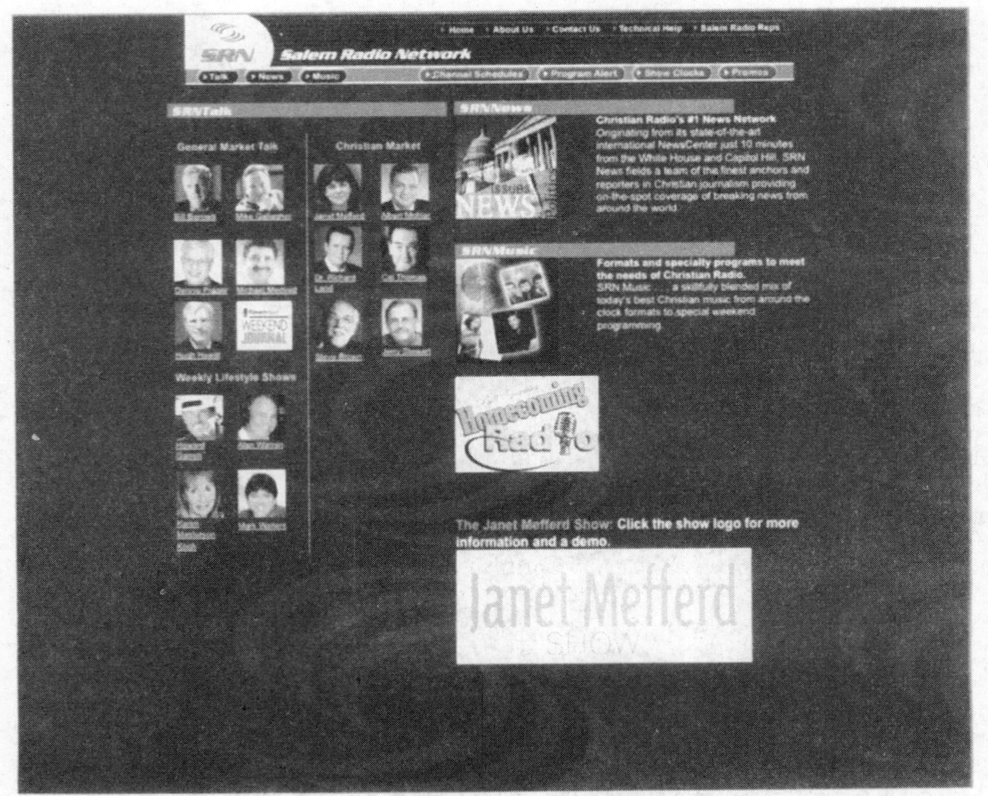

塞伦广播网是如今全方位卫星广播网里更带有故意偏见的一个。它特定迎合保守的基督教受众。

企业对媒体信息的控制

媒体平衡往往取决于特定媒体机构的独立程度，即其运作在多大程度上独立于企业所有者和管理层的影响。企业所有权是否就等同于企业对媒体信息的控制权？媒体机构倾向于反映它们所有者的观点，特别是在社论中或报道政治新闻时。鲁伯特·默多克拥有福克斯新闻网和《华尔街日报》。这两家本来就倾向保守的媒体自然就成了展示默多克自身保守观点的有效平台。不过，默多克给他的媒体定的目标是增加利润而不是促进政治议程。迪士尼公司对美国广播公司（ABC）的所有权是否真的会对 ABC 的新闻报道产生影响？只要广播收入高，即便是居于支配地位的清晰频道公司是否真的能影响它旗下数百家地方电台的政治立场？

哈佛大学的一项研究表明，媒体内容迎合受众信念和广告利润最大化之间是正相关的。这项研究由森德希尔·穆莱纳桑（Sendhil Mullainathan）和安德烈·施莱弗（Andrei Shleifer）发表于《美国经济评论》。[14] 换句话说，福克斯新闻台的保守视角得到了回报，即观众对其广告商的响应。从纯粹的经济角度来看，福克斯新闻网明确、故意的保守主义媒体偏见是非常好的商业理念。

联邦政府对媒体信息的控制

媒体机构不是唯一造成管理性媒体偏见的来源。对于接受联邦财政支持的媒体而言，联邦政府也影响它们的偏见，即便财政支持只占了它们运营预算的一小部分。1968年，国会建立了公共广播公司（PBS）。PBS 最初的使命是效仿英国 BBC 成为美国的非商业的、教育性质的广播服务公司。国会通过的这项法案还成立了一个准政府机构公共广播集团（Corporation of Public Broadcasting，CPB）。它就像联邦政府的导线，通过电台和节目拨款把纳税人提供的资金导入公共广播系统。成立之初，公共广播公司和国家公共电台（NPR）都效仿了英国的 BBC，但有一处不同：因为英国纳税人给 BBC 提供资金，英国法律禁止英国政府影响 BBC 的节目内容。

由于权力的分离，BBC 的电视和广播长久以来都拥有“公正、平衡”的报道传统。相较 BBC 而言，公共广播公司和国家公共电台从来都没能完全独立于政府的影响。虽然 CPB 否认带有党派政治议题，但它的董事会成员都是政治任命的。美国总统任命每一个董事会成员。得到参议院确认后，每一名董事会成员可任六年。公共广播集团（CPB）控制公共广播公司 PBS 和国家公共广播电台的一部分运营预算，因此政府有机会指导节目内容。现实中，政府影响节目和编辑决定被 310
证明是困难的，很大程度上是因为公共广播公司超过80%的资金来自企业认购、会员捐助和学术机构。在大部分情况下，会员和捐助人能一直成功保护节目独立于政府监督。[15]

电影电视的媒体偏见

美国私人公司和它们的革新能力造就了美国传媒在世界范围的成功，并使之牢牢占据主导地位。从好莱坞出产的电影到风靡一时的电视剧、情景剧，乃至 CNN 创造的全天候24小时新闻播报，美国传媒的影子无处不在。它的影响力甚至让中东、西欧等地的文化有一种遭到美国强大社会舆论围攻的感觉。尽管美国传媒的对手不断壮大，我们却常在这壮大中看到对美国模式的效仿而非创新的抗争。例如，世界上传播范围最广的阿拉伯语媒体半岛电视台就毫不掩饰其所采用的 CNN 模式。与此同时，半岛电视台播出的新闻还戏剧性地带有对美国的敌意。对此，半岛宣称它仅仅是像 CNN 一样，单纯迎合观众的喜好。同样作为大众媒体，美国的电视、电影的受众影响远超其他媒介。故而广播、纸媒和互联网等相似的例子就不在此赘述。以下讨论集中于电视和电影传媒内容的内在偏见。

纪录片、调查报告、真人秀、戏剧、喜剧，这些都是我们如今消费的媒体内容。但它们往往带有着偏颇的观点和政治议题。这些潜在的目的经常一目了然，但仍有些成功影响了观众。以下我们通过一些近期纪录片、黄金档剧集和新闻喜剧等案例讨论一下电视、电影中存在的内在偏见。

2010 年世界杯和覆盖全球的媒体网络携手造就了一个世界性的观看盛会（图片来自德国慕尼黑一个酒吧）。

311 至于其中信息给你的影响是乐观还是悲观就取决于自己的观点了。但无法否认的是，它们都对人们的想法、对公众舆论有无法掩盖的影响。

自由主义抗争者

毫无疑问，奥斯卡得主、电影人迈克尔·摩尔被标榜为一位自由主义抗争者。从《大亨与我》（1989）中对通用公司的调查，到《科伦·拜恩的保龄》（2002）中对强制管制的抨击，还有《华氏911》（2004）中表露出的倒小布什立场，以及近期他的《病人》中对“印钞机”式美国医疗福利系统的批判，摩尔的纪录片成了他为自由主义抗争、表达政治信念的鲜明旗帜。他的抗争甚至让对立的政客都达成一致，一致批判他的制片是自我膨胀，纪录片的故事也是编排好的。无论是否喜欢他的风格，摩尔都成功地将社会热点话题保持在公众视线内，诸如颇具争议的伊拉克战争、困境企业中蓝领工人的生存奋斗，还有美国的医疗福利问题。他让这些话题家喻户晓，并引发公众舆论的激烈讨论。媒体评论人虽然总喜欢批评摩尔观点偏颇，但他们也承认摩尔的作品刺激了社会对这些议题的讨论。有些人认为，正是因为摩尔鲜明的观点偏向才使得他成功地让诸多媒体聚焦这些问题。

媒体评论人虽然总喜欢批评摩尔观点偏颇，但他们也承认摩尔的作品刺激了社会对这些议题的讨论。有些人认为，正是因为摩尔鲜明的观点偏向才使得他成功地让诸多媒体聚焦这些问题。

世界福音传播者

田纳西州前参议员、美国副总统、诺贝尔和平奖得主阿尔·戈尔在全球变暖等生态问题上享誉全球，有强大的影响力。他的纪录片《不可忽视的真相》(2006) 不仅斩获奥斯卡大奖，同时也是近年来最有影响力的纪录片之一。纪录片不仅在主题上显露出明显的倾向，也在记录现实和分析全球变暖时透露出戈尔的偏向。此外他的政治光谱排列也已经显示了他的意图。自从《不可忽视的真相》2006 年在圣丹斯电影节（Sundance Film Festival）首映后，如何面对和处理全球变暖问题再一次受到了人们的重视和热议。2009 年秋，犹如回应《不可忽视的真相》一样，戈尔撰 312
写了《抉择：解决气候危机之方》（*Our Choice*：*A Plan to Solve the Climate Crisis*）一书。他认为仅仅是"曝光真相"不足以描述肆虐地球的气候危机的严重性。他特此针对宗教人士这一特殊人群写了这本书。英国《卫报》的环境记者苏姗妮·古德伯格这样评论戈尔的新书："对把保护地球看做道德或宗教责任的人而言，这本书就是号召。"[16]

宗教电影人

梅尔·吉普森的《耶稣受难记》(2004) 是过去 10 年最具争议的电影之一。这在很大程度上是由于影片被认为极具反犹太因素，并且充斥着赤裸裸的暴力。影片发行当年，在戴安·索耶的一次访谈中，吉普森宣称他的电影完全忠实于四部福音书的描述。他还断言，反对这部电影的人是"都没理解这四部福音书"[17]。吉普森的陈述替他开脱了故意偏见的指责。他还声称"反犹太主义违背他信仰的教义"[18]。

反诽谤联盟的成员表示："不论从哪点出发，吉普森先生的电影使犹太人'害死耶稣'这个罪名又被提起。"[19] 罗格斯大学（Rutgers University）的《圣经》学者、神学名誉教授 M. H. 史密斯批判吉普森根本不尊重福音书中的矛盾体现，而是"武断地从各式各样的文本中截取信息"[20]，然后编造出戏剧。许多对《耶稣受难记》的抨击并不是针对其中暴力的残忍和无由头，而是源于其中强烈的反犹太元素和历史失真。自从电影发行数周起，围绕该电影的争论就充斥各种新闻媒介，从黄金时段的新闻播报到广播节目，无不是关于《耶稣受难记》的话题，这反而促成了该部电影的票房。恰如谚语"任何宣传都是好宣传"所讲，对娱乐传媒中蕴涵的偏颇观点的批判反而能吸引观众，从而使之大卖。

公民课

从 1999 年起连续五年，全国广播公司剧作人阿伦·索尔金（Aaron Sorkin）将美国观众引入了一个虚构的世界：民主党总统和他的白宫伙伴与共和党国会对抗，尝试解决现实美国所面临的问题。《白宫群英》系列剧相当于每周给美国政府上一堂公民课，不论是自由主义者还是保守主义者，抑或是民主党人、共和党人，大家都被这个剧集真实准确而又不失娱乐的元素吸引。通过贴近事实的故事讲述和鲜明的角色安排，《白宫群英》成功塑造了一个自由、真实的民主党政府形象，从而抨击现实中令人失望的共和党政府。饰演总统杰德·巴特勒的马丁·辛成功塑造了一位诚实、强力、富有魅力的总统形象。而电视投票结果显示，民众很希望拥有"巴特勒一般的总统"。巴特勒这个角色更影响到当时民众对现实中的布什总统的看法，甚至还波及了后续的总统竞选人。

尽管只是一部娱乐性质的电视剧，《白宫群英》还是成功影响了美国公众对总统的看法。《白宫群英》表明，剧集形式的娱乐节目也能够有效地向海内外观众传播编剧人的观点，并潜
移默化地影响观众的观念。受益于剧集的全球 313
运营操作，全世界的观众可以观看《白宫群英》，而他们也从剧中了解了模范的美国政府应当如何运转。

新闻喜剧

乔恩·史都华主持的《每日秀》在美国喜剧中心电视网（Comedy Central Network）播出。《每日秀》以喜剧和恶搞的方式来讨论热点话题。这种自由的评论方式让节目深入人心。立足于真实新闻来源之上的恶搞获得了惊人的成功。皮尤研究中心调查显示，29 岁以下收视者中有 21%的人将观看《每日秀》作为主要的新闻获知途径。[21]此外《每日秀》也成为政客以及未来总统之星趋之若鹜的节目。而乔恩·史都华本人以知名政情权威和媒体评论家的形象频频出现在 CNN 播报和纪录片中，阐述着美国媒体在政治进程中的作用。他以高超的技巧和诙谐的语言讽刺保守主义者。他让倾向于自由主义的观众确信，虽然民主党不时和共和党一样令人啼笑皆非，但它仍是行进在正确的路线上。

保护者

福克斯电视台出品的惊悚剧集《24 小时》是艾美奖得主。故事描述了美国一个反恐小组为了保护家园与恐怖组织的抗争。它在一天中实时进行的特工拼搏牵动着观众的心。故事主线是在“9·11”事件后与另一个侵袭美国的恐怖袭击做斗争。剧情围绕主人公杰克·史鲍尔特工与恐怖势力的斗争进行。编剧们通过杰克的演绎来展现自己的观点。剧集有效促进了一个特定的政治议题。它巧妙地让观众认同：为了打击恐怖主义，为了保护美国免受邪恶伤害，我们可以暂时不管法律和道德。从逻辑上判断，《24 小时》中对恐怖威胁的描写很可能发生在现实中，这使得这部科幻剧集从娱乐大众的剧集摇身一变成了有效影响公众舆论的平台。

314 

博客的偏见

博客圈正在日益成为传播故意偏见的平台。博客上，博主可以展示他们的看法，传播他们的信念，而读者也可以自由回复。这样的互动造就了博客这个交流辩论平台，让使用者谈资满满，从鸡毛蒜皮的小事到重大争议皆在其中。博客是表达个人意见的平台，而不是平衡的新闻报道。这一特性让博客有效传播的同时，也使它充满了内在的偏见。不论你对什么感兴趣，不论你对国际国内事件有何看法，不论有什么样的体育娱乐留言吸引了你，总有一群读者等着阅读你的看法，发表他们的看法。只需要些许创造性和良好的文字功底，你绝对会成为博客达人。看看博客的强大吧，根据 2008 年的统计，每天大约有 160 万条博客被发表。[22]

> 博客是表达个人意见的平台，而不是平衡的新闻报道。这一特性让博客有效传播的同时，也使它充满了内在的偏见。

有些博客是主流媒体发布的，但大部分都是独立于新闻媒体之外。第 7 章谈到，1994 年博客兴起时其主要功能是日记，用于记录博主的兴趣及日常生活。而这些网上日记很快就成为互联网生活的一部分。时至 1999 年，博客的影响力和使用率使它成了专业新闻记者和普通用户共存的虚拟平台，我们将会在第 13 章中讲到。博客用户不乏政客、宗教团体、艺术家、经济学家、科学家、撰稿人、环境保护者和制片人等，容纳着无数独立的观念和看法。博客甚至影响到了 2004 年的总统大选，改变了固有的政治和选举流程。从此总统选举和竞选资金募集的方式因博客而改变，这不禁让人感叹。2008 年美国大选，博客和诸如脸书、推特等社交网络携手为民众推开了参与民主的大门，让选民再次真切感受到身在其中的民主选举。

政治博客主们总是毫不掩饰地传播他们的偏见。他们总是批判主流媒体不可信甚至不诚实，所以他们用博客来把自己的偏见公之于众，以免被媒体过滤掉。这种形式的反抗最终形成了一种混合立场和观点的评论方式。让我们看看安德鲁·沙利文吧，他是最成功、最为人知的保守派政治博客主之一。2006 年，沙利文开始撰写他的著名博客《每日一菜》。[23] 在开始的第一年，他的博客就发表了超过 4 000 万页的博文，其后的很长时间里该博客被认为是沙利文在虚拟世界中的代表，是他的意志和声音。沙利文原来是《时代》杂志和《新共和报》的撰稿人，他常常作为自由派脱口秀中的特约保守人士出现。如其他带有偏见的博客一样，沙利文的博文的看法和观念也有所倾向。但有趣的是，沙利文自称是一个保守的天主教同性恋者，他赞成同性结婚，反对堕胎，反对毒品战争。令他闻名遐迩的是他的评判方式，他将保守派和自由派观点结合使用，并以之点评争议话题。他强力批判基督徒名流梅尔·吉普森；此外 2008 年大选时，他同时支持自由派竞选人罗恩·保罗和民主党竞选人巴拉克·奥巴马。

沙利文并不是想要一碗水端平。观点鲜明倾向明确的评论很长时间都被认为是新闻媒体的重要特性。看看国内任何一家主要报纸的社论部分吧。有史以来，新闻报道就是和社论评判唇齿相依的。问题来了，如何区分纠缠在一起的新闻报道和社论评判呢？社论是发表一个客观事实性观点，又或是对其他客观描述的评论，本是不该带有个人色彩的。但今日的社会媒体环境优越，电 315
视频道和观点满天飞，而将个人观点融入报道导致了媒体偏向的诞生。更有甚者，全天候滚动新闻报道更是让新闻深埋于漫天观点之中。近三分之

主流媒体偏向自由主义？

2005 年，甘尼特第一修正案中心（Gannett First Amendment Center）做的全国性调查显示，

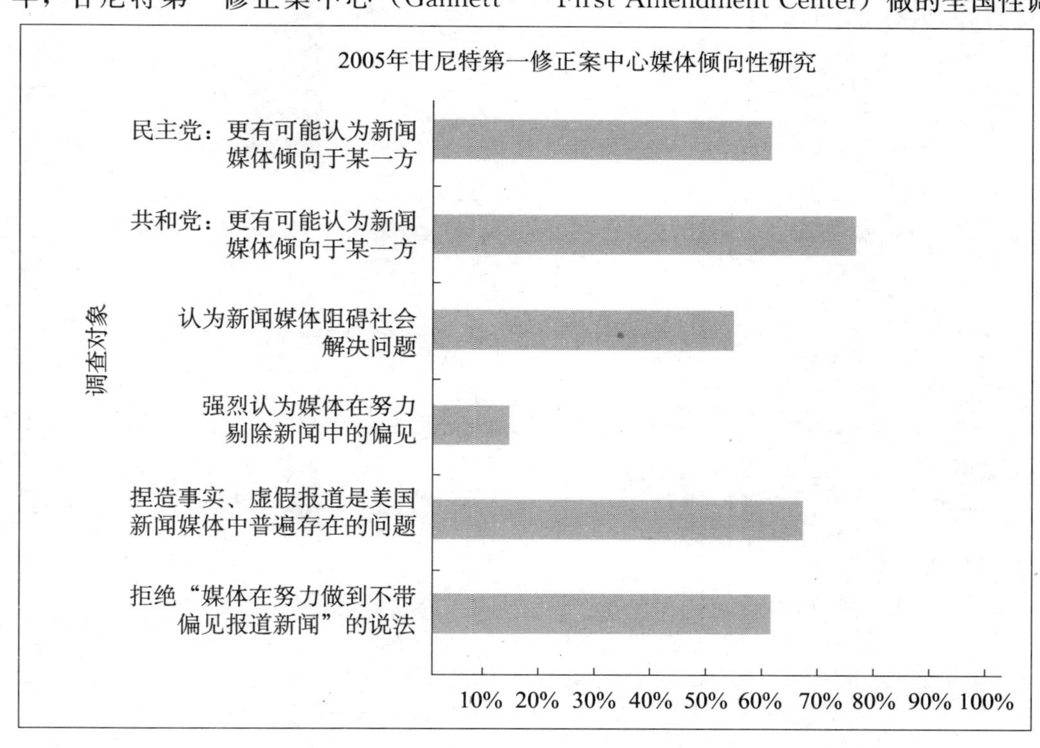

二的受访者不认为“新闻媒体试图不带偏见地报道新闻”。根据这份发表在《美国新闻》（*American Journalism*）上的调查，三分之二的受访者同意“篡改和编造故事是美国新闻业中的普遍问题”。和之前类似的调查一样，有的受访者认为媒体偏向保守主义，有的受访者认为偏向自由主义，但多数人认为媒体更倾向于自由主义偏见。[24]这是否意味着主流媒体偏向自由主义，或者意味着在宣称媒体偏见方面保守主义的声音更大？

记者有责任挑战政府官员的政治议程和大型企业的所作所为。同时，在获取新闻原材料时，记者非常依赖政府机构和公司传媒联络人。这样的结果是，媒体既怀疑政府，但也和政府共事。这种情况常常使得新闻报道看起来不平衡。调查执 *316*
笔人根据自身经验证明，这些因素合起来让媒体大多数时间都显得更倾向于自由主义。不过，由于很多声音和观点都在美国主流媒体中起着不可或缺的作用，媒体报道最终应当平衡的假定也是讲得通的。但确实是这样吗？你自己和媒体打交道的经历以及本章你的所学应该会帮助你自己下判断。

不过，由于很多声音和观点都在美国主流媒体中起着不可或缺的作用，媒体报道最终应当平衡的假定也是讲得通的。但确实是这样吗？

区分事实和观点

在今天的美国，做一名见多识广、具有批判意识的媒体消费者就像是做好一名见识广博的选民——美国在两方面的记录都令人沮丧。在如今的大众传媒中，我们常常会遇到包装巧妙的片面真相以及遭到篡改的事实。在这泥沼中寻出真相需要付出努力。由于大部分媒体消费者想要强硬、吸引人又富有娱乐性的人来证实他们对真相的看法，新闻媒体似乎拥有太多花言巧语、哗众取宠的评论员。许多媒体消费者很难区分记者和评论员。

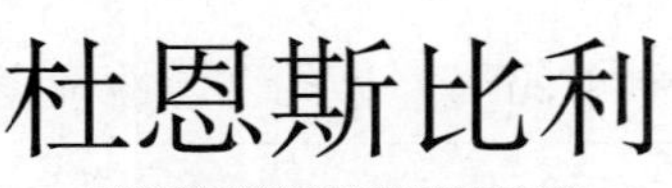

广播和电视新闻的众多受众期望大量的观点和娱乐。的确，这个因素让新闻节目变得有趣，帮助节目吸引、留住观众和听众。因为观众有需求，所以媒体持续推出“专家”来抓住、展示新闻的核心——他们声称的真实“真相”。但这究竟是谁的真相？

317 在纸媒上，新闻报道和社论观点的区别很容易认出来。看新闻，我们翻到新闻的部分；看观点和社论，我们读评论版（Op-Ed Page）。传统上，大多数主要美国报纸会认可特定的地方、州及国家领导的候选人。这样一来，它们就确立了自己的政治立场和偏见。通过清晰确定的社论内容，纸媒有办法和读者分享报纸评论的观点。当报纸和新闻杂志处理重要的调查性报道时，它们通常都清晰鉴定“事实”，并判定这些事实的来源和信息源。

幽默和讽刺可以便利找出事实和真相的过程。使用讽刺是纸媒的悠久传统。政治漫画和讽刺性评论可以穿透对立观点的刺耳声音。如今，许多中学生和大学生年纪的读者不再钟情于主流新闻媒体。他们阅读诸如《洋葱》（*The Onion*）等讽刺性刊物，并以此来塑造他们在重要议题上的观点。

但在广播电视媒体中，由于报道和评论的区别不明显，辨别新闻报道和评论观点要难得多。有时，广播电视媒体会故意模糊报道和评论的区别，以此来支撑其政治和社会偏见。比如，想一想约翰·史都华《每日秀》的衍生节目《科尔伯特报道》（*The Colbert Report*）。《科尔伯特报道》实际上是对福克斯新闻网《奥雷利因素》（*The O'Reilly Factor*）的讽刺和戏弄。由于节目“报道”的风格和真正的新闻报道如此相似，真实和闹剧之间的界限不都总是清楚的。《每日秀》的确报道重要的新闻事件，但史都华最早就称他的节目是娱乐而非新闻，尽管观众通过《每日秀》来了解重要的话题和争议。

没有哪个大新闻躲得过电视、广播和互联网上的评论。主要电视网和有线/卫星新闻频道常常会就热点事件连线所谓的专家，获取他们的评论和分析。这些专家其实是电视网掏钱聘请的顾问。比如，已退休的美军四星上将巴里·麦卡弗里经常以雇用专家的身份出现在全国广播公司的节目上，即便他同国防部和大型军方承包商都保持着紧密的联系。由于呼吁继续伊拉克战争并扩大阿富汗战争，麦卡弗里将军广受批评。但在前任总统小布什执政期间，他早早就批评了美国当时的战争政策。《哥伦比亚新闻评论》的查理·凯撒（Charles Kaiser）等媒体评论人士宣称，麦卡弗里的评论因为他的经济利益而带有偏见。他们称麦卡弗里的顾问费高低和军事设备的销售有关。凯撒声称全国广播公司新闻的主管知晓麦卡弗里的利益纠葛，因此继续使用他作为专家评论员是不负责任的。全国广播公司反驳了凯撒的论调。全国广播公司称，尽管看起来存在利益冲突，麦卡弗里将军还是恰当地发挥了他军事专家的作用。[25]当新闻机构依赖雇用分析人士时，它们必须学会管理可能出现的偏见印象：有些看起来像偏见，有些就是真正的偏见。掌控这种形象是广播电视媒体的重要挑战。

评论数量的快速增加来自于 24 小时连续播报的新闻文化。每周七天有那么多播出时间要填满，新闻网被迫依赖评论员来分析每条新闻的重要性和含义。单单报道新闻本身永远都不能填满那么多时间，因此，媒体消费者要保持警惕，知晓事件报道在何时滑向了意见评论。危险在于分析和评论常常变形成新闻的组成部分。不管是报道政客、名流、罪案受害者还是 318
丑闻事件，一天 24 小时、一周 7 天的新闻循环模式必须持续，即便新闻已没有什么新鲜角度可报道。观看迈克尔·斯蒂普（Michael Stipe）的音乐评论《糟糕的一天》（*Bad Day*）。它讽刺了 24 小时连续播报的模式。

结论：美国媒体偏见的影响是什么？

所有媒体在某些方面都能被视为存在偏见。有些媒体故意偏向某个特定方向，从而吸引、控制市场份额。因此，在许多方面，受众驱动着媒体内容和媒体偏见。倾向明显的媒体取得成功是因为有很大的受众群体需要并寻求有倾向的内容。这些受众对与他们立场相一致的媒体机构保持忠诚。广告支持着包括公共广播在内的绝大部分美国媒体，媒体机构的所有者和管理层有很高的积极性来给观众呈现他们想要的内容。市场驱动内容，所以市场创造并支撑了媒体偏见。

好消息是这个体系运转还不错，而且美国媒体总体上还是平衡的。每一个保守的媒体声音都会遇到同样强大的自由派声音来与之竞逐消费者的偏爱和思想。所以，判定事实、寻求真相到底是谁的责任？媒体平衡最终是谁的责任？我们所有人。创造平衡媒体声音的责任不只落在媒体创建者的身上，它还落在媒体消费者的身上。在 20 世纪后期和 21 世纪的头几年，媒体技术的快速演进创造出了许多媒体机构。正如我们根据个体需求选择各自偏爱的媒体传递渠道（电视、广播、纸媒、网络、播客）一样，我们必须负担起成为明智媒体消费者的责任。老练的、具有批判思维的媒体消费者在重大议题上会考虑多种声音和信息源。至于什么是真的，什么是有事实依据的，什么是真相，他们会自己得出独立的结论。

创造平衡媒体声音的责任不只落在媒体创建者的身上，它还落在媒体消费者的身上。

就像本章的事例试图论证的那样，有些媒体偏见是故意的，但并非所有的媒体偏见都是有害的。公众和政客使用“媒体偏见”这个词的时候都有批判意味在里面。但事实上，媒体偏见不是真相的敌人；确切地说，媒体偏见是一种功能，即我们如何每天从浩瀚的信息里搜集到真相。随着媒体环境继续发展，媒体消费者识别、理解媒体偏见就变得尤其重要了。另外，我们每个人都应负起提取事实真相的责任，并且认识到我们自己的观念和偏见在世界观形成中所起的作用。

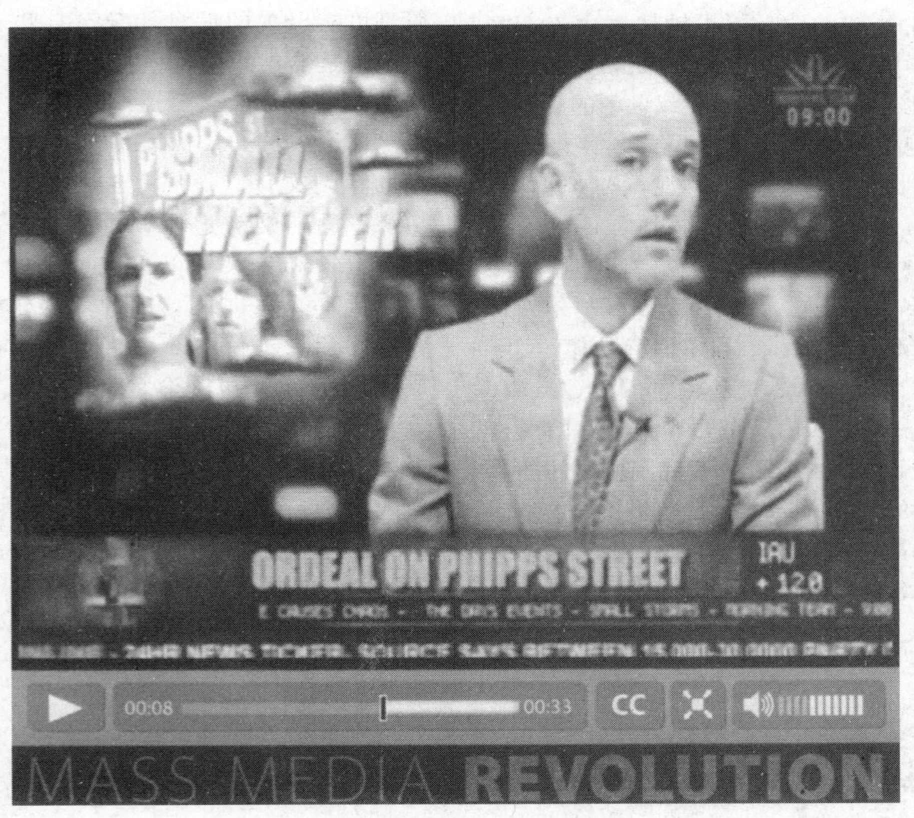

《糟糕的一天》截图。

迈克尔·斯蒂普的音乐评论讽刺了 24 小时连续播报的新闻报道模式。

319 

思考题

1. 你是否相信新闻媒体一般都有特定的政治倾向？如果是，它们倾向哪一边？你为什么会这样觉得？描述两到三个造成美国媒体存在偏见的因素。

2. 选取一个现在发生的新闻事件，思考各种媒体如何报道、分析此事件。描述哪些媒体的报道更接近新闻事实，为什么？

3. 复杂或争议话题的深度报道是否需要花钱聘请新闻专业人员和分析人士？为什么？

4. 在雇用外部专业人士从事新闻分析和评论时，新闻机构可以通过哪些手段来更好地判定可能的偏见或利益冲突？

5. 你能否接受新闻机构利用偏见来吸引受众？如果能，为什么？如果不能，为什么不？

6. 新闻机构应该在多大程度上依靠偏见来增加收入？能不能以一种负责任的方式来这样做？请予以阐释。

【注释】

［1］凯瑟琳·格雷厄姆在作者对其进行的录像访谈中讲述了有关内容。该访谈为公共广播公司和波因特媒体研究院的"新闻领袖"系列节目中的一部分。

［2］Levin, M. (2005). *Men in black: How the Supreme Court is destroying America*. Regnery.

［3］Ibid. Author's summary of Levin's commentary.

［4］Groseclose, T., and Milyo, J. (2004, December). *A measure of media bias*, http://www.sscnet.ucla.edu/polisci/faculty/groseclose/Media.Bias.8.htm.

［5］*Frontline: News wars*. Part II. (2007). PBS.

［6］Chomsky, N. (2002). *Distorted morality: A 55 minute talk by Noam Chomsky*. Harvard University. Video recording by Noam Chomsky & Epitaph/Plug Music.

［7］Abstracted from Street, J. (2010). *Mass media, politics and democracy* (2nd ed.). Palgrave McMillan.

［8］CNN founder Ted Turner, during an interview for the documentary special, *Feeding the Beast: The 24-Hour News Revolution*. (2004). Linda Ellerbee, producer/ commentator.

［9］Pew Center for the People & the Press. (2009, September). *Press accuracy ratings hit two decades low: Public evaluations of the news media*: 1985—2009; Pew Center for the People & the Press. (2009, August). *Internet news audience highly critical of news organizations: Views of press values and performance*: 1985—2007; Groseclose, T., and Milyo, J. (2004, December). *A measure of media bias*, http://www.sscnet.ucla.edu/polisci/ faculty/groseclose/Media.Bias.8.htm; Media Research Center. (2005). Media bias 101: What journalists really think-and what the public thinks about the media. http://www.mediaresearch.org/static/biasbasics; MediaBiasl01.aspx; Media Research Center. (2010). Exhibit 2-21: Trust and satisfaction with the national media, http://www.mediaresearch.org/static/biasbasics/ Exhibit2-21TrustandSatisfactionwiththe NationalMedi2.aspx.

［10］Salem Communications, http://www. salem. cc/ Overview. aspx.

［11］Free Talk Live, http://www.freetalklive.com/.

［12］Nessen, S. (2010, January 21). Air America Radio closes, will file for bankruptcy, http://www.wnyc.org/news/articles/148722.

［13］Noam Chomsky's theory on economics of media bias is abstracted from Harman, E. S., and Chomsky, N. (2002). *Manufacturing consent: The political economy of the mass media*. Pantheon.

［14］Mullainathan, S., and Shleifer, A. (2005). The market for news. *American Economic Review*, *75* (*6*), 1071-1082.

［15］Media Matters for American. (2005, July 27). CPB chairman Tomlinson failed to refute *NY Times*' "false" charges against him. http://mediamatters. org/research/200507270004; http:// www. npr. org/templates/story story. php? storyId=4724317; http://www. yuricareport. com/Media/BattleForControlOfThePress. html.

[16] Goldenberg, S. (2009, November 2). Al Gore's *Inconvenient Truth* sequel stresses spiritual argument on climate, http://www. guardian. co. uk/world/2009/nov/02/al-gore-our-choice-environment-climate.

[17] Smith, M. H. (2004). Gibson Agonistes: A natomy of a neo-Manichean vision of Jesus. htt p://virtualreligion. net/forum/passion. html.

[18] Ibid.

[19] ADL and Mel Gibson's "The Passion of the Christ." Frequently asked questions, http://www. adl. org/ interfaith/gibson _ qa. asp.

[20] Ibid.

[21] Pew Center for the People and the Press. (2007, April 15). *Public knowledge of current affairs little changed by news and information revolutions: What Americans know: 1989 -2007.*

[22] *Newsweek*, February 18, 2008.

[23] *The Daily Dish*. http://andrewsullivan. theatlantic. com/the _ daily _ dish/.

[24] Gannett First Amendment Center. (2005, September/August). *American Journalism Review*.

[25] *The flog of war* (2008, December 12). NPR: On The Media, http://www. onthemedia. org/transcripts/2008/12/12/04.

Tour opens
Kidnap

学习目标

1. 发现大众传媒法律在美国的历史根源。

2. 理解《宪法第一修正案》在美国大众传媒法律和民主演进中的作用，认识关于美国政府企图进行媒体审查所引起的争议。

3. 说出个人隐私权与新闻自由之间的冲突以及媒体诽谤所要承担的法律责任。

4. 理解《信息自由法案》如何帮助媒体监督和报道政府行为。

5. 概括了解版权法历史和当代的发展进程和面对的挑战；了解传统版权保护的新替代方式。

6. 理解大众传媒伦理与媒介法之间的关系，理解新闻和社会伦理如何影响媒介法规的制定。

第11章

大众传媒法与职业伦理

323 《新英格兰新闻报》是美国第一家成功的报纸企业，也是第一家拥有记者团队的报纸，虽然这些记者们都是无须工资的志愿者。《新英格兰新闻报》的创始人和出版商是本杰明·富兰克林的兄长詹姆斯·富兰克林（James Franklin）。在早期，詹姆斯·富兰克林意识到报纸可以为人民充当有力的喉舌。大约1722年，新英格兰遭受海盗之苦，往返于新英格兰和英国之间的船只时常受到袭击，货物被抢，船员被杀。这影响了英国殖民地的商贸活动。富兰克林认为殖民地当局并没有认真对待这件事情——当然，他的这种结论是有争议的。意识到争议可以成为报纸的卖点，富兰克林开始发表文章抨击英国殖民地政府的领导者。在这些文章中，富兰克林批评官方不作为，把他们描绘成只知道赶时髦，只知道欢宴聚会的无能者，很少关心新英格兰的经济发展。富兰克林还拒绝为他的报纸缴纳执照税。

马萨诸塞常设法院以发表针对英国君主及其殖民地政府的诽谤和煽动性言论为由，宣布詹姆斯·富兰克林藐视法律，并把他投入大牢。但詹姆斯并未退缩，而是指导他的弟弟本杰明继续利用《新英格兰新闻报》攻击英国当局。几个星期之后，詹姆斯·富兰克林被释放，但前提条件是同意向法庭和殖民地总督道歉。但是，在接下来的系列文章里，詹姆斯·富兰克林收回了自己的道歉，斥责英国政府对涉及殖民地的利益问题冷眼旁观。此后，富兰克林时常发表评论，抨击英国君主任命的马萨诸塞总督的行为和才能。[1]

常设法院对富兰克林的挑衅再次回应，控告他对王国官员不敬。法院禁止富兰克林继续出版《新英格兰新闻报》或其他任何刊物，直至他缴纳所有税款并呈送每期报纸供官方事先审查。富兰克林拒绝服从法院判决。有一次，富兰克林全文刊载了《大宪章》，以此提醒法院和殖民地总督，人民拥有自由和权利。不幸的是，这篇历史的辩文非但没有博得法院的同情，反而适得其反。法院命令波士顿执政官关闭《新英格兰新闻报》并将它的出版者押解到监狱。幸运的是，富兰克林的内线及时给他透露了消息，所以他得以藏身他处，而《新英格兰新闻报》也在他的新主人的管理下继续出版，此人就是詹姆斯的弟弟、老练的本杰明·富兰克林。最终，本杰明·富兰克林迁移到费城，在那里，他利用自己的出版事业帮助发动了美国独立战争。

大众传媒法律简史

传媒法对电台、电视台广播进行规范，以确保其播出内容符合公众利益。传媒法是在公民争取言论自由与政府以“更大利益”为由试图控制这种自由的斗争中产生的。大众传媒的首要任务是让公众知晓政府的行动，充当人民表达对政府行为的意见、关切甚至愤怒的平台。正如詹姆斯·富兰克林的故事所阐明的那样，当政府试图控制信息自由，媒体需要寻找有效的方法规避控制。

印刷媒体挑战早期规定

古登堡大约于 1440 年发明了印刷机，之后印刷机大量生产和广泛渗透，使得英国君主难以操控媒介。在印刷机发明之前的时期，很容易寻根溯源找到反政府言论的制作者，并让他们破产。但是，印刷机的普及开启了一个全新的时代，让君主的审查官们难以工作。面对这一新的技术，英国议会认识到，控制思想的想法毫不现实。因
324 此，政府决定控制有可能传播这些思想的媒介。这种管控的观念成为今天美国大众传媒法律的基础。议会决定，为了有效维持审查制度，需要制定控制大众传媒技术的法律。换言之，如果一个人能够控制某种麻烦思想的传播手段，那他就可以有效控制这种思想。

> 换言之，如果一个人能够控制某种麻烦思想的传播手段，那他就可以有效控制这种思想。

出于这一目的，议会于 1556 年授权书商同业公会（Stationers Guild）进行行业管理，并对印刷机和各种印刷品征收营业执照费——如有必要，可以依靠暴力手段。那时，在英国，在印刷机上印刷任何东西都需要给书商同业公会交纳费用。为获得营业许可，印刷商需要用一大笔钱和所有权进行担保，这样他们才能服从规定，确保不印刷未经允许的内容。书商公会还负责禁止印刷任何针对君主和议会的诽谤或煽动性内容。官员有权逮捕违反者，并把他们送到星法院接受起诉和惩罚，而他们的印刷机和其他财产——从墨水、纸张到作坊和住宅——则要全部被充公。

尽管议会试图控制技术并以此管控媒介，但技术依旧在不停地进步——对于印刷机来说，就是体积变小，效率提高，价格降低。到 17 世纪 80 年代，印刷机已经广为普及。即使今天，立法者、执法者与媒介之间的关系始终在受进步的媒介技术影响。一个社会的媒介技术在创新中发展，而立法机构则会通过新的法律以此平衡技术进步给媒介带来的更大权力和影响。即使是在民主社会，政府也会不停地尝试控制和限制媒介影响。

本杰明·富兰克林和第四势力

几十年来，英国广泛的审查制度和对思想内容出版的控制一度非常有效，但是这阻碍了学术争辩，付出了科技创新放缓的代价。最终，一些议员反被指控违法了审查法，因为他们印制了自己的演说和政治观点的小册子，被发现有悖于国王的立场。不足为奇，1649 年，议会承认“某些个人”应该拥有“就任何话题发起讨论”的权利，并规定议员和他们的印刷商不能因为煽动性言论被起诉。这一规定催生了后来保护言论自由的法律。[2]到 18 世纪早期，英国君主和议会取消

了书商同业公会的印刷许可权，但是在北美殖民地却依旧保留了这一制度。这种做法在殖民地人民当中引发了异议，许多人开始表达他们的不满，其中包括本杰明·富兰克林。

18 世纪 20 年代晚期，本杰明·富兰克林通过自己在费城的印刷所发表了一系列激昂的文
325 字，呼吁保护言论自由和出版自由。富兰克林指出，这些自由是“上帝赋予每个人的权利”。富兰克林是最早撰写文章阐述言论出版自由基本原则的美国国父之一。他认为，这些自由不仅是每个公民的权利，也是每个公平、有效的民主政府需要肩负的道德责任。这些理想后来成为美国民主中第四势力的基石——出版自由的作用得到了保证，写入了《美国宪法第一修正案》简称《第一修正案》。由于这种思想的传播，审查制度的威胁能够成为引发独立战争的诱因之一也就不足为奇了。[3]

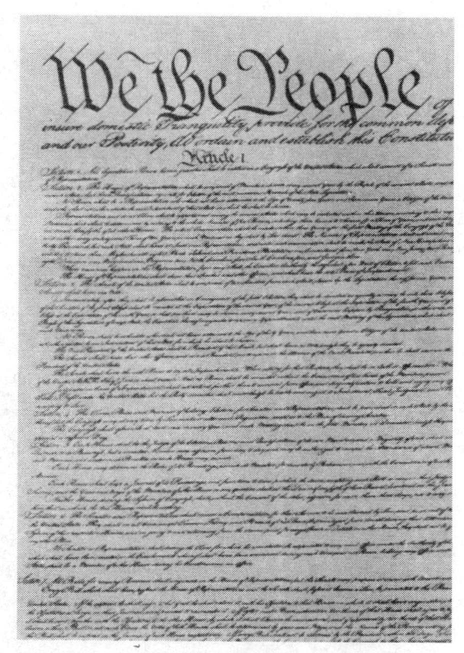

美国宪法被认为是美国民主的核心，其基本原则包含三项基本自由：言论自由、出版自由和表达自由。

第一修正案

美利坚合众国诞生后，出版自由的黄金时代随之而来。在独立战争之后的几年里，先驱者们创办了将近 500 份独立报纸。对当时这个新建立的小的国家来说，这一数字非常了不起。借助成长中的、自由的大众传媒，美国发起了一场思想观念的战争：如何建设国家。十三州邦联宪法（Articles of Confederation）是美国独立之后建国之初国家运行的基本准则，但它没有提及言论自由或出版自由。

1787 年 5—9 月，参加制宪会议（也称费城会议）的代表汇聚费城制定宪法。这部宪法构成了一个新诞生的民主国家的核心。言论出版自由成为美国宪法的主要组成部分，在很大程度上要归功于自由报刊的作用。即使在今天言论自由、出版自由和表达自由依旧是美国宪法的基本原则。《第一修正案》强化了这一原则，而且是这一精神的证明：

> 国会不能制定法律确立某一宗教，也不能通过立法禁止自由信教；不能删除言论自由、出版自由，以及关于和平集会、向政府申诉冤屈要求纠正的权利。[4]

喜剧演员罗伯特·乌尔也是美国历史的痴迷研究者。在 HBO 推出的系列剧《就职》中，他用轻松的方式向大学生讲述了大众传媒对保护《权利法案》所保证的言论自由和表达自由如何发挥了关键作用。请参见相关视频资料。▶

早期的审查企图

326 虽然《美国宪法第一修正案》对言论出版自由等给以了保证，但许多总统曾以“保护美国的生活方式”为借口试图绕开这些原则，有时他们甚至得到国会的支持。例如，1917 年，第一次世界大战进入尾声，国会与伍德罗·威尔逊共同颁布了《反间谍法》，规定发表任何“试图在美国军

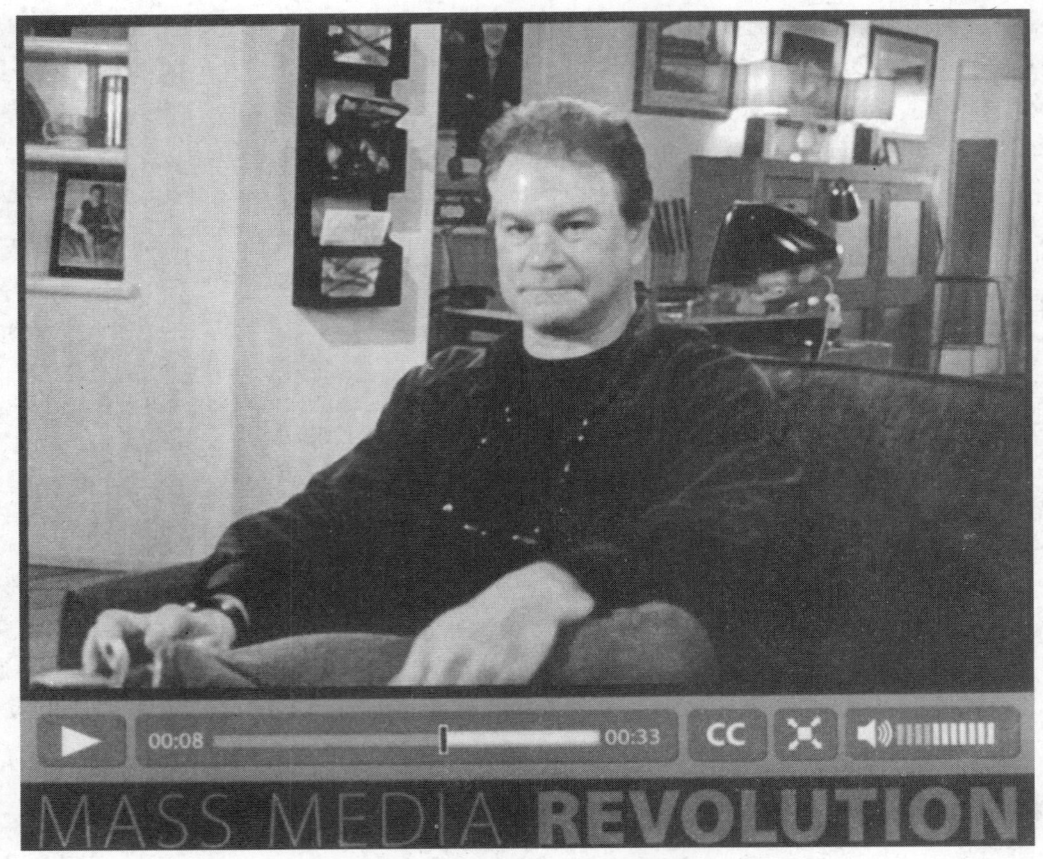

罗伯特·乌尔的《就职》截图。

队中引起不服从、不忠、反叛或拒绝履职行为”的东西都属联邦犯罪。1918 年，国会出台了《惩治叛乱法》对《反间谍法》加以修正，把试图阻止或公然违抗军队征兵的行为或是引起“对宪法、美国军旗、军服的蔑视”的行为定为犯罪。根据此法，美国公民可能因为发表不同意见而被罚款、监禁或是判处死刑。这是对宪法在《第一修正案》中所规定的言论自由的明确违背。直到 20 世纪 30 年代中期，《反间谍法》和《惩治叛乱法》才受到质疑，并得到纠正。

1940 年，国会通过了《史密斯法案》。此法试图控制美国共产党带来的“危险与威胁”，把以下行为定为联邦犯罪：鼓吹暴力推翻政府；密谋鼓吹暴力推翻政府；加入任何鼓吹暴力推翻政府的组织。[5]《史密斯法案》造成的起诉和迫害一直持续了几乎 20 年，其中经历了以如今臭名昭著的威斯康星参议员约瑟夫·麦卡锡命名的“麦卡锡时代”。1957 年，美国最高法院开始推翻根据这些法案提起的起诉，裁定这些起诉不符合宪法，违背了言论出版自由的精神。[6]

实际上，这些法案代表了政府施行审查以控制或禁止信息流动的早期尝试。从本质上说，审查压制言论自由，限制媒体报道政府行为的能力。审查可以有多种形式，可以直接执行限制媒体发表或播出信息能力的有关规定（通常以国家安全的名义）；也可以以“道德”方面的考虑阻碍某些内容发布或获得的渠道，比如审查色情或种族诋毁的内容。后面的方式不那么郑重其事，但其效果不亚于前者。审查还会防止人们获得敏感的信息，比如战时军事行动的细节。发表关于军事计划、部队或战舰部署以及武器和防卫科技等方面的内容被认为会对国家安全造成危险。政府如果通过审查媒体和控制媒体使用而滥用国家安全这一借口并试图掩盖自己的不法行为，这样就会产生问题：如何决定政府以国家安全的名义要求审查是否合理有效？这样的做法什么时候会违反出版自由？回答这些问题是法院正在面临的挑战。我们会在本章后面讨论有关争论。

327 21 世纪的监管审查

审查制度也是有势力的集团把自己的观点、信仰强加于他人的一种手段。例如，奇兹米勒对多佛学区案。2005 年，宾夕法尼亚州泰米·奇兹米勒（Tammy Kitzmiller）等人将丹佛学区教育委员会诉诸法庭，原因是该委员会强行将“高智慧设计论”（intelligent design）放入科学教材取代达尔文的进化论。这种做法被认为违反了国教条款，即“国会不得制定关于确立某种宗教的法律”。控方美国民权联盟（American Civil Liberties Union）和全美政教分离联合会（Americans United for Separation of Church and State）认为“高智慧设计论”只不过是稍加掩饰的“创世论”的翻版，因此违背了美国宪法。最终控方获得了胜利。这一案件说明了法庭必须面对的挑战：判断针对出版的监管审查是否被用来推动意识形态、宗教或政治议程。[7]

审查制度也是有势力的集团把自己的观点、信仰强加于他人的一种手段。

另外一个案例实际上跨越了国界。2005 年 9 月，丹麦主要报纸《日德兰邮报》发表了一系列讽刺先知穆罕默德的漫画。因为预先知道这些漫画很可能会挑起一些争议，该报还刊登了一篇社论，声明这一漫画系列旨在“参与‘9·11 事件’之后关于审查制度和对伊斯兰教的批评等重要问题的辩论”[8]。漫画在伊斯兰国家引起了广泛的抗议。许多抗议活动采用了暴力形式。在叙利亚、伊朗和黎巴嫩，愤怒的抗议者放火烧了丹麦使馆。在欧洲和北美，抗议者焚烧了有媒体报道和转载这些漫画的国家的国旗。这些国家包括丹麦、荷兰、挪威、德国、英国和美国。一些中东国家对丹麦商品采取了禁售。作为回应，丹麦政府发起了一项国际行动，号召消费者“购买丹麦货”，作为对丹麦长期以来奉行出版自由、表达自由传统的支持。

尽管伊斯兰国家的领导者和评论者指责这些漫画是种族主义、亵渎神明，西方政界和评论界的许多人士则对这些漫画表示支持。他们称，发表漫画这一行动证明很及时，因为此事不仅表明了伊斯兰恐怖主义的持续威胁，而且是言论自由重要性的合法宣示。在一封致 11 个伊斯兰国家大使的公开信中，丹麦首相拉斯穆森写道：“表达自由广为接受，丹麦政府无法影响出版物。”[9]拉斯穆森首相接下来指出，在一个民主体制中，感到被诽谤中伤或是被歧视的一方可以利用法律援助，诉诸法庭。有几个穆斯林组织采纳了拉斯穆森首相的建议，对《日德兰邮报》提出刑事指控。不到一年之后，丹麦检察机关结束了调查，认为这些漫画的发表没有构成刑事犯罪，属于出版自由和公共利益范畴之内。[10]

诽　谤

诽谤是指在某一范围内以任何形式明确或含蓄地传播有损个人、组织或产品声誉和身份的信息。诽谤有口头诽谤和书面诽谤两种形式。书面诽谤是媒体工作者最常面对的法律问题之一。任何一个在公共平台发表文章或发言评论他人的人都可能会发现自己成了诽谤诉讼的靶子。新闻媒体的记者编辑，无论是供职于报纸、杂志、电台和电视台，还是为公司业务通讯、网站或是学会会刊服务，都容易陷入诽谤指控。

在法庭上，如果陪审团不巧是对媒体的做法持质疑态度的人组成，那么新闻媒体作为被告通常会输掉官司。[11]这种风险可以说明为何“错误与疏漏”保险的保险金在持续上升。保险公司通常热心于推动媒体客户与原告达成庭外解决。因此，相对来说，很少有媒体诽谤案会最终进入法庭。那些确实进入法庭程序的案件，原告往往可以获得一大笔经济赔偿。因为在所谓的诽谤行为发生后，原告不能申请制止侵权（即法院预先禁令），所以他们唯一的办法就是提起诽谤诉讼。如果是记者公然不顾事实，即预先知道自己将要发表的内容与事实不符，这就构成恶意诽谤。如果你是有意伤害他人，你的行为就属于出自恶意。被告还有可能被认定为过失诽谤，并被判决赔偿。这往往是指诽谤或伤害行为并非故意，而是由于被告在制作或传播相关内容时，疏忽大意造成。

或许美国历史上最著名的诽谤案例就是《纽约时报》对苏利文案。这一案件为法院后来如何判决媒体诽谤案树立了一个关键的先例。1960 年 3 月，公民权利运动正处于高潮，《纽约时报》发表了一则政治广告。广告由民权组织“保护马丁·路德·金和为南方自由斗争委员会”出资，严厉谴责了亚拉巴马州学院警察对待民权示威者的方式。这篇文章里有许多说法后来被证明失实。亚拉巴马州蒙哥马利市警察专员虽然在广告中并没有被直接点名，但他认为他和警察当局受到了诽
329 谤。苏利文与亚拉巴马州长和蒙哥马利其他官员共同对《纽约时报》提起诉讼，称该报因没有尽核实这一政治广告内容准确性之责，因此需要对他们受到的伤害负责。亚拉巴马州一法庭判处《纽约时报》赔偿苏利文等原告 50 万美元。这一判决得到亚拉巴马州最高法院支持。《纽约时报》向联邦最高法院提出上诉。1964 年，亚拉巴马州法院的判决被推翻。[12]

联邦最高法院就《纽约时报》对苏利文一案的判决为后来确定媒体诽谤确立了依据，并至今未变。大法官威廉·布伦南曾撰文指出，媒体或记者的行为只有被证明确实出于恶意，即“知晓将要发表或播出的信息失实”依旧“全然不顾事实”发表，才构成诽谤。[13]

2006 年 2 月 24 日，逊尼派穆斯林在巴基斯坦拉合尔集会，焚烧了丹麦国旗，以此抗议丹麦一份报纸发表讽刺先知穆罕默德的漫画。

媒介与隐私

2003 年，佛罗里达一位叫塔克·麦克斯的博客主人的网站获得了全国媒体的注意，但同时他也收到了法院的命令要求他停止在网上的所作所为，原因就是，他在网站上贴出了前女友们的照片并发表了对这些女人的批评言论。其中，他把海蒂·约翰逊描述为“乏味、放纵、不大可能成为‘节制社团’的候选人”[14]。约翰逊曾是佛蒙特小姐，2001 年设立了自己的网站，推动性节制，并因此成为媒体关注的人物，成为《少男少女》杂志特稿的主角。约翰逊以侵犯隐私将麦克斯诉诸法庭，并胜诉。法院判决“禁止麦克斯先生撰写关于约翰逊女士的内容”并且禁止“麦克斯先生披露任何关于约翰逊女士的亲密关系或性行为方面的故事、事实或信息，无论是否属实”[15]。麦克斯与约翰逊之间的法律斗争显示了法官在界定个人隐私权时面临的挑战，特别是在互联网统治的大众传媒世界。

互联网上的隐私

罗伯特·斯坦利律师认为，隐私就是“希望保密的个人信息不被泄露给第三方，而一旦泄露会导致一个有正常敏感心理的人尴尬或是感情上的痛苦”[16]。技术的发展超越了政府保护私人信息的能力。私人信息包括“事实、影像（照片和视频）和毁谤性意见”[17]。在这一趋势下，在使用互联网时，我们每个人都应该有意识保护关于自己经济、生活、医疗记录等方面的信息。

2007 年，一位名叫艾莉森·张的中学生吃惊地在互联网上发现自己的一张照片被用在广告宣传中。这张照片由她的教会青年辅导员拍摄并贴在了 Flickr. com 网站上，但没想到几个月之后出现在了澳大利亚维珍移动通信公司的广告宣传中。张从来没有授权任何人将这张照片用于商业目的，她也没有收到因使用这张照片支付的费用。她的父母将这家公司诉诸法庭，控告其侵犯了他们女儿的隐私。[18]

未经允许将别人的照片贴到网上，这在数字时代非常常见，这算侵犯隐私吗？因为我们是自己的名字、肖像和个人信息的“主人”，我们有权不允许它们被别人用于商业目的，包括广告商。
330 如果同意别人将你的姓名、肖像和私人信息用于商业目的，你需要给对方书面授权，这也被称为让渡。只有经书面形式同意，授权才会产生法律效力，而且必须给以权利方某种形式的报酬——比如金钱，或是其他有价值的东西，包括物品、服务、折扣（如航空公司给旅客的待遇）、免除会员费、减免互联网使用费等。

基于互联网的消费者服务快速发展，覆盖了医疗保健、金融、教育、购物、旅行等许多方面。这使以前法庭认定的合法授权变得界限模糊。我们经常遇到网站问询我们个人信息的情况。这些网站经常让我们点击“同意条款”的按钮。有多少人会真的阅读这些我们声称同意的条款呢？大多数人都只不过是一点鼠标，然后到了下一步。实际上，每次点击“同意”按钮的时候，我们都是在放弃一些隐私权。国会和法庭正在努力构建保护信息和隐私安全的法律法规网络，但这是一场艰难战斗，其对手就是科技和网络为基础的世界经济。

> 国会和法庭正在努力构建保护信息和隐私安全的法律法规网络，但这是一场艰难战斗，其对手就是科技和网络为基础的世界经济。

对于隐私的担忧也影响了社交媒介。2010 年，脸书首席执行官马克·扎克伯格推出了一项新的政策解决该网站的隐私设置问题，以此回应一些批评人士和隐私权提倡者对该网站早期政策的抗议。批评者认为，脸书的隐私设置不仅不直观，而且还十分具有欺骗性。隐私权提倡者表达了对脸书的“开放图谱”这一应用的担忧，因为这一设置允许使用者在网上对他们喜欢的东西发表评论——从他们读过的博客文章，到 YouTube 网站上看过的一段视频，以及亚马逊网站上引起他们注意的某一件商品。扎克伯格称推出这一新应用的目标是“建设一个默认成为社会常态的网络”[19]。然而在现实世界，他所说的“常态的默认”遭到了批评者和用户的强烈反对。脸书的默认设置意味着把一个用户的信息最大限度地暴露给其他用户，而这一新政策也使非脸书成员可以看到用户的个人资料，了解他们的兴趣。如果脸书一开始就把改变隐私设置的程序弄得不这么难，人们对这一新政策的反对就不至于引起轩然大波。《纽约时报》记者吉尔伯特·盖茨曾说过：“在脸书上管理自己的隐私信息，你需要通过 50 个设置，在 170 个选项中做选择。”[20] 虽然有这样那样的批评，事实依旧：隐私选择就在那里。

关于侵犯隐私的法律

起初，美国政府和人民都没有拿隐私当做大问题。直到最近，隐私才成为广为争论的一项基本权利，而保护隐私的法律也只是在起步阶段。人们一开始认为侵犯隐私的行为包括非法侵入、侵犯人身和偷听。在现代大众传媒技术（如窃听器、麦克风、照相机、摄像机、互联网）发明和普及之前，人们的生活环境相对安全。一般来说，那时如果一个人想听到别人的私人谈话基本是不可能的，而且个人资料也比较容易安全保存。当记录和大范围传播各种类型信息的技术手段出现之后，隐私在美国开始成为一个法律问题。[21]

根据联邦贸易委员会，目前，在美国和欧洲发展最快、最普遍的犯罪行为是身份盗用。法律正在努力适应这一现实，以控制第三方获取他人信息的能力。为了禁止未经授权将个人姓名、肖
331 像和私人数据（工作记录、医疗记录、经济记录）等用于商业目的，国会规定了盗用侵权的行为，反对盗用构成私人身份和个人历史的任何要素，反对以为他人利益服务而不是为信息所有者利益服务的情况下，使用这些信息。

记者经常发现自己遭遇这些新的隐私保护和反侵权法律。善良的记者可以收集他们为了报道希望获得的任何信息，但前提是在这个过程中不能违反法律。

用长焦镜头拍摄一起性侵案的受害者与拍摄一位妻子与她的名人丈夫吵架显然不一样。前者作为一个普通公民，有权希望自己的隐私获得保护。对比之下，后者丈夫的名人光环显然缩小了她的隐私范围。少有例外，法庭认为在公共场合是没有隐私的。你可以在自家后院“合理地享受隐私”，但在校园散步、海滩日光浴或是在购物中心附近徜徉，情况则显然不同。更重要的是，如果你是自愿与记者交谈，或是打电话参与电台的谈话节目，你应该知道你实际上已经放弃了一些隐私权。

公众人物和公共场合的隐私

法庭一贯认为，名人、政客和其他公众人物的隐私的界定与非名人大为不同。但是，到底什么人算是公众人物？简单说来，公众人物就是选择将自己置于公共平台并从媒体报道中获利的个人。法庭认为这一定义也取决于一系列互相关联的问题。

● 工作描述：最高法院认为，除了争议引发的监督与讨论，一个人所处或寻求的职位本身，无论是通过选举还是任命，都需要公共监督。

● 报道或声明的性质：第一个标准是内容是否直接与此人负有或寻求的公共责任直接相关。法院认为，虽然比普通公民的隐私范围小，公众人物仍然享有个人隐私权。第二个标准是，身处或寻求公共职位的个人的私人生活、习惯和个性是否以及如何影响此人履行公职。

泰格·伍兹出轨的事情一经媒体报道，这位明星即刻颜面扫地。
作为著名的公众人物，他不应该享有隐私权吗？

332 ● 完全公众人物：法律认为一些个人的工作性质和公共形象决定了他们成为完全公众人物。这些人包括寻求或身处要职的个人（如参议员、总统和内阁成员等）和娱乐、体育明星。法律认为，一旦成为完全公众人物，意味着这些人自动并永远放弃了一些个人隐私，因为他们的地位意味着他们自愿暴露于公共监督和批评之下。[22]

传媒相关法律中有一个特殊的领域，专门规定了在服务于民主政治进程中，何时需要放弃个人隐私权。如果一个人自愿进入政治舞台，参加竞选或是成为任命的候选人，他就需要牺牲自己的许多隐私。在今天媒介统治的政治环境下，这一标准意味着反对者拥有超乎寻常的自由去调查、公布关于对手的私生活情况，无论是基于事实还是出于中伤的目的。法律留给政治人物的求助空间很小，他们只能借助自己利用媒体的能力去反击。对于被界定为公众人物的人来说，特别是对政治人物，法律求援——这里是指提出诽谤诉讼的能力——基本不适用。发布个人的私人信息，无论此人是否为公共人物，如果有可能造成伤害的言论或信息符合下面的条件，那么都有可能使媒体陷入诽谤诉讼：

- 明知发布的是失实信息。
- 全然不顾事实。
- 报道中明显疏忽。
- 出于恶意。[23]

多数人认为隐私权是一个简单的概念，是民主社会的基本元素，受美国宪法的保护。事实并非如此。隐私权的概念实际上是一个复杂的法律问题，对明确的社会和文化观念带来许多挑战。在当今世界，我们考量个人隐私权必须始终考虑政府防范犯罪、保护安全和“国内安宁”以及“确保共同抗击”伤害国家和它的公民的企图的需要。总是有这样一个基本问题：政府的权威有没有终点？自从“9·11 事件”后，这个问题就成为争议的根源，许多人感到他们每天被要求牺牲个人隐私换取国家安全。

例如，在过去几年里，为了加强反恐、回应 333
公众要求加强犯罪预防的呼声，伦敦、纽约、华盛顿等许多大城市的执法部门都大范围安装了视频监控系统，几乎每个市中心区的每个角落都被全天候视频监控。这些监控摄像机有的放在明显的位置，但多数是隐藏起来的，这就使得人们意识不到他们被监控并且被录像。[24]虽然这些监控网络被证明有助于防止犯罪、抓捕违法者，但它们如何影响了公民的隐私权呢？鉴于这些监控系统的安装有其潜在的动机，那么，自由的媒体是否能够继续扮演其传统的角色，告知公民政府的相关行动呢？为了更好地理解监控系统如何改变了公共场所的隐私权，以及媒体对此反应如何，请观看视频资料《公共场所的隐私》。

大众传媒法与国家安全

纵观整个美国历史，国会与法院始终认为联邦政府，特别是在战时，为了保护国家，有权限制言论和出版自由。因此，媒体与政府间时而产生戏剧性的对峙。在这些案例中，出版自由的角色——或者用专业术语来说第四势力——处于危险之中。美国的国父们把新闻出版自由视为维持有效民主的四种制衡力量之一，他们也同时承认联邦政府在确保国家安全中的关键角色。而无论是在战争时期还是和平年代，自由的媒体要让公众知晓政府的行动。当然，政府需要对一些行动的细节保密，以免有关信息被敌人掌握。这就是联邦政府在五角大楼文件案中给最高法院的说辞。这里我们将详细讨论一下这一先例性案件。

美国的国父们把新闻出版自由视为维持有效民主的四种制衡力量之一，他们也同时承认联邦政府在确保国家安全中的关键角色。

如果政府担心某人发表或播出的新闻对政府有害，政府就会加以阻止，这叫事前限制。从越南战争（1963—1975）开始一直到 20 世纪晚期，媒体与政府间因为事前限制时而发生冲突，把出版自由问题推到最高法院进行裁决。其中最著名的案例事关五角大楼文件。在这一案件中，联邦政府试图阻止《华盛顿邮报》、《纽约时报》发表国防部分析家丹尼尔·埃尔斯伯格提供给两家报纸

《公共场所的隐私》截图。
安全监视技术在公共场所的广泛应用正在挑战原来的个人隐私保护的法律极限。

的材料。埃尔斯伯格给这两家报纸提供了关于美国政府越战计划和战略的长达 7 000 页的高级机密文件材料。这些文件透露了美国政府在扩大战争这一不得人心的决定和战争中到底发生了什么等问题上，对国会和美国人民进行了欺骗，而当时恰逢总统大选前夕。

最高法院裁定，如果执行事前限制，政府必须证明报纸的行为超出了简单报道政府计划和军
334 事战略的范畴。政府必须证明报纸的行为给国家安全带来了确实和不可抗拒的危险，比如，媒体有意及时发表会导致美国军队、军舰或战机陷入危险的具体信息。“因此，政府有责任证明限制出版自由的正当性。”[25]虽然此案做出了这样的裁决，但最高法院依旧支持政府的行政和司法部门以及国会以国家安全的名义阻止涉及国家安全的最近新闻的报道，哪怕这样做有政府限制媒体之嫌。有评论认为，这种限制与《第一修正案》保证出版自由的精神相悖。在战争期间，我们认为这种争论会变得简单一些——但果真如此吗？

在今天这种对峙的环境中，媒体和国家安全的责任部门之间往往要正面交锋。政府总是千方百计对自己的行动保密，而媒体则同样千方百计地要对政府的行动展开调查，并以人民的知情权为由，对此展开报道。

信息自由法

为突破政府设置的保密禁区，新闻媒体不断展开抗争，这也使得战地记者成为受害者。新闻采集和报道的技术可能已经变化了，但这种现代冲突基本未变。媒体为了在这场斗争中占上风，通常利用的一个法律工具就是《信息自由法》(FOIA)。

1966 年，国会通过的《信息自由法》成为记者采集信息的一个重要工具。原则上，《信息自由法》打开了之前不对公众开放的政府记录。记者有效地利用《信息自由法》披露政府过去的和现在的行动。普通公民成功地利用这一工具获取政

府部门收集的记录，而这些信息对他们的生活有直接影响。每年，联邦政府收到 60 万份申请要求获取某方面的信息。虽然《信息自由法》在开放官方记录方面取得了某些成功，它也迫使政府采取措施来阻止它的影响。受理信息公开申请的人力不足，记录识别系统复杂，敏感记录“误存”等借口都让人们感觉到，面对公共监督，联邦政府实际上变得更加封闭而不是更开放了。

此外，信息技术的快速发展对真正敏感信息的保护和信息公开申请都造成了挑战。1966 年《信息自由法》颁布时，政府档案记录主要是纸质文件、音频和视频，以及电影、照片资料。到了 20 世纪晚期，联邦官员争辩称，任何以数字形式制作并保存的信息都超出了《信息自由法》中有关“文件”和“档案”的定义，因此不属于必须公开的范畴。法院与时俱进，对《信息自由法》中的“文件”、“档案”等进行了重新界定，但是技术变革的速度将继续超出法院调整法律定义的能力。同时，技术变革的大潮也同样给政府保护与日俱增的有关国家安全和个人隐私的信息带来挑战。这些相互矛盾的挑战表明，在未来，法院将面临诸多重要的法律问题。

335 

版权法的历史渊源

隐私权成为有关大众传媒法的前沿问题并广为宪法学者热议只是最近的事情，而对个人创作内容的保护历史则要长得多。为了更好地定义版权法以及美国实施版权法的过程，我们需要就这个问题追根溯源。版权保护个人创作者和所有者的智力资产（原著作）等权利，禁止未经授权和无偿使用。换言之，版权法通过控制未经授权复制和传播创作者作品的行为，保护创作者的知识产权。

16 世纪中期，英国统治者通过立法确立了知识产权。这一法律对美国版权法的发展极为重要。一直到美国独立战争，殖民地的总督们在北美实施英国的版权法。美利坚合众国获得独立之后，美国的国父们主要依靠他们在英国体制下的经验构建了美国版权法的基础。美国宪法第八章第一款规定：“国会有权……促进科技和有用艺术的进步，保护作者、发明者对其作品和发明在一定时期内拥有专属权……”[26] 1790 年，国会实施这一权力，通过了与英国《安妮法令》极为相似的版权和专利法令。《安妮法令》于 1710 年颁布实施，在欧洲最早以立法形式确立了作者而非印刷商是作品权利的拥有者。

在国际版权法（本章稍后将深入探讨这方面的挑战）历史上，美国起初是盗版者的一个主要避难所。美国最早的版权法几乎可以说鼓励侵犯版权。

> 不得以此法为借口禁止非美国公民在美国管辖领土之外区域写作、印刷或发表的任何地图、图表和书籍进口到美国或是在美国贩卖、重印或出版。[27]

换言之，此法保护美国作者和美国出版商，而他国之人则不在保护范围之内。在此基础上，1976 年国会通过了《美国版权法》。此法规定，作者的原著作是指直接或间接通过机器等的帮助可以看见、复制或传播的作品，包括文学、音乐、戏剧、编舞、绘画、雕塑、建筑、录音和音像作品等。

版权法不保护想法、程序、过程、系统、操作技术、概念、原理或发现，不论原作品对其如何描述或图示。但是，版权法保护编辑作品和衍生作品，只要此类选集为合法产品。同样，对于编辑作品和衍生作品的保护也只限于新的材料，而不会保护那些已经被原著作者申请版权的内容。需要指出的是，在版权法中，作者这一术语指的是原作品的任何创作者，无论 336
作品形式如何。更多关于美国版权法历史及其挑战的内容，请参见视频资料《劳伦斯·莱西格谈

版权法不保护想法、程序、过程、系统、操作技术、概念、原理或发现，不论原作品对其如何描述或图示。但是，版权法保护编辑作品和衍生作品，只要此类选集为合法产品。

版权历史》。

正当使用原则

正当使用的法律概念自从美国版权法产生之日起就存在了。即使一个作品有版权声明，受版权法保护，依旧能够在一定限度内加以利用，而不必事先征得作者同意。正当使用原则是版权法的一个术语，指的是在未经许可或让渡情况下有限的合法使用。正当使用版权作品包括通过影印、音频/视频和数字等手段进行有限复制，而复制目的主要是为教育和研究提供支持。

正当使用原则还涵盖评论、新闻报道和各种学术形式等目的。根据正当使用原则，个人和机构能够部分使用版权作品，不必获得事先许可，也不必向原作者和出版商支付费用，但需要经得起以下问题的考验：

(1) 是否为不营利的教育目的使用？

(2) 要引用该版权材料的作品属于什么性质——教学、研究、批判评论、新闻报道？

(3) 要使用原作品多大的篇幅？预计传播范围有多大？

(4) 未经授权使用版权作品是否会对原作的潜在市场价值产生可论证的负面影响？

(5) 未经授权使用会否给使用者带来原本属于原作者的重大收入？

根据正当使用原则，你的讲师只能把这本教材及其同步多媒体资料当中的一小部分复制到自己的课程网站上。只要在法律许可范围之内，就不必在使用这些材料之前征求作者或出版商许可。

《劳伦斯·莱西格谈版权历史》截图。

斯坦福大学法学教授劳伦斯·莱西格（Lawrence Lessig）谈美国版权法的历史渊源以及21世纪面临的挑战。

337 

数字作品的版权和所有权

今天，版权的基本操作情况如何？前面，我们了解了关于艾莉森·张的故事。她的照片被维珍航空公司从 Flickr 上下载下来，用于该公司的广告。这个女孩没有授权维珍航空这样做，所以她的父母以触犯隐私的名义将该公司告上法庭。还有一些问题值得我们去思考：维珍航空公司当初如何能够从 Flickr 网站上下载这张照片？该公司是否找到了照片的拍摄者，艾莉森的教会青年辅导员征得了他的同意吗？事实上，当这位辅导员把照片上载到该网站时，他就已经同意了授权许可，允许别人使用他的作品，而使用者不必承担违反版权的风险——这就是知识共享（creative commons）。[28]我们后面会就此进行讨论。这又带来了另一个问题：现在谁是这张照片的所有权持有者？是维珍航空还是照片拍摄者？另外，这张照片一旦被航空公司在新背景下使用，能否被认为是“新作品”？

2007 年 10 月 19 日，《华盛顿邮报》发表了一则报道，可以用来说明在数字时代，一个普通人可以如何轻易而无辜地就与版权法发生了冲突。当年 2 月，一名叫史蒂芬妮·兰斯（Stephanie Lenz）的年轻母亲骄傲地决定为自己的儿子霍尔登制作一段视频并把它放到 YouTube 上给家人和朋友展示。这段 30 秒的视频中霍尔登伴随着普林斯的《让我们一起疯狂》的音乐，微笑着摆动身体。这不就是一位骄傲的母亲的无害之举吗？错！至少对于环球音乐出版公司来说，兰斯的行为错了。环球音乐是普林斯歌曲版权的拥有者。兰斯将视频上载几个月之后，该公司威胁要以侵犯著作权为名起诉这位母亲，并要求 YouTube 删除该视频。

兰斯告诉《华盛顿邮报》记者说：“有人认为把你宝宝的一小段视频上载到 YouTube 可能意味着你得吃官司，乃至破产或失去房子。这种想法完全错误。我不愿意被弄得感到害怕，我不愿意被恐吓。”[29]兰斯对环球音乐出版公司提出了反诉，勇敢抗议大的跨国媒体公司滥用版权限制网络世界的个人媒介使用者。兰斯因此一举成名。她很快得到了一些组织的法律和经济援助，如电子前沿基金会（Electronic Frontier Foundation）。该组织由律师、政策分析人士和活动分子组成，为媒介消费者代言。最终，面对兰斯引发的有关该公司的负面报道，环球音乐做出让步，YouTube 把霍尔登的视频重新放回了它的网站上。

技术的影响和大众传媒的快速发展持续挑战版权法的应用。大众传媒技术的发展速度正在加快，传播容量因此与日俱增，为高度多样化的世界人口提供消费得起也容易获得的服务。与这一趋势直接相关的是：这种新发展对以数字形式创作和出版发行的作品的保护提出了新要求。

在数字世界执行版权法

法定管辖权，即法律应用的地理区域，是大众传媒法应用于万维网时面对的核心挑战之一。本质上，互联网同时存在于世界各个地方。网络
338 世界没有国界。一个网站可供全世界任何人使用，只要他有台电脑，有一个调制解调器。这个网站可能是在以色列被创建的，通过位于菲律宾的一个服务器群进行管理，而主要内容提供者可能位于澳大利亚。同时，使你能够接入这一网站的互联网服务提供商（ISP）可能是美国的一家公司，可是它的技术运行维护则在加拿大。在这一非常经典的情境中，网络究竟在什么地方存在？如果这个网站的运营涉嫌违法，那么哪个国家的法定管辖权起作用——也就是适用谁的法律？

还有一个问题，原作鉴定的依据是什么？看看下面这个例子。在互联网上搜索的时候，你发现了一张照片，想放在你正在制作的用来推销你自由撰稿作品的小册子里。你选中这张照片，把它复制到你的硬盘里，重新裁剪并进行色彩调整，

经过一系列过程后最终把它作为封面放到小册子上。在这一情况下，“原作”在哪里？谁是你小册子上新照片的“所有者”？是这张原始照片的拍摄者吗？还是发表了这张照片的网站？是你用来修改调整这张照片的软件所属公司吗？鉴于你处理了这张照片，那么你是不是这件新的“原”作的作者呢？这是一个过分简单化的情境，但是它所提出的问题却不无意义，可谓直击互联网版权保护的要害。

互联网上的一切或是经过万维网传播的一切都依赖于数字技术。这进一步模糊了拥有的内容与借来的内容之间的界限。互联网的内容由发布者的互联网服务提供商拆分成数据包在网上独立传输到达接收者的互联网服务提供商，由其进行组装。当材料在互联网上以数字形式进行创作和传送的时候，被全国和全世界认可的版权法还有真正的意义吗？谁是数字材料的作者呢？是对数字材料进行编码的制作者吗？还是对数字材料进行解码的接收者？这些问题只是互联网可能带来的诸多可怕的法律挑战中的一个小样本。

即使这些问题让法律学者感到迷惑，数字出版界的法规和执法也在取得进步。在数字出版中，杂志、图书乃至视频和电视节目等内容的数字创作都是在线下完成，然后通过互联网向注册订户传播。订阅者只有提供一定的个人信息才能通过密码获得想要的数字出版物。这一模式解决了许多与版权相关的问题，因为使用者自愿提供自己的身份，同意使用该服务的基本条款，允许版权所有者或是发行者跟踪他们的使用。这与电视按观看次数付费的方法相似，而电视的这种跟踪收费的方法被证明非常有效。

图片 A 是原始影像作品。图片 B 是该图片经过数字化处理之后的效果，看似印在画布上。图片 C 是同一幅作品处理后的油画效果。图片 B 是“新作品”吗？图片 C 是“新作品”吗？

339 为互联网研发可操作、可强制执行的国际法律系统的可能性取决于互联网本身的基础——技术。互联网的加密和其他安全系统是技术创新带动的发展最快的领域之一。这些技术允许内容制作者和传播者对内容进行加密，甚至在数字化出版物中嵌入隐藏的识别机制。下一步将是发展可靠的识别系统，在用户不知情的情况下，识别谁在使用某一基于网络和在网络上发布的内容，然后跟踪这些被用户获得的材料做何用处。这些技术为执行版权法、保护版权提供了可靠的解决方案，但是也对保护个人隐私造成了挑战。冲突显而易见：为了保护版权，需要准确识别谁在获得并使用受版权保护的材料，但是在不给个人隐私带来过分负担的情况下，怎么能够做到这一点呢？

使用现有技术，内容所有者能够阻止多数未经授权的使用并识别是否有人在试图侵犯版权——也就是说，通过非法使用别人的知识产权违反版权法。但是，尽管安全方面的技术在取得进步，但互联网内容盗版依旧走在前面。希望对互联网实施可行的法律控制的人发现他们处境依旧艰难。虽然他们在充分利用自己的资源努力追赶，但技术海盗的大军在不断创造新的方法规避版权保护的措施。没有人知道什么时候技术与法律可以联姻。同时，媒体和传播领域的每个职业者都有责任和道德义务为解决这个问题做贡献，而不是增加问题的解决难度。尊重别人作品的版权，在使用别人作品前要征得许可，始终是我们应该重视的事情。这一点在视频材料《版权基础》中有相应解释。

过去 10 年中，对等网络（P2P）文件共享迅猛发展，这使版权保护的图景进一步复杂化。根据业界赞助的有关研究，通过 P2P 进行音乐共享而违反版权的情况每年增加 8%，在 2000—2007 年期间，给音乐产业每年造成收入损失 50 亿美元。“美国数字生活” 2007 年的一份报告表明，80%的电影下载都属非法，只有 20%的美国人（2006—2007）使用合法的电影下载服务。[30]这着实令人吃
340 惊。这项研究的结论是，iTunes、Xbox 和亚马逊 Unbox 等广受欢迎的在线媒介资源提供者使用不方便的数字版权管理（digital rights management）格式，对非法下载量的贡献比对合法下载的贡献还大。换句话说，就是数字版权管理技术本来是为了防止未经授权下载而退出，但效果却适得其反——也就是帮助更多用户非法下载视频和音乐。

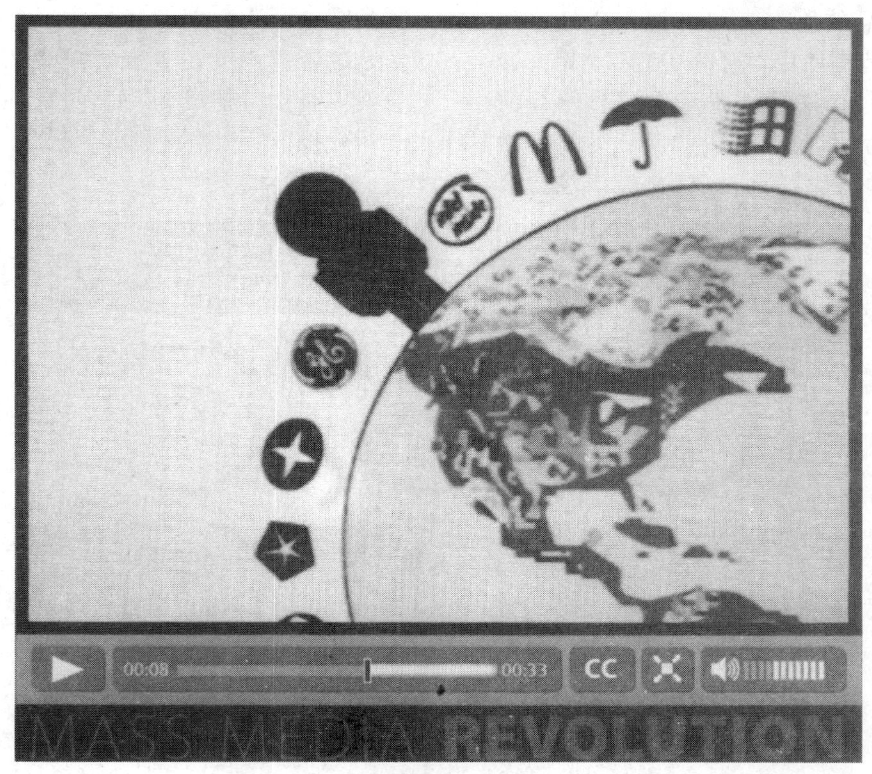

《版权基础》截图。

关于版权基础知识的动画辅导材料。

市场驱动版权保护技术的应用，也驱动市场领导者改变对待版权问题的方法。2007 年，经过数年的版权战，环球音乐出版公司宣布同意亚马逊和 iTunes 等在线零售商在不使用数字版权管理保护的情况下出售环球公司版权所有的音乐。接着，百代公司也开始在不要求数字版权管理的情况下出售自己的版权音乐。在今天高度竞争的环境下，电影制片厂、电视网络和唱片公司都在为适应数字时代努力创新自己的商业模式，多数侵犯版权案件都不会有如此美好的结局。数字技术与互联网结合在一起，使得侵犯版权变得极为容易，也使得对创意内容所有权的界定和保护变得极为困难，因此对版权本身的定义造成挑战。而且，创作、发表任何作品都意味着要进入一个复杂有时也充满风险的版权保护的世界。

版权保护的替代方法

知识产权以及创造这些知识财产的作家和艺术家被赋予了社会和政治价值，而版权法就在人们对这种价值的反应中发展演进。随着数字时代的到来，识别什么构成“新的原创的作品”成为一件挑战性更大的事情，未经授权使用版权作品的情况更加普遍。现在一些版权专家提倡对整个

版权系统进行修整，以此反应数字时代创意文化的现实。

斯坦福大学法学教授劳伦斯·莱西格正在领衔研究一套版权保护的替代方法。莱西格和他的追随者创立了知识共享体系，这一版权体系与美国政府现行的版权保护框架平行存在。在这一体系下，作者和作品的所有者允许他人未经事先授权或许可在一定范围使用自己的所有权作品。

寻找并确认每个图像、每个图表、每行文字或每分钟音乐的著作权人既费钱又耗时。通常这
341 些可以在网上容易获得的资源材料应该包含有清楚的版权声明，甚至新的知识共享声明，并附有链接提供可用权利和如何获得使用许可等信息。但不幸的是，这样的信息时常不知去处，或是不正确。莱西格教授在关于知识共享的视频资料中说："创立知识共享的目的是解放文化。"[31] 莱西格并非唯一持有这一观点的人。许多专家同意莱西格的观点，认为现行版权体系费钱、耗时和缺少清楚的版权声明，这表明需要知识共享有效替代方案。版权问题成为一个全球问题，这增加了数字时代执行版权法的挑战。

《知识共享》截图。

知识共享是对传统版权法的一个替代方案。

在全球推行版权法

在网络空间，媒介内容国际传播过程中的国家界限往往模糊不清。这个问题对内容创作者——从大的组织到作者和艺术家个体——合法管理和保护自己的作品造成挑战。当一位作者写了一本书，一位摄影师发表了一张照片，一位音乐人发表了一张新专辑，或是一位纪录片的制片人发布了一个新片，这件作品的管辖权归哪个国家呢？这些创作者是否需要在地球上每个国家管辖权之下申请获得合法权利呢？如果一位作者或是艺术家或是一个员工在一个国家违反了知识产权保护，是否也破坏了这个作品在其他每个国家的知识产权呢？数字技术，特别是互联网，使知

识产权保护成为一件极为困难的事业。随着广播媒介与互联网的聚合继续快速扩大（见第 7 章），这些新的媒介版权问题更具挑战性。

1902 年[①]，为了调和版权法的冲突，把国际上版权保护的法律纳入一个合作的协议框架，一些国家签署了《伯尔尼公约》（以协议谈判举办地瑞士伯尔尼命名）。美国直到 1988 年才最终签署了这一国际版权协议。此前 200 多年里，美国一直拒绝加入国际版权保护共同体。自从 1988 年以来，美国成为国际版权保护的领军，这主要是因为技术驱动下的媒介全球化以及执行国际知识产权法的经济动机。

就其范围来说，国际著作权侵害堪比其他的大规模国际犯罪，如贩毒和非法武器交易。据政府和业界数据估计，国际版权侵害每年收入高达 2 500亿美元，让人惊愕。这些非法收入来源还在继续增长。今天国际版权保护界面临的挑战同样令人惊愕。知识产权已经成为世界贸易中最有价值的商品之一。因此，执行版权法，识别和起诉有组织的版权侵害行为正在成为保证全球经济健康的主要因素。然而，盗版和假造艺术品交易依旧给全球的非法组织带来巨额利润。幸运的是，两个强有力的组织正在引领国际版权执法努力：联合国和世界贸易组织各自设立了全职部门并为此调配大量财政资源。这表明国际上已经认识到 342
保护知识和艺术产权是国际贸易的重要内容。

知识产权法的国际范例

英国和美国的版权保护法已经成为全球贸易的重要部分，但它们并非唯一的知识产权保护传统范例。一些国家以法国拿破仑时期的法律作为知识产权法的模板，以著作者权利为基础保护知识产权。20 世纪晚期和 21 世纪早期，版权法律传统与著作者权法律传统之间的冲突成为国际贸易协议谈判中的主要挑战。这里我们将概括一下这两种方式的基本区别。以版权法律传统为基础的法律和协议，如英美的相关法律，把智力创作视为另外一种形式的“财产”。作为财产，知识产权可以买卖、授权、转让和继承，如同购买、售卖或是持有和转让土地、房屋、汽车等“实在的”财产的所有权一样。例如，作为本教材的作者，我是这部作品的原始创作者。因为我生活在美国，所以美国版权法自动保护我的作品。然而，我撰写本书之前已与出版商达成了授权协议，也就是说，我把本书的所有权转让给了出版商，并因此获得双方商定的补偿和版税。现在，出版商是本作品的合法所有者，如同该作品是它创作的一样。只要不违反与我（作者）的协议，出版商可以根据情况出售和授权本书全部或部分版权。

如果我是生活、工作在法国，这本教材就处于著作权保护之下。这一制度规定作品的价值永远不能与原作者分割。因此，我会永远成为这本教材的唯一所有者，而且这一所有权会自动转到我的后代名下。如果我授权给出版商，出版商的权利则会受到限制。如果未经我（或我继承人）明确同意，出版商不能更改或是售卖我作品的任何一部分。

不同知识产权传统的国际化，在新技术面前已经被证明很难让美国立法者接受。作者拥有自然权利（著作权的另一种说法）这种欧洲概念不大适用于数字化方式生产的智力财产的保护，如摄影作品、视频和声音记录以及计算机程序等。版权的民法保护方式已然在美国确立，可以更好地保护以上基于技术的复制品。

国际广播法规

国际媒介法不仅涵盖版权法律和协议。所有国家都有相关法律管理广播媒体的所有权、运营和内容。广播媒介法规是媒介和传播法规领域的一个主要类别。对此，本书不予过多详细的讨论，

① 1902 年有误。——译者注

盗版在国际上已经成为一项与贩毒和非法武器交易一样的赚钱买卖。
图为中国执法者在销毁大批盗版 DVD。中国经常展开这样的行动。

只对其中一些关键的概念提供一个概览。

343 在美国，联邦通信委员会是发放广播站台许可证的权威机构。《1934 年通信法》授权联邦通信委员会管理通信媒介，包括电台和电视（有线广播与卫星广播），并负责分配频段和一些内容。这一法案还授权联邦通信委员会判定广播内容是否符合公众利益，为何目的而播出，用户是谁。虽然联邦通信委员会的章程从技术上讲并没有确定这个机构有权直接审查节目内容，但是法院赋予了该委员会处罚广播公司或不予续发许可证的权力——这种权力有时被用来影响播出内容。

广播频道属于公众，并由联邦政府以“公共信托”的形式把持，这一法律理论成为联邦通信委员会管理和执法权力的背后支持。

联邦通信委员会管控播出内容的权力在关于淫秽内容、政治节目和儿童节目的公共和政治争论中击中了要害。广播频道属于公众，并由联邦政府以“公共信托”的形式把持，这一法律理论成为联邦通信委员会管理和执法权力的背后支持。在美国，联邦政府并不掌握任何广播网络的所有权。这方面一些别的国家则有所不同，比如，英国广播公司（BBC）和加拿大广播公司（CBC）。即使如此，国会仍设立了两家准政府广播网络，并部分注资：公共广播公司（PBS）和国家公共电台（NPR）。此外，还有政府与私人共同注资的有线卫星公众事务网络（C-SPAN）电视和电台。这二者都是由有线和卫星广播业作为“公共服务信托”进行注资和经营。

与它们的商业同行比，这些非商业广播网络及其会员站台更要服从于权威部门的管理监督。因为所有政府都宣布对广播频道以及通过这些频道传播的内容拥有所有权和控制权，所以就出现了试图管理广播节目跨国界传播的国际协议。不过，快速发展的技术再一次让这样的协议难以执行。从短波广播、调幅广播到调频广播和电视，再到卫星广播，广播节目在全世界国家和地区之间大面积“外溢”。原先一些政府认为某些广播具有威胁性，会阻止其传送，但他们现在发现，在数字时代这是一项无法完成的任务。

新闻采集与保密

新闻院校一直在教育那些有抱负的记者保护他们的信源很重要。许多州都颁布执行了消息来源保护法，以此明确和加强对记者的保护，除非政府能够提供合理而且无法抗拒的理由请求法院强迫记者透露新闻来源。消息来源保护法是各州针对联邦宪法对有关问题缺少具体规定而做出的反应。法院必须根据每个案件的不同情况确定何时适用州一级的消息源保护法，何时适用虽然不是特别清楚但是更灵活的联邦法律。许多人认为，如果不利用和保护需要保密的消息源，媒体就无法履行第四势力的民主制衡的权力。这对于报道官员和政府行为的调查记者来说尤其重要。 344

霍华德·斯特恩（Howard Stern）因令人震撼的节目主持风格而多次遭到联邦通信委员指控。这位广播界名人厌倦了这种斗争，于 2006 年加盟不受审查的天狼星卫星广播电台。

关于政府与官员的报道

记者拒绝透露消息源的历史至少可追溯到 1848 年。当时，《纽约先驱报》记者约翰·纽金特拒绝透露是谁向该报提供了美国与墨西哥的停战协议草稿。后来，纽金特因蔑视国会的罪名被监禁。[32]法院一般认为，记者和他们所服务的媒体只有提供至少符合以下条件之一的理由才能挑战法院的传讯：

- 政府的要求不符合州消息源保护法的标准。
- 根据宪法，记者及其供职的媒体有权隐瞒消息源。
- 政府有其他合理渠道获得所要求的信息。
- 被要求透露的保密消息源与某一具体案件并无必要关联。
- 传讯的语言太过宽泛。[33]

最高法院曾裁决认为，在《第一修正案》中没有保护新闻来源的根据。最高法院对布兰兹伯格诉海耶斯案（Branzburg V. Hayes）的判决成为有关这一问题的判例。以下是大法官拜伦·怀特陈述的法庭大多数意见：

> 我们面前的唯一问题就是，记者如同其他公民一样，有义务回应大陪审团传讯，并回答与犯罪调查相关的问题。一般来说，公民并没有被宪法授予免于大陪审团传讯的权利；《第一修正案》和其他宪法条款也不保护普通公民（推而远之，也包括记者在内）拒绝向大陪审团（或其他司法机构）透露他们收到的保密信息。[34]

因为有了这一裁决，记者们必须承认，他们保护保密消息源的“权利”远未得到法律保证。因此，遵守职业道德的记者可以承诺为保守机密做出合理的努力，但绝不应该对他们的消息源承诺绝对保密。事实是，在实际操作中，机密消息源希望从记者那里得到保密的保

> 遵守职业道德的记者可以承诺为保守机密做出合理的努力，但绝不应该对他们的消息源承诺绝对保密。

证，而记者为了获得机密消息则主动承诺保密。这样做，记者实际上是在冒很大的风险，因为这样的保证有可能把记者推向面对披露实情与蹲监狱的两难抉择。

同时，报道争议问题的调查报道记者，特别是报道政府和政治人物行为的记者，通常受到干扰。调查报道的核心人物有时会通过传讯记者的方法向他们施加压力，迫使其透露消息源。例如，在关于最高法院大法官克拉伦斯·托马斯（Clarence Thomas）性骚扰案的参议院听证会上，亲托马斯一派对国家公共广播电台记者尼娜·托登伯格（Nina Totenberg）严加盘问，试图以此迫使她说出消息提供者的名字。但托登伯格坚持立场，最终也没有说出是谁向她提供了安妮塔·希尔（Anita Hill，希尔指控托马斯性骚扰）的声明。

345 司法报道

另外一个法律争论就是，媒体是否有权让公众了解刑事司法体系，特别是刑事法庭的活动以及它们滥用权力的可能性。公民权利的倡导者比如美国民权同盟（American Civil Liberties Union）一直争辩称，媒体有责任获得关于刑事调查的信息，以使公众及时了解执法行为以及是否存在滥用权力的可能性。国会和法院则出于对滥用或是未经许可获得执法部门收集的信息的担心，为刑事司法体系制定了《美国联邦法规》。这一法规限制透露未定罪的信息。为了获得隐藏的信息，记者必须确认自己想要得到什么信息，然后说服执法部门发布这一信息。甚至还有许多人设法跟踪警察的行踪活动以获得需要的信息。也有人与掌握消息的内部人士发展了长期的关系。

国会与法院长期以来一直在努力平衡宪法赋予选民的获得信息的权利与宪法赋予被控告者的享有公平审判的权利。为了保证刑事法庭上的公平审判，法官通常需要针对媒体发布一些限令，被称为禁言令。通过禁言令，法官要求所有参与审判的人不得与新闻媒体有联系接触。在一些特别重要的案件中，法官也会给媒体发出禁言令，限制甚至禁止媒体在案件审理过程中进行报道。违反这样的限制令会被升级定性为藐视法庭，记者会因此受到惩罚甚至被监禁。针对媒体的禁言令通常被上诉到高级法院，目的就是希望高级法院能够尊重宪法赋予的新闻出版自由权利，推翻下一级法院的禁令。

政府有控制信息的责任，媒体有监督并报道政府行为的责任，而这两者都会对个人隐私产生影响。国会和法院如何努力在这当中寻求平衡，依旧是一个重大挑战。媒介技术的进步使这个问题更加复杂，因此在数字时代改善和界定大众传媒法更显必要。

色情：表达自由还是淫秽？

在美国，最激烈的争论之一就是关于色情的问题。限制色情可以归结为区分淫秽与色情。对于身处一个重视并保护表达自由的社会的立法者来说，这是个艰巨的任务。什么是色情？色情是艺术吗？这由谁来决定？

54 岁的罗伯特·赫特（Robert Hurt）来自得克萨斯州柯维尔市。一天，他看到“大批裸体像公然在国会大厦公开展出”，极为震惊和不满，号召将这些雕像和画作从华盛顿的公共区域移除，并自封这一运动的领袖。他四处游说，要求把他的这项事业纳入共和党的全国活动平台之中。不过，他没有取得成功。达拉斯《每日新闻报》首先报道了他的故事，后来《华盛顿邮报》（2008 年 6 月 16 日）也报道了此事。在这些报道中，赫特先生告诉记者说：

位于华盛顿的国会图书馆喷泉让罗伯特·赫特感到愤怒。

这幅广告作品中的图像是应该被看做表达自由，还是淫秽，抑或是下流？这个判定应该由谁来做呢？

346 我觉得（裸体艺术）非常不妥。我认为艺术会间接影响一个国家。我一直在研究这个国家的道德滑坡。告诉孩子说裸体是好的，裸体是健康的，这些都是在向孩子们传递错误信息……这是某种程度的低俗给其他的东西打开了大门。[35]

有些人希望根据自己关于“公共道德”的解释限制表达自由和言论自由，赫特就是这种声音的代表之一。裸体什么时候应该被视为艺术，什么时候应该归类为色情？或许更重要的是，在一个崇尚个人自由表达权利的民主社会，这种区别真的重要吗？回答这些问题并不容易，有批判思维的读者可能会注意到，赫特自己其实是在利用言论自由的权利，虽然他在根据自己的道德判断建议自由表达需要被管控。

区分淫秽与色情

为了更好地理解这一争论，我们必须对淫秽与色情文学进行定义。淫秽指任何被认为淫乱、下流、猥亵的行为。色情文学指任何媒介形式以激起受众欲望为目的性行为描写。所以，淫秽与色情文学不同，虽然色情文学可能被认为淫秽。当色情文学被认为是淫秽的时候，经常会围绕表达自由问题产生社会、文化和宪法的冲突。

表达自由的权利从何处开始，到何处结束？社会有权决定什么是“色情文学”，什么是“淫秽”吗？

表达自由的权利从何处开始，到何处结束？社会有权决定什么是“色情文学”，什么是“淫秽”吗？《第一修正案》难道没有保证，无论是否会触怒他人，个人都有权利根据自己意愿进行创作并发布吗？为什么某种类型的色情内容在内华达和加利福尼亚是合法的，而在南卡罗来纳和蒙大拿州却不合法呢？为什么社区之间和各州之间管控色情作品的标准不一致呢？法院长期以来一直在为这些问题纠结，也一直在尝试减轻社会焦虑，因为人们不知道如何在不触犯《第一修正案》所保护的个人权利的基础上判断一个内容为淫秽。

20 世纪 50 年代后期和 60 年代早期，直言不讳的喜剧演员和社会批评家兰尼·布鲁斯（Lenny

Bruce）大胆挑战这些问题。我们重点讲述兰尼·布鲁斯，是因为他是当代媒体中第一个用生命和事业倡导言论自由的通俗娱乐艺术家。可以说，是因为有了布鲁斯，那些常常引来争议的当代通俗文化人物，如女神卡卡、比尔·马赫（bill maher）、霍华德·斯特恩和麦当娜等人才有了他们可以自由表达的平台。因为被控违反了淫秽信息法，布鲁斯多次走上法庭。在其中的一次辩诉中，布鲁斯的话可谓直击关于淫秽色情之争论的要害：

347 法官阁下，我，或者说任何公民，怎么会知道到底什么是淫秽？……色情？书的封套告诉我说色情是艺术！……我，或者说任何公民，怎么会知道我在加利福尼亚说的是合法的，而到了佐治亚却要被扔进大牢呢！能告诉我在一个州这样说可以，在另一个州不可以的边界在哪里呢？……更重要的是，谁有权决定什么是淫秽，什么不是？如果某些人因为我在舞台上说的话感到反感，那让他们待在家里好了！没有人强迫任何人来听我的演唱会。[36]

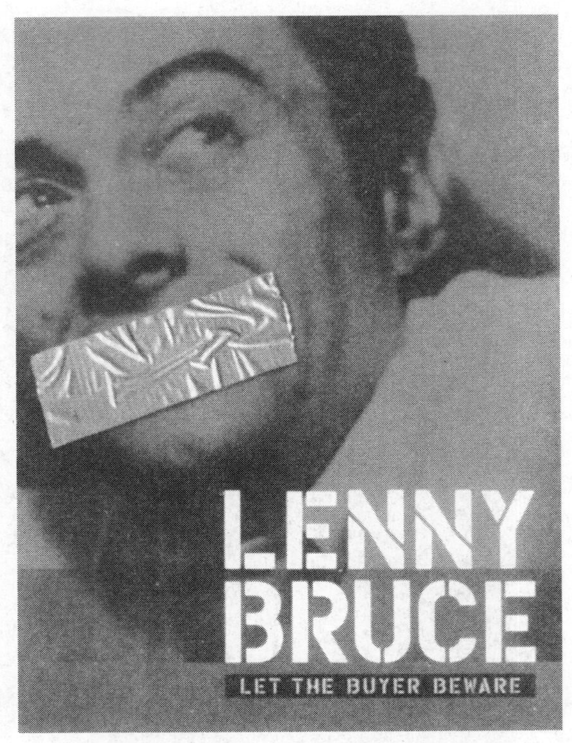

兰尼·布鲁斯是通俗娱乐界用自己的生命和事业促进大众传媒言论自由的第一人。

米勒测试

在1973年的米勒诉加利福尼亚州案中，美国最高法院试图界定淫秽与色情作品的标准。在米勒案之后30年的时间里，法院裁决了许多其他案例，但此案依旧是所有关于淫秽与言论自由案件的重要“测试”，因为它提出了被称为米勒测试的判定标准：

- 按照当地社会标准，所涉及的对象或作品就其总体而言会唤起普通人的淫欲。
- 对性行为的描写引起人们的明显反感，并违反适用的各州法律。
- 作品缺乏严肃的文学、艺术、政治或科学价值。[37]

最近以来，联邦通信委员会推出新的举措，通过加大违法处罚力度，控制电台和电视中其所称的淫秽语言和图像。2004年，珍妮·杰克逊（Janet Jackson）和贾斯丁·蒂姆布雷克（Justin Timberlake）在超级碗表演中声名狼藉的“行头故障”就是一个生动的案例。然而，联邦通信委员会在这方面进行的积极管控所带来的总体影响可以忽略，因为该委员会只对广播内容有法定管辖权：现在美国大多数媒介消费者主要是通过有线或是卫星服务接收电视和电台节目，而这些渠道不受联邦通信委员会的管辖权管辖。同时，主要的传媒产业协会已经采取自愿管控措施以免在淫秽色情问题上产生代价高昂的对峙。这些协会包括全国广播工作者联合会、美国唱片业协会、美国电影协会等。他们的管理措施主要是建立分级制度，比如美国电影协会的电影分级制度：大众级（G），父母辅导级（PG），父母特别辅导级（PG-13），限制级（R）和17岁及以下禁止级（NC-17）。保守主义和宗教组织依旧对这种自我管控的努力表示不满，但国会和法院视其为充分的、市场驱动的保护措施，没有违反《第一修正案》。互联网上的色情内容如何呢？互联网出现早期，因为色情内容可以在网上轻易获得，所以引发社会和法律争论。事实上，互联网色情内容的制作者和传播者具有十分站得住脚的言论自由和表达自由的权利依据。在这方面，国会和法院面对的挑战主要是平衡宪法赋予的这些权利与少年儿童保护的需要。迎合儿童色情内容的网站显然违反美国法律——但是如果这些网站源自美国管辖权之外的地方，那么，谁有权起诉这个网站的开发者呢？或许，网站的来源国已经签署了国际协议，会确定这个网站的位置，
348 并命其停止儿童色情内容。然而，也很有可能这个国家是“互联网避难所”，不会对此做出任何举动，它甚至会鼓励藐视法律的网站落户于自己的国土。

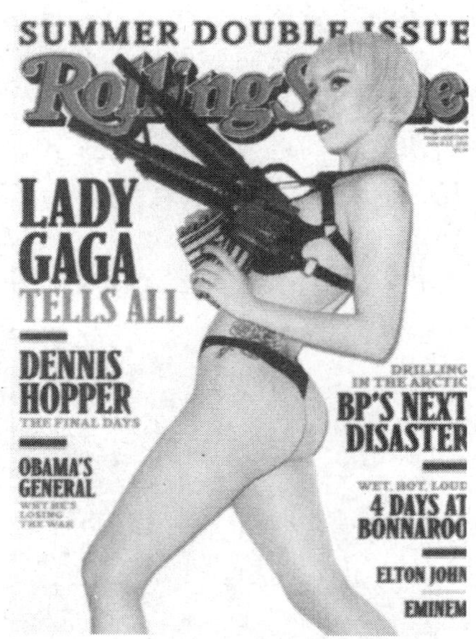

人们对女神卡卡的解读会有何不同呢？她是视觉上淫秽吗？还是她的表演艺术自有其深刻的含义？

道德伦理与大众传媒

露骨的色情和淫秽内容引发了关于性剥削的担忧。因此，这一话题不仅事关表达自由的争论，也触及了大众传媒的道德伦理问题。布兰妮·斯皮尔斯（Britney Spears）的故事就是一个例子。

布兰妮充满魅力的个性和性感女生的形象为她赢得了大量崇拜者，她也因此迅速蹿红成为通俗文化的偶像人物。同时，布兰妮也成为小报的主角，时常出现在新闻滚动播报中。随着她的音乐视频和舞台演出愈发显露出成人化倾向，围绕她的争议也在增加。在 2003 年 MTV 音乐颁奖典礼表演上，布兰妮与麦当娜的同性亲吻镜头登上国际媒体版面，也给她招来非议。

布兰妮的私生活也成为媒体的谈资，并给她的事业发展带来阴影。到 2006 年，长久曝光于媒体聚光灯下，成为她个人生活陷入旋涡的重要因素之一。布兰妮曾经几次因滥用药物而接受康复治疗，为孩子的抚养权进行过艰苦的斗争，还因为交通肇事逃逸受起诉，在 2007 年 MTV 颁奖典礼上演唱自己的单曲《想要更多》时，表现让人大跌眼镜，复出计划遭受挫折。媒体自始至终在跟踪围绕布兰妮发生的每次事件，包括因为心理诊断而被取消孩子的监护权。2008 年 10 月，法院更是无限期延长了布兰妮前夫对孩子的监护权。[38]

布兰妮的故事虽然与其他名人的麻烦不大一样，但可以说明大众传媒面对的许多道德伦理问题。如前所述，名人与普通人不同，依照法律享受的隐私要比常人少。尽管如此，布兰妮的案例还是提出了很重要的问题：媒介是否对布兰妮的心理问题产生了影响？如果答案是肯定的，那么，媒体是否应该负责？如果记者的报道果真对名人的精神和情绪的低落产生了影响，那么记者是否负有道德上的责任？在媒介聚合、24 小时滚动播报和互联网时代，我们作为大众传媒消费者的道德责任是什么？

在数字时代，技术赋予了我们强大的工具，使我们能够轻易扮演媒介内容消费者和媒介内容创作者的双重角色。这是否意味着利用这些工作的个人——甚至是国际著名的明星——应该履行

传统媒介内容生产者的职业伦理规范呢？在迅速演化的全球文化中，我们应该把什么视作媒体伦理道德标准呢？

为了解决这些问题，我们首先需要回顾一下媒体伦理随大众传媒发展的轨迹。我们在本书第2章了解了苏轼的故事，从中知道媒介可以以很激进的方式影响个人、组织和整个文化。从布兰妮的案例中，我们知道了大众传媒可以成为一种强势的社会力量，有时会造成意想不到的重要影响。与这种巨大影响力相辅相成的是巨大的责任。媒体伦理的任务就是告诉我们责任对于所有有关者意味着什么，并为个人和社会在迅速发展的不确 349
定水域中提供导航。

媒体是否该为布兰妮陷入个人生活的旋涡负责？

大众传媒伦理背后的哲学

苏格拉底（前469—399）是西方哲学和伦理学最伟大的思想家之一。他曾在关于诗人的评论中提醒人们警惕媒介的力量。在苏格拉底时代，诗人是故事讲述者也是强有力的媒介通道。苏格拉底认为，古代诗人作为媒介生产者讲述男女众神的有伤风化之事，用毫无事实依据的故事解释真实的世界，实乃是在道德上腐化年轻人。

苏格拉底时期以来，无数哲学家尝试提出道德伦理原则用以指导个人和社会生活。亚里士多德（前384—322）认为，符合伦理道德就是在可能的极端之间寻求平衡，即通常所说的中庸之道。“中庸”表达了一种平均的观念，或是两个对立面的中间地带。如果今天套用亚里士多德的思想，一个符合职业伦理规范的记者应该对其所报道人物、问题给以不偏不倚、平衡的描述，而不是仅仅聚焦于正面或负面的元素。这是伦理公正的理想状态。

如果今天套用亚里士多德的思想，一个符合职业伦理规范的记者应该对其所报道人物、问题给以不偏不倚、平衡的描述，而不是仅仅聚焦于正面或负面的元素。这是伦理公正的理想状态。

在亚里士多德提出“中庸”之道几百年之后，早期的基督徒

2008 年 11 月 22 日，印度孟买泰姬陵酒店发生了恐怖袭击。有关媒体报道是以康德的"绝对命令"理论为指导吗？

（大约公元 33 年）开始传播并实践一种被称为黄金法则的道德准则：你想人家怎样待你，你也要怎样待人。根据这种精神，个人利益永远与社会利益相关联，是一个整体。

不过也有一些哲学家观点不同。比如，18 世纪德国哲学家康德（Immanuel Kant）。康德认为，绝对命令控制思想和行动。无论结果如何，人们必须遵守这种命令，因为这种命令具备固有正确性。这里我们可以用 2008 年印度孟买泰姬陵酒店的恐怖爆炸悲剧作为例子进行思考。当地和国际媒体对发生在孟买市中心的这次爆炸进行了不间断的更新滚动报道。报道披露了官方行动的位置，以及所掌握的恐怖袭击者的联络渠道。这样，恐怖分子只要打开电视就可以随时改变自己的策略应对政府的反制措施。[39]这个例子大致可以说明康德哲学中一个内在的困境。康德认为，把你所知道的某个人的行踪如实透露给一个想加害于他的人是你的道德责任，无论此人想利用你的信息做出什么举动。对于康德来说，正确的或道德的事情永远是道德的，无论具体形势环境如何，也不管最终结果。[40]

康德的理论使记者面对一个基本的两难境地：媒体最终要对谁宣示效忠？是真理还是报道对象？是受众还是雇主？或者说，道德之路是否会在所有这些元素间找到平衡？许多记者面对的最大诱惑就是为了追求实情而牺牲所有其他的与这个目标有矛盾的利益。正如孟买恐怖袭击案中所发生的那样，如果关于恐怖袭击的报道实际上帮助恐怖分子实施了进一步的暴力行动，这对于媒体来说是正当行为吗？

许多记者面对的最大诱惑就是为了追求实情而牺牲所有其他的与这个目标有矛盾的利益。

350 法国哲学家、政治家邦雅曼·贡斯当（Benjamin Constant，1767—1830）是康德的同时代人。他反驳说，照字面理解康德的思想会使社会无法忍受。在 19 世纪，英国哲学家约翰·密尔（1806—1873）提出了一套道德伦理体系，其基础就是"最大幸福原则"。这一理论认为正确的行动应该在合理的动机之内给最大多数人带来最大程度的幸福。"合理的动机"意思是说，一个共同的逻辑和伦理边界会阻止一个人为所欲为，以集体的幸福为借口使个人行动正当化。例如，如果调查报道的记者使用假名字和身份从个人和组织那里获得内部信息，那么他的行为就是密尔原则的例证。记者可能会争辩说，这样做是为了让读者更好地了解有关情况，换言之，欺骗是为了更大的善。密尔的观点是功利主义伦理传统的一部分。

如果一个报纸记者发现该报的主要广告商正在做一件不安全或是违法的事情，编辑可能就会犹豫是否要发表这一消息。这一情境大致说明了 20 世纪美国哲学家约翰·罗尔斯（John Rawls，1921—2002）关注的问题。在有关伦理的哲学讨论中，罗尔斯提出了《无知之幕》（veil of ignorance）的概念。这一理论认为，做出符合道德的举动需要忽视可能影响决定的任何个体特性。罗尔斯认为，某些人或组织会利用个体特性让道德标准屈从。按照罗尔斯的观点，没有人应该逃脱媒体的监督，无论财富、权力、地位、民族、性别等。在媒体接受来自广告商、赞助商资金的情况下，新闻伦理往往会受到这种挑战，因为这些资金提供者可能诱使媒体"改造"有关报道以给他们的商业关系带来好处。

虽然这些哲学家的理论代表了西方传统中主要的哲学观点，但是他们的伦理学思想远非大众传媒伦理的盖棺之论。西方的一些不同声音，如贡斯当，以及后现代主义和东方哲学家，正在重新挑起关于21世纪大众传媒伦理规范的全球大讨论。现在，还没有哪一套伦理规范能被完全采纳，但媒体的伦理判断对使用大众传媒内容的每个人的利益都至关重要，无论是个体消费者还是整个国际社会，认识到这一点很重要。

> 现在，还没有哪一套伦理规范能被完全采纳，但媒体的伦理判断对使用大众传媒内容的每个人的利益都至关重要，无论是个体消费者还是整个国际社会，认识到这一点很重要。

如第10章所述，互联网、新媒体和Web2.0技术的发展使媒介生产者与媒介消费者之间的界限不再清晰，所以我们每个遭遇媒体的人都必须更清醒地意识到自己的角色和伦理责任。如同美国西部的先驱者一样，那些技术前沿的开拓者和关心数字时代大众传媒潜在危险的人经常会问："这里谁代表法律?"从某种意义上说，这个问题的答案是我们在整个这一章中所讨论的变化中的法律和法规体系。但在更大程度上，答案是"我们所有人"。作为网络媒体的公民，我们都必须为我们的个人角色担负更大的责任。

媒体自律

除了注意政府实施的外部限制，媒体还培养了履行伦理责任的灵敏的自我意识。这种自觉包括对有关各方的责任意识，以及媒介内容制作过
351 程中的伦理原则。最终产品如何影响一个人的受众、雇主、职业、社会还有自我？对于有职业伦理意识的媒体生产者来说，这些都是需要考虑的重要问题。同时，他们必须清楚用什么伦理标准来指导自己在创作内容过程中的决定，比如，公平、及时、真实、准确、保护隐私等。在这个大众传媒世界不断变化的数字时代，任何一个人应对所有这么多的伦理问题都会是一个巨大的挑战，更不用说在实践中在它们之间寻找平衡了。

媒体自律的一个重要努力就是制定职业道德规范。职业道德规范是用来帮助个人做决定的伦理原则，其表述要清楚无误。职业道德规范主要针对某一专门群体的问题——在此就是指媒介生产者。职业道德规范最大的缺点就是，用来帮助解决个人遇到的职业伦理问题时，规范通常情况下不够具体，而且随着社会和技术的发展演变，它们会很快失去适用性。针对职业媒体生产者伦理问题的职业道德规范有三个例子：《美国职业新闻记者协会职业伦理规范》、《美国报纸编辑协会原则声明》和《美国广播与电视新闻导演协会新闻职业伦理规范》。然而，博客和其他公民记者正在迅速崛起，这些人不属于任何主流职业媒体，也不受任何上述职业道德规范约束，因此保持媒介内容生产者基本职业道德标准正在面对更大的挑战。

媒介内容生产者历史上一直使用的另一个自律的方式就是制定关于职业行为的机构政策。与职业道德规范不同，机构政策在一个团体内具有可强制性。广播媒体的政策手册以及印刷媒体的操作和编辑标准收集了关于从业人员职业操守的规范性标准。

尽管这些宽泛的职业和组织层面的自律方式有帮助作用，但是职业操守的责任最终还是主要由创作媒介内容的每个个体来承担。《纽约时报》记者杰森·布莱尔（Jayson Blair）的故事清楚说明了这一痛苦的事实。

杰森·布莱尔是一个充满渴望的年轻记者，虽然在事业早期有一些职业操守上的问题，但他还是设法在《纽约时报》一路向上，成为该报国内新闻的一名领衔记者，在该报四年的职业生涯中撰写了大量稿件。自大学时代在马里兰大学校报担任主编期间，就有人书面反映布莱尔稿件中的严重差错。1998年，当《纽约时报》接受布莱尔做实习记者时，负责人没有注意到或是忽视了这些危险信号，并于1999年布莱尔获得学
位后给以续聘。事实上，布莱尔在《纽约时报》 352
决定续聘之前并没有获得学位，只是声称如此而已。

2001 年，布莱尔成为《纽约时报》正式记者，2002 年进入国内新闻部。布莱尔关于华盛顿环城高速路连续狙击杀人案的报道引起参与此案的检方和执法部门的尖锐批评，他们说布莱尔的报道中充斥着错误。2003 年 4 月，布莱尔新闻职业操守问题被反映给一名负责人，因为当时有确凿的证据表明他剽窃了一位前实习生的作品。一个月之后，布莱尔从《纽约时报》辞职。一个内部调查显示，从 2002 年年末开始，他为国内新闻部采写了 73 篇稿件，其中几乎一半有严重的编造问题，还有一些赤裸裸的剽窃。[41]

布莱尔丑闻之后，《纽约时报》管理层承认失职，因为他们在发现布莱尔不符合职业操守的行为之后继续允许其从事记者工作。虽然《纽约时报》对布莱尔的行为负有部分责任，但是需要说明，即使是《纽约时报》这样拥有巨大资源的媒体也基本不可能检查每位记者所写的每篇稿件的每个细节。杰森·布莱尔的故事反映了进行媒介职业伦理监督的困难，说明每个媒介生产者都有必要努力按照职业伦理规范工作。在《记者的职业道德》视频材料中，前白宫记者李·桑顿将向大家谈一谈记者的职业道德与杰森·布莱尔的案例。

《记者的职业道德》截图。

前白宫记者李·桑顿谈记者的职业道德与杰森·布莱尔的案例。

一个聚合世界的道德挑战

媒介形式的聚合模糊了生产者与消费者的传统角色界限，甚至也可以说这种界限消失了。为全面理解聚合如何影响媒体伦理，我们需要回到大众传媒故事背后的三个主要角色：媒体、政府和媒体消费者。媒体身负内容生产者和政府批评者双重角色，在遵守法律限制和尊重新闻职业道德规范之间，它们要努力保持平衡——也就是说，监督政府的行为，同时在社会中自由传播思想观念。

公众作为媒介生产者的职业道德

技术的发展普及使得几乎每个人都可以直接获得并消费大众传媒内容。现在，人们拥有个人电脑、手机、数字照相机、数字摄像或录音机，还能使用互联网，因此任何人可以轻易制作媒介内容并在全球发布，而这个过程只不过是敲几下键盘或按钮的事情。制作并发布内容的潜能赋予了公众一种崭新的、巨大的权力。然而，在获得这种大众传媒的威力的同时，公众个人的责任也在增加。眼下一个很清楚的危险就是，如果没有媒介伦理意识，或不能遵守媒介伦理，那么这些新的消费者兼生产者将会危害大众传媒必须捍卫的自由。

> 在获得这种大众传媒的威力的同时，公众个人的责任也在增加。

梅甘·梅尔（Megan Meier）的悲剧就是一个例子。梅尔家住密苏里州达顿普莱瑞小镇，在被一个名为乔希·埃文斯的男孩拒绝后，于 2006 年
353 10 月自杀。埃文斯曾在社交网站“聚友网 MySpace”上追求梅尔。这个女孩仅有 13 岁。调查者后来发现乔希·埃文斯实际上是一个叫劳丽·德鲁的女人杜撰出来的。劳丽·德鲁是梅尔原先一个朋友的母亲。她创造出乔希·埃文斯就是为了报复梅尔，因为据称梅尔原来散布过关于她女儿的谣言。德鲁用几个星期的时间以乔希·埃文斯的名义与梅尔玩浪漫。在成功获得这个姑娘的好感之后，德鲁开始借“乔希”之口对梅尔进行言语攻击，经常发帖称梅尔是个长舌妇，自己不再想与这样的人做朋友。在自杀前的那个上午，梅尔收到了来自“乔希”的一条令她心碎的信息：“如果没有你，这个世界会更好。”[42] 根据当时德鲁的一位雇员的说法，梅尔给乔希的最后一个回帖是：“你是那种可以让女孩为你自杀的男生。”[43] 20 分钟后，梅尔的父母发现女儿自缢身亡。

2008 年 5 月，德鲁被联邦大陪审团以四项与电脑有关的罪名起诉，起诉地点是“聚友网 MySpace”网站服务器所在地洛杉矶。德鲁的四项罪名中有三项被认定成立。起诉人面对的一个重要问题是，很少有法律适用这一案件，而之前的判例更少。技术的发展超越了既定法律权限，使后者无法应对劳丽·德鲁行为中更严重的伦理问题。

在法律缺位的情况下，伦理规范对于保护个人和组织的自由与隐私就更为至关重要。梅尔案告诉我们，在这个新的数字社会，我们每个人既要学会使用媒体，也要知道媒体伦理道德。[44] 但是，如何才能做到这一点呢？下面让我们来看看肯·希尔斯坦的案例。

大众传媒伦理的批判模型

肯·希尔斯坦（Ken Silverstein）和他的同事坐在会议桌的一侧，另一侧是来自强大的游说组织卡西迪公司（Cassidy and Associates）的代表。希尔斯坦供职的公司莫尔登集团在土库曼斯坦有重要的商业利益，但是这个国家的形象遇到了一些麻烦。希尔斯坦找到卡西迪这家在华盛顿颇有影响的公司，希望该公司能够参与一项旨在提升土库曼斯坦国家形象的一个公关活动。不过，卡西迪公司不知道希尔斯坦并非莫尔登集团的顾问。之前，他一直以肯·凯斯的身份与卡西迪公司联系。其实，莫尔顿集团本身也是杜撰的。希尔斯坦的真实身份是《哈珀杂志》的记者。

希尔斯坦一直在秘密调查首都华盛顿游说机器的腐败与伦理缺失问题。他的报告发表在《哈珀杂志》2007 年 7 月号上，题目是《外国代理人——美国游说者为独裁者做了什么：肯·希尔斯坦的秘密报告》。希尔斯坦不仅曝光了游说集团中存在的腐败问题，而且还大胆透露了自己用欺骗手段获得所需信息的情况。他的行为再次点燃了关于记者秘密采访的伦理问题讨论。希尔斯坦的批评者，如《华盛顿邮报》的霍华德·库尔茨，谴责了这种行为，认为这种行为不符合职业伦理规范，并指出没有报道值得撒谎去进行。希尔斯坦为自己辩护说，华盛顿游说者们犯下的错误远比自己在职业伦理方面的过错严重，因为这些人的错误影响了这个国家的生活和安全。但是，如

果像希尔斯坦这样的记者愿意以撒谎的方式从调查对象那里获得信息，那么，什么能阻止他也对读者撒谎呢？另外，如果撒谎是获得能影响公共利益的重要信息的唯一方法，那么是否意味着撒谎是两种罪恶中比较轻的那种呢？[45]

媒介的参与者每天要面对这样的难题，而且难题的数量和复杂性只会随着技术进步增加，因为技术进步会让既定法律和伦理道德标准过时。为了帮助决策者应对这些难题，伦理学家推出了
354 批判思考的模型。例如，哲学家拉尔夫·波特（Ralph Potter）创立了“波特方格”，将伦理判断的四个步骤按顺序安排在一个方格的四个角：找出发生的事实；分析其中的价值观念；考虑原则；确认忠诚。这个步骤为做决定的人提供了一个符合逻辑的推导路径。

西塞拉·博克（Sissela Bok）提出了伦理判断的另外一个模型，分三步：（1）问问自己的良心；（2）寻求专家的意见，了解是否有其他方式可以替换会带来伦理问题的行为；（3）考虑一下行动会给他人带来什么影响。[46]另外，为了帮助记者做决定，波因特媒体研究院的罗伊·克拉克（Roy Peter Clark）设计了下面的问题作为伦理判断的指南：

（1）稿件、照片或图片是我所掌握情况下最完整、最准确的吗？

（2）我是否漏掉了什么重要的观点？

（3）如果我是这篇报道或照片的主角，我会有怎样的感受？

（4）发表会有什么好处？

（5）我的读者或观众需要知道什么？

虽然细节上不尽相同，但以上这些模型都有一个共同的目标，就是展示在实际应用中如何就伦理判断进行批判思维。在相互对抗的观点的海洋中跋涉，去寻找一个能起作用又令人满意的榜样似乎有点不知所措。然而，那些能够进行批判思维的人具有明显的优势可以帮助自己在未知的水域中巡航。最后，将是这个世界上具有批判思维的人能够成为未来伦理判断的灯塔，正如苏轼和詹姆斯·富兰克林在他们那个时代所起的作用一样。

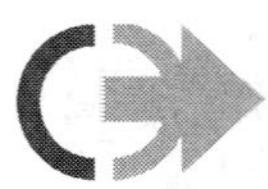

结论：我们负有法律和伦理责任

在 21 世纪，对大众传媒法有基本的了解比之前任何时代都重要。大众传媒法不再仅仅是律师和媒介行业的工商管理硕士们的知识范畴。正如本书贯穿始终所讨论的那样，数字时代的大众传媒，因为技术上容易获得且廉价，原来媒介内容生产者和消费者之间的清楚界限正在变得模糊。随这种新的权力而来的是更大的责任，它要求我们作为参与共享的媒介消费者要理解大众传媒法律和伦理的核心问题。从 YouTube 到博客和其他形式的公民新闻，再到脸书和聚友网这样的社交网站，随着互联网上消费者创造的媒介内容的增多，用大众传媒法和伦理的知识武装自己，对我们都有好处，因为这样可以使我们自己和我们的数字世界同胞们做好准备识别、应对潜在的法律陷阱和危险。当我们掌握了法律和伦理的基本原理，我们不仅能够更好地使自己规避责任，也可以以负责任和符合伦理的方式探索和享受正在不断扩大的数字宇宙。

355 思考题

1. 你觉得第一修正案目前的“健康状况”如何？举一个最近有关媒体的例子来证明你的观点。

2. 你觉得什么是——或什么应该是——政府实施新闻内容审查的界限？为什么？

3. 在你看来，美国联邦政府在数字时代能够或应该做些什么以更好保护个人隐私权？

4. 限制政府监督传播的能力应该成为平衡国家安全、保护隐私和言论表达自由的努力中的一部分，你有何评论？

5. 政府是否应该实施更多的管控措施以保护诸如脸书、聚友网等社交网站上个人的隐私？如果是，管控措施的法律依据是什么？

6. 在不削弱《第一修正案》所保护的基本表达自由的情况下，政府管理被有些人指控为淫秽或色情的媒介内容的法律边界是什么？或应该是什么？

7. 在你看来，在执行大众传媒法的过程中，伦理扮演什么样的角色？立法者在制定管理媒体的法律时，可以利用什么道德伦理传统？

8. 我们从媒介消费者向媒介消费者兼生产者的角色转换如何改变了我们与大众传媒伦理的关系？为了确保我们的行为符合伦理规范，我们可以采用什么批判思维模式进行伦理判断？

【注释】

[1] *The Cambridge history of English and American literature in 18 volumes*: *Colonial and revolutionary literature*: *Early national literature*, *Part I. XV.* (1907—1921) . http: // www. bartleby. com/225/0702. html.

[2] 本部分主要源自作者在马里兰大学大学学院传媒法课程的讲授内容。

[3] Ibid.

[4] Bill of Rights, First Amendment to the U. S. Constitution.

[5] The Alien Registration Act or Smith Act (18 U. S. C. § 2385).

[6] 本部分主要源自作者在马里兰大学大学学院传媒法课程的讲授内容。

[7] *Tammy Kitzmiller*, *et al*. *v. Dover Area School District*, *et al*. (400 F. Supp. 2d 707, Docket no. 4cv2688).

[8] Rasmussen, A. F. (2005) . Danish Prime Minister's official response, http: //gfx-master. tv2. dk/images/ Nyhederne/Pdf/side3. pdf.

[9] Ibid.

[10] Ibid.

[11] Jurkowitz, M. (2005, January 9) . Media distrust may be libel-case key. *Boston Globe*.

[12] Burnett, N. New York Times v. Sullivan. In Parker, R. A. (Ed) . (2003) . *Free speech on trial*: *Communication perspectives on landmark Supreme Court decisions*. University of Alabama Press.

[13] *New York Times v. Sullivan*, U. S. Supreme Court, March 9, 1964 (376 U. S. 254).

[14] Liptak, A. (2003, June 2) . Internet battle raises questions about the First Amendment. *New York Times*.

[15] Ibid.

[16] Standler, R. (1998) . Privacy law in the USA. http: // www. rbs2. com/privacy. htm.

[17] Ibid.

[18] Associated Press. (2007, September 21) . Virgin sued for using teen's photo. The Age. http: //www. theage. com. au/news/technology/virgin-sued-for-using-teens-photo/2007/09/21 /1189881735928. html.

[19] Fletcher, D. (2010, May 20) . How Facebook is redefining privacy. Time, http: //www. time. com/time/ business/article/0, 8599, 1990582. 00. html.

[20] Gates. G. (2010, May 12) . Facebook privacy: A bewildering tangle of options. *New York Ti mes*, http: // www. nytimes. com/interactive/2010/05/12/business/ facebook-privacy. html.

[21] Standler, R. (1998) . Privacy law in the USA. http: // www. rbs2. com/privacy. htm.

[22] Ibid.

[23] Ibid.

[24] Vlahos, J. (2009, October 1) . Surveillance society: New high-tech cameras are watching you. *Popular Mechanics*.

[25] *New York Times Co.* (and the *Washington Post*) *v. United States* (1971: 403 U. S. 713, 91 S. Ct. 2140, 29 L. Ed. 2d 822, 1 Med. L. Rptr. 1031).

[26] 美国宪法赋予国会权力颁布法律确立了版权体系。1790 年 5 月国会颁布了第一部联邦版权法，两周之后第一本

著作注册了版权。起初，版权声明由区法院记录，直到 1870 年版权管理职能才集中到国会图书馆，由馆长艾因斯沃斯·兰德·斯伯福德负责。1897 年，版权办公室成为国会图书馆的一个独立部门，瑟瓦尔德·索尔伯格成为第一任版权登记官。[U. S. Copyright Office，(n. d.). *A brief introduction and history*. http：//www. copyright. gov/circs/circla. html] .

[27] Patterson，L. R. (1968) . *Copyright in historical perspective*. Vanderbilt University Press.

[28] Associated Press. (2007，September 21) . Virgin sued for using teen's photo. *The Age*. http：//www. theage. com. au/news/technology/virgin-sued-for-using-teens-photo/2007/09/21/1189881735928. html.

[29] Rampell，C. (2007，October 19) . Standing up to take down notices：Web users turn the ta bles on copyright holders. *Washington Post*. http：//www. washingtonpost. com/wp-dyn/content/article/2007/10/18/ AR2007101802453. html.

[30] Digital Life America. 2007 survey.

[31] 见作者本章的"知识共享"视频片段。

[32] MLRC Institute，(n. d.) . The Reporter's Privilege：A Historical Overview，http：//www. gsspa. org/conterences/fall/10051964 _ 1 %20-%20Historical%200veriview% 20of%20the%20Reporter _ s%20Privilege. PDF.

[33] *Branzburg v. Hayes*，408 U. S. 665 (1972).

[34] Ibid.

[35] Slater，W. (2008，June 13) . Work on Texas GOPs platform stirs passions. *Dallas News*. See also Argetsinger，A.，and Roberts，R. (2008，June 16) . A chafed Texan in the naked city. *Washington Post*. http：//www. washingtonpost. com/wp-dyn/content/article/2008/06/15/ AR2008061502188. html.

[36] 源自兰尼·布鲁斯在演唱会上对他就淫秽色情指控与法庭展开斗争的描述。

[37] *Miller v. California* (1973).

[38] Greenwood，P. (2007，September 19) . The de cline and fall of Britney Spears. *The Times*. http：//entertainment. timesonline. co. uk/tol/arts _ and _ entertainment/music/article2484550. ece .

[39] Veena. (2008，December 5) . Media coverage 24/7 Mumbai strikes did more harm than good. http：//aware. instablogs. com/entry/media-coverage-24x7-mumbai-strikes-did-more-harm-than-good/.

[40] Kant，I. (1785) . *Kant's critique of practical reason and other works on the theory of ethics*.

[41] Nwazota，K. (2004，December 10) . Jayson Blair：A case study of what went wrong at *The New York Times*. http：//www. pbs. org/newshour/media/media _ ethics/ casestudy _ blair. php.

[42] Steinhauer，J. (2008，November 26) . Verdict in MySpace suicide case. *New York Times*. http：//www. nytimes. com/2008/11/27/us/27myspace. html? ref=todayspaper.

[43] Ibid.

[44] Ibid.

[45] Lisheron，M. (2007，October/November) . Lying to get the truth. *American Journalism Review*.

[46] Bok，S. (1999) . *Lying：Moral choice in public and private life*. Vintage.

Tour opens
STORY
Passes Bill
Kidnap
Smoking

第四部分

你与媒介体验和文化

学习目标

1. 定义视觉文化的概念，并且理解它是如何持续影响我们与大众传媒的互动和对其理解的。

2. 了解为什么视觉素养对于成为一名有技巧的大众传媒消费者很重要。

3. 理解图像的作用，尤其是摄影图片在现代传媒文化的创造和表达过程中所起到的作用。

4. 熟悉新闻摄影的发展历史及其在新闻采集和报道过程中的作用。

5. 概述摄影是如何通过大众传媒来帮助我们体验和理解科学以及自然世界的。

6. 掌握数字摄影和数字图像处理是如何彻底变革大众传媒的。

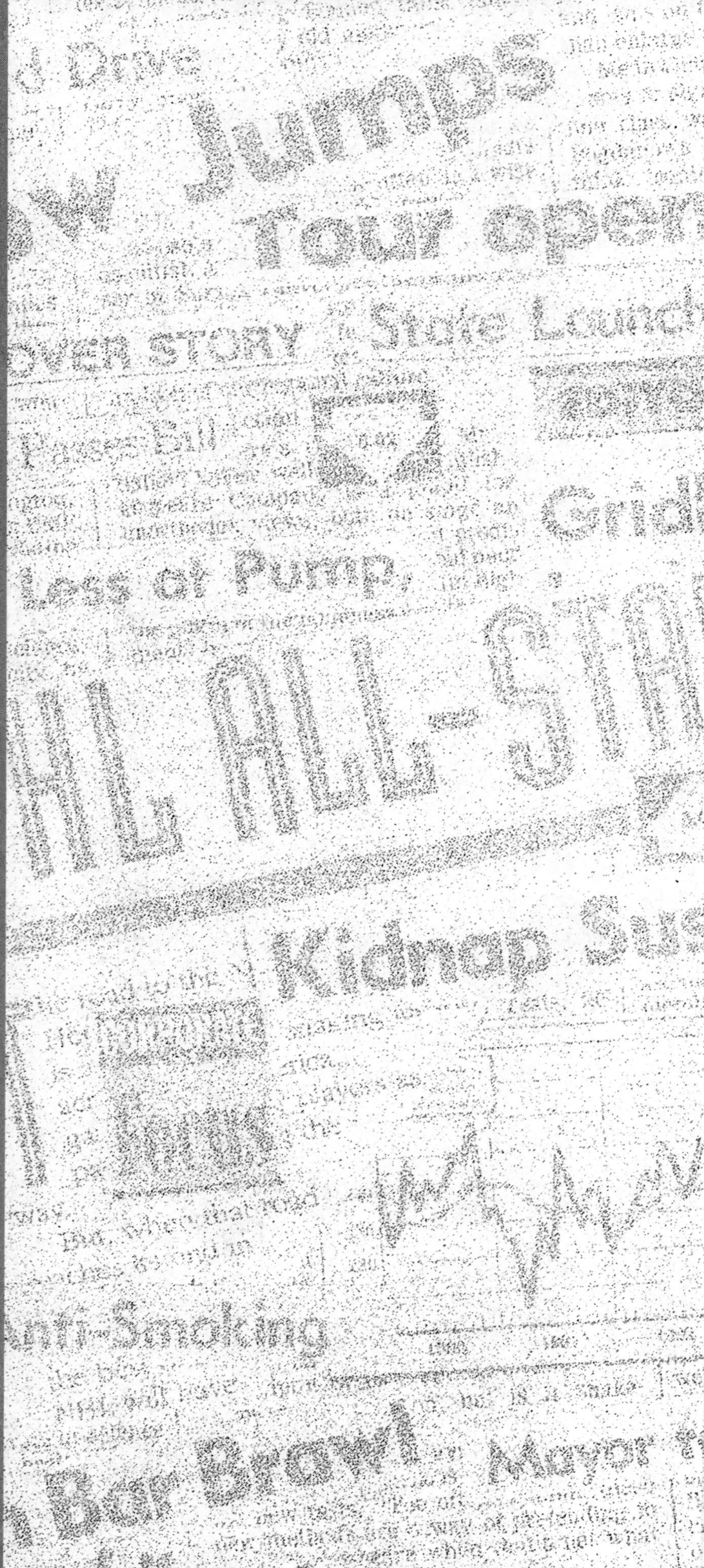

第 12 章

摄影在大众传媒中的力量

361 美国摄影师阿尔弗雷德·施泰格利茨(1864—1946)，被认为是视觉艺术发展史上最具有影响力的人物之一。通过自己的摄影作品和文章，以及在美国推动摄影和艺术的发展，施泰格利茨为奠定视觉影像在现代媒介平台上的作用做出了极大的贡献。1887 年，他写下了第一篇关于摄影的文章《简述德国的业余摄影》，并刊登在《美国业余摄影家》杂志上。当施泰格利茨于 1891 年回到美国的时候，他已经是一名获奖的专业摄影师。1893 年，他成为《美国业余摄影家》——当时一本专注于摄影的著名杂志——的合编者。1902 年，施泰格利茨创办了他的第三本主要的摄影刊物《摄影技巧》。他在刊物中推广这样的观点：摄影作为一种艺术形式，其合理存在需要有高超的技术和艺术标准做支持。他还预测了在大众传媒的发展过程中摄影将起到基础性的作用。施泰格利茨将精心创作和精美印刷出来的照片看做具有影响力的窗口，观看者能够从中思索人生。在 1918 年 7 月号的《美国摄影杂志》中他这样写道：

> 当我在旅途的过程中，研究艺术在各个国家实现了什么，以及自然究竟意味着什么的时候，我发现摄影的可能性占据了很大的一部分。正是对那些理解自然并且热爱自然的人们，未来将会给他们带来今天点滴梦想的启示。[1]

直到 1946 年，82 岁的施泰格利茨离开人世的时候，他仍然是摄影发展过程中的领导者。他具有影响力的作品揭示并预言了摄影在 20 世纪将如何发展，以及在进入到 21 世纪之后又会怎样。近些年来技术的进步使得每个人都可能成为一名摄影者，这一技术潮流与向读写文化发展的潮流是相似的，在其中我们既是媒介内容的消费者，同时也是媒介内容的生产者（见第 3 章）。摄影在社会和文化中扮演了关键的角色，所以本章将主要关注图像是如何传递和加强大众传媒信息的。

近些年来技术的进步使得每个人都可能成为一名摄影者，这一技术潮流与向读写文化发展的潮流是相似的，在其中我们既是媒介内容的消费者，同时也是媒介内容的生产者。

《春雨》(1902) 是美国摄影大师阿尔弗雷德·施泰格利茨的作品，他使得摄影作为一种合理的艺术形式存在，并且使摄影在未来的大众传媒中起到了重要的作用。

362 

大众传媒中的视觉传播

如今，大多数的人主要是通过图像与大众传媒进行互动，有时候会通过文本或者声音，这取决于大众传媒的内容和媒介。探索人类感知领域方面的心理学家的研究显示，对于绝大多数人来说，到目前为止，不管他们的文化背景怎样，视觉图像是信息的最主要的来源。所以，现代大众传媒在很大程度上是建立在视觉图像基础上的这一说法并不是很令人意外。

理解视觉素养

无数心理学和神经学的处理过程解释了我们是如何与图片进行互动，并且从中提取信息的。然而，关于视觉传播在大众传媒背景下运行方式的知识驱动了我们对视觉文化的理解，即我们在日常生活中依赖意象的某种形式来传递意思。研究表明，即使我们是通过视觉以外的其他方式来接收信息，大脑都会自动地将信息转化成“想象的图像”，然后据此进行交流。也就是说，我们会自动地“视觉化”信息，以此来定义、理解和学习。这种评估、应用或者创造视觉表象，以及理解它们是如何交流信息的能力被称为视觉素养。

如今身处数字时代，人们很难能有一整天不会受到某种形式的视觉媒体或者视觉技术的轰炸。有人说，这种日常的互动迫使我们在吸收、分析和理解视觉信息方面变得更加复杂。英国利兹大学的理查德·豪厄尔斯在其《视觉文化》一书中，将视觉文化描述成一个动态的过程，在这一过程中视觉信息在我们的视觉世界里得到了创造和交流。视觉素养，引申开来的意思就是理解所有视觉媒体的形式在大众传媒世界里是如何进行信息交流的，这些形式包括图画、图片、绘画、照片、电影、广告和电视节目等。[2]

图像支配主导着文化间进行交流、看待自身以及互动的方式。

363 在视觉媒体中发现意义

尽管本章主要集中研究摄影在大众传媒中的影响，但是视觉媒体可以囊括任何一种形式的实体媒体，如美术、绘画、图解说明、雕塑、视觉标志等。以下几个因素会影响我们对视觉媒体的理解和解读：视觉媒介的形式、媒介所表现的主题和媒介所存在的环境。

视觉形态

标志性形象，也称为视觉再现，普遍存在于大众传媒广义的视觉语言中。它们所表达的含义是由所处的文化所决定的，并且是达成共识的。这些标识可能是以抽象符号的形式存在，并且代表着一种信仰体系，如基督教中的十字架或者是伊斯兰教中的新月。这些符号可能是单独出现，也有可能是嵌入在更加讲究上下文语境的图像中。比如说，一张乡村田园背景下一栋白色建筑的照片，照片中乌云密布且带着不祥预兆的天空，意味着一场暴风雨即将来袭。我们可以从照片上看到这座建筑，以及建筑的门、窗户和屋顶的整个轮廓。照片中没有人物的出现，所以观众需要自己去解读这张图片所要表达的含义或者是要讲述的故事。现在，仍然是在同样的场景下，同样的白色建筑以及同样暴风雨的天气。而这一次，我们看到有一个十字架出现在屋顶的最高处，并且指向天空中。这一标志性的符号很快就揭示了这座房屋并不是一个随机的，没有任何特征的建筑，而是一座乡村教堂。这些背景知识决定了我们能够从图片中获取到多少的信息。照片的拍摄者选择了将观众的注意力吸引到这个标志性符号上来，而从本质上来讲，讲述了一个与我们所共同知晓的，文化概念的一座“教堂”相关的视觉故事。当看到这张图片的时候，我们当然会有自己对有关图片含义的理解和解读，但是摄影师通过引入十字架这一标志，将观众的理解过程引导到了一个特定的方向。

标志性形象有时候在视觉表现上会非常写实：比如一具披覆着旗帜的棺材、一面在微分中飘扬的美国国旗等。这些图像都表达了一定的意思，并且帮助促进了故事的交流，无论这些故事实际上是否代表这些图像所体现的核心主题。由标志性形象所引发的快速识别，为视觉媒体艺术家提供了一个非常有效的叙事工具，不管是一座纪念雕塑（代表了第二次世界大战期间在硫磺岛升起美国国旗的海军陆战队纪念碑），或者是一个照明装置（代表世界贸易中心双子塔的蓝色灯光），还是一段视频（反映美国

视觉媒体能够通过各种形式呈现，所以能够传递多种意思。当你看到这张图片的时候会想到什么？

全美航空公司1549号航班客机迫降哈德逊

这座建筑屋顶上的标志性符号（十字架），表明这是一座教堂，所以这就限定了我们对照片的理解。

364 河的录像）。这些标识，例如大家都很熟悉的耐克的标志，无论以什么样的形式出现，都能够在全世界被人们很快地识别出来。同样如此的还有代表着人们对乳腺癌认识的粉红丝带。

视觉主题

人们高度评价的往往是那些能够有效建立起创作者和观看者之间紧密互动关系的视觉媒体。这样的视觉媒体能够跨越地理和文化的障碍，对社会产生深远的影响。在通常情况下创造这样密切关系的是视觉媒体的主题。2008 年 5 月 12 日早上八点[①]，中国四川省发生了里氏 8.0 级的大地震。据媒体报道，一共有 68 636 人在这场大地震中丧生，同时还有 1 250 万只动物在地震中死亡。地震摧毁了许多乡镇和村庄，使得约 1 250 万中国人无家可归，并造成了约 200 亿美元的财产损失。中国政府，通常是很反对负面报道的，这一次很例外地允许国际新闻界进入采访，包括来自世界各地的新闻摄影记者和电视记者。如来自路透社的摄影记者杰森·李（Jason Lee）所拍摄的照片向世界展现了四川大地震给当地带来的人间悲剧，使得很多看过这些照片的人与受害者在情感上建立了联系。有关四川大地震的文字报道和广播电视记者的叙述为我们提供了相关的事实和数据，但是具有强大表现力的图片将令人动容的故事带给了全世界的受众。杰森·李所拍摄的这场悲剧的标志性图片已经载入现代中国的视觉史。尽管这样的图片讲述的是一个令人伤心的故事，但是以它们自己的方式来看，却是非常美丽的。

传媒环境

我们在体验视觉媒体时所处的环境也能够直接影响我们从中找寻信息。举例来说，一种情况是你在《国家地理》杂志上阅读一篇图文并茂的文章，另一种情况是你在《国家地理》杂志的网站上阅读同一篇文章，比较这两种情况下你所获得的阅读体验发生了怎样的变化。虽然文章的文字、图片和故事内容都是一样的，但是网站上的互动选项和其他相关文章以及特写的链接可以让你调整每张图片的大小，仔细地阅读观看。甚至在网站上还会提供由国家地理频道所拍摄的相关配套的纪录片。

① 时间有误，应该是下午 14：28。——译者注

自从20世纪中期以来，丝带代表着世界范围的团结一致。粉红丝带是全球乳腺癌防治活动的公认标识。

耐克公司的标志，不管出现在什么样的环境下，都能够被全世界的人们所识别出来，还有伴随着这个标志性的口号，“想做就做”。

365 从本质上来说，视觉媒体的影响力，以及它们所表达的意思和故事都是随着媒介的变化而变化的。以上两种方式为读者提供了相同的图片，但却采取的是不同的方式，而正是这些方式改变了读者对内容的体验效果。和《国家地理》杂志的那些富有创意的人一样，作家和图书出版商通过结合与之紧密联系的媒体，使读者可以从中同时看到图片和视频，从而获取丰富的内容选择。在以上两个实例中，以及我们在日常生活中所碰到的许多其他各种实例所要共同表达的观点就是通过综合引人注目的视觉和文字信息，从而创造一个有吸引力的和令人难忘的故事。

摄影师或者艺术家利用视觉媒介讲述了一个故事，但是我们所能体会到的故事则是一个混合体，其中包含创造者原本赋予的内容，还有我们自身对图像的解读。

视觉图像的设计者将图像的意思编码在其中，而我们作为观众，则需要对其进行解码，然后获得其想要表达的信息（见第1章有关大众传播中交互行为模式的讨论）。但是，在所有大众传媒和大众传播的过程中，我们解码所获得的信息肯定不可能与图像设计者所试想的意图完全吻合，这其中的原因很简单，因为我们在这一过程中带入了个人独有的技能、经历、文化偏见和个人喜好。摄影师或者艺术家利用视觉媒介讲述了一个故事，但是我们所能体会到的故事则是一个混合体，其中包含创造者原本赋予的内容，还有我们自身对图像的解读。世界上最负盛名的艺术家和摄影师不仅认识到创作者和观众之间的这一合作关系，而且实际上还倍加努力地去创造每一件作品，让它们传递最视觉化的内容，这样就可以使得不同的观众据此来形成他们自己的故事，以及从图像中获取他们自己理解的含义。其他我们所体验的媒体，如印刷出版物、电影、电视和网站等，图像创造者和观众之间的关系作用是一样的，都依靠两者之间协同作用和相互依赖的关系来建立一个有意义的叙事。[3]

现在我们通过媒介所获取和体验到的任何一种形式的媒介内容，不管是视觉图像的还是文字的，都不是信息内容本身。媒介很显然地在我们的媒介体验和信息理解过程中施加了很大的影响。

我们观看图像所使用的物理和技术平台是媒介环境中基本的组成部分。20世纪中期，媒体未来学家麦克卢汉就曾经预言“媒介即信息”，现在看来这一观点在某种程度上来说是正确的。现在我们通过媒介所获取和体验到的任何一种形式的媒介内容，不管是视觉图像的还是文字的，都不是信息内容本身。媒介很显然地在我们的媒介体验和信息理解过程中施加了很大的影响。

反映中国四川省经受大地震摧毁之后景象的照片。这张照片，和其他差不多类似的图片，由摄影记者杰森·李于 2008 年 5 月拍摄。这些照片已经成为现代中国视觉史的一部分。

366 我们在书本或者杂志上欣赏照片和在互联网上看照片的感受是非常不同的。我们看照片所使用的技术，即我们所使用的视窗的类型，影响着我们从每天碰到的数以千计的图像中提取信息。所以微软公司多年来将其在行业内占据统治地位的操作系统命名为“视窗”也不是一件偶然的事情。

作家安娜·弗雷德伯格在她 2006 年出版的《视窗：从阿尔伯蒂到微软》一书中对视窗提出了一个发人深省的定义。她认为视窗是一种框架，将我们体验的内容包含和呈现在“二维的表层”，并且“显著影响改变我们对空间的概念，甚至从根本上改变时间的概念”[4]。换句话说，这些我们用于与图像进行互动的图像屏幕，无论是实体存在的还是虚拟的，它的多样性已经极大程度地影响我们对无限的环境和无止境的故事的理解，包括真实的和虚拟的。从书籍杂志到电影电视再到电脑和智能手机，真实世界和虚拟世界之间的界限也正日渐变得模糊，我们理解如何与图像进行互动的能力、利用自身与图像的关系来丰富我们生活的能力，以前从来没有显得如此重要。

摄影与当代文化

通过大众传媒来进行叙事是本书的中心主题。在今天，比人类历史上任何时候都要多的图像，尤其是摄影图像（包括电影和视频中的），已经成为我们有意义地消费和交流故事的主要工具。本书第 2 章对摄影的历史做了简要的介绍，讲述了摄影图片是如何发展成为理解现实的一项重要的文化工具的。实际上，正如美国作家和政治活动家苏珊·桑塔格在她很有影响力的《论摄影》一书中所讨论的，20 世纪的文化是由广泛生产制作和观看的照片所创造的。她认为这是社会最重要的活动之一，并称“一幅照片绝不会逊色于其原物，而这方面绘画无法企及”[5]。

摄影也能够改变现实，为人们呈现一个梦境般的非理性的景象，远离对人物、地点和事情的纪实表现。正如在本章开始的部分所讲述的，阿尔弗雷德·施泰格利茨奠定了摄影是包含了技术过程和艺术表现力两者缺一不可的整体。摄影的艺术表现力相比较绘画和素描而言有着其自身独特的特点，往往在传递感情交流方面还更胜一筹。施泰格利茨将摄影看做一种视觉的比喻，它们有能力引发观看者在情感上的反应，并且他将其称为等值：

> 最重要的是抓住一瞬间，完全记录下某个东西，让那些看到照片的人能够体验到和（照片里）所表达的等值的感觉。

这种等值的体验能够有助于解释一些图片如何抓住和扩展我们的想象力，而其他的图片则向我们打开了令人烦扰的窗户，将先前人们无法想象的现实状况，如贫困、战争、种族灭绝、自然灾害以及人类造成的灾难等展示在人们面前。

通过摄影图片，我们能够看到让我们难以置信的场面，我们被迫面对来之不易和痛苦的现实。

通过摄影图片，我们能够看到让我们难以置信的场面，我们被迫面对来之不易和痛苦的现实。今天，有人担心社会已经发展到过度依赖图像，对其偏好甚至超过了直接经验。而其他人则相信摄影图片和电影电视毫无疑问地丰富了我们的生活，并且作为一种特殊的催化剂用于团结各国人民和文化，到达了施泰格利茨自己从来没有设想过的程度。电影 367
和电视基于图像的叙事依靠一系列单独的图像，叫做帧。这些图像在我们的眼前以每秒钟 24 帧的速度运行，就成了电影；以每秒钟 30 帧的速度运行，就成了电视剧。也就是说，我们的大脑不再是感知单独的图像，而是体验持续不断的摄影场景所给我们讲述的故事。

要想学习更多的有关摄影是如何成为当代文化和大众媒体的“语言”，以及探寻摄影是如何帮助我们界定和留下历史上某些具有标志性意义的时刻，请看视频《摄影的历史——第一部分》。

伪造的真实

2006 年，中国摄影师刘为强所拍摄的一张照片引起了国际关注。刘声称，他是躲在一条沟里，从而捕捉到了野生藏羚羊穿越西藏荒野时的场景。照片显示，当一列高速火车行驶在刚开通的青藏铁路上时，这群藏羚羊表现得似乎并没有受到惊吓。中国的官方新闻媒体将这张照片公布出来，用于宣传这条具有争议的新铁路，希望能够说服那些批评者，这条铁路在环境上是安全的，并没有威胁到西藏的野生动物和脆弱的生态环境。这张引人注目的照片被认为是当年十佳摄影图片之一，摄影师刘为强还因此获得了一项全国性的奖项。但是不到两年，这张照片和照片的拍摄者就从全国闻名变得声名狼藉。

2008 年，一帮熟悉数字图像处理技术的摄影师发现，在刘所拍摄的照片的下半部分，靠近铁路桥的地方有一条很细微的线。这表明这张图片实际上是合成的，也就是说，是两张单独的照片的一次聪明的组合。与此同时，动物行为学专家们也表达了他们对这张照片的关注。他们认为野生藏羚羊是对噪音和振动高度敏感的动物，所以它们不太可能在驶过的高速列车附近还能够非常平静地慢跑，此时藏羚羊应该是受到干扰之后很恐慌地向四处奔跑散去。最后摄影师本人也承认这张照片实际上是一场闹剧，但是先前所期待的效果已经达到了。他的这张合成的照片在这条新的铁路线上获得了全国的和国际性的认可，绝大多数人都赞同这条铁路的修建既尊重了青藏高原地区的生态基础设施，同时还造福了当地的人民群众。

但是到了 20 世纪的后期，图像处理技术已经变得越来越复杂。比如在时尚和魅力摄影领域，它们被认为是可以接受的，并且是完全符合伦理道德的，只要它们不被用于故意和直接误导公众。

与摄影发展的历史过程几乎同步，作为视觉“证据”的照片伪造也有其自己的历史。但是在发展过程中，伪造照片的数量只是占据了非常小的一部分，这主要是因为要想达到很好的效果，要求伪造者具有高超的技艺，以及对化学试剂和暗房设备的巧妙的运用。但是到了 20 世纪的后期，图像处理技术已经变得越来越复杂。比如在时尚和魅力摄影领域，它们被认为是可以接受的，并且是完全符合伦理道德的，只要它们不被用于故意和直接误导公众。功能强 368
大、相对简单易操作，并且廉价的数码摄影软件的出现，导致情况发生了完全的变化，其中最著名的是奥多比公司的 Photoshop 和 Lightroom。如今的数字图像处理软件使得任何人，不管是专业

《摄影的历史——第一部分》截图。
学习掌握摄影在其超过 150 年的发展历程中，是如何在帮助我们明确文化意识方面起到重要作用的。

的还是业余的，都能够对照片进行修改，并且还不容易或者是无法被其他人所察觉。

通过摄影对现实进行生产加工并不仅仅是当代文化的一个特点。例如，美国内战时期的摄影师马修·布拉迪（在第 2 章中第一次提到）展出了一些战争期间最著名的图片。摄影历史学家和新闻摄影伦理学家总体上认同布拉迪并不是有意识地去操控公众，和先前提到的刘为强不一样。他们认为布拉迪只是想出了一些很有创意的解决问题的办法来应对他所面临的挑战，如相机的大小、移动暗房的技术要求，还有安全方面的考虑。安全因素主要分为两部分，一是冲洗照片的化学试剂，二是狙击手所带来的潜在的威胁。马修·布拉迪在美国内战期间的前线所拍摄到的照片向公众展出之后，对与他同时代的人们体验和理解美国历史上这一重要时刻起到了非常大的作用，并且给现在 21 世纪的观众所带来的感受是一样的。20 世纪末，他的照片激发了电影制作人肯·伯恩斯的创作灵感，制作了获奖电视纪录片连续剧《美国内战》（1990）。布拉迪的照片也是这部纪录片创作的基础。因为图片对我们所相信的或是我们所认为的真理有着巨大的影响，所以图片处理
369 技术的扩散必须考虑这一因素，即作为我们个人观点和信仰的证据，什么是我们所认同的，什么又是我们所拒绝接受的。

在第 8 章中我们讨论了广告商希望那句老话“眼见为实”能够说服公众去相信他们的产品或者服务，以及他们具体是如何做的，但是这样就足够了吗？我们对 21 世纪视觉时代的接受是否让我们比人类历史上任何一个时代的人们更加容易被操控？当我们探索图像在日常生活中所扮演的角色和起到的作用时，这些问题就浮现出来。从广告和时尚摄影到公共关系和政治活动，从电影特效到体育赛事的图片和视频报道，我们会经常性地碰到被技术处理过的图像。我们在很多方面从这些做法和技术中获益。想想你最喜欢的电影、科幻或者探险电视剧。如果没有图像处理特效的自由使用，《星球大战》或者《哈利波特》系列电影，或者《迷失》、《危机边缘》、《未来闪影》等电视剧还有可能出现在银幕上吗？总体说来，社会作为一个整体，我们每个人作为独立的传媒消费者，都有自己的标准，来衡量我们接受什么样的经过处理的图像，以及什么时候我们能对此表

如图所示，时尚摄影中经过处理的真实，只是摄影师用来吸引和说服传媒消费者的众多方法之一。

示接受，比如说，在看电影和电视剧的时候。电影、电视、美术和时尚杂志以及广告中所使用的富有创意的处理的真实，都是用来娱乐大众和增强人们的观看体验的。

构建的真实

由于拍摄过程有着其本质的特点，所以相比较于用电影或者视频来表达同一个主题，摄影照片对人们态度和信仰的影响作用要强大和有效得多。所有的照片都是对真实的构建，只是各自程度不同而已。所以也就是说，只要摄影师一按下快门，他们就捕捉了那一时刻，将时间和空间定格。摄影为我们提供了可以控制的现实的“切片”，而不是如很多人所认为的那样，是对现实没有偏见的重现。每一张照片，都是摄影师经过挑选之后，认为是体现了他想要捕捉的那一“片”现实。早几秒钟或者迟几秒钟按快门可能产生的就会是一幅完全不同的画面。而在拍摄时机的把握上，对一个用摄影来讲故事的人来说，这一感觉可能来自他们多年的艺术或新闻报道积累的经验，不过也有可能是当时纯粹的运气。抛开拍摄意图和事先谋划的程度不谈，摄影的力量一部分就来源于其能够捕捉和传播时间的这些片段，这种方式是其他艺术形式所无法相提并论的。

但是，艺术家和作家苏珊·桑塔格认为，摄影的力量和意义在很大程度上是来源于摄影师在拍摄之前和之后的工作，比方说拍摄意图、拍摄技巧以及在此期间的决定等。例如，我们可以看看摄影师如果想要在《国家地理》杂志上发表一篇图片故事，所需要经历的步骤（见第 16 章）。《国家地理》的专职摄影师，在与编辑开会沟通，对故事有了整体把握之后，就开始深入到拍摄地点工作，大概会拍摄 2～3 万张照片。摄影师接着将这些照片通过卫星上传给在华盛顿特区总部的图片编辑，并且当他还在拍摄现场的时候就获得反馈和建议。当摄影师从现场回来之后，他会和图片编辑坐在一起，像一个创意团队那样，从成千上万张的照片中挑选出 15～20 张，认为最能够表现他们所想要讲述的故事。接下来，这一

查尔斯·施泰因（J. Charles Sterin）所拍摄的《清迈出租车》（1993）。这张照片是通过什么样的构图方式来讲述了一个故事呢？

《国家地理》杂志摄影师埃勒·布洛克（Ira Block）为其 2009 年的一篇摄影特写报道来到位于中国的拍摄现场。他正在准备上传世界闻名的秦始皇兵马俑的一些照片。

370 团队将他们所挑选的照片提交给更多的编辑审阅，获得这些人的反馈。在选定杂志所要使用的照片之后，杂志的工作人员会使用一种数字暗房电脑程序，来增强、裁切、调整规格大小和处理每一张图片的光线和色彩平衡。最后，图片编辑和作者还要商量图片的文字说明，使得每一张图片的效果能够得到最大化。

所有这些媒体就同样的照片给观众带来了独一无二的感受和不同的影响。

在这一过程中的每一步，编辑对每张图片的信息和含义都进行了处理和“再创造”，这还不包括摄影师在最初按下快门键时所捕捉定格的现实片段。正如桑塔格所说，每张图片的意义，从最初的拍摄到后来创意方面的选择再到最后的出版发行，都随着这一过程发生了变化。接着，我们如何看这些照片，也会改变它们的意义和作用。正如前面所讲，读者对图片以及它们所讲述的故事的体验，会因为观看时所使用媒介的不同而不同，比如有可能是在《国家地理》杂志上看到的，或是该杂志的网站上，抑或纪录片的片段，也可能是一本书中的某几页。所有这些媒体就同样的照片给观众带来了独一无二的感受和不同的影响。

这些能够让观众“看到”的故事使得每个读者相信故事内容里所描述的人、物和事。如果“眼见为实”的话，那么图片就能够很容易地影响我们所相信的东西。

爱德华·柯蒂斯是一名美国摄影师，他最著名的作品是 20 卷巨著《北美印第安人》。柯蒂斯创作了超过 2 000 张摄影图片，拍摄了大约 80 个不同的北美印第安人部落。因为担心印第安人的文化有可能会永远地消失，所以他希望通过摄影的方式将其保存下来。柯蒂斯的目标是为北美印第安人创建一个理想化的肖像，即使这意味着为了达到目标，他偶尔不得不摆拍一张照片。正如史密森尼学会的蕾娜·格林在视频材料“摄影和社会”中所说的：“爱德华·柯蒂斯把用相机记录一个他认为可能会消失的民族当做自己的事业……柯蒂斯为非印第安人展现了一个他们想要完整保留下来的世界的形象：印第安人是美丽的……印第安人是浪漫的。”[6]她认为，除了摆拍的做法，柯蒂斯的工作留下了一项遗产，保存下来了一个“我们都希望是真实的”民族和时代。[7]

作为主题的性

一张图片越是能够激发我们的想象力，它就越能强烈地激发我们创造属于自己的解读。许多最能够吸引我们想象力的大众传媒图像都是将关注的目光聚焦于人类的性。在第 8 章中，我们看到性在广告中的作用，以及现在人们似乎面对的现实是“性卖座”。但是从历史上来看，性的意象既不新也不是特别现代。打开任何一本艺术史的书，到世界上任何一座大型的艺术博物馆里参观，看任意一部电影，你都会发现展现人
371 类裸体形象的作品。人类的性在很长时间内被称赞为是媒体中一种视觉和文化表达的形式。即使是在文化规范和实践上试图压制性的社会里，在这些文化的视觉艺术中仍然有大量表达这一话题的内容。

有关性的图像的体验，是在图像创造者和观看者之间以一种双向的关系产生的，不管这些图

《摄影的历史——第二部分》截图。

短片主要讲述了从 19 世纪后期以后，摄影在美国历史上的重大事件中所起到的作用。

像是照片、素描、绘画还是电影和视频里的场景。这些图像有些是直接描绘裸体的，有些是以其他形式暗示或者直接表达性的本质。这种动态的关系有着可以跨越艺术史的深层次的根源。英国艺术史学家肯内斯·克拉克在他的《裸体艺术》一书中，将艺术和摄影中的裸体描述成是用于表达人类全部情感的一种传统的视觉叙事工具。性内容艺术作品的创作者使用许多不同的图像技术——从光线、阴影、姿态、衣服的风格和呈现以及覆盖装饰，到人体的可见程度，再到角色之间身体接触的描述——交流传递充满着性意味的故事，从不易察觉的到明显色情的。作为图像消费者，我们从很小的时候就开始学习注意并且被人类有关性的描述所吸引，不管这些性方面的内容是象征意义的还是公开露骨的，我们都用这些图像来影响或是增强我们自己性的身份认同。[8]

通过视觉图像表达出来的性在图像创作者和观看者之间建立起了强有力的密切关系，从而强调了人类经验的共性。

尽管东西方文化都一直持续地在艺术和媒体中关注人类的性，但是方式和风格可能有所不同。例如情色艺术就可以追溯到数千年以前。甚至是宗教艺术，如犹太教—基督教、伊斯兰教、佛教、印度教以及其他宗教，也经常会很公开地加入露骨的性描写。一些伟大的文明正是因为它们有关性的作品而闻名于世，诞生于2 000多年前印度的《爱经》就是一个很好的例子。还有日本的经典著作清少纳言的《枕草子》，英国导演彼得·格林纳威1996年的同名情色电影就是受到这本书的启发而创作出来的。

有观点认为，有关性的图像在当代媒体中仍然持续存在着，这是因为人们会很自然地被那些将其吸引力和影响简单化的内容所吸引。性的意象也标志着一种正常的人类体验，这种体验可以在不同的文化、阶层、语言和宗教之间轻易地进行传播。西格蒙德·弗洛伊德、卡尔·荣格以及其他许多的哲学家和心理学家将他们长期的研究和写作生涯，用于试图解释这一普遍的跨文化现象。作家、诗人和电影制作人将性形象的普遍力量用做他们进行创作的素材，而艺术史学家和批评家则在今天继续推动这一讨论向前发展。通过视觉图像表达出来的性在图像创作者和观看者之间建立起了强有力的密切关系，从而强调了人类经验的共性。因为人们这种共同的联系如此密切和普遍，性图像可能是我们用来向大众兜售信仰、观点、服务和产品的最有力的工具。

新闻摄影：作为大众传播工具的图像

新闻摄影记者，也被称为纪实摄影师，是指那些用图像——主要是静止的图像，但是也包括摄像——来对新闻和故事进行报道的记者。他们用视觉叙事的力量来为新闻媒体消费者提供对人物、地点和事件的评论。

我们所知道的最早的新闻摄影的实践者之一是一名出生于丹麦的报纸记者雅各布·里斯（1849—1914）。1870年，在21岁的时候，里斯移民到了美
372 国。当时的19世纪后期，数以百万计的移民涌入了纽约市，并且带来了空前的多样性、迅速和无人管理的城市扩张，以及社会和文化的混乱。里斯也是移民大军中的一员。作为一个敏锐的观察者和报道自然的记者，里斯最后在《纽约论坛报》找到了工作，报道警察局新闻。这还要部分归功于报纸的编辑需要一名记者，能够在纽约市下东区声名狼藉的“五点”移民聚居区工作。在当时，这一地带是纽约市里最危险、犯罪最猖獗的。他住在一个板房里，亲眼目睹这些贫穷的移民每天的奋斗，这些人在政治上没有任何话语权。他能从自己的亲身经历中体会到这些。行走于阴冷的街头巷尾，里斯为《纽约时报》和《纽约太阳报》写了不少新闻报道，这些故事很多都是非常引人注目的。在这些故事里，里斯希望把他所看到的悲惨故事和暴力告诉读者，希望能够得到富裕阶层和政治上有权势的人的注意。但是，很快他发现，仅仅靠语言文字不能有效地描述这座城市的标志性软肋——混乱。

处于绝望之中的里斯，在一名业余摄影爱好者朋友的帮助之下，买了一台相机，并开始学习如何拍照。通过他手中的镜头，里斯向纽约人和所有的美国人展示了纽约贫民窟的贫穷和残忍暴行。他捕捉了那些贫穷移民生活的人间悲剧。在另外两位摄影师亨利·皮法德和理查德·霍伊·劳伦斯的帮助下，里斯的照片创造了新闻业的历史，并且在建立摄影行业的可信度方面起到了重要的作用。他的作品将纽约市中心贫民区的社会经济问题，尤其是在移民聚集区的问题进行了曝光，引起了市级、州级和全国的立法者的注意。[9]

另一位新闻摄影的先驱者是弗兰克·莱斯利(1821—1880)。出生于英国伊普斯维奇的莱斯利，在职业生涯开始的阶段是《伦敦新闻画报》的一名素描画家。在当时，手绘插图是报纸和杂志上所能够见到的唯一图像。1853 年，他移民到了美国；两年之后，他创办了自己的刊物《弗兰克·莱斯利新闻画报》。这本杂志在他死后数十年，一直到进入 20 世纪，都保持非常成功。《弗兰克·莱斯利新闻画报》刊登有新闻，也有短篇小说，这些文章都配有大量丰富的插图，其中有很多是弗兰克·莱斯利亲手绘制的。在 1859 年的一篇文章里，莱斯利准确地预测了摄影在未来的重要性，并指出新闻摄影将成为一项主要的工具，新闻出版物可以借助这样的工具为公众提供完全现实主义的内容。用他的话来说，“任何东西都无法超越相机”。莱斯利和 19 世纪中晚期的其他新闻摄影先驱者们，如马修·布拉迪（见第 2 章）和亚历山大·加德纳（原先是布拉迪的助手之一）彻底改变了新闻业，并且为新闻摄影在 20 世纪和 21 世纪的大众传媒中扮演具有重大影响力的角色奠定了基础。[10]

雅各布·里斯，首批新闻摄影记者，记录下了纽约市下东区移民的生活。里斯所拍摄的这张图片展现了 1890 年被称为“匪徒大本营”的地方聚集在一起的人们。

373 ## 新闻摄影报道重大事件

新闻摄影和基于摄影的纪实杂志的流行，包括《生活》(1883)、《国家地理》(1888) 和《形象》(*Look*，1937) 等，帮助巩固了新闻摄影影像/叙事的受欢迎度。这些杂志是现在许多新闻和纪实杂志的模型，如《新闻周刊》(1923)、《时代》(1935)、《人物》(1974)，以及很多图文并茂的杂志。这些刊物一起组成了如今杂志种类的格局。这些杂志所报道的话题当然是各有不同的，并且杂志和故事报道的照片与文字的平衡程度也是有差异的。但是图像推动了故事叙事并且吸引了读者的这一事实已经完全建立了。现在图片摄影故事是很普通和常见的，甚至出现在了以文字为主的杂志上，如《纽约客》。

在 20 世纪初期，战地摄影依旧是新闻摄影的最前沿，但是这一统治地位于 1906 年发生了改变。那一年，加利福尼亚州遭遇到了美国历史上最大的自然灾害之一——旧金山地震和大火。摄影记者阿瑟·根特通过照片将这一灾难的景象展现给了全美国和全世界。这个时代其他的摄影师也在拍摄一些有趣的事情，如莱特兄弟飞机的首次试飞、矿难爆炸、移民的生活、匪帮、体育明星和政治家。早期的娱乐明星，例如国际著名的舞蹈演员和间谍玛塔·哈丽，以及艺术家和作家、英雄和无赖，都被通过摄影的力量展现在公众的聚光灯下。接着而来的是第一次世界大战。

在第一次世界大战期间，美国政府对记者和摄影师进入到战争前线做出了限定，并且还限制了对战争的报道，尤其是摄影新闻的报道。这么做的目的主要是为了防止关键信息落入敌人的手中。所以由于这一原因，新闻摄影开始向本地新闻倾斜。只有这些大多数情况下简单而且没有多大信息含量的新闻图片才能够得到新闻审查人员的通过。在处于全面战争状态的时候，美国政府出于国家安全的考虑，进行了全面彻底的新闻审查，告知公众在当时并不是首要优先的任务。

在战争结束之后，纪实摄影和新闻摄影的发展又重新得到了好转。实际上，在大萧条时期，就连美国联邦政府都涉足了新闻摄影业。

新闻摄影记录大萧条中的面孔

第2章中说道，富兰克林·罗斯福总统建立了美国联邦农业安全局，并作为其新政的一项措施。农业安全局请了很多当时非常著名的摄影师，包括多罗西·兰格、沃克·埃文斯、马里恩·沃罗特和哥顿·帕克斯等人在内，将他们派去拍摄由大萧条和沙尘暴所造成的对人类和自然的破坏。当时，美国中部连续数年受干旱和沙尘暴困扰。接着农业安全局将这些上千张令人震惊的照片（免费）发送给美国的报纸、杂志和书籍出版商，其目的是为罗斯福政府所推行的新政措施中有关农业和社会福利的项目建立支持。这些措施中有很多仍然是现在联邦政府的一部分。

374 琳达·戈登在她2009年出版的关于兰格的传记《多罗西·兰格：超越极限的一生》一书中描述了兰格所拍摄的穷人和无家可归的人的照片如何影响了公众的关注并且帮助刺激政府发起农村救助项目。这些人都住在加利福尼亚和美国中西部地区的农村。当兰格的照片《移居的母亲》首次刊登在《旧金山新闻报》上时就立刻引发了大量的捐款活动来帮助移民的家庭，罗斯福的联邦政府也很快在加利福尼亚建立起了紧急的移民工人安置点。兰格的照片，还有其他农业安全局雇用的摄影师们所捕捉到的图像，在当时是一种强大的社会和政治力量，来推动华盛顿的政客们采取行动。如果没有这些力量的推动，他们或许都不会这么做。[11]

第二次世界大战期间的新闻摄影

在两次世界大战期间，新闻摄影经历了一次快速的复苏。像35毫米“莱卡”这样的照相机变得更小，更便携，而且还与最新的胶卷和可互换的镜头相兼容。这些技术的进步使得摄影师可以在不容易被看到的地方更快地进行工作，甚至是在光线条件比较差的情况下都能完成拍摄工作。这些技术进步，当被有远见卓识和创造力的艺术家所运用的时候，就带来了新闻摄影的时代，新闻摄影既是一种大众传媒的形式，同时又是一项职业。对第二次世界大战战场的图片和视频报道将美国人民团结在一起，将战争年代的灾难和胜利时刻都变成了一种大家彼此和共同的经历。在美国和欧洲，摄影在新闻报道和艺术表现两个层面都受到了极大的欢迎。而摄影这种受欢迎的热潮也启动了在这一领域的一些标志性人物的职业生涯，其中包括罗伯特·卡帕、亨利·卡蒂埃·布列松和阿尔弗雷德·艾森斯塔特。

这些技术进步，当被有远见卓识和创造力的艺术家所运用的时候，就带来了新闻摄影的时代，新闻摄影既是一种大众传媒的形式，同时又是一项职业。

在各国开始逐步迈向第二次世界大战以及在战争开始和持续的时间中，新闻摄影记者在战争中发挥了重要作用，从训练到公共关系，到国内国际宣传，到情报搜集和分析，同时他们还要报道战争的进展以及战争给世界各地所带来的灾难，如在英国、欧洲大陆、苏联、太平洋地区、

直到 1906 年旧金山大地震以前，战地摄影依然占据着新闻摄影的主导。但是自此之后，新闻摄影记者开始报道其他的重大事件，包括从自然灾害到总统大选。

中国和东南亚。反法西斯同盟以及由德国和日本组成的轴心国集团都利用摄影来告知或误导他们各自的民众。在战争结束之后的数十年的时间里，所出版的成千上万部书、电影和电视纪录片全部利用了在第二次世界大战期间所创作出来的照片档案。

或许罗伯特·卡帕（1913—1954）是第二次世界大战期间最著名的战地摄影师。战争刚开始的时候，他已经在国际上享有很高声誉。卡帕曾经报道过西班牙内战（1936—1939）和日本侵华战争（1937—1945）。他的摄影作品里包括了一些有史以来最著名的战争照片。卡帕在诺曼底登陆日（1944 年 6 月 6 日）那天随同盟军一起在奥马哈海滩登陆，还拍摄下了解放纳粹占领下的巴黎，在突出部之役的战争中捕捉到了令人震惊的战场前线的照片，以及解放集中营，这后来也成为大屠杀的记录证据。卡帕后来还报道了以色列国的建立以及早期的印度支那战争（越南战争的前兆）。卡帕大量的摄影作品展示了摄影记者的图片故事是怎样成为历史记录的重要组成部分，同时为后来人记录下了历史上重要的人物和事件。

> 卡帕大量的摄影作品展示了摄影记者的图片故事是怎样成为历史记录的重要组成部分，同时为后来人记录下历史上重要的人物和事件。

卡帕的好友，同时也是声名远扬的玛格南摄影通讯社的创立者之一亨利·卡蒂埃·布列松，是另一位著名的摄影师，他的作品保存和影响了我们对历史的理解。[12] 1947 年，卡蒂埃·布列松来到印度，报道这一英国长期的殖民地分裂为两个新的国家——印度和巴基斯坦。国家的分裂使得超过 1 000 万的
印度教徒、锡克教徒和穆斯林越过新的国界而向 375
双方境内进行暴力的逃亡，这也成为历史上最大规模的宗教和种族迁移，并且导致了超过 100 万人的死亡和不计其数的伤员。在新划定国界的两个国家，成千上万的人流离失所。卡蒂埃·布列松拍摄到了印度领导人莫罕达斯·甘地被一名印度极端主义教徒刺杀的照片。在这张照片上，倒下的精神领袖躺在临终所卧的床上，数千名支持者绝望地聚集在他身边，试图靠近他。布列松的照片很快成为震惊世界新闻的头条，使得甘地被刺杀成为一个国际社会共同关注的事件。他的照片记录下了印度刚建立之初时的暴力历史，同时也不断地再次肯定了甘地作为“非暴力不合作运动”的标志性人物所做出的贡献。卡蒂埃·布列松“现实生活”和“街头摄影”的风格使得他成为一名坦率和直接的摄影大师。他的风格影响了接下来好几代摄影师和新闻摄影记者。[13]

亨利·卡蒂埃·布列松以拍摄直接和“真实生活”的戏剧感画面而著名。《斯利那加，克什米尔，1948》就是一个例子。

具有标志性意义的图片在引发人们对公众庆

祝或者公众悲痛的共鸣方面起着关键的作用。阿尔弗雷德·艾森斯塔特的《胜利日之吻》的照片就表达了第二次世界大战结束之后美国这一厌战国家的喜悦和安慰。这张照片很简洁地抓住了美国人民当时共同的情感，所以它根本不需要任何的解释和说明。我们甚至不需要知道这名水手和女护士胜利之吻背后的故事。实际上，任何除了照片本身所表达的之外的信息都会降低它的举世公认影响力。

如艾森斯塔特的《胜利日之吻》（摄于 1945 年 8 月 14 日）这样具有标志性意义的图片帮助因战争而筋疲力尽的厌战的美国欢呼雀跃起来。

376 第二次世界大战之后的新闻摄影

在第二次世界大战之后的朝鲜战争、越南战争和 20 世纪六七十年代的“文化大革命”期间，数代人开始接受将纪实摄影和新闻摄影作为一项普通和不可替代的工具，来获知有关本地、全国和全世界的新闻。摄影师成为受到人们尊敬的职业，并且在有些情况下，还成为媒介名人。职业协会为会员争取越来越高报酬的同时，也提高了工作的标准。这些组织包括美国摄影家协会（NPPA）、美国媒体摄影师协会（ASMP），以及还有摄影师的机构和合作社，如玛格南摄影通讯社和光圈基金会（1952 年由安塞尔·亚当斯、多罗西·兰格等人创建）。

随着观众开始通过电视来收看新闻和纪录片，许多新闻摄影杂志都停办了。其他的如《国家地理》、《史密森尼》杂志、《巴黎竞赛》和《亮点》等杂志依然保持了其纪实新闻摄影的中心地位。在 20 世纪后期，报纸也开始走上了不可避免地刊登越来越多图片的道路，先是黑白的，到后来是彩色的。这么做是为了配合他们的新闻故事，并且更好地与电视以及后来的互联网竞争，以及最终保持其受欢迎的地位和财政上的持续发展，这些在第 3 章中曾经提到过。

因为现在很多的新闻报道和纪录片想要给观众一扇窗口，让他们看到他们无法立刻或者亲眼看到的人、地方和事件，所以我们现在开始依靠新闻摄影记者对世界上发生的事情进行报道。我们想亲眼“看到”并且形成我们自己独立的对事件和世界的理解。新闻摄影记者和他们的近亲——新闻和纪录片摄影师——的工作，为我们提供了源源不断的图像原材料，让我们用于建造和拓宽自己的认识和观点。有时候，这些影像窗口给我们展示了那些我们不想看到但是又必须看到的世界，并成为我们共同经历中的一部分。

新闻摄影记者和他们的近亲——新闻和纪录片摄影师——的工作，为我们提供了源源不断的图像原材料，让我们用于建造和拓宽自己的认识和观点。

很多历史学家认为，对越南战争美军死亡人数不间断的报道，尤其是安放着在战争中牺牲士兵的棺材回到美国本土的场景，激发了全国性的反战示威游行，最终迫使美国从这场战争中撤军。自从第一次海湾战争之后的 20 多年里，美国军方一直禁止对在海外战争中牺牲士兵的棺材抵达多佛空军基地进行图片和视频报道。多佛空军基地是美国因公死亡的士兵回国的接收地。奥巴马总统在他上任之后不久就取消了这项禁令。现在，牺牲将士的家人可以选择是否允许媒体报道这一庄严的“交接仪式”或者让军方的摄影团队进行
377 拍照和摄像。随着新的规定开始实施之后，媒体对交接仪式的报道出现了不一致，并且没有引起人们很大的关注，于是美国军方决定主动将图片上传到网上。这样美国军方自己就成为仪仗队将覆盖着国旗的棺材从运输机上搬运下来这一感人场面的消息来源。在 2009 年 10 月中的一个晚上，奥巴马总统亲自参加了在多佛举行的一场庄严的移交仪式。总统向牺牲将士致敬的照片成为世界新闻的头条。

因为担心公众看到牺牲士兵的图像而对第一次海湾战争产生负面的影响，当时的老布什总统下令禁止媒体拍摄报道如图所示的照片。当奥巴马总统于 2009 年 1 月开始担任总统时，这项禁令被取消。

《华盛顿邮报》撰稿人克里斯蒂安·达文波特在一篇文章中探讨了言论自由和公众实际上是否想看到不好的画面的意愿两者之间的矛盾。特拉华大学新闻学教授拉尔夫·贝格莱特认为这些画面可以用来“估量战争中的人员损失”，他鼓励公众思考，政府是否应该“对我们看到或者看不到的东西拥有最终的控制”，从而影响人们对事情的看法。[14]

牺牲将士的家人、军队和政府官员可能不同意这样的观点。但是尽管如此，现在这一正在进行的讨论突出展现了图片的力量以及它们引发彼此的爱国情感的能力。2001 年 9 月 11 日所拍摄到的图片也起到了同样的作用。

2001 年 9 月 11 日，美国遭受恐怖袭击，纽约市的世贸中心双塔受到恐怖分子攻击，另外两起恐怖袭击是华盛顿五角大楼遭袭和美国联合航空公司 93 号航班坠毁在宾夕法尼亚州的农村地区。当天，有很多照片和视频记录了这一事件。这也是美国历史上自从第二次世界大战期间日军偷袭珍珠港，导致美国参战以来所遭受到的最大规模

的袭击。这些成千上万张的照片中有一些很快被提升到了具有标志性意义的高度，如托马斯·富兰克林所拍摄到的三名消防队员在世贸中心废墟上举着美国国旗的照片。这张极富冲击力的照片表达了美国公众的悲痛、坚韧和决心，比任何官员的评论和演讲都要简洁得多。从最纯粹的意义上来讲，记者的责任就是记录和表现重大的事件，但是一个引人注目的新闻摄影记者也会引发人们对他所报道的主题的理解和同情。

科学和自然报道中的新闻摄影

视觉图像在历史发展过程中对科技的进步起到了重要的作用，尤其是在文艺复兴时期。达·芬奇的日记中有很多图画。他的日记被认为帮助开启了科学探索的一个新的时代。达·芬奇试图通过插画来解释他所观察到的自然现象，他也依靠绘画来解释自己的工程学发明。其他早期的科学

有关“9·11”恐怖袭击事件的照片是如何影响你自己对此事的记忆和认识的？这些照片又是怎样形成了美国人对这件事情“共同”的记忆？

378 先驱者，包括德国数学家和天文学家约翰尼斯·开普勒（1571—1630）、法国数学家和物理学家笛卡尔（1596—1650）以及英国自然科学家和建筑师罗伯特·胡克，都创作了有关科学和自然现象的一些令人震惊的复杂的图画，他们将其用做与同事和公众进行观点交流时的工具。这些手绘图有很多仍然被保存了下来，并且成为艺术收藏者和科学史研究者备受推崇的物品。对于后来那些追随早期的“科学巨人”的科学家和工程师来说，19世纪早期摄影的出现，意味着科学家不再需要同时成为一个精通绘画的艺术家来有效传播他们的观点。

从20世纪早期开始，一些新闻摄影记者就开始专门报道科学和创新方面的新闻。《形象》和《生活》这样的杂志开始加入科学报道内容，《国家地理》对科学方面的文章一直都很有需求，再加上如《科技新时代》（首次发行于1872年）这样的杂志添加了摄影的内容，所有这些都推动了这一专业性的发展。随着摄影技术在报纸和杂志中得到越来越广泛的运用，科学报道同样也开始变得普遍。科学现象的图片对我们理解地球与无边无际浩瀚的宇宙之间的关系有着惊人的影响。这

种影响要是没有摄影图片，是不可能实现的。

美国宇航局通过“哈勃”空间望远镜所拍摄到的惊人的照片就是一个很好的例子，它展现了这种令人叹为观止的能力。1990 年 4 月由航天飞机送入轨道，“哈勃”空间望远镜或许是自 20 世纪 60 年代末的登月计划以来美国宇航局最知名的空间探索项目。“哈勃”望远镜为全世界的人们在宇宙中打开了一扇窗户。“哈勃”空间望远镜开始运行后的 20 多年里取得了各项成果，除了科学研究方面以外，其中一项就是在大众传播中所取得的成就。它所拍摄的照片使得先前只是停留在理论上的有关宇宙和各种天体之间相互作用的研究变得鲜活起来，并且它们还对人们对宇宙的认识与了解做出了非常大的贡献。

报纸和杂志加大使用摄影图片的同时，出现了科学报道和科学新闻摄影。图为美国宇航局“哈勃”空间望远镜所拍摄的众多令人惊奇的照片之一。

和“哈勃”空间望远镜一样，安塞尔·亚当斯（1902—1984）也帮助我们拓展了对自然世界的认识。他被许多艺术和摄影史学家认为是现代最伟大的自然摄影师之一。20 世纪初出生于旧金山，因为拥有过目不忘的能力和高水平的创造力，年幼的亚当斯对当时学校严肃的纪律管理一点都不能容忍，所以被多个学校赶出课堂。最后他开始自己掌管自己的教育，他的父亲和一位舅妈就是他的家庭教师。亚当斯在 1915 年的大部分时间里都在探索研究万国博览会，当时是从 2 月到 12 月在旧金山举行的。1916 年，他从父亲那儿得到了第一台照相机——柯达 31 盒式布朗尼相机，而此时摄影已经诞生了差不多 100 年的时间了。在同一年，年轻的亚当斯第一次来到了约塞米蒂国家公园，在这里他开始迷上了给山谷里的原始景象和自然奇观拍摄照片。命中注定要成为一名终身的环境保护主义者与国家公园建立和保护的国际知名的支持者，亚当斯后来多次回到约塞米蒂进行拍摄。终其一生，亚当斯所有拍摄工作的成果是 4 万张照片、500 场展出和他的总销量超过 100 万册的书。

379 在他的整个职业生涯中，亚当斯一直致力于向其他摄影师传授拍摄技巧。他发明了摄影构图学中的分区系统理论，将光线分为 11 个区域。这一方法现在仍旧被许多职业和业余的摄影师和新闻摄影记者所采用。不仅如此，亚当斯还领导组织了一系列各种各样的摄影研讨会，并且支持了许多摄影组织，如 1966 年他所创立的摄影之友协会。[15]亚当斯不仅仅是一位著名的摄影师，为数以百万计的人们打开了一扇可以欣赏美国北部自然奇观的窗户，而且他还是一名多产的摄影书籍的作者。在他职业生涯后几十年里所出版的摄影书籍，在他死后的数十年里依旧畅销。这些书为摄影出版制定了统一的标准。他的书和展出还将美国的自然奇观带给了国际观众。其中的一个例子是 1983 年在中国上海举办的亚当斯作品展，其作品给观众带来了深远的影响。当时每天有超过 5 000人在展馆门前排队，就是为了要一睹美国著名摄影师的作品。这次作品展后来又来到了北京的中国美术馆，为在当时处在冷战时期紧张关系已经达到顶峰的中美两国之间建立起了一座微妙而又有力的文化桥梁。[16]

有关世界自然景观的摄影图片能够使得我们每个人在虚拟意义上访问到那些因为时间、地理因素和经济方面因素等障碍而无法到达的地方。如今，自然摄影和自然纪录片，如探索频道的《生命》（2010）、《地球脉动》（2006）等，比以往任何时候都要受欢迎①。有关探索自然界尚未被人类所探索的地方的书籍、杂志、网站、纪录片电视台和节目，以及纪录片电影等吸引了大量的受众，并且持续产生了数量可观的收益。安塞尔·亚当斯应该为他自己感到自豪，因为他的作品和

① 这两部纪录片应该是 BBC 出品的，《生命》是 2009 年播出的。——译者注

摄影生涯在大众传媒的内容中建立了一个重要的门类。想要了解更多亚当斯的作品以及其他具有影响力的摄影师，请看视频短片《摄影的历史——第三部分》。

数字时代下的摄影

正如我们在这本书的很多章节中所说的，数字时代改变了大众传媒的方方面面，摄影也不例外，拍摄、存储、处理和分享摄影图片变得前所未有地简单容易。这也同时要归功于相对较为便宜的小型数码相机的出现，普通手机和智能手机也越来越普遍地带有拍照功能，以及即插即用接口的数字相片设备和个人电脑的普及。精简版的专业数字暗房软件如奥多比公司的Photoshop、谷歌公司的Picasa以及其他的免费软件，这些图像处理软件使得数码图像处理成为一件很平常的事情。照片拍摄和图像处理技术的革命性发展，带来的是专业与民间摄影师、新闻摄影记者之间的界限正在不可逆转地变得模糊。

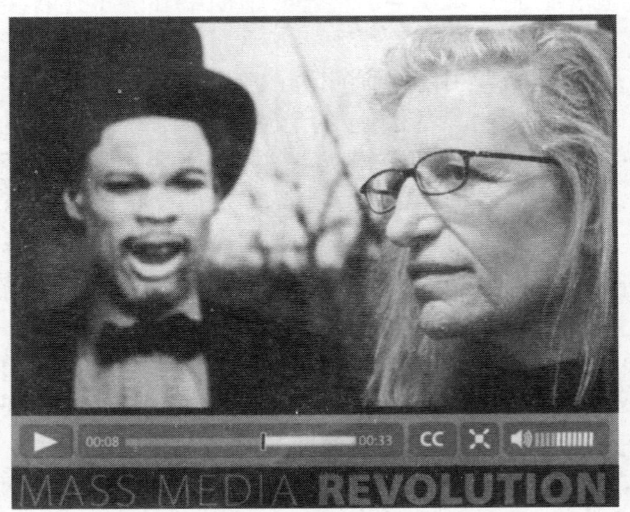

《摄影的历史——第三部分》截图。

这里展示了一些美国摄影大师的作品及其影响。

380 在第13章中，我们回顾了对“新新闻主义”的发展有着贡献作用的摄影技术和技巧的发展历程。数字摄影和数码摄像的出现在很大程度上使得这一革命性的发展成为可能。它们从方法论和创意角度两方面对新闻摄影的实践有着深远的影响，概括起来就是一个词——即时性。如今，一个在现场工作的新闻摄影记者，哪怕是在非常遥远的地方，都可以马上将他刚刚拍摄的照片导入笔记本电脑中，然后利用所有可以使用的复杂的图像处理软件来修改处理图片，增强其效果，接着通过手机或者卫星电话的宽带通信连接功能接入互联网，将处理好的图片迅速上传给他的编辑。他可以用电子邮件、短信，或者用类似Skype的软件进行实时的手机或者视频会议，与编辑进行交流。在交流的过程中，他们可以对编辑修改意见达成一致，编辑也可以要求或是计划让摄影师拍摄更多的照片等，而此时，新闻摄影记者还在拍摄工作的现场，而他的编辑有可能是在上千英里之外的地方。

技术进步从方法论和创意角度两方面对新闻摄影的实践有着深远的影响，概括起来就是一个词——即时性。

数字图像技术不仅仅模糊了专业新闻摄影记者和民间摄影记者之间的界限，而且还迫使那些委托、购买和（或者）展示摄影的新闻媒体在法律和编辑伦理领域面临着新的挑战。随着图片能够迅速及时地传输，关于什么样的人可以是一名合格的新闻摄影记者的标准也变得日益模糊，编辑经常被要求匆忙间做出判断：他们所接受的图片在法律和新闻伦理上是否可行？会带来什么风险？正如我们先前在本章中所看到的，中国摄影师刘为强拍摄的广为流传的青藏铁路照片的例子，对照片进行篡改正在逐渐变得越来越难以察觉，即使是最富有经验的编辑，有时候也很难发现。同时，现在的照片又可以通过YouTube、推特和脸书等社交媒体，以病毒式营销的方式很快地在全世界传播，数以百万计的观众可以在数小时或数天之内就能够看到。这也给图片编辑的工作增添了更大的难度。

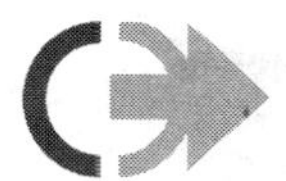

结论：摄影图片的大众传媒影响

摄影是 21 世纪大众传媒非常重要的一个组成部分。摄影现在已经变得如此司空见惯，从而使得人们很容易忽略创造出一张能够有效影响人们对世界的理解和对大众传媒信息解读的照片所需要的复杂的元素和技巧。摄影，自从 19 世纪中期其发展的早期以来，就在大众传媒中起到了越来越重要的作用，尤其是在新闻和纪录片的叙事中。随着摄影成为一项占据主导优势的视觉大众媒介，这一趋势还将在 21 世纪持续下去。正因为如此，我们每个人，总的来说，必须磨砺我们的视觉素养技能，成为更加独立思维的摄影消费者。与此同时，数码摄像和摄影技术的进步正在深刻地改变当代新闻摄影的本质——普通人不再仅仅是消费者，而且作为一个大众媒介，还是摄影图片的创造者。

……数码摄像和摄影技术的进步正在深刻地改变当代新闻摄影的本质——普通人不再仅仅是消费者，而且作为一个大众媒介，还是摄影图片的创造者。

381 

思考题

1. 在本章，或者互联网或者一份报纸或杂志上选择一张图片。运用本章中有关图像和意义表达的概念，描述你选的这张图片为什么特别引人注目。有哪些元素帮助传达了它的大众传媒信息或者故事？

2. 路透社记者杰森・李和其他摄影师所拍摄的 2008 年四川大地震的照片将这一巨大的自然灾害和人间悲剧展现在世界面前，引起了广泛的关注。找到一个在时间上更近的例子，其照片对事件的描述引发了人们的关注从全国范围上升到全世界的范围。解释为什么你选择的图片对公众的意识和态度有着巨大的影响力。

3. 本章讲述了一些新闻摄影的先驱者的故事。在你看来，哪些人是当今世界较为成功的新闻摄影记者？这群著名的新闻摄影记者有哪些故事对观众有着尤其重要的影响？为什么？

4. 科学和自然的图像，如“哈勃”空间望远镜所拍摄的令人惊奇的图像，在 21 世纪改变了我们对世界甚至还有宇宙的认识。讨论另外一个帮助我们在 21 世纪对科学和自然的认识的例子。

5. 讨论数字技术是如何帮助彻底变革摄影，使其成为大众传媒的一个重要形式的。

【注释】

[1] Whelan, R., and Greenough, S. (2000). *Stieglitz on photography*. Aperture Foundation.

[2] 源自作者的“摄影与视觉审美”讲座。

[3] Hall, S. (1993). *Encoding, decoding: The cultural studies reader*. Rutledge.

[4] Sontag, S. (1973). *On photography*. Picador.

[5] Sontag, S. (1977). *On photography* (3rd ed.). Picador.

[6] Quoted from an interview with Rayna Green on the video segment “Photography and Society,” from *American Photography*, Twin Cities Public Television & PBS, 1999.

[7] Ibid.

[8] Clark, K. (1972). *The nude: A study in ideal form*. Princeton University Press.

[9] Yapp, N., and Hopkinson, A. (2006). *Photojournalism*. Konemann-Getty Images.

[10] Blanchard, M. A. (1998). *History of the mass media in the United States*. Fitzroy Dearborn.

[11] Gordon, L. (2009). *Dorothea Lange: A life beyond limits*. W. W. Norton.

[12] Kobre, K. (2008). *Photojournalism: The professional's approach*. Focal Press.

[13] 玛格南摄影通讯社是一个专业摄影师和摄影记者的合作团体，1947 年由罗伯特·卡帕、大卫·塞摩尔、亨利·卡蒂埃·布列松和乔治·罗哲尔共同创办，现已成为世界上最著名的摄影师代理机构之一，总部设在纽约，巴黎、伦敦和东京设有办公室。

[14] Davenport, C. (2009, October 24). With ban over, who should cover the fallen at Dover? *Washington Post*.

[15] Pritzker, B. (2004). Ansel Adams. JG Press World Publishing Group.

[16] Ibid.

Tour opens
ALL-STAR
Kidnap

学习目标

1. 了解今天记者所面对的行业变化和挑战，列举 21 世纪一个成功的记者需要掌握的新技能。

2. 讨论互联网时代和电台电视台新闻 24 小时循环播出背景下的新闻职业道德问题。

3. 认识短尾新闻和长尾新闻的区别，以及它们与 24 小时新闻文化的关系。

4. 理解网络新闻的形式和方法。

5. 了解新闻报道整合者和新闻报道创作者的区别。

6. 了解超本地新闻网站的发展趋势及其为新入门记者和公民记者提供的机会。

7. 了解多媒体记者需要的才能、技能和他们的影响。

8. 认识经过编辑工序的新闻与未经编辑工序的新闻之间的区别。

9. 了解专门为网络制作的新闻的趋势和意义。

10. 认识并讨论“背包新闻”的发展趋势、新技巧和特殊的伦理挑战。

第13章

数字千年的新闻业

385 马修·德拉奇（Matthew Drudge）在华盛顿市郊长大。从许多角度看，他的青年时代都并非一帆风顺。他轮流与离异的父母生活。他的母亲是已故参议员泰德·肯尼迪团队的律师。他的父亲是一位社会工作者。据报道，德拉奇长大后很少有朋友，但是对新闻和电台新闻谈话节目十分着迷。1984 年，德拉奇以几乎在班级垫底儿的成绩从中学毕业，做过便利店店员、图书公司的电话销售员，后来到了好莱坞，在礼品店做过店员。德拉奇从没有接受过专业新闻教育，所以，当他后来成为美国最有名也是最有争议的保守派网络新闻评论员时，人们不免觉得他的经历背景非同寻常。

1994 年之前，德拉奇一直默默无闻。然而，那一年，德拉奇开始撰写保守的新闻评论，并电邮给有限的几个朋友。德拉奇的这份新闻评论通讯当年发展了 1 000 多个读者，两年内又上升到 8.5 万订户。这份最终定名为《德拉奇报道》的电子通讯成就了一个网络现象。

《德拉奇报道》在披露出克林顿总统与莱温斯基的性丑闻之后，一跃成为重要的新闻博客，德拉奇也因此成为名人，登上福克斯新闻和“拉什·林堡秀”（*Rush Limbaugh*）等节目。在此之后，德拉奇报道继续在政治敏感突发新闻上有所作为，成就了全国范围内连续增长的业绩，并成为《华盛顿邮报》、《新闻周刊》和一些电视新闻网节目等主流新闻媒体的直接竞争者。这种令人羡慕的地位使得德拉奇能够在一些新闻报道中成为媒体和公共议程的设置者。《德拉奇报道》与竞争对手、倾向于自由派的《赫芬顿邮报》的成功有相同之处，即网络受众的显著增加，而增加的原因是三种报道话题的吸引力：政治评论、最近两次总统大选的有关争论，以及政坛候选人有违道德或错误行为的曝光。

毫无疑问，德拉奇的在线报道对美国的新闻业产生了重大影响。但是，德拉奇是真正的新闻工作者吗？或者只是一个政治上成功的自我推销者？要想回答这个问题，我们首先必须定义一下什么是新闻工作者，然后再解释一下在 21 世纪这个定义发生了什么样的演化。下定义这个任务其实是一个很大的挑战，因为现在许多专业活动都是以“新闻业”的名字进行的。传统上，新闻工作者是指以向公众传递信息为目的的职业作者或记者，他们同时代表公众监督政府、企业和其他社会组织的行为。新闻工作者如果发现了任何可疑的坏事，他们有责任向公众曝光。这被称为“扒粪”（请参见第 11 章媒介法律和伦理等相关内容）。

一些新闻工作者主要是通过撰写影视体育明星、音乐名人等的故事给公众提供娱乐；有的专写科技健康新闻；有的提供书评、影评、游记；有的专攻时尚、汽车等领域；有人坚信，新闻应该保护社会中的弱势群体抵抗不公正的势力——用报刊撰稿人、幽默作家芬利·彼得·邓恩（Finley Peter Dunne，1867—1936）的话说就是：“安慰被折磨的人；折磨舒服的人。”

那么，德拉奇属于以上关于新闻工作者的哪种定义呢？或者说，今天任何一个博主或是把自己制作的视频片段上传并通过 YouTube 和 CNN 等媒体传递到数百万观众的“我记者”们，他们属于哪种情况呢？这些问题的答案今天正在发生变化。事实上，在各种新闻媒体以数字化和网络空间为基础聚合的同时，整个新闻业也在向这种趋势发展（请见第 2 章传媒简史和第 4 章印刷媒体）。因此，一个 21 世纪的“新闻工作者”的清楚定义，以及指导他们工作的方针，现在还是有待出现。即使如此，我们也已知道，今天的新闻工作者是“新的新闻工作者”，他们要遵守的规则已经不同于他们的前辈。

马修·德拉奇创办的保守派新闻聚合网站《德拉奇报道》帮助重新定义了 21 世纪的新闻工作者意味着什么。

386 

为数字千年再造新闻业

新闻职业和新闻工作实践正在经历翻天覆地的变化。新闻媒体平台与互联网的聚合，新闻媒体商业模式的相关改变，以及技术、实践和职业等方面新的伦理问题，所有这些在本书中讨论的问题都是促成新闻业变化的因素。本章我们将从从业者的角度看一看新闻工作者今天的新角色和面临的新挑战。我们还将探讨密切关联的媒介要素今天如何在某种意义上成为有抱负的新媒体记者的职业敲门砖。

如果只是轻描淡写地说新闻业今天正在经历转变，则远远不能够准确地表达这种转变的深度。事实上，21 世纪以来，新闻业作为一种职业和一种行业正在经历一场彻底的变革。新闻业毕竟是一种产业，目前正在努力适应时代需要，重塑自我，以担当服务公众的重任。21 世纪的新闻工作者再也不能只盯着受众群非常明确的某一种媒体了。过去，传媒专业的学生在学校按报纸记者、杂志记者、摄影记者、电台记者和电视记者等分类进行培养。对于今天的新闻工作者来说，这种专门分类培训越来越不常见，如果我们目前还不能直接说是罕见的话。在数字时代，由于所有新闻媒体都在向网络聚合，一个记者每写一篇稿件都要想着它既有可能出现在报纸上，也有可能出现在杂志上，还有可能出现在该媒体的同步网站上，甚至有可能与图片、音频、视频打包为一个多媒体集成，同时在电台、电视台广播或是在网络上广播。

今天的新闻工作者面对的受众也不再是被动的接受者。过去，媒体给他们报道什么，受众就读什么、听什么、看什么。仅有一小部分受众看完之后会花时间给编辑写信进行反馈。相比之下，现代的读者或观众会通过网站、博客、电子邮件、社交网站和推特等就每个新闻产品立刻做出连续不断的反馈和评论。这种反应表明，新闻实践显然已经成为公众参与的一个过程。

技术进步成为公共新闻崛起的推手，如果列举一二，其中包括手机照相和摄像技术、思科的快翻相机（flip camera）、苹果手机，以及互联网的普及。公民记者报道的新闻和少数族群新闻媒体的报道进入了主流媒体，把世界各地的新闻呈现给媒介消费者。例如，2009 年伊朗选举之后以及 2010 年冬天，伊朗爆发了大范围的街头抗议活动，抗议选举欺骗，而公民记者们手持手机照相机报道了这些抗议活动以及政府的暴力镇压。

世界见证了伊朗政府对 2009 年 7 月选举后发生的抗议活动的暴力反应。这些场面主要是由公民记者们用手机拍摄下来的。

387 2009 年，美国公共广播公司（PBS）的《新闻时间》节目专访了卡耐基国际和平基金会伊朗问题专家卡里姆·萨迪加布（Karim Sadjadpour）。在采访中，萨迪加布说："（伊朗）政府非常善于镇压。"[1]不过，尽管伊朗政府竭尽全力限制媒体，但还是没能成功压制人民的声音，也没能抑制全球受众的关注。在很大程度上，因为世界持续关注伊朗内部的公民斗争以及其他国家的类似民主改革，公民记者和少数族裔记者的权力和影响力正在增长。他们的角色正在对全球公共舆论和外交议程产生重要影响。先进的传媒技术在世界范围内得到更广泛的运用，公民新闻运动必会因此如滚滚车轮。这可能会令一些国家的政府感到沮丧。

“新新闻主义”的新浪潮

> 新闻媒体在迅速聚合，新闻工作愈发具有互动性，许多新闻工作者为此感到激动而且有成就感。这种趋势给新闻工作者提供了前所未有的机会，使他们的作品能够被更多、更不同的受众阅读、聆听和观看。

新闻媒体在迅速聚合，新闻工作愈发具有互动性，许多新闻工作者为此感到激动而且有成就感。这种趋势给新闻工作者提供了前所未有的机会，使他们的作品能够被更多、更不同的受众阅读、聆听和观看。同样让他们感到不可抗拒的是网络的多媒体特性以及调查和报道的新方式。而且，互联网的非线性特征使记者能够摆脱传统新闻写作的严格的线性模式，把受众与报道联系在一起，让他们产生个性化和互动的体验。在本章，我们把聚合的新闻平台、迅速的受众反馈和评论，以及必需的多媒体技术运用水平合起来称为新新闻主义。

“新新闻主义”这一术语最早是在20世纪六七十年代由汤姆·沃尔夫（Tom Wolfe）、杜鲁门·卡波特（Truman Capote）、诺曼·梅勒（Norman Mailer）等人最早使用的，但是汤姆·沃尔夫被认为给这一术语正式进行了定义。这一说法是指用文学手法进行新闻写作，典型的案例就是《纽约客》和《滚石》等杂志上的文章。刚开始出现的时候，这种新的新闻范式显得内容密集、真实，同时也允许作者加入自己的意见，因此也显得比较主观——这在当时的新闻写手来看，被认为是不合传统的。在本书中，“新新闻主义”这一概念被扩展到把所有在互联网出现和普及之后才出现的技术驱动的新闻类型和新闻报道的出口都涵括在内。

一些新闻工作者，特别是那些职业上已经扎根于“旧媒体”方式的从业者，可能会觉得难以转变到21世纪聚合型的新新闻主义。在这个新时代里，新闻报道大量急促涌向互联网，因此，一些新闻工作者开始担心新闻道德伦理有可能在这个过程中丧失。这种担忧不无道理。新闻伦理是新闻工作者在报道、写作新闻的时候应该遵守的道德责任。这些责任包括确保新闻的真实性，以及注明消息源等——一些“新媒体”报道方式的批评者们认为，新闻业的这些基本操守在数字大潮的攻势下正在悄悄溜走。一些有经验的新闻工作者担心，在今天，互联网和24小时滚动播报占统治地位的情况下，真实的报道经常被那些嘈杂的、引人注目的和快速的煽情手法报道逼到角落里。换言之，21世纪新闻传播的病毒式特色可能会胜过基本的新闻惯例：认真核对事实与多信源确认（即记者应该至少与三个信源确认稿件的事实以确保事实的准确性和可信性）。也有人担心， 388
多层的新闻内容和多平台传递选择，即所说的“短尾新闻让位给长尾新闻”，使专业的编辑和广播新闻的制作人难以介导新闻报道并让受众聚焦于每件新闻的主要内容。

从短尾新闻到长尾新闻

短尾新闻和长尾新闻是从经济学领域借用过来的两个概念。这两个术语在商业领域中用来分析并用图表说明销售情况。短尾零售商销售的产品种类繁多，虽然每种商品销售量不大，但各种商品总体销售量可观，例如超市和百货商店属这种模式。长尾零售商则专注于少数种类商品的大量销售，如流行服装专卖店或像苹果这样的电子商店。传统的新闻机构操作模式相当于短尾新闻的模式。它们将新闻打包，然后通过有页数限制的报纸或有播出时间限制的广播节目传递给受众。这一模式试图通过每天提供大量的短篇幅、话题集中的报道选择吸引大范围的受众。在这一模式中，编辑或制作人决定什么是最重要和最有趣的内容。互联网新闻媒体走的是长尾新闻路线——通过一种版面和时间几乎不受限制的媒介传播它们的产品。这种不受限制的优势使得网络新闻媒体的新闻报道更具细节，而且可以同时附带不同的链接，并具有较高的用户互动性。[2]

例如，美国有线电视新闻网（CNN）成功运用了短尾新闻和长尾新闻两种模式。CNN由泰德・特纳于 1980 年创办，开辟了电视新闻的一种全新模式，自创办之日起，就影响着所有形式的新闻报道。每个小时，CNN 的制作人都要为 24 小时滚动播报选择新闻。每一条只持续几分钟的新闻如何在节目中播报，对于这个问题，他们要随时进行编辑决策。每逢突发事件，这种操作模式就会被打破，因为这些瞬间发生的事件往往需要更多报道时间和评论。

CNN 电视台上的节目同样还会在 CNN 电台上播出。CNN 电台是 CNN 的网络电台，24 小时不间断播出。电视台的许多节目还会出现在 CNN. com 的视频中。而无论是在 CNN 网络电台还是在 CNN 网站，每条新闻的详细报道都可以通过点击历史档案和相关报道获得。用户还可以跟踪其他用户觉得有意思的新闻。个人可以通过绑定的博客提交他们对某一新闻的反馈，提出问题、发表评论，甚至上载他们认为可能对了解这一事件报道有帮助的业余新闻视频。CNN 把这种用户制作的新闻片段称为“我报道”新闻。每个小时，编辑会从中挑选几个视频作品在 CNN 电视台上播放。通过这种方法，CNN 可以同时以传统的短尾和新媒体的长尾模式运转，成功地将两者融合，为受众提供最大的选择空间。

24 小时新闻播报：所有新闻，所有时间

CNN 为 21 世纪新闻业变革做出的另一历史贡献，我们今天看起来会觉得理所当然，但当时在给这一行业带来巨大机会的同时也引起了许多争议。这就是它开创了新闻报道的一种新的时间概念：24 小时不间断播出。在这一模式下，报道在
389 延伸，但同时也在收缩。说报道在延伸，是因为它有很多播出时间可以利用——每天 24 小时，每周 7 天，每年 365 天。因为即使没有新的新闻或信息也不允许有空档，即停播，所以 CNN 播出的新闻有时是突发事件，很重要；而有时则不那么重要，甚至重复。

因为有这么多时间需要填充，所以新闻通常被转化为评论。CNN 招来一大批专家，对新闻最微小的细节进行剖析，并展开争论。这种长尾报道的生态是由两种因素驱动的：一是担心失去报道某一事件新进展的先机，而被竞争对手拔得头筹；二是每天 1 440 分钟的播出时间不停地需要材料来填充，哪怕没有什么新东西可报。

泰德・特纳创立 CNN 的时候预见到了新闻业的未来发展趋势。CNN 从创立之日起已经成为大众传媒文化的一个支柱。

打断 24 小时连续播报

在今天新新闻主义的挑战下，新闻报道在 24 小时连续播报的模式下受到限制。当重要的突发新闻发生时，报道要很快展开，很少甚至几乎没有时间来进行传统报道中的介导过程。记者很少有时间彻底核对事实；在播出之前，编辑很少有时间对稿件精挑细选。所以，播发出去的“事实”有时候难免被发现是错误的而必须被反驳。另外，因为很少有机会去检查报道是否公正和平衡，所以偏见或是倾向性就自然而然地轻易溜进了报道中。

在琳达·艾勒比（Linda Ellerbee）2004 年拍摄的纪录电影《喂养野兽：24 小时新闻革命》（*Feeding the Beast*）中，泰德·特纳解释了新闻工作者中的这种偏见为什么可能自然而然地产生。他认为，24 小时连续播报的模式催生了嵌入式新闻。在嵌入式报道中，越来越多的文字记者和摄影记者发现他们与自己的报道对象站在了同一战壕，所以他们倾向于从他们报道对象的角度进行报道——而这种角度可能代表了自由主义，也可能是保守派的观点[3]（关于报道偏见问题，请见第 10 章）。现在，新新闻主义的这种嵌入式特征愈发显著，因为记者一个人往往要同时承担传统上几个人分担的任务和角色：采访调查、写作、摄影、摄像，甚至编辑。

现在，新新闻主义的这种嵌入式特征愈发显著，因为记者一个人往往要同时承担传统上几个人分担的任务和角色：采访调查、写作、摄影、摄像，甚至编辑。

为了说明传统新闻报道方式与 24 小时连续播报的新新闻主义方式在报道和编辑监督方面的区别，我们来看一看同一件突发新闻在这两种模式下的新闻媒体各自是如何报道的。假设你在一份主要报纸的都市版做记者。周五晚上，你的编辑布置你去采访一个突发事件。事情是这样的：在这个城市的一个高档社区，有一个人对邻居家聚会时越来越高的噪音感到不安，他报警称有两个人举动像是喝醉了，驾车离开了这个聚会。几分钟之后，来了四辆警车。当警察进入上述房屋之后，他们注意到房间里有酒和非法药品，包括迷奸药罗眠乐。基于这些发现，警察搜查了整座房屋。在一间卧室里，他们发现两对男女正在做爱。另外还有一名女子也在同一间卧室，但衣着整齐，正在冲着其中一对男女喊叫。所有参加这个派对的人显然都是未成年人。他们的身份经过了警方的查验。随后很快，媒体闹剧开始了，这在很大程度上是因为这第三个女孩——就是那个在卧室里冲着做爱的男女喊叫的——被证明是美国国会一位杰出的女议员的女儿，而美国内阁正在考虑对这位女议员进行任命。

但是，现在让我们以你是一个真正的记者的角度来深入挖掘一下这个情景。当你到达现场时，你发现越来越多的电视采访车、当地电台的远置装置和一群记者、摄影记者向这里涌来。又过了 10 分钟，关于这件事情的新闻报道已经出现在有
线新闻频道中，地方电视台正在中断正常的节目 390
播出，而改播夜班记者们发来的有关此事的最新报道。很快，这件事情传遍了整个互联网，从推特到脸书，再到 YouTube。因为广播和有线电视的新闻节目可以说是在这件事情一发生立刻就进行了报道，所以这些报道都十分大胆地就此事将对这位女议员未定的任命产生的影响进行了推测。

因为你供职的报纸在发表这篇新闻之前有几个小时而不是仅仅几分钟做调研，所以你的报道过程非常仔细。你采访了警察，与参加派对的几个孩子聊了聊，还采访了报警的邻居。虽然你还不能采访议员的女儿，但你能够从她当时在场的朋友那里打探一些情况。根据这些采访，你就可以把真正发生的事情拼接在一起了，而你的报道与那些正在抓住受众眼球的滚动电视报道和互联网报道存在很大差别。

此时，你用你的手机给编辑发去短信，提醒她说，关于这件事情，还有许多其他媒体没有报道出来的东西。通过仔细与多个消息源核实，你可以确定这位议员的女儿一开始并不在派对现场，而是在接到一个朋友的手机电话后赶来的。这位朋友受到了性侵害，通过电话向她求助。当然，有理由怀疑这个女孩为什么不在接到电话后报警而是自己跑过来施以援手，但是的确有足够的事实表明，议员的女儿既非参与者也非受害者，而就是一个无辜的旁人，碰巧赶上了警察突袭。大约 30 个小时之后，你的内容翔实的特稿出现在了报纸的周日版上，而有线电视网和网站则开始纷纷改正之前的报道——许多媒体现在把你的文章作为主要的消息源。[4]

在这一情境中，你的报道所以能够比 24 小时电视新闻网和互联网新闻网站这些竞争者的报道要准确，并非仅仅因为你是个好记者——毕竟，你那些电视新闻网和地方电视台的同行也都是好记者。你能做得比他们好，这更要感谢报纸从编辑到出版的周期，这个周期使你有更从容的时间，而且还有编辑的督查为你把关。报纸的这种操作模式使你有时间去调查，并在发表前反复与多个消息源核对，这种模式也使你有时间严格遵守新闻的 5 个 W（和一个 H）的标准。你的编辑也有机会在不同的环节检查你的稿件，

并给你提供指导，比如告诉你什么地方需要改进或是写得再明确清楚一些。进行 24 小时不间断播报的新闻媒体需要拼命与对手竞争，这就意味着他们得用只有部分准确的事实、推测和言论来填充时间，可是你作为报纸记者却可以奢侈地享受时间核实事实，从充满政治动机的猜测中理出事实真相。

这种不同的报道方法和时间要求并不只是印刷媒体与 24 小时电视新闻和互联网新闻的区别，它们也反映了与过去时代电视新闻报道的区别。2009 年 7 月 17 日，美国电视新闻节目偶像级主持人沃尔特・克朗凯特（Walter Cronkite）去世，《华盛顿邮报》刊登了媒介批评家大卫・萧（David Shaw）的纪念文章。在文章中，萧描述了 1979 年他看到的克朗凯特指导哥伦比亚广播公司《晚间新闻》团队准备节目的场景——那个时候还没有互联网和 24 小时不间断播出，统治电视新闻界的 391
是三大广播网络，即哥伦比亚广播公司、全国广播公司和美国广播公司：

> ……镜头之外，他是个咄咄逼人、非常强势的新闻记者……一整天，他都在给知情人打电话、教训下属、问问题、编辑脚本或是决定某段新闻要在当晚的节目中如何播报。有一刻，有人递给克朗凯特一份早已传来的伊朗使馆回应他所问问题的声明，克朗凯特立刻火冒三丈……他依旧不依不饶，一直呼来喝去，直到晚上 6：28，他梳理了头发，穿上外套，然后，两分钟之后，以其镇定的、招牌式的“晚上好!”开始了当天的节目……[5]

在 24 小时新闻时代，哥伦比亚广播公司已故新闻节目主播沃尔特・克朗凯特（1916—2009）依然被视为一个尽责的新闻工作者。

在这段文字中，萧所描写的克朗凯特并不只是一个美国最受尊敬的新闻记者的形象，而是还描述了他作为一个有责任心的新闻编辑履行自己职责的形象——利用节目播出前的几个小时尽可能保证新闻事实准确、做好报道。这里包含的理念就是别着急。因为 24 小时新闻播报的模式背后的动因是竞争——即使不比对手快也至少要与其同时，所以编辑和新闻编导仅有几分钟时间来按照基本新闻标准核实报道内容，以保证报道的可信性。

新新闻主义增加了使用消息源的数量和种类，也扩大了报道面和新闻传播的覆盖面，但它也面对着传统新闻不曾面对的挑战。今天，24 小时新闻播报正在通过网络聚合，新新闻主义是否能够走向繁荣，这还是一个结局有待书写的故事。

新新闻主义增加了使用消息源的数量和种类，也扩大了报道面和新闻传播的覆盖面，但它也面对传统新闻不曾面对的挑战。

24 小时新闻模式的先驱

在整个 20 世纪 80 年代，有线电视新闻频道是 24 小时新闻报道模式的主要提供者。当时的先锋是 CNN，后来，微软全国有线广播电视公司 MSNBC 和福克斯新闻网等很快加入进来。进入 20 世纪 90 年代，爆发了第一次海湾战争。这一冲突促使电台和电视台的新闻节目纷纷仿效这种扁平的 24 小时新闻报道模式，而 CNN 则因为此次战争的报道而斩获了多项奖励。后来，互联网新闻博客开始出现，电视和电台的新闻报道也开始向互联网转移，这进一步快速推动了 24 小时新闻报道模式的发展。这一趋势几乎同时在报纸新闻报道中出现。

1982 年，艾伦·纽哈斯创办了一份全国性报纸，其风格和报道方法可谓印刷版的 CNN。最终《今日美国》成为这个国家最广为阅读的报纸。《今日美国》对印刷新闻的贡献就好比 CNN 对广播新闻的贡献：它迫使整个美国报业进行了彻底的改变，带动了新闻长度压缩、多用彩色图片的趋势。《今日美国》的记者很快学会了一人担当传统中由一个团队分担的角色，所以报道时效提高。如同 CNN 一样，《今日美国》现象背后的推动力是计算机技术的进步。这方面的技术发展带来了整个报纸产业链条的革命，从采集、编辑到排版、印刷，以及“中心—节点”发行模式的产生。这一发行模式说明了多个关联可以如何共同为一个目标努力并获得大的效益（见第 4 章印刷媒体）。

彭博资讯也于 1982 年诞生，成为新新闻主义的先锋。彭博资讯的创始人迈克尔·布隆伯格是美国最富有的企业家之一，是现任纽约市长。彭博资讯开办之初是一个以电脑终端为接收设备的 392
财经新闻服务。到了 1987 年，彭博的用户达到了大约 5 000 家，都是为了彭博的独家报道付可观年费的客户。到了 20 世纪 90 年代晚期，布隆伯格率先认识到未来媒介聚合的趋势，乘有线电视、卫星电视和互联网发展的东风，把公司发展成为一个新闻媒体集团，其中包括 10 个 24 小时播出的电视和新闻频道。这些频道用七种语言播出，覆盖全球 2 亿多家庭和办公室。彭博的成功要部分归功于布隆伯格将新新闻主义高效应用于新闻生产的模式。

例如，在彭博的纽约总部，一个其旗下电台的记者可能会利用互联网资源为采写一篇稿件进行调研，然后写广播脚本，交给编辑修改，然后登录系统，打开麦克风，开始广播。整个过程，她都无须离开自己的工作站。在总部的另一层，彭博电视台的一位新闻主播可能正在主持一档节目，而演播室里没有任何制作团队，只有机器人摄像机等系统。在楼上，同一个报道可能被上载到彭博的网站，或者从另外一个自动演播室传送到国际出口，使用的语言可能是日语、德语、法语或是中文。虽然彭博在全球的 135 个站点雇用了上万人，但它所传送的超大量新闻报道和分析却是由人数较少的记者、编辑以及电台、电视台和网络技术人员等团队制作的。[6]

网络世界的新闻：另一种形式和方式

传统新闻媒体的聚合以及当今新闻报道向网络的迁移正在彻底改变并扩展传统的新闻定义——这方面的例子就是 CNN、《今日美国》和彭博资讯。当然，大的新闻媒体公司并非新闻行业和新闻产业再造的唯一领导者。在这方面还有另外三个重要的贡献者：博客、网络新闻聚合者和超本地新闻网站。

博客

博客原本被称为网络日记，是由个人发起和维护的网站。这些人对自己关注的话题有强烈的兴趣，也有强烈的观点。新闻博客网站的例子有《德拉奇报道》（本章前面讨论过）和《赫芬顿邮报》。《赫芬顿邮报》由自由派专栏作家奥利安娜·赫芬顿于 2005 年创立，是世界五大新闻、评论网站之一，2009 年每月吸引 890 万有效访客。这些互动的新闻平台不仅把新闻传递给数量可观的受众，使消费者能够及时回应，而且还影响了印刷媒体和广播媒体的报道形式。在许多方面，博客既是一种新的新闻传播形式也是一种新的新闻文化，而在这种形式或文化中，区分新闻与谣言和意见之间的界限不再清晰。

393 博客最早出现在 20 世纪 90 年代早期，起初主要是个人日记，内容主要是博客主人感兴趣、关心的问题和观点。不到 10 年之后，博客圈——博客的互联社区——已经发展成为“职业”网络评论员和新闻工作者的天下，而且通常与主流新闻媒体（包括广播媒体和印刷媒体）有关联。简而言之，博客这一媒介现在成为 21 世纪新闻报道缤纷图景的浓重一笔。例如，CNN 每个记者和评论员都开有博客，他们的博客可以通过 CNN 网站进入，其中有些博客内容还成为 CNN 报道的话题。博客既直接传递内容，也传递用户参与过程中衍生出来的内容。同样重要的是，博客提供其他博客和新闻网站的链接，这样就构成了一个链接网。这些链接会对报道什么、报道持续时间多长和报道的深度产生影响。

这些链接的影响不能低估。《德拉奇报道》或是《赫芬顿邮报》上的一篇报道可能会给这篇报道中附加的其他网站链接带来无数访问。这种链接网络可以推进一个报道，使之成为公众议程的前沿话题，并因此进入新闻媒体议程的视线。通过节录或是评论报纸、杂志、电台、电视台网站上的报道，博客还能带动主流新闻媒体受众量的增加。博客扩展了新闻业的定义，使更多各种各样的作者可以成为报道者。许多专家认为博客对新闻和新闻业民主化做出了积极贡献，是对传统新闻职业精英化的一种平衡。[7]（请参见第 10 章媒介偏见和第 7 章新媒体。）

新闻聚合网站

网络新闻的另一原生形式是新闻聚合网站。新闻聚合网站自己并不生产内容，或者说它们并不从事新闻采编工作，而是把其他网站的新闻报道进行汇编和展示。一些新闻聚合网站从许多其他新闻生产网站获取大量内容，但很少进行加工改造，而有的则根据网站兴趣话题挑选内容进行集聚。有的时候，网战会对原来的稿件进行编辑，并添加评论，以符合网站运营者的兴趣——当然也有可能是偏见。

一些新闻聚合网站，如政治傻瓜（The politi- 394
cal Simpleton）、谷歌新闻、新闻爆发（News-Burst）等，非常受欢迎，因为它们按照兴趣话题挑选集纳的新闻给目标受众提供了有价值的参考。例如，如果一个互联网使用者经常浏览关注乳腺癌的健康新闻网站，她就会比较容易地在该网站上获得大量的更新信息，而不必再花上几个小时自己搜索调研。许多新闻网站，如谷歌新闻和布雷巴特（Breitbart），是原创新闻和从其他网站聚合而来的内容的混合。博客因为附有许多其他网站链接，所以在某种程度上说，也是一种新闻聚合网站。

网络新闻聚合也引起了一些争议问题。除极个别情况外，这些网站都不会给新闻的原创者付费。它们只是注明作品来源，但很少情愿尊重版权，即给原创经济补偿。另外，新闻聚合的发展趋势在助推人们获得信息方式的变化——人们开始不再那么纠缠于报道的细节内容而是满足于消费新闻标题和碎片化信息。迈克尔·沃尔夫（Michael Wolff）是《名利场》杂志专栏作家，同时他本人也在经营一家新闻聚合网站。在接受商业杂志《广告时代》的采访时，沃尔夫解释说：

另外，新闻聚合的发展趋势在助推人们获得信息方式的变化——人们开始不再那么纠缠于报道的细节内容而是满足于消费新闻标题和碎片化信息。

> 这种趋势开始改变新闻业本身……面对海量信息，消费者被迫寻找简版信息。每天的时间、每个小时的时间就那么多。如果你想获得更多信息，那就不得不有所取舍……在某个领域垄断的新闻媒体不得不认识到，他们花钱派一个人去一个地方采访，并不意味着他们能生产出比别人更有价值的东西。[8]

在同一篇文章里，奈特基金会新闻项目负责人埃里克·牛顿（Eric Newton）被邀请谈一谈在互联网和新闻聚合网站挑战下，印刷报纸和新闻杂志的未来如何。牛顿说：

> 总的来说，有好多人在用我们的内容，而且是一字不落地用……如果不能把互联网给关掉，那出版商就得想别的办法，不然就完了……谷歌（通过在博客和新闻聚合网站提供广告）挣了大钱，这对新闻业来说不是坏事……这意味着还有人需求新闻业。对于那些要把自己的新闻工作货币化的公司和人来说，这并不是好消息，因为他们已经被竞争者打败了。[9]

超本地新闻网站

互联网给新闻业带来的另一个变化就是超本地新闻网站的出现。超本地新闻网站聚焦于界定非常狭窄的地理区域，比如一个小镇甚至某一社区。大的新闻媒体的都市版块通常针对类似的地理区域，但很少有超本地新闻网站这样的报道力度。对于报纸和广播站台来说，只满足某一精选受众群体的兴趣而聚焦于特定的报道资源和细节，这样的地方新闻报道在经济上几乎没有什么可行性。

395 因为源自网络，超本地新闻网站为小的社区提供了重大的报道机遇。因为启动和运营费用很低，而且有能力依靠公民记者（非专业、未受培训、通过互联网写作并分享信息的记者。主流媒体如CNN的“我记者”项目也为公民记者提供平台）进行内容建设，这些使得超本地新闻网站更具吸引力。一些主要在同一区域经营的小企业发现了通过超本地新闻网站打广告的优势：广告费低廉，受众定位明确。

“新声使命”是互动新闻研究所（新闻实验室）利用本地化网络新闻的发展趋势而发起的一个项目。这一项目是美国大学传播学院的一部分，目的是促进全国社区建设的媒介工程。该项目常务董事简·沙弗尔说：“‘新声使命’项目正在培训公民记者，并帮助向可用新闻稀缺的社区提供本地新闻和信息。”[10]奈特基金会旨在促进全世界范围的优秀新闻报道。在这个基金会的支持下，自从2005年，“新声使命”项目已经投资48个超本地媒介项目，并希望在2010年年底前再帮助启动56个项目。[11]

“新声使命”项目不仅为公民

“新声使命”项目不仅为公民记者也为少数族群媒体组织打开了大门——这表明多样性依旧是新闻需要面对的一个长久问题。

记者也为少数族群媒体组织打开了大门——这表明多样性依旧是新闻需要面对的一个长久问题。例如，在 2009 年获得资金支持的八个新建网站中，有一个由南卡罗来纳大学安南伯格学院（Annenberg School）牵头。该项目名为“交汇点：南洛杉矶报道项目”。这一项目的主要任务是“利用新闻学专业学生、社区居民和社区领袖的多媒体报道，为非洲裔、拉美裔、亚裔和移民服务，主要聚焦于教育、经济发展、住房和移民等问题”[12]。

另外一个项目是“我的密苏里人”网站（MyMissourian. com）。这个网站致力于让主流媒体报道多样化，强调避免“人身攻击”和“针对种族、宗教、裔源、性别和性取向的攻击”[13]。这个网站创建于 2004 年，由社区新闻组织“哥伦比亚密苏里人”主办。这个组织由专业新闻工作者指导，成员是密苏里新闻学院的学生。该网站的全部内容直接来自该社区，不与大的新闻媒体竞争，目标是通过提供传统中被主流传媒忽略的群体的报道，与大的新闻媒体形成“互补”。

在“我的密苏里人”网站创建之时，伊薇特·沃克（Yvette Walker）还是密苏里大学哥伦比亚分校的学生。她曾担任网站“城市生活”栏目的编辑。她说：“人们很容易就忘了去寻找这些声音……有时候，媒体会报道少数族裔和群体，但往往仅在有关于他们的坏消息的时候。”[14] 沃克稿件中的人物包括：一个非洲裔学生向她讲述来自美国大城市的黑人学生如何看待自己；一个律师不顾负面的公共舆论，选择为密苏里州哥伦比亚的同性恋者、双性恋者和变性者做代理人；一位身有残疾的记者报道了一个面向老人和残疾人的公寓大楼的日常活动。[15] 现在，伊薇特·沃克是《俄克拉何马人》（*The Oklahoman*）的推介和定向出版总监。她依旧在关注主流媒体的多样化报道培训和少数族裔和群体报道。她说：“多样化报道是我的一个专业领域。这并不单单因为我是传媒界的一个黑人女性，更多的是因为我知道，不是每个人都看上去一样，想法一样，工作起来一样，消费新闻信息也一样。”[16]

虽然超本地网站面对的是本地受众，但它们 396
常常吸引全国乃至全世界的消费者。使用这样的网站，一个在海外服军役的家长就可以随时了解孩子所在学校的运动队的情况，在大城市工作的年轻人也可以随时了解几百英里之外自己家乡的人和事。超本地网站也成为人们寻找搬迁或退休之后新居所的渠道。这些人可以通过网站了解某一社区的情况，寻找售卖或出租的房源，获得当地娱乐休闲餐饮方面的信息及评价。[17]

虽然多数超本地网站都是当地业余记者创办的地方性独立风投，但它们的金融潜力已被大的媒体公司看好。一些报纸，包括《巴尔的摩太阳报》、《洛杉矶时报》、《芝加哥论坛报》和《纽约时报》等，正在开始利用各自发行范围内的超本地网站进行从印刷出版到网络出版的过渡。一方面，这种做法增加了当地广告商的竞争成本；另一方面，这也增加了记者新手、业余记者和自由撰稿人获得宝贵经验的机会。这种小的网络平台经常成为记者开始自己事业的地方。

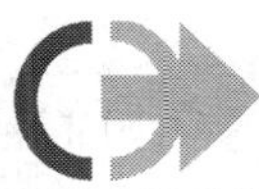

新闻报道、写作和编辑的新世界

新闻实践中的所有这些趋势和变化正在影响新新闻主义时代新闻报道的过程——新闻稿件的写作和编辑。从某种角度看，这种向多水平、非线性长尾新闻发展的趋势意味着在理论上对稿件长度已经不再有限制，而且文字与图片或者与同步音频、视频相结合的容量也不再有限制。因此，今天的从业记者很少再分什么印刷媒体记者或是网络记者或电视记者，而在更大程度上他们都成为多媒体记者——具备使用所有媒体的初步能力，并且能够操作自如，无论最终以什么样的混合形式展现。根据媒体的侧重点，记者可能会选择其中一种形式做头条——文字、图片、音频或视频，而把其他的形式当做辅助的形式。当然，无论是哪一种形式开始被当做主打，随着报道的进展，它们都有可能随时被调整。

即便如此，即使新闻业为适应数字时代在努力重造自我，新闻业的核心本质依旧是讲故
397 事——而且讲故事几乎都是从写作开始的。今天的挑战是，记者必须学会让自己写作的故事能够适合受众的多媒体要求。例如，为电台或电视新闻广播按时长写作（稿件要适合为某个新闻分配的播出时间）与为报纸杂志按专栏长度写作（稿件篇幅要适合版面空间）有不同的结构要求。另一个例子是，为印刷媒体写作的时候，作者要考虑这一媒体是侧重图片多一些还是更侧重文字。比较而言，当为电视或网络视频节目写作的时候，作者的文字要支撑图片，这是现在讲故事的主要手法。今天，新生代记者的作品必须要有效地符合两个世界的需要。不幸的是，这种做法有时会以牺牲新闻伦理为代价。这一点，我们在前面已经讨论过。记者必须考虑各种媒体和受众的需求，并相应布局自己的稿件结构，这样才能抓住并保持各种各样受众的兴趣。

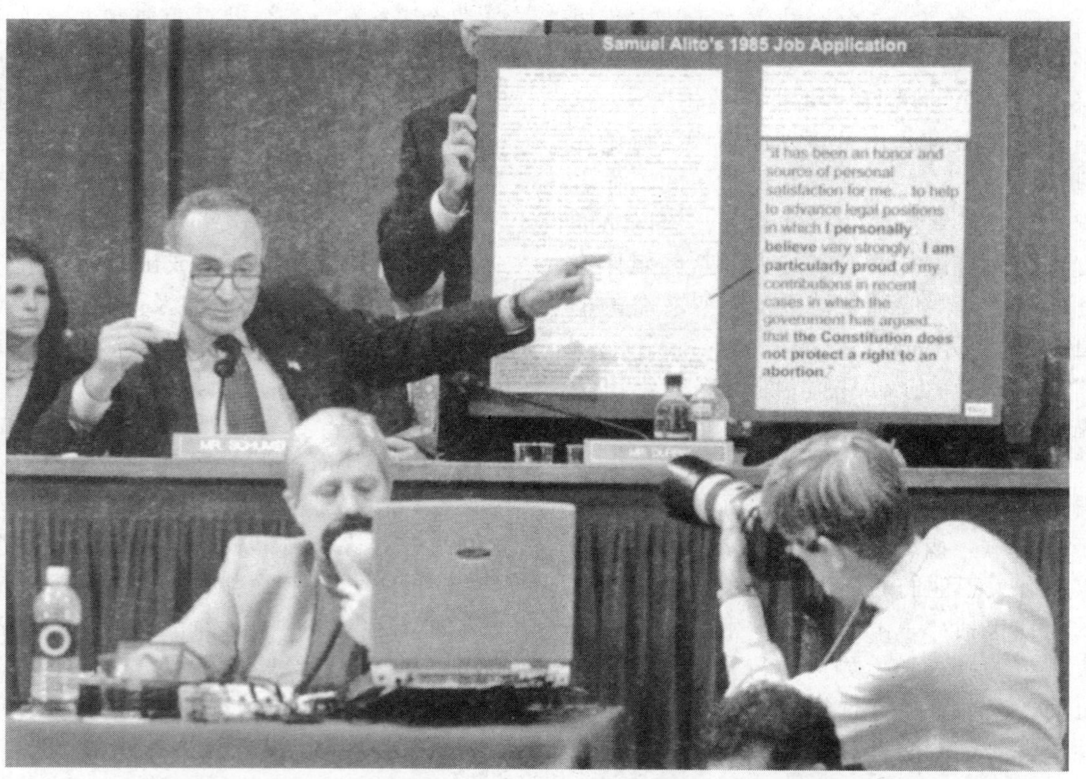

2006 年，参议员就塞缪尔·阿利托（Samuel Alito）的最高法院任命举行听证会。图为一名记者在听证会上捕捉生动传神的瞬间。他的图片有可能成为听证委员会如何投票相关报道的主打稿件。

认识到这一趋势，CNN 于 2008 年宣布将开始招募“全平台记者”（APJs）以应对这一产业急剧变化的需要。全平台记者的标准是：不仅要熟练掌握数字技术，熟练使用 CNN 多媒体工具箱（包括思科的翻转摄像机、苹果笔记本电脑和佳能相机），而且还需要具有主笔能力，能为现场直播出境，具备独特的思维方式。[18] CNN 采访报道总监维克多·赫尔南德兹说：“我希望他们看看要讲述的故事的内容，他们没有义务遵循先例，循规蹈矩……这要求一种能够为每个故事找到一个最佳表达平台的能力。”[19] 与那些必须要满足 24 小时连续播报要求的记者不同，全平台记者往往有几天的时间充实和改善一篇故事。赫尔南德兹强调说，CNN 需要写作风格独特的记者：“从表面看，这确实是一种‘反电视’记者。我们需要思想解放，能够即兴发挥、互动的人。”[20] 不幸的是，或许因为要求太高，所以现在 CNN 的 10 个全平台记者席位只有 4 个人。即使如此，CNN 的崇高目标表明，今天的新生代记者不仅需要具备技术才能，而且在利用新兴技术工作的时候要展现、证明自

己一贯的笔头实力和风格。

瑞士一电台的播音员在读播脚本。这个脚本就是根据播出时长写作的。

398 数字世界里的媒介内容：我们依然需要编辑

在选择和把握记者的报道内容时，编辑和新闻节目制作人面临相似的挑战。例如，《华盛顿邮报》的一位编辑可能对记者发来的新闻有如下安排：

- 在即将出版的报纸上发表；
- 重新包装，然后在《华盛顿邮报》旗下的《新闻周刊》上发表；
- 在该报网站上即刻登载；
- 也有可能提供给华盛顿邮报公司所属电视台。

这个例子可能会有些极端，但却可以说明在 21 世纪编辑角色的延伸。

以前的编辑从来没有像今天这样会考虑这么多问题：技术问题涉及的面越来越宽、资源限制问题、每条新闻的短尾和长尾的生命周期，以及职业伦理和法律考量——消息源是否已经被证实或是检查过，也就是其可信性是否经过了评估？被报道的事实是否准确并经得起前所未有的博客圈消费者的检验？编辑必须始终考虑在各种各样的媒介中，他们选择使用什么媒介才能将信息有效传达给不断变化的受众，并抓住他们的注意力。

更重要的是，编辑和新闻节目制作人必须同时考虑这两个问题：一个报道讲的是什么？如何展现？编辑必须不停地判断各种平面展现效果——乃至背景颜色，并思考每个报道如何能够给受众提供最强烈的体验。在这方面，所谓“一图胜千言”确实不假。我们所处的这个新闻时代，影像特别是照片、视频、动画和图表，不再单单是讲述故事的支持手段，它们依然成为故事表达的驱动力（关于照片以及其他视觉影像对今天大众传媒的影响，请见第 12 章）。

介导新闻内容是 21 世纪新闻工作者概念的一个重要方面，也是我们作为新闻产品消费者所共同面临的挑战。介导的新闻内容指的是经过专业新闻编辑挑选、核审以确保真实、主题突出、展现恰当的信息。此外，作者的报道和写作根据广为接受的新闻伦理规范进行了检查。在《赫芬顿邮报》和《德拉奇报道》中，奥利安娜·赫芬顿和马修·德拉奇都直接插手编辑核审工作，而且还为此雇用了专业的新闻编辑团队。

然而，区分介导的新闻内容与未经介导的新

闻内容可能是个极具挑战性的工作，因为在两者之间并非总是有着明显的界限。比如，公民记者们经常在 YouTube 上上载自己制作但未经任何编辑核审的新闻视频。当然，也有介于这两者之间的网站，比如 Current. com。这是一个完全整合的电视与网络新闻和特稿平台，允许公民记者提交视频，但是必须经过网站专业人员的严格评估后才能发布出来。在政治、新闻和公共兴趣的博客上，文字和视频内容是否要经过编辑核审取决于网站各自的操作程序。多数传统的新闻媒体提供自己的领衔记者、评论员开办的博客。与多数博客网站不同，专业的编辑和新闻节目制作人团队要对这些附属于新闻媒体的新闻博客进行监管，其方式与他们监管母媒上的新闻内容一样。

399 判断一篇稿件是否曾经经过编辑环节并非易事。这对新闻消费者来说目前是一个困境。毫无疑问，互联网以及新闻生产工具的普及使得无数人获得了进行新闻报道的能力。同时，这种普及也导致了某种程度的信息混乱。考虑到所有这些因素，21 世纪的编辑显然是一个需要焕发活力、重新改造的角色，而其任务也在延伸。

在电视新闻中，编导与制作人的角色如同报刊的编辑角色——把记者报道的内容介导给受众。

直接为网络生产的新闻

尼克·皮恩尼曼（Nick Penniman）是美国新闻计划（ANP）和《赫芬顿邮报》调查基金会执行主任。在创立美国新闻计划之前，皮恩尼曼是《华盛顿月刊》和《美国展望》（*American Prospect*）杂志的编辑。他曾做过调查报道记者，专门报道全球化的影响以及独立媒体在美国的角色，并担任过美国未来运动的理事。

皮恩尼曼是较早认识到互联网新闻机遇的专业媒体人之一。2008 年，皮恩尼曼创立了美国新闻计划，这是一个调查性电视新闻杂志，目的就是缩小消费者制作发布的新闻与以互联网为工具的专业新闻工作者制作发布的新闻之间的差距。这一计划与愿意向受众免费提供服务的传统新闻媒体、主要博客网站和其他网站合作，请它们专门为网站提供报道。2009 年，美国新闻计划加入世界上发展最快的网络新闻媒体《赫芬顿邮报》。一时间，这种新的、独立的、以网络为基础的新闻业证明了自己可以与传统新闻机构一样，有编辑把关，能够生产出高标准、有信誉的新闻内容。[21]

在视频材料《皮恩尼曼谈专为网络制作的新闻》中，皮恩尼曼称，寻找网络新闻的受众实际上需要的是有线电视新闻网络版之外的东西。换句话说，网络新闻若想传播效果最大化，必须根据网络环境的需要专门制作或重新包装。▶

皮恩尼曼认为，网络的长尾、多层级和多链接的属性可以形成一种不同的报道风格，有助于调查揭露性报道。他同时认为，这种报道风格也更有深度。因此，他认为，网络新闻更擅长新闻扒粪，即揭露政治和公司丑闻。扒粪曾经是 19 世纪和 20 世纪早期新闻的重要角色，但是，由于担心政府和企业实施法律报复、诽谤诉讼缠身以及受众兴趣减弱等原因，新闻报道的这一功能慢慢
消退。然而，皮恩尼曼认为网络新闻能够激发记 400
者重归这一传统角色。

《皮恩尼曼谈专为网络制作的新闻》截图。

美国新闻计划执行主任尼克·皮恩尼曼讨论专为网络传播制作的视频新闻的独特性。

例如，如果一个报道全球气候变暖的网络新闻媒体公开与公众环境权益组织站在一起，这也可以被接受。报道者与消息源之间公然站在一个队伍暗示了一种信任和“没什么可隐瞒”的态度，这就会形成一种展开真正调查报道的氛围。报道者会发现，利用环境组织的话题专长会使事情变得多么简单——而且，当然比执行同样任务的主流新闻媒体要简单。为什么？因为网络媒体正在践行一种符合公众利益的新闻模式。对于这种“符合公众利益的新闻”模式的经济支持来自非营利基金而非广告。因为不受广告驱使（广告会使报道不顾广大受众需要），像美国新闻计划这样的网络新闻媒体可以自己决定哪一天要突出哪一个报道。另外，与为主流电视新闻节目制作视频相比，直接供应给网络播出的视频新闻制作成本要低得多。因此，对于直接面向网络的新闻媒体来说，特别是专门关注公共利益的媒体，比如美国新闻计划，当它们决定选择报道什么的时候，没有必要担心吸引受众或广告商的问题。

背包新闻：用较少资源传递更多信息

随着技术的快速发展，新闻继续向网络迁移，同时这些变化近年来给新闻业造成了经济上的限制，所以，如同印刷媒体一样，广播电视新闻媒体不得不被以上诸多因素所迫改变经营模式（见第 9 章）。这种改变的一个结果就是背包新闻的出现。背包新闻要求一个记者履行传统上需要一个专业团队完成的新闻采访、摄影和报道的职责。新闻职业方面的修炼以及新方法手段的发展使得背包记者能够独自或两个人搭档完成一项报道任务。在独自工作时，一个背包记者完全能够一人完成出镜、现场制片、调研、写作、摄像以及视频编辑的工作。

一个装备齐全的新闻报道团队在突发事件现场展开报道。

401 如今，地方电视台的新闻部，甚至是全国电视新闻网，已不再为了报道一件事情而派出大批人马以及耗费高的电视转播车和卫星上行传输系统。电视转播车是现场制作电视新闻的车载设备，包括摄像机、灯光、音频设备、视频后期制作设备和卫星上行传输吊杆（内置可伸缩卫星天线或微波传输天线，可以提升至超过自然障碍物高度，如建筑物和树木）。虽然一些重大报道还是会出动大队人马，比如 2010 年 1 月造成数千人死亡、百万人无家可归的海地地震以及 2009 年圣诞节西北航空公司 253 航班恐怖袭击未遂事件等，但这些传统的电视广播报道手段现在耗费非常高。

背包新闻业为传统的新闻采集队伍提供了一种投入产出比很划算的替代选择。长时间跟踪报道一个复杂的新闻事件，如果派出一两个人，要比派上一个团队简单得多，划算得多。在《皮恩尼曼谈背包新闻业》的视频材料中，尼克·皮恩尼曼以新闻报道的前沿视角讲述背包新闻如何改变了调查性报道的报道方式。

背包新闻正在成为长篇调查报道的标准。如果有人说，这种形式的新闻报道发源于长篇的调查纪录片，也不足为奇。这一观点得到比尔·詹泰尔（Bill Gentile）的认可。詹泰尔是纪录片制片人，作品曾经获奖，他也是背包新闻的先驱之一。作为记者和摄影师，詹泰尔曾经为《新闻周刊》、《纽约时报》和合众国际社等主流新闻媒体工作。他也曾为探索频道、学习频道、国家地理电视、美国广播公司的《夜线》（*nightline*）和公共广播公司比尔·梅耶的《现在》等制作过调查性新闻纪录片。

为了拍摄纪录片，詹泰尔曾经在尼加拉瓜战争（1979—1990）中随桑地诺民族解放阵线的战士一起跋涉行军，曾经身赴萨尔瓦多内战（1980—1992）前线。他还用镜头记录了美军入侵巴拿马（1989 年 12 月—1990 年 1 月）、美军入侵海地（2004 年）等事件。他也曾踏足海湾战争（1990 年 8 月—1991 年 2 月）、伊拉克战争（2003 年始）和阿富汗战争（2001 年始）的战场。詹泰尔作为嵌入式报道的记者身处前线战火中，他的经历不仅告诉人们背包新闻有时需要在充满敌意甚至危险的环境下完成，而且也不断证明了这种新的报道形式的效力和效率。现在，詹泰尔成为美国大学的驻地艺术家。在那里，詹泰尔向下一 402
代记者讲授自己独特的方法，同时也与他们重点讨论这种方法可能带来的职业伦理挑战。如果想了解詹泰尔的经历以及他对在战争前线进行背包新闻报道的思考，请观看视频《詹泰尔谈背包新闻》。

背包新闻不仅改变了战地报道的面貌，而且给偏远地区题材纪录片的报道带来革命性变化，打开了让受众接近原本与世隔离的民族和文化的大门。现在，报道可以立即传送到全球广播和网络受众，但这在几年前简直不可能。美国之音视频记者巴特·柴尔兹（Bart Childs）的经历可以用来说明背包新闻使得文化科学报道达到了这种新水平。

一次，巴特·柴尔兹的报道任务是随他的哥哥、波特兰州立大学语言学教授塔克·柴尔兹到非洲偏僻的塞拉利昂和几内亚进行考察。塔克·柴尔兹对当地一些与世隔绝的部族所使

《皮恩尼曼谈背包新闻业》截图。

看一看美国新闻计划如何把背包式新闻报道应用于扒粪（调查）报道。

用的濒临灭绝的语言进行了为期三年的研究。这是他最后一次赴当地调查。巴特・柴尔兹这样解释他此行的目的："我们的想法是在最不可即的地方拍摄制作，但要设法把报道在几分钟内上传到网络。"

柴尔兹兄弟所去的地方不通电，没有电话，所以他们必须带上拍摄、编辑、卫星上传所需的一切设备，以便报道能够迅速在美国之音的广播网络和互联网播出。巴特・柴尔兹随身携带的设备包括两台高清摄像机及其他拍摄用的相关工具，一台用来编辑的笔记本电脑，一台海事卫星，电池和太阳能电池充电板。所有这些设备都装在一个防水的箱子里，总重量不超过 75 磅，可以很容易地带到灌木丛生的地方。

每天柴尔兹兄弟采访那些即将消失的语言的最后使用者，并拍摄乡村生活。晚上，巴特・柴尔兹通过笔记本电脑里的编辑软件，将这些材料
编辑成迷你纪录片。接下来，他通过便携卫星终 403
端与万里之外、位于华盛顿的美国之音总部联系，把制作好的视频片段上传过去。不到 30 分钟，巴特・柴尔兹的报道就见诸互联网，并被美国之音电视节目《华盛顿论坛》作为"现场链接"使用。[22]

美国之音是联邦政府设立的机构，但是长期从事偏远地区题材纪录片报道的主要商业电视广播网络也很快采取相似的报道手段。这种近距离的调查方式不仅延展了文化与科学类纪录片报道的空间，而且拉近了我们与世界上不同民族的距离，使深入理解成为可能。现在，仿效美国之音的电视网络包括国家地理电视、探索频道、A&E 电视网络、史密森频道（Smithsonian Channel）以及英国广播公司等。

《詹泰尔谈背包新闻》截图。

背包新闻的先驱比尔·詹泰尔分享自己作为战地嵌入记者的经历。

2002 年，《新闻周刊》记者汤姆·马斯兰在塞拉利昂通过卫星电话与在纽约的《新闻周刊》编辑部联系。

背包新闻的风险与交易

2009 年 3 月 17 日，潮流电视台的两名记者李丽娜和凌志美在完成一项背包报道任务的时候，似乎跨过中国边界，进入了朝鲜境内，虽然距离不长。她们的摄像师和导游设法逃脱，但朝鲜边防逮捕了这两名年轻记者。虽然国际社会大声呼吁，但朝鲜政府仍指控她们为美国从事间谍活动。

根据韩国《中央日报》的说法，经过几个星期密集的审问，这两名记者被判有罪，于 2009 年 6 月 8 日被判处在朝鲜的劳改营里服 12 年劳役。两名记者的家庭和国际媒体组织，如保护记者委员会（committee to protect journalists），纷纷请求将两人释放，但都被置之不理。专家曾预言，通过外交努力使两人成功获得释放可能至少需要几个月甚至几年的时间，但是奥巴马政府并没有因为这种预言而放弃努力。在两名记者被判处两个月之后，前总统克林顿飞赴平壤与朝鲜领导人金正日秘密会晤，商讨释放李丽娜和凌志美。克林顿代表两名记者表示诚挚道歉并请求宽大处理，之后，金正日同意发布“特赦令”。2009 年 8 月 4 日，二人被释放。

根据保护记者委员会汇编的统计数据，1992 年 1 月 1 日至 2009 年 7 月 8 日期间，全球有 742 名记者在执行报道任务时丧生。同时，全球被判处监禁的网络媒体记者要比其他媒体记者数量多。据报道，2009 年，有 56 名网络媒体记者服刑。[23] 记者无疆界组织的报告称，仅在 2009 年，全球就有 26 名记者丧生，177 名记者被监禁。[24]

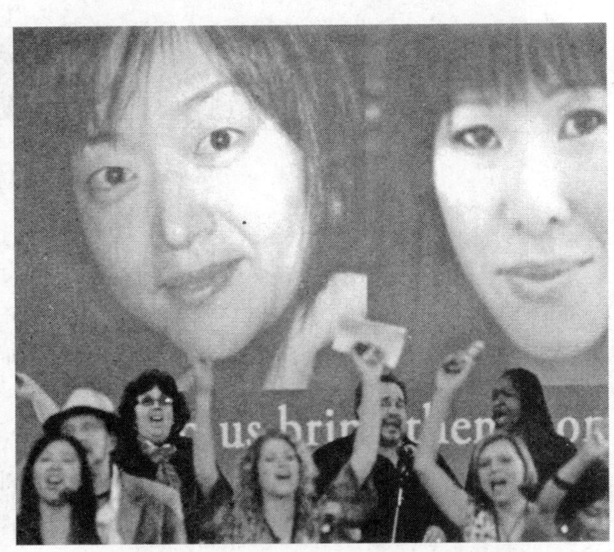

2009 年发生了许多抗议集会，人们要求朝鲜政府释放被监禁的记者李丽娜和凌志美。

从事背包新闻报道的交易与风险是显而易见 404
的。背包记者，无论是独自还是小团队在危险的地区工作，他们所面临被逮捕、绑架甚至死亡的风险都要比那些传统装备的大规模新闻报道团队多——与带着小型摄像机、少有甚至没有后援的一两个甚至三个记者相比，大的新闻团队更不容易被分隔孤立、不容易被袭击。然而，这个问题并非 21 世纪的新新闻主义所独有。[25]

与任何有过在危险地区工作过的老练的新闻报道或纪录片团队聊一聊，他们都会立刻给你讲述一些类似的“战争故事”。这些故事讲起来通常已经成为一种乐趣，但它们发生的时候却让人感到可怕。21 世纪的新新闻主义所以有所不同并有时更具危险性，原因之一就是更多只经过有限培训、没有什么经验的自由撰稿记者正在将自己置于险境，而身后没有来自机构的后援。这样的不幸事件越来越多，背后的推动力就是新闻报道技术的演变和新闻产业经济的发展。这种趋势给正在扩大的积极进取、执著的记者队伍造成非常现实的风险。

当然，背包新闻是 21 世纪报道的新浪潮之一。不足为奇，在这一新浪潮中能够找到最好工作机会的新闻院校毕业生就是那些具有多种技能并在某一方面出类拔萃者。那些有才干、有创新力的从业者，如果能够通过自我培训，掌握这一工作模式，他们的职业发展会更好。

已经无须再问新新闻主义是否正在来临，现在的问题是，新闻媒体能够以什么样的速度适应
这些新的行业趋势。随着新闻报道团队规模变小、 405
成本降低、越来越移动化，加之普及多出口、及时传播的技术越发灵活，人们对报道质量管控和伦理标准的要求也在提高。

位于华盛顿的新闻博物馆是美国新闻历史和实践的圣殿，那里也是为把重要新闻报道给公众而付出生命的记者们的纪念馆。

一名以色列士兵试图阻止一位摄像师拍摄和平示威的场面（2002）。

新新闻主义的独特伦理挑战

总的来说，24 小时新闻播报模式、博客、推特以及 YouTube，特别是背包新闻，都带来了特别的新闻伦理挑战。因为今天可获得新闻报道的渠道非常多，所以一些传统新闻业的实践正在经历革命性的变化也就不足为奇了。这些重大变化部分是因为，在数字时代，任何一个人都可以决定自己充当记者并开始报道新闻。当然，不是所有这些报道都经过了编辑把关，即它们并非总是可信——即使它们确实通过博客、网站甚或主流新闻媒体递达给公众。这些内容很容易向各种新闻媒体发布、渗透，进一步增加了职业伦理方面的忧虑。此外，批评家们质疑，那些在战地经常一个人与前线部队共同工作的背包记者，他们从战壕直接发回的报道究竟有多么公正。一个专业团队显然更容易在报道中进行核实、力求平衡，防止偏见。相比较而言，如果是一个人完成整个报道过程，报道者自己检查自己的倾向性的挑战就非常大。

> 虽然传统新闻学课堂上讲授的职业伦理标准已经很难付诸实践，但它们依旧是数字时代所标榜的新新闻主义的伦理基石。

虽然传统新闻学课堂上讲授的职业伦理标准已经很难付诸实践，但它们依旧是数字时代所标榜的新新闻主义的伦理基石。尽管我们在第 11 章已经深入探讨了新闻职业伦理问题，这里我们还是要简要地将其基本原则重复一下：

- 真实、诚实、公正。虽然绝对诚实、完全公正是一个近乎不可能达到的目标，但是人们还是认为专业新闻工作者应该致力于尽可能做到诚实与公正。
- 隐私。尽管围绕小报新闻、狗仔队，以及如何界定公众人物等有诸多争议，但是，在新闻的重要性、公众知情权与个人重要的隐私权之间，公众希望专业新闻工作者能够公平权衡孰轻孰重。
- 保密。一直有呼声要求新闻保障法要给记者一些保护，使他们在被要求透露保密信息或消息源时能够有所应对。保护消息源的身份是新闻业界普遍接受的标准，除非法院或国会要求记者提供相关信息。
- 利益与利益冲突。虽然新闻行业主要是商业投资的产业，但是公众希望专业新闻工作者拒绝接受贿赂，以免影响他们的报道，并杜绝在报道中对有关利益冲突只字不提。
- 社会责任。专业新闻工作者被认为是为公众利益工作的群体，因此，他们在履行职责时不能故意伤害他人。

一些批评家们认为今天的媒体报道倾向性越来越明显，也有人认为今天的媒体报道已经放弃了扒粪的传统，而转向耸人听闻的、像电脑病毒 406
那样迅速传播的新闻，这使我们能够容易察觉到有违新闻职业伦理的做法。什么是恰当的新闻实践？关于这一问题的讨论至少部分影响了大众传媒史和新闻史。当然，新闻职业主要是自律的一个行业。与律师、医生、会计、水暖工和美容师等职业不同，一个人想要成为记者无须参加考试或是申请证书和执照。虽然没有职业证书这一机制，但主要的全国性和地区性新闻院校和编辑记者协会都制定了职业道德规范。这些组织包括美国职业新闻记者协会、美国报纸编辑协会和美国广播与电视新闻导演协会。显然，由于互联网的出现，数字时代为消费者提供了前所未有的参与新闻世界的机会，但结果也同时极大地模糊了新闻的界限和新闻伦理的观念。

结论：新闻业的使命依旧未变

尽管新千年以来新闻业在技术、组织和经济模式上发生了根本变化，但今天新闻业的使命与数字时代之前新闻业的使命是相同的：发掘事实和讲故事。此外，新闻工作者今天面对的核心挑战与过去这一职业面临的挑战一样：如何识别人们需要聆听的新闻并找到新闻的关键；如何抓住受众的注意力；如何用吸引人但又保证真实的方式讲述新闻。

尽管新千年以来新闻业在技术、组织和经济模式上发生了根本变化，但今天新闻业的使命与数字时代之前新闻业的使命是相同的：发掘事实和讲故事。

与过去相比，今天人们更向往成为记者，而过去 20 年技术的发展为人们实现这种想法提供了更可行、更易得的机会。新闻业正在经历彻底的再造，而新闻院校则正在努力培养学生，使他们具备这一变化中的行业所要求的技能。即将入行或已经入行的人正在发现，具备多种技能很重要，这一职业的“写作”专业角色正在迅速被“多媒体”角色所替代。除了写作技能，新闻工作现在需要电脑知识、互联网知识，以及摄影和摄像技能。

重塑 21 世纪新闻业的趋势有很多。在经济方面，新闻作为一种产业正在受新闻媒体向互联网的聚合趋势驱动。这意味着进行一次报道所需人力比从前少了，同时可以用较少的时间制作出更多的新闻内容。新闻发布平台的数量也在迅速增长，但这一趋势未必意味着新闻报道的改善。为了有效利用制作和传播新闻内容的新平台和新方法，新闻业现在注重技术创新，但同时必须提出新的职业道德和操作标准，特别是对那些已经入行和想要进入这一行寻求新的职业发展的人来说，更是如此。最后，新闻产业的这些变化使得普通公民自己成为记者，因此我们每个人都负有更大的责任：既要做一个具有批判思维的媒介消费者，也要做一个具有批判思维的媒介创作者。

思考题

1. 假设你是一家大报的记者，被派去报道一场激烈的市长竞选。围绕这次竞选的问题很复杂，争议很大，牵涉到种族和性别问题。如果你的报道要以多媒体形式展现——报纸头版、报纸网站、这家报纸旗下的地方电视台，还有你自己的博客，你用什么方法完成这项任务呢？

2. 假设你是一家广播网络下属电视台新闻部的编辑，你的任务是帮助处理并监督公民记者给新闻部网站的供稿。请问你如何平衡为内容把关与减少电视台责任风险之间的关系，并同时做到鼓励高水平的用户发表作品和评论？

3. 作为一名自由职业摄影师，你接受了一个稿约：到一个新近的国际热点地区拍摄那里正在发生的民众与贪腐政府之间的冲突。你在网上认识了你的联系人和向导，他也是这次抗议活动的领导者之一。他邀请你成为他的组织中的嵌入记者，并希望你把他们的故事讲给全世界。请问你在与反抗者一起住行并仰仗其保护你人身安全的同时，会采取哪些步骤确保你的报道客观公正？此外，你一旦离开了这个国家的首都，你就会成为孤军一人。那你会采取哪些措施确保你作为一个背包记者的安全？面对现实危险，你如何平衡作为一名记者的职业道德和责任？

【注释】

[1] Sajadpour, K. (2009, December 28). "New clashes test Iranian regime' s grip on Tehran," PBS *NewsHour*. Carnegie Endowment for International Peace: http: //www.carnegieendowment.org/publications/ index.cfm? fa = view8rid=24411.

[2] Faust, J. (2009). *Online journalism*: *Principles of news for the Web*. Holcomb Hathaway Publishers.

[3] *Feeding the beast*: *The 24-hour news revolution*. (2004). Linda Ellerbee, executive producer; Trio Network Special.

[4] 这个故事的真实版本发生在作者1990年夏天任TBS调查报道系列节目“美国的危险”记者期间。为了保护相关人员的隐私，作者改换了故事的人名、地名和其他一些小的细节，除此之外，这就是一个真实的故事。

[5] Barnes, B. (2009, July 18). Americans iconic TV news anchor shaped the medium and the nation. *Washington Post*, http: //www.washingtonpost.com/wp-dyn/content/ article/2009/07/17/AR2009071703345.html.

[6] 信息来源于彭博社的出版物和网站，以及2008年作者对彭博社纽约总部的访问。参见http: //about.bloomberg.com/company.html。

[7] 更多有关内容请见the following sources: Touri, Maria. (2009). News blogs: Strengthen democracy through conflict prevention. Aslib Proceedings 61: 170—184; Shes, D. (2008, October 5). "Are blogs good for democracy? A debate featuring the Yale Political Union," *Huffington Post*; Reyes, F. (2008, October 5). "Blogging towards a digital democracy," *Huffington Post*.

[8] Learmonth, M. (2009, March 30). Aggregation forces journalistic evolution, Advertising Age. http: //adage.com/results? endeca=18creturn=endeca&search_off-set=0&search_order_by=score & fsearch_phrase=%22 Aggregation+Forces+Journalistic+Evolution%22&x= 6&y=7.

[9] Ibid.

[10] New Voices home page: http: //www.j-newvoices.org/.

[11] Ibid.

[12] See April 21, 2009, press release, New Voices invests in eight hyperlocal news sites, on the New Voices website: http: //www.j-newvoices.org/site/story/nv09_grantees_ release/.

[13] For more about MyMissourian.com, see http: // mymissourian.com/about/.

[14] Alderman, Nathan, (n.d.). Written by the community; edited by journalists. J-Lab Online. http: //www.j-newvoices.org/site/story_spotlight/written_ by_the_community_edited_by_journalists/.

[15] Ibid.

[16] See Yvette Walkers professional profile on Linkedln.com: http: //www.linkedin.com/in/yvettebwalker.

[17] 开始探索超本地网站世界的一个易于使用的门户网是维基城市(WikiCity.com)。

[18] Wenger, Deb. (n.d.). All-platform journalism at CNN. NewsLab. http: //www.newslab.org/2009/10/14/ all-platform-journalism-at-cnn/.

[19] Ibid.

[20] Ibid.

[21] See the October 2008 ComScore, Inc., report; ComScore is a leading online audience market tracking firm. See also Learmonth, M. (2009, March 30). Aggregation forces journalistic e volution. Advertising Age. http: // adage.com/results? endeca= 1&return=endeca&search_ offset=0&csearch_order_by=score&search_phrase= %22Aggregation+Forces+Journalistic+Evolution%22&; x=6&y=7.

[22] Childs, B. (July 2009). Live from Africa, Using the barest of video tools. Government Video Magazine, pp. 10—12. Governmentvideo.com. www.voanews.com/ english/LostVoices.cfm.

[23] Committee to Protect Journalists. (2009). Journalists killed, http: //www.cpj.org/deadly.

[24] Reporters Without Borders. (2009). Press freedom barometer 2009. http: //www.rsf.org/index.php? page=rubrique&id_rubrique=2.

[25] 1990年，乌克兰刚刚宣布脱离苏联独立6个月，警察等政府服务机构尚未完全建立，我与路透社的一个三人的摄制团队来到乌克兰首都基辅拍摄纪录片。在采访一位政府部长的路上，十几个全副武装的当地黑社会的士兵围住了摄制组。他们起初是想敲诈一笔“过路费”。当他们发现摄制组身上并没有多少现金的时候，就准备要抢走摄像机并绑架摄制组成员以换取赎金。眼看局势不妙，摄制组夺路而逃。他们追赶了好久直到我们跑到新开设的美国大使馆。在使馆，通过电话谈判，与黑帮头目达成一个安排，我们的剩余行程，由他们充当向导、司机和保镖。

Tour opens
Kidnap
Smoking

学习目标

1. 理解大众传媒如何在全国和国际舞台影响公共议程。

2. 能够说出世界不同大众传媒体系的名称，并能解释美国媒体所属的传播体系模式。

3. 认识非民主国家大众传媒的局限性，并解释这些局限性会如何影响政府的力量与控制。

4. 探索世界上发展中国家或地区正在出现的传媒体系的发展。

5. 解释文化语境如何影响媒体内容，以及如何影响受众对媒体内容的反应。

6. 理解大众传媒在国际外交方面所起的重要作用。

7. 探讨数字鸿沟和数字鸿沟 2.0 版的原因和含义。

第 14 章

媒体对全球舞台的影响

411 2008 年 12 月 27 日晚，以色列开始对巴勒斯坦哈马斯组织在加沙地带的据点进行大规模空袭——包括哈马斯领导人的住所和哈马斯政府大楼、学校以及清真寺。以色列情报部门称哈马斯在这些地方藏匿了武器。国际媒体宣称这次空袭是对哈马斯数月以来对附近以色列城镇进行火箭弹攻击的回应。空袭一周后，以色列对哈马斯发动了大规模地面进攻。发生在加沙地带的海陆空联合进攻造成了巴勒斯坦数百人死亡、数千人受伤。针对巴勒斯坦的这次重大军事行动在全世界引起了反对以色列的街头抗议。相关新闻迅速占据了国际媒体版面和播出时段。以色列的行动是自卫还是军力明显占压倒性优势一方的发威进攻？专家和冲突双方的支持者在媒体上展开争论。西方媒体报道说，巴勒斯坦死伤者中超过 25%是妇女和儿童，而以色列则回应说，造成无辜者死亡是因为哈马斯武装隐藏在平民中，并以妇女和儿童做人体掩护。[1]

以色列为什么敢冒国际人道主义之大不韪？哈马斯明知自己的行动会造成自己声言所要保护之人民的死伤，为什么还要对军力具有压倒性优势的以色列连续进行火箭弹袭击？这些问题的答案如同已经延续了 60 多年的巴以冲突一样复杂，长期以来深深植根于政治、地区和文化方面盘根错节的关系中。更重要的是，随着矛盾深入持续发展，双方都逐渐认识到世界媒体的影响和作用——以及媒介信息和人们的反应可以如何被操控。当然，这一点是有争论的。探寻这些问题的答案，我们要从全球传媒开始，从两个国家致力于将大众传媒转化为双方冲突的国际舞台开始。

国际媒体拍摄到的以色列以及加沙地带的画面。据报道，袭击造成的死亡以妇女儿童为主。批评家们认为，这一刻人们把原来对以色列的同情转移到了巴勒斯坦身上。

412 大众传媒的角色

在军事行动开始的同时，以色列政府和军方发言人也发起了一场国际传播的攻势，而其目的也远非为自己的军事行动辩护那么简单。以色列媒体攻势的另一个目标就是扩大哈马斯这一军事组织与其温和派对手法塔赫之间的分歧。哈马斯誓言要消灭以色列，而法塔赫则支持“两个国家方案”，即通过和平谈判和最终合作解决问题。以色列的新闻发言人们成了CNN、BBC和独立电视新闻公司（ITN）等西方媒体的常客；他们也时常出现在半岛和阿拉伯人等卫星电视（覆盖中东和全世界千百万受众）上；他们还把能够支持以方立场的视频放到如YouTube这样的互联网媒体上。

作为回击，哈马斯也发起了自己的媒体攻势，散播以色列给巴勒斯坦人带来痛苦和灾难的配图新闻。哈马斯和其他亲巴勒斯坦组织利用博客以及聚友网、脸书和推特等社交网站，强化了以色列给巴基斯坦造成毁灭和灾难的信息。与以色列一样，哈马斯也在YouTube上发布视频。同时，以色列控制媒体进入加沙战场的企图很快被证明不起作用，尽管以色列最高法院命令军方仅能允许“有限的”记者进入。以方没能完全控制媒体进入，一方面是因为阿拉伯媒体具有本土资源优势；另一方面是因为巴勒斯坦公民记者利用手中的相机、手机和互联网，设法捕捉到了他们自己的故事，并有效地把它们传递到世界范围内。

多年以来，西方媒体，特别是美国媒体，在巴以宗教和领土争端中被指责为站在以色列一方，即使以色列无端发起暴力或恐怖行动也会得到偏袒。在美国，特别是在保守的犹太人和基督教徒以及与他们有类似思想的国会议员当中，每一轮巴以对抗过后，对以色列的支持都会增强。但是，2008 年 12 月 27 日的军事冲突升级却引起了非常不同的反应。这次，加沙地带巴勒斯坦人受难的影像激发了美国人——包括来自长期支持以色列的人——前所未有的同情。这种重要的转变是否意味着，虽然在军事行动中失利，但哈马斯及其阿拉伯支持者在媒体战争中获得了胜利？这是否意味着阿拉伯媒体能够超过西方媒体而抓住世界受众的心？巴勒斯坦媒体战的成功是否足以压倒以色列的媒体攻势，以致可以改变巴勒斯坦人民长期以来的政治、外交和经济命运？

这些问题并不容易回答，但是很显然，以色列和巴勒斯坦的媒体战展示了大众传媒的力量，特别是表明了聚合的媒介系统可以如何更有效、迅速地改变关于长期国际冲突的政治浪潮和公众政治舆论。大众传媒在国际舞台上的影响不可否认。为了理解 21 世纪大众传媒在世界社会、文化和政治发展中的角色，我们需要首先看一看大众传媒系统如何参与设置公共议程，然后再看一看大众传媒系统从 20 世纪中期到后期的发展。

设置公共议程

从整个 20 世纪，再到现在的 21 世纪，大众传媒对社会政治环境在地区、全国和国际层面都产生了深刻影响。21 世纪的大众传媒提供前所未闻的海量信息，并报道公众关于各种大事小情的争
413 论，将大众传媒变成设置全国乃至全球公共议程的主要手段。密集的媒体报道会对公众选择什么问题和事件给以关注产生强烈影响，尽管文化背景会造成过滤和解读。但是，在美国是谁在设置公共议程呢？

从本质上说，一个民主体制会部分允许公众决定哪些问题是重要的，政府应该就这些问题做些什么。然而，在美国，许多人，包括政治学专家，认为是总统在设置媒介议程，因为他具有相当的地位。美国总统作为国家和全球政治领导者的重要性使其成为世界的主要新闻人物之一。他的讲话、行动和计划纲领自然会占据媒体的中心位置。虽然总统无法控制媒体如何描绘他或是他的想法，但他的行动可以影响媒体报道什么。

几位白宫新闻秘书，包括迪·迪·迈尔斯（Dee Dee Myers）（供职于比尔·克林顿时期）、乔治·斯迪法诺普洛斯（George Stephanopoulos，供职于克林顿时期）、阿里·弗莱舍（Ari Fleischer，供职于小布什时期），曾经就政府试图控制媒介撰文，回击关于总统影响媒介的观点。虽然总统掌控媒介的权力到底有多大是可以争议的，但是政治与媒介之间的关系以及这种关系以何种方式帮助设置公共议程，这些问题确凿无疑是复杂的。每个总统和他的白宫工作人员必须知道如何艺术地设计总统的信息才能获得并保持公共支持。更大的挑战是，在这样做的同时还要回击政治对手通过媒介进行的进攻，并避免被指控制事实或直接向媒介提供信息——因为媒介分析家们会认为这是试图将关于政府的不真实的看法强加于公众。由于政治与媒体的这种关系，媒体并非简单地通过把受众注意力聚焦于某事而决定什么是重要的问题，媒体也会影响我们如何思考它们所认定的重要问题。

由于政治与媒体的这种关系，媒体并非简单地通过把受众注意力聚焦于某事而决定什么是重要的问题，媒体也会影响我们如何思考它们所认定的重要问题。

有一个例子可以解释这种现象。这就是哈佛大学著名教授亨利·路易斯·盖茨被捕之后立即形成的媒体暴怒。2009 年 7 月 16 日，盖茨教授结束中国之行返回马萨诸塞州剑桥的家中，发现大

门卡住无法用钥匙打开。在司机的帮助下，盖茨试图强行把门撞开。一位目击者误认为有人正在行窃并报警。对于接下来发生了什么，这一问题有不同的说法，不过盖茨作为一名黑人与到场的白人警官詹姆斯·克罗利（James Crowley）显然有激烈的言语冲突，并导致盖茨被以妨碍治安的名义拘捕。这一事件迅速升级为一条关于种族问题和警察种族定性的重大国内和国际新闻。警方很快撤销了对盖茨的指控。此事发生不到一周之后，奥巴马总统公开对盖茨被捕和那位警官的行为进行了谴责。他的讲话触发了新一轮媒体风暴，并导致几天后奥巴马不得不收回自己先前的评论，称自己很遗憾使问题恶化。第二天，奥巴马总统将盖茨和克罗利警官一起请到白宫，在玫瑰园与他们一边喝啤酒一边讨论这一事件以及种族定性这一更宏大的问题。参加这一活动的还有副总统拜登。

这本来是一个地方性事件，但却被赋予了政治含义，并在媒体上疯传，把种族问题、种族定性以及黑人社区和警察之间经常很紧张的关系等问题推到了公共议程的舞台中央，延续近两周。奥巴马作为美国首位黑人总统卷入此事使这一新闻更显重要，并延长了它的寿命，而且进一步促使媒介专家和评论家，当然还有 414
公众纷纷表态支持盖茨或是克罗利。无论这一孤立事件以及媒体对它的反应是否能像奥巴马总统希望的那样成为带给美国人“教育的一刻”，它都反映了媒介在激发公共话语、推动民主进程方面的作用。

激励民主

17世纪英国哲学家托马斯·霍布斯（Thomas Hobbes，1588—1679）的一个主要志向就是确立一种理论，解释人类社会如何以共同的文化历史、价值观和史前古器物等为基础走到一起，形成国家、政府。在他的著作《利维坦》（1651）中，霍布斯指出，当这些元素放在一起时，就构成了统治者与公民之间社会契约的基础。这种社会契约的目的就是要维持并保护参与契约各方共有的文化。在霍布斯看来，这种契约使国家认同和威权或“大哥”类型的中央集权政府合法化。根据霍布斯的观点，人类本性是天然崇尚暴力、物欲和好竞争的。因此，虽然所有人都可能渴望和平，但人类自己从根本上并不能创造和维护和平。所以，被统治者有必要把自己的天然权利上交给他们的领导者，而领导者的责任则是利用各种必要手段确保社会的安全和延续。从本质上说，霍布斯的理论赋予政府权力去动用各种它们认为合适的手段维护人民的安全，包括出版审查、教育管理以及宗教控制等。虽然霍布斯的想法激起了热烈争论，而且这种争论今天依旧在继续，但他为西方政治哲学做出了重要贡献，包括关于代议制政权、主权和民主的当代思想。

历史学家一般认为18世纪中期至今这段时间是“民主时代”：就是在这一时期，民主诞生并被维护。这在很大程度上得益于大众传媒的发展。[2]媒体使政府程序在公众面前透明化，因此影响公共和政治议程。如此，阻碍思想和表达自由的封闭社会就会被迫变得开放，即放开以前由政治、经济和信息精英控制的信息通道。公民直接而且是几乎没有限制地进入了解政治过程的信息通道必然会给威权政府带来混乱。选民被赋予的自由越多，封闭的社会和黩武的政府就越难以进行信息过滤——删除它们不想要或是认为不相关的信息，以使人民继续处于黑暗之中，维护自己的统治权。

历史学家一般认为18世纪中期至今这段时间是“民主时代”：就是在这一时期，民主诞生并被维护。

对比之下，在开放的社会（民主的特点）里，媒体有机会监督政府、法院、公司和金融机构等部门的行为并进行相关报道——实际上，就是这些部门机构的行为被放置在公众监督的灯光下。公众获得的信息越多，自由和民主生根、成长的机会就越大。大众传媒技术（如互联网）的快速发展促进了民主的成长，也在助推这个世界向分享民主制的非凡时代过渡。这样的制度允许并鼓励公众参与政治过程。这一发展中的参与制度在一些较成熟的民主制度中已可见端倪，例如美国 2008 年总统大选就是一个例证。

415 2008 年美国总统大选

因为意识到互联网能够成为拉近公民与政治家——“我们”与“他们”——之间距离的强有力工具，所以奥巴马团队利用互联网聚集支持者、募集竞选基金并传播他的竞选立场。他们还利用 YouTube 进行了免费的政治广告宣传。实际上，奥巴马通过互联网和聚合媒体进行竞选的做法永远改变了政治竞选的图景，为更多公民报道、评论大选铺平了道路。[3] 在这次总统选举中，美国政治和传媒进入了一个由技术支持的分享民主制的新时代，因此有可能将被载入史册。我们还可以从 2007 年缅甸番红花革命中看出这种分享民主制的端倪。这被认为是自 1988 年缅甸首次发生民主运动之后这个国家最大规模的反政府抗议。

416 番红花革命

2007 年 8 月 15 日，缅甸军政府在未经提醒的情况下，单方面取消了所有燃料补助，造成天然气价格上涨一倍，给这个处于世界最贫穷国家行列的国家带来严重影响。结果，几十名学生、政治活跃分子和普通市民在仰光和附近其他城市发起了小型的反政府抗议。政府设法抓捕了大多数抗议者，并通过增加武力使多数抗议示威无法进行。到 9 月末，数千穿着番红花颜色袈裟的佛教僧侣开始在仰光、曼德勒等城市聚集，进行和平示威游行，抗议军队独裁统治，支持被监禁的民主领袖昂山素季。这后来被称为番红花革命。游行不断吸引沿途的人加入，直到军警最终动用暴力镇压抗议者，殴打、放催泪瓦斯并逮捕抗议的僧
尼和支持他们的平民。与此同时，缅甸军政府试 417
图阻断所有能使昂山素季的支持者向国际社会讲述缅甸人民所处困境的网站，但是这一企图没有成功。

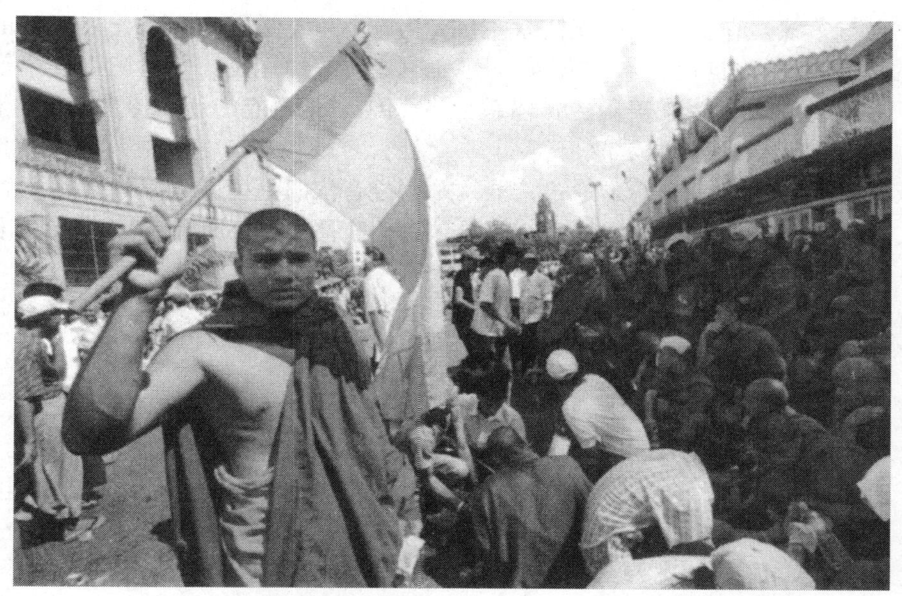

番红花革命是 20 世纪 80 年代以来缅甸发生的最大一次民主运动。公民记者们拍到了政府残酷镇压抗议者的画面，并将它们传给全球媒体，引起全世界的义愤。

公民记者们拍摄到了政府野蛮对待和平示威公民的影像，并最终把它们传给全球媒体，引起了全球普通人和政要以及人权组织的注意，并获得他们的支持。世界为缅甸显然违反《世界人权宣言》的行为感到极为震惊，军政府被迫改变对示威游行的反应，并遭到了美国、欧盟和加拿大的经济制裁。媒介技术赋予了人民权力和参与意识，而这会刺激世界各地民主的成长，并挑战威权政府。

全球大众传媒体系

大众传媒是如何介入全球政治和文化动力的呢？对这个问题的回答涉及紧密交叉的媒介资源网络的发展，即大众传媒体系。到20世纪三四十年代，拥有先进技术的国家，如美国、英国、加拿大和北欧国家，开始打造现在地区大众传媒体系的基础。直到20世纪中期和21世纪早期，这种地区性趋势才被扭转，使得大众传媒融入或多或少具有全球性的体系。这些体系，特别是电台和电视广播媒体，因各自所处的地区不同而沿着不同的技术道路发展。我们今天可以看到依旧在运行的基本体系可以划分为四种模式，即自由模式、社会责任模式、威权模式和苏联—共产主义模式。这种划分的理论奠基人是弗雷德·西伯特（Fred Siebert）、西奥多·彼得森（Theodore Peterson）和威尔伯·施拉姆（Wilbur Schramm）。[4]

自由体系

在这四种体系中，我们最熟悉的就是美国大众传媒。一些媒介专家将其称为自由体系，其存在的基础就是承诺提供各种观点，满足受众的各种文化口味。这一体系依然在世界上占主导地位，虽然并非没有冲突与争议。在美国，传媒体系主要受宪法保证的言论和表达自由保护（见第11章）。这是一个可靠的原则，因为在美国传媒体系中，拥有大多数媒介的是公司而不是政府部门。这些公司完全依靠市场作为经济来源，通过广告收入、票房收入、订阅或收视费以及有线和卫星服务费等确保生存发展。

这种模式的一个例外就是第二次世界大战期间创办的美国之音。美国之音1942年开播，由广播理事会管理。广播理事会是一个独立的联邦机构，由总统任命的九名代表两党的成员组成。美国之音的目标是：传播民主的声音、抑制敌人的宣传，“把可靠的新闻传递到封闭和被战争破坏的社会”[5]。今天，这些目标基本依旧未变，而且美国之音依旧是国际多媒体广播中的领先者，用45种语言播出，每周有1.25亿听众接收其广播。

418 ### 社会责任体系

在其他西方传媒体系中，政府在大众传媒经营和管控特别是对广播媒体上发挥着更强的作用。在英国模式中，例如英国广播公司，政府创办、供养大众传媒是为了履行自己的社会责任（因此，遵循的是社会责任体系），而媒体则要充当第四势力——监督政府以确保其不滥用权力。

尽管政府拥有英国广播公司这样的机构，但英国法律禁止政府以任何形式影响媒体内容。1972年，英国议会颁布了《无线电广播法》，允许私人公司开办地区性广播电台。此举目的是鼓励发展独立的、商业投资的广播媒体，意在引入类似于美国模式的传媒资源。这些新的公司迅速成长，与政府所有的英国广播公司形成竞争。

威权体系

在威权体系中，例如过去西欧的君主国家，政府完全控制所有媒体内容。媒体充当的是国家政治和宣传机器的作用。它们的主要任务就是传播有利于政府权威的信息。现在，这种体系还可以在缅甸、伊朗、利比亚等国家看到。起初，英国和美国的传媒体系都是以威权模式开始的，政府通过烦琐的许可和审查控制媒介内容。这种威权体系最终被高度独立的社会责任模式和自由模式所代替。需要指出的是，在英美两种传媒体系中，可以互相看到彼此的元素。

例如，美国传媒体系实际上是以自由模式和社会责任模式两者共同为基础的，具体情况会因消息源和记者不同而不同。国家公共电台就是遵循社会责任原则的一个例子，而福克斯和 CNN 等由公司议程和广告做支撑，播送的内容很煽情，理论上看更当属自由模式。我们可以看一看南希·格蕾丝的例子。格蕾丝原是一名检察官，后来转行成为电视评论员。虽然她声称在 CNN 司法主题的电视节目中，她代表受害者，为他们的权利说话，但她与毛里·波维奇（Maury Povich）和杰瑞·斯普林格（Jerry Springer）一样，受到了人们的指责，被认为是在通过利用对大多数美国人生活没有什么影响的故事迎合网络。从本质上说，美国和英国都全力保护表达自由——无论这种表达是否出于大善的考虑。

苏联一共产主义体系

威权模式的一个近亲就是苏联一共产主义模式。这一模式起源于苏联。这一体系的基本原则反映了马克思和恩格斯的思想。马克思和恩格斯认为，统治阶级的思想就是统治思想。在这一体系中，大众传媒为公有，不能被经济利益驱动，只能用来教育大众以推动社会共识的形成。

这种体系在中国大陆开始于 1949 年毛泽东领导的中国共产党战胜国民党之后，并在“文化大革命”期间达到巅峰，直到 20 世纪 80 年代随着社会和市场的改革才开始松动。随着 21 世纪大众传媒全球化和聚合浪潮的扩展，特别是在中国正在成为经济大国的情况下，中国政府对媒体的管控将进一步放开。

2008 年，中国举办了北京奥运会，政府对媒体的管控进一步放开。尽管有人以人权问题为借口抵制北京奥运会，但一些专家认为奥运会是促使中国放松媒体管控的一个机会。

随着改革继续推进，中国也感受到因为国际经济地位提升而带来的压力，因此，政府已经认识到有必要重新考量对媒体和信息的管控，但这个过程并不简单。俄克拉何马大学美中问题研究所主任彼得·格莱斯（Peter Gries）副教授解释说：

> 越来越多的媒体需要靠发行量和广告收入谋生。为了获得市场，媒体就去发表有政治敏感性的东西。这就使得媒体的两个“老板”产生冲突。中国共产党对“市场”这个老板形成的竞争的反应确实不是仅仅进行审查那么简单，而是设法指导和影响媒介的方向。[6]

根据保护记者委员会亚洲项目协调人鲍勃·迪茨的说法，“中国的媒体情况非常复杂……并非仅仅是老生常谈的审查制度。现在真是一种充满变数的情况”[7]。

发展中的大众传媒体系

2004 年 8 月，卢旺达激进分子组建的私人无线电台（Radio Rutomorangingo）开始向邻国布隆迪播出。布隆迪是中非的一个内陆小国。这个电台的节目有流行音乐和西方式的谈话节目，但是不知不觉中传递了这样一个信息："起来反抗你们的压迫者！"这里所谓的压迫者其实是当地少数族群图西人，他们掌握了这个国家大部分的政治权力。当地多数族群胡图人长期以来一直在努力争取在政府中发声，造成两个族群间冲突不断。在布隆迪历史上，这样的暴力冲突发生过几次，但是这次的紧张局面让胡图人和图西人兵戎相见，最终导致内战。

胡图族游击队试图煽动布隆迪胡图人拿起武器反抗图西人。他们利用无线电广播进行宣传，把图西人刻画成实施可怕暴力行径的非人类。这种宣传之前在卢旺达已经产生了可怕的效果，最终造成大约100万图西人被残酷地结束了生命，而杀害他们的人曾是他们的胡图族工友、教师、政客和宗教领袖，只不过这些人已经被仇恨的信息所蛊惑。好在国际社会迅速介入，帮助布隆迪政府干扰仇恨电台的传播。到2009年，大约有30万胡图族和图西族布隆迪人在冲突中死亡，如果没有国际社会介入，这一死亡数字很可能还会更大。

在布隆迪内战中，游击队的恣意暴行给这个国家带来了灾难，给重建之中难得的稳定与和平带来威胁。国际援助帮助阻断了传递仇恨的电波，但是种族仇恨宣传在布隆迪依然存在。国际公民权利活跃分子和布隆迪的图西人和胡图人一直在试图重新控制无线电波，使之成为鼓励建设性公共对话、 421
开展教育和建立希望的工具。由联合国等国际合作力量发起的 Radio Isanganiro 电台代表了这种努力。这个电台面向布隆迪境内图西人和胡图人双方，全面、平衡报道所有布隆迪人面临的问题。[8]在视频材料《前线的妇女》中，该电台主管杰妮·纳西果比（Jeanine Nahigombeye）讲述这一努力的目标以及妇女可能扮演的角色。

国际公民权利活跃分子和布隆迪的图西人和胡图人一直在试图重新控制无线电波，使之成为鼓励建设性公共对话、开展教育和建立希望的工具。

无线电波铺路

布隆迪的故事说明在发展中国家存在一个传媒体系的子类：发展中的体系。在媒体聚合、电视广播全球化和互联网普及的今天，无线电广播依旧是发展中世界最大、最有效的大众媒介，这似乎有点让人吃惊。无线电广播依旧受欢迎在很大程度上是因为在这些国家中，文盲率依旧很高，尽管一些重大基础项目正在那里兴建学校、提高识字率。[9]这些项目经常由非政府组织支持。联合国教科文组织就是通过合作、教育和自由的知识和思想交流来促进和平与普遍尊重的非政府组织。

此外，无线电台的设立和运营都很廉价。短波无线电传送距离更远，而收音机已经成为所有现代媒介技术中生产和购买都最廉价的一种。相比较而言，印刷媒体成本高，属资源密集型，不仅涉及内容制作者的工作，而且还需要印刷设备、造纸厂、发行中心以及相关运营人员。电视媒体的演播室制作设备、传输设备等需要的投入很大，电视机的价格也非贫困农村地区居民力所能及。与 Radio Isanganiro 不同，在发展中国家，绝大多数电台电视台都属于政府所有，它们主要是被用来推动政府的政治和社会议程。在布隆迪这个案例中，激进分子利用无线电和电视广播，特别是无线电进行宣传，煽动宗教和部族的暴力冲突。这些冲突常常造成流血战争和大屠杀。

幸运的是，因为收音机非常廉价而且在发展中国家非常普及，另外由于短波无线电广播能够很容易跨越国界，传到很远的距离之外，所以与激进分子宣传相对抗的信息就很容易到达大众。
长期以来，无线电广播一直难以干扰，而且不可 422
能完全阻断。这方面的例子比比皆是，比如第二次世界大战期间的德国、冷战时期的俄罗斯以及现在的朝鲜。纵观20世纪，无线电广播确实在催生民主、聚合文化方面发挥了关键作用。21世纪，无线电广播必将继续在世界传媒体系的形成过程中发挥重要作用，虽然技术进步和创新以及能源和成本因素逐渐减少也会增强电视与互联网的影响。

《前线的妇女》截图。

Radio Isanganiro 电台主管杰妮·纳西果比讲述她和其他妇女如何冒着危险进行公正、平衡的报道，帮助内战泥沼中的布隆迪恢复和平。

卫星电视的影响

电视成为全球大众传媒体系以及全球政治的一部分与电视广播从模拟信号模式到卫星数字信号模式的转变不可分。未来学家、最畅销作者亚瑟·克拉克（Arthur Clarke）是最早预言卫星通信和卫星传递无线电和电视广播的人之一。第二次世界大战期间，克拉克曾在英国皇家空军服役，任雷达工程师。战后，克拉克成为地球同步卫星和地面中继系统研究的先驱。早先，克拉克曾经设想过通信卫星网络可能产生的社会、文化影响。现在，通信卫星网络成为一个不可或缺的围绕地球的通信网络。

克拉克认为卫星电视将有助于发展中国家改善教育、提高识字率、促进农业发展和健康水平，也同样会使那些事实上被迫生活在孤立国家之中的人受益。当然那时孤立国家主要是指苏联控制的铁幕之后的国家。克拉克的理论依据是，卫星电视将广播一般的和实用的知识——比如，如何更好地种植和灌溉庄稼，如何更安全地处理食物，如何净化饮用水，如何保持基本卫生，如何安全控制人口。

运用自己的资源，并与联合国教科文组织和英国广播公司展开合作，克拉克将卫星电视引进到斯里兰卡的贫穷村庄，在那里展开实验，并度过晚年。这一工作为克拉克赢得了国际赞誉以及人道主义荣誉，包括 1994 年被提名为诺贝尔和平奖候选人。克拉克的开创性工作表明了卫星电视对发展中世界贫困村庄的正面影响。这也让人们看到了大众传媒技术在今天对社会和文化发展的重要性，并继续鼓励全球的人道主义项目。大家可以通过视频《亚瑟·克拉克》来更多地了解这位先驱的工作。

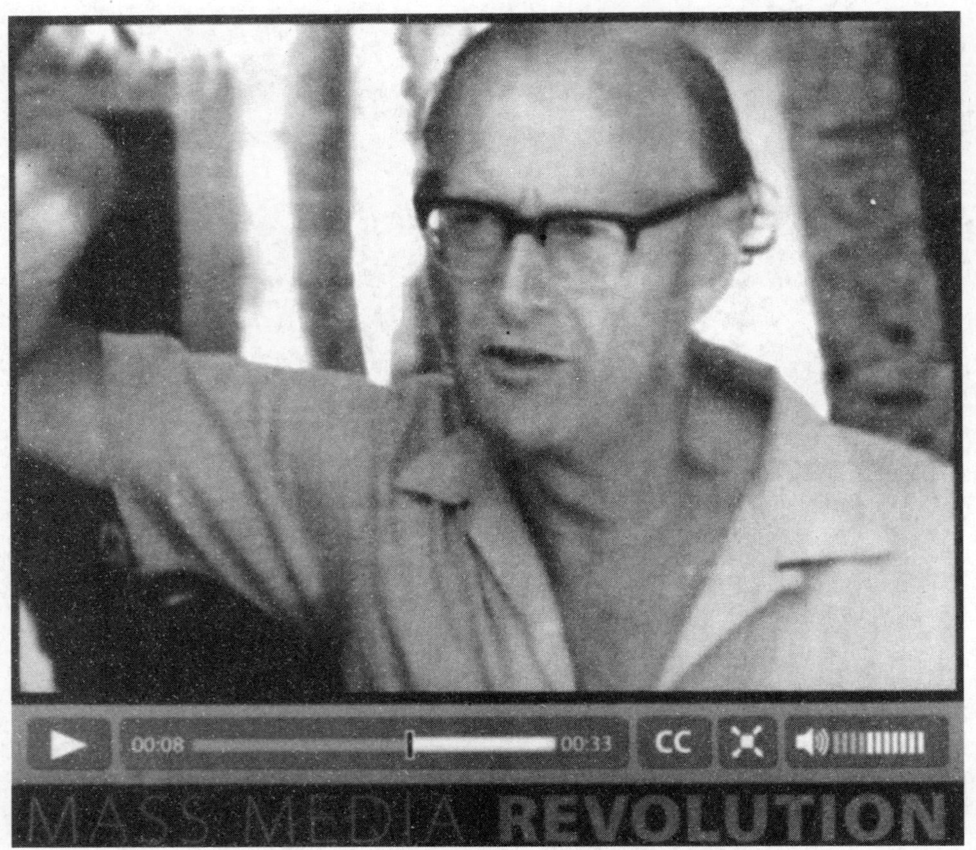

《亚瑟·克拉克》截图。

今天，亚瑟·克拉克的开创性工作依旧是大众传媒科技在促进社会文化发展发面发挥重要作用的范例。

423 互联网的角色

1948年，在缅甸脱离英国殖民统治获得独立之后的29年时间里，这个亚洲国家的人民一直享受着民主自由，包括言论和出版自由。这些权利得到了缅甸宪法的保护。不幸的是，1962年，军政府上台之后，所有这些自由权利都旋即被压制了。国内外媒体都被军政府严格控制，试图行使自由权利的记者被逮捕监禁；出版业被关闭。外国记者拍摄的影像内容往往在他们离开这个国家的时候被没收。一直到2010年早期，大多数媒体在缅甸都面临这样的命运，特别是随着当年3月大选临近，情况更是如此。《缅甸民主之声》是流亡海外的缅甸人在挪威创办的传媒组织。根据《缅甸民主之声》的报道，“缅甸媒体只可以报道选举本身而被禁止报道关于政治团体准备选举的情况”[10]。《缅甸民主之声》撰稿人昂林图（Htet Aung Kyaw）这样描述媒体在民主过渡这一关键时期的角色：

> ……现在，要推进民众说实话，我们在这方面负有重要的责任。目前，让公众发声不是容易的事情。不过，自从2002年，我们每天都接到人们打来的电话。这是因为我们的媒体——我是说所有在海外的电台和互联网新闻服务——是他们可以说出真相或是表达真实感受的一个地方。[11]

互联网的确在许多方面被证明有可取之处。由于它具有电脑病毒一样快速传播的能力，所以一些原本可能被掩盖的事情经它曝光后广为国际社会所知。互联网把缅甸的民主事业再次推向全球媒体的视野，让昂山素季和她的支持者们有了发声的机会。昂山素季是缅甸全国民主联盟总书记，1989年以来一直被软禁。在这期间，她只有很短时间的自由，并被切断了与在西方的自己家庭的联系。虽然曾被允许到英国照顾临终的丈夫，但昂山素季选择了放弃，因为她明白，如果她离开缅甸就再也不会被允许回来了。昂山素季被监禁是缅甸民主道路的重大后退，给心怀希望的缅甸人民重重一击。她被政府软禁不仅阻塞了缅甸的民主进程，也限制了国际社会对缅甸问题的了解。

然而，公民记者们意识到了互联网能够暴露问题、用信息“感染”世界，激发甚至煽动全球反应的能力。

然而，公民记者们意识到了互联网能够暴露问题、用信息“感染”世界，激发甚至煽动全球反应的能力。2007 年，在缅甸爆发民主运动（番红花革命）时，《赫芬顿邮报》作者雷切尔·斯克拉（Rachel Sklar）这样写道：

> 在 YouTube、手机照相机和短信的时代，技术正在发挥关键作用帮助新闻媒体和国际组织跟踪缅甸 20 年来最大的抗议活动。公民目击者正在使用手机和互联网发出流血的僧人和街头大火的照片，颠覆了缅甸政府控制媒体报道、过滤抗议信息的企图。[12]

从那时起，激进人士、政治人物和无数的名人，包括博诺（Bono）和喜剧明星金·凯瑞（Jim Carrey），纷纷就缅甸和昂山素季监禁问题发言。他们使用 YouTube 和聚友网等媒体，让原本不知情的受众了解到了有关情况。关于缅甸问题的信息还可以很容易地通过自由运动等人权组织的网站获得。[13]

424 大众传媒与文化语境

在本章中，我们曾称托马斯·霍布斯为西方政治哲学做出了重要贡献。但更重要的是，霍布斯是最早认识到文化在构建社会和维持社会秩序方面所起作用的西方思想家之一。霍布斯提出了我们现在用来谈论文化关系的术语。霍布斯的哲学提倡独立自由的思想，反对无关的道德和文化标准。了解他的这种哲学思想就可以帮助我们认识文化语境的重要性——规范人们行为和彼此关系的社会、宗教和政治规则。这个原则适用于所有文化间和文化内的互动关系，是理解个人之间、群体之间和媒体之间为什么会发生文化冲突的关键。

我们来看看理查·基尔（Richard Gere）和希尔帕·谢蒂（Shilpa Shetty）的例子。2007 年，好莱坞男星理查·基尔发现自己正在被警察通缉。通缉他的是印度新德里警方。作为一个热心于艾滋病防治宣传的明星，基尔在新德里参加了一项防艾活动，在活动现场不由自主地长时间热情亲吻了同来参加活动的宝莱坞女星希尔帕·谢蒂。在印度文化中，在公共场合示爱——哪怕只是在美国文化中看来很纯洁的亲吻脸颊——也被认为是冒犯的行为。印度媒体捕捉到了这个镜头，发布之后几个小时迅速传遍全球，引起公众抗议，特别是印度人的不满。有印度公民对此提出了正式控诉，作为回应，新德里警方对基尔和谢蒂发布了通缉令，理由很牵强，就是这两人违反了公共场所淫秽法。这起指控最终被放弃，因为这二人的行为只是违背了文化风俗和根深蒂固的社会规范，而并没有违犯印度法律。[14]

印度电视网络、报纸和杂志连续数日盯住这件事情不放，一遍又一遍地向公众展示这一文化冒犯行为的图片和视频。印度媒体为何这样做？媒体持续将聚光灯聚焦于此事，一部分目的有可能是为了吸引人们关注这一问题：大众传媒全球化如何弱化了传统上对公众行为根深蒂固的限制。不过，无论印度媒体这种做法的目的是什么，基尔欠考虑的举动及其引起的注意都表明，在交流过程中，既尊重受众也尊重文化语境十分重要。

高语境与低语境文化的影响

在本书中，我们强调了大众传媒如何允许普通公民参与并分享创造文化和社会历史。无论是报纸、无线电广播、视频还是博客，每个媒介在不同文化的延续、冲突与聚合的过程中都发挥着某种关键作用。我们正在向一个全球性的文化迈进，并在这一文化的发展和滋养过程中体验各种各样的大众传媒系统。为了理解这些转变是如何发展的，我们必须首先从一般意义上对文化进行
425 界定。文化塑造一个民族，是能够使一个群体区别于另一个群体的语言、符号、信仰、传统、观念、史前古器物和历史的独特混合。历史上，地理曾对文化产生过强烈影响。地理上的联系会使人们拥有共同的语言、生活方式和信仰，而如果被大山或大海阻隔，情况则不同。不同区域的人发音不同，就是一个说明。例如，(美国）南方人拖长音与布鲁克林口音。

文化既可以充当桥梁把不同群体联系起来，也可以成为使他们彼此隔阂的障碍。大众传媒在一定程度上代表着一个文化的面貌和声音，所以在文化语境内考量大众传媒尤其重要。

文化群体间差别越大，他们之间的交流就越有挑战性。因此，文化既可以充当桥梁把不同群体联系起来，也可以成为使他们彼此隔阂的障碍。大众传媒在一定程度上代表着一个文化的面貌和声音，所以在文化语境内考量大众传媒尤其重要。文化理论家爱德华·霍尔（Edward Hall）在其著作《超越文化》一书中指出，两种不同类别的文化影响了大众传媒在边界之内和跨边界时的行为方式。这两种类别的文化是高语境文化和低语境文化。

在高语境文化中，比如日本、中国和沙特，媒介内容的生产者和消费者（受众）严重依赖于对媒介内容——文字、图像和故事——所处传播语境的共同理解。高语境文化依靠象征手法和含蓄的表达，在一定程度上要求受众读懂言外之意。[15]例如，红色在中国这样的高语境文化中，在国家语境下可能表达对共产党的忠诚、爱国主义和国家（例如政治事件）；在欢庆的语境下，红色也可以代表吉祥、财富和幸福（例如婚礼）。

在低语境文化中，如美国、加拿大和英国以及西欧多数国家，媒介内容一般更直接一些，虽然一些媒体创作者可能用一些巧妙的手段表达信息。不过，这类更直接的媒介信息表达方式也因文化不同而不同。[16]

印度媒体反复播出美国演员理查·基尔在一次预防艾滋病公益活动上亲吻宝莱坞女星希尔帕·谢蒂脸颊的画面。这一举动被认为是一种文化冒犯。为什么印度媒体要这样做呢？

在任何交流场合理解文化习俗非常重要，但是在媒介语境下尤其重要。在本图中，联合国亲善大使安吉丽娜·朱莉（Angelina Jolie）正在聆听索马里难民讲述他们的经历和难民营生活。

媒体中的文化分歧

造成高语境文化与低语境文化之间严重不同的文化差异也同样表现在全球媒体中。西方文化崇尚世俗民主（非宗教决定）和现代主义，通常被描绘为物质主义、自我推销、纵欲。例如，我们可以看一看美国今天受欢迎的一些电视节目：《家庭主妇》、《泽西海岸》、《实习医生格蕾》、《恶搞之家》。自从美国占据了世界电影和电视业主导地位，许多宗教和更保守的国家——特别是伊斯
426 兰世界——认为美国媒体有意直指并威胁穆斯林以及他们文化和传统的结构。

为了应对这种可预见的威胁，黎巴嫩、沙特和埃及等国的伊斯兰电视网络开始利用自己的宗教、政治和娱乐节目与西方媒体抗衡。同时，这些国家的其他一些电视网络开始努力模仿美国和英国电视节目。例如，总部位于卡塔尔多哈的半岛电视台就是以美国 CNN 的模式创办的。此外，在整个中东地区，电视台都在播放娱乐节目，种类从电视剧到情景喜剧，还有从西方电视台购买的电影。

网络空间促进媒体和文化的全球化

在 21 世纪，通信与大众传媒技术的发展打破了障碍，一个国际市场得以形成，而全球市场的产生则带动了一个共同的全球文化的发展。所以，如果一个博茨瓦纳的中学生的语言风格、着装、事业理想和娱乐兴趣受到他所看电影或电视的影响也就不足为奇了。同样，一个对世界各地音乐感兴趣的美国人也可能在自己国家的街市上买到博茨瓦纳传统音乐选集。推动这种接触和融合的是互联网。

> 今天，通信和大众传媒技术在迅速改变传统的地理和文化边界，把不同的文化聚集在一种正在形成的全球化的网络文化之下。

今天，通信和大众传媒技术在迅速改变传统的地理和文化边界，把不同的文化聚集在一种正在形成的全球化的网络文化之下。因此，今天的媒介消费者和互联网使用者比他们的先辈对不同的文化和民族都更加敏感、更加了解。这种聚合也提出了一个问题：21 世纪的大众传媒是增进不同世界观、思想和信仰间相互宽容的跨文化理解的导管吗？还是在文化全球化驱动下，世界无情地向单一大众传媒体系迈进，最终导致文化多样性的毁灭？把世界各民族带入麦克卢汉描绘的地球村，而同时又要承认并保持多元文化的价值，这可能是 21 世纪的最大挑战之一。

大众传媒和互联网带动的文化全球化所产生的广泛利益是不可否认的——教育的普及和识字率的提高；新的经济和商业机遇；可以获得更多信息。但是一些文化人类学家和社会心理学家担心，组织性比较差的网络文化正在造成地方文化的崩溃或贬值。在他们看来，这种预见的威胁可能会导致世界许多文化丰富地区多样性遗产的消失——特别是在年轻一代人中。[17]

媒介文化为生存竞争

在数字时代，文化多样性的生存是一个很大的问题，但这不仅仅是学术界的担心。自从人类诞生之日起，人类文化就处于不断的剧变之中。分裂与竞争一直占据我们的主题。但是，这是为什么？根据托马斯·霍布斯的理论，产生文化竞 427
争的原因有两个：（1）人类在天性上是自私的动物；（2）世界资源有限。生存的欲望，或者在某种程度上获得最大利益的欲望，是所有冲突的中

心。霍布斯的观点是众多被用来解释文化竞争并提出冲突解决方案的理论之一。按照霍布斯的观点，若想解决人类的问题，需要把权力彻底让与一个铁腕的、神一样的政府。霍布斯的理论具体解释了文化竞争的本质，因此具有一定的帮助作用，但是他有关人类的判断过于冷酷，也没能解释人类在应对文化竞争这个问题的历史过程中所展现出的积极步伐。

很少有文化不经抗争而自认灭亡。当看到本族群的信仰、文化规范和自己的权威正在面临另一种文化的挑战时，传统主义领袖，从军国主义政客到宗教权威，都会做出强烈反应。我们可以再看看目前伊斯兰世界与西方的文化冲突。伊斯兰宗教激进主义者认为主要以美国大众传媒为代表的西方文化反宗教、过度自由且不敬。美国文化的这种统治地位要部分归因于美国大众传媒长久以来的商业成功，另外部分原因就是美国大众传媒表达了一种民主文化的观点和价值观，即独立、个人主义、世俗主义和资本主义。世界上许多长期遭受专制政府压迫的人都渴望实现这些理想。为了消除这些媒体的影响，一些国家纷纷制定规定，限制美国电影和电视剧的进口数量。但是，这种努力几乎不可能有效，因为人们对美国传媒产品的渴望非常强大，因此形成了繁荣的黑市。

在其开创性的纪录片电影《好莱坞与伊斯兰国家》中，电影制作人查尔斯·斯图亚特（Charles Stuart）采访了中东地区的大学生、电视制作人、记者以及学者，目的就是让美国人更好地理解他们的大众传媒如何吸引并激发了中东的受众。斯图亚特的采访主题贯穿了这样一种概念：年轻的穆斯林非常喜欢美国电影、电视和音乐，而同时有人担心这样的媒介内容会很快摧毁穆斯林文化，可能仅需几代人的时间，穆斯林传统就会消失。一些受访者表示相信，美国正在阴谋毁灭穆斯林文化，重写历史，用基督教颠覆伊斯兰教。概括一下这部纪录片里一位受访的库尔德教授的话就是，在一个文化和宗教里有价值、有适应能力的东西将会被重视并成为这种统治文化的一部分。相反，如果在不可避免的变革面前，那些没价值、顽固的东西将消失——就该如此。[18] 有人认为，美国有动机通过大众传媒赢得文化统治。这种观点在中东煽动了暴力反美情绪。这一点可以在视频材料《文化冲突：来自查尔斯·斯图亚特的纪录片》中得到体现。

《文化冲突》截图。

查尔斯·斯图亚特的纪录片《好莱坞与伊斯兰国家》反映了穆斯林对美国媒介如何影响穆斯林文化认同的思考。

虽然历史证明当下文化统治权的争夺战确有其事，但技术与大众传播的进步催生了一个全球化社区，而这个社区超越了根深蒂固的竞争和冲突模式。

虽然历史证明当下文化统治权的争夺战确有其事，但技术与大众传播的进步催生了一个全球化社区，而这个社区超越了根深蒂固的竞争和冲突模式。在数字时代，世界上许多人已经见证过，自由的思想交流能够在没有暴力、没有政治动机的情况下发生；来自不同文化的人们可以把自己看做一种更宽泛意义的人类文化的成员。美国媒体是否有意并深入地影响了世界各地人们的行为方式和他们对自己本土文化传统的反应？在视频材料《指责美国媒体》中，大家可以了解世界各地学生对这一问题的看法。

《指责美国媒体》截图。

《好莱坞与伊斯兰国家》的另一部节选视频。来自开罗美国大学的学生谈美国文化如何深刻影响了阿拉伯人的自我认同。

媒体统治和全球市场

在现实中，21 世纪的文化帝国主义——一种文化未经另一种文化社会的同意而向其传播——可以被看做经济和市场繁荣的副作用。时代华纳、新闻集团、迪士尼、维亚康姆、贝塔斯曼（德国）、索尼（日本）、通用电气（NBC 环球）、威望迪（意大利）等这些最大的多媒体集团反映了一种文化霸权，即它们把持了全世界媒介的大部分份额。结果，这些有影响力的媒介集团可以对全球媒体内容发挥巨大影响，因此间接影响了文化的全球化。而这些主要的全球媒体集团多数都是美国人拥有。[19]

这些主要传媒集团的一个共同任务就是通过媒介内容和广告销售获取不断增加的利润。从这个角度看，人们不禁要认为，它们影响政府议程的目标就是影响行业规则。这些占主导地位的传媒集团并没有联手阴谋败坏文明，而是要努力为投资人挣钱。它们相互竞争，而这种健康的竞争有利于消费者。正如我们在第 9 章讨论的那样，美国大众传媒产业从一开始就是以市场为中心的商业模式创建的，所以发展能够带来收益的媒介内容是它们的首要目标。因此，控制媒介风格、内容和信息的是市场的需要。

对这类内容的全球需要在与日俱增，形成了对威权政府的一种反作用力。威权政府的行为可能造成人道主义问题，而让世人了解这些问题的责任一般落在了这些大众传媒的新闻部门的肩上——而不是整个媒体公司。这样的大集团当然有优先权承担这样的角色，但这样的行动不会给它带来利润。大众传媒集团收入的大部分主要来自娱乐媒体，而这种收入反过来会帮助补贴没什么利润可言的新闻部门。例如，CNN 是全世界电视新闻 24 小时不间断播出模式的先
驱和范例，但是，CNN 的全球新闻报道之所以能 429
够运行，部分是因为这个有线新闻网由时代华纳拥有，而时代华纳主要靠利润丰厚的娱乐产业支撑。

美国电影和电视节目制作、发行是一个非常赚钱的全球产业。美国电影大片在全球拥有最多观众，为制片商和发行商赢得大量利润。鉴于全球受众非常多样化，所以可以说，美国电影和电视的一贯成功证明了国际上对美国式娱乐的渴望。全球对美国媒介内容的需要是否会对其他文化产生影响？

毫无疑问，答案是肯定的。那这是不是证明了美国有意颠覆和毁灭非美国文化呢？绝对不是。

美国媒体成为今天世界上占主导地位的媒体，原因是它们提供了全球市场需要的产品和服务。在纪录片《好莱坞与伊斯兰国家》的视频节选中，半岛电视台记者泰西尔·阿洛尼（Taiseer Alouni）承认，半岛刻意模仿美国媒体的形式风格，因为后者广受欢迎。其实并没有什么阴谋，只不过是简单的、直接的经济利益。更重要的是，半岛电视台打破了政府的控制，仿照 CNN 的成功模式，成为第一个基于和面向阿拉伯世界的 24 小时连续播报的电视台。如果想了解更多关于半岛在一个本来审查非常严格的媒介环境中如何成为第一个真正独立的媒体声音，请看视频材料《半岛电视台》。▶

技术对延伸美国大众传媒的影响发挥了很大作用。在过去 20 年中，消费者传媒技术——录像机、CD 和 DVD 播放器、卫星电视和数字音乐播放器等——成本在下降，西方媒体特别是美国媒体的渗透在增强。廉价的媒介技术使得全球更多的受众能够获得廉价的媒介内容，打破了文化与经济的双重障碍。如我们在本书其他章节探讨的那样，互联网的快速发展和在全球的普及，极大地促进了全球大众传媒的发展洪流。

进入 21 世纪的 10 年之后，随着媒介生产和发行的技术越来越容易获得，美国对大众传媒的统治，特别是娱乐传媒，开始显现减弱的迹象。数字化革命使得大众传媒工具变得容易获得，也容易开发利用。例如，几十年来，世界上每年生产最多电影故事片的不是好莱坞，而是印度的宝莱坞。但是，印度电影和电视在印度和海外印度人社区之外没有什么观众。然而，2008 年，印度推出了一部相对来说小成本制作的电影《贫民窟的百万富翁》，完全
在孟买制作。该片演员全部为印度人，故事情节 430
也深深植根于孟买独特的文化和环境。《贫民窟的百万富翁》给美国和西欧的传媒业带来震荡，在几大电影节和主要电影奖中斩获多个奖项，包括金球奖以及奥斯卡的八个奖项，令人吃惊。《贫民窟的百万富翁》不仅是一个讲述得非常好的吸引人的故事，而且表明了美国对全球大众传媒的统治大潮可能确实开始转向了。

进入 21 世纪的 10 年之后，随着媒介生产和发行的技术越来越容易获得，美国对大众传媒的统治，特别是娱乐传媒，开始显现减弱的迹象。数字化革命使得大众传媒工具变得容易获得，也容易开发利用。

几个强大的媒体集团可能对全球媒介内容产生巨大影响。媒介霸权通过什么方式影响全球文化？

《半岛电视台》截图。

查尔斯·斯图亚特深入探讨颇具争议的半岛电视台。

大众传媒和全球外交

大众传媒的演变，特别是 24 小时电视新闻和互联网的渗透，可能会推动全球外交以及世界各地人民之间和政府之间的理解。麦克卢汉提出的地球村理论在许多方面已经变成现实，使政府和他们的外交代表有能力更容易地加入应对全球共同挑战的努力。然而，新闻报道的即时性和全球覆盖既能够支持外交努力化解地区危机，也能使外交努力复杂化。各国政府现在发现，在试图改变国内外公共舆论的时候，它们必须与各种不同的声音进行竞争。通过全球传媒跨越国界集结公共舆论的支持在 21 世纪对外交家更加困难，因为他们已经失去了对两个因素——时间和秘密——的控制。这两个因素过去是职业外交至关重要的法宝。

麦克卢汉提出的地球村理论在许多方面已经变成现实，使政府和他们的外交代表有能力更容易地加入应对全球共同挑战的努力。

信息的即时性及其对外交的影响

只要这个世界的公民拥有计算机，可以上网，网络空间信息的即时性和直接与其他国家的人进行互动的能力就将继续积极或消极地影响国际关系。高级领导人和他们的公民都可以是正在实时发生的国际事件的见证人。发生在卢旺达的大屠杀、泰国的反政府骚乱、冰岛的火山喷发或是墨西哥湾的溢油事故，所有这些事情都对全球媒介受众立即产生影响，仿佛这些事情就发生在邻村或邻镇。当人道主义、经济、环境和政治危机跨越传统的文化、语言和国家的边界发生的时候，我们都不可回避地要分享有关信息。这种由媒介传播的共同体验使得世界领导人和他们的外交代表没有太多时间分析情报，形成考虑周全的政策决定，并把这些决定付诸实施。有时，由于信息蔓延与采取措施之间的时间极其短暂，就会造成危机升级。有时，一些在全球传播的反映人道主义灾难的照片能够推动政府采取行动，而如果没有这些照片的推动，政府可能就袖手旁观。

共同的媒介体验有时能够推动政府采取积极行动。这方面有一个例子，发生在 1992 年前南斯拉夫的屠杀撕裂了这个国家。在长达 22 个月的冲突中，西方特别是美国反应比较缓慢，没有对塞族穆斯林及时伸出援手。但是，当一枚迫击炮炮 431
弹落在萨拉热窝一个拥挤的市场，造成 68 人死亡、200 余人受重伤时，这一切发生了变化。炮弹袭击的时候碰巧有 CNN 的一支拍摄团队在市场附近。结果，世界几乎是实时地观看到了这一残杀的画面。

通过电视目睹这一正在发生的危机的受众包括克林顿总统和他的几名助理。那是一个星期六，他们正在白宫工作。这几名总统助理后来说，克林顿为在电视上看到的画面感到非常震惊和愤怒，所以即刻决定采取措施改变美国对这一冲突的政策。几个小时之后，克林顿下令美国采取军事行动打击波黑塞尔维亚军队和政府。之后，美国、北约和联合国很快做出军事反应，最终结束了这场战争。如果克林顿总统没有通过电视看到万里之外那个露天市场发生的死亡与毁灭的画面，发生在前南斯拉夫的那场暴行可能还要持续数月，而国际上也不会达成什么外交共识进行干涉。[20]这一单一事件反映了数字时代新闻的潜在影响，也说明了 CNN 和其他新的大众传媒资源如何帮助改变了国际外交的角色和过程。这一事件也是 CNN 的最得意之笔。

国家安全与互联网

历史已经证明，领导能力通常包括利用变化的媒介技术并娴熟地通过大众传媒兜售公共政策的能力。从提供共同体验的 24 小时卫星电视新闻到打碎文化边界的互联网，国家的领导者如果忽略了全球大众传媒这一新世纪的力量，就会自担风险。但是，把人们和国家拉到一起的互联网也会对国家安全造成潜在威胁。

根据美国和平研究所 2004 年的一项报告，“几乎所有恐怖组织（全世界有 40 多个）都已经进驻互联网”[21]。这一点得到了美国国土安全部的确认。2001 年 9 月 11 日，“基地”组织发动对美国的袭击之后，成为世界上最有名的恐怖组织，一直保持高调的网络存在。这个组织利用复杂的互联网和新媒体技术进行宣传并招募新成员。一些专家认为，“基地”组织也在利用互联网，通过嵌入网页内容的加密信息，与它分散在各地的细胞组织进行秘密联络，这样它的行动就可以规避美国、英国等情报部门的监控。在报告中，美国和平研究所这样总结为什么恐怖组织要利用互联网作为交流的核心平台：

- 容易获得。
- 很少或没有管理、审查，或是其他形式的政府控制。
- 在全球有巨大的潜在受众群。
- 匿名传播。
- 信息流动快。

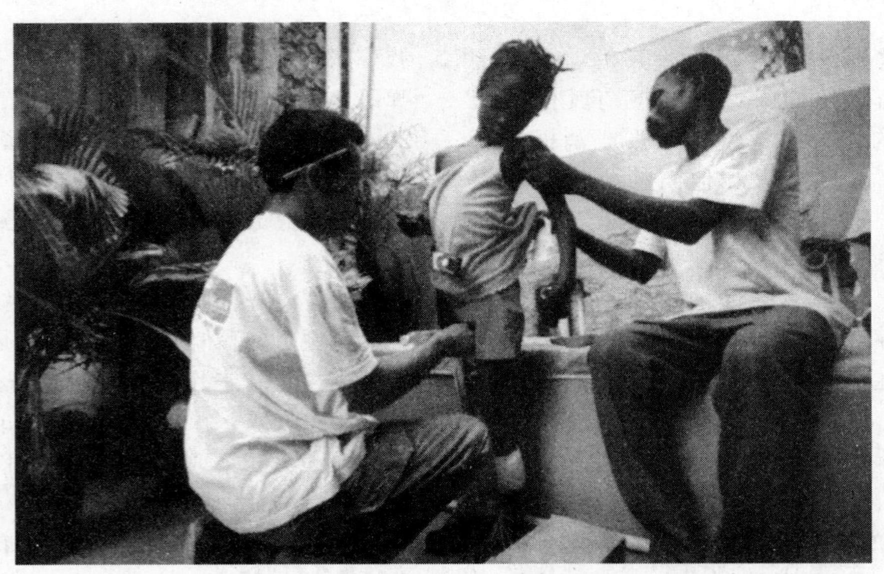

无论世界什么地方发生灾难，先进的传媒技术都能够迅速让几乎每个人实时了解这一事件。这张摄于 2010 年海地大地震震后的照片促使多个国家向海地提供人道主义援助。

432 ● 廉价。

- 多媒体环境（网络具有能力将文字、图表、音频、视频融合在一起，并允许使用者下载电影、歌曲、图书、海报等）。
- 有能力影响传统大众传媒的报道，因为传统媒体越来越多地使用互联网作为报道信源[22]。

互联网为什么会对恐怖组织有这么大的价值？其实，道理与互联网对全世界的普通个人、企业、非营利组织和政府的价值一样。这既让人们感到吃惊，也很麻烦。其实恐怖组织的网站在很大程度上与“主流”网站很相像。恐怖组织网站往往试图通过吸引人的图片和音视频片段以及文字

互联网为什么会对恐怖组织有这么大的价值？其实，道理与互联网对全世界的普通个人、企业、非营利组织和政府的价值一样。这既让人们感到吃惊，也很麻烦。

内容讲述故事，介绍他们的历史、使命，推进他们的事业。

恐怖组织网站还是募集资金的工具，鼓励人们募捐，售卖进行组织推介的 T 恤衫、旗帜和 DVD 光盘。后者帮助进一步强化极端主义信息并招募新的追随者。“基地”这样的恐怖组织也非常擅长利用互联网和其他传媒技术影响公共舆论。这样做的整体效果就是，促使这些极端主义组织看上去貌似比实际上更有影响、更有力量。因为恐怖主义的目标就是要在公众中制造恐惧和不安，并转移政府和经济资源与注意力，恐怖组织有时候不必真正组织、支持或发动袭击就可以完成一些使命，他们只要制作一些不受管控的内容并将其发布给广大受众就可以了。

通过媒介技术实现全球社区平等

2009 年 2 月，美国众议院通过一项措施，将取消模拟电视广播的时间推至当年 6 月。由模拟电视到数字电视的转换是 1996 年国会通过立法决定的，目的是释放广播带宽，用于警察、火警和营救的通信网络，也为私营企业发展新技术服务。虽然这种转换将最终让公众受益，但是国会大多数认为太多美国人，特别是贫穷人口和老年人，并不容易获得可以使他们的模拟信号电视转换为数字信号的技术服务。他们认为，如果按计划在全美实现数字电视转换，将意味着剥夺这些公民的信息和文化权利。

美国国会的这种考虑保证了所有美国人都能获得平等的基本媒介服务，这反映了数字鸿沟的问题。世界上每个国家都有一定比例的人口会遭遇数字鸿沟问题。虽然学者们继续争论如何界定这一问题，但许多人认为，这个问题的中心就是经济、社会和政治因素如何影响构成 21 世纪信息传播通道的技术的获得和使用，并反过来被这些技术的获得和使用所影响。

在数字时代，技术与媒介对我们生活、学习
433 和工作的方式有很重要的影响，所以，利用相关技术的机会与日常生活质量的许多方面直接相关。这不仅是西方人的问题，也是世界上所有文化面对的问题（我们在本章早先已经谈过这个问题）。谁应该获得技术？谁不应该获得技术？这些问题应该由谁决定？谁应该负责提供技术服务，包括为此付费？社会如何承担为了公共利益而产生的经济负担，并帮助进行分配、用户教育以及技术与媒体维护？为了限制数字鸿沟所带来的社会和文化方面的负面结果，政府、非政府组织和私人领域必须应对这些重要挑战。

这是一张“基地”组织的网络贴图。图中一名参与“9 · 11”袭击的恐怖分子正在从一个未知的地方发表谈话。

这些问题成为慈善家、发明家、学者和政治家发起的一些项目的核心。我们前面探讨过一些例子，如亚瑟 · 克拉克以卫星为基础的数字电视广播和我们在第 3 章讨论过的尼古拉斯 · 内格罗蓬特的“一个孩子、一台电脑”项目。这些参与全球努力，致力于让所有文化享受技术公平的专家和组织相信，如果所有人能够获得媒介提供的关键信息，世界在解决多数社会所面临的问题——医疗保健、贫穷和稳定——的道路上就会取得根本性进步。教育是有力的工具，可以带来变化；大众传媒构成了强大的全球传送

> 参与全球努力，致力于让所有文化享受技术公平的专家和组织相信，如果所有人能够获得媒介提供的关键信息，世界在解决多数社会所面临的问题——医疗保健、贫穷和稳定——的道路上就会取得根本性进步。

系统。

世界各国政府、创新者、企业家和慈善家正在为缩小数字鸿沟做出重要贡献。值得一提的是，2008年《曼谷邮报》报道说，在诗琳通公主的资助下，泰国的残疾儿童开始利用媒介技术克服学习和交流障碍。[23]另一个例子是，在西藏偏远地区，电脑和互联网技术的普及正在帮助改进教育质量，并同时促进西藏文化的保护。过去，在西藏北部地区，人们用干的棕榈叶记录历史，然后存放在木箱子里进行保护。这些叶子容易自然断裂，所以很少有人能够随便读到这些记录。现在，在媒介技术的帮助下，这些历史记录正在进行数字化手段处理，并发行到整个西藏和世界各地，因此在更广的范围内推动了人们对西藏文化的认知。[24]

技术进步和生产成本降低使得世界上更多的社会能够更深入广泛地接触互联网和其他关键的大众传媒内容，但是对于穷人和其他一些弱势群体来说，新的问题正在出现，并有可能让数字鸿沟第二次出现，即数字鸿沟2.0版。因为许多发展中国家都已经建立了基本的技术基础设施，这些不同的文化对与自己有关的媒介内容有很大的需求。媒介内容不应该只与消费者的特殊生活情况有关，而是应该帮助维护文化保护和聚合之间的微妙的平衡。

因为许多发展中国家都已经建立了基本的技术基础设施，这些不同的文化对与自己有关的媒介内容有很大的需求。

因为互联网的大多数技术和内容都是在西方生产，美式英语在全球受众所能获得的大部分媒介内容中是统治语言，因此，这样的内容主要反映了美国文化的视角。然而，举例来说，韩国人与美国人 434
面临的问题不一样，而且解决问题的方式也不一样。克服语言与相关度的障碍以满足全球社区不同国度和民族人们的不同需要，这是考验媒体技术资源与内容创造力的重大挑战。虽然要求很高，障碍很多，但是事实表明数字鸿沟正在迅速缩小。这种进步表明，即使是新的问题也能通过创新与理解解决，因为大众传媒正在驱动一种全球文化的兴起，而这种全球文化使创新和理解成为可能。

21世纪，我们如何才能缩小数字鸿沟，确保大众传媒和大众传媒技术的真正全球化？

结论：大众传媒的变革力量

显然，美国媒介内容是在国际上最受追捧、最被推崇的。尽管如此，一些国家，如法国，在努力限制美国电影、电视内容的引进，以此减少这一来源产生的文化威胁。法国的文化传统主义者认为，这种做法是保护法国语言和法国文化的一个措施。然而，大众传媒产业是国际贸易的一个要素，随着国际贸易的全球化，政府设置保护主义壁垒的做法似乎是种徒劳。在其著作《理解媒介：人的延伸》中，麦克卢汉写道："在意见与观念层面，技术并不能发挥作用，但却可以逐渐并无法抗拒地改变感官作用的比例（感官的平衡）和感觉的模式。"[25]麦克卢汉理论的前提是，大众传媒最重要的影响是它如何影响思想和个人对于自己如何看待世界的理解。电视、电台广播和互联网以及《新闻周刊》、《时代》、《人物》杂志等印刷媒体现在可以覆盖全球。这些媒介资源对于世界上不同地区的人们如何感知和理解其他文化有着很深远的影响。麦克卢汉认为，大众传媒的发展和渗透，特别是电视和互联网，将继续弱化个人的文化和国家认同，并成为文化深入聚合的主要驱动力。麦克卢汉把这一趋势称为创立“地球村”。

> 麦克卢汉认为，在媒介统治的“信息时代”，我们对大众传媒如何改变我们的文化和社会的理解，已经成为人类成功、不断进化乃至生存的基础。这一点得到当今大多数传媒专家的认可。

麦克卢汉认为，在媒介统治的“信息时代”，我们对大众传媒如何改变我们的文化和社会的理解，已经成为人类成功、不断进化乃至生存的基础。这一点得到当今大多数传媒专家的认可。电子媒介的持续、快速发展正在对人们看待世界和参与世界的方法带来革命性变革。21 世纪，大众传媒不断延伸所产生的力量和影响正在对地球村的参与者提出更多要求，即在推广自己的文化规范和价值观的时候要展现出更大的灵活性，而在与其他文化规范和价值观融合的时候，要展现出更大的宽容与意愿。而且，更受欢迎、占据主导地位的文化所生产的媒体内容必然压倒并最终取代居于次要地位和灵活性差的文化所生产的媒体内容。事实往往如此。对于一些人来说，这种现实难以接受——有时需要煽动大众进行反抗，甚至诉诸暴力和动荡。

435 

思考题

1. 本章讲述了 2008 年 12 月到 2009 年 1 月间，以色列军方试图限制新闻媒体报道其对加沙地带哈马斯的攻势。你认为这种做法会如何影响西方媒体关于此事的报道以及外国政府包括美国政府对以色列军事行动的反应？

2. 在你看来，哈佛大学教授亨利·路易斯·盖茨被捕事件的报道及其带来的政治副作用会如何影响美国人关于种族关系的观点？这种报道对国家政治环境产生的影响是正面的还是负面的？解释一下你的反应。

3. 你认为美国的大众传媒霸权是有议程图谋的，还是受利益驱使？请用当代传媒的案例支撑你的观点。

4. 为什么美国大众传媒的内容在那些视其为对传统文化、宗教和社会价值观产生威胁的国家有如此高的需求？

5. 大众传媒能够通过何种方式影响国家外交？

6. 解释一下为什么一些批评人士认为互联网和其他媒介技术的渗透会对国家和全球安全构成威胁？

7. 数字鸿沟 2.0 版会以什么方式加速或阻碍文化和大众传媒的全球化？

【注释】

[1] Israel and Hamas: Conflict in Gaza (2008—2009). *Congressional Research Service*, 7-5700, R40101.

[2] Wilentz, S. (2008). *The rise of American democracy*: *Jefferson to Lincoln*. W. W. Norton. See also Fischer, D. H. (2005). *Liberty and freedom*: *A visual history of America's founding ideas*. Oxford University Press.

[3] For more on Obama's 2008 Internet campaign, see Miller, C. C. (n. d.). How Obama's Internet campaign changed politics. *Technology Bits*. http: //bits. blogs. nytimes. com/2008/11/07/how-obamas-internet-campaign-changed-politics/.

[4] Siebert, F. S., Peterson, T., and Schramm, W. (1956/1963). *Four theories of the press*: *The authoritarian*, *libertarian*, *social responsibility and Soviet Communist concepts of what the press should be and do*. University of Illinois Press.

[5] Voice of America online. http: //author. voanews. com/english/About/FastFacts. cfm.

[6] *PBS Online NewsHour*. (2008, May 16). China prepares for 2008 Olympics, http: //www. pbs. org/newshour/indepth _ coverage/asia/china/2008/media. html.

[7] Ibid.

[8] For a military background on the Burundi civil war, go to GlobalSecurity. org: http: //www. globalsecurity. org/military/world/war/burundi. htm. GlobalSecurity. org is a Washington, D. C. -based website devoted to exploring innovative solu-

tions to security challenges in the Digital Age.

[9] 联合国教科文组织国际识字率统计：2005 年、2010 年、2015 年，按地区和年龄段的文盲率数字。

[10] Myat，A. P. （2010，January 10）. Election "preparation" barred from media. Democratic Voice of Burma. http：//english. dvb. no/news. php? id=3243.

[11] Ibid.

[12] Sklar，R. （2010，February 24）. Citizen journalism a sudden essential in Myanmar. *The Hujfington Post*. http：//www. huffingtonpost. com/2007/09/28/citizen-journalism-a-sudd _ n _ 66309. html.

[13] http：//www. thefreedomcampaign. org.

[14] Hammel，S. （2007，April 18）. Complaints filed in India over Richard Gere kiss. *People Magazine*；Gere kiss sparks India protests. （2007，April 16）. BBC News.

[15] Hall，E. T. （1976）. *Beyond culture*. Anchor Press.

[16] Ibid.

[17] Biggs，S. （2000）. Global village or urban jungle：Culture，self-construal，and the Internet. Media Ecology Association. http：//www. m edia-ecology. org/publications/ MEA _ proceedings/vl/globalVillage. html.

[18] See Charles C. Stuart's documentary，*Hollywood and the Muslim World*.

[19] Bagdikian，B. H. （2000）. *The media monopoly*. Beacon Press.

[20] 比尔·克林顿前新闻秘书迪·迪·梅尔斯讲述克林顿政府对 CNN 报道的前南斯拉夫战争画面的反应，参见 *Feeding the beast*：*The 24-hour news revolution*. （2004）. Linda Ellerbee，executive producer；Trio Network Special.

[21] United States Institute of Peace. （2004）. http：// www. usip. org/resources/wwwterrornet-how-modern-terrorism-uses-internet.

[22] Ibid.

[23] HRH Princess Maha Chakri Sirindhorn，the brightest guiding light for the disabled. （2007，M ay 21）. *Thailand Illustrated*，*Bangkok Post*.

[24] Tibetan Village Project，http：//www. tibetanvillage project. org/；Welcome to Tibet，http：//www. cbw. com/ tibet/culture. html；Internet Links to Tibet Information，http：//tibet. dharmakara. net/TibetLinks. html.

[25] McLuhan，M.，and Lapham，L. H. （1994）. *Understanding media*：*The extensions of man*. MIT Press，p. 18.

Tour opens
Kidnap

学习目标

1. 各种各样的群体希望获得美国主流媒体公平、公正和准确的报道并被主流媒体接受。了解这些群体为之而奋斗的故事。

2. 列举一些为美国拉美裔媒体的创立做出贡献的先驱者，并解释为什么拉美裔进入主流媒体报道在近年来具有特殊意义?

3. 认识非洲裔媒体的意义，解释非洲裔媒体如何帮助打开了通向其他主流媒介的大门。

4. 比较美国妇女解放运动与妇女在美国和全球媒体中受重视程度的提高。

5. 思考亚裔在美国如何努力克服媒体成见。

6. 总结同性恋媒体的历史和故事，解释他们为进入主流媒体而进行的努力如何既妨碍又加速了他们争取同等权利的斗争。

第15章 美国媒体的多样性

439 杰伊·希尔弗希尔斯（Jay Silverheels，1912—1980），原名哈罗德·史密斯，1912年出生于加拿大安大略省格兰德河第一民族印第安保护区。因擅打长曲棍球，年轻的希尔弗希尔斯离开了保护区到北美四处游历。做了几年业余和半职业选手之后，希尔弗希尔斯一跃成为电影和电视演员。那时他使用的名字还是哈利·史密斯，为的是获得试戏的机会。1937年开始，希尔弗希尔斯获得了在电影中扮演配角的机会。他所参演的电影主要是当时正火的西部电影。他早期的电影包括《断箭》(1950)、《战箭》（1953)、《河对岸的鼓声》(1954）和《行走在骄傲的土地上》（1956)。大约从1910年开始，美洲原住民就开始在无声电影中扮演角色，但主要是担任配角，而主要的原住民角色则是由白人演员扮演。偶尔有原住民扮演的稍微重要一些的配角，则几乎毫无例外都是攻击白种“好人”的野蛮的“坏家伙”，并且总是在电影末尾被杀死或打败。通过贬低、歪曲原住民形象，好莱坞帮助延续了长期以来对于原住民和部族文化的成见。[1]

然而，希尔弗希尔斯带来了美国大众传媒对原住民形象塑造的变化。这种变化虽然慢，但很显著。1956年，他出演了《独行侠》中主人公的忠实朋友汤托，并因这一角色而声名鹊起。希尔弗希尔斯首先在两部故事片中扮演了独行侠的朋友，一部是《独行侠》，另一部是《独行侠与消失的金城》，之后又出演了《独行侠》电视系列剧。

在他一生中的大部分时间里，希尔弗希尔斯被主张土著人权利的激进人士指责为背叛。他们称，汤托这一角色加强了当时大众传媒把印第安人贴上“好”或“坏”标签的成见。但是，毫无疑问，希尔弗希尔斯帮助改变了主流媒体受众对个体的原住民以及他们的文化的看法。希尔弗希尔斯通过汤托这一时而英雄主义，时而幽默风趣的、令人喜爱的角色完成了这一任务。事实上，美国作家约瑟夫·坎贝尔认为希尔弗希尔斯是智慧与忠实的良师益友的缩影。

那么，希尔弗希尔斯扮演的汤托这一角色是否打破了长期以来的种族障碍和对原住民的负面成见呢？遗憾的是，答案是否定的。但是，希尔弗希尔斯毫无疑问为其他原住民演员铺平了道路。后来出现了越来越多的原住民电影制作人、导演、技术人员和特技演员，他们一道继续利用媒体改变别人对自己族群的看法。在他们的努力下，出现了更多真实描绘原住民性格、历史和文化的好莱坞电影和电视。希尔弗希尔斯之后，出现了一批原住民演员，包括奇夫·丹·乔治（Chief Dan George）、弗洛伊德·怀斯特曼（Floyd ‘Red Crow’ Westerman）等。[2]

大众传媒既是通向社会文化变革的大门，也是社会文化变革的催化剂。这是本书贯穿始终的一个核心主题。本章将探讨媒体呈现民族、种族、文化和性的多样性的三种方式。有时候，这三种方式是冲突的。

- 媒体可以让受到不公正待遇的少数群体发声，让他们就遭遇到的种族主义、隔离政策、民族孤立、成见歧视以及相关形式的社会和经济不公发表意见。
- 媒体可以突出为消除成见做出贡献的典型人物——例如，民权领袖马丁·路德·金、最高法院法官索尼娅·索托马约尔（Sonia Sotomayor）、新闻主播安·柯利（Ann Curry），以及政治活跃分子哈维·米尔克（harvey milk）。借助于对这些人的描绘，社会修正了对少数群体的认知，容易固化文化成见的负面图像和故事逐渐消失，不同人之间交流的界限敞开了。
- 在少数群体努力融入主流社会的时候，媒体能够帮助他们——特别是移民社区——延续自己丰富和独特的文化遗产。媒体还可以帮助教育下一代如何拥抱而不是拒绝他们的文化根脉。

当然，争取社会公平的斗争并非仅仅美国独有。这是一个世界性的现象。然而，因为美国媒体传递的信息总是能够在世界占据主导地位，本章主要探讨美国媒体如何展现多样性问题、不同文化的群体如何尝试确保让每个声音都能被聆听，让每个面孔都可以在所有媒体被公平、准确地展现。

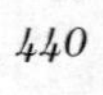

美国拉美裔媒体的先驱

美国拉美裔的故事，以及推而广之，拉美裔媒体的发展，是一个复杂的故事。他们奋斗并获得成功的细节并非本书探讨的目标。与本章要研究的其他少数群体一样，美国拉美裔与大众传媒之间的关系是沿着两条平行线路发展的。其中一条发展到最后就是建立了独立的拉美裔媒体；另一条致力于打入主流媒体，目的就是打破种族和民族壁垒，让美国社会在更大程度上接受拉美裔。

西语报刊为流亡者发声

西班牙语报刊在美国的创立是通过三个不同但却互相联系的运动开始的。早期来自西班牙及其在中南美洲殖民地的移民创建了流亡者西语报刊。这些报刊主要聚集在19世纪早期新奥尔良的西班牙语社区，成员主要是那些政治和社会问题的抗议者。他们涌入美国主要是看好这里受宪法保护的出版自由。创立于1808年的《密西西比报》（*El Misisipi*）是在美国出版的第一份西班牙语报纸，是拉丁裔流亡者报刊的源头。该报四版，每两周出版一次，主要转载其他大的报刊上关于西班牙的新闻，也登载本地广告；所有新闻用西语，而报纸也用英语刊登。早期的拉美裔报纸主要是为了在西语移民和讲英语的美国人当中为西班牙争取支持，但后来的报纸出版商，如古巴人菲利克斯·瓦雷拉（Felix Varela）与何塞·马蒂（Jose Marti）和墨西哥人里卡多·弗洛雷斯·梅根（Ricardo Flores Magon）等，则把第四势力当做安全的避难所，利用报刊来领导他们祖国的革命运动。[3]

19世纪早期，西语报刊在美国出现后，南美和加勒比地区的西语人口开始大量涌入美国——这次主要是出于经济原因而非政治原因。虽然文化根脉不尽相同，但这些新的美国人都使用西班牙语，因此这使得西语移民报刊的出现和成功成为可能。这类报刊服务于西语移民的需要，为他们提供了一种在移入国家的社群意识和安全感。这类报刊同时也发表当地社区感兴趣的新闻，并成为展示拉美艺术和文学的平台。

一种特别受欢迎的流派，也是早期拉美移民报刊的主打内容，就是纪事。纪事是一种篇幅较短、每周一次的专栏，往往通过虚构的人物和故事，给读者提供关于当下新闻和问题的讽刺性评论。纪事作者用幽默的风格鼓励拉美裔对自己的文化保持忠诚。纪事往往将批判隐藏在喜剧人物之下，剖析了拉美每天面对放弃自己的文化规范和价值观的问题。纪事作为一种媒介被墨西哥裔中的传统主义者用来推进他们的“海外墨西哥人”
441 （Mexico Outside）思想。这种思想主张移民要保护西班牙语不被丢弃，同时还主张拉美文化要保持与天主教会的密切联系。[4]

尽管文化不同，但来自南美和加勒比的移民使用共同的语言，而西语移民报刊正是以这种共同的语言为基础创立的。图为加勒比裔在举行庆祝活动。

拉美裔移民报刊寻求把西语文化作为一种独特的文化中的文化加以保护，而与此不同，本土拉美裔报刊则把自己的文化视为美国文化不可分割的一部分。意识到自己作为少数族裔的身份，本土拉美裔报刊更多关注在美国宪法保证下的拉美裔个体权利和声音的保护。

为了保护拉美裔的权利，本土拉美裔报刊把自己定位为美国文化的参与者。这些报刊拥有较大的读者群，部分是因为 19 世纪 30 年代早期印刷机引入加利福尼亚和新墨西哥后，西语人口中识字率很高。当时西南地区城镇的白人报纸出版商意识到争取拉美裔受众的重要性，因此，当时许多西南部地区的报刊都是双语出版，雇用了一批拉美裔作者将白人记者撰写的内容翻译成西语新闻。1912 年，新墨西哥成为美国的一个州的时候，那里已经有 90 多家西班牙语报刊，并且成立了自己的拉美裔报业联合会（la Prensa Asociada Hispano-Americana）。[5]

本土拉美裔报刊在西部其他地区和东部沿海地区，特别是纽约和佛罗里达，发展也很兴旺，因为那里有很多古巴人和波多黎各人。相比较而言，本土拉美裔报刊更温和，主张民族融合，帮助拉美裔保持了独特的文化认同并为现代拉美裔媒体奠定了基础。越来越强的独立性使本土拉美裔报刊能够更加自信地为自己的族群呼吁利益，包括更好的教育和工作机会，并从拉美裔视角为美国生活提供了一种媒介声音。

越来越强的独立性使本土拉美裔报刊能够更加自信地为自己的族群呼吁利益，包括更好的教育和工作机会，并从拉美裔视角为美国生活提供了一种媒介声音。

拉美裔电台

20 世纪二三十年代，主流电台的所有者认识到，非收听高峰时段——深夜和清晨——播出节目在经济上是不划算的。为了让这些“被浪费掉的时间”产生收益，许多电台开始允许拉美电台节目制作者以名义成本购买这些播出时段。早期拉美裔广播节目名人，如罗道尔夫·霍约斯，能够吸引不少广告商投入，因为他们的西语节目可以覆盖大面积受众。佩德罗·冈萨雷斯（Pedro gonzalez）是拉美裔电台先驱者之一，他于 1927 年在加利福尼亚的 KELW 开始播出节目《早间播报》（*Los Madrugadores*）。这档节目包括现场音乐表演、公益节目和社区活动推广等。

冈萨雷斯颇受听众欢迎，所以电台因他的节目而获得了大量广告收入。然而，冈萨雷斯后来开始利用自己的名气呼吁移民权益，批评美国遣返墨西哥非法入境劳工——艾森豪威尔政府 1954 年遣返了 300 万生活在美国西南部的非法入境者。很快，冈萨雷斯被电台解雇，而且电台的西语节目也被取消，理由就是冈萨雷斯因编造的强奸罪被捕。后来冈萨雷斯被无罪释放。

为了限制少数群体利用电波，许可制度愈发严格，加之缺少主流电台的支持，许多墨西哥裔
442 的广播节目制作者迁移到墨西哥，在一个相对友好的环境下继续广播。这其中最著名的一个先锋人物就是埃米利奥·阿卡罗加·维多雷塔（Emilio Azcarraga Vidaurreta）。阿卡罗加的第一个定位就是要利用 20 世纪 30 年代对西语广播增长的需要，在墨西哥政府与美国全国广播公司（NBC）之间形成合作。借助这一合作关系，阿卡罗加建立了强大的 XEW 电台。电台位于墨西哥城，成为北美第一家拉美裔广播网络的总部。阿卡罗加的商业成功迫使美国电台重新考虑面向拉美裔制作节目：到 20 世纪 60 年代，西语广播重新成为美国无线电波中的一股强劲力量，已经具有完整的节目表和专门的电台。[6]

拉美裔电视

美国的第一个官方拉美裔广播电台是位于得克萨斯州圣安东尼奥市的 KCOR-AM 电台，由拉乌尔·科尔特斯（Raoul Cortez）于 1946 年创立。时隔仅仅 9 年，科尔特斯于 1955 年创建了 KCOR-TV，成为美国第一家西班牙语电视台。1961 年，科尔特斯把这个电视台卖给埃米利奥·阿卡罗加·维多雷塔领导的一家投资集团。

西班牙语电视较早几年已在墨西哥开办。1955 年，阿卡罗加创建了墨西哥第一个电视网络
443 “墨西哥电视系统”（Telesistema Mexicano）——这是今天墨西哥传媒集团“墨西哥电视公司”（Televisa）的前身。1962 年，该集团成立了西班牙语国际网络（SIN）。在随后的 20 年中，该网络通过并购全美的西语电视台扩大了观众规模。该公司的电视节目面向泛西班牙裔受众，节目包括西语综艺节目、体育节目和浪漫肥皂剧等。SIN 的节目在经济上取得很大收益，因为它的节目针对的是一个非常大的泛西班牙裔受众群，而那个时候这一群体没有什么其他的节目选择。

1967 年，约翰逊总统命令科纳委员会（Kerner Commission）调查与种族有关的暴力行为增加的情况。科纳委员会发现，因为主流媒体中没有少数族群的代言人，所以造成了种族关系、种族暴力等问题的报道不准确。这尤其体现在黑人与白人关系的问题上。该委员会完全没有意识到主流媒体中缺少拉美裔的现象及其影响。科纳委员会的调查结果号召把黑人记者纳入主流媒体，但是拉美裔依旧被排斥在外。将拉美裔排斥在主流媒体之外，特别是电视媒体之外，加上越来越多的西语人口涌入美国，造成了拉美裔媒体与主流媒体平行但却独立的演进。[7]

> 将拉美裔排斥在主流媒体之外，特别是电视媒体之外，加上越来越多的西语人口涌入美国，造成了拉美裔媒体与主流媒体平行但却独立的演进。

1986 年，拉美裔媒体迎来了历史上的关键一刻。那一年，墨西哥媒介巨头墨西哥电视公司与美国贺卡公司贺曼公司（Hallmark）联合收购西班牙语国际网络（SIN），将其更名为环球电视台（Univision）。环球电视台后来发展成为世界上最大的西语电视网络。1987 年，环球电视台打破了自己的传统节目模式，与古巴记者克里斯蒂娜·萨拉莱吉签约，推出西语脱口秀节目《克里斯蒂娜秀》（El Show de Cristina），为萨拉莱吉赢得了“讲西班牙语的奥普拉”的赞誉。环球电视台还推出了一档全国性的晚间新闻节目《环球电视新闻》（*Noticiero Univision*），由乔治·拉莫斯（Jorge Ramos）和广受欢迎的记者玛丽亚·艾琳娜·萨利纳斯（Maria Elena Salinas）共同主持。

与主流电视网络的同行一样，虽然拉美裔媒体认识到娱乐节目是它们成功的关键，但它们也

同时展现出了强烈的社会责任感。2007 年，环球电视台与佛罗里达迈阿密大学合作共同主办了第一场以拉美裔问题为专题的总统辩论。这一历史性的媒介事件标志着拉美裔作为一个重要的政治利益群体和选民集团公共地位得到提升。同时，这也彰显了拉美裔媒体致力于履行提高西语人口教育、融合，为这一族群代言的责任。在视频材料《拉美裔电视的出现》中，环球电视台的玛丽亚·艾琳娜·萨利纳斯解释媒体为什么有责任以及如何向美国的拉美裔传递信息，并赋予他们力量。

拉美裔电台先驱佩德罗·冈萨雷斯利用广播批评艾森豪威尔政府将数百万墨西哥非法移民遣送回国。图为在美国南加利福尼亚与墨西哥边境，一名墨西哥公民在跨境进入美国。

拉美裔娱乐节目进入主流媒体

事实上，20 世纪和 21 世纪，许多拉美裔人士已经进入主流电影、电视和音乐业，并成为明星。早期的拉美裔电影明星，如朵乐丝·德里奥（Dolores del Rio）和何塞·费雷（Jose Ferrer，第一位获得奥斯卡最佳男演员的拉美裔），从 20 世纪 20 年代早期到整个 20 世纪 60 年代，在好莱坞赢得大众与业界好评。他们的成功为后来的演员们铺平了道路，其中包括丽塔·莫雷诺（Rita Moreno，第一个获得艾美奖、格莱美奖、托尼奖与奥斯卡奖的拉美裔）、拉奎尔·韦尔奇（Raquel Welch）、安东尼·奎恩（Anthony Quinn）和理查德·切奇·马林（Richard Cheech Marin）等。拉美裔制片人乔治·罗梅罗（George Romero，《死亡黎明》、《活死人之夜》）、吉尔莫·德尔·托罗（Guillermo del Toro，《地狱男爵》）和罗伯特·罗德里格兹（Robert Rodriguez，《杀人三部曲》、《罪恶之城》、《特工小子》）都对美国电影业产生了重大影响。德西·阿纳兹（Desi Arnaz）和琳达·卡特等则是在主流美国电视节目中取得成功的众多拉美裔明星中的例子。

拉美裔歌星和音乐人也成为美国音乐业的明星，其中包括摇滚先锋里奇·瓦伦斯（Ritchie Valens）、维姬·卡尔（Vicki Carr）和“莎莎皇后”塞丽娅·克鲁兹（Celia Cruz）等。

虽然人们总喜欢下结论说，拉美裔作为一个 444
群体已经完全融入了美国文化，但是，我们有必要认识到，主流媒体依旧经常歪曲真正的拉美文化和价值观。然而，拉美裔人口在美国的大爆炸以及拉美市场力量的增强正在开始改变媒体的力量平衡，拉美人的影响越来越大，代理人越来越多，拉美裔的社会、政治和经济影响持续增强。作为数字土著，英、西双语社区的青年人正在拥抱传统媒体和互联网的聚合；反过来，这一趋势正在鼓励西语和拉美裔媒体进一步与美国主流媒体融合。

《拉美裔电视的出现》截图。

环球电视台的玛丽亚·艾琳娜·萨利纳斯探讨环球电视台和拉美裔电视对今天美国拉美裔社区的影响。

美国黑人媒体的先锋

1839 年，废奴派报纸《解放者》的一个预订代理商来到马萨诸塞州新贝德福德街头一个逃亡的黑奴身边，让他订报。《解放者》由著名废奴主义者威廉·罗伊德·加里森编办。这位年轻的黑人曾经由先前一位主人的妻子教过识字读书（这样做两个人都是违法的），然后他又教其他黑奴。他告诉这位代理商自己太穷，买不起报纸。但是这位代理商还是在订户的名单里加上了这位黑人的名字。这位代理商并不怀疑他的信任之举将在非洲裔媒体的历史上发挥巨大作用。当他把《解放者》这份报纸放到那位正在为命运而挣扎的黑奴手里的时候，这位现在已经无人知晓的代理商实际上点燃了这位年轻黑人的思想——这把火将照亮他一生，并驱动了之后 150 年中美国的民权运动。[8]

这位 21 岁的黑人原名叫弗雷德里克·贝利（Frederick Bailey）。他后来在自传中写道："《解放者》成为我的食粮，我的灵魂因此而燃烧。"贝利逃离主人后，为了防止被抓回去，改名为弗雷德里克·道格拉斯。他通过阅读《解放者》和参加当地的反奴隶制会议，很快了解了废奴运动的原则。他后来成为一位演说家。他非凡的演说能力让听众怀疑他是否真的几年前才刚刚获得自由，但这也反驳了当时非常流行的一种刻板成见，即把获得自由的黑人描绘成没有教养的人，而且甘愿为佣、为奴。

为了给自己的故事做真实性辩解，道格拉斯写了自传，名为《一个美国奴隶的故事：弗雷德里克·道格拉斯的生活》。这本自传为道格拉斯在美国和欧洲赢得了声望。道格拉斯非常忠实地讲述自己的故事，尽最大可能力求准确，自传中使用了真实的人名、地名和日期来描述他自己直接经历的事件。然而，不幸的是，在他的故事为他赢得了支持与名望的同时，也暴露了他的行踪。

当时的美国法律规定主人有权将逃跑的奴隶作为财产重新据为己有——道格拉斯也不能幸免。在一些废奴主义者的帮助下，道格拉斯逃到了已经废除奴隶制的英国。在英国，道格拉斯继续四处演说，为美国废奴运动争取国际支持。在欧洲期间，道格拉斯的支持者们募集了 700 美元，为他赎回了自由。

445 道格拉斯回到美国后，举家搬到了纽约的罗切斯特，创办了自己的报纸宣传废奴思想。在他的著作《我的奴役》中，他回忆了办报的动机：

> 在我看来，如果一个被歧视的种族手中有一份好的报刊，就可以唤起他们精神的能量，就可以让他们认识到自己的潜在力量，就可以点燃他们对未来的希望，就可以开发他们的道德力量，就可以把他们的天赋聚集在一起并体现出来。如此，这份报刊就是一个消除偏见、唤醒他们意愿的最强大工具。[9]

弗雷德里克·道格拉斯（1817—1895）创办了一份宣传废奴思想的黑人报纸，迈出了帮助非洲裔美国人重新获得自己身份和文化归属的第一步。

虽然一些白人废奴主义者——特别是威廉·罗伊德·加里森——认为黑人拥有、出版的报纸会对白人创办的废奴派报纸造成不必要的竞争，但是道格拉斯相信，创办黑人媒体是黑人解放斗争中的关键一步。

黑人报刊恢复黑人身份

物化（objectification）就是把种族和文化降格为纯粹物体，是奴隶制最可怕的一种做法。白人奴隶主很少允许他们的奴隶沿袭非洲的传统，以免他们继续保持某种文化的形态。这样做的目的是阻止奴隶产生反叛情绪。奴隶主还把奴隶的家庭拆散，禁止奴隶形成社群，未经主人同意，奴隶不得进行任何形式的集会，如有违反将被严厉惩罚。因此，建立和传播黑人的身份意识成为当时正在兴起的黑人媒体的使命。道格拉斯创办的报纸，开始叫做《北方之星》，后改名为《弗雷德里克·道格拉斯报》，成为完成这一使命的声音和媒介。作为平等的代言人和媒介先锋，道格拉斯帮助确立了黑人媒体作为美国黑人主要教育者、倡导者和组织者的地位——这一作用今天依旧很明显。

作为平等的代言人和媒介先锋，道格拉斯帮助确立了黑人媒体作为美国黑人主要教育者、倡导者和组织者的地位——这一作用今天依旧很明显。

尽管具有很重要的历史意义，《北方之星》并不真正是美国第一份黑人报刊。这个荣誉属于《自由报》。该报由塞缪尔·柯尼士牧师和约翰·拉斯沃姆于 1827 年创办。19 世纪早期，主流媒体不断刻画黑人的负面形象，并质疑废奴主义者宣称的南方黑奴生活条件十分恶劣的说法。为了回应对黑人不断的丑化，拉斯沃姆和柯尼士出版了《自由报》，谴责白人媒体中长期存在的种族主义成见，记录美国黑人的日常生活。

挑战社会和政治问题从历史上一直是黑人媒体的主要目标之一。这也造成了今天黑人媒体与主流媒体之间的持久紧张状态。我们在第1章探讨过，通过记录事件、传播思想，媒体不仅记录了一种文化，而且还对其进行整理、解读、展现，并使其合法化。[10]

黑人媒体暴露不公平问题

白人废奴主义者为解放黑奴而强烈斗争，但他们没有考虑公平问题。相反，一些人建议被解放的黑人应该被送回非洲，或是留在美国但要被禁锢在隔离的社区。大多数黑人的观点与此形成
446 鲜明对比。他们把自己看做美国人，认为自己为建设这个国家做出了贡献，希望能够完全、平等地融入美国社会。在马萨诸塞等州，虽然奴隶制是非法的，但种族歧视依旧猖獗。被解放的黑人在北方无法找到报酬好、需要技术的工作，因为白人拒绝给予他们这样的工作岗位。因此，许多黑人不得不找那些报酬低的体力活。

南北战争结束、美国所有黑奴得到解放之后，黑人媒体继续发挥两个作用：捍卫非洲裔美国人的权利；充当非洲裔文化的代言人。虽然奴隶制被废除，但是黑人与白人之间在民权方面存在巨大的差距，而这种不平等在南北方同时存在。在重建时期（1865—1877）以及种族隔离主义早期，非洲裔记者不屈不挠地对当时美国黑人面临的猖獗问题给予了曝光。例如，艾达·威尔斯（Ida Wells，1862—1931）就是早期民权和女权运动的一位领导者。当时美国黑人面临的问题不仅仅是歧视问题，还有殴打、强奸、谋杀甚至私刑等罪行。威尔斯对私刑问题进行了调查，因此遭到仇恨和威胁。她在报纸上发表了评论《言论自由》。在文章中，威尔斯提出白人女性与黑人男性可以真的相互吸引——这在当时被看做不知耻的言论，因为那时的种族主义拥护者认为黑人在基因上就低白人一等。

种族隔离主义时期（1867—1965），虽然黑人被认为“不同但平等”，然而实际上种族隔离作为一种现实在美国存在了将近一个世纪。当时的黑人媒体面临几个挑战。第一个挑战与意识形态问题有关：在整个美国大众传媒范围内，黑人媒体应该充当什么角色？换言之，黑人媒体应该融入顽固的白人文化吗？如果答案是肯定的，那如何融入呢？更重要的是，黑人媒体如何在与非黑人媒体融合的同时满足黑人支持者的要求？

黑人报刊促进民权

《芝加哥保卫者报》（1905）是历史上最大、最有影响的全国性黑人报纸之一，曾经在种族隔离主义和争取民权时期成为众多黑人出版商的领路人。该报创始人罗伯特·森斯塔克·阿伯特（Robert Sengstacke Abbot）从西联公司获得25美元的贷款额度用于出版报纸。通过朋友获得的另一笔贷款，阿伯特获得了使用《芝加哥论坛报》印刷机的机会。阿伯特为《芝加哥保卫者报》开发了广泛的读者群，希望这份报纸能够帮助促进民权。为实现这一目标，《芝加哥保卫者报》在提供娱乐报道的同时，用更多的严肃新闻、传达政治主张的报道进行内容平衡。阿伯特还提出了美国进行改革的九条主张，刊印在每期报纸上：

(1) 美国的种族偏见必须被消灭。

(2) 所有工会行会必须对黑人开放。

(3) 总统内阁中必须有黑人的代言人。

(4) 所有美国铁路的工程师、消防队员、列车员以及所有政府工作岗位都必须面向黑人开放。

(5) 在整个美国的警察力量中应该有黑人的代言人。

(6) 政府开办的学校要优先于外国人对
所有美国公民开放。 447

(7) 全国的有轨电车、高架线路和大客车司机、售票员等工作岗位要向黑人开放。

（8）联邦应该立法废除私刑。

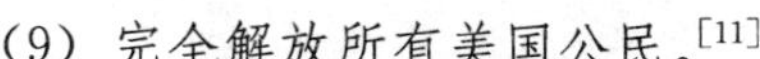

（9）完全解放所有美国公民。[11]

在种族隔离主义时期，美国黑人有自由，但却享受不了与白人一样的平等权利。颇具影响力的《芝加哥保卫者报》呼吁结束种族隔离以及赋予黑人其他的公民权利。该报今天依旧在出版。

阿伯特将自己的主张与煽情主义新闻结合起来，获得了巨大成功。《芝加哥保卫者报》最终从芝加哥走向南方乃至整个美国的黑人社区，获得了美国第一份全国性黑人报纸的荣誉。[12]阿伯特利用《芝加哥保卫者报》的影响以及自己从黑人社区获得的尊敬，鼓励南方黑人向在种族上更包容的北方中西部地区移民。阿伯特的游说促动了黑人大迁徙。从 1916 年到 1930 年，大约有 130 万黑人迁出南方地区。因为《芝加哥保卫者报》对南方地区存在的践踏黑人权利的行为给予曝光，并鼓励黑人移民，所以这份报纸在一些南方城市被禁。如果有人被发现藏有或是散发《芝加哥保卫者报》将会受到严厉惩罚。

为了绕开禁令，阿伯特征募了一批普尔曼式卧铺车黑人搬运工，组成广泛的网络把报纸偷运到南方黑人社区。在 19 世纪晚期和 20 世纪早期，火车是主要的运输工具，乔治·普尔曼（1831—1897）设计的卧铺车提供了相对舒适和比较私密的旅行空间，与不舒服的硬座相比，可以说是极大的改进。普尔曼雇用黑人搬运工，让他们穿上制服，在每节卧铺车厢工作。阿伯特招募的这些搬运工在整个美国旅行，秘密地将《芝加哥保卫者报》发送到黑人社区，并且为美国文化的多样化做出了贡献。

阿伯特着眼于未来，开始训练侄子约翰·森斯塔克继承他的事业。1934 年，22 岁的森斯塔克成为《芝加哥保卫者报》的副总裁。1940 年，阿伯特去世后，这位年轻人继承了他的报纸。森斯塔克在第二次世界大战期间和第二次世界大战之后的一个主要工作就是致力于推进部队结束种族隔离。1948 年，杜鲁门签署第 9981 号总统令，下令取消军队中的种族隔离。为了获得黑人媒体的支持，森斯塔克被任命领导一个全国委员会，监督这一总统令的执行。[13]如果想更多了解《芝加哥保卫者报》所产生的影响，请看视频资料《约翰·森斯塔克与〈芝加哥保卫者报〉》。

虽然主流媒体于20世纪40年代开始招收黑人记者，但是，在随后的20多年中，美国大众传媒业中的非洲裔人数比例依旧很低。虽然美国黑人支持公民平等，但他们也为自己的文化感到骄傲，希望保护美国黑人的文化视角。这种文化融合与文化保护之间的矛盾——所有少数族裔媒体都承认这一矛盾——在公民权利时代尤为明显。黑人权力运动代表了民权运动的一股潜流。这一运动鼓励非洲中心主义、黑人自治以及用暴力的方法争取公民权利。黑人权力运动的倡导者组建媒体传递自己的声音，例如马尔克姆·X的《穆罕默德说》和博比·希尔和休伊·牛顿的《黑豹》。两家报纸获得了美国黑人社区的欢迎，清楚地宣示了主办组织的民权运动纲领。

448

芝加哥的布朗斯维尔是《芝加哥保卫者报》的故乡。该报现在依旧在刊印它的九条改革主张。这九个目标中，你认为已经实现了几个呢？

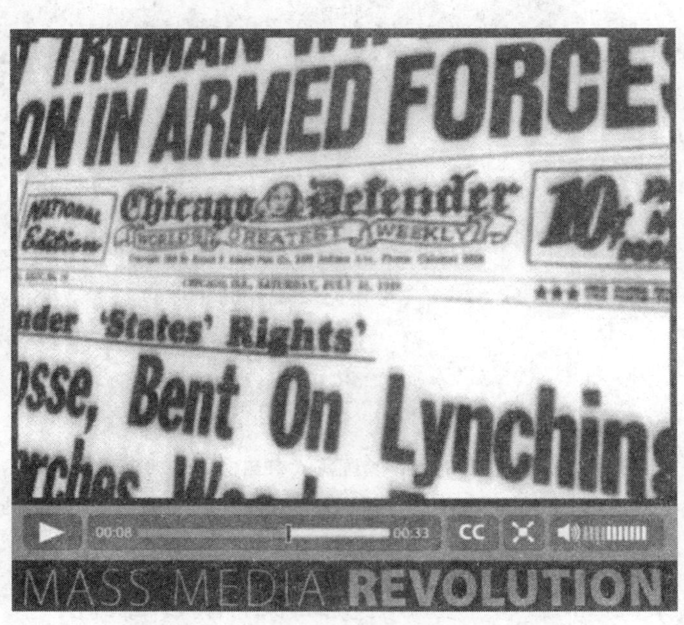

《约翰·森斯塔克与〈芝加哥保卫者报〉》截图。

约翰·森斯塔克是开创性的黑人报纸出版商。在这个视频资料里，他向大家讲述了《芝加哥保卫者报》在黑人大迁徙中发挥的作用。

黑人电台——人民的声音

> 当马丁·路德·金想通过电台做什么宣布的时候，他就会拿起扫把向上敲打天花板，而吉布森则会立刻中断广播，顺着播音间地面上凿开的一个洞放下一个麦克风到马丁·路德·金的办公室，而马丁·路德·金则即刻进行宣布。

1957年，一位叫马丁·路德·金的年轻牧师和民权活动家与包括牧师拉尔夫·阿伯纳西在内的其他民权领袖一道创立了南方基督教领袖会议。该组织总部位于亚特兰大一个富庶的黑人社区共济会大楼内，楼上是一家名为WERD的电台。电台的老板是亚特兰大大学教授杰西·布莱顿。根据电台音乐节目主持人和黑人电台明星杰克·吉布森的回忆，马丁·路德·金与WERD电台关系非常亲密。电台就在南方基督教领袖会议办公室的楼上，所以，当马丁·路德·金想通过电台做什么宣布的时候，他就会拿起扫把向上敲打天花板，而吉布森则会立刻中断广播，顺着播音间地面上凿开的一个洞放下一个麦克风到马丁·路德·金的办公室，而马丁·路德·金则即刻进行宣布。

马丁·路德·金认识到了电台在民权运动中的重要性。黑人电台音乐节目主持人玛莎·让·

斯坦伯格对此也有共同的认识：

> 黑人电台和音乐节目主持人是唯一的市长……我们是唯一的领袖。没有什么选举出来的政治官员……所以，我们就是领袖，我们就是发言人。我们是统治阶层与被遗忘的人民之间沟通的桥梁。[14]

除了播放流行音乐，吉布森还会播报与民权有关的新闻，主持风格个人化，非常具有说服力，经常能够促使听众付诸行动。与美国众多黑人音乐节目主持人一样，吉布森让他的听众获得了关于民权运动的重要声音。

20 世纪，美国黑人面临的一个重要困难就是在地方和联邦政府中没有自己的代言人。因为政府中没有自己的代表，所以非洲裔媒体的制作人，特别是黑人电台的音乐主持人和评论员，成为黑人社群最有力的代表。从 20 世纪 50 年代末到 20 世纪 60 年代民权运动的高潮时期，黑人电台音乐主持人在推动黑人政治和文化方面发挥了关键作用。需要特别提出的是，他们帮助把黑人的关切和诉求团结为一个声音，迫使白人政治人物将民权问题纳入自己的议程，并使这一运动在白人统治的主流媒体，特别是电台和电视新闻，得到更广泛的报道。

黑人演员打破成见

非洲裔演员逐渐开始在电影和电视业确立明星地位。1963 年，西德尼·波蒂埃（Sidney Poitier）凭借电影《田野里的百合》成为第一个获得奥斯卡最佳男演员奖的黑人。两年之后，比尔·科斯比（Bill Cosby）在电视剧《我是间谍》中成为第一个登上黄金时段电视节目的黑人主演。从 20 世纪 70 年代早期到 20 世纪 90 年代早期，《好时代》、《本森》、《科斯比秀》等关于美国黑人生活的情景喜剧大受欢迎，被主流受众所接受。电视剧和电影中的黑人形象帮
449 助慢慢打破了种族成见。例如，《科斯比秀》塑造了成功、有才智的黑人专业人士形象。剧中产科医生希斯克利夫·赫克斯特布尔与律师妻子和即将上大学的孩子们生活在布鲁克林一个富庶的社区。从许多方面来看，赫克斯特布尔一家实现了白人的美国梦，但却是美国黑人的模式，这颠覆了认为黑人纯朴有余、没有稳定的家庭生活的看法。[15]

20 世纪八九十年代，一批黑人脱口秀节目主持人声名鹊起。1984 年，奥普拉·温弗瑞（Oprah Winfrey）接掌当时风雨飘摇的“芝加哥早晨”脱口秀节目，而且几乎是一夜之间，将这档节目打造为芝加哥收视率最高的节目。1986 年，这一节目更名为“奥普拉·温弗瑞脱口秀”，开始在全国播出，并广受欢迎，大获成功，成为电视历史上收视率最高的脱口秀节目，确立了奥普拉·温弗瑞国际媒体大亨的地位，使她成为世界上最富有的女人之一。温弗瑞的成功为其他黑人主持走进日间电视节目打开了大门。“蒙特尔·威廉姆斯秀”（*Montel Williams*）和“提拉·班克斯秀”（*Tyra Banks*）等节目跨越种族和民族界限，受到欢迎。

然而，美国黑人在主流电影和电视上的成功并不意味着所有的种族壁垒都消失了。1963 年，西德尼·波蒂埃获得奥斯卡奖之后，直到 2002 年，才有另一位黑人获得奥斯卡最佳男演员奖项。同年，哈莉·贝瑞（Halle Berry）凭借电影《拥抱艳阳天》成为第一个获得奥斯卡最佳女演员的非洲裔。贝瑞充满感情的获奖感言在我们的记忆中留下了烙印，并非仅仅因为她的发言感动了当晚在场的所有人，而且也是因为在时隔 40 年之后——在种族隔离结束之后、在民权运动之后——一个非洲裔美国人才再次获得如此认可。

为争取融合与平等机会的斗争，对许多少数群体来说都是一个漫长的过程。许多人——例如黑人妇女——被迫要面对两个战场。接下来我们要讨论在妇女平等权利的斗争中媒体的角色和影响。

西德尼·波蒂埃是第一个获得奥斯卡最佳男演员的美国黑人。他的获奖影片是《田野里的百合》(1963)。但是，直到2002年，才有非洲裔演员获得奥斯卡最佳女演员奖。当年哈莉·贝瑞凭借电影《拥抱艳阳天》(2001) 获此奖项。

早期美国媒体中的女性先驱

历史上，妇女也在为在大众传媒中寻找代理人而斗争。在电影和电视中，对女性角色的描写反映了一定时期社会对妇女的典型看法
450 ——脆弱、天真、最适合做家务和看孩子。幸运的是，几位先锋人物尝试打破了这种成见。事实上，这几个人物当中，玛丽·安·沙德·凯里不仅是女性，而且还是一位黑人女性。如果想深入了解对于女性的成见如何巧妙地进入了当代大众传媒，请看视频资料《对妇女的成见》。

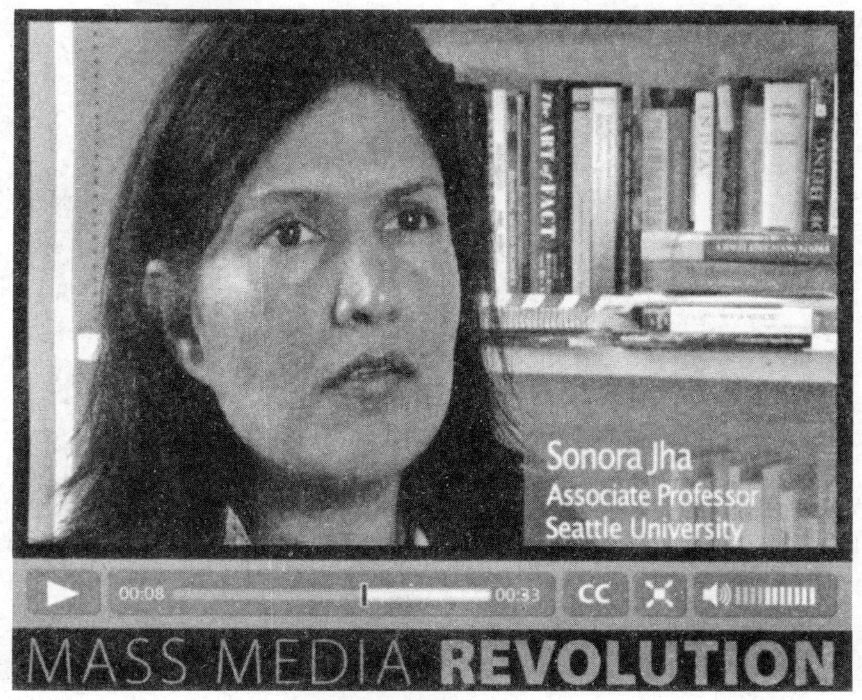

《对妇女的成见》截图。

该视频展现了对媒体特别是电影所刻画的妇女历史与当代形象的批判性观察。

第一位黑人妇女报纸编辑

关于媒体妇女的故事在很多方面与美国黑人争取民权的斗争有关。我们来看一看玛丽·安·沙德·凯里（Mary Ann Shadd Cary）的故事。1823 年，凯里出生于特拉华州威尔明顿。她的祖母是一个自由的黑人妇女，而祖父则是一个德国士兵。凯里的父亲是鞋匠，但还担任了废奴派报纸《解放者》的预订代理商，在地下铁路运动中发挥了关键作用。凯里凭借个人能力成为一名民权运动活动家，她主张教育黑人儿童，采取有力行动改变歧视与不公。1848 年，她主动参加了美国妇女选举权运动历史上第一次重大全国性活动塞内卡瀑布城会议的组织工作。这一运动由伊丽莎白·卡迪·史丹顿（Elizabeth Cady Stanton）和卢克丽霞·莫特（Lucretia Mott）领导，标志着美国妇女为争取选举权开始了一场长达 70 年的斗争。

到 1852 年，凯里迁移到加拿大，并定居多伦多教书。加拿大已经于 1833 年废除奴隶制。在加拿大，凯里创办了报纸《外乡自由人》（*Provincial Freeman*），反对美国的《逃奴追缉法》。该法允许奴隶主将逃跑的奴隶索回。凯里还利用这份报纸鼓励黑人移民加拿大，因为她觉得在加拿大，黑人可以生活在一个相对安全、自由的环境中。因为当时妇女还被认为是二等公民，所以，凯里聘请亚历山大·麦克阿瑟牧师和塞缪尔·灵戈尔德·沃德（Samuel Ringgold Ward）担任名誉编辑，而凯里本人则充当出版经纪人。此外，在署名中，为了隐瞒自己的性别，她只使用自己姓名前两个单词的首字母。当凯里最终把这份报纸的两个男性名誉编辑的名字从报头上拿下之后，人们发现原来这份报纸实际上是一个女人在经营，他们感到非常愤怒，于是她被迫关张。然而，她的努力并没有被历史忽视。虽然时代迫使她隐“性”埋名，但是凯里依旧被誉为黑人妇女中的第一个报纸编辑。数年之后，其他女性做出了相似的举动，而主流媒体的大门也在渐趋敞开。

妇女传统上在媒体中没有自己的代言人。她们争取平等权利的斗争开始于纽约州的塞内卡瀑布城——那里是美国妇女选举权运动第一次大会所在地。这场争取妇女选举权的斗争持续了70年。图为媒体报道的1905年（大约）一场争取选举权游行的场面。

451 第二次世界大战改变妇女角色

随着第二次世界大战的爆发，美国妇女大军开始进入原来被男性所垄断的工作和社会角色——因为男人已经离开了商业、工业阵线而走上了战场。坚强、有力的妇女制造战争机器或是通过工业生产抗击轴心国的海报在四处出现。根据女铆工罗斯·维尔·梦露参加制造B-29和B-24轰炸机的故事塑造的人物“铆工萝西”成为当时新美国妇女的偶像。在画家霍华德·米勒创作的关于萝西最有名的作品中，萝西——一个坚强、迷人的白人妇女——头上裹着头巾，卷着衣袖，露出稍显肌肉的前臂，画面上的文字是：“我们能!”美国参战的一个直接结果就是改变了社会，包括妇女自己，对妇女在职场以及大众传媒中角色的看法。

妇女走进电视播报新闻

葆琳·弗雷德里克（Pauline Frederick，1908—1990）可谓一个坚定、奉献的传奇。在一次关于印度与巴基斯坦边界即将爆发冲突的报道中，弗雷德里克的膝盖骨折，但是她坚持推迟紧急治疗以便能够晚些时候继续直播危机的进展。在回忆这件事以及她早期事业辉煌时刻的时候，弗雷德里克说：“在我事业的早期，我想参加节目播出，但被阻止。那时他们告诉我说女人的声音没有权威性，所以人们不会听我说。”[16]但是，人们还是听了。

虽然弗雷德里克持有政治学和国际法学位，但是她大多数时间都在做职业自由撰稿人。在20世纪四五十年代，大的电视网络都不愿意雇用全职的女性记者。然而，弗雷德里克下定决心要加入广播公司，虽然那时候有这样那样的警告，如“离电台远点儿，它不喜欢女人”。1945年，弗雷德里克给一个电台评论员做助理，凭三寸不烂之舌得到了一个出差国外的机会，并开始独立报道。这次任务完成不久，美国广播公司的一名正式记者未能亲赴现场参加纽伦堡审判的报道，弗雷德里克则抓住机会参加了希特勒的副指挥、纳粹空军最高官员赫尔曼·戈林的审判报道。

虽然弗雷德里克具有国际经验而且报道颇有成就，她还是往往被指派报道与妇女有关的话题。为了扩大自己的报道领域，弗雷德里克说服美国广播公司分配给她主要由男性记者完成的报道任务，前提是她能确保得到独家机会。后来，弗雷德里克被派去报道豪华游轮“玛丽皇后”号的最后一次战时之旅，她用自己典型的方式，巧施手段，争取到机会采访当时正巧搭载此船回美国的五星上将和未来总统艾森豪威尔。

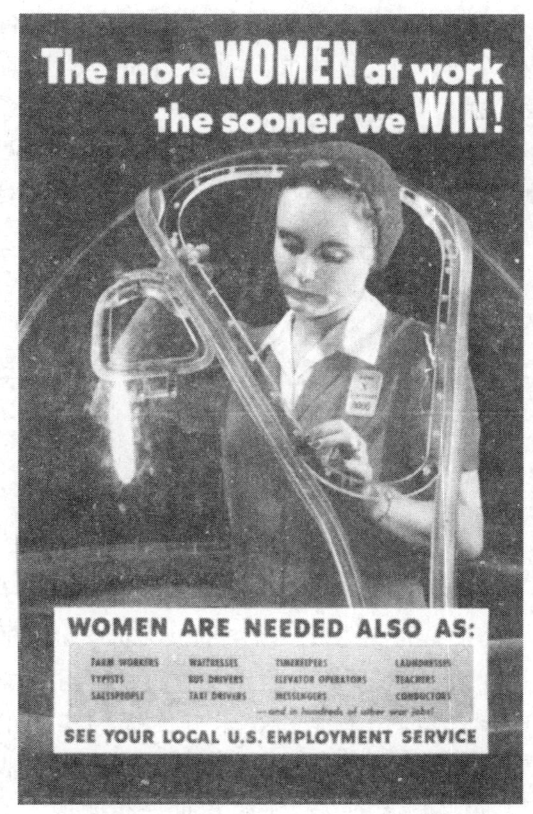

第二次世界大战时期，妇女不得不走上男人因战争而放弃的工业前线工作。这激发了后来的妇女参加工作，承担传统上被男人统治的角色。

1948 年，弗雷德里克为美国广播公司采访了当年的全国政治会议，这是首次通过电视报道这 452 类新闻。因为弗雷德里克成功地完成了任务，所以美国广播公司与她签订了雇用合同，使她成为历史上第一位全职电视网络女记者。1953 年，全国广播公司聘请弗雷德里克报道联合国新闻。1954 年，弗雷德里克获得了颇负声望的皮博迪奖——这是对她在新闻工作中追求卓越的决心和努力的肯定。在其诸多成就中，弗雷德里克是第一个主持总统辩论的女性，是联合国记者协会的第一位女主席。然而，纵然有这些成就，弗雷德里克在全国广播公司的位子也没有坐稳。1975 年，她因年龄和容貌等原因被迫离开。这种歧视性的做法表明，在电视新闻业中，妇女要取得完全的平等依旧还有很长的路要走。当被问及离开全国广播公司一事的时候，弗雷德里克说：“如果一个男人老了，他被称做有趣；如果一个女人老了，脸上出现了皱纹，那就可怕了，她完了。”[17]

虽然遇到了这样的挫折，弗雷德里克 1977 年重操旧业，在国家公共电台主持自己的国际时事节目。此后，她一直在国家公共电台工作到 1981 年正式退休。那一年她 73 岁。葆琳·弗雷德里克的故事代表了大多数广播媒体女性的经历。尽管女性依然受到这个男性统治的行业的排斥，弗雷德里克还是成为 20 世纪最权威的新闻声音之一。

20 世纪 50 年代：妇女与传统做斗争

第二次世界大战结束后至 20 世纪 50 年代，美国依旧展现出男权主义倾向。妇女则向这种社会势力发起了挑战，继续动摇性别障碍，争取获得更好、薪酬更高、更受尊敬的工作职位。媒体再次在改变公共态度的过程中发挥了重要作用，尤其是通过电视反映的女性形象。

20 世纪 50 年代，电视上的女性形象反映了传统妇女角色与现代独立的妇女角色之间日渐紧张的矛盾。越来越多的妇女要求独立与平等，但同样多的妇女也在寻求回归母亲和主妇的传统角色——第二次世界大战和朝鲜战争前的社会分工规范。对于 20 世纪 50 年代的大多数妇女来说，“美国梦”就是丈夫、孩子以及郊区的一套好房子。一些广受欢迎的电视节目，如《奥奇与哈里特的冒险》(1952)、《交给比弗来办》(1957) 加固了这一梦想，并将“完美的美国家庭”理想化。但是，这种理想与当时要求妇女独立与平等的呼声是矛盾的——这种呼声的一个捍卫者就是一个

越来越多的妇女要求独立与平等，但同样多的妇女也在寻求回归母亲和主妇的传统角色——第二次世界大战和朝鲜战争前的社会分工规范。对于 20 世纪 50 年代的大多数妇女来说，“美国梦”就是丈夫、孩子以及郊区的一套好房子。

活跃的、红头发的名叫露西尔·鲍尔的女人。

1951年秋天，哥伦比亚广播公司推出了情景喜剧《我爱露西》，由露西尔·鲍尔和她的丈夫德西·阿纳兹主演。该剧一经播出，立刻引起全国轰动。剧中露西·里卡多是一个活泼的红发女郎，她的丈夫里奇·里卡多是古巴人。露西的形象代表了与战前典型的主妇形象的决裂。露西在表演圈找到了工作，她时常质疑权威（特别是自己的丈夫），为了实现梦想不惜走极端。露西真诚地寻求一个妇女在世界上的位置，这成为此剧每集情节的潜台词。而通过演员的魅力和有趣的情节，本剧则稳妥而诙谐地向几百万美国人的观念提出了挑战。[18]

在现实中，露西尔·鲍尔实际上已经成为剧中女主角努力的目标。她是好莱坞一位聪明而且十分成功的女商人。当《我爱露西》的赞助商对是否对该剧在全国播出给以更多投资表示迟疑时，鲍尔提出自己的德西露西制作公司可以注资，条件是她的公司要保留该剧所有的联合销售权。当时，电视网很少重播节目，所以哥伦 453
比亚广播公司答应了这一交易。然而，《我爱露西》似乎重播不停，鲍尔的先见之明给德西露西制作公司带来了丰厚的回报。鲍尔戏里戏外为推动女权运动做出了重要贡献——在戏中，露西·里卡多让美国人接受了当时妇女在家庭中的新角色；而戏外，鲍尔自己事业上的成功为有抱负的职业媒体女性树立了榜样，并为她们打开了一扇门。

20世纪60年代：妇女解放

可能很少有人知道HBO电视网的《欲望都市》是受颇具争议的畅销书《单身女孩》启发而制作的。此书作者海伦·格利·布朗职业生涯的第一份工作是秘书，后来她很快进入一家大型广告公司给一位全权合伙人做私人秘书。她的写作技能给新老板留下深刻印象，于是她被指派撰写广告文案。布朗获得了多个奖项并成为西海岸出色的广告写手之一，当然她的收入在同行中也属很高的行列。

《单身女孩》发表于1962年，虽然书中对女性独立和性的坦率讨论引起了争议，但此书在美国取得巨大轰动。在书中，布朗坦率地谈论了女性的性需要以及利用性在男人统治的职场获得事业升迁的方法。批评布朗的人严厉斥责书中对单身女性的性问题的率直处理方式，但是，全美国的妇女都对这本书表示欢迎，把它作为争取现代妇女解放的号角。

《单身女孩》获得巨大成功之后，杂志出版商赫斯特出版公司请布朗改造难以为继的《大都会杂志》（Cosmopolitan）。[19] 布朗让这本杂志大变身，从一本面对美国家庭的保守杂志变为海夫纳《花花公子》的女性版。新版的《大都会》杂志包装时髦，照片惹眼，话题具有争议性，对独立女性在性、时尚、事业和娱乐方面提供实用的建议。在布朗的指导下，该杂志的广告和订户收入剧增。虽然后来的女权主义者批评布朗加固了社会对女人用性做工具的成见，但是布朗的思想鼓励妇女走出去，抢占原来被男性独占的职业道路和社会角色。

布朗名声大噪后不久，媒体上开始出现了其他女权主义声音，其中包括女权运动的另一位领袖——《大都会》杂志的自由撰稿人贝蒂·弗瑞登（Betty Friedan）。1963年，弗瑞登发表了《女性的秘诀》一书，对美国社会的妇女问题进行了缜密、有理有据的诊断。1971年，女权主义者格洛丽亚·施泰因（Gloria Steinem）与他人共同创办了《女士》（*Ms*）杂志。这本杂志的女权主义思想更尖锐，但目标受众依旧是一般的美国女性读者。

20 世纪 70 年代：向女性打开的门渐宽

1963 年，露西尔·鲍尔成为喜剧演员卡罗尔·伯内特（Carol Burnett）的顾问。四年之后，1967 年，伯内特自己推出了黄金时段的电视节目
454 《卡罗尔·伯内特秀》，获得成功。《卡罗尔·伯内特秀》每周在全美各地播出，并最终获得了 23 项艾美奖。像鲍尔一样，伯内特娴熟地运用喜剧和自己的名气为女性打开了大门。

女性开始更多地在电视媒体出现，并且开始担任更重要的角色。例如《那个女孩》（1966—1971）中的马洛·托马斯（Marlo Thomas），《茱莉亚》（1968—1971）中的戴安娜·卡罗尔和《玛丽·泰勒·莫尔秀》（1970—1977）中的玛丽·泰勒·莫尔。这些女性角色都代表了坚强、独立的职业女性，她们的生活让观众着迷——所有这些节目都赢得了大量观众。值得一提的是，《玛丽·泰勒·莫尔秀》受到极高的专业评价，连续三次获得艾美奖的杰出喜剧系列片奖（1975—1977）。这个节目取得如此突破，是因为剧中女主人公既不是寡居，也没有离婚，更没有在积极寻觅另一半，这在关于职业女性的情景喜剧中还是第一次。

20 世纪 70 年代，妇女还走进了电视新闻媒体，女性记者开始经常出现在电视新闻节目中。1976 年，芭芭拉·沃尔特斯（Barbara Walters）与美国广播公司签订了前所未闻的 100 万美元的合同，成为这一电视网黄金时间晚间新闻的第一位女性主播。

批评家们指出，电影《欲望都市》中刻画的女主角们依旧将女性模式化，虽然她们公开谈论性冲动并付诸行动。你同意这种观点吗？

20 世纪 80 年代至今：妇女继续寻求平等机会

到 20 世纪 80 年代早期，虽然女性占美国记者的近三分之一，但她们依旧面临一贯的歧视，并被认为是“媒体的花瓶”。正如电影制片人、摄影师、作家、国际女权组织“和平 X 和平”创始人帕特丽夏·梅尔顿（Patricia Melton）所言，从事媒体工作的妇女通常被拿来与她们的男同事相比，并被希望用“女性”的视角解读世界，而且也不必那么以事实为导向。这种观念在发生什么样的变化？请参看视频资料《媒体女性的影响》。

今天，美国以及全世界的妇女继续为打破性别成见而努力。一些获奖的国际报道记者，例如，克里斯蒂安妮·阿曼普尔（前 CNN 记者，现供职于美国广播公司）和哥伦比亚广播公司的拉拉·罗根（Lara Logan）正在打破最后的性别偏见，率先走向严肃新闻报道领域，特别是关于战争、犯罪和政治等原先女性不能触碰的话题。同时，正如我们在第 13、第 14 章探讨的那样，数字时代媒介技术的渗透为新一代全球媒体制作者敞开了大门，而女性也获得了前所未有的机会。整个世界，从美国到卡塔尔，从中国到布隆迪，妇女正在打破障碍，追求真正的性别平等，在发展中国家确立传媒体系的过程中发挥基础性作用，并继续向传统媒体进军。

《媒体女性的影响》截图。

电影制片人、作家帕特丽夏·梅尔顿探讨电视媒体中妇女产生的全球影响。

455 

亚裔媒体先驱

1972年，电视系列剧《功夫》在美国广播公司首播。该剧讲述的是一名中国少林寺僧人在美国的奇遇，但是男主角由美国白人演员大卫·卡拉丁（David Carradine）扮演。故事发生在19世纪90年代，一名少林寺僧人给被谋害的师父报仇之后只身逃到美国，寻找自己失散多年的同父异母兄弟。他没有枪和其他武器，却用自己的佛学知识和武术功夫打败了那些欺压当地人的恶棍。当时，《功夫》在一定程度上获得了评论界和观众的好评，而且今天虽然重播不多，但依旧拥有忠实的观众。不过，这部剧集真正的长久影响源自它对亚洲人和亚裔美国人的描写。

《功夫》中的许多历史和文化形象——特别是把亚洲人与武术和精神上的神秘主义联系在一起——成为许多美国白人看待所有东亚人的符号，而且，不幸的是，也为广泛的成见提供了材料。

美国主流媒体中的亚裔形象

卡拉丁饰演的少林僧人在美国人中普及了关于亚洲人和亚洲文化的某种观念。当时的美国人对亚洲人和亚洲文化少有经验。当然，电视中这位少林僧人聪明、自信、训练有素、泰然自若的英雄形象，以及他在少林寺习武场景的倒叙，传递了许多吸引人的、正面的概念，但是这部剧集也为一种广泛存在的成见提供了佐证：在与偏见发生冲突时，亚洲移民往往是无力的受害者。为了理解美国媒体中为何存在关于亚洲人与亚洲文化如此互相冲突的观点，我们需要深入了解《功夫》走红的情况，以及一些社会和政治因素如何影响了这部剧集的制作。[20]

大多数人相信《功夫》是好莱坞编剧艾德·斯皮尔曼的点子，但是这种说法并非没有争议。在回忆录《李小龙：只有我知道的男人》中，琳达·考德威尔称，最早是她的丈夫李小龙给华纳兄弟制片厂提出了拍摄《功夫》的想法，但是华纳开始拒绝了这一建议。当华纳最终重新考虑这一建议，并把编剧工作交给斯皮尔曼的时候，有人建议由李小龙饰演男主人公。但是这一建议也被否决，原因就是李小龙长相对于美国观众来看“太亚洲”。所以，他们选定了有很强欧洲血统，但从未接受过武术训练的大卫·卡拉丁。卡拉丁在化妆时运用了当时常见的黄脸技术，把眼睛周围的皮肤向后拉，目的就是让非亚裔演员看上去有一张脸谱化的亚洲面孔。好莱坞拒绝使用亚洲演员，让李小龙十分失意，他最终返回香港，在
那里主演了一批非常成功的影片，如《愤怒的拳 456
头》（1972）。考德威尔的说法无论真假，她所描述的情况的确是前两个世纪中，亚裔在美国文化和美国媒体中所面对的困境的真实写照。

伊朗出生的克里斯蒂安妮·阿曼普尔关于海外战争的报道为她赢得了国际认可。从此，她开始进入其他冲突地区进行报道，包括波斯尼亚、萨拉热窝和耶路撒冷等。

亚裔媒体随着中国移民涌入开始

19 世纪中期，大批中国移民开始涌入美国，其背景就是加利福尼亚淘金热（1848—1855）的驱动和中国鸦片战争的压力。如同大多数移民一样，成千上万的中国劳工怀揣着过上比原来更好的日子的梦想来到美国——对他们来说，美国就是“金山”的代名词。当时，这些移民大多数都是没有怎么受过教育的年轻男性，许多人在美国找到的工作就是修建第一条横跨美国大陆的铁路。这条铁路于 1869 年竣工。

一段时间之后，许多美国人开始对扩大的中国移民人口做出负面反应，把中国移民称为“黄祸”。赫斯特的报纸充斥着这一种族主义词汇。这个标签表明了美国人害怕任何外来事物——在这个例子里，就是害怕中国人。一些作家和记者最终为这种反亚裔情绪造出了一个新词——黄色恐怖。马克·吐温是这样解释这一词汇的：

> 今天，黄色恐怖正在威胁这个世界，笼罩在遥远的地平线上，让人感到不祥。我不知道黄色恐怖的最终结果如何，但这种局面的形成与我们的政府毫无干系，让我们为此感到开怀和骄傲吧。[21]

这种恐惧感促成了 1882 年《排华法案》的诞生。这一法案是美国第一部限制外国移民的联邦法规。该法案规定停止中国移民进入美国的期限是 10 年，但之后的立法又延长了这一期限。直到 1943 年，国会才最终废止了这一法案。直到 1965 年，随着《移民法案》通过，才取消了针对中国移民的某些限制。1990 年，相关法律再次变化，移民限制变得更加灵活。亚洲移民媒体的出现部分原因是他们有独立的社区，有自己的学校、银行和社区中心。今天，在美国各地主要城市“唐人街”四处可见，其中最著名的就是旧金山的唐人街。其他亚洲移民也仿照这一模式：今天，在一些市区，我们可以发现“日本街”；在一些郊区

的中心地带，我们可以看到“韩国街”。

这些移民社区用自己的语言出版报纸杂志，但这样也造成了他们与主流社会的隔离。在20世纪晚期，亚裔美国人开始进入广播媒体，首先是电台，然后是电视。不幸的是，与美国原住民族一样，虽然亚裔演员和媒体制作者近年来做出了很大努力，但是主流媒体对亚洲人的成见依旧。

多亚裔群体把唐人街称为家，那里是亚洲文化在城市中心区的代表。与主流文化的隔离促成了独立的亚裔报刊的诞生。

457 20世纪早期对亚裔的媒体成见

早期美国媒体通常把亚洲人描绘成恶棍，例如，《阴险的傅满洲博士》（1913）中傅满洲的形象。日本侵华战争（1937—1945）爆发以及日本袭击珍珠港（1941年12月7日）之后，美国卷入第二次世界大战，关于亚洲人的负面形象开始充斥媒体。这一时期，《复活岛》① （1942）、《紫心勋章》（1944）等好莱坞电影把亚洲人描绘成“敌人”。因此，亚洲人很容易变成娱乐与新闻媒体的靶子。[22]

随着美国卷入朝鲜战争（1950—1953）、越南战争（1963—1975），以及冷战期间（1947—1991），中国作为共产主义国家被认为是美国的主要威胁，在20世纪，美国媒体中对于亚洲人的负面成见进一步固化，电视系列剧《功夫》选角就是这方面的一个例证。在好莱坞，亚洲演员被定型为坏人的角色，然而却用“黄脸”化妆术，让非亚裔演员扮演主角，这种做法强化了反亚洲的偏见。20世纪，美国媒体对亚洲人的成见也体现在性别成见上。在好莱坞的影视作品中，亚洲男子被塑造成肌肉不那么健壮、外形不那么威武的形象；而亚洲女性不是被刻画成放纵、媚人或娇羞的“蝴蝶”，就是险恶、性方面异常、搞阴谋的“龙女”。黄柳霜是一名颇有成就的华裔女演员，出演了多部电影。其中关于傅满洲博士的《龙女》（1931）就是媒介成见的典型例子。不幸的是，这种关于亚洲女性在性方面的形象至今仍对美国社会的认知存有负面影响。今天，在美国售卖的所有色情影像制品中，有三分之一是亚洲模特或演员。

幸运的是，近年来，美国受众见证了这种成见的消除，虽然速度还比较慢。根据电视剧改编的电影《霹雳娇娃》（2000）就代表了美国电影重新想象亚裔女性形象的尝试。在这部电影中，刘玉玲饰演活泼、坚强、聪明的亚历克丝。她与德

① 也译为《威克岛》。——译者注

鲁·巴里摩尔（Drew Barrymore）和卡梅隆·迪亚茨（Cameron Diaz）饰演的角色组成了打击犯罪的女子三人组合，称为“霹雳娇娃”。这一角色成为当代亚洲女勇士的代表。“女勇士”这一说法源自作家汤婷婷的同名纪实文学作品。

日本袭击珍珠港之后，美国媒体充满了反亚洲情绪。

汤婷婷是诸多亚裔美国作家之一，她的作品获得了好评。汤婷婷现为加州大学伯克利分校的荣誉教授。她的《女勇士》成为跨学科的教学内容，从亚洲研究到美国亚裔文学，再到性别和妇女研究等。这本著作审视了父权文化历史视野下华人妇女的生活。一些批评家认为这本书过于强调了华人女性的顺从屈服，因此会加深西方人对亚洲妇女整体的成见，而有的批评家的观点则恰恰相反：汤婷婷通过一个亚裔美国女性的视角，用自传的形式讲述华人妇女的经历，实际上提升了妇女的地位，赋予她们力量，使她们成为“勇士”。此外，一位批评家指出，汤婷婷书中的故事在很大程度上反映的是移民经历的大图景——因此，此书适合主流受众。[23]

自从汤婷婷的书出版后，许多亚裔美国人开 458
始讲述他们作为亚裔在美国的经历和感受。例如，1991 年在纽约成立的美国亚裔作家研讨会就是一个非营利文艺组织，其宗旨就是展示美国的亚裔文学成就，让人们了解亚裔的经历感受，将亚裔重要的声音带进主流媒体第一线。

亚裔在 21 世纪传媒中寻求突破

今天，亚裔在美国媒体中已经走进更主流的角色。他们或是坚强、受爱戴，比如全国广播公司的科幻系列剧《英雄》中的成龙、丘增；或是模范公民——勤劳、有责任心，受过很好的教育，比如电视记者安·柯利（ann curry）、凌志慧（Lisa Ling）、凌志美（Laura Ling），还有演员吴珊卓（Sandra Oh，《实习医生格蕾》）、乔治·黄（《法律与秩序：特殊受害者》）和卡尔·潘（Kal Penn，《豪斯医生》）。在卡尔·潘加入《豪斯医生》演员阵容之前，他已经因喜剧《寻堡奇遇》系列而小有名气。这些电影使卡尔·潘成为第一个在好莱坞主流电影中取得成功的印度裔演员。出演《豪斯医生》中的库特纳一角两年之后，卡尔·潘进入奥巴马政府成为白宫公众联络办公室副主任。2010 年，他辞去这一职务，重返演艺圈。[24]

喜剧演员玛格丽特·周（Margaret Cho）在少数族群媒体中代表了一种新的独立声音：她不仅是亚洲人，而且还是双性恋。在 20 世纪 90 年代早期，她是俱乐部巡回演出中一个广受欢迎的韩国裔喜剧演员，后来受邀参演一部亚裔情境喜剧。1994 年，美国广播公司在黄金时段推出了系列剧《美式女孩》，除了玛格丽特·周，剧中其他所有演员也全是亚裔，这在美国电视历史上尚属首次。不幸的是，这部电视剧第一季表现暗淡，主要原因就是剧本质量不高，而且形式不停变化。

玛格丽特·周曾在 HBO 的节目中和《我就是我想要的》这本书中讲述了她为《美式女孩》做出了什么样的努力。她讲述了亚裔如果想要融入美国主流媒体需要面对什么样的普遍的偏见。她说，第一次试镜后，剧组觉得她的脸太圆，因此看上去太“亚洲”，无法让广大的美国受众接受。因此，玛格丽特·周立刻开始减肥以满足剧组的要求，两周内体重下降 30 磅，结果却患上了严重的肾衰竭。在第一季播出过程中，剧组又觉得她演得“不够亚洲”，因此聘请了教练帮她学习如何演得更亚洲一些。这些努力并没有换来剧组想要达到的效果，所以剧中所有亚裔配角全部换成了白人演员，“目的就是通过巨大的对比来增强玛格丽特·周的亚洲本色”。虽然《美式女孩》对亚裔的生活描绘比较平衡，可以称得上一个巨大的进步，但是，因为这部作品还是通过美国白人的视角刻画亚裔的生活，大多数观众并没有接受这部剧集。[25]

卡尔·潘是第一个在好莱坞主流电影中获得成功的印度裔演员。他于 2009 年暂时告别演艺事业，进入白宫公众联络办公室工作。

韩国裔喜剧演员玛格丽特·周是对端庄的亚洲女性刻板形象的反叛。

同性恋媒体的先驱

1971 年，加利福尼亚一家银行聘请大卫·古德斯坦（David Goodstein，1932—1985）担任证券投资副总裁。古德斯坦来自一个富裕的犹太家庭，哥伦比亚大学法学院毕业，曾参过军，在纽约从事过法律工作，在民权运动中为多家社会服务组织募集过资金。总而言之，他是这一职位的上佳人选。但是，古德斯坦是一名同性恋者的事情被他的新老板发现之后，立刻遭到解雇。古德斯坦的反应是把自己的愤怒化为政治行动。他的行动推动了加利福尼亚州于 1974 年将任何性取向成人间双方认同的性行为合法化。1975 年，古德斯坦收购了位于洛杉矶的同性恋杂志《拥护者》（*The Advocate*）。10 年之后，这本杂志成为全世界发行量最大的同性恋出版物，并且今天依旧保持这一纪录。

虽然古德斯坦是个有争议的人物，但是没有人质疑他对同性恋群体的贡献。他坚持认为推进同性恋者权利的最好方法就是利用大众传媒把同性恋者塑造成主流美国人，尽管他们的性取向不同。这种不寻求对抗的方式让古德斯坦和《拥护者》杂志与更激进的同性恋权利运动之间频繁发生冲突。1969 年，纽约发生了石墙骚乱（Stonewall Riots)。之后，同性恋权利运动正式开始。这一运动不仅寻求保护同性恋者公民权利，同时要求结束将同性恋行为定罪。哈维·米尔克（Harvey Milk）就是当时著名的同性恋权利的倡导者。米尔克并不隐瞒自己的同性恋倾向，即使在做旧金山城市监督委员会委员的时候也没有。米尔克是加利福尼亚第一位公开同性恋身份的公职人员。1978 年 11 月 27 日，米尔克与旧金山市长乔治·莫斯科尼（George Moscone）在市政厅工作时被刺杀身亡。在米尔克遇刺之前，古德斯坦与米尔克之间对如何通过媒体推进同性恋权利存在很大的冲突——这一传奇式的故事 2008 年被拍成了传记电影《米尔克》，并获奖，主演是西恩·潘（Sean Penn）。

虽然古德斯坦是个有争议的人物，但是没有人质疑他对同性恋群体的贡献。他坚持认为推进同性恋者权利的最好方法就是利用大众传媒把同性恋者塑造成主流美国人，尽管他们的性取向不同。

这两位同性恋权利运动的著名领袖之间的冲突代表了所有为少数群体服务的大众传媒要面对的观念的冲突：他们的主要角色是欢呼并支持他们的受众与主流群体之间的不同，还是应该充当二者之间的桥梁，帮助他们的受众被主流社会所接受？古德斯坦显然是后一种立场的支持者，《拥护者》杂志今天依旧在履行这一使命。[26]

同性恋权利也是人权

同性恋媒体于 1924 年在美国出现，当时芝加哥一名叫亨利·戈博（Henry Gerber，1892—1972）的邮政工人创建了人权协会。人权协会出版了两期名为《友谊与自由》的杂志，成为美国第一份同性恋报刊。这个协会后来被芝加哥警察查封，所有杂志也随之都被销毁。这一经历让戈博非常愤懑，他继续团结芝加哥的同性恋群体，仿造自己年轻时在德国看到的同性恋社区模式打 460
造芝加哥同性恋群体。

伊迪丝·艾德（Edith Eyde）是好莱坞一个制片厂的秘书。她创办的《反之亦然》（*Vice Versa*）是最早的同性恋报刊之一，今天依旧在出版。艾德用丽萨·本的笔名写作，其英文 Lisa Ben 与女同性恋者的英文 lesbian 是变位词①。她在自己的

① 字母顺序变化，组成新词。——译者注

文章中写道，创办《反之亦然》的意图就是创造“一个女同性恋者可以表达自己的思想、感情和意见的媒介——只要内容的品位不超出界限”[27]。

西恩·潘因在电影《米尔克》（2008）中扮演哈维·米尔克获得奥斯卡最佳男演员奖。他呼吁设立一个全国性的“纪念日”，纪念这位第一个公开同性恋身份的政治人物。

玛特欣协会（Mattachine Society）成立于1950年，是美国第一个全国性同性恋权利组织。成立两年后，在古德斯坦与米尔克关于同性恋权利运动思路上的分歧尚未公开化之前，这个协会内就出现了不同的两个派别。其中一派主张用对抗性的方式争取同性恋者权利，而另一派则认为同性恋者权利之路在于与主流融合，而不是对抗。这个组织在麦卡锡掀起的全国反共运动达到高潮的时候走向了分裂，因为协会中更多的保守主义者担心对抗性的方法会导致这个组织被贴上共产主义的标签。两派同意友好分手，主张融合的一派保留了玛特欣协会的旗帜，而激进的一派则组成了“壹公司”（One，Inc）。

1953年，壹公司开始出版美国第一本全国发行的同性恋杂志《壹》。联邦调查局和美国邮政对壹公司和它旗下的杂志进行打击。最终，洛杉矶邮政局长认定《壹》杂志违反了康斯托克法——此法于1873年颁布，规定所有通过邮寄传递的下流淫秽材料违法。壹公司上诉，希望能够推翻邮政局的认定，而最高法院则于1958年最终推翻了这一禁令。

同时，1955年，玛特欣协会开始出版专门针对男同性恋者的杂志《玛特欣评论》。1956年，美国第一个女同性恋组织“比利提斯之女”开始出版杂志《梯子》，一直到1972年停刊。[28]

性革命给同性恋权利运动带来动力

20世纪60年代的性革命给同性恋权利运动带来动力，美国的同性恋出版物数量开始稳步增长。这些新的同性恋出版物反映了当时激进的、反文化的媒体声音。其中最有名的是《洛杉矶拥护者》杂志，即古德斯坦《拥护者》杂志的前身，由迪克·迈克尔与他的伙伴比尔·兰德开办。1966年，洛杉矶警察在对当地一家酒吧进行搜捕的时候，错误地以行径下流之名逮捕了比尔·兰德。这次搜捕是警方针对同性恋者展开的专项打击执法活动。迈克尔是化学博士，曾在一份受尊敬的学术刊物做编辑。兰德被捕事件之后，迈克尔立即参与当地一个叫做“骄傲”的同性恋组织，他接管了这个组织的新闻简报，就这样，《洛杉矶拥护者》杂志第一期于1967年9月出版。[29]

同性恋报刊以及同性恋权利运动的一个分水岭的时刻出现在1969年6月28日一大早。当时发生了现在称为“石墙骚乱”的事件。石墙酒吧是
纽约市格林尼治村的一个地下酒吧。虽然这个酒 461
吧与许多其他同性恋酒吧一样，偶尔会成为警察搜捕袭击的目标，但是在这个历史性的清晨，警察的搜捕行动过了火儿，对酒吧的几个主顾动了拳脚。一个妇女在企图逃跑时被警察推倒在地，她站起来对着酒吧外的人群大喊：“你们为什么还在那里站着?”随着更多警察到达现场，在场的人群不再只是叫嚷和嘲笑，而是开始与警察发生了暴力冲突，场面很快蔓延到街头，升级为一场全

面的骚乱。

1969 年 6 月 28 日纽约发生的石墙骚乱是同性恋权利运动的分水岭。纽约三大主要报纸《纽约时报》、《纽约邮报》、《纽约每日新闻报》都报道了这一事件，使同性恋问题进入主流媒介的视线。图为石墙骚乱 25 周年纪念游行。

接下来的几天，数千同性恋者走上石墙酒吧附近街头，抗议纽约市警察多年来对他们滥用权力。纽约三大主要报纸《纽约时报》、《纽约邮报》、《纽约每日新闻报》都报道了这一事件，并且就同性恋者的困境进行了深入报道。这些报道吸引了全国主流媒体的关注，因此，同性恋权利运动在全国公众面前得到前所未有的曝光。[30]

石墙骚乱之后，美国的同性恋报刊数量爆炸式增长，于 1972 年超过 150 份。

石墙骚乱之后，美国的同性恋报刊数量爆炸式增长，于 1972 年超过 150 份。如前所述，古德斯坦于 1975 年收购了《拥护者》杂志，改变其办刊方针，使之成为一份反映高层次同性恋生活方式以及地区和全国同性恋权利政治议程的刊物——这说明同性恋媒体开始采用主流媒体类似的新闻职业标准。随着这一变化的发生，同性恋者公民权利运动也逐渐摆脱了原来的激进路线。

今天，倡导同性恋权利的组织积极监督媒体，以防止报道对同性恋、双性恋和变性者产生歪曲和诽谤。这其中最大、最成功的监督组织就是同性恋反诽谤联盟。这个组织 1985 年成立于纽约，起初主要是反对大众传媒中关于艾滋病的不准确和失实报道。经过多年之后，这个组织的使命已经扩大，包括鼓励娱乐与新闻媒体对同性恋、双性恋和变性者进行正面形象塑造，并与媒体合作，改善媒体对同性恋群体的报道。1990 年，该组织推出了同性恋反诽谤联盟奖，以奖励媒体对同性恋、双性恋和变性者的公平、包容的报道。例如，2010 年，这一评奖的杰出纪录片荣誉授予了公共广播公司的纪录片《不要问》。此片探讨了美国针对部队中同性恋问题所采取的声名狼藉的“不问不说”政策。

同性恋媒体进入主流

20 世纪 80 年代艾滋病的爆发使同性恋媒体陷入道德两难境地。一些报刊支持宣传预防意识，而一些则因为担心失去广告商而选择避谈这一疾病。20 世纪 90 年代，媒体重新关注同性恋者进入主流文化的问题。为了回应美军是否应该禁止同性恋的争论，克林顿政府推出了颇有争议的“不问不说”政策。

主流商业开始把同性恋群体当做一个爆发的市场进行挖掘，而同性恋则开始出现在主流音乐、电视和电影中。据估计，到 2006 年，美国同性恋市场已经发展到 6 600 亿美元。受这一原被视为禁忌的市场的诱惑，主流公司于 20 世纪 90 年代晚期开始针对同性恋者进行重大的资源投入，并推出针对性的广告宣传。到 2007 年，《财富》500 强企业中有将近 200 家在直接打同性恋者的算盘，而这一数字还在一直增加。绝对伏特加、利维斯牛仔、美国航空公司、沃尔沃和艾派迪等许多主流公司，
462 都纷纷推出了争取同性恋市场的广告、营销和公关策略。[31]

20 世纪 90 年代也是同性恋艺术家走进主流媒体的时代，他们把同性恋和同性恋主题的电视、电影介绍给广大受众。其中，开创性的同性恋音乐人包括埃尔顿·约翰（Elton John）、乔治男孩、玛丽莎·埃瑟里奇（Melissa Etheridge）、乔治·迈克尔（George Michael）和凯瑟琳·道恩·朗（K. D. Lang）。他们都利用自己作为明星的影响力为同性恋群体的问题进行呼吁。1997 年，情景喜剧明星艾伦·德杰尼勒斯（Ellen DeGeneres）在《奥普拉·温弗瑞秀》节目中“出柜”。两个月之后，她在情景喜剧《艾伦》中扮演的角色也在剧中“出柜”。《急诊室》（1995—2007）中劳拉·英尼斯（Laura Innes）扮演的角色凯丽·韦弗（Kerry Weaver）在充满争议的一集里也透露说自己是同性恋者。1998 年，全国广播公司推出了《威尔与格蕾丝》，讲述了同性恋者律师威尔与他最好的异性恋女性朋友格蕾丝的生活故事，成为电视历史上最成功的一部以男同性恋为主角的电视剧。这部电视剧在国际上也对传统的对待同性恋的态度产生了影响。

而在大银幕上，同性恋的故事也成为面向广大主流媒体受众的电影中平常的话题。一些公开自己同性恋身份的演员，如旺达·赛克斯、伊恩·麦凯伦（Ian McKellen）、鲁伯特·埃弗雷特、乔治·竹和罗茜·欧丹尼等，都取得了事业上的成功，而他们成功的原因，部分是因为他们的同性恋身份，而又不尽然。2005 年，电影《断背山》引来了媒体极大的兴趣。这部电影讲述了两个牛仔的爱情故事，取得了商业上和艺术上的巨大成功，全球票房达到 1.78 亿美元，获得八项奥斯卡提名，并有三项最终获奖。

结论：通向更多样的未来之路

20 世纪后期，以及进入 21 世纪以来，美国变得更加多元化。这一趋势的形成在很大程度上是因为传媒为拉近少数群体与主流社会的距离发挥了关键的作用。一一列举美国少数群体数也数不清的奋斗和成功故事并不是本书的目的，但有必要指出，这些群体在我们所认识的美国历史和美国经验中发挥了基础性的作用。我们这里展现了一些较大的少数群体的故事，探讨了他们如何利用媒体表达自己的独特文化，同时利用媒体使自己融入社会和文化的大图景，并为之做贡献。

本章讨论的每个少数群体在争取平等的道路上都经历了独特之旅，但他们也面对相似的挑战。我们关于多样性与大众传媒的讨论主要关注了原住民、拉美裔、非洲裔、亚裔、妇女以及同性恋群体，但是同样的道理也适用于爱尔兰裔、波兰裔、意大利裔、犹太裔和阿拉伯裔……在争取平等和融合的道路上，遭受相似障碍的少数群体名单不断变长，但是每个不同的社群都对大的社会、文化和传媒做出了宝贵的贡献。

传媒使得少数人的声音被听到，让主流社会接触到这些社群和文化的正面形象，打破成见。值得特别提出的是，移民社群利用传媒宣扬并传承自己丰富的文化遗产，并因此让一代代新人抓住自己的文化根脉。因此，大众传媒或许是推动美国以及世界多数地区多元化最重要的动力。

思考题

1. 解释一下“成见”这个术语。在你看来，媒体如何固化或打破文化、种族和性别方面的成见？举当代媒体的例子来支持你的说法。

2. 西班牙语移民涌入美国如何带动了拉美裔媒体的扩展？根据环球电视台玛丽亚·艾琳娜·萨利纳斯的观点，媒体应该如何为向拉美裔社区传递信息、赋予他们力量负责？

3. 讨论民权运动期间及之后黑人媒体在恢复黑人身份认同、揭露非洲裔遭受的不公方面如何发挥了重要作用。

4. 当代媒体如何继续强化了对女性的成见？在你看来，《欲望都市》是促进还是阻碍了妇女争取在媒体中获得平等代表的斗争？

5. 比较、对比亚裔与美国原住民族在美国主流媒体中的形象。他们的历史和奋斗在哪些方面相同或不同？引用一个当代媒体的例子支持你的观点。

6. 如同本章讨论过的所有其他少数群体一样，同性恋、双性恋和变性者长久以来一直在争取得到主流媒体和社会的承认。然而，这种争取得到承认的努力会以什么方式加速和阻碍争取平等权利的斗争？

【注释】

[1] Aleiss, A. (2008). *Making the white man's Indian: Native Americans and Hollywood movies*. Praeger.

[2] Rollins, P. C. (2003). *Hollywood's Indian: The portrayal of the Native American in films*. University Press of Kentucky.

[3] Kanellos, N. and Martell, H. (2000). *Hispanic Periodicals in the United States, origins to 1960: A brief history and comprehensive bibliography*. Arte Publico Press.

[4] Ibid.

[5] Ibid.

[6] Rodriguez, A. (2009). Azcarraga, Emilio and Emilio Azcarraga Milmo. http://www.museum.tv/archives/etv/A/htmlA/azcarragaem/azcarragaem.htm.

[7] Woolley, J. T., and Peters, G. (2009). Lyn don B. Johnson. *The American Presidency Project*. http://www.presidency.ucsb.edu/ws/?pid=28369.

[8] Burroughs, T. (2001). *Drums in the global village: Toward an ideological history of black media*. Doctoral dissertation. University of Maryland, College Park.

[9] Douglass, F. (1857). *My bondage and my freedom*. Miller, Orton & Co.

[10] Burroughs, T. (2001). *Drums in the global village: Toward an ideological history of black media*. Doctoral dissertation. University of Maryland, College Park.

[11] Ottley, R. (1955). *The lonely warrior*. Henry Regnery Company, p. 126. As cited on Wikipedia: http://en.wikipedia.org/wiki/Robert_Sengstacke_Abbott.

[12] Best, W. (n. d.). *Chicago Defender*. *In Encyclopedia of Chicago*. Chicago Historical Society.

[13] Thomas, R., Jr. (1997, May 30). John Sengstacke, black publisher, dies at 84. *New York Times*.

[14] Burroughs, T. (2001). *Drums in the global village: Toward an ideological history of black media*. Doctoral dissertation. University of Maryland, College Park.

[15] Schwarzbaum, L. (1992, May 1). "The Cosby Show's" last laugh. *Entertainment Weekly*.

[16] The Paley Center for Media. (2009). Pauline Frederick: Radio and television journalist. http://www.shemadeit.org/meet/biography.aspx?m=29.

[17] Ibid.

[18] Sanders, C. S., and Gilbert, T. (1993). *Desilu: The story of Lucille Ball and Desi Arnaz*. Harper Collins.

［19］ Garner，D. （2009，April 21）. Helen Gurley Brown：The original Carrie Bradshaw. *New York Times*.

［20］ Ono，K. A.，and Pham，V. （2009）. *Asian Americans and the media*. *Polity Press*.

［21］ Welcome home：Address at the dinner in his honor at the Lotos Club，November 10，1900. In *The complete works of Mark Twain*：*Mark Twain's speeches*. Harper Collins.

［22］ Ono，K. A.，and Pham，V. （2009）. *Asian Americans and the media*. Polity Press.

［23］ Ling，A. （n. d.）"Maxine Hong Kingston." http：//college. cengage. com/english/heath/syllabuild/iguide/kingston. html.

［24］ Ono，K. A.，and Pham，V. （2009）. *Asian Americans and the media*. *Polity Press*.

［25］ Ibid.

［26］ http：//www. thepointfoundation. org/scholarships/ goodstein. html；see also Thompson，M. （2008，November）. Two men and a myth. *The Advocate*.

［27］ http：//www. gayhistory. com/rev2/factfiles/ff1924. htm.

［28］ Streitmatter，R. （1998）. Gay and lesbian press. In M. Blanchard，*History of the mass media in the United States*. Fitzroy Dearborn.

［29］ Gay passion，gay pride. （2007）. *The Advocate*.

［30］ Carter，D. （2004）. *Stonewall*：*The riots that sparked the gay revolution*. *St.* Martin's Press.

［31］ Moses，L. （2007，June 25）. Mission control：*Advocate*，*OUT* to undergo editorial tweaks. *Mediaweek*.

Tour opens
STORY
State Launches
of Pump
ALL-STAR
Kidnap

学习目标

1. 了解大众传媒中的职业分类，理解正在改变这一行业并影响就业机会的发展趋势。

2. 区分全职雇员职位与自由作者身份，了解二者的优势与劣势。

3. 了解大众传媒业中职位的架构。

4. 了解同业协会和工会，以及这些组织在不同的媒介行业可以如何帮助个人获得工作并促进职业发展。

5. 了解在今天媒体中成功找到工作需要哪些特别的技能和性格特质。

6. 学习如何创建个人代表作品档案，理解如何运用代表作品档案展示你的才能和经验。

第16章

为数字时代大众传媒工作

467 通过本书我们了解到大众传媒业正在发生变化。虽然传媒产业的商业模式可能已经改变，获得媒介的渠道可能已经数字化、全球化，但是大众传媒在社会中的关键作用却没有发生改变。通过大众传媒，人们更好地了解了自己所处的社会、文化、政府和政治制度。他们获得了信息，得到了娱乐。此外，通过学习，我们知道美国大多数大众传媒在本质上是工商企业。使用本书及其同步媒体工具的大多数读者可能都是大众传播专业的学生。如果是这样的话，你们实际上已经为在大众传媒领域创立一番事业迈出了第一步。

本章对今天大众传媒领域的主要工作机会和事业发展道路进行概括介绍。本章内容将为你提供回答下列常见问题的信息：

- 今天，大众传媒领域的职业道路是什么样的？
- 可以在哪里找到这些工作？
- 毕业后，我如何才能成功找到一份传媒的工作？
- 未来大众传媒的就业趋势如何？
- 从事传媒工作我能挣多少钱？

为了回答这些问题，你首先必须认识到，不仅作为社会、文化和商业机构的大众传媒已经发生了变化，而且对这一行业专业人员所必备的知识与技能的要求也发生了变化。让我们置身于数字时代的创新技术也同时改变了整个大众传媒产业的生产、发行和经济模式。以下四种趋势加速了这些变化。

（1）媒介聚合。随着媒介平台继续聚合，从事媒介行业工作所需要的技能也在聚合，甚至需要入门水平的求职者具备多种技能——而这种种技能在不久前还被认为是彼此独立不相关的专长。

（2）改变的商业模式。在一个聚合的世界，媒体如果想保持竞争优势，就必须改变自己的商业模式。例如，因为数字技术的发展，一个人现在可以承担以往多人的工作角色，所以媒体就能够雇用更少的人，而把更多的资金投入到技术领域。

（3）代表作品档案。仅仅提交一份包含自己掌握技能、经历和教育背景等信息的简历已经远远不够。媒体现在更看重申请者的代表作品档案——一般来说，就是展示应聘者某一方面专门技能或知识储备的数字或在线的作品集。例如，应聘摄影师的人可以利用Zenfolio这样的网络相册服务展示自己的作品；网络设计职位的应聘者可以建立自己的网站，展示自己运用动画等技术的技能。

（4）自由撰稿。由于传媒业商业模式和整个经济环境的变化，受雇于一家媒体，拿固定的薪水，这样的工作已经不再具有很大的吸引力。越来越多在传媒领域工作的人正在发现，他们作为自由作者或合同雇员，面对的机会更多。这一趋势正在改变大众传媒从业人员的观念和文化。

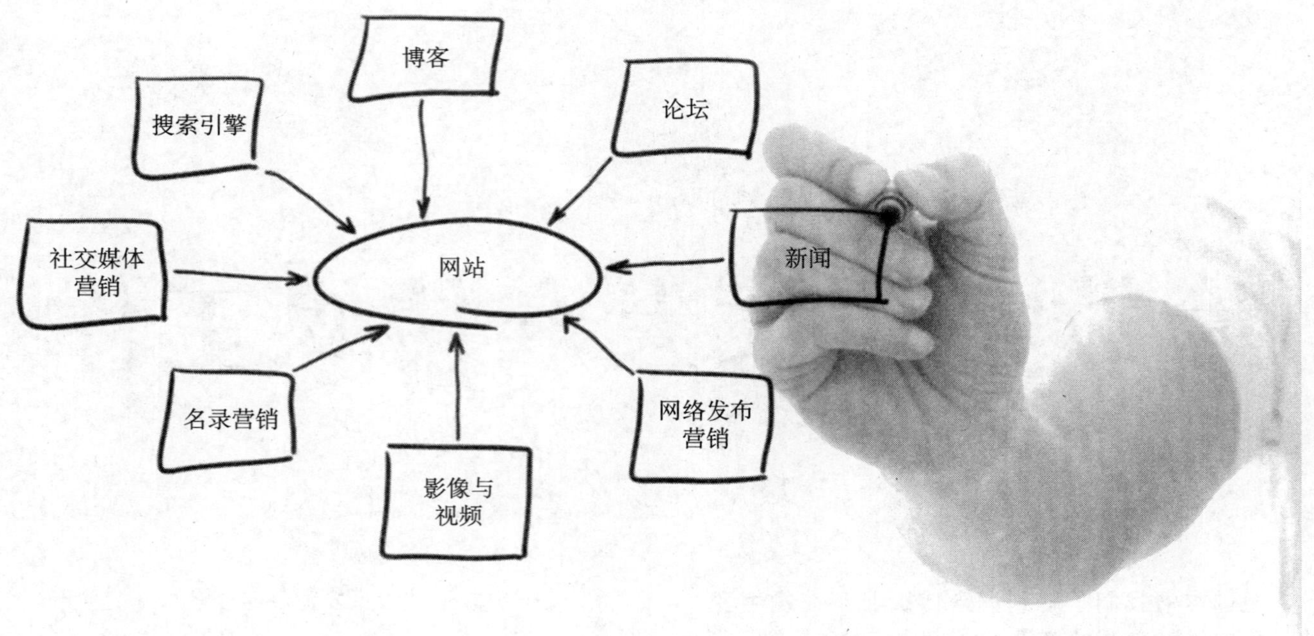

由于数字技术的发展，媒体职场文化节奏加快，更具移动性。新技术使得传媒工作者不必待在办公室就能够快速制作出媒介内容并以超出传统的速度传递到消费者。

468 大众传媒就业趋势

目前，任何想在大众传媒领域开创一番事业的人都会发现有三种工作模式可以选择：全职雇用；合同雇员；自由撰稿。大众传媒正在引导从传统薪金的雇用模式到自由撰稿和合同雇员等新模式的转变。自由撰稿已经成为大众传媒业中一个重要的从业趋向，提供了新的从业机会。

按小时等标准获取薪酬的全职雇用

以前，按期领取薪金的全职雇用是传媒领域主要的从业方式。在这一模式下，无论是按小时赚取薪金还是年薪制，传媒从业人员都是某个媒体的直属雇员，享受雇主提供的各种福利。这些福利通常包括带薪病假和带薪休假、医疗保险、退休金或养老金等。雇员必须遵守公司的政策，而且纵使在没有任何理由的情况下，依据适用的国家规定，也可以被终止雇用。职位的升迁和薪金的提高取决于工作质量和为公司效力的时间。雇员通常还可以得到公司支付的责任和疏漏保险，使他们在面对法律诉讼时能够得到保护。在全职雇用模式下，雇主——而不是雇员——自动拥有雇员作品的知识产权。

在全职雇用这种模式下，雇主——而不是雇员——自动拥有雇员作品的知识产权。

合同雇员

合同雇员是指那些与公司签订了一定时间合同，例如半年或一年的独立雇员。合同雇员与正式全职雇用的工作基本相似，但二者有以下区别：

- 合同雇员并不是一个公司或机构的直属雇员。
- 合同雇员获得劳务费要提供发票。
- 合同雇员必须按季度纳税，并自己支付医疗保险和退休基金。
- 合同雇员不享受公司的责任和疏漏保险。
- 合同雇员不一定对自己的作品保留知识产权。

多数大众传媒的合同雇员属于职业协会或公会，例如，美国作家协会、美国导演协会、美国职业摄影师协会等。这些职业协会和公会提供媒体正式全职员工享受的多种福利和保险。虽然一些合同雇员在签约公司提供的办公室或工作室工作，但是他们当中越来越多的人开始在自己家里 469
或是独立的办公室或工作室工作。当然，这要取决于公司的要求。这种雇用模式趋于流行的动因就是成本考虑。简而言之，这种方式可以让公司节约租用或购买场地及设备的资金。

与全职雇员不同，合同雇员的知识产权的归属由双方签订的具体合同明确规定。合同所产生的任何种类的作品——文章、图书、照片、平面设计、视频制品和音乐作品等——可能自动归属签约公司；可能归属作者本人，但签约公司可能会在一段时间内拥有一定的或独家的特许权；也有可能归双方共同拥有。

自由撰稿

自由作者是独立的工作项目签约承包人，完成一个项目之后会转接下一个项目。与合同雇员有些相似，自由作者通常也会加入职业协会或公会，而这些组织除提供给他们各种集体福利和保险外，对自由作者和签约公司或机构还有两个重要作用。

首先，这些组织建立了以加入者技能为基础的认证制度。这可以确保签约公司能够得到符合需要的有资质的人才。其次，这些协会或公会针对不同技能水平、项目任务和媒体种类确定了报酬标准。例如，如果一位广告摄像师与广告代理公司签订一个全国性商业广告的拍摄合同，他可以按照协会制定的每小时、每天或每周的报酬标准与签约公司就付费问题达成协议。一些协会还为会员提供开具发票或账单的服务，可以代会员收取报酬并从中代为扣税、支付保险等，这种职能与传统公司对全职雇员的职能很相像。

这些服务对于自由作者和合同雇员来说非常重要。因此，如果你想成为传媒界的自由作者或是合同雇员，那么第一步就需要你具备相应资质并加入一个协会。一些协会和公会还会与某一传媒产业整体签订总合同，履行全国性工会的职能。例如，美国编剧协会与电影制片商和电视网每五年会就总合同进行重新商谈。如果不能达成新的合约，就可能导致罢工，造成电影和电视停产，代价巨大。这种整个行业的罢工通常不会持续太长时间，因为这对双方都意味着巨大的代价，而且会造成恶劣的公共关系影响，甚至能导致政府干涉。

如果你想成为传媒界的自由作者或是合同雇员，那么第一步就需要你具备相应资质并加入一个协会。

因为成本划算，现在，许多媒体公司雇用自由作者和合同雇员。多数自由作者和独立的项目承包者在办公设备齐全的家中工作。

470 

媒体行业概览

除了提供一般性的指导，帮助读者了解大众传媒产业，本章还针对不同工作类型提供一些概览性介绍。接下来几个部分将概括介绍以下媒体行业正在演变的角色：报纸杂志，电台和电视，电影和视频制作，广告和公共关系，音乐产业，摄影以及视频游戏。

报纸杂志

传统上，写作者（记者、专栏作家、特稿作者）只对一篇文章或一篇报道的文字内容负责。为同一媒体效力的其他人员则分别要为配合文字内容的照片、图表、插图等负责。布置任务和一般的内容管理属编辑负责范畴，编辑同时还要对所发表的内容进行介导。然而，近年来，这种角色划分不再明显。例如，今天的一名记者，可能既要做文字报道又要进行调研，而且还要搞市场营销和公共关系，这已经不是什么新鲜事。如今，传统分工中许多独立的角色已经演变聚合成类似多面手的媒介制作者的角色。

> 如今，传统分工中许多独立的角色已经演变聚合成类似多面手的媒介制作者的角色。

在多种平台工作

数字时代要求写作者提供适合多平台、多媒体——包括互联网——需要的内容。在这种情况下，写作者必须充当自己的第一编辑，而且偶尔还要充当图片编辑。在多数情况下，作者与编辑必须考虑使稿件同时适合多种媒体的需要——从印刷媒体到网站、有线电视和网络电视等。传统上，版面设计这样的工作往往由设计人员完成，现在，从新闻简报到大的全国性报纸杂志，版面设计主要是通过数字技术完成，所以许多作者和编辑已经接手这一职责。过去，编辑的工作就是布置、编辑稿件，而现在，编辑需要负责版面设计和执行。

拓展专长

过去，报纸杂志要根据专门报道领域，雇用许多编辑和助理编辑，比如国际、财经、艺术与娱乐等。今天的趋势是，在编辑人数减少的情况下，这些专门的角色将会瓦解，而编辑所承担的职责要比以前宽泛，需要涉猎的领域更多样化。新闻分析员和记者也发现，他们现在需要自己进行调研。简而言之，21 世纪的写作者获得的合作支持要比过去少得多，而他们完成多重角色任务的速度却需要比以前快，而且同时要保持工作的质量和创造性。

报纸和杂志业正在迅速成为一个多媒体创造者。现在，报纸杂志的编辑在决定版面设计、保证设计与多媒体平台融合等方面承担着更大的作用。

471 **适应纽约的环境**

数字技术的快速发展正在改变写作者、记者、通讯员和编辑的工作环境。他们面对的最大挑战就是他们工作的分散化和移动化。今天，越来越多的传媒产业从业人员开始在报道现场和家中工作，这就意味着集中的支持系统，比如大的编辑部，正在慢慢变得过时。更重要的是，过去的传媒业工作主要是集中在主要的都市地区，然而，现在数字技术和宽带通信拓展了这一工作的覆盖范围。现在，在郊区乃至农村地区也可以看到传媒产业的踪迹，而作者、编辑即使是住在离公司总部千百英里之外的地方也照样可以为他们的老板工作。

如前所述，传媒业正在更多地利用自由作者和合同雇员，而全职雇员正在减少。造成传媒业现在这种从业趋势的主要因素之一就是移动技术的发展。然而，因为我们现在生活在一个新闻和信息 24 小时不断播报更新的文化中，所以这一演变趋势实际上有利于传媒产业。数字技术、移动性、非全职雇员，这些因素都使得出版商能够以更快的速度、更少的成本进行内容生产。

职业展望

根据美国劳工部的预测，2010—2018 年，自由撰稿与合同雇用的机会有望增长 8%（见表 16—1）。[1]针对这些岗位的竞争预计会增加，特别是被这些岗位所吸引的大学毕业生会增加。幸运的是，基于互联网的媒体（博客网站、同步网站、电子图书和按需印刷技术）的爆炸式发展以及这些媒体对内容的爆炸式需求，都为在传媒领域寻求事业发展的人提供了工作机会。尽管变革正在从整体上影响传媒产业，但是地方新闻依旧受欢迎。因此，许多小的报纸即使在媒介聚合时代依旧能够生存下来。这些相对较小、主打社区受众的报纸和地区性杂志的持续生存能力为有经验的记者和编辑以及新入行的大学毕业生打开了大门。

根据美国劳工部的数据，2008 年，印刷媒体作者的年收入的中位数介于 3.815 万美元与 10.663 万美元之间，而编辑的收入中间值介于 4.999 万美元与 11.445 万美元之间。[2]今天，许多作者有不止一个收入来源。取决于各自的才能和自我推销的能力，他们中有人的收入可能会超出这些中位数的范畴。同时，他们也要自己支付许多开销，包括健康保险。加入职业协会（如美国作家协会）能够帮助抵消这些开支。因此，现在这些组织的成员人数处于最高时期。▶

《报纸编辑》截图。

洛丽塔·哈林（Loretta Harring）是美国连续出版时间最长的一份地区性报纸的总编辑。在这个视频材料中，她讲述了希望招聘到什么样的新闻院校毕业生，并且探讨了地区和地方报纸今天所依旧具备的重要作用。

表 16—1　来自全国就业模型的预测数据

职位	2008 年就业人数	2018 年预测就业人数	2008—2011 年变化情况	
			数字	百分比
作者、作家和编辑	281 300	303 300	+22 100	8
编辑	129 600	129 200	−400	0
作家和作者	151 700	174 100	+22 500	15

注：此表中数据只保留整数。

资料来源：美国劳工部劳动统计局《职业展望手册》2010—2011 年版。

电视与电台

电台与电视台的工作非常具有竞争性。与印刷媒体一样，大多数电台、电视台的工作历史上都分布在大的都市地区，例如，洛杉矶、纽约、芝加哥和亚特兰大。与印刷媒体不同的是，数字技术对报纸杂志产生了很大的冲击，然而，电视和电台只是经历了小的分散趋势。近年来，电视生产与它的姊妹产业电影一样，向新的产业中心转移，例如，北卡罗来纳州的威明顿。随着电视和电台广播内容逐渐向网络转移，该领域的就业机会也在增加。

电视、电台的常见工作种类

意欲在电视、电台谋职的人会遇见很多职业选择。下面我们简要概述一下这个领域一些最常见的工作种类。

● 企业经营。广播公司非常倚重经营团队。企业经营确保公司的资产得到妥善管理和分配，而且确保所有人员能够了解市场和媒体发展趋势。而且，企业经营团队要保证公司能够保持竞争力和生存能力。企业经营的工作角色包括经营管理、经营规划、市场营销、广告/销售以及多种管理相关的职位。

● 新闻。对于广播媒体来说，新闻与娱乐节目同样重要。对于广播媒体新闻节目感兴趣的人可以发现这些工作机会：记者（新闻、天气、体育和生活方式），摄影师/摄像师，调研和审校，新闻写手，分配任务的编辑以及出镜新闻分析员和评论员。

473 ● 纪录片和真人秀。纪录片制作不再只是电影业的一个小众分类。随着越来越多的受众对充满戏剧冲突的真人秀节目展现出兴趣（例如，探索频道的《致命捕捞》），纪录片与真人秀节目带来的电视媒体工作机会数量在增加，范围也在扩大。高清技术的出现以及数字广播技术的应用使得探索频道和英国广播公司这样的电视网能够把《生命》这样的节目传送到千家万户的客厅——这也为大众传媒从业者提供了新的、激动人心的事业前景。

媒介内容向互联网迁移为电视、电台提供了更多的机会。图为一名电台播音员在播报新闻。这一新闻稍后上载到了该电台的网站。

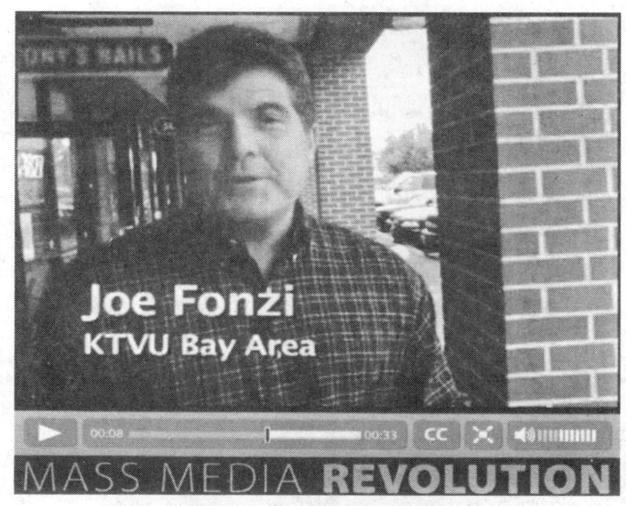

《体育电视节目主持人》截图。

乔·方兹是旧金山电视台 **KTVU** 的体育记者和主持人。在这个视频资料中，他与大家分享作为一名广播媒体体育记者所遇到的挑战与激动。

● 在线电台。广播电台向互联网聚合扩大了市场，也拓展了电台音乐节目和新闻脱口秀节目的就业机会。

● 技术操作。电视和电台都需要接受过专业培训的技术人员，包括但不局限于广播、视频和音频工程师，联邦通信委员会颁证的主控工程师，基于电脑工作的音视频编辑，技术指导和助理以及布景设计和布景制作。电视和电台的技术职位依旧被行业公会和协会所主导，这些组织为新毕业的大学生提供资格认证和职业指导。

电视和电台的技术职位依旧被行业公会和协会所主导，这些组织为新毕业的大学生提供资格认证和职业指导。

职业展望

广播行业从业者的年收入差别非常大，这取决于地域、营运规模以及是否属于工会合同等因素。根据美国劳工部的数据，广播媒体的整体就业情况保持每年 7%的增长速度，虽然改进技术限制雇员人数的趋势在抑制这种增长。此外，广播媒体领先于其他类别的大众传媒，正在雇用更多自由作者而减少全职雇员数量。

电影和视频制作

与广播媒体密切相关的是电影和视频制作业。这一领域在商业模式和雇员数量与类型方面也经历了重大的变化。尽管有这些变化，这一领域的就业机会依旧由工会和行业协会所把持，甚至自由作者的项目和制作也要非正式地依赖于这些组织的标准。这些组织对雇用惯例、决定雇用资格、标准以及报酬标准和条件等有巨大影响。

美国是世界上最大的电影和电视与视频内容
474 生产者。电视广播和有线与卫星技术的发展，以及电影和视频拍摄、编辑和发行技术的进步，削弱了大的制片厂的主导地位，催生了一大批中小型的独立制作公司。这一趋势也为就业创造了更多机会。

《国家公共电台新闻主播》截图。

国家公共电台新闻脱口秀节目《告诉我更多》主持人米契尔·马丁讲述她如何决定一天的节目议程，包括仔细挑选当天最重要的新闻。

对于电影和视频制作这一领域的工作来说，在大学接受正规培训很重要，但是同样重要的是，要通过自己的样片、作品和荣誉展示自己的技能和创造力。在做是否雇用的决定时，这些实实在在的东西要比传统的简历和成绩单有更大的分量。

对于电影和视频制作这一领域的工作来说，在大学接受正规培训很重要，但是同样重要的是，要通过自己的样片、作品和荣誉展示自己的技能和创造力。在做是否雇用的决定时，这些实实在在的东西要比传统的简历和成绩单有更大的分量。

雇用标准的改变

电影和视频制作是一个复杂、代价高和高风险的工作，因此这一行业的求职者必须受过均衡的教育，并且能够展示出拔尖儿的创意和技能。平面造型设计和游戏开发行业也在仿效，要求入门者具备工作经验。因此，越来越多的大学开始致力于帮助电影、视频等相关专业的学生制作作品档案，并以此作为毕业要求。

由于制作成本提高、竞争愈发激烈，而制作预算却在削减，电影和视频制作业被迫提高经营效率；只有少数由大的片厂和它们的独立合作伙伴投资的大制作电影才能免受这些挑战。今天，制作公司为每个项目所雇用的人员正在减少——所雇人员主要是自由作者，而且只保留非常小的管理和支持团队。因此，这一行业的就业局面有些复杂。一方面，这一行业所提供的长期岗位在减少，虽然这一产业本身实际上在扩大；另一方面，这一产业所提供的工作机会却在增多，有能力的人可以完成一个项目之后再接手下一个项目，并因此一路丰富自己的代表作档案。

职业展望

数字技术正在使任何一个人都有可能轻易成为电影制作人，在网络上发布自己的独立电影。YouTube 就是推动“自己动手做”这一趋势的领导者。但就每月上载到类似网站的数百万独立视频作品来说，只有一小部分制作者可能走上电影和视频制作的职业道路。电影制作依旧是一个难以进入的行业，但毋庸置疑，目前这一行业需要有才能的人。

如同广播媒体一样，电影与视频制作行业每
年的收入差别也很大。影视制作职业收入可能非 475
常可观，但是往往需要投入大量时间和精力才能获得。这一产业在持续发展，小的独立制作公司为入门级求职者提供了最好的就业机会（见表 16—2）。

1995 年，查尔斯·施泰因（左二）在伦敦圣凯瑟琳码头指导自己的自由纪录片作品的拍摄。

《MTV 纪录片制作人》截图。

MTV 制片商巨作公司的创始人和监制谢丽尔·霍纳·斯拉尼克（Cheryl Horner Sirulnick）讲述制作纪录片的创意和技术过程。

表 16—2 电影与视频业每小时薪水中位数（2008 年 5 月）

职业	电影和视频业（美元）	所有行业（美元）
总经理和运营经理	$51.17	$44.02
制片人和导演	41.32	30.98
多媒体美术师和动画师	31.54	27.08
演员	28.72	16.59
电影和视频编辑	27.00	24.31
行政助理	21.31	19.24

注：此表中数据只保留整数。

资料来源：美国劳工部劳动统计局《职业展望手册》2010—2011 年版。

广告与公共关系

与电影制作业一样，广告与公关的工作也非常具有竞争性。这一行业的工作受到青睐，一部分是因为广告与公关被认为是一个充满魅力的职业，另一方面也因为这一职业可能带来可观的收入。虽然中小广告公司和公关公司在任何大都市地区随处可见，而且大的公司也都设有广告部和公关部，但是这一行业的主要地理中心反映了它的历史根源所在：纽约市、洛杉矶和芝加哥。事实上，根据美国劳工统计局的数据，2010 年美国 19%的广告公司和 28%的广告与公关工作职位都是以加利福尼亚和纽约为地理中心——但是，主要提供国会和联邦政府游说服务的公司是个例外，它们主要以首都华盛顿为中心。

服务的转变

虽然广告与公关工作总体上说收入可观，但是这一行业的工作安全性具有不确定因素，而且缺少稳定性。这些都是这一行业工作的不利方面。在过去的 20 年里，这一行业的并购整合，加之广告与公关业务之间的聚合与融合，都造成了这一行业的相对不稳定性。在这一行业会出现账目丢失的现象，或是被竞争者以及想要减少预算的大客户“偷走”，因此，临时解雇经常发生。

如同其他大众传媒产业一样，广告与公关行业也需要调整自己的商业模式以适应数字技术的进步和互联网的发展。幸运的是，在这一过程中，出现了新的、要求创造性的工作机会。广告和公关公司，无论是提供综合服务还是独立运营，都在使服务多样化，将市场和商业发展与咨询，以及互联网广告和网站开发纳入自己的服务范围。另外，他们也可以为专门行业的客户提供服务，比如电影、电视业。

职业展望

与其他大众传媒领域的职业相比，广告与公关行业的入门级别的就业道路更传统。新人工作时间长，而且要学会理解团队精神与协作的重要性。新人要时刻准备好被要求展现自己的多种技能和创新思维。选择一家小的公司作为这一职业的起点，工作可能会比较容易，虽然这样的公司 476
不能像大公司那样给你提供同样的提升机会。

一位创意总监和她的团队向一个大客户的销售总监展示杂志广告的照片和设计方案。

广告与公关领域的自由从业趋势也在发展，但是不如传媒领域其他行业的类似现象发展快。这种滞后的原因有两方面：吸引并维持自由作者的成本很高，而公司倾向于用竞业禁止协议将雇员锁住，以免他们为其他公司工作。尽管有这些障碍和挑战，自由作者还是在这一领域设法找到了机会。证明了自己实力的专业人员，包括平面设计师、摄影师、市场调研员、音乐作曲和视频制作人等，可以在这一行业找到许多机会。

根据美国商务部的数据，2010—2012 年间，广告与公关领域的工作机会预计以每年 8%的速度增长，而此前的年增长速度是 11%。这种下降在很大程度上反映了自 2008 年全球经济衰退所产生的总体经济和商业下滑的趋势。这也反映了商业模式的改变对传媒产业整体所产生的影响：多数公司现在更多雇用具有多种技能的员工以完成多种岗位角色，这一趋势造成了人员需要的减少。

客户专业化的趋势也在提升。一些规模比较小但客户对象很专一的公司因为在某一领域的声誉而拿到了大的订单。迈阿密的 CP&B 广告公司就是这一趋势的典型代表。我们在第 8 章已经了解到，CP&B 通过创意取胜，获得了迷你库柏、宜家和维珍大西洋航空公司的订单——使一个原本非常小的公司成为一个全国乃至国际的业界精英。

如同在所有大众传媒行业一样，在广告和公关领域，强大的代表作品档案对于进入这一领域工作非常重要。然而，与大众传媒其他行业不同，广告与公关行业的雇主依旧非常看重教育背景：在竞争入门级别工作时，被业界所尊崇的广告公关院系的毕业生总要享有一些优势。

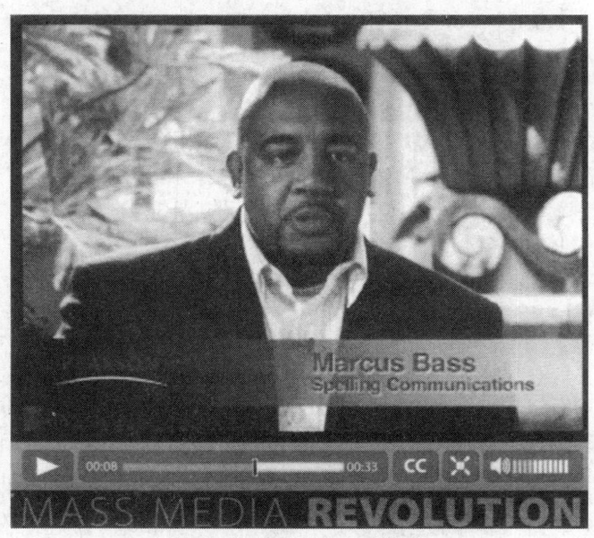

《娱乐业公关代理》截图。

斯佩林传播公司的马库斯·巴斯讲述他在好莱坞作为娱乐业公关专业人士的职业和工作体验。

音乐产业

音乐产业包括多种职业：表演、出版、发行、管理、作曲等。不过，我们在这里只简单讨论音乐广播公司的技术和管理职位。如果没有人来承担这些关键的角色，受众将无法享受他们通过有线、卫星电视以及互联网接收到的音乐节目。组成音乐广播行业的职业包括以下几种。

- 管理与营销：电台经理，音乐节目制作人、音乐代理和销售代表。
- 技术制作：音频录制、音频广播工程师。
- 技术与创意研发：音乐视频制作人和导演。
- 主持与播报：电视音乐节目主持人、电台音乐节目主持人和视频节目主持人。

美国劳工部与商务部都把音乐产业相关职业列入了更宽泛的类别之下：“艺术与娱乐业”。与这一宽泛类别的多数职业一样，如作曲和表演，进入这一领域需要同样的天赋与正式的培训——后者指音乐和表演的专业院校。

就业与薪酬趋势

音乐产业的就业形势与一个社会的文化和经济趋势密切相关。换言之，当人们的休闲时间与可支配收入双双增多的时候，音乐销售就会随之增加。这意味着为音乐全职或兼职工作的人也会增加；相反，当经济下滑，造成更多的人可支配收入减少，音乐销售就会下降，音乐市场所能提供的工作机会就会减少。此外，与大众传媒其他行 477
业相比，音乐产业的平均收入要相对低一些。当然，也有例外，就是那些在音乐产业链的高端工

> 音乐产业的就业形势与一个社会的文化和经济趋势密切相关。换言之，当人们的休闲时间与可支配收入双双增多的时候，音乐销售就会随之增加。

作的人。这一模式与新闻从业者的收入模式相似。

与大众传媒的多数其他行业一样，音乐行业的工作机会与收入很大程度上受地理因素的影响。例如，诸如清晰频道这样的大公司旗下的电台音乐节目主持人要比做同样工作的小电台的音乐节目主持人的收入高许多。与此类似，为大的媒体中心工作的音乐录音师或音频工程师，无论是全职雇员还是自由工作者，他们的收入远比那些在小地方工作的同行多。

职业展望

因为这些地理因素造成的现实情况，音乐行业的流动性很大。与其他大众传媒产业一样，音乐吸引了大批自由作者和独立签约人，一大批表演者和技术人员不断变换工作，从一个城市迁移到另一个城市，目的就是改善自己的工作机会和提高年收入。由于这一行业的从业人员频繁地来来去去，人们不免产生这样的印象，即音乐产业的工作市场与其他大众传媒产业比更不稳定。

与大众传媒的兄弟行业一样，音乐行业由表演者和技术人员的行业工会和协会所主导。音乐
产业的工会——最著名的是美国作曲者、作者与 478
出版者协会——长期以来一直以为成员成功争取公平的报酬而闻名。随着大众传媒进入数字时代，音乐产业工会也成为寻求著作权保护的先锋。

《电台音乐节目主持人》截图。

北卡罗来纳 KDON 电台的山姆·迪哥迪讲述如何做一个受欢迎的电台音乐节目主持人。

一些职业与音乐有直接联系，但并不见得属于音乐产业，如报纸杂志关于音乐和音乐表演的报道，为电台和电视台节目制作音乐，专门为电影和电视配乐，为电台、电视和电影录制音乐，担任音频工程师。

你的音乐职业道路不见得非得与音乐产业绑定在一起。你可以在电影、电视和电台等领域找到其他的机会，如给电影配乐，给广告写短曲，给电台做音响工程师，甚至给杂志做音乐评论。

摄影

摄影师、搜图员和照片编辑在大众传媒所有行业里都可见到，包括出版、广告、公关、影视、摄像、电影摄影、视频游戏研发和网站开发等。在以图像处理和公民新闻为特色的数字时代，摄影对整个媒介信息传播发挥着重要作用。

数字技术的演化对摄影师和图片编辑产生了巨大冲击。今天，多数摄影师使用高端数字照相机和 Adobe Photoshop 等图像处理软件处理自己拍摄的图像。他们也使用一些综合软件保存、挑选和展示自己的作品，例如，Adobe 的创意组件。一些艺术与时尚摄影师继续用胶片照相机拍摄，但是今天的专业暗房操作也都已经数字化，例外很少。

职业种类和技能

职业摄影领域包括一些专门的领域，如新闻摄影和纪实摄影，时尚摄影，自然摄影，体育摄影，艺术摄影，建筑摄影，海洋摄影，以及广告和产品摄影。

在以上多数专业领域，照片编辑与摄影师要通力协作，才能选出好的照片并以最有效的方式把摄影作品展现出来。这两个职业密切相关，一些摄影师本身也成为照片编辑。今天，摄影师与照片编辑二者都必须善于使用数字图像处理技术——既要会用相机也要会用电脑；同时，还要善于使用辅助技术，如照明、布景装置以及高分辨率大幅面照片打印等。

成功的摄影师往往在艺术和技术两方面都接受过正式的培训。如同大众传媒多数其他领域一样，培训与学位（证书）是进入这一行的重要敲门砖，但是代表作品档案同样重要。雇主往往需要看一看应聘者的作品才能决定他的技能和审美是否适合这份工作。历史上，摄影师率先发展了制作有效、有创意的代表作档案的技术。随着互联网的持续发展，以网络为基础的代表作品档案已经成为在各领域工作的职业摄影师的选择。一个吸引人、有效的在线代表作品档案似乎成为摄影师获得职位或是获得自由作者合约的基本要求——甚至入门级职位也已经有这种要求。不足为奇，教学质量较好的大学摄影专业已经开始要求学生建立有效的实物

成功的摄影师往往在艺术和技术两方面都接受过正式的培训。

或是网络为基础的作品档案，并以此作为毕业要求。

摄影行业有许多专门领域可提供工作选择，如海洋和自然摄影。这一专门领域因为最近一系列自然题材的纪录片走红而受到更多关注。

479 **职业展望**

摄影行业历史上就与依赖图片的其他大众传媒业有紧密联系，特别是出版、广告、电影和电视。因此，这一行业主要以纽约市、洛杉矶和芝加哥为中心。然而，近年来，摄影师已经在全国和世界各地，包括城市与农村地区成功开创了事业。专门领域的摄影师，比如我们之前列举的那些，自然受到自己领域中心所在地的吸引。因此，时尚摄影师主要分布在纽约、洛杉矶、巴黎和伦敦，而海洋摄影师可能在弗吉尼亚的新港（纽波特）、加利福尼亚的长滩或是佛罗里达的迈阿密更多一些。在专业领域，许多最成功的摄影师都是围绕着移动性这一观念开创自己的事业：哪里有工作就去哪里。

根据美国劳工部的就业统计数据，2010 年摄影行业年工作收入的中位数是 2.616 万美元，其中，占总体四分之一的最成功的摄影师平均工作收入为 6.243 万美元。这些年收入数字是指直接平均收入或自由供稿收入，并没有包括存档照片使用许可和作品发表版税等额外年收入。对于许多职业摄影师来说，这笔额外收入可能十分可观。

美国有许多职业摄影师协会和公会，例如，美国专业摄影师协会、美国媒体摄影师协会、美国广告摄影师协会等。这些组织为职业摄影师提供各种服务，包括办理集体保险、继续教育和认证、著作权保护法律服务以及就业资料库等。然而，与电视、电影和音乐行业不同，摄影协会就报酬进行集体谈判的工会职能并不强，而更多的是充当为会员提供支持的合作社。美国许多州都有州一级的摄影师协会。

在图书出版业，作者代理人对作家和小说家的事业发展和管理起很大作用。与此相似，职业摄影师的事业也可以由一个好的摄影代理机构来管理。与一个声誉好的摄影代理机构签约难度甚至超过找到你的第一份摄影工作大单。然而，即使不是不可能，摄影师自我推销也很难取得代理公司那样好的效果。

为一份重要的杂志特别是以摄影而闻名的杂志工作，是另一条快速成功之路。照片编辑善于帮助摄影师发挥自己的艺术优势，同时帮助他们克服艺术和技术上的弱势。摄影师与照片编辑之间的密切关系是《国家地理》和世界领先的时尚类杂志《时尚》（*Vogue*）等成功的中心因素。

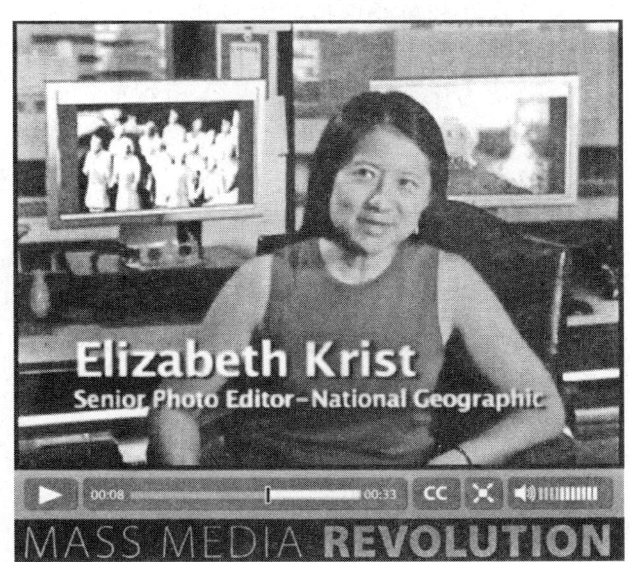

《〈国家地理〉杂志图片编辑》截图。

《国家地理》杂志高级图片编辑伊丽莎白·克里斯特认为用图片帮助叙事是一个十分复杂的过程。

480 ## 视频游戏

大众传媒行业发展最快的领域之一就是视频游戏研发。这一领域聚集了职业作家、平面设计师和动画师、计算机程序员以及特效摄影师，这些人在游戏设计师的带领下，协力进行基本的游戏创意策划，即决定整体主题、视觉设计、主要人物和基本的游戏规则。

协作与创造

一个团队中的设计师、美术师和程序员负责一部分工作，作家则要负责撰写游戏的背景故事和人物对话。视频效果美术师和电脑动画师则要借助复杂的电脑生成影像技术，把绘制好的分镜头画面进行合成。作曲和演奏则要负责配乐，而音频工程师要把音乐、动作或背景音效以及人物对话无缝接入，制作成多轨交互音频效果。背景美术师和3D效果师负责制造游戏“背景”，然后视频摄像师利用电影特效师常用的摄像机和动作控制技术进行数字化拍摄。

视频游戏研发团队的中心是电脑程序员和软件工程师。他们设计的程序使得一款游戏的所有组成要素能够在虚拟的数字世界发挥作用。根据游戏复杂程度和游戏虚拟环境和动作连续性的复杂程度，视频游戏研发可能雇用由几十人组成的多个团队协力工作——如同电影、电视的创意和制作团队一样。

从业者人员构成

视频游戏研发团队的成员都有各自领域坚实的专业培训背景，同时他们也都有过硬的代表作品档案可以有效展示各自的技能和创意才能。游戏研发从业者本身都是视频游戏狂热的玩家，是这方面的天才。不足为奇，视频游戏产业的人员构成多数都是新近的大学毕业生，或是二三十岁的年轻人，再加上一些具有多年经验，成为研发团队领头人的年龄稍大一些的游戏开发者。无论是在这一行业的哪个层面，无论是自由作者还是全职雇员，从业者都有很强的流动性。随着新的项目上线，研发团队往往也会同时组成、解散或重组。

职业展望

美国劳工统计局还没有发布视频游戏行业独立的就业和收入数据。根据娱乐软件协会、电脑游戏开发协会和互动数字软件协会等视频游戏产业协会的年度调查报告，这一行业中作家、设计师和电脑美术师的年薪，入门级别为3.5万～4万美元，而已经确立自己地位和非常成熟的从业者年薪可达到8.5万美元，甚至超过10万美元。而且，游戏研发行业协会的报告称，这一产业在以每年22%的速度增长——而且工作机会也在飞快增加。

在视频游戏研发领域工作意味着连续几周甚至几个月长时间、高强度地参加团队工作，解决问题。为了对员工长时间的紧张工作给予补偿，也为了吸引最有天赋的人才，多数游戏研发公司为研发团队成员提供一小笔版税股份。

> 为了对员工长时间的紧张工作给予补偿，也为了吸引最有天赋的人才，多数游戏研发公司为研发团队成员提供一小笔版税股份。

481

视频游戏不仅在青少年中受欢迎，而且吸引了大批成年人。游戏研发已经成为发展最快的产业之一。

与大众传媒其他行业一样，地理因素也是影响视频游戏行业工作机会的一个因素。视频游戏公司主要位于旧金山、洛杉矶、西雅图、奥斯汀、波士顿以及华盛顿/巴尔的摩都市区。这些研发中心使周边地区的大学成为游戏研发领域相关专业的知名学校。越来越多的大学，如加州大学埃尔文分校、北得克萨斯大学和麻省理工学院，以及专门的学院，如西雅图附近的迪吉彭理工学院，设立了视频游戏研发专业的完整学位项目。许多新毕业生以实习生的身份进入这一行业，这帮助他们踏进游戏研发社区，并为他们今后积累了代表作品档案。[3]

在传媒业取得成功

在大众传媒创立一番事业，你需要接受标准的大学专业培训并获得学位，你需要具备某种性格特质，你需要有过硬的职业道德修养，同时，你也需要建立有效的代表作档案、制作样片和网站以展示你的技能、才干。俄亥俄大学媒介艺术与研究学院院长罗格·库珀（Roger Cooper）、威斯康星大学影视系教授唐唐（Tang Tang）等人发现，除了要展现才干和技能，个性特质也是决定大众传媒职业成功的一个重要因素。[4]他们的研究认为，适应能力、可靠性、善于表达、坚持不懈和足智多谋是大众传媒领域有助于事业成功的几个重要性格特质——其中，有抱负和足智多谋最为重要。

软技能与硬技能

库珀与唐唐的研究表明，虽然大众传媒专业本科三四年级学生中大多数都表示“有意愿”要在传媒领域创立一番事业，但是，实际上只有60%的人在毕业后实现了这一愿望。[5]没有实现这一愿望的40%的人缺少这一领域所需要的性格特质——也就是说，缺少可以促使他们继续获得知识的“软技能”——以及可以使他们在事业上获得成功的“硬技能”。这一研究证实了那些大众传媒从业者已经知道的事实：成功的从业者建立在持续培训并获得知识和技能的基础上，也建立在展示这一行业所需才干、职业道德和动力的基础上。在大众传媒不断聚合的背景下，个人能够跨角色和运用多种技术工作尤其重要。

> 成功的从业者建立在持续培训并获得知识和技能的基础上，也建立在展示这一行业所需才干、职业道德和动力的基础上。

482 想在今天快速发展的大众传媒领域谋得工作的人，不仅需要证明自己有才干，而且还需要证明自己适应能力强；思维符合逻辑但同时具有创意；有紧迫感，且能胜任工作；独立但同时有协作精神。

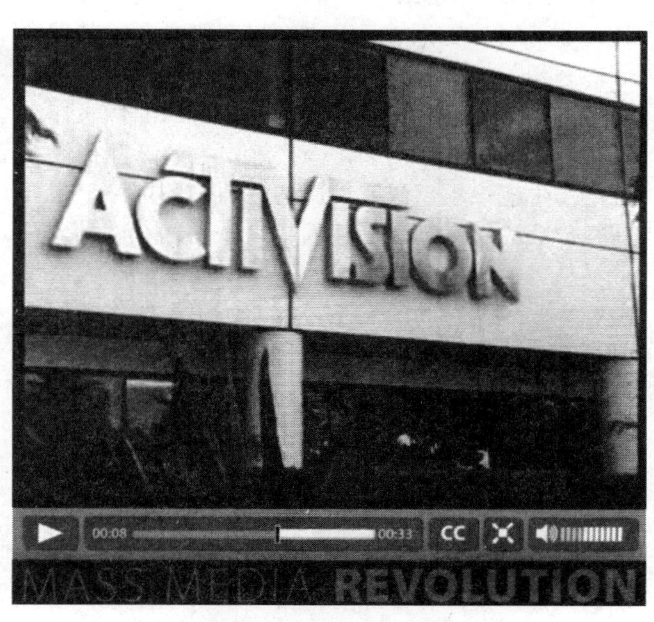

《视频游戏研发者》截图。
一家领先的视频游戏公司创始人讲述视频游戏研发的过程，并与大家分享视频游戏研发团队的工作内幕。

代表作品档案的力量

本章自始至终在提及代表作品档案。杰出的代表作品档案可能会决定应聘者是否能够得到一份工作。你的代表作品档案是能够让你从众多渴望得到工作的竞争者中脱颖而出的魔器。

建立一个让人印象深刻、有效的代表作品档案，需要遵循以下四个步骤：

（1）确定并收集你最优秀的作品。

（2）进行行业调研。

（3）组织你的作品。

（4）考虑代表作品档案的展现风格。

确定并收集你最优秀的作品

建立一个有效的代表作品档案的第一步就是要养成确定并收集整理自己最优秀作品的习惯。这可以从你大学时期完成的项目开始。你写作、摄影、视频和电脑艺术或动画项目等方面最好的案例都应该成为你这个档案的原始材料。从别人那里获取反馈很重要。可以让他人帮你判断一下你的哪些作品案例能够最好展示你的才干和能力。现在和过去教你的教授、同学甚至父母都可以在你挑选代表作时给你提供关键的建议。[6]

进行行业调研

接下来就是进行行业调研。你应聘领域的雇主希望看到哪类作品案例？雇主这方面的期待会因具体行业不同而变化，所以在进行调研时一定确保自己熟悉相关的市场趋势。可以利用互联网找到你感兴趣的行业里，成功人士如何打造自己的代表作品档案以适应形势。例如，一个想要进入新闻摄影行业的学生应该不仅研究他所向往媒体的网站，也要研究成功的摄影记者创建的代表作品档案网站。与此类似，一个想要在出版界开始作家事业的人应该研究主要的出版商的网站，定期访问主要作家协会和公会的网站，研究成功的自由撰稿人的网站，了解他们如何向市场推销自己的作品。

组织你的作品

下一步要决定你代表作品档案整体的主题和结构风格。你的主题主要受你调研结果的影响。今天，建立和维护代表作品档案的一个挑战是，如同所有大众传媒一样，你的档案将不得不在多个平台上“生存”；面试时，你需要把你的代表作品档案印制成册，同时也需要通过网络展示。独立网站是个不错的开始，但还不够。此外，你还需要通过就业资料库网站创建有效的、简短的“片头”展示你的
483 作品。这可能要借助脸书等社交网站上以作品档案为基础的页面，或是借助你目标领域的行业协会网站上能够提供的代表作品档案创建页面。[7]

互联网使你能够构建一个“模块化”的代表作品档案，你可以从中容易地挑选作品案例，进行调整，使之适合某一特殊展示媒介的要求——打印装订、网站、DVD——以及你潜在雇主的要求。在制作自己的代表作品档案时，始终要牢记质量胜过数量。在数百个求职申请中，雇主可能仅仅只在每个申请上花短短的几分钟，然后缩小范围进入下一轮。为了取得成功，你的档案必须能够很快抓住雇主的注意力。这需要在视觉上给人留下深刻印象——即使你是在展示你的写作能力，因为雇主倾向于很快圈定为数不多给他们留下最好第一印象的应聘者，然后回过头来，花更多的时间来看或是深入阅读这些让他们一下子产生兴趣的档案。[8]

在制作自己的代表作品档案时，始终要牢记质量胜过数量。

考虑代表作品档案的展现风格

档案的展现风格和结构很重要。帮助推销你的不仅仅是你的作品，而且还有展现你作品的有效乃至有创意的方式。你的网站或网页也必须反映你的创造力。

例如，一个刚毕业的学生想找一份写作的工作，可是他可能从来还没有作品被发表过。然而，编辑们所期待的最棒的新写手往往能够把自己的作品样本展现得如同已经被发表过一样。仅仅把你在高级新闻写作课堂上的文章扫描下来肯定达不到标准；相反，你必须把这篇文章用专业的排版和分栏的形式进行展示，这样，这篇文章看上去就如同已经在一家重要的杂志或报纸上发表过一样。

对于一个新的摄影师来说，简单地展示你最好的照片集还不够。你必须用一种在视觉上富有吸引力的版式设计将你的作品展示出来，其效果如同你的照片已经被发表一样。与此类似，如果你想从事影视工作，你的样片必须精心编辑、安排结构，并配乐，以达到看上去、听起来如同一部新片的预告片一样的效果。

与大众传媒一样，你的代表作品档案也是在讲述故事。你的代表作品档案是你讲述你个人故事的工具，要让你的观众、读者或潜在的雇主产生要进一步了解你的欲望。

与大众传媒一样，你的代表作品档案也是在讲述故事。你的代表作品档案是你讲述你个人故事的工具，要让你的观众、读者或潜在的雇主产生要进一步了解你的欲望。

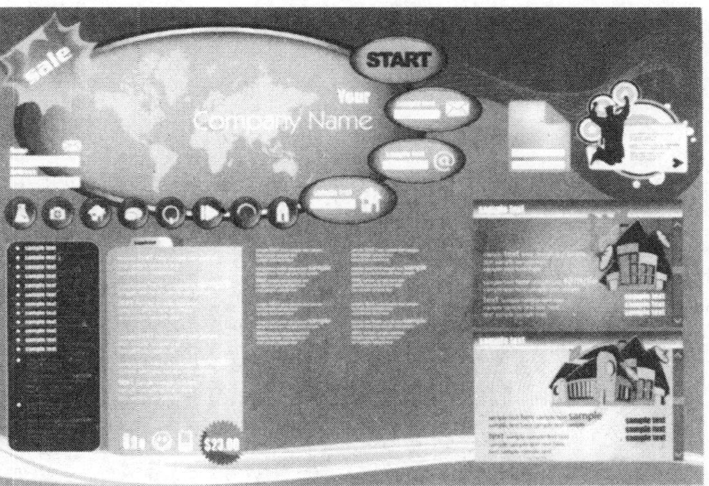

在数字时代，在大众传媒领域求职，建立一个强大的代表作品档案非常关键。通过它，你可以告诉雇主你是谁，他为什么要雇用你。

结论：让这个行业需要你

在大众传媒创立一番事业需要强烈的驱动力，也需要为这个不断变化而且竞争激烈的领域长期付出。入门级的工作职位往往收入不高而且需要长时间在紧张的环境下工作。同时，大众传媒的工作通常需要接受一些特殊的挑战，如更换工作地点、经常出差、工作缺少长期的稳定性。为了成功，进入这一工作市场的新毕业生必须能够通过有说服力、有创意的代表作品档案有效展示自己的才能，同时他们也需要展示自己具备大众传媒工作所期待的性格特质。

是工作的挑战性使得大众传媒职场如此迷人。今天，在大众传媒取得成功需要具备迅速适应新挑战和不同工作角色的能力。本章对大众传媒相关专业本科毕业生求职时需要准备和考虑的问题进行了概述。那些在大众传媒成功谋得职位的人将是那些最好地展示自己才能的人，是那些通过讲述自己的故事而让潜在的雇主决定把自己留下来的人。

485 思考题

1. 近年来，大众传媒业的职业道路发生了什么样的变化？这些就业趋势对整个传媒业的经济产生了什么样的影响？

2. 大众传媒产业正在逐步改变以往雇用具备某一方面专门技能的人的模式（例如，搜图员、审校），这种趋势反映了数字时代大众传媒生产、发行和消费的什么变化？

3. 解释“多技能媒体制作者”这一术语。在本章所讨论的每个传媒产业中，这一术语意味着什么？

4. 什么是“软技能”？什么是“硬技能”？为什么说今天在大众传媒领域的求职者具备平衡的“软技能”和“硬技能”很重要？

5. 什么是代表作品档案？为什么它对进入大众传媒业很重要？

6. 根据你在本书中所学的关于大众传媒的知识，你会为进入自己选择的领域工作进行什么准备？

7. 按照你的想法，正在变化的大众传媒产业模式正在以何种方式影响这一产业在社会和文化中的角色？

【注释】

[1] U. S. Department of Labor, Bureau of Labor Statistics, (n. d.). *Occupational outlook handbook*, 2010－2011 edition.

[2] Extrapolated from U. S. Department of Labor, Bureau of Labor Statistics.

[3] Crosby, O. (2000, Summer). Working so others can play: Jobs in video game development. *Occupational Outlook Quarterly*.

[4] Cooper, R., and Tang, T, (2010, Spring). The attributes for career success in the mass communication industries: A comparison of current and aspiring professionals. *Journalism & Mass Communication Educator*, 65 (1), 40-51.

[5] Ibid.

[6] Gilliam, J. (2010). How to build a professional portfolio. *Helium Jobs & Careers*. http: //www. helium. com/items/ 185287-how-to-build-a-professional-job-portfolio.

[7] Hunter, D. (2009). How to make a demo reel. Media College, http: //www. mediacollege. com/employment/demo-reel. html.

[8] Ray, M. (2008). What makes a good photography portfolio, http: //www. professlonalphotographyl01. com/ photography/portfolios. html.

词 汇 表

24 hours news cycle　24 小时不间断播出　由美国有线电视新闻网（CNN）首创的新闻播报模式。每周 7 天、每天 24 小时不间断播出新闻和新闻评论。根据突发事件的数量和重要性，报道时间可以延长（以避免停播）或压缩（为相关评论留出时间）

331/3 rpm long-play disc　每分钟转数为 33 $\frac{1}{3}$ 的长时间播放唱片　这种技术使小电台可以支付广播辛迪加的整套节目

360-degree campaign　360 度公关　将客户信息通过广泛的媒介平台进行展示的运动，包括互联网、电视、广播、印刷和移动设备

acetate blank recording disc　醋酸空白录音盘　一种可以让广播电台能够进行现场录制的设备，有“即时录音”之称

acquisition　收购　指电影、电视业中制作方在创作过程中购买故事创意

Action News; Eyewitness News　动新闻　马吉德为引起受众反应的新闻取的名字，也被称为目击新闻

active media platforms　活跃的媒体平台　允许分享创造媒介内容和信息的用户之间交换信息的平台

actualities　纪实　法国人卢米埃尔兄弟制作了 10 部电影短片，记录了活生生的各种场景，他们称之为纪实

advertising　广告　试图劝说个人就某个产品、观念或服务采取某种行动（购买、相信、消费）的传播活动

The Advocate　《拥护者》　洛杉矶同性恋杂志，是世界上发行量最大的同性恋刊物

affinity paths　亲和路径　如果信息和媒介能够通过清楚的影像和信息吸引并定格接收者的注意力，那么就会自动形成一种亲和路径，把消费者引向某一信息或内容

air checks　播音记录　电台将播出的广告进行录音，作为已播出证明送给广告商

alternative music　另类音乐　很难归类于流行音乐的任何一种类型，也被称为独立音乐

American News Project (ANP)　美国新闻计划　尼克·皮恩尼曼建立，现在归属于《赫芬顿邮报》，主要进行视频形式调查报道，直接供给网络媒体

Amerimanga　美日漫画　类似于日本漫画，用英语制作，提供给美国市场

amplitude modulation (AM) **调幅** 调频技术出现之前主要的广播技术

analog-based terrestrial broadcasts **模拟广播** 广播信号通过无线电波传送借助天线接收的通信系统

Animatronics **电子动画** 利用电脑控制技术让动画人物具有逼真的动作和声音

anime **日本动画** 以动画为基础的日本电影流派

antiquity stage **古董阶段** 创新的最后一个阶段，在这一阶段里，原来的创新技术逐步被淘汰

anti-trust law **反托拉斯法** 美国联邦政府为打破工业垄断，促使钢铁、烟草和石油等领域健康竞争而颁布实施的法律

appropriate technologies **适用技术** 技术创新能够通过大众传媒增进传播，但并不必然意味着这些技术对某种形式的传播来说就是最好的平台

appropriation tort **盗用侵权** 反对盗用私人身份信息并以此获利的法律机制

areas of dominant influence (ADIs) **具有主导影响的地区** 在地理分布上，美国媒介受众被划分为 250 个区域，作为广告商目标投入的细分

arena rock bands **舞台摇滚乐队** 20 世纪 70 年代音乐领域的一种主要组合形式。这些音乐组合在生产价值和商业化上程度很高，但是创新性不强

art house theaters **艺术影院** 专门放映外国和低成本独立电影的影院，主要位于城市中心区

Articles of Confederation **《十三州邦联宪法》** 美国成立之初的第一部宪法，旨在建立全国政府

audience broadcasting **受众广播** 一种媒介信息类型，寻求广告达到最广范围和最大数量的受众

audience demographics **受众人口统计** 包括年龄、性别、种族、教育情况、地理位置和心理特点，以及态度、社会和文化价值观、兴趣和生活方式等。这方面的内容被媒介制作者和广告商用来确切识别他们的受众到底是谁，想要什么

audience share **受众份额** 媒介受众的市场份额

author-right system **著作者权利体系** 以法国拿破仑法律体系为基础的一种著作权，强调作品的价值永远不能与原作者割裂

author **作者** 任何原作的创作者，不论作品的形式

authoritarian system **威权体系** 政府完全控制所有媒介内容，并利用媒介传播利于政府权威的信息

backpack journalism **背包新闻** 一种新的新闻采集模式。一名记者要承担传统上一个团队的角色，包括文字采访、摄影等任务。这一模式的出现是数字技术发展的结果，如数字照相机、便携图片视频编辑系统与互联网通信等

backward compatibility **后向兼容** 新格式与旧技术兼容的能力

bandwidths 带宽 广播频率拥挤范围中的较小切分

Berne Convention 《伯尔尼公约》 1902年签署的条约，致力于调解版权法律纠纷，将国际上大部分版权法纳入合作框架

BGAN satellite terminal 全球宽带区域网络卫星终端（海事卫星） 休斯公司的电话和互联网服务，在世界任何地方都可以接入电话和互联网

bias by selection 选择偏见 故意选择哪些报道可以出现在晚间新闻节目中

Big Five 五大电影公司 派拉蒙、米高梅、福克斯、华纳兄弟和雷电华

black hackers 黑客 反社会、反公司、反政府的互联网无赖，传播毁灭性电脑病毒

Black Power movement 黑权运动 民权运动的一个分支，鼓励非洲中心主义，黑人自治和暴力活动

blacklist 黑名单 故意拒不承认某些人的特权

block-booking system 包档系统 一种电影发行模式。通常将五部电影打包——一部高质量的A级电影和四部质量较低的A-和B-级电影——预期影院经营方会租赁并放映整个一套电影而不是选择其中一部

blockbusters 大片 壮观的大制作电影

blog 博客 网络日记。个人建立和维护的网站，就个人具有强烈兴趣的话题发表鲜明观点

blogosphere 博客圈 博客间互相联系的社区

Blue-ray optical disc 蓝光光盘 一种信息存储格式，可以提供改进的画面和声音质量，具有高清数字视频光盘无法替代的优势

Bollywood 宝莱坞 位于孟买的印度电影基地，年产电影1 000余部。相当于好莱坞的印度版

Book Rights Registry 图书权利注册 证明所有作品法律地位的数据库，裁决数据库中任何作品的权利争议

British Invasion 英国入侵 20世纪60年代早期，一股英国音乐入侵美国的新浪潮，包括甲壳虫和滚石乐队等

broadcasting 广播 通过电子通信方式传播媒介内容

broadcasting region 广播区域 一个公司拥有的电视台的地理覆盖

broadsheets 大幅报纸 大开本报纸，以15×24英寸为主

byline 署名 报纸文章作者署名，可以帮助读者更好地了解作者工作的复杂性

camera obscura 暗箱 早期的摄影技术，利用带针孔的光盒研究光的行为

categorical imperative　绝对命令　康德的哲学原理，认为人有义务遵守某些思想和行动，无论结果如何，因为它们是固有正确的

CD technology　光盘技术　一种录音技术，能够复制数字音频，与之前的磁带录音比，保真度要高得多

Celler-Kefauver Act 1950　《塞勒-凯弗维尔法案》　美国联邦法案，致力于弥补可能导致商业集中的漏洞，通常被称为反兼并法案

censorship　审查　控制或禁止信息流动的做法

The Chicago Defender　《芝加哥保卫者报》　美国黑人传媒历史上最大、最有影响力、由黑人拥有和主办的报纸之一

Chinese Exclusion Act of 1982　《排华法案 1982》　美国联邦政府第一部限制外国移民的法律

citizen journalist　公民记者　非职业、未受过培训的记者。通过互联网分享自己的新闻，或是向主流新闻媒体提供自己的新闻作品，如 CNN 的"我报道"

click fraud　点击欺诈　通过自动反复点击一个互联网页面造成网页浏览量巨大的假象

click bot　点击机器人　用来进行点击量欺骗的程序

cliffhanger　峭壁吊钩　连载小说中每章悬疑的结尾，目的是鼓励读者购买下一期报刊

closed society　封闭社会　不鼓励思想和表达自由的社会

code of ethics　伦理规范　帮助个人进行道德决定的明确的行为指南

Code of Federal Regulation　《联邦法典》　限制未定罪案件信息披露的联邦法律

commercial press　商业报纸　报道贸易和商业交易的报纸，经济支撑是产品促销和广告销售

commercial radio　商业电台　广告支持的电台，帮助巩固了电台的经济基础，促进了广播节目质量和数量的迅速提高

commercial satellite radio　商业卫星电台　新千年早期发展起来的一种电台技术，顺应了美国听众希望获得多样化电台节目的要求

Committee on Public Information　公共信息委员会　美国政府设置，由乔治·克里尔领导，曾对美国人对第一次世界大战的看法实行了重要的控制，对美国的战时新闻报道进行了标准化的管控

Committee to Protect Journalists　保护记者委员会　一个独立的、非营利的组织，建立于 1981 年，致力于捍卫和保护记者的权利，使其免受被监禁和惩罚的威胁，目的是促进全世界范围的新闻出版自由

Communication Act of 1934　《1934 年通信法案》　授权联邦通信委员会管理电台和电视（有线和卫星）等媒体的联邦法案

compact disc（CD）　光盘　用于音乐录音的媒介，是飞利浦和索尼 1981 年达成的合作伙伴关系的产物

Compatible Time Sharing System (CTSS)　**兼容分时系统**　允许 IBM 大型计算机的使用者远程获取其他用户的信息以及给其他用户留言的系统

composite　**合成**　将两张独立的照片合为一张

Comstock Laws　**《康斯托克法》**　1873 年制定的美国法律，规定任何邮递下流、淫秽内容的行为违法

Constitutional Convention　**制宪会议**　也被称为费城会议，讨论了美国宪法的核心原则

consumerism　**消费主义**　创造和鼓励购买商品或服务的体系

contempt of court　**藐视法庭**　记者如果被认定藐视法庭秩序，有可能被处罚或是监禁

content mobility　**内容移动性**　也被称为三屏融合，一种支持视频内容在数字电视、个人电脑和移动工具间无缝移动的技术方法

content sharing　**内容分享**　用户间在网络上交换知识产权内容

contingency planning　**应急规划**　一种公关策略，旨在为应对未来可能面临的问题制定行动方案，包括危机管理

convergence of content and businesses　**内容与商业的融合**　这一趋势迫使商业模式再造，有时会威胁传统媒体形式的存在

copyright infringement　**版权侵犯**　非法使用他人的知识产权作品，也被称为盗版

Copyright Law of the United States　**《美国版权法》**1976 年国会颁布的联邦法律，界定了作者身份

copyright legal tradition　**版权法律传统**　在美国和英国，智力创作被看做另外一种形式的“财产”，可以被买卖、许可、转让和继承

copyright　**版权/著作权**　一种保护智力财产以及个人创作者和所有者的方法

Corporation for Public Broadcasting (CPB)　**公共广播公司（CPB）**　隶属于美国联邦政府，通过批准广播站台和节目，向公共广播系统拨转纳税人资金的管道。

covers　**翻唱**　非原唱或原来的演奏者表演的歌曲或者乐曲

creative commons　**知识共享**　一个使作品作者和所有者在未事先授权或许可的情况下允许一定范围的使用的组织

crisis communications　**危机传播**　一种公关传播形式，目的是为了刺激公众对某一产品的兴趣或是在紧急情况发生之后改变公司形象

cronica　**纪事**　拉美移民报纸早期的一种主要内容，就当前时事、问题和趋势，给读者提供讽刺性评论，通常借助虚构的人物和故事。曾是很受欢迎的类型

cross-cutting　**交差剪接**　将不同场景发生的动作放在一起编辑的技术

cross-genre films **跨类型电影** 被认为属于不止一个类型的电影

cross-platform **跨平台** 也被称为多平台，用来指同时支持蓝光高清电影的视频游戏设备

cultural aesthetics **文化审美** 在某一具体文化语境内，被认为“好品位”

cultural context **文化语境** 支配人们如何行为以及如何彼此互动的社会、宗教和政治规则

cultural convergence **文化融合** 指文化语境之间的边界被打破

cultural hegemony **文化霸权** 一国控制或是主宰全世界的媒体

cultural imperialism **文化帝国主义** 一种文化在未经同意的情况下向另外一种文化扩散

culture **文化** 能够把一个社会群体与另一社会群体区分开的、关于行为、性格、习惯、语言、艺术品和符号的综合、动态的社会体系

customized ad viewing **客制化广告收看** 一种允许在线用户选择什么时候看广告、看什么广告的服务

Daguerreotype process **达盖尔银版照相法** 路易·达盖尔发明的照相法，利用包银的铜板，在碘化银和加热的水银中显影

dangerous news **危险的新闻** 根据公共信息委员会，含有关于军事行动信息或是有可能对总统造成威胁的信息被认为是危险的新闻

Daughters of Bilitis **比利提斯之女** 美国第一个主要的女同性恋组织

dead air **停播** 媒体没有新的新闻或信息发布或播出

Declaration of Principles **《原则宣言》** 艾维·李提出的公共关系行业的第一套职业伦理规范

defamation **诽谤** 对个人、组织或是产品声誉或社会地位产生损害的任何暗示的或明确的信息

defamation with malice **恶意诽谤** 故意损害他人的错误行为

demographic studies **人口统计学研究** 基本人口信息的调查，例如，个人的年龄，性别，种族和收入等

development stage **发展阶段** 指创新的第三个阶段。在这一阶段创新技术得到培育、改善，并成为焦点，因此被成功采用，进入主流

digital divide **数字鸿沟** 经济和物理条件不同而造成的获得、接入信息技术的差异

digital divide 2.0 **数字鸿沟 2.0 版** 技术进步与生产成本的降低还没有覆盖世界上一些地区的贫困和其他弱势群体

digital immigrants **数字移民** 指向数字时代过渡的几代人

Digital Millennium Copyright Act (DMCA) **《数字千年版权法》** 美国国会在 1998 年颁布，更改了美国的版权法，将生产和销售以避开保护作品版权措施为目的的技术、设备和服务定为违法犯罪

digital natives **数字土著** 哈佛大学教授约翰-帕佛瑞创造的一个词语，指在数字技术与互联网诞生后出生的第一代人

digital subscription model **数字订阅模式** 根据订户的需要随时随地为其提供内容的模式

dime novel **硬币小说/廉价小说** 批量生产、售价只有 10 美分的小说，主要是为了满足快速发展的铁路的需要

direct media revenue **直接媒体收入** 将传媒产品直接销售给消费者所产生的收入

direct-to-home distribution **直接入户分销** 通过互联网，经由网飞公司这样的服务向用户提供电影目录

direct-to-home release **直接入户发布** 将新电影直接向家庭发布，而不是通过影院发布

distribution stage **发行阶段** 指电影电视成品向影院发布或是在主要电视网首播

documentary photographer **纪录片摄影师** “见摄影记者”

dynamic adaptive learning **动态适应性学习** 自我主导的知识节点的选择和自我创建的知识结构组织能够极大程度地提升人们吸收和运用新信息的能力

e-books 电子书

economies of scale **规模经济** 通过提高生产水平和扩大业务来增强成本优势

Editorial Advisory Board **编辑咨询委员会** 第二次世界大战期间，DC 漫画公司成立的监督组织，目的是为了确保所有漫画图书符合当时的道德标准

editorial to publication cycle **从编辑到出版的周期** 在传统报纸中，一篇新闻稿件从调研、写作到发表所需要的时间

electronic books (e-books) **电子书** 印刷图书的电子版，可以在个人电脑上或通过掌上电子设备阅读

Electronic Frontier Foundation **电子前哨基金会** 由律师、政策分析家和激进人士组成的代表媒介消费者利益的非营利组织

electronic mail, e-mail **电子邮件，电邮** 以数字网络为基础的发送接收邮件的系统，原来只适用文本文件，现在已经可以传输图像、视频和音频

electronic media **电子媒体** 集成电路、电脑、互联网以及无所不在的网络空间

Embedded journalism **嵌入式新闻** 文字、摄影记者深入战壕或是深入他们的报道对象当中进行报道的方式

ensemble cast **群戏** 包含多个主要角色的演员阵容

episodic television drama **分集电视剧** 总时长 13 个小时、播出时间跨度 13 周的电视剧集

equivalence 等值 阿尔弗雷德-施泰格利茨将摄影看做一种视觉的比喻，它们有能力引发观看者在情感上的反应，并称这种反应为等值

Espionage Act 《反间谍法》 伍德罗·威尔逊在任总统时颁布，规定发表任何“试图在美国军队中引起不服从、不忠、反叛或拒绝履职行为”的内容都属联邦犯罪

Executive Order 9981 《9981号总统令》 1948年杜鲁门签署的总统令，下令取消军队中的种族隔离

exhibition license 放映许可 规定了影院何时何地能够放映电影

Fair Use Doctrine 正当使用原则 版权法的一个术语，指的是在未经许可或让渡情况下，有限的合法使用

Fairness Doctrine 公平原则 也被称为相等时间法则，要求广播电台给予所有对立观点一定的广播时间，而不管广播电台的立场和经济来源如何

feature filmmaking 故事片制作

Federal Communication Commission (FCC) 联邦通信委员会 美国政府机构，管理所有非政府组织、公司或个人的广播频谱的许可和使用

Federal Radio Commission (FRC) 联邦无线电委员会 联邦通信委员会的前身

fiduciary responsibility 信托责任 公开上市交易公司所有的董事会成员在法律上被要求必须全力管理好他们的公司以此来保证所有股东的利益

File Transfer Protocol (FTP) 文件传输协议（FTP） 对计算机网络上的文件进行交换和操作的标准程序

film distributors 电影发行商 专注于让尽可能多的电影在尽可能多的影院的尽可能多的银幕上放映

film noir 黑色电影 20世纪四五十年代的法国电影风格，后流行于美国，具有愤世嫉俗和险恶的暗示，多运用黑白视效、晦暗灯光和城市背景

financial PR 财经公关 能够准确地、充满说服力地和其他机构或消费者交流商业领域的事件

financing-distribution model 融资发行模式 依赖外部融资拍摄电影的商业模式

folk rock 民谣摇滚 融入更加强烈和火爆电声的民谣音乐

format war 格式之战 公司之间为确立自己技术标准在市场上的主导地位而展开竞争

four formats (radio programming) （电台节目）四种模式 商业电台节目的内容风格采用一种音乐混合模式，被称为“四种模式”：成人专辑另类（AAA）音乐、新闻评论节目、古典乐和城市音乐

Fourdrinier machine 长网造纸机 一种可以让原材料更快加工成纸张的技术

Fourth Estate 第四势力 指自由的报刊。一般认为苏格兰评论家托马斯·卡里利首先使用了这一说法。这一理论认

为，第四势力有责任监督另外三种势力之间的权力平衡：行政权、立法权和司法权

Freedom of Information Act (FOIA)　《信息自由法案》　这一联邦法律要求公开之前对公众封闭的政府档案

Freedom's Journal　《自由报》　美国第一份黑人报刊，1827年由两个自由人在纽约创办

French New Wave　法国新浪潮　由一群年轻的独立导演引领的电影风格，集中表现复杂人物关系、性激情和宗教信仰混乱

frequency modulation　调频　取代了调幅广播的高质量广播标准，在数字电台出现之前，其地位一直未受挑战

gag order　禁言令　法官要求所有参与审判的人不得与新闻媒体有联系接触

game console　游戏机　一种互动娱乐的电脑系统

gangstra rap　匪帮说唱　表达了一种悲观的、充满了愤怒的生活态度的音乐形式

Gay & Lesbian Alliance Agaisnt Defamation　同性恋反诽谤联盟　1985年成立于纽约市，开始主要是反对大众传媒中关于艾滋病的不准确和散布恐慌的报道

German Expressionism　德国表现主义　一种电影风格，关注人类体验的黑暗一面，总是围绕疯狂、精神错乱和背叛等主题

gestalt theory　格式塔理论　认为视觉元素间存在相互关联，这使得我们能够构建完整和动态的画面

glasnost　公开化　戈尔巴乔夫的开放政策放松了信息控制，使得苏联政府行为变得更透明

global village　地球村　马歇尔·麦克卢汉认为随着大众传媒技术的发展，促进文化交流的可能性会越来越大

Godey's Lady's Book　戈德妇女杂志　美国最早专门面向女性读者的杂志之一

Golden Age　黄金时代　好莱坞电影被五大制片公司统治的时代，也是有声电影诞生的时代

Golden Age of Hollywood　好莱坞的黄金时代　20世纪20—60年代，美国电影被五大电影公司所主导：米高梅、派拉蒙、华纳兄弟、20世纪福克斯和雷电华

golden mean　中庸之道/黄金分割　亚里士多德的道德理论，指极端可能性之间的平衡区域

golden rule　黄金法则　率先由基督徒践行的一种道德准则："你想人家怎样待你，你也要怎样待人。"

Gore Bill　《戈尔法案》　以参议员阿尔·戈尔命名的联邦法案，为建立地区性主机中心及其相关基础设施继续注资，为每个人获得完全、开放的互联网接入扫清了最后一道障碍

gossip column　漫谈专栏　以娱乐为主要方向的报纸栏目，由沃特·温切尔开创，在小报中很盛行

gramophone　留声机　录音机的前身。是以硬塑料碟片形式向消费者提供进行交替录音媒介的最早技术。爱迪生和贝

尔的发明使用的是圆筒技术

graphic novel 绘画小说 在漫画书的基础上发展出的一种文学形式，用开头、中间和结尾归纳整个故事，主题通常是关于更成熟的话题

greatest-happiness principle 最大幸福原则 约翰·密尔的道德体系。这一理论认为正确的行动应该在合理的动机之内给最大多数人带来最大程度的幸福

Great Migration 大迁徙 从 1916 年到 1930 年，大约有 130 万黑人从美国南部迁往北方地区

green publishing 绿色印刷 主张告别传统出版模式的运动，提倡节省资源的数字化出版和发行方式

grunge 垃圾摇滚 垃圾摇滚是一种以失真的吉他音、原始的歌声和对朋克摇滚怀旧的歌词为特征的音乐类型

hard rock 硬摇滚/重摇滚 随着舞台制作技术改善而产生的一种音乐类型，应用强烈的旋律和失真的电子声音

hate radio 仇恨电台/仇恨电波 利用电波进行种族宣传，通常煽动暴力

Hays Code 《海斯法典》 1922 年威廉·海斯制定的严格的电影审查分级条款

HD (digital) radio 高清（数字）电台 基于卫星技术的电台，比传统电台提供给消费者的节目选择要多

heavy metal 重金属 一种音乐类型，特征是刺耳的乐器声、标新立异的演出服装和常带有暴力色彩的歌词

Henri Cartier-Bresson 亨利·卡蒂埃·布列松 法国摄影师，被誉为“新闻摄影之父”。他的“真实生活”或“街头摄影”风格使他成为坦率和直接的摄影大师

hierarchy of human needs 人类需求层级（马斯洛金字塔） 根据马斯洛的理论，人类需求从基本的生理需求开始，到安全需求、爱与归属感的需求、被尊重的需求，最后是自我实现的需求

High Performance Computing and Communications Act 《高性能计算和通信法案》 即《戈尔法案》。为国家科研教育网（NREN）的建立拨款 6 亿美元，成为建设“信息高速公路”的基础

high-context cultures 高语境文化 在这一类型的社会中，媒介内容的生产者和消费者（受众）严重依赖于对媒介内容——文字、图像和故事——所处传播语境的共同理解。高语境文化依靠象征手法和含蓄的表达，在一定程度上要求受众读懂言外之意

high-definition digital video discs (HDDVD) 高清数字视频光盘 一种后向兼容的信息存储格式，提供更高分辨率的视频音频质量，存储量也比传统光盘要大

hip-hop 嘻哈 一种活泼的霹雳舞节奏的音乐形式。因为这种音乐形式节奏“时尚”，后来被称为嘻哈音乐。

Hollywood studio system 好莱坞片场制度 20 世纪前半期，几个电影公司统治着整个电影业，控制了从编剧、演员合同到影院所有权等各个环节

HTML 超文本标记语言 一种相对简单的编程语言，可以让网页开发者明确文档在被各种互联网浏览程序访问时所

呈现的状况

HTTP　超文本传输协议　一系列通信和软件的标准，可以让众多不同的电脑在网上进行相互间的通信

Hubs-and-nodes distribution model　枢纽和节点分布模型　一个概念化的模型，用于演示多种相关联的链接能够如何一起运行，从而达成一个造福人类的共同目标

Hutchins Commission　哈钦斯委员会　在亨利·卢斯的要求之下成立的一个美国政府委员会，主要是调查新闻界是否如美国国父们所设想的那样在社会中行使其职责

hybrid films　跨介质电影　混合有来自于其他媒介的体裁内容的电影

hyperlinks　超链接　可以通过点击链接而访问到的参考内容或来源

hyperlocal news site　超本地新闻网站　聚焦关注有限地理范围内区域的新闻网站，如一个小镇或者一个特定的社区

I-Reports　我报道　由美国 CNN 开发的电视节目，新闻内容由用户自己产生，并且上传到互联网上，包括博客和视频

iconic images　标志性图像　在大众传媒中较大的视觉语言里经常碰到的视觉表现

image consulting　形象顾问　通过宣传客户积极的公众感知来对其形象进行修饰

immersive virtual reality (IVR)　沉浸式虚拟现实　虚拟现实最纯粹的形式，包括复杂的互动应用和逼真的由电脑生成的环境，从而涵盖人类大多数的感觉

independent music　独立音乐，见“另类音乐”

indirect media revenue　间接媒介收入　主要是从广告商和与广告相关的销售，如植入式广告中所获得的收入

Industrial Revolution　工业革命　跨越 18 世纪到 19 世纪，在农业、制造业、采矿业和交通方面取得重大进步的历史时期

inference theory　推理理论　认为我们是通过一系列无止境的试错经历从而在逻辑上建立起对世界的认识的理论

information anxiety　信息焦虑　对我们所理解的和我们认为我们应该理解的两者之间不断扩大的差距的恐惧

information filtering　信息过滤　去除被认为是多余的或者不相关的信息；当政府进行这项活动的时候，其目的是为了让人们处在黑暗之中，并且保持政府对他们的控制力

information overload　信息过载/信息超负荷　我们在大多数情况下所面对的大量的迅速增长的信息，以及大众传媒渠道和内容的数量的不断增多

information-processing theory　信息处理理论　这一理论认为，人类的眼睛等同于相机，我们对图像的聚焦与相机光圈在一帧胶卷上对图像的聚焦的方式相同

integrated circuit (IC)　集成电路　一种微型电子线路，组成所有电子设备的基本的电子构件，从电脑到 MP3 播放器

到汽车里的数字控制仪表

intellectual properties 知识产权 创作者和所有者原创的作品

international intellectual property rights (IPR) 国际知识产权 执行保护版权的国际法律

international media co-production treaties 国际传媒合作条约 国家间建立的协议，目的是帮助各自的传媒制作公司应对经济方面的挑战

Internet backbone 互联网主干网 互联网的网络基础设施

Internet browser 互联网浏览器 一种软件程序的应用，可以使得互联网上的信息被人们所浏览、检索和移动

"Internet haven" "互联网天堂" 在版权保护方面不加任何管束的国家

Internet radio 互联网广播 传统广播内容向网络的转移

Internet 互联网 通过当时还是很新的称为电子邮件的文件传输协议，大学里的新闻组团体（CSNET 和 BITNET）进行交流的相互连接的网络

invention stage 发明阶段 创新的第二阶段，在这段时间里，通过使用科学的思想和工程学知识，创新者研发出新的科学技术来解决当下或者预期的问题

inverted pyramid 倒金字塔 新闻报道结构的一种，新闻中最重要的部分在导语中呈现，紧随其后的是支撑那些事实的更加可以展开的细节

Italian neorealism 意大利新现实主义 一种电影风格，特点是在故事情节中有关穷人和工人阶级的部分使用非职业的演员

Jacob Riis 雅各布·里斯 新闻摄影最早的一批实践者之一。他最著名的是有关纽约市下东区移民住户生活的图片。

jazz 爵士乐 一种音乐类型，综合了充满非洲特色的节奏和带有大量即兴发挥色彩的乐器表演的音乐

Jim Crow era (1867—1965) "乌鸦吉姆"时期，即种族隔离时期 即认为黑人"不同但是平等"的时期，实际上使得美国的种族隔离得以正式确定并且维持达一个世纪之久

journalistic ethics 新闻伦理 当记者在报道和写作新闻的时候所应该遵守的一系列伦理规范和职责

kaiju 怪兽 日本怪兽电影

KDKA 第一个获得许可的商业广播电台，坐落于宾夕法尼亚州的匹兹堡市，于 1920 年 11 月 2 日进行了首播

Kerner Commission 科纳委员会 由林登·约翰逊总统成立的委员会，主要是调查美国逐渐增多的种族暴力

kinetoscope 活动电影放映机 W. L. K. 迪克森的观看移动图像的设备

knowledge industry　知识产业　根源于媒体和商业之间关系的一种产业，使得人们能够较为没有限制地获得不断扩张的信息和知识

land-grant universities　赠地大学　高等教育学院，建立在各州的土地上，并且被美国政府所掌控，主要关注农业和工程学

legal jurisdiction　法定管辖　法律可以适用的地理区域

libel　诽谤　书面的诋毁中伤

libertarian-based system　基于自由意志论的系统　一种大众传媒模式，建立在承诺呈现所有受众的观点和文化口味的基础之上

life-blogging　生活博客记录　在一个非常公开的论坛上，与一群网络"好友"分享个人每天生活的细节的行为

lithography　平版印刷术　一种印刷技术，其中即将需要印刷的图像需要使用油墨，而在印刷版的其他地方则不会沾有油墨

lobbying　游说　公关人员向地方、州级和国家级的立法机构的相关个人和组织，着重就利益、关切和问题事项等进行交流的行为

long-tail advertising　长尾广告　互联网广告植入服务

long-tail journalism　长尾新闻　从经济学借鉴过来的一种模式，通过无界限的媒介和较高的用户活跃度来说明大量小的、特定产品的销售

low-context cultures　低语境文化　在一种社会中，其制作和消费的媒介通常是直截了当的

Madison-meets-Vine　麦迪逊大街遇上藤街　电视节目和电影产品的融合增长

magazinists　杂志写手　专门给杂志写稿的作者

Mainframe computers　大型计算机　具有强大存储能力的大型数据处理系统

manga "whimsical pictures"　日本漫画"稀奇古怪的图画"　一种日本艺术形式，在美国极其受欢迎的动漫种类

Manifest Destiny　命定扩张论　认为国家必定将要扩张的信仰

manufacturing consent　制造共识　诺姆·乔姆斯基所创造的一个术语，用来描述媒体能够如何被用来进行公共议程的设置

market model　市场模式　也称为美国式的媒介商业模式，在这一模式中，媒体基本上是通过广告收入和订阅费用支持的

mass media　大众传媒　一种交流平台，不同个人和组织团体可以通过其进行信息和意义（内容）的交流

mass media conglomerate 大众传媒集团 一个单独的企业个体，拥有媒介产业中的多数种类

mass media framing 大众传媒框架 媒体，尤其是新闻媒体，以他们期望公众所接受的标准来呈现故事和符合“实际”的事项

massmedia networks 大众传媒网络 设计用于迅速和同时向一大群人传送信息的系统

massmedia platform 大众传媒平台 所有整个基于技术的通信媒体，从电话一直到复杂的互联网技术

massmedia systems 大众传媒系统 紧密相互重叠的媒介资源网络

Mattachine Society 玛特欣协会 成立于1950年的美国第一个全国性的要求保护同性恋权利的组织

matte shots 挡摄法 一种电影拍摄技巧，一张大的环境的图片，包括所有的组成部分，从树木到马路到建筑，被当做是一部电影的背景

maturity stage 成熟阶段 创新的第四个阶段，在这一过程中，一个特定的大众传媒技术开始成为明显的胜利者，主导了世界市场

McCarthyism 麦卡锡主义 美国历史上的一个阶段，大量学术界的美国人，尤其是来自娱乐产业政府部门的，被很不公平地指责是共产主义者和叛徒

media asset value 媒体资产价值 在某一年里，基于一家公司所制作和（或者）所拥有的所有媒介财产的价值，与之相比较的是制作过程中或者是购买时所花费的全部费用

media bias 媒介偏见 由于记者、制片人或者媒体所有者的政治信仰和文化观点方面的不同所导致的新闻报道有意识或者无意识地倾向于一方的行为

media dynamics 传媒动力 研究大众传媒的一种视角，指的是所有各种各样的过程和影响所最终形成的大众传媒的内容

media effects 媒介效果 也称为媒介影响；有关大众传媒是如何影响个人、家庭、社区和国家的观点和理论

media ethics 媒介伦理 帮助个人和文化理解媒介中负责任的行为和看法的准则

media hegemony 媒介霸权 一个特定的集团对媒介的主导

media law 传媒法 规范广播电台和电视台的节目播放，确保其内容是符合公众利益的法律

media literacy 媒介素养 一个术语，通常用来描述在所有媒介形式和平台中，对涉及的媒介内容制作和消费过程的识别、研究和分析

media monopoly 媒介垄断 一种市场模式，其中一个特定传媒产业的制作和发行由一家集团公司所主导

media space 媒介空间 一种多层次的电子环境，它的中心同时出现在各个地方，并且没有边界的存在

mediated communication **介导的通信** 通过技术来跨越地理和文化障碍的限制，从而迅速有效地进行观点和信息的传播

mediated news content **介导的新闻内容** 由一位专业新闻编辑所挑选和审阅的新闻内容，其中包含有编辑对新闻的把关，主要是为了确保新闻故事的事实准确、内容集中并且以适当的方式展现给读者

meme **模因/迷因** 迅速传播的观点，就像病毒在活体里传播一样

message **信息** 通过特定的大众传媒网络传送给广大受众的大众媒介内容

Mexico de afuera ("Mexico outside") **"海外墨西哥人"运动** 一种思想观点，认为不仅要保护拉丁裔美国人的西班牙语，而且要保持拉丁文化与天主教的密切联系

micro-blogging **微博** 博客的一种较为缩略的形式，如推特

Miller test **米勒测试** 用于决定是淫秽还是言论自由案件的一系列的判断标准

modem **调制解调器** 一个能够通过电话线将电脑连接起来的设备

monomyth **单一神话** 据约瑟夫·坎贝尔的说法，"英雄之旅"的故事

Moore's law **莫尔法则** 戈登·莫尔预测，在我们这样一个电路和电脑集成的年代，技术将以一个不断加速创新的方式发展

morning zoo format **早间动物园模式** 一种生活化的脱口秀节目内容方案，其中包括松散的音乐播放列表、滑稽搞笑的表演噱头和连续的流行文化评论

motion control **运动控制** 在电影摄制过程中，摄像机可以沿着先前特别铺设好的轨道移动，这样可以从各个角度重复拍摄场景

Motion Picture Patents Company **电影专利公司** 托马斯·爱迪生脑力劳动的产物，一家合作组织，各个公司可以将其拥有的资源容纳进来，然后向这一组织之外的电影制片人、发行商和展览者收取使用许可费用

motion picture technology **电影技术** 由爱迪生于1888年申请的专利技术，多孔的电影胶卷在一个持续的强光源的前面，从输片齿轮到旋转的遮光器的运动

Motion Pictures Rating System of 1968 **1968年电影分级制度** 一个电影分级系统，由美国所建立，目的是允许制片公司对更加富有争议的内容进行试水

moving picture **运动的图片（电影）** 通过布里奇的动物实验镜的覆盖有图片的玻璃转盘所发射出来的影像投射；随着手柄的摇动，每一张图像很快地从玻璃转盘投射到屏幕上，看上去似乎是图片上的东西正在移动

muckrakers **扒粪者** 试图通过写作严肃的新闻而试图来教育美国中产阶级的记者，这些新闻通常是揭露了商界与政府之间的关系，将官员的腐败和对权力的滥用进行曝光

muckraking **扒粪** 从传统意义上讲，揭露任何有可能的政治和商业腐败或者政府及其官员对公众不当行为的新闻

责任

multimedia journalist 多媒体记者 拥有多种媒体技巧的新闻报道专业人士，能够同时自如地制作出给不同形式媒体的内容，比如说，在印刷报纸上，网络版和有合作关系的广播或电视节目

multiple-source confirmation 多信源确认 记者需要至少从三个来源确定新闻报道中的事实，目的是提高事实的可靠度和可信度

multitrack recording 多轨录音 磁带录音技术，可以同时将多个乐器和声道的声音录制在一张单独、多层和紧密的整体上

music video 音乐视频 音乐和视频的同步使得电视很快成为最流行的推广艺术家的方式

narrowcasting 窄播 给一小部分明确定位的观众所提供的直接的媒介信息服务

negligent libel 疏忽造成的诽谤 在这种情形下，发生了对原告的诽谤或者伤害，但是出于无意

Net Roots Movement 网根（网络草根）运动 将博客作为一种政治激进主义的形式

Netscape Navigator 网景领航员 第一个公众能够广泛使用的互联网浏览器

network neutrality 网络中立 认为每一个人应当享有以平等的速度获得网络内容的观点

***New England Courant* 《新英格兰新闻报》** 第一家将其自身建设成为成功商业公司的美国报纸

new journalism 新新闻主义 多个新闻平台的融合、迅速的受众反馈和意见，以及在多媒体技术方面的熟练运用这三方面的综合

new media 新媒体 这一术语包括所有网络上数字的、互动的和融合的内容

new media model 新媒体模式 互联网媒体商业模式，在其中，传媒生产者依靠网络将内容直接传达和出售给他们的受众

news aggregator site 新闻聚合网站 一个基于网络的网站，自身并不制作新闻或者履行新闻指责，但是将其他新闻来源的新闻故事进行汇编和呈现

news bulletin 新闻简报 一条简短的新闻，避免了传统文章的长篇幅的叙事风格

news magazine 新闻杂志 传统报纸和优质杂志相结合的产物

news spin 新闻导控 美国政府通过管控对媒介内容施加影响

news syndicates 新闻辛迪加 允许成员新闻组织进行新闻和资源共享的服务合作机构

news wire services 新闻通讯社 为新闻的发行而进行收费的机构

Newspaper Preservation Act **《报纸保护法》** 联邦法律条文，规定报纸如果想参与到联合操作协议（JOA）中，其中的一家报纸必须出示其陷入财政困难的证据

Newspaper Publicity Act of 1912 **《1912 年报纸公开法》** 联邦法律条文，要求报纸公司必须就其所有制情况进行公开说明，并且将广告明确标识出来，以防与新闻或者社论内容相混淆

newsreels **新闻电影** 短的蒙太奇手法拍摄的电影，用于简短的、通常是轰动的国内和世界大事的报道

niche audiences **利基受众** 细分，并且针对性较强的受众群体

Nickel-in-the-Slot **投币留声机** 路易斯·格拉斯的自动唱机的前一代产品，只能播放一首较短的歌曲，但是仍然激发了投币操控娱乐机器的狂热

nickelodeons **5 美分戏院** 收费 5 美分的剧院

Nielsen Media Research (NMR) **尼尔森媒介研究** 最大和最知名的电视收视率研究公司

Nielsen Ratings **尼尔森收视率** 一个电视收视率测量系统，能够确定电视观众的规模和组成，以及为节目开发者提供收视受众每天和每小时的概况介绍

nodes **节点** 网络上相互连接的目录和树状数据结构

noise **噪音** 需要我们关注和回应的信息中不和谐的地方

non-governmental organization (NGOs) **非政府组织** 由不是执政政府的参与人员或代表所创办的组织团体

novel **长篇小说** 长篇的虚构小说。在早期，小说通常被分为几部分在数期杂志出版物上刊登

objectification **物化** 将人和文化降格简化为物体

obscenity laws **反淫秽法** 严禁在文化中无法被社会所接受的行为的法律

obscenity **淫秽** 任何被认为是下流、带有攻击性或者是有伤风化的行为

op-ed page **言论版** 报纸上刊登评论和编辑观点的部分

open society **开放的社会** 一个社会，如一个民主社会，允许媒体有大量机会来监督和报道政府运行的情况，实际上将它们的行为“开放面向”公众的审查

open-source model **开源模式** 内容制作和管理的一种方法，能够轻松和广泛地获得信息

Operation Wetback **驱逐墨西哥劳工行动** 艾森豪威尔政府在 1954 年将居住在美国西南地区的 300 万外国人驱逐返回到墨西哥的做法

paid search optimization **付费搜索优化** 通过互联网广告增加网站流量的做法

pan-cultural systems　泛文化系统　超出了一个文化区域的物理边界的系统

participatory democracy　参与式民主　允许和鼓励大量民众参与到更大的政治过程中的系统

participatory virtual reality（PVR）　交互式虚拟现实　通过网络在线或者通过数字存储设备所获得的新媒体技术，可以让用户在电脑生成的环境中移动、探索和与其进行互动

partisan bias　党派偏见　约翰·斯崔特认为，当一项事业被媒体刻意推广的时候就会产生党派偏见

partisan press　党派报纸　充当美国政党和其他拥有政治或者意识形态议程的组织的媒介声音的出版者

passive media platforms　被动媒体平台　几乎没有或者没有直接地让用户参与到内容中的平台，如当我们观看电影或者电视节目的时候

pay-per-view　付费观看　按次计费

payola　贿赂　向广播电台 DJ 和拥有者行贿的行为，目的是控制哪些唱片能够在广播中得到节目时段播出

peer-to-peer（P2P）　点对点技术　如纳普斯特（Napster）和比特流（BitTorrent）这样的用户网络，在其中用户之间不仅可以分享，而且还可以提供和购买内容

penny press　便士报　一便士的报纸，迎合了越来越多的有文化的受众的需求，相比政治或者意识形态，他们对娱乐和知识方面的新闻更加感兴趣

phonograph　留声机/电唱机　录制声音的设备，这台机器将声音刻录在锡箔包裹的刻有螺旋槽纹的金属圆筒上，圆筒与卷筒厕纸的硬纸板内芯差不多大小

photojournalist　摄影记者　用图像（主要还是图像，但也有摄像）来进行新闻报道的记者

podcast　播客　制作和发行的媒介内容，尤其是用于网络和借助网络的手持便携设备的内容

political bloggers　政治博客　经常将自己视做主流媒体的反对声音的评论家，对于他们的偏见表现得很坦率

political consulting　政治咨询　公共关系人士建议政治家如何能够最佳地与他们的选民支持者融入到一起

POP　邮局协议　一种用于接收电子邮件的应用

popular music　流行音乐　广泛包含所有非经典音乐风格的音乐

pornography　色情文学　任何形式的以引起受众欲望为目的的性行为描写的媒介内容

post-production stage　后期制作　电影和电视制作过程中的一个阶段，所有的素材已经拍摄完毕，并被剪辑成一个线性的故事

Postal Act of 1792　《1792 年邮政法》　联邦法律规定，报纸出售到距离印刷地点 100 英里以内的地方的价格是每份一分，而在 100 英里范围以外的售价则是一分半

"Potter's Box" **波特方格** 拉尔夫·波特提出的进行伦理判断的四步法则

precursor stage **先驱阶段** 创新的第一阶段，在此过程中远见家和未来学家为技术变化奠定了基础

print-on-demand **按需印刷** 根据订单进行书籍的印刷

printing press **印刷机** 古腾堡的发明，彻底革命性地变革了印刷术，并诞生了现代大众传媒

prior restraint **事前限制** 一种法律手段，在此过程中政府试图阻止某人出版或者播出恐怕将会毁坏它的故事

privacy **隐私** 希望秘密的个人信息……不会被透露给第三方

proactive PR **积极公关** 一种类型的公关人员，他们与公众联系紧密，并且试图展示良好的意愿

product affinity **产品亲和力** 以建立与之强烈的情感关系为目的，而接受一个产品的信息或者品牌

product placement **植入式广告** 一种高度有效地建立与一个产品或者信息之间亲和力的方法，并且不需要使用直接的商业广告，也被称为“产品整合”

product tie-ins **关联产品** 与媒介项目有关的T恤、书籍、玩具和其他物品等

production financing stage **制作融资阶段** 在电影和电视制作过程中，传媒产品创作过程中的要点是制片人占据了整个项目资金投资的最大的一部分

production stage **制作阶段** 在电影或电视中，所有的故事场景以非线性的顺序进行拍摄（或以高清视频的方式所摄制）的阶段，也被称为主要的拍摄阶段

propaganda bias **宣传偏见** 约翰·斯崔特认为，新闻报道被故意使得事情偏向某一政党、政策或观点的时候，就是宣传偏见

propaganda **宣传** 一种交流方式，主要是集中说服客户支持一个特定的事项，如一项事业或者是社会运动，以及最常见的如政府的参战决定

proximity **接近性** 麦克卢汉通过数字媒体缩小距离的理论

psychedelic sound **迷幻音乐** 利用多轨技术和非西方音乐类型实验的音乐类型，是在迷幻剂的帮助下所制作出来的，许多音乐家认为迷幻剂增强了他们的创造力和艺术表现力

psychographic studies **心理统计研究** 研究个体生活方式、价值观、态度和个性

psychographics **心理统计特征** 通过地理位置、年龄、性别、收入水平、教育背景、种族或民族、社会阶层和生活方式等对受众的识别

psychophysical theory **精神物理学理论** 根源于神经和眼睛与大脑之间化学联结的研究的理论，我们能够真正看到图像就是在眼睛与大脑的化学联结之中

public agenda　公共议程　影响一个县、城市或国家的人们的政治议题清单

Public Broadcasting Service（PBS）　美国公共广播公司　美国非商业的教育性广播服务，效仿的是英国 BBC 的模式

public figure　公众人物　选择将自己置身于公众场域中并且从媒体曝光中获益的个人

public relations（PR）　公共关系，公关　聚焦于建立和维护客户品牌和形象的产业

public relations polling　公关调查　获取公司和其他公共关系分公司数据的一个重要的方法，可以用来帮助提示培育民意的办法

public service announcement（PSAs）　公益广告　非商业和大概是非政治的广告

public sphere model　公共领域模式　一种媒介运营模式，在这一模式下，媒体是作为中心的环境或“空间”存在，而观点和看法是以信息分享和叙事的形式在其中进行传播

Pulitzer Prize　普利策奖　以约瑟夫·普利策之名命名的奖项，授予被认为在新闻、文学、戏剧和音乐领域最专业的人

Pullman Porters　普尔曼搬运工　在 19 世纪后期和 20 世纪早期被雇用的黑人，他们是在普尔曼卧铺火车上提供服务的，但同时也将黑人报纸偷偷带到南方的黑人社区团体中

punch cards　穿孔卡片　一个早期的模拟“记忆”的系统

punk rock　朋克摇滚　对文化、政治、性和毒品愤世嫉俗和刻薄地粉饰

quality magazine　高品质杂志　重点力求准确，刊登经过细致调研和细心报道的文章的杂志

questing　任务　电子游戏的特点之一，可以横跨一个特定的地方或者地理区域

questionable news　有问题的新闻　据公共信息委员会的消息，在第一次世界大战期间，美国在国内外活动的传闻和有关可能被美国的敌人所使用的技术进步的报道

race music　黑人音乐　节奏布鲁斯音乐的前身，迎合了种族刻板印象的音乐

Radio Act of 1927　《1927 年无线电法》　美国联邦法案，是对广播电台的规定，这项规定对广播网络有利，而使得小型的广播电台几乎灭绝

radio broadcasting　无线电广播　无线电信号不受限制地传送到各种信号接收器上

ragtime　繁音拍子　一种音乐风格，融合了锡盘巷的音乐标准和切分节奏（一种音乐节奏安排，其重音落在往往接收不到的节拍上）以及美国种植园民歌的曲调

rap　说唱　建议在即兴口说歌词基础上的音乐类型

Rashomom effect　罗生门效应　主观视角对我们回忆的影响，以及为什么不同的观察者在报道相同事件时所形成的令

人震惊的不同内容和看似真实的解释

reactive PR 应对性公关 当危机发生时来尝试挽救公司形象的公关人员

read-write media culture 读—写媒介文化 媒介内容制作者将富有创意的、娱乐的和新闻的各组成部分通过技术手段传送给消费者，然后让他们成为自己的新闻编辑或者娱乐节目的安排者，这样的文化被称为读—写传媒文化

reality television 真人秀电视 低成本的电视节目，内容主要是围绕将真实的人群放在不同寻常的环境中

Reconstruction (1865—1877) 重建 在乌鸦吉姆时代（种族隔离时期）早期以后，所有被释放的黑人奴隶获得受联邦政府保护的公民权利的时期

regenerative radio circuit 再生无线电电路 能够极大地提升广播信号清晰度的相互连接的电子元件

release 让渡 书面的授权，允许其他人获取和使用你的姓名，以及与之类似的和商业用途的私人信息

Remote news van 远程新闻转播车 一个独立的电视新闻现场制作单位（通常是建在一辆小型或者中型厢式货车里），里面包括摄像机、灯光、声音设备、视频后期制作设备和能够将现场或近期录制的新闻报道通过卫星和微波通信传送回总台的能力

return on investment (ROI) 投资回报 经济学术语，一家公司能够经济可行地制作出高价值的媒介资产和通过对其生产资源有效利用所获得的更高的收入

rhythm and blues (R&B) 节奏布鲁斯 20世纪40—50年代美国黑人音乐的大熔炉，包含有爵士乐、蓝调和福音音乐

Riot Grrrl 暴女运动 20世纪90年代地下女性主义朋克运动

rock ‘n’ roll 摇滚 “性”的俚语，来源于蓝调音乐，可以追溯到城市黑人音乐“节奏布鲁斯”（R&B）的一种形式

Roosevelt’s Fireside Chats 罗斯福“炉边谈话” 在美国大萧条时期由富兰克林·罗斯福总统所发表的非正式的广播谈话，它们成为美国人寻求安慰和希望的源泉

routine news 日常新闻 据公共信息委员会的规定，设计普遍大众利益的新闻可以在第一次世界大战期间不用授权直接印刷发布

Rule of Three 三分法 目标受众获取＝增加从销售和（或者）广告中获得的收入＝内容控制

samurai cinema 日本武士电影

satellite uplink boom 卫星上行吊杆 建在远程新闻控制车中的可移动卫星或者微波通信天线，使得操控者可以越过自然障碍的阻挡，如大楼和树木等

satellite-based digital broadcast 基于卫星技术的数字广播 一种通信交流方式，通过微波无线电接力传送技术实现广播信号的传输和接收

scientific model of mass-media communication 大众传播的科学模式 一种用假设、观察和评估来帮助我们筛选最重要信息的模式

scribes 抄录者 古代书面语言的大家，对他们当时社会的政治、经济和文化进步起到了重要的作用

search engine 搜索引擎 设计用于在网络上搜索信息的设备

Sedition Act 《反暴乱法》 规定阻止和（或）公开反对美国武装部队征募新兵行为是违法行为的美国联邦法律

sell-through products 电影零售 直接出售给公众的电影产品

serial fiction 连续剧 一种电视节目形式，它非常巧妙地将故事元素结合在一起，节目内容一天又一天地播出，可能会有上千集，最后情节发展持续不断地呈现，并且永远不会完全得到解决

Shannon Weaver model 香农—韦弗模式 一种传播模式，包括信源、讯息、接收器、发射器、信道、信号和任何有可能影响传播过程的噪音

Sherman Antitrust Act (1890) 《谢尔曼反托拉斯法》 美国联邦立法机构允许政府调查有违反反垄断相关法规嫌疑的公司的法案

Shield laws 新闻来源保障法 给记者一定保护的法律（在美国大多数州获得通过），以防在法院或者国会委员会之前被迫透露机密信息

shock jocks 惊人的节目主持 广播电台音乐主持人，以他们生动活泼，经常富有争议的喜剧品牌而为人们所知晓

short-tail journalism 短尾新闻 从经济学引进的一种模式，表明在传统新闻组织里所见到的，少量多重产品的大量销售（比如说，有篇幅或播出时间限制的报纸和广播节目）

shortwave station 短波电台 北美以及全世界各个地方许多小的独立的电台，播放各种类型的资讯类、政治类和宗教类的节目

show runners 节目运作者 影视节目制作中可以依靠的人，他们往往凭借先前项目运作的实力来使新项目得到顺利实施

situation comedies 情景喜剧 在一个熟悉的环境里，由常规出现的人物角色主演的喜剧

sketch comedies 喜剧小品 短的喜剧场景或者片段

skiffle 噪音爵士乐 受到美国摇滚、爵士和蓝调艺术家的影响，由英国音乐艺术家发明的噪音爵士乐

slander 造谣中伤 口头诽谤行为

Smith Act 《史密斯法》 这项法律规定，支持暴力推翻政府或者与之相关的行为都被认定为是违反联邦法律

SMS Short Message Service 短信息服务 短信的另一种叫法

SMTP Standard Mail Transfer Protocol　标准邮件传输协议　用于发送和接受电子邮件的应用

soap operas　肥皂剧　电视连续剧，如此命名是因为赞助节目的是家庭清洁剂生产商，最先开始出现在广播中

social cause promotion　社会事业推广　公关人员试图劝服受众接受某个组织针对一个特定话题的看法

social contract　社会契约　据托马斯·霍布斯的观点，统治者和公民之间建立起一种契约，在契约中，公民将他们所有的自然权利让给他们的领导者，而这些领导者需要用所有可能的方法来保证社会的安定和持续发展

social group　社会组织　两个或更多的人相互之间进行互动

social-responsibility system　社会责任体系　一种大众传媒模式，其中政府建立并保持大众传媒作为其社会责任的一部分

soft-cost resources　软成本资源　摄制组和设备，以及后期制作设备

Sound Broadcasting Act　《无线电广播法》　一项英国法律，允许私人支持的公司开始在地区范围内进行广播，目的是为了鼓励独立和商业支持的广播媒体的发展

sound recording　录音　声波的再创造，包括声音和音效

sound-on-disc technology　声像同步技术　一项电影技术，需要依靠复杂的机械设备来与电影放映机和留声机同步

sound-on-film technology　胶片录音技术　由李·德·弗雷斯特发明，将声音印记在光波上的技术，这样可以在同一张连续的幻灯影片上录制下图像

Soviet-Communist system　苏联—共产主义模式　在苏联发展起来的一种大众传媒模式，其思想根源来自卡尔·马克思和弗里德里希·恩格斯，他们两人都认为执政阶层的思想就是执政思想。在这样的模式下，大众传媒是公共所有的，不受利益的驱动，并且仅仅被用来教育大众和宣传社会主义化和一致性

Spaghetti Western　意大利式西部电影　在意大利南部拍摄的低成本影片，是为了在视觉上模仿美国的西南部

Spanish immigrant press　西班牙语移民报刊　为说西班牙语的移民所服务的新闻界，让他们在移民国家获得一种社区的感觉和安全感，同时也发布一些当地社区感兴趣的新闻

Spanish press in exile　西班牙语流亡者报刊　由生活在殖民地的南部和中部美国人所运营的早期移民新闻机构

speakeasies　非法经营的酒吧　非法的沙龙和舞厅，在禁酒时代，这里上演有歌舞和滑稽戏的表演

spec script　推销用剧本　处于观望状态下写作的剧本，或者是直接放在公开市场上的剧本

special effects　特效　电影中对事件的模拟，也称做 FX 或者 SFX

spin　编造　试图隐瞒一件事情或问题真相的错误信息

Star Chamber　星之室/星法院　英国国会的一个秘密的法庭，起诉和审判印刷带有煽动性的文学作品的个人

star system　明星体制　对知名演员进行偶像化宣传，而不是注重其演技

Stationers Guild　书商同业公会　由英国国会于1156年批准成立的一个组织，主要是规范和加强印刷方面许可费用的管理

Statute of Anne　《安妮法令》　1710年颁布的第一条欧洲法案，将作品的版权授予作者，而不是印刷者

stereotype system　铅版印刷　由菲尔曼·迪多（1764—1836）所发明的一项印刷系统，使用一个软的金属印刷板，每一板都代表了出版物的一整页，包括所有的文字和图片

Stonewall Riots　石墙骚乱　1969年6月28日发生在美国纽约市石墙酒吧外的一场反对警察煽动的、针对顾客（大部分是同性恋）的抗议活动。成百上千的同性恋在石墙酒吧外的街道上发生骚乱，抗议纽约市警方多年来对其虐待和辱骂

streaming media　流媒体　通过在网络上持续不断的方式所提供的内容

studio engineers　制片工程师　能够剪切和替换表演过程中的错误，以及创作出复杂的、在工作室以外的地方无法复制的歌曲的专业人士

subscribers　订户　承诺为一个印刷产品（杂志）在规定时间段内支付规定费用的个人

subsidy publisher　自费出版　为作者提供与商业出版公司相比更加廉价的手稿印刷出版费用的出版商

superheterodyne　超外差式收音机　能够极大地增强无线电接收器敏感度的电路技术

sweep weeks　全扫周　在电视上，每年时间为七天的收视率评级时段，通常在11月、3月、5月和7月的第一周

syndicate　辛迪加　小公司的合作集体组织

syndicated comic strips　辛迪加连环画　在多个报纸上出现的连环画

systems in development　发展中的媒介系统　在大多数发展中国家所出现的初生的媒介系统

tabloid　小报　致力于刊登耸人听闻消息的出版物

talent agent　经纪人　代表演员、电视和电影编剧、导演、制作人、摄影师和模特、作者、设计师和职业运动员等出现在娱乐产业各个领域的个人或者公司

talk radio　脱口秀广播节目　基于对当日话题新闻讨论的格式

talkies　有声电影　将外景声音（真实或者创造出来的）与对话和背景音乐混合在一起的电影

technological convergence　技术聚合　媒介传输工具和平台逐渐同化成数量更少的平台，最终汇聚到网络中

technological determinism　技术决定论　一种理论，认为随着技术的发展和进步，我们社会和文化的框架和价值也要必须随之发展和进步，我们人类也必须随之发展和进步

Telecom Reform Act　《电信改革法案》　美国立法机构试图规范互联网上的一些信息和媒介内容

Telecommunications Act of 1996　《1996 年电信法》　美国联邦法律，放松了对广播电视业的管控，并且撤销了长时间实行的对多个广播电视站拥有所有权的限制

telenovellas　（西班牙语）肥皂剧　面向泛西班牙语观众的节目安排表，包括了西班牙语的各式各样的秀和体育转播

teleprompter　台词提示器　新闻播音员在播报新闻时所用的滚动的屏幕，这样可以让他们与观众更加直接地融入在一起

teletype　电传打字机　在发报机的键盘上进行打字，然后印制出信息的电报机器

text messaging　也被称为 SMS（短信息服务）和"发短信"　通过便携设备如手机和 PDA 等来进行信息传播的做法

the "majors"　大唱片公司　在 21 世纪早期，音乐产业经历过重组之后所出现的四个占据主导地位的唱片公司

Tin Pan Alley　锡盘街　纽约市的音乐出版区，因为其类似于锡锅撞击声音的钢琴音乐而得名

trade showing　内部预映　在电影卖出或租出之前内部预先观看

treatment　剧本大纲　一个脚本或者故事设想，通常是以缩略的形式发展和呈现出来

tweet　推特　一条 140 个字的微博客信息

Twitter　推特网　一个自由的社交微网络站点，用户可以发表短的基于文本的更新

"two-way street" principle of PR　双向道公关原则　艾维·李所提出来的观点，认为专业公共关系人士是客户和公众之间交流的服务商

typewriter　打字机　取代手写工作，并且带有字母键盘的机器

UNESCO　联合国教科文组织　一个致力于通过合作、教育和无限制的知识和观点的分享的方式来推广和平和普遍尊重的非政府组织

unwitting bias　不知情偏见　约翰·斯崔特认为的，当有关什么故事情节必须包括在内、什么要排除在外的艰难决定需要做出的时候所发生的偏见

URL　统一资源定位符　一个系统，在互联网上给每个文件的每个站点一个独立的"地址"，这样任何人都可以轻松访问

uses and gratifications model　使用与满足模式　由丹尼斯·麦奎尔所发明的模型，在其中媒介消费者选择和使用媒介，主要是为了获得他们个体需要的特定的满足

utilitarianism　功利主义　伦理道德中的一个传统，与约翰·斯图尔特·密尔的观点相一致，即不诚实在为更大的善服务的时候有时是需要的

V-discs 胜利唱盘 第二次世界大战期间专门给驻扎在世界各地的美国军队制作的音乐唱片

vanity press，见“自费出版”

veil of ignorance 无知之幕 约翰·罗尔斯的哲学观，这一理论认为，做出符合道德的举动需要忽视可能影响决定的任何个体特性

viral media 病毒式媒介 在互联网上以迅速复制的方式得到分享的媒介信息

virtual realty 虚拟现实 一个电脑模拟的环境

visual aesthetics 视觉审美 给我们的眼睛带来愉悦之感的一张图片上的物理要素

visual culture 视觉文化 我们每天日常生活中依赖一些图像的形式来传递意义

visual literacy 视觉素养/视觉认识能力 评估、应用或者创造视觉表现和理解它们是如何进行意义交流的能力

visual media 视觉媒介 所有形式的物理形态的媒体，如美术、绘画、图表说明、雕塑、视觉图标等

visual window 视觉窗口 一种技术手段，通过它我们能够看到图像，并且这一技术影响着我们从多样的图片中获取意义的能力

Voice of America (VOA) 美国之音 由广播理事会运营的一家美国多媒体性质的媒体，主要目的是为了传播民主思想，对抗敌人的宣传和“将可靠的新闻送给那些生活在封闭和遭受战争破坏的社会中的人们”

voice over Internet Protocol (VoIP) 网络电话 发生在互联网上的语音交流

Web 1.0 数字出版和发行 同时还包括电子邮件通信交流的早期形式

Web 2.0 也被称做“新新媒体” 包括通过网络互联的创造力而大大增强的用户参与度，创新和信息与内容的分享

Wikipedia 维基百科 一个非营利性、内容开放、基于互联网的百科全书，由互联网企业家吉米·威尔斯和哲学家拉里·桑格共同创建

wireless telegraphy 无线电报 通过电磁波发送出去的电子信号

women's suffrage movement 妇女选举权运动 最初是由伊丽莎白·卡迪·史丹顿和卢克丽霞·莫特所领导的妇女权益运动，这一长达70年的斗争为妇女赢得了选举的权利

World Wide Web (WWW) 万维网 生存在互联网上的一系列的文档（网页），包含有文本、图像和多媒体内容，所有都是相互链接和可以轻松进行访问的

writing for column length 按栏目长度写作 文章的写作长度篇幅要适合报纸杂志的物理空间和版面

writing-to time 按播出时长写作 写作一个故事，其长度要适合一个新闻播送周期内所分配的节目时间

yellow journalism　黄色新闻　在“黄色新闻”年代中，独立媒体开始成为推进那些个人私人议程的潜在工具，这些人在出版公司都拥有控制利益

“Yellow Peril”　“黄祸”　种族主义的说法，通常出现在威廉·伦道夫·赫斯特出版发行的报纸上。它反映了当时美国对任何外来人口的恐惧心理和刻板印象，在这个例子中，指的是中国人。这一词语最后被“黄祸”（yellow terror）所替代

yellowface　黄脸　舞台实践中的一种，通过利用化妆品，将演员眼睛周围的皮肤向后拉，这样让演员呈现一个传统的亚洲人面孔的模样

zone system　分区系统　安塞尔·亚当斯的摄影构图理论，将光线色调分成 11 个不同的区域

zoopraxiscope　“动物实验镜”放映机　麦布里奇在 1879 年首次发明使用，该机器利用强光，通过一块旋转的玻璃转盘将照片投射到一块白色的屏幕上，旋转玻璃转盘有一个手动摇柄

参考文献

第1章

Blondheim, M., and Watlson, R. P. M. (2007). The *Toronto school of communication theory: Interpretations, extensions, applications.* Toronto: University of Toronto Press.

Browne, R. B., and Fishwick, M. W. (1999). *The global village: Dead or alive?* Bowling Green, Ohio: Bowling Green State University Popular Press.

Brunner, C., and Tally, W. (1999). *The new media literacy handbook: An educator's guide to bringing new media into the classroom.* New York: Anchor Books.

Cavell, R. (2002). *McLuhan in space: A cultural geography.* Toronto: University of Toronto Press.

Chomsky, N., Belletti, A., et al. (2002). *On nature and language.* New York: Cambridge University Press.

Cohen, H., and Australian Key Centre for Cultural and Media Policy. (1999). *Revisiting McLuhan.* Nathan, Queensland: Australian Key Centre for Cultural and Media Policy.

Donaldson, C., McLaughlin, K., et al. (2002). *McLuhan's wake.* Montreal: Primitive Entertainment/National Film Board of Canada.

Fontana, M., Discovery Channel Education., et al. (2007). *Advanced media literacy: Discovery school: Language arts.* New York: Discovery School; Insight Media [distributor],

Frechette, J. D., and ebrary Inc. (2002). *Developing media literacy in cyberspace pedagogy and critical learning for the twenty-first-century classroom.* Westport, Conn.: Praeger.

Gordon, W. T., and Willmarth, S. (1997). *McLuhan for beginners.* New York: Writers and Readers Pub.

Grosswiler, P., and Institute of Policy Alternatives (Montreal, Quebec). (1998). *The method is the message: Rethinking McLuhan through critical theory.* New York: Black Rose Books.

Hesmondhalgh, D., and Toynbee, J. (2008). *The media and social theory.* New York: Routledge.

Kress, G. R. (2003). *Literacy in the new media age.* London: Routledge.

Levinson, P. (1999). *Digital McLuhan: A guide to the information millennium.* New York: Routledge.

Lopez, A. (2008). *Mediacology: A multicultural approach to media literacy in the 21st century.* New York: Peter Lang.

Macedo, D. P. (2007). *Media literacy: A reader.* New York: Peter Lang.

Marchand, P. (1998). *Marshall McLuhan: The medium and the messenger: A biography.* Cambridge, Mass.: MIT Press.

Marchand, P., and McLuhan, M. (1996). *Understanding McLuhan in the electric world, change is the only stable factor.* New York: Southam Interactive.

Marchessault, J. (2005). *Marshall McLuhan: Cosmic media.* Thousand Oaks, Calif.: Sage.

McLuhan, M., McLuhan, E., et al. (1996). *The essential McLuhan.* New York: BasicBooks.

McLuhan, M., McLuhan, S., et al. (2003). *Understanding me: Lectures and interviews.* Toronto: McClelland & Stewart.

Moss, J. G., and Morra, L. M. (2004). *At the speed of light there is only illumination: A reappraisal of Marshall McLuhan.* Ottawa: University of Ottawa Press.

Potter, W. J. (2001). *Media literacy.* Thousand Oaks, Calif.: Sage.

Potter, W. J. (2004). *Theory of media literacy: A cognitive approach*. Thousand Oaks, Calif.: Sage.

Potter, W. J. (2008). *Media literacy*. Thousand Oaks, Calif.: Sage.

Sanderson, G., and MacDonald, F. (1989). *Marshall McLuhan: The man and his message*. Golden, Colo.: Fulcrum.

Scannell, P., Schlesinger, P., et al. (1992). *Culture and power: A media, culture and society reader*. Thousand Oaks, Calif.: Sage.

Silverblatt, A. (2008). *Media literacy: Keys to interpreting media messages*. Westport, Conn.: Praeger.

Silverblatt, A., Ferry, J., et al. (2009). *Approaches to media literacy*: A handbook. Armonk, N.Y.: M.E. Sharpe.

Stevenson, N. (1995). *Understanding media cultures: Social theory and mass communication*. London: Sage.

Strate, L., and Wachtel, E. (2005). *The legacy of McLuhan*. Cresskill, N.J.: Hampton Press.

Taylor, P.A., Harris, J.L., et al. (2008). *Critical theories of mass media then and now*. *New York*: McGraw-Hill/Open University Press, pp. xi, 233.

Theall, D.F. (2001). *The virtual Marshall McLuhan*. Ithaca, N.Y.: McGill-Queen's University Press.

Tyner, K.R. (2009). *Media literacy: New agendas in communication*. New York: Routledge.

Woodward, K.M. (1980). *The myths of information: Technology andpostindustrial culture*. Madison, Wise.: Coda Press.

第 2 章

Blanchard, M.A. (1998). *History of the mass media in the United States*. Chicago: Fitzroy Dearborn.

Briggs, A., and Burke, P. (2005). *A social history of the media: From Gutenberg to the Internet*. Cambridge, U.K.: Polity.

Bunch, B., and Tesar, J. (2000). *Desk encyclopedia of science and mathematics*. New York: Penguin Books.

Edwards, B. (2004). *Edward R. Murrow and the birth of broadcast journalism*. Hoboken, N.J.: John Wiley & Sons, Inc.

Emery, M., Emery, E., and Roberts, N.L. (2000). *The press and America: An interpretive history of the mass media*. Boston: Allyn & Bacon.

Evans, H., Buckland, G., and Lefer, D. (2004). *They made America: From the steam engine to the search engine: Two centuries of innovators*. New York: Little, Brown and Company.

Fischer, D.H. (2005). *Liberty and freedom: A visual history of America's founding ideas*. New York: Oxford University Press.

Folkerts, J., and Teeter, D.L. (2002). *Voices of a nation: A history of mass media in the United States*. Boston: Allyn & Bacon.

Frizot, M., Albert, P., and Harding C. (1998). *The new history of photography*. New York: Konemann.

Gombrich, E.H. (1995). *The story of art*. London: Phaidon.

Grout, D.J., and Palisca, C.V. (2001). *A history of Western Music*, 6th ed. New York: W.W. Norton.

Ifrah, G. (1994). *The universal history of computing*. Hoboken, N.J.: John Wiley & Sons, Inc.

"Internet history." http://www.computerhistory.org/internet_history/.

Josephy, A.M., Jr., (1994). 500 *nations: An illustrated history of North American Indians*. New York: Alfred A. Knopf.

Kopplin, J. (2002). "An illustrated history of computers." http://www.computersciencelab.com/ComputerHistory/History.htm.

Marcus, A.I., and Segal, H.P. (1999). *Technology in America: A brief history*. Boston: Harcourt Brace.

Neuman, J. (1995). *Lights, camera, war: Is media technology driving international politics?* New York: St. Martin's Press.

Newhall, B. (2006). *The history of photography*. New York: Museum of Art.

Rhodes, R. (1999). *Visions of technology: A century of vital debate about machines, systems and the human world*. New York: Simon & Schuster.

Star, P. (2004). *The creation of the media: Political origins of modern communication*. New York: Basic Books.

Taft, R. (1938/1964). *Photography and the American scene* 1839—1889. New York: Dover Publications.

Uth, M., and Cheney, R. (1999). *Tesla: Master of light*. New York: Barnes & Noble Publishing.

第 3 章

Baylis, T. (1999). *Clock this: My life as an inventor*. London: Headline Book Publishing.

Brooks, R. (2004, November). The other exponentials. *MIT Technology Review*.

Brown, J. S., and Duguid, P. (2002). *The social life of information*. Cambridge, Mass.: Harvard Business School Press.

Clarke, A. C. (1986). *July 20, 2019*. New York: Omni B ooks/MacMillan.

Clay, R. A. (2003, February). Unraveling new media's effects on children. *Monitor on Psychology*.

Cole, J. Y. (2005). *Jefferson's legacy: A brief history of the Library of Congress*. Washington, D. C.: Library of Congress.

Epstein, J. (2005, January). The future of books. *MIT Technology Review*.

Fabun, D. (1970). *The dynamics of change*. Upper Saddle River, N. J.: Prentice-Hall.

Feynman, R. P. (1999). *The pleasure of finding things out*. New York: Perseus Books.

Grafton, A. (2007, December 10). Future reading. *The New Yorker*.

Harrison, J., and Hirst, M. (2007). *Communication and new media: From broadcast to narrowcast*. New York: Oxford University Press.

Hudson, D. (1997). *Rewired*. New York: Macmillan Technical Publishing.

Kelley, T., Littman, J., and Peters, T. (2001). *The art of innovation*. New York: Crown Business.

Lessig, L. (2001). *The future of ideas*. New York: Random House.

Lessig, L. (2004). *Free culture: How big media uses technology and the law to lock down culture and control creativity*. New York: Penguin Press.

Levinson, P. (1997). *The soft edge: A natural history and future of the information revolution*. New York: Routledge.

Levinson, P. (1999). *Digital McLuhan: A guide to the Information Millennium*. New York: Routledge.

Levy, S. (2007, November 26). The future of reading. *Newsweek*.

McLuhan, M. (1964/1999). *Understanding media: The extensions of man*. Cambridge, Mass.: MIT Press.

Negropante, N. (1996). *Being digital*. New York: Vintage Books.

Rhodes, R. (1999). *Visions of technology: A century of vital debate about machines, systems and the human world*. New York: Simon & Schuster.

Rohmann, C. (1999). *The world of ideas: A dictionary of important theories, concepts, beliefs, and thinkers*. New York: Ballantine Books.

Roush, W. (2005, May). The infinite library. *MIT Technology Review*.

Star, P. (2004). *The creation of the media: Political origins of modern communication*. New York: Basic Books.

Stephens, M. (2007, January/February). Beyond news: Journalists worry about how the Web threatens the way they distribute their product; they are slower to see how it threatens the product itself. *Columbia Journalism Review*.

Stepp, C. S. (2006, April/May). Center stage: The Internet has become an integral part of the way newspapers distribute their content, a phenomenon that's only going to increase. *American Journalism Review*.

Surowiecki, J. (2006, May). Philanthropy's new prototype. *MIT Technology Review*.

Toffler, A. (1970). *Future shock*. Mattituck, NY: Amereon.

Uth, M., and Cheney, R. (1999). *Tesla: Master of light*. New York: Barnes & Noble Publishing.

White, S. P. (2002). *New ideas about new ideas*. New York: Perseus Books.

第 4 章

Barnhurst, K. G., and Nerone, J. C. (2001). *The form of news: A history*. New York: Guilford Press.

Baum, G. (2000). *The future of publishing and the electronic book*. Washingon, D. C.: Georgetown University.

Baum, M. (2003). *Soft news goes to war: Public opinion and American foreign policy in the new media age*. Princeton, N. J.: Princeton University Press.

Beegan, G. (2008). *The mass image: A social history of photomechanical reproduction in Victorian London*. New York: Palgrave Macmillan.

Bernstein, R. (2008). The New York Times: *The complete front pages* 1851—2008. New York: Black Dog & Leventhal. Distributed by Workman.

Bouquillard, J., and Marquet, C. (2007). *Hokusai, first manga master*. New York: Abrams.

Brake, L., and Demoor, M. (2009). *The lure of illustration in the nineteenth century: Picture and press*. New York: Palgrave Macmillan.

Bridges, J. A., Litman, B. R., et al. (2006). *Newspaper competition in the millennium*. New York: Nova Science.

Brigham, C. S., and Readex Microprint Corporation. (2004). Early American newspapers (1690—1876). Readex digital collections. *Archive of Americana*.

Brooker, P., and Thacker, A. (2009). *The Oxford critical and cultural history of modernist magazines. Volume* 1: *Britain and Ireland 1880—1955*. New York: Oxford University Press.

Burns, E. (2006). *Infamous scribblers: The Founding Fathers and the rowdy beginnings of American journalism*. New York: Public Affairs.

Chermak, S. M., Bailey, F. Y., et al. (2003). *Media representations of September* 11. Westport, Conn.: Praeger.

Clark, C. E. (1994). *The public prints: The newspaper in Anglo-American culture*, 1665—1740. New York: Oxford University Press.

Cloud, B. L., and Simpson, A. K. (2008). *The coming of the frontier press: How the West was really won*. Evanston, I11.: Northwestern University Press.

Conboy, M. (2002). *The press and popular culture*. Thousand Oaks, Calif.: Sage.

Coopersmith, A. S. (2004). *Fighting words: An illustrated history of newspaper accounts of the Civil War*. New York: New Press. Distributed by W. W. Norton.

Copeland, D. A. (1997). *Colonial American newspapers: Character and content*. Newark, Del.: University of Delaware Press.

Corey, M. F. (1999). *The world through a monocle*: The New Yorker *at midcentury*. Cambridge, Mass.: Harvard University Press.

Cranberg, G., Bezanson, R. P., et al. (2001). Taking stock: *Journalism and the publicly traded newspaper company*. Ames, Iowa: Iowa State University Press.

Cumming, D. O., and Medill School of Journalism. (2009). *The Southern press: Literary legacies and the challenge of modernity*. Evanston, I11.: Medill School of Journalism, Northwestern University Press.

Darnton, R. (2009). *The case for books: Past, present, and future*. New York: PublicAffairs.

Dary, D. (1998). *Red blood and black ink: Journalism in the Old West*. New York: Knopf. Distributed by Random House.

Davies, D. R. (2006). *The postwar decline of American newspapers*, 1945—1965. Westport, Conn.: Praeger.

Davis, E. A. (1995). *Science in the making: Scientific development as chronicled by historic papers in the Philosophical magazine, with commentaries and illustrations*. Bristol, Penn.: Taylor & Francis.

De Armond, A. J. (1969). *Andrew Bradford, colonial journalist*. New York: Greenwood Press.

Deegan, M., and Sutherland, K. (2009). *Transferred illusions: Digital technology and the forms of print*. Burlington, Vt.: Ashgate.

DeMatteis, J. M., J. Barney, et al. (1984). *The Marvel Comics adaptation of* 2010. New York: Marvel Comics Group.

Douglas, G. H. (1999). *The Golden Age of the newspaper*. Westport, Conn.: Greenwood Press.

Emery, M. C., Emery, E., et al. (2000). *The press and America: An interpretive history of the mass media*.

Boston：Allyn & Bacon.

Entman，R. M.（2004）. *Projections of power：Framing news，public opinion，and U. S. foreign policy*. Chicago：University of Chicago Press.

Felsenthal，C.（1998）. *Citizen Newhouse：Portrait of a media merchant*. New York：Seven Stories Press.

Franklin，B.（2009）. *The future of newspapers*. London：Routledge.

Freitas，J.（1997）. *The American comic strip*. Santa Cruz，Calif.：Crown College.

Gerber，R.（2005）. *Katharine Graham：The leadership journey of an American icon*. New York：Portfolio.

Goulart，R.（2000）. *Comic book culture：An illustrated history*. Portland，Ore.：Collectors Press.

Harris，B.（1999）. *Blue and gray in black and white：Newspapers in the Civil War*. Washington，D. C./London：Brassey's.

Homer，W.，and Tatham，D.（2003）. *Winslow Homer and the pictorial press*. Syracuse，N. Y.：Syracuse University Press.

Horton，S.，and Yang，J. M.（2008）. *Professional manga：Digital storytelling with Manga Studio EX*. Boston：Focal Press/Elsevier.

Howard，N.（2005）. *The book：The life story of a technology*. Westport，Conn.：Greenwood Press.

Huntzicker，W.（1999）. *The popular press，1833—1865.* Westport，Conn.：Greenwood Press.

Johanningsmeier，C.（1997）. *Fiction and the American literary marketplace：The role of newspaper syndicates，1860—1900.* New York：Cambridge University Press.

Johnson，S.，and Prijatel，P.（1999）. *The magazine from cover to cover：Inside a dynamic industry*. Lincolnwood，I11.：NTC.

Kist，J.，and Harvard University，Program on Information Resources Policy.（1993）. *The role of print on paper in the publishing house of the future*. Cambridge，Mass.：Program on Information Resources Policy，Harvard University，Center for Information Policy Research.

Kuratomi，R.（2001）. *The significance of comics*.

Lamb，C.（2004）. *Drawn to extremes：The use and abuse of editorial cartoons*. New York：Columbia University Press.

Leonard，T. C.（1995）. *News for all：America's coming-of-age with the press*. New York：Oxford University Press.

Lindley，W. R.（1993）. *20th century American newspapers in content and production*. Manhattan，Kan.：Sunflower University Press.

Maier，T.（1994）. *Newhouse：All the glitter，power，and glory of America's richest media empire and the secretive man behind it*. New York：St. Martin's Press.

Maihafer，H. J.（2001）. *War of words：Abraham Lincoln and the Civil War press*. Washington，D. C.：Brassey's.

Manzella，J. C.（2002）. *The struggle to revitalize American newspapers*. Lewiston，N. Y.：E. Mellen Press.

Martin，S. E.，and Hansen，K. A.（1998）. *Newspapers of record in a Digital Age：From hot type to hot link*. Westport，Conn.：Praeger.

Merritt，D.（2005）. *Knightfall：Knight Ridder and how the erosion of newspaper journalism is putting democracy at risk*. New York：American Management Association.

Messaris，P.，and Humphreys，L.（2006）. *Digital media：Transformations in human communication*. New York：Peter Lang.

Morris，R.，Rushing，S. K.，et al.（2008）. *Words at war：The Civil War and American journalism*. West Lafayette，Ind.：Purdue University Press.

Munk，N.（2004）. *Fools rush in：Steve Case，Jerry Levin，and the unmaking of AOL Time Warner*. New York：HarperBusiness.

Nasaw，D.（2001）. *The chief：The life of William Randolph Hearst*. Boston：Houghton Mifflin.

Nord，D. P.（2001）. *Communities of journalism：A history of American newspapers and their readers*. Urbana，I11.：University of Illinois Press.

Pace，A. K. （2003）. *The ultimate digital library：Where the new information players meet*. Chicago：American Library Association.

Paddock，T. R. E. （2004）. *A call to arms：Propaganda，public opinion，and newspapers in the Great War*. Westport，Conn.：Praeger.

Pitcher，E. W. R. （2003）. *The American magazine and historical chronicle（Boston，1743—1746）：An annotated catalogue of the prose*. Lewiston，N. Y.：Edwin Mellen Press.

Pitcher，E. W. R. （2006）. *The* New-York *magazine，or，Literary repository（1790—1797）：A record of the contents with notes on authors and sources*. Lewiston，N. Y.：Edwin Mellen Press.

Pizzitola，L. （2002）. *Hearst over Hollywood：Power，passion，and propaganda in the movies*. New York：Columbia University Press.

Pustz，M. （1999）. *Comic book culture：Fanboys and true believers*. Jackson，Miss.：University Press of Mississippi.

Ratner，L.，and Teeter，D. L. （2003）. *Fanatics and fire-eaters：Newspapers and the coming of the Civil War*. Urbana，111.：University of Illinois Press.

Raymond，J. （2005）. *The invention of the newspaper：English newsbooks*，1641—1649. Oxford，U. K. /New York：Clarendon Press/Oxford University Press.

Reed，B. S. （1995）. *Outsiders in 19th-century press history：Multicultural perspectives*. Bowling Green，Ohio：Bowling Green State University Popular Press.

Riley，S. G. （1992）. *Corporate magazines of the United States*. New York：Greenwood Press.

Robinson，F. M.，and Davidson，L. （1998）. *Pulp culture：The art of fiction magazines*. New York：Collectors Press. Distributed by Universe.

Schelly，B. （1999）. *The golden age of comic fandom*. Seattle：Hamster Press.

Silva，I.，Vallejo，A.，et al. （1990）. *The history of the comics，volume* 4. West Long Branch，N. J.：White Star.

Sloan，W. D.，and Williams，J. H. （1994）. *The early American press，1690—1783*. Westport，Conn.：Greenwood Press.

Squires，J. D. （1994）. *Read all about it! The corporate takeover of America's newspapers*. New York：Times Books.

Sylvie，G.，and Witherspoon，P. D. （2002）. *Time，change and the American newspaper*. Mahwah，N. J.：Lawrence Erlbaum Associates.

Thomas，G.，and Dillon，M. （2002）. *Robert Maxwell，Israel's superspy：The life and murder of a media mogul*. New York：Carroll and Graf.

Time. （1995）. *The face of history：Time magazine covers 1923—1994*. New York：Author.

Turner，H. B. （1999）. *When giants ruled：The story of Park Row，New York's great newspaper street*. New York：Fordham University Press.

Wallace，A. （2005）. *Newspapers and the making of modern America：A history*. Westport，Conn.：Greenwood Press.

Weldon，M. （2008）. *Everyman news：The changing American front page*. Columbia，Mo.：University of Missouri Press.

Welky，D. （2008）. *Everything was better in America：Print culture in the Great Depression*. Urbana，I11.：University of Illinois Press.

Whyte，K. （2009）. *The uncrowned king：The sensational rise of William Randolph Hearst*. Berkeley，Calif.：Counterpoint. Distributed by Publishers Group West.

Wilson，S. （2009）. *The secret life of the American otaku or an obsessed Japanophile's ravings*.

Wolf，G. （2003）. *Wired：A romance*. New York：Random House.

Young，M. （2007）. *Death，sex and money：Life inside a newspaper*. Carlton，Australia：Melbourne University Press.

第 5 章

Alderman，J. （2001）. *Sonic boom：Napster，MP3，and the new pioneers of music*. Cambridge，Mass.：Perseus.

Badal, J. J. (1996). *Recording the classics: Maestros, music, and technology*. Kent, Ohio: Kent State University Press.

Barrow, T., Newby, J., et al. (1995). *Inside the music business: Career builders guides*. London: Blueprint.

Bekker, P. (2007) *The story of music: An historical sketch of the changes in musical form*. Kessinger.

Blue, H. (2002). *Words at war: World War II era radio drama and the postwar broadcasting industry blacklist*. Lanham, Md.: Scarecrow Press.

Burkart, P., and McCourt, T. (2006). *Digital music wars: Ownership and control of the celestial jukebox*. Lanham, Md.: Rowman & Littlefield.

Buskin, R. (1999). *Insidetracks: A first-hand history of popular music from the world's greatest record producers and engineers*. New York: Spike.

Campbell, R., Martin, C. R., and Fabos, B. (2004). *Media & culture: An introduction to mass communication*. New York: Bedford/St. Martins.

Chang, J. (2005). *Can't stop won't stop*. New York: Picador.

Cogan, J., and Clark, W. (2003). *Temples of sound: Inside the great recording studios*. San Francisco: Chronicle Books.

Coleman, M. (2003). *Playback: From the Victrola to MP3, 100 years of music, machines, and money*. New York: Da Capo Press.

Colombo, G. W., and Franklin, C. (2006). *Absolute beginner's guide to podcasting*. Indianapolis, Ind.: Que.

Creech, K. (2003). *Electronic media law and regulation*. Boston: Focal Press.

Creech, K. (2007). *Electronic media law and regulation*. Boston: Focal Press.

Dannen, F. (1991). *Hit men: Power brokers and fast money inside the music business*. New York: Vintage Books.

Day, T. (2000). *A century of recorded music: Listening to musical history*. New Haven, Conn.: Yale University Press.

Denisoff, R. S. (1988). *Inside MTV*. New Jersey: Transaction.

Elborough, T. (2009). *The long-player goodbye: The album from vinyl to iPod and back again*. London: Sceptre.

Ertegun, A. M., Steinberg, S., et al. (2007). *Atlantic Records: The house that Ahmet built*. Burbank, Calif.: Rhino Entertainment.

Farr, J. (1994). *Moguls and madmen: The pursuit of power in popular music*. New York: Simon & Schuster.

Fisher, J. P. (2001). *Profiting from your music and sound project studio*. New York: Allworth Press.

Floerkemeier, C. (2008). *The Internet of Things: First International Conference, IOT 2008, Zurich, Switzerland, March 26—28, 2008: Proceedings*. New York: Springer.

Fuqua, C. S., and ebrary Inc. (2005). *Music fell on Alabama: The Muscle Shoals sound that shook the world*. Montgomery, Ala.: NewSouth Books.

Gallagher, M., and Mandell, J. (2006). *The studio business book: A guide to professional recording studio business and management*. Boston: Thomson Course Technology PTR.

Glover, J. (2005) Dear Constanze. *The Guardian*.

Gomery, D. (2008). *A history of broadcasting in the United States*. Maiden, Mass.: Blackwell.

Gronow, P., and Saunio, I. (1998). *An international history of the recording industry*. New York: Cassell.

Heaton, T. L. (2004, November 14). TV News in a postmodern world: Part II. The case for MTV. *Donata Communications*, http://www.donatacom.com/papers/pomo2.htm

Himes, G. (2009, September). College radio grows up: WTMD reflects the profound changes happening to college and public radio stations. *Baltimore Magazine*.

Hoffmann, F. W., Carty, D., et al. (1997). *Billy Murray: The phonograph industry's first great recording artist*. Lanham, Md.: Scarecrow Press.

Hull, G. P. (2004). *The recording industry*. New York: Routledge.

Hunter-Tilney, L. (2009, August 8—9). The vinyl countdown. *Financial Times of London*.

Inglis, A. F. (1990). *Behind the tube: A history of broadcasting technology and business*. Boston: Focal Press.

Kahn, A. (2006). *The house that Trane built: The story of Impulse Records*. New York: W. W. Norton.

Katz, M., and ebrary Inc. (2004). Capturing sound how technology has changed music. Berkeley, Calif.: University of California Press.

Kelley, N. (2002). *R&B, rhythm and business: The political economy of black music*. New York: Akashic.

Kelly, M. B. (1993). *Liberty Records: A history of the recording company and its stars, 1955—1971*. Jefferson, N. C.: McFarland.

Kennedy, R., and McNutt, R. (1999). *Little labels-ig sound: Small record companies and the rise of American music*. Bloomington, Ind.: Indiana University Press.

Knopper, S. (2009). *Appetite for self-destruction: The spectacular crash of the record industry in the Digital Age*. New York: Free Press.

Kot, G. (2009). *Ripped: How the wired generation revolutionized music*. Scribner.

Kusek, D., Leonhard, G., et al. (2005). *The future of music: Manifesto for the digital music revolution*. Boston: Berklee Press.

Lake, S., and Griffiths, P. (2007). *Horizons touched: The music of ECM*. London: Granta.

Lewis, P. M., and Jones, S. (2006). *From the margins to the cutting edge: Community media and empowerment*. Cresskill, N. J.: Hampton Press.

Marmorstein, G. (2007). *The label: The story of Columbia Records*. New York: Thunders Mouth Press.

Martland, P. (1997). *Since records began: EMI, the first* 100 *years*. Portland, Ore.: Amadeus Press. McLaren, M. (2006) Punk celebrates 30 years of subversion. *BBC Online*.

Mickelson, S. (1983). *America's other voice: The story of Radio Free Europe and Radio Liberty*. New York: Praeger.

Milner, G. (2009). *The story of recorded music*. London: Granta.

Morley, P. (2001). *"This is the American Forces Network": The Anglo-American battle of the air waves in World War II*. Westport, Conn.: Praeger.

Morton, D. (2000). *Off the record: The technology and culture of sound recording in America*. New Brunswick, N. J.: Rutgers University Press.

Morton, D. (2004). *Sound recording: The life story of a technology*. Westport, Conn.: Greenwood Press. MTV. (2004, November 14). *Brainy encyclopedia*.

MTV. (2004, November 14). *Cable Network Information. Negus, K.* (1992). *Producing pop: Culture and conflict in the popular music industry*. London/New York: E. Arnold.

O'Connor, A. (2008). *Punk record labels and the struggle for autonomy: The emergence of DIY*. Lanham, Md.: Lexington Books.

Posner, G. (2002). *Motown: Music, money, sex, and power*. New York: Random House.

Priestman, C. (2002). *Web radio: Radio production for Internet streaming*. Boston: Focal Press.

Scaruffi, P. (2007). *A history of popular music before rock music*. London: Omniware.

Scaruffi, P. (2005). *History of popular music*. London: Omniware.

Schultz, B. (2000). *Music producers: Conversations with today's top hitmakers*. Emeryville, Calif.

Smith, C. (2009). *101 albums that changed popular music*. Oxford University Press.

Smith, J., and Fink, M. (1988). *Off the record: An oral history of popular music*. New York: Warner Books.

Steffen, D. J. (2005). *From Edison to Marconi: The first thirty years of recorded music. Jefferson*, N. C.: McFarland.

Sudano, S. (2004, November 14). MTV and music videos: Past to present, http://www.acsu.buffalo.edu/~sisudano/Sutton, A., and Nauck, K. R. (2000). *American record labels and companies: An encyclopedia* (1891—1943). Denver, Colo.: Mainspring Press.

Thompson, D. (2003). *Wall of pain: The biography of Phil Spector*. Berkeley, Calif.: Sanctuary; Publishers Group West.

Thompson, G. R. (2008). *Please please me: Sixties British pop, inside out*. Oxford, U. K.: Oxford University Press.

Tiber, E. (1994). How Woodstock happened. *The Times Herald-Record* (Middletown, N. Y.).

United States Congress, House of Representatives, Committee on the Judiciary, Subcommittee on Courts, the Internet and Intellectual Property. (2004). *Internet streaming of radio broadcasts: Balancing the interests of sound recording copyright owners with those of broadcasters: hearing before the Subcommittee on Courts, the Internet, and Intellectual Property of the Committee on the Judiciary, House of Representatives, One Hundred Eighth Congress, second session, July* 15, 2004. Washington, D. C.: Government Printing Office.

United States Congress, Senate, Committee on the Judiciary. (2002). *Online entertainment and copyright law: Coming soon to a digital device near you: Hearing before the Committee on the Judiciary, United States Senate, One Hundred Seventh Congress, first session, April* 3, 2001. Washington, D. C.: Government Printing Office.

Verschuur, G. L. (2007). *The invisible universe: The story of radio astronomy*. New York: Springer.

Ward, B. (2004). *Radio and the struggle for civil rights in the South*. Gainesville, Fla.: University Press of Florida.

Weissman, D., Jermance, F., et al. (2003). *Navigating the music industry: Current issues and business models*. Milwaukee: Hal Leonard Corp.

第6章

Aberdeen, J. (n. d.). The mbtion picture patents company vs. the independent outlaws. *Hollywood Renegades Archive*.

Aberdeen, J. (2000). Hollywood renegades: *The Society of Independent Motion Picture Producers*. Cobblestone Enterprises.

Abramson, A. (2003). *The history of television, 1942 to 2000*. Jefferson, N. C.: McFarland.

Aitken, I. (2001). *European film theory and cinema: A critical introduction*. Bloomington, Ind.: Indiana University Press.

Altman, R., and Fields, A. (1989). *The American film musical*. Bloomington, Ind.: Indiana University Press.

Archer, M. (1933). Wisconsin man inventor of folding film roll Kodak features. *Wisconsin Magazine of History*.

Barnes, B. (2009). Burdened by billions in debt, MGM puts itself up for sale. *The New York Times*.

Basinger, J. (1994). *American cinema: One hundred years of filmmaking*. New York: Rizzoli.

Bignell, J., and Fickers, A. (2008). *A European television history*. Maiden, Mass. /Oxford, U. K.: Wiley-Blackwell.

Biskind, P. (2004). *Down and dirty pictures: Miramax, Sundance, and the rise of independent film*. New York: Simon & Schuster.

Blackstone, E., and Bowman, G. W. (1999). Vertical integration in motion pictures. *Journal of Communication*, 49.

Booker, M. K. (2004). *Science fiction television: A history*. Westport, Conn.: Praeger.

Borde, R., Chaumeton, T., et al. (2002). *A panorama of American film noir, 1941—1953*. San Francisco: City Lights Books.

Bordwell, D., Staiger, J., et al. (1988). *The classical Hollywood cinema: Film style and mode of production to 1960*. London: Routledge.

Bridges, H., and Boodman, T. C. (1989). Gone with the Wind: *The definitive illustrated history of the book, the movie, and the legend*. New York: Simon & Schuster.

Briggs, A., and Burke, P. (2007). *A social history of the media: From Gutenberg to the Internet*. Cambridge, U. K.: Polity.

Browne, N. (1998). *Refiguring American film genres: History and theory. Berkeley*, Calif.: University of California Press.

Cagin, S., Dray, P., et al. (1984). *Hollywood films of the seventies: Sex, drugs, violence, rock 'n' roll and politics*. New York: Harper & Row.

Cameron, I. A. (1993). *The book of film noir*. New York: Continuum.

Cherchi Usai, P. (2001). *The death of cinema: History, cultural memory and the digital dark age*. London: British

Film Institute.

Chun, J. M. (2007). "*A nation of a hundred million idiots*"?: *A social history of Japanese television, 1953—1973*. New York: Routledge.

Compart, M. (2000). *Noir* 2000: *ein reader*. DuMont.

Cook, P., Bernink, M., et al. (1999). *The cinema book*. London: British Film Institute Publishing.

Couric, K., Foner, E., et al. (2004). *Freedom: A history of US*. Alexandria, Va.: PBS Home Video.

Cumbow, R. C. (1987). *Once upon a time: The films of Sergio Leone*. Metuchen, N. J.: Scarecrow Press.

Daniel, D. (1998). Motion picture competition. In M. Blanchard, *History of mass media in the United States*. New York: Routledge.

Dixon, W. W. (2009). *Film noir and the cinema of paranoia*. New Brunswick, N. J.: Rutgers University Press.

Edgerton, G. R. (2007). *The Columbia history of American television*. New York: Columbia University Press.

Elliott, K. (2003). *Rethinking the novel/film debate*. New York: Cambridge University Press.

Engberg, M. (1993). *The erotic melodrama in Danish silent film 1910—1918*. Bloomington, Ind.: Indiana University Press.

Evenson, B. (1998). Hollywood studio system. In M. Blanchard, *History of mass media in the United States*. New York: Routledge.

Finler, J. (1988). *The Hollywood story*. New York: Crown.

Folkerts, J., and Teeter, D. (2002). *Voices of a nation: A history of mass media in the United States*. Allyn & Bacon.

Forrest, J. (2008). *The legend returns and dies harder another day: Essays on film series. Jefferson*, N. C.: McFarland.

Gabler, N. (1988). *An empire of their own: How the Jews invented Hollywood*. New York: Crown.

Gehring, W. D. (1988). *Handbook of American film genres*. New York: Greenwood Press.

Georgakas, D. (1992). Hollywood blacklist. In B. Buhle and D. Georgakas, *Encyclopedia of the American left*. Chicago: University of Illinois Press.

Geraghty, C. (2008). *Now a major motion picture: Film adaptations of literature and drama*. Lanham, Md.: Rowman & Littlefield.

Giddings, R., and Selby, K. (2001). *The classic serial on television and radio*. New York: Palgrave.

Grant, B. K. (2003). *Film genre reader III*. Austin, Tex.: University of Texas Press.

Grieveson, L., and Wasson, H. (2008). *Inventing film studies*. Durham, N. C.: Duke University Press.

Guynn, W. (1990). *A cinema of nonfiction*. Rutherford, N. J. /London/Cranbury, N. J.: Fairleigh Dickinson University Press/Associated University Presses.

Haberski, R. J. (2007). Freedom to offend: how New York remade movie culture. Lexington, Ky.: University Press of Kentucky.

Heller, D. A. (2006). *The great American makeover: Television, history, nation*. New York: Palgrave Macmillan.

Herbert, S. (2004). *A history of early television*. New York: Routledge.

Hill, J., Gibson, P. C., et al. (2000). *Film studies: Critical approaches*. New York: Oxford University Press.

Hilmes, M. (2003). *The television history book*. London: British Film Institute.

Hitt, J. (1990). *The American West from fiction (1823—1976) into film* (1909—1986). Jefferson, N. C.: McFarland.

Irwin, J. T., and ebrary, Inc. (2006). *Unless the threat of death is behind them: Hard-boiled fiction and film noir*. Baltimore: Johns Hopkins University Press.

Kaplan, E. A. (1998). *Women in film noir*. London: British Film Institute.

Kaufman, P. B., and Mohan, J. (2008). "The economics of independent film and video distribution in the Digital Age." Tribeca Film Institute.

Landy, M. (1991). *British genres: Cinema and society*, 1930—1960. Princeton, N. J.: Princeton University Press.

Magiera, M. (2009) DVD threatens film economics. *Video Business Volume*.

Marcus, M. J. (1986) . *Italian film in the light of neorealism*. Princeton, N. J. : Princeton University Press.

Marcus, M. J. (1993) . *Filmmaking by the book*: *Italian cinema and literary adaptation*. Baltimore: Johns Hopkins University Press.

Masnick, M. (2009) . NY Times buys bogus movie. *Tech Dirt Volume*, http://www.techdirt.com/articles/20090205/0319043658.shtml

Meehan, P. (2008) . *Tech-noir*: *The fusion of science fiction and film noir*. Jefferson, N. C. : McFarland.

Mills, M. (2009) . HUAC & the censorship changes, http://www.moderntimes.com/huac/

Moore, B. , Bensman, M. R. , et al. (2006) . *Prime-time television*: *A concise history*. Westport, Conn. : Praeger.

Moul, C. (2005) . *A concise handbook of movie industry economics*. Cambridge, UK: Cambridge University Press.

Mullen, M. G. (2008) . *Television in the multichannel age*: *A brief history of cable television*. Maiden, Mass. : Blackwell.

National Public Radio. (2009, April 18) . Is the small screen replacing the silver screen? *Morning Edition*.

Neale, S. , and British Film Institute. (2002) . *Genre and contemporary Hollywood*. London: British Film Institute.

Niemi, R. (2006) . *History in the media*: *film and television*. Santa Barbara, Calif. , ABC-CLIO.

Nordin, J. (2009) . The first talkie. All talking! All talking! All talking!: A celebration of the early talkies and their times. http://talkieking, blogspot.com/2009/02/ first-talkie.html

Nordisk Film. (2004) . Nordisk film history, http:// www.nordiskfilm.com/resources.ashx/Resources/ Nordisk-Film/Presse/Historie/historie _ uk _ PDF.pdf

O'Connor, J. E. , and Rollins, P. C. (2005) . *Hollywood's West*: *The American frontier in film*, *television*, *and history*. Lexington, Ky. : University Press of Kentucky.

Palmer, R. B. (1994) . *Hollywood's dark cinema*: *The American film noir*. New York: Twayne/Maxwell Mcmillan.

Palmer, R. B. (1996) . *Perspectives on film noir*. New York: G. K. Hall/Prentice Hall International.

Patel, D. , Benson, L. , et al. (2007) . *Cinema India*: *The art of Bollywood*. Melbourne, Australia: National Gallery of Victoria.

Pauwels, H. R. M. (2007) . *Indian literature and popular cinema*: *Recasting classics*. New York: Routledge.

Pye, D. , Gibbs, J. , et al. (2007) . *Movie and tone*: *Reading Rohmer*: *Voices in film*. New York: Wallflower.

Rango, T. (2009) . Sony to offer film on Internet TV, then DVD. *The New York Times*.

Rolls, A. , and Walker, D. (2009) . *French and American noir*: *Dark crossings*. New York: Palgrave Macmillan.

Roman, J. W. (2005) . *From daytime to primetime*: *The history of American television programs*. Westport, Conn. : Greenwood Press.

Rungfapaisarn, K. (2009) . Big rise in piracy hits DVD-makers. *The Nation*.

Sanders, J. (2009) . *The film genre book*. Leighton Buzzard, U. K. : Auteur.

Sanders, S. , and Skoble, A. J. (2008) . *The philosophy of TV noir*. Lexington, Ky. : University Press of Kentucky.

Scott, A. (2005) . *Hollywood*: *The place*, *the industry*. Princeton, N. J. : Princeton University Press.

Silver, A. , and Ursini, J. (1996) . *Film noir reader*. New York: Limelight Editions.

Silver, A. , and Ursini, J. (2004) . *Film noir reader* 4. New York: Limelight Editions. Distributed by Hal Leonard.

Silver, A. , and Ursini, J. (2005) . *Film noir reader*. New York: Limelight Editions.

Silver, A. , Ward, E. , et al. (1992) . *Film noir*: *An encyclopedic reference to the American style*. Woodstock, N. Y. : Overlook Press.

Smith, S. (2009) . Blu-ray prices dropping to DVD levels. *The Tech Herald*.

Smith, S. (2009) . DVD sales continue to drop, rentals on the rise. *The Wall Street Journal*.

Spicer, A. (2007) . *European film noir*. Manchester, U. K. : Manchester University Press. Distributed by Palgrave.

Stam, R. (2005) . *Literature through film*: *Realism*, *magic*, *and the art of adaptation*. Maiden, Mass. : Blackwell.

Stelter, B. , and Stone, B. (2009) . Digital pirates winning battle with studios. *The New York Times*.

Voytilla, S. (1999) . *Myth and the movies*: *Discovering the mythic structure of* 50 *unforgettable films*. Studio City,

Calif.：Michael Wiese Productions.

Walker，J. R.，Bellamy，R. V.，et al.（2008）. *Center field shot：A history of baseball on television*. Lincoln，Neb.：University of Nebraska Press.

第7章

Achter，P.（2008）. Comedy in unfunny times：News parody and carnival After 9/11. *Critical Studies in Media Communication*，25（3），274—303.

Banks，M. A.（2008）. *Blogging heroes*. Indianapolis：Wiley.

Bolter，J. D.，and Grusin，R.（2000）. *Remediation*. Cambridge，Mass.：MIT Press.

Bonfadelli，H.，Bucher，P.，et al.（2007）. Use of old and new media by ethnic minority youth in Europe with a special emphasis on Switzerland. *Communications：The European Journal of Communication Research*，32（2），141—170.

Boxer，S.（2008）. *Ultimate blogs*. New York：Vintage Books.

Buckingham，D.（2007）. Media education goes digital：an introduction. *Learning，Media，& Technology*，32（2），111—119.

Castronova，E.（2005）. *Synthetic worlds*. Chicago：University of Chicago Press.

Chadwick，A.（2006）. *Internet politics*. New York：Oxford University Press.

Chaplin，H.，and Ruby，A.（2005）. *Smartbomb*. Chapel Hill，N. C.：Algonquin Books of Chapel Hill.

Cheong，P. H.（2008）. The young and techless? Investigating internet use and problem-solving behaviors of young adults in Singapore. *New Media & Society*，10（5），771—791.

Cochrane，P.（1999）. *Tips for time travelers*. New York：McGraw-Hill.

Cotton，B.，and Oliver，R.（1993）. *Understanding hypermedia* 2.000. London：Phaidon Press.

Deibert，R.，Palfrey，J.，et al.（2008）. *Access denied*. Cambridge，Mass.：MIT Press.

d'Haenens，L.，Koeman，J.，et al.（2007）. Digital citizenship among ethnic minority youths in the Netherlands and Flanders. *New Media & Society*，9（2），278—299.

Esser，F.（2008）. Dimensions of political news cultures：Sound bite and image bite news in France，Germany，Great Britain，and the United States. *International Journal of Press/Politics*，13（4），401—442.

Franco，J.（2008）. Extreme makeover：The politics of gender，class，and cultural identity. Television & *New Media*，9（6），471—486.

Friedberg，A.（2006）. *The virtual window*. Cambridge，Mass.：MIT Press.

Gezduci，H.，and d'Haenens，L.（2007）. Culture-specific features as determinants of news media use. *Communications：The European Journal of Communication Research*，32（2），193—222.

Gomez-Barris，M.，and Gray，H.（2006）. Michael Jackson，television，and post-op disasters. *Television & New Media*，7（1），40—51.

Greenfield，A. *Everware：The dawning age of ubiquitous computing*. Berkeley，Calif.：New Riders.

Hampp，A.（2008）. Mags go from spreads to screens. *Advertising Age*，79（34），8.

Hasinoff，A. A.（2008）. Fashioning race for the free market on *America，s Next Top Model*. *Critical Studies in Media Communication*，25（3），324—343.

Heim，M.（1998）. *Virtual realism*. New York：Oxford University Press.

Hewitt，H.（2005）. *Blog：Understanding the information reformation that's changing the world*. Nashville，Tenn.：Thomas Nelson.

Hirst，M.，and Harrison，J.（2007）. *Communication and new media*. Melbourne，Australia：Oxford University Press.

Holtzman，S.（1997）. *Digital mosaics*：The aesthetics of cyberspace. New York：Rockefeller Center.

Jenkins，H.（2006）. *Convergence culture*. New York：New York University Press.

Jenkins，H.（2006）. *Fans，bloggers and gamers*. New York：New York University.

Kaku，M.（1997）. *Visions*. New York：Random House.

Klaassen，A.（2008）. Can MySpace's grand experiment help save the music industry? *Advertising Age*，79（79），80.

Krug，G.（2005）. *Communication，technology and cultural change*. London：Sage.

Ksiazek，T. B.，and Webster，J. G.（2008）. Cultural proximity and audience behavior：The role of language in patterns of polarization and multicultural fluency. *Journal of Broadcasting & Electronic Media*，52（3），485—503.

Kung，L.，Picard，R. G.，et al.（2008）. *The Internet and the mass media*. London：Sage.

Lessig，L.（1999）. *Code*. New York：Basic Books.

Lister，M.，Dovey，J.，et al.（2003）. *New media：A critical introduction*. New York：Routledge.

Moses，L.（2008）. Shining example. *MediaWeek*，18（13），7.

Orlick，P. B.，Anderson，S. D.，et al.（2007）. *Exploring electric media：Chronicles and challenges*. Maiden，Mass.：Blackwell.

Ornebring，H.（2008）. The consumer as producer-of what? *Journalism Studies*，9（5）.

Poole，S.（2000）. *Trigger happy*. New York：Arcade.

Porter，D.（1997）. *Internet culture*. New York：Routledge.

Rains，S. A.（2008）. Health at high speed：Broadband Internet access，health communication，and the digital divide. *Communication Research*，35（3），283—297.

Reports，N.（2003）. Approaching the end of the "mono-media" era. *Nieman Reports*，57（4），10—11

Rochlin，G. I.（1997）. *Trapped in the Net*. Princeton，N. J.：Princeton University Press.

Rosenau，J. N.，and Singh，J. P.（2002）. *Information technologies and global politics*. Albany，N. Y.：State University of New York Press.

Shenk，D.（1997）. *Data smog：Surviving the information glut*. New York：HarperCollins.

Slatalla，M.，and Quittner，J.（1995）. *The gang that ruled cyberspace*. New York：HarperCollins.

Sreekumar，T. T.（2007）. Cyber kiosks and dilemmas of social inclusion in rural India. *Media，Culture & Society*，29（6），869—889.

Tribe，M.，Jana，R.，et al.（2006）. *New media art*. Hohen-zollernring，Germany：Taschen.

Turkle，S.（1995）. *Life on the screen：Identity in the age of the Internet*. New York：Rockefeller Center.

Wardrip-Fruin，N.，and Harrigan，P.（2004）. *First person*. Cambridge，Mass.：MIT Press.

Wentz，L.（2008）. Hispanic fact pack. *Advertising Age*，3.

Wessler，H.，and Adolphsen，M.（2008）. Contra-flow from the Arab world? How Arab television coverage of the 2003 Iraq war was used and framed on Western international news channels. *Media，Culture & Society*，30（4），439—461.

Yun，H. J.，Postelnicu，M.，et al.（2007）. Where is she? *Journalism Studies*，8（6），930—947.

Zittrain，J.（2008）. *The future of the Internet and how to stop it*. Harrisonburg，Va.：R. R. Donnelley.

第 8 章

Berger，A.（2000）. *Ads，fads，and consumer culture：Advertising's impact on American character and society*. Lanham，Md.：Rowman & Littlefield.

Berger，W.，Porter C. + Bogusky.（2006）. *Hoopla*. New. York：PowerHouse Books.

Bordo，S.（2003）. The empire of images in our world of bodies. *Chronicle of Higher Education*，50.

Brown，A.，and Dittmar，H.（2005）. Think "thin" and feel bad：The role of appearance schema activation，attention level，and thin-ideal internalization for young women's responses to ultra-thin media ideals. *Journal of Social & Clinical Psychology*.

Chang，S.，Newell，J.，and Salmon，C.（2006）. The hidden history of product placement. *Journal of Broadcasting & Electronic Media*.

Devlin，L.（2005）. Analysis of presidential primary campaign commercials of 2004. *Communication Quarterly*.

Earle，R.（2000）. *The art of cause marketing：How to use advertising to change personal behavior and public policy*. Lincolnwood，I11.：NTC Business Books.

Franz，M. M.（2007）. *Campaign advertising and American democracy*. Philadelphia：Temple University Press.

Gitlin，T.（2003）. *Media unlimited：How the torrent of images and sounds overwhelms our lives*. New York：Holt.

Grossberg，L.，Wartella，E.，Whitney，D.，and Wise，J.（2006）. *Media making：Mass media in a popular cul-*

ture. London: Sage.

Jewitt, C., & van Leeuwen, T. (2001). *Handbook of visual analysis*. London: Sage.

Johnson, F. L. (2008). *Imaging in advertising: Verbal and visual codes of commerce*. New York: Routledge.

Kaid, L. L., and Johnston, A. (2001). *Videostyle in presidential campaigns: Style and content of televised political advertising*. Westport, Conn.: Praeger.

Kawamoto, K. (2002). *Media and society in the Digital Age*. Boston: Allyn & Bacon.

Legenbauer, T., Ruhl, I., and Vocks, S. (2008). The influence of appearance-related TV commercials on body image state. *Behavior Modification*, 32 (3).

Levinson, P. (2001). *Digital McLuhan: A guide to the Information Millennium*. New York: Routledge.

Malefyt, T. D. D., Moeran, B., et al. (2003). *Advertising cultures*. New York: Berg.

Messaris, P. (1997). *Visual persuasion: The role of images in advertising*. London: Sage.

O'Shaughnessy, J., and O'Shaughnessy, N. J. (2004). *Persuasion in advertising*. New York: Routledge.

Page, J. (2006). Myth and photography in advertising: A semiotic analysis. *Visual Communication Quarterly*.

Paletz, D. (2001). *The media in American politics: Contents and consequences*. New York: Longman.

Pavlik, J. (1996). *New media and the information superhighway*. Boston: Allyn & Bacon.

Potter, W. (2008). *Media literacy*. London: Sage.

Reichert, T. (2003). *The erotic history of advertising*. Amherst, N. Y.: Prometheus Books.

Reichert, T., and Lambiase, J. (2003). *Sex in advertising: Perspectives on the erotic appeal*. Mahwah, N. J.: Lawrence Erlbaum Associates.

Ries, A., and Ries, L. (2002). *The fall of advertising and the rise of PR*. New York: HarperBusiness.

Roberts, K. (2005). *Lovemarks: The future beyond brands*. New York: PowerHouse Books.

Roberts, K. (2005). *Sisomo: The future on screen*. New York: PowerHouse Books.

Spurgeon, C. (2008). *Advertising and new media*. New York: Routledge.

Twitchell, J. B. (2000). *Twenty ads that shook the world: The century's most groundbreaking advertising and how it changed us all*. New York: Crown.

第9章

Albarran, A. B., and Pitts, G. G. (2001). *The radio broadcasting industry*. Boston: Allyn and Bacon.

Anduaga, A. (2009). *Wireless and empire: Geopolitics, radio industry, and ionosphere in the British Empire, 1918—1939*. New York: Oxford University Press.

Avery, R. K., Barbieri, R., et al. (2000). *A history of public broadcasting*. Washington, D. C.: Current.

Babe, R. E. (2009). *Cultural studies and political economy: Toward a new integration*. Lanham, Md.: Lexington Books.

Balk, A. (2006). *The rise of radio, from Marconi through the Golden Age*. Jefferson, N. C.: McFarland & Company.

Ballmer, P., Barksdale, J., et al. (1999). *Microsoft vs. the Justice Department playing monopoly*. Princeton, N. J.: Films for the Humanities and Sciences.

Barrow, T., Newby, J., et al. (1995). *Inside the music business: Career builders guides*. London: Blueprint.

Bartlett, R. A. (2007). *The world of ham radio, 1901—1950: A social history*. Jefferson, N. C.: McFarland & Company.

Berg, J. S. (2008). *Broadcasting on the short waves*, 1945 *to today*. Jefferson, N. C.: McFarland & Company.

Biermans, H., and Guerrieri, P. (2007). *The music industry: The practical guide to understanding the essentials*. United Kingdom: DSS Publishing (Da Street Sound Ltd.).

Boddy, W. (2004). *New media and popular imagination: Launching radio, television, and digital media in the United States*. New York: Oxford University Press.

Brown, R. J. (1998). *Manipulating the ether: The power of broadcast radio in thirties America*. Jefferson, N. C.: McFarland & Company.

Bunzel，R.（2008）. *Clear vision：The story of Clear Channel Communications*. Albany，Tex.：Bright Sky Press.

Burkart，P.，and McCourt，T.（2006）. *Digital music wars：Ownership and control of the celestial jukebox*. Lanham，Md.：Rowman & Littlefield.

Burns，K.，Lewis，T.，et al.（2004）. *Empire of the air：The men who made radio. Ken Burns' America collection*. Alexandria，Va.：PBS Home Video. Distributed by Paramount Home Entertainment.

Cramer，R. B.，Lennon，T.，et al.（2000）. *The battle over* Citizen Kane. Boston：WGBH Boston Video.

Curtin，M.，and ebrary Inc.（2007）. *Playing to the world's biggest audience：The globalization of Chinese film and TV*. Berkeley，Calif.：University of California Press，p. x.

Douglas，G. H.（1987）. The early days of radio broadcasting. Jefferson，N. C.：McFarland & Company.

Dyck，A.，Zingales，L.，et al.（2002）. *The corporate governance role of the media*. Cambridge，Mass.：National Bureau of Economic Research.

Ertegun，A. M.，Midler，B.，et al.（2007）. *Atlantic Records：The house that Ahmet built*. Burbank，Calif.：Rhino Entertainment.

Films for the Humanities.（2000）. *Digital magic：The revolution in film and TV*. Princeton，N. J.：Author.

Foege，A.（2008）. *Right of the dial：The rise of Clear Channel and the fall of commercial radio*. New York：Faber and Faber.

Forna，P.（2007）. *Consuming media：Communication，shopping and everyday life*. New York：Berg.

Foust，J. C.（2000）. *Big voices of the air：The battle over Clear Channel Radio*. Ames，Iowa：Iowa State University Press.

Garnham，N.，and Inglis，F.（1990）. *Capitalism and communication：Global culture and the economics of information*. London：Sage.

Gibilisco，S.（1994）. *Amateur radio encyclopedia*. Blue Ridge Summit，Penn.：TAB Books.

Great Britain，Department for Culture Media and Sport，British Screen Advisory Council，et al.（1998）. *Proceedings of the European Audiovisual Conference. Birmingham*，U. K. 6—8 April 1998. Luxembourg：Office for Official Publications of the European Communities.

Hilmes，M.（1997）. Radio voices：American broadcasting，1922—1952. Minneapolis：University of Minnesota Press.

Hilmes，M.，and Loviglio，J.（2002）. Radio reader：*Essays in the cultural history of radio*. New York：Routledge.

Hong，S.（2001）. *Wireless：From Marconi's black-box to the audion*. Cambridge，Mass.：MIT Press.

Hoskins，C.，McFadyen，S.，et al.（1997）. *Global television and film：An introduction to the economics of the business*. New York：Clarendon Press；Oxford University Press.

Hull，G. P.（2004）. *The recording industry*. New York：Routledge.

Hutchison，T. W.，Allen，P.，et al.（2006）. *Record label marketing. Burlington*，Mass.：Focal Press.

Jones，R. O.，and U. S. Federal Trade Commission.（2007）. *Marketing violent entertainment to children*. New York：Novinka Books.

Keith，M. C.（2000）. *Talking radio：An oral history of American radio in the television age*. Armonk，N. Y.：M. E. Sharpe.

Kennedy，R.，and McNutt，R.（1999）. *Little labels，big sound：Small record companies and the rise of American music*. Bloomington，Ind.：Indiana University Press.

Kenney，W. H.，and ebrary Inc.（1999）. *Recorded music in American life：The phonograph and popular memory，1890—1945*. New York：Oxford University Press.

Knopper，S.（2009）. *Appetite for self-destruction：The spectacular crash of the record industry in the Digital Age*. New York：Free Press.

Lamb，R.，Armstrong，W. G.，et al.（1980）. *Business，media，and the law：The troubled confluence*. New York：New York University Press.

Lasky，B.（1984）. *RKO，the biggest little major of them all*. Englewood Cliffs，N. J.：Prentice-Hall.

Lenthall，B.（2007）. *Radio's America：The Great Depression and the rise of modern mass culture*. Chicago：University of Chicago Press.

Low, L. (2000). *Economics of information technology and the media*. Singapore/River Edge, N. J.: World Scientific; Singapore University Press.

Madianou, M. (2005). *Mediating the nation: News, audiences and the politics of identity*. London/Portland, Ore.: UCL Press; Cavendish.

Mattelart, A. (1979). *Multinational corporations and the control of culture: The ideological apparatuses of imperialism*. Sussex, U. K./Atlantic Highlands, N. J.: Harvester Press; Humanities Press.

McLaughlin, K. (2005). *Paperwork: Fiction and mass mediacy in the Paper Age*. Philadelphia: University of Pennsylvania Press.

Miller, E. D. (2003). *Emergency broadcasting and 1930s American radio. Philadelphia*: Temple University Press.

Miller, T. (2007). *Cultural citizenship: Cosmopolitanism, consumerism, and television in a neoliberal age*. Philadelphia: Temple University Press.

Mitchell, J. W. (2005). *Listener supported: The culture and history of public radio*. Westport, Conn.: Praeger.

Motavalli, J. (2002). *Bamboozled at the revolution: How big media lost billions in the battle for the Internet*. New York: Viking.

Nair, B. (1980). *Mass media and the transnational corporation: A study of media-corporate relationship and its consequences for the Third World. Singapore*: Singapore University Press.

New York Center for Visual History, KCET (Los Angeles, Calif.), et al. (1994). *Film in the television age: American cinema, Part 8*. South Burlington, Vt.: Annenberg/CPB Collection.

Pecora, N. O. (1998). The *business of children's entertainment*. New York: Guilford Press.

Pendergast, T. (2000). *Creating the modern man: American magazines and consumer culture, 1900—1950*. Columbia, Mo.: University of Missouri Press.

Pocock, R. F. (1988). *The early British radio industry*. Manchester, U. K./New York: Manchester University Press; St. Martin's Press.

Pollard, A. (1998). *Gramophone: The first 75 years*. Harrow, Middlesex, U. K.: Gramophone Publications.

President's Committee on the Arts and the Humanities. (2006). *Symposium on Film, Television, Digital Media, and Popular Culture, May 23—24, 2006, Los Angeles, CA: Summary report*. Washington, D. C.: Author,

Puddington, A. (2000). *Broadcasting freedom: The Cold War triumph of Radio Free Europe and Radio Liberty*. Lexington, Ky.: University Press of Kentucky.

Rai, A. (2009). *Untimely Bollywood: Globalization and India's new media assemblage*. Durham, N. C.: Duke University Press.

Regal, B. (2005). *Radio: The life story of a technology*. Westport, Conn.: Greenwood Press.

Richter, W. A. (2006). *Radio: A complete guide to the industry*. New York: P. Lang.

Rudel, A. J. (2008). *Hello, everybody!: The dawn of American radio*. Orlando, Fla.: Harcourt.

Sies, L. F. (2000). *Encyclopedia of American radio, 1920—1960*. Jefferson, N. C.: McFarland & Company.

Stone, D. P., Hartley, D., et al. (1998). *Radio history: Media waves, an introduction to mass communication*. Princeton, N. J.: Films for the Humanities & Sciences.

Stone, D. P., Hartley, D., et al. (1998). *Film history: The story of film, TV and media*. Princeton, N. J.: Films for the Humanities & Sciences,

Stone, D. P., McGraw-Hill Companies, College Division, et al. (1998). *Recording history: The story of film, TV and media*. Princeton, N. J: Films for the Humanities & Sciences.

Todreas, T. M. (1999). *Value creation and branding in television's digital age*. Westport, Conn.: Quorum Books.

Tune, C. A., and Practising Law Institute. (2007). *Technology and entertainment convergence: business and legal issues for the next stage of "technotainment."* New York: Practising Law Institute.

U. S. Department of Commerce. (2001). The migration of U. S. film and television production: The impact of "runaways" on workers and small business in the U. S. film industry. Washington, D. C.: Author.

U. S. House of Representatives, Committee on Resources. (1999). *Providing for the collection of fees for the making of motion pictures, television productions, and sound tracks in National Park System and National Wildlife Refuge System Units: Report (to accompany H. R. 154) (including cost estimate of the Congressional Budget Office)*. Washington, D. C.: U. S. Government Printing Office.

U. S. House of Representatives, Committee on Small Business. Subcommittee on General Oversight and Minority Enterprise. (1980). *Media concentration: Hearing before the Subcommittee on General Oversight and Minority Enterprise of the Committee on Small Business, House of Representatives, Ninety-Sixth Congress, second session*. Washington, D. C.: U. S. Government Printing Office.

Walker, J. (2001). *Rebels on the air: An alternative history of radio in America*. New York: New York University Press.

Wasko, J. (1995). *Hollywood in the information age: Beyond the silver screen*. Austin, Tex.: University of Texas Press.

Wildman, S. S., Siwek, S. E., et al. (1988). *International trade in films and television programs*. Cambridge, Mass.: Ballinger.

Wolf, M. J. (1999). *The entertainment economy: How mega-media forces are transforming our lives*. New York: Times Books.

Wolff, M. (2008). *The man who owns the news: Inside the secret world of Rupert Murdoch*. London: Bodley Head.

Yoder, A. R. (2002). *Pirate radio stations: Tuning in to underground broadcasts in the air and online*. New York: McGraw-Hill.

第 10 章

Alterman, E. (2003). *What liberal bias? The truth about bias and the news*. New York: Basic Books.

Anton, F. (2006, August). Cultivating fear: The effects of television news on public's fear of terrorism. *Mass Communication and Society*.

Auletta, K. (2003, May 26). Vox Fox: How Roger Ailes and Fox News are changing cable news. *The New Yorker Magazine*.

Banks, M. A. (2008). *Blogging heroes: Interviews with 30 of the world's top bloggers*. Hoboken, N. J.: John Wiley & Sons.

Bennett, W. L. (2007). *News: The politics of illusion*. Pearson Longman.

Bicket, M. W. A. D. (2006, August). The Bagdad Broadcasting Corporation: US Conservatives take aim at the BBC. *Mass Communication*.

Boxer, S. (2008). *Ultimate blogs: Masterworks from the wild Web*. New York: Vintage Books.

Clarke, T. (2007). *Lipstick on a pig: Winning in the no-spin era by someone who knows the game*. New York: Free Press.

Crier, C. (2005). *Contempt: How the right is wronging America*. New York: Rugged Land Press.

Drehle, D. (2007). Weapons of mass media. *The Washington Post*.

Grant, A. E. (2006, August). When news breaks, they fix it: The impact of *The Daily Show with Jon Stewart on current events knowledge*. *AEJMC, Mass Communication & Society Division*.

Grossberg, L., Wartella, E., Whitney, D. C., and Macgre-gor Wise, J. (2006). *Media Making: Mass media in the popular culture*. London: Sage.

Hanson, R. E. (2008). *Mass communication: Living in a media world*. *Washington*, D. C.: CQ Press.

Hewitt, H. (2005). *Blog: Understanding the information reformation that's changing your world*. *Nashville*, Tenn.: Nelson Books.

Kline, D., Burstein, D., De Keijzer, A. J., and Berger P. (2005). *Blog!: How the newest media revolution is changing politics, business, and culture*. New York: CDS Books.

Leslie, L. Z. (2004). *Mass communication ethics: Decision making in postmodern culture*. Boston: Houghton Mifflin.

Levin, M. R. (2005). *Men in black: How the Supreme Court is destroying America*. Washington, D. C.: Regnery.

Love, R. (2007, March/April). Before Jon Stewart: The truth about fake news-believe it. *Columbia Journalism Review*.

Media Research Center. (2008). How the public views the media, http://www.mediaresearch.prg/biasbasics.biasbasics4.asp

Murrow, Edward R. (2004). Museum of Broadcast Communications, http://www.museum.tv/archives erv/M/htmlM/murrowedwar/murrowedwar.htm

Outfoxed: *Rupert Murdoch's war on journalism* [video documentary]. (2004). Disinformation Company.

Paletz, D. L. (2002). *The media in American politics*. New York: Longman.

Patching, M. H. R. (2007). *Journalism ethics: Arguments and cases*. New York: Oxford University Press.

Pew Research Center for the People and the Press. (2005). Bottom-line pressures now hurting coverage, say journalists, http://people-press.org/reports/display.php3? PageID=825

Potter, D. (2007, December/2008, January). His way: How Roger Ailes' game plan created Fox's cable domination. *American Journalism Review*.

Reynolds, G. (2003). *Ethics in information technology*. Boston: Thompson Course Technology.

Rodman, G. (2001). *Making sense of media*. Boston: Allyn & Bacon.

Schulman, D. (2006, May/June). Mind games. *Columbia Journalism Review*.

Street, J. (2001). *Mass media, politics and democracy*. New York: Palgrave.

Vedantam, S. (2006, July 24). Two views of the same news find opposite biases. *The Washington Post*.

第 11 章

Alf, J., and Mapp, J. (2006) *The faiths of our fathers: What America's founders really believed*. Barnes & Noble.

Baer, W. S., and Rand Corporation. (1992). *Technology's challenges to the First Amendment*. Santa Monica, Calif.: Rand.

Barton Carter, T., Dee, J. L., and Zuckerman, H. L. (2000). *Mass communication law in a nutshell*. St. Paul, Minn.: West Group.

Barton Carter, T., Franklin, M. A., and Wright, J. B. (2007). *The First Amendment and the Fifth Estate: Regulation of electronic mass media*. St. Paul, Minn.: Foundation Press.

Bobbitt, R. (2008). *Exploring communication law: A Socratic approach*. Boston: Pearson Allyn & Bacon.

Bowman, J. S. (2005). *The Founding Fathers: The men behind the nation*. New York: World Publications Group.

Bruschke, J., and Loges, W. E. (2004). *Free press vs. fair trials: Examining publicity's role in trial outcomes*. Mahwah, N. J.: Lawrence Erlbaum Associates.

Bunnin, B. and Beren, P. (1998). *The writer's legal companion: The complete handbook for the working writer*. New York: Perseus Books.

Burns, E. (2006). *Infamous scribblers: The Founding Fathers and the rowdy beginnings of American journalism*. New York: PublicAffairs.

Caddell, R., and Johnson, H. (2006). *Media law*. New York: Oxford University Press.

Carey, P. (2007). *Media law*. London: Sweet & Maxwell.

Carter, T. B., Dee, J. L., et al. (2007). *Mass communication law in a nutshell*. St. Paul, Minn.: Thomson/West.

Coombe. R. J. (1998). *The cultural life of intellectual properties: Authorship, appropriation, and the law*. Durham, N. C.: Duke University Press.

Copeland, D. A. (2006). *The idea of a free press: The Enlightenment and Its unruly legacy*. Chicago: Northwestern University Press.

Crawford, M. G. (2002). *The journalist's legal guide*. Scarborough, Ont.: Carswell.

Creech, K. C. (2007). *Electronic media law and regulation*. Boston: Focal Press.

Dill, B. (1986). *The journalist's handbook on libel and privacy*. New York/London: Free Press; Collier Macmillan.

Douglass, E. P. (1989). *Rebels and democrats: The struggle for equal political rights and majority rule during the American Revolution*. Chicago: Elephant Paperback.

Elias, S. (1999). *Patent copyright and trademark*. Berkeley, Calif.: Nolo.

Feintuck, M., and Varney, M. (2006). *Media regulation, public interest and the law*. Edinburgh: Edinburgh University Press.

Fischer, D. H. (2005). *Liberty and freedom: A visual history of America's founding ideas*. New York: Oxford University Press.

Fletcher, G. P. (2002). *Our secret Constitution: How Lincoln redefined American democracy*. New York: Oxford University Press.

Gillmor, D. M. (1996). *Fundamentals of mass communication law*. St. Paul, Minn.: West.

Ginsberg, B., and Lowi, T. J. (2000). *American government*. New York: W. W. Norton & Company.

Glasser, C. J. (2006). *International libel and privacy handbook: A global reference for journalists, publishers, webmasters, and lawyers*. New York: Bloomberg Press.

Goldstein, P. (1995). *Copyright's highway: The law and lore of copyright from Gutenberg to the Celestial Jukebox*. New York: Hill and Wang.

Goldstein, P. (2001). *International copyright: Principles, law, and practice*. New York: Oxford University Press.

Gunther, R., and Mughan, A. (2000). *Democracy and the media: A comparative perspective*. Cambridge, U. K.: Press Syndicate of the University of Cambridge.

Hall, K. L. (2005). *The Oxford companion to the Supreme Court of the United States*. New York: Oxford University Press.

Harrison, M. and Gilbert, S. (2003). *Great decisions of the U. S. Supreme Court*. New York: Barnes & Noble.

Icenoggle, J. (2005). Schenck v. United *States and the freedom of speech debate: Debating Supreme Court decisions*. Berkeley Heights, N. J.: Enslow.

Jassin, L. J., and Schecter, S. C. (1998). *The copyright permission and libel handbook: A step-by-step guide for writers, editors, and publishers*. Hoboken, N. J.: John Wiley & Sons, Inc.

Judson, J. L., and Bertazzoni, D. M. (2002). *Law, media, and culture: The landscape of hate*. New York: Peter Lang.

Kanyongolo, F. E., and Article 19. (1996). *National security and legal protection of media freedom*. London: Article 19.

Lane, F. S. (2006). *The decency wars: The campaign to cleanse American culture*. Amherst, N. Y.: Prometheus Books.

Lapham, L. H. (2004). *Gag rule: On the suppression of dissent and the stifling of democracy*. New York: Penguin Press.

Leaffer, M. (1999). *Understanding copyright law*. Albany, N. Y.: Matthew Bender & Company.

Lessig, L. (2004). *Free culture: How Big Media uses technology and the law to lock down culture and control creativity*. New York: Penguin Press.

Lipschultz, J. H. (2000). *Free expression in the age of the Internet: Social and legal boundaries*. Boulder, Colo.: Westview Press.

Lipschultz, J. H. (2008). *Broadcast and Internet indecency: Defining free speech*. New York: Routledge.

Litman, J. (2001). *Digital copyright*. Amherst, N. Y.: Prometheus Books.

Loewen, J. W. (1996). *Lies my teacher told me: Everything your American history textbook got wrong*. New York: Simon & Schuster.

Loveland, I. (1998). *Importing the First Amendment: Freedom of expression in American, English and European law*. Oxford, U. K.: Hart.

McDougall, W. A. (2004). *Freedom just around the corner*. New York: HarperCollins.

Middleton, K. R., and Lee, W. E. (2007). *The law of public communication*. Boston: Pearson Allyn & Bacon.

Moore, D. J. (2006). *Privacy: The press and the law*. St. Albans, Vt.: XPL.

Overbeck, W. (2005). *Major principles of media law*. Belmont, Calif.: Thomson Wadsworth.

Patterson, L. R. (1968). *Copyright in historical perspective*. Nashville, Tenn.: Vanderbilt University Press.

Pember, D. R., and Calvert, C. (2007). *Mass media law*. New York: McGraw-Hill Higher Education.

Sadler, R. L. (2005). *Electronic media law*. London: Sage.

Samuels, E. (2000). *The illustrated story of copyright*. New York: Thomas Dunne Books.

Smartt, U. (2006). *Media law for journalists*. London: Sage.

Stone, G. R. (2004). *Perilous times: Free speech in wartime from the Sedition Act of 1798 to the War on Terrorism*. New York: W. W. Norton 8c Company.

Sweeney, M. S. (2006). *The military and the press: An uneasy truce*. Chicago: Northwestern University Press.

Tedford, L. T. and Herbeck, D. A. (2005). *Freedom of speech in the United States*. State College, Penn.: Strata.

Wilentz, S. (2005). *The rise of American democracy: Jefferson to Lincoln*. New York: W. W. Norton & Company.

Wood, G. S. (2004). *The Americanization of Benjamin Franklin*. New York: Penguin Press.

Woodruff, P. (2005). *First democracy: The challenge of an ancient idea*. New York: Oxford University Press.

Zelizer, J. E. (2004). *The American Congress: The building of democracy*. Boston: Houghton Mifflin.

第 12 章

Batchen, G. (2001). *Each wild idea: Writing, photography, history*. Cambridge, Mass.: MIT Press.

Bendavid-Val, L. (2001). *Stories on paper and glass: Pioneering photography at* National Geographic. Washington, D. C.: National Geographic.

Benjamin, W., Doherty, B., et al. (2008). *The work of art in the age of its technological reproducibility, and other writings on media*. Cambridge, Mass.: Belknap Press of Harvard University Press.

Brennen, B., and Hardt, H. (1999). *Picturing the past: Media, history, and photography*. Urbana, I11.: University of Illinois Press.

Brothers, C. (1997). *War and photography: A cultural history*. New York: Routledge.

Burnett, R. (1995). *Cultures of vision: Images, media, and the imaginary*. Bloomington, Ind.: Indiana University Press.

Cadava, E. (1997). *Words of light: Theses on the photography of history*. Princeton, N. J.: Princeton University Press.

Chiaramonte, G., Borgonzoni, P., et al. (1983). *The story of photography: an illustrated history*. Millerton, N. Y.: Aperture. Distributed by Viking-Penguin.

Collins, K., and Henisch, H. K. (1990). *Shadow and substance: essays on the history of photography in honor of Heinz K. Henisch*. Bloomfield Hills, Mich.: Amorphous Institute Press.

Coote, J. H. (1993). *The illustrated history of colour photography*. London: Surbiton.

Daval, J. L. (1982). *Photography: History of an art*. New York: Skira/Rizzoli.

Davenport, A. (1999). *The history of photography: An overview*. Albuquerque, N. M.: University of New Mexico Press.

Derrick, R., and Muir, R. (2002). *Unseen Vogue: The secret history of fashion photography*. London: Little, Brown.

Druckrey, T. (1996). *Electronic culture: Technology and visual representation*. New York: Aperture.

Durant, M. A., McDermott, D., et al. (1998). *McDermott & McGough: A history of photography*. Santa Fe, N. M. New York: Arena Editions. Distributed by D. A. P. / Distributed Art Publishers.

Edwards, E., and Hart, J. (2004). *Photographs objects histories: On the materiality of images*. New York: Routledge.

Eskildsen, U., Ebner, F., et al. (2008). *Street & studio: An urban history of photography*. London: Tate.

Evans, J., and Hall, S. (1999). *Visual culture: The reader*. London/Thousand Oaks, Calif.: Sage/Open University.

Films for the Humanities. (2002). *Decoding photographic images*. Princeton, N. J.: Films for the Humanities & Sciences.

Frizot, M. (1998). *A new history of photography*. Köln: Könemann.

Gernsheim, H. (1982). *The origins of photography*. New York: Thames and Hudson.

Green, J. (1984). *American photography: A critical history 1945 to the present*. New York: H. N. Abrams.

Henisch, H. K., and Collins, K. (1990). *Shadow and substance: Essays on the history of photography in honor of Heinz K. Henisch*. Bloomfield Hills, Mich.: Amorphous Institute Press.

Hirsch, R. (2000). *Seizing the light: A history of photography*. Boston: McGraw-Hill.

Howells, R., and Matson, R. W. (2009). *Using visual evidence*. Maidenhead, U. K.: Open University Press.

Hoy, A. H. (2005). *The book of photography: the history, the technique, the art, the future*. Washington, D. C.: National Geographic.

Jeffrey, I. (1981). *Photography: A concise history*. New York: Oxford University Press.

Jeffrey, I., and National Museum of Photography Film and Television. (1999). *Revisions: An alternative history of photography*. Bradford, U. K.: National Museum of Photography, Film & Television, National Museum of Science & Industry.

Lange, D. (1981). *Dorothea Lange*. Millerton, N. Y.: Aperture.

Lemagny, J. C., and Rouillé A. (1987). *A history of photography: Social and cultural perspectives*. New York: Cambridge University Press.

Lewinski, J. (1980). *The camera at war: A history of war photography from* 1848 *to the present day*. New York: Simon and Schuster.

Lister, M. (1995). *The photographic image in digital culture*. New York: Routledge.

Livingston, J., Fralin, E., et al. (1988). *Odyssey: The art of photography at* National Geographic. Charlottesville, Va.: Thomasson-Grant.

Macdonald, G. (1980). *Camera: Victorian eyewitness: A history of photography*, 1826—1913. New York: Viking Press.

Marien, M. W. (1997). *Photography and its critics: A cultural history*, 1839—1900. New York: Cambridge University Press.

Marien, M. W. (2006). *Photography: A cultural history*. Upper Saddle River, N. J.: Pearson Prentice Hall.

Mitchell, J. G. (2001). National Geographic: *The wildlife photographs*. Washington, D. C.: National Geographic Society.

Moyers, B. D., O'Neill, J. D., et al. (2006). *A conversation with Susan Sontag*. Princeton, N. J.: Films for the Humanities & Sciences.

National Geographic Society. (1998). *Photographs, then and now*. Washington, D. C.: National Geographic Society.

National Geographic Society. (1999). National Geographic photographs: *The milestones*. Washington, D. C.: National Geographic.

National Geographic Society. (2003). *Through the lens*: National Geographic greatest *photographs*. Washington, D. C.: National Geographic.

Newhall, B. (1980). *Photography, essays and images: Illustrated readings in the history of photography*. New York/Boston: Museum of Modern Art. Distributed by New York Graphic Society.

Newhall, B. (1982). *The history of photography: From* 1839 *to the present day*. New York: Museum of Modern Art. Distributed by the New York Graphic Society.

Nikpour, K., Cadigan, S., et al. (2004). *Photography and the brain: The language of photography*. Princeton, N. J.: Films for the Humanities & Sciences.

Pollack, P. (1977). *The picture history of photography from the earliest beginnings to the present day*. New York: Abrams.

Raeburn, J. (2006). *A staggering revolution: A cultural history of Thirties photography*. Chicago: University of Illinois Press.

Raimondo Souto, H. M. (2007). *Motion picture photography: A history*, 1891—1960. Jefferson, N. C.: McFarland.

Roosens, L., and Salu, L. (1989). *History of photography: A bibliography of books*. New York: Mansell.

Rosenblum, N. (2007). *A world history of photography*. New York: Abbeville Press.

Sandler, M. W. (1979). *The story of American photography: An illustrated history for young people*. Boston: Little, Brown.

Sandler, M. W. (2002). *Photography: An illustrated history*. New York: Oxford University Press.

Shires, L. M. (2009). *Perspectives: Modes of viewing and knowing in nineteenth-century England*. Columbus, Ohio: Ohio State University Press.

Shore, S. (2007). *The nature of photographs*. London: Phaidon.

Shore, S., and Center for American Places. (1998). *The nature of photographs*. Baltimore: Johns Hopkins University Press.

Steichen, E., Royal Photographic Society of Great Britain, et al. (1997). *Edward Steichen: The Royal Photographic Society Collection*. Milan, Italy: Charta.

Stroebel, L. D., Todd, H. N., et al. (1980). *Visual concepts for photographers*. New York: Focal Press.

Williams, V. (1994). *Warworks: Women, photography and the iconography of war*. London: Virago.

Wolf, H. (1988). *Visual thinking: Methods for making images memorable*. New York: American Showcase. Distributed by Rizzoli International Publications.

Zakia, R. D. (1974). *Perception and photography*. Engle-wood Cliffs, N. J.: Prentice-Hall.

Zakia, R. D. (2002). *Perception and imaging*. Boston: Focal Press.

Zakia, R. D. (2007). *Perception and imaging: Photography - a way of seeing*. Boston: Focal Press.

第 13 章

Allan, S., and E. Thorsen. (2009). *Citizen journalism: Global perspectives*. New York: Peter Lang.

Alysen, B. (2006). *The electronic reporter: Broadcast journalism in Australia*. Sydney: University of New South Wales Press.

Artwick, C. G. (2004). *Reporting and producing for digital media*. Ames, Iowa: Blackwell.

Atkins, J. B. (2002). *The mission: Journalism, ethics and the world*. Ames, Iowa: Iowa State University Press.

Barlow, A. (2007). *The rise of the blogosphere*. Westport, Conn.: Praeger.

Briggs, M., J. Schaffer, et al. (2007). *Journalism 2.0: How to survive and thrive: A digital literacy guide for the information age*. College Park, Md.: J-Lab: The Institute for Interactive Journalism, Philip Merrill College of Journalism, University of Maryland.

Bruns, A. (2005). *Gatewatching: Collaborative online news production*. New York: P. Lang.

Bury, C., J. Donvan, et al. (2006). *The bloggers new rules, or no rules?* Princeton, N. J.: Films for the Humanities & Sciences.

Carroll, P., B. De Palma, et al. (2008). *Redacted*. Los Angeles: Distributed by Magnolia Home Entertainment.

Close Up Foundation. (2000). *Reporting from the hot spots: Close up conversations*. Alexandria, Va.: Close Up Publishing.

Cohen, E. D., and D. Elliott. (1997). *Journalism ethics: A reference handbook*. Santa Barbara, Calif.: ABC-CLIO.

Cooper, S. D. (2006). *Watching the watchdog: Bloggers as the fifth estate*. Spokane, Wash.: Marquette Books.

Foust, J. C. (2005). *Online journalism: Principles and practices of news for the Web*. Scottsdale, Ariz.: Holcomb Hathaway.

Friend, C., and J. B. Singer. (2007). *Online journalism ethics: Traditions and transitions*. Armonk, N. Y.: M. E. Sharpe.

George, C. (2006). *Contentious journalism and the Internet: Toward democratic discourse in Malaysia and Singapore*. Seattle: University of Washington Press.

Gillmor, D. (2004). *We the media: Grassroots journalism by the people, for the people*. Beijing/Sebastopol, Calif.: O'Reilly.

Harsch, J. C. (1993). *At the hinge of history: A reporter's story*. Athens, Ga.: University of Georgia Press.

Hewitt, H. (2005). *Blog: Understanding the information reformation that's changing your world*. Nashville, Tenn.: T. Nelson Publishers.

Hoyt. M., and J. Palattella. (2007). *Reporting Iraq: An oral history of the war by the journalists who covered it*. Hoboken, N. J.: Melville House Publishing.

Kline. D., P. Berger. et al. (2005). *Blog! How the newest media revolution is changing politics, business, and culture*. New York; CDS Books.

kokxdzy, J. (2006). *Convergence journalism: Writing and reporting across the news media*. Lanham, Md.: Rowman & Littlefield.

Lambros, V. (2008). *The impact of new media on the practice of journalism*. Fairfax, Va.: George Mason University.

Lee, P. S. N., Fung, A. F. H, and Leung, L. (2009). *Embedding into our lives: New opportunities and challenges of the Internet*. Hong Kong: Chinese University Press.

Li, X. (2006). *Internet newspapers: The making of a mainstream medium*. Mahwah, N. J.: Lawrence Erlbaum Associates.

McCain, T. A., and L. Shyles. (1994). *The 1, 000 hour war: Communication in the Gulf*. Westport, Conn.: Greenwood Press.

Morrison, D. E., and H. Tumber. (1988). *Journalists at war: The dynamics of news reporting during the Falklands conflict*. London: Sage.

Paterson, C. A., and D. Domingo. (2008). *Making online news: The ethnography of new media production*. New York: Peter Lang.

Quandt, T., and W. Schweiger. (2008). *Journalismus online: Partizipation oder profession?* Wiesbaden, Germany: Verlag für Sozialwissenschaften.

Quinn, S. (2006). *Conversations on convergence: Insiders' views on news production in the 21st century*. New York: Peter Lang.

Quinn, S., and V. F. Filak. (2005). *Convergent journalism: An introduction*. Burlington, Mass.: Elsevier/Focal Press.

Raphael, M., M. Rowland, et al. (2004). *Frontline reporting*. New York: History Channel; Distributed by New Video.

Seierstad, A., and I. Christophersen. (2005). *A hundred and one days: A Baghdad journal*. New York: Basic Books.

Sites, K. (2007). *In the hot zone: One man, one year, twenty wars*. New York: Harper Perennial.

Ward, S. J. A. (2004). *The invention of journalism ethics: The path to objectivity and beyond*. Montreal/Ithaca, N. Y.: McGill-Queen's University Press.

Weingarten, M. (2006). *The gang that wouldn't write straight: Wolfe, Thompson, Didion, and the New Journalism revolution*. New York: Crown Publishers.

Wilkinson, Jeffrey S., August E. Grant, and Douglas J. Fisher. (2009). *Principles of convergent journalism*. Oxford, UK: Oxford University Press.

Wulfemeyer, K. T. (2006). *Online newswriting*. Ames, Iowa: Blackwell Publishing Professional.

第 14 章

Acland, C. R. (2003). *Screen traffic: Movies, multiplexes, and global culture*. Durham, N. C.: Duke University Press.

Ahlmalm, A. (1997). *The culture of global advertising and the advertising of global culture*. McMinnville, Ore.: Linfield College.

Appiah, A., Gates, H. L., et al. (1996). *The dictionary of global culture*. New York: Knopf/Random House.

Bailey, D. (2004). *The open society paradox: Why the 21st century calls for more openness — not less*. Brassey s.

Crane, D., Kawasaki, K. I., et al. (2002). *Global culture: Media, arts, policy, and globalization*. New York: Routledge.

Demers, D. P. (2002). *Global media: Menace or Messiah?* Cresskill, N. J.: Hampton Press.

Everette E., and Dennis, R. W. S. (1998). *Media and democracy*. Piscataway, N. J.: Transaction Publishers.

Flew, T. (2007). *Understanding global media*. New York: Palgrave Macmillan.

Fox, E., and Waisbord, S. R. (2002). *Latin politics, global media*. Austin, Tex.: University of Texas Press.

Franklin, S., Lury, C., et al. (2000). *Global nature, global culture*. London: Sage.

Gunther, R., and Mughan, A. (2000). *Democracy and the media: A comparative perspective*. Cambridge, U. K.: Cambridge University Press.

Hachten, W. A., and Scotton, J. F. (2002). *The world news prism: Global media in an era of terrorism*. Ames, Iowa: Iowa State Press.

Hackett, R. A., and Zhao, Y. (2005). *Democratizing global media: One world, many struggles*. Lanham, Md.: Rowman & Littlefield.

Hakanen, E. A., and Nikolaev, A. G. (2006). *Leading to the 2003 Iraq war: The global media debate*. New York: Palgrave Macmillan.

Harindranath, R. (2006). *Perspectives on global culture*. New York: Open University Press.

Herman, E. S., and McChesney, R. W. (1997). *The global media: The new missionaries of corporate capitalism*. Washington, D. C.: Cassell.

Hoskins, C. (1997). *Global television and film: An introduction to the economics of the business*. New York: Oxford University Press.

Jong, W. D., Shaw, M., et al. (2005). *Global activism, global media*. Ann Arbor, Mich.: Pluto Press.

Lewis, J. (2005). *Language wars: The role of culture in global terror and political violence*. Ann Arbor, Mich.: Pluto Press.

Lynch, D. C. (2006). *Rising China and Asian democratization: Socialization to "global culture" in the political transformations of Thailand, China, and Taiwan*. Stanford, Calif.: Stanford University Press.

Machin, D., and Van Leeuwen, T. (2007). *Global media discourse: A critical introduction*. New York: Routledge.

Merrill, J. C. (1995). *Global journalism: Survey of international communication*. New York, Pearson Education.

Munshi, S. (2001). *Images of the "modern woman" in Asia: Global media, local meanings*. Richmond, Va.: Curzon.

Neuman, J. (1996). *Lights camera war: Is media technology driving international politics*. New York: St. Martin's Press.

Newsom, D. (2007). *Bridging the gaps in global communication*. Maiden, Mass.: Blackwell.

Orum, A. M., Johnstone, J. W. C., and Ringer, S. (1999). *Changing societies: Essential sociology for our times*. Lanham, Md.: Rowman & Littlefield.

Price, M. E. (2002). *Media and sovereignty: The global revolution and its challenge to state power*. Cambridge, Mass.: MIT Press.

Seib, P. M. (2008). *The Al Jazeera effect: How the new global media are reshaping world politics*. Washington, D. C.: Potomac Books.

Siochru, S. O., Girard, B., and Mahan, A. (2002). *Global media governance: A beginner's guide*. Lanham, Md.: Rowman & Littlefield.

Steven, P. (2003). *The no-nonsense guide to global media*. Oxford, U. K.: New Internationalist/Verso.

Stone, D. P., Jones International Ltd., et al. (1998). *Global media: Media power*. Princeton, N. J.: Films for the Humanities & Sciences.

Street, J. (2001). *Mass media, politics and democracy*. New York: Palgrave.

Thompson, J. B. (1995). *The media and modernity: A social theory of the media*. Stanford, Calif.: Stanford University Press.

Thussu, D. K. (1998). *Electronic empires: Global media and local resistance*. New York: Arnold.

Timmerman, K. R. (2003). *Preachers of hate: Islam and the war on America*. New York: Crown Forum.

Wark, M. (1994) . *Virtual geography: Living with global media events*. Bloomington, Ind.: Indiana University Press.

Weaver, D., Löffelholz, M., and Schwarz, A. (2008) . *Global journalism research: Theories, methods, finding, future*. Maiden, Mass.: Blackwell.

Westfield, M. (2000) . *The gatekeepers: The global media battle to control Australia's pay TV*. Sydney/London: Pluto Press Australia; Comerford and Miller.

White, J. D. (2005) . *Global media: The television revolution in Asia*. New York: Routledge.

World Bank Institute. (2002) . The right to tell: The role of mass media in economic development. Washington, D. C.: World Bank.

第 15 章

Allen, D., Rush, R. R., et al. (1996) . *Women transforming communications: Global intersections*. Thousand Oaks, Calif.: Sage.

Bentz, V. M., and Mayer, P. E. F. (1993) . *Visual images of women in the arts and mass media*. Lewiston, N. Y.: E. Mellen Press.

Bukowski, C. (1978) . *Women*. Santa Barbara, Calif.: Black Sparrow Press.

Byerly, C. M., and Ross, K. (2006) . *Women and media: A critical introduction*. Maiden, Mass.: Blackwell.

Carilli, T., and Campbell, J. (2005) . *Women and the media: Diverse perspectives*. Lanham, Md.: University Press of America.

Carter, C., Branston, G., et al. (1998) . *News, gender, and power*. New York: Routledge.

Carter, C., and Steiner, L. (2003) . *Critical readings: Media and gender reader*. Maidenhead, U. K.: Open University Press.

Cashmore, E., and ebrary Inc. (1997) . *The black culture industry*. New York: Routledge.

Chambers, J. (2008) . *Madison Avenue and the color line: African Americans in the advertising industry*. Philadelphia: University of Pennsylvania Press.

Cole, E., and Daniel, J. H. (2005) . *Featuring females feminist analyses of media*. *Psychology of women book series*. Washington, D. C.: American Psychological Association.

Columbia University. *Archives: University Protest and Activism Collection*, 1958 — 1999 (Bulk dates 1968 — 1972), p. 29.

Conor, L. (2004) . *The spectacular modern woman: Feminine visibility in the* 1920*s*. Bloomington, Ind.: Indiana University Press.

Cooney, S., and Kelly, R. (1971) . *A checklist of the first one hundred publications of the Black Sparrow Press: With* 30 *passing remarks by Robert Kelly*. Los Angeles, Calif.: Black Sparrow Press.

Daley, P., and James, B. A. (2004) . *Cultural politics and the mass media: Alaska Native voices*. Urbana, Ill.: University of Illinois Press.

Davies, K., Dickey, J. et al. (1987) . *Out of focus: Writings on women and the media*. London: Women's Press.

Dates, J. L., and Barlow, W. (1983) . *Split image: African Americans in the media*. Washington, D. C.: Howard University Press.

Entman, R. M., and Rojecki, A (2001) . *The black image in the white mind: Media and race in America*. Chicago: University of Chicago Press.

Faas, E. (1978) . *Towards a new American poetics: Essays and interviews: Charles Olson, Robert Duncan, Gary Snyder, Robert Creeley, Robert Bly, Allen Ginsberg*. Santa Barbara, Calif.: Black Sparrow Press.

Farrar, H. (1998) . The Baltimore Afro-American, *1892—1950*. Westport, Conn.: Greenwood Press.

Frith, K. T., and Karan, K. (2008) . *Commercializing women: Images of Asian women in the media*. Cresskill, N. J.: Hampton Press.

Fujioka, Y. (2005) . Black media images as a perceived threat to African American ethnic identity: Coping responses, perceived public perception, and attitudes. *Journal of Broadcasting and Electronic Media*..

Gill, R. (2007). *Gender and the media*. Maiden, Mass.: Polity Press.

Gross, L. P., and Woods, J. D. (1999). *The Columbia reader on lesbians and gay men in media, society, and politics*. New York: Columbia University Press.

Hall, A. C. (1998). *Delights, desires, and dilemmas: Essays on women and the media*. Westport, Conn.: Praeger.

Hamlet, J. D. (1998). *Afrocentric visions: Studies in culture and communication*. Thousand Oaks, Calif.: Sage.

Harne, L., and Miller, E. (1996). *All the rage: Reasserting radical lesbian feminism*. London: Women's Press.

Harris, P. (1999). *The queer press guide* 2000. New York: Painted Leaf Press.

Hellwig, T., and Thobani, S. (2006). *Asian women: Interconnections*. Toronto: Women's Press.

Hine, D. C., Hine, W. C., and Harold, S. (2004). *African American odyssey: Media research update* (2nd ed.). Upper Saddle River, N. J.: Prentice Hall.

Howell, S. (1990). *Reflections of ourselves: The mass media and the women's movement*, 1963 *to the present*. New York: P. Lang.

Hunt, D. M. (2004). *Channeling blackness: Studies on television and race in America*. New York: Oxford University Press.

Inness, S. A. (2004). *Action chicks: New images of tough women in popular culture*. New York: Palgrave Macmillan.

Jacobs, R. N. (2000). *Race, media, and the crisis of civil society: From Watts to Rodney King*. New York: Cambridge University Press.

Jeter, J. P. (1996). *International Afro mass media: A reference guide*. Westport, Conn.: Greenwood Press.

Kanellos, N. (1998). *Thirty million strong: Reclaiming the Hispanic image in American culture*. Golden, Colo.: Fulcrum.

Kelly, R. (1979). *Kill the messenger who brings bad news*. Santa Barbara, Calif.: Black Sparrow Press.

Kepner, J. (1998). *Rough news, daring views: 1950s'pioneer gay press journalism*. New York: Haworth Press.

Kitch, C. L. (2001). *The girl on the magazine cover: The origins of visual stereotypes in American mass media*. Chapel Hill, N. C.: University of North Carolina Press.

Lazarus, M., Wunderlich, R., et al. (2000). *Beyond killing us softly: The impact of media images on women and girls*. Cambridge, Mass.: Cambridge Documentary Films.

Lueck, T. L., and Association for Education in Journalism and Mass Communication. (2004). *"Her say" in the media mainstream: A cultural feminist manifesto*. Columbia, S. C.: Association for Education in Journalism and Mass Communication.

Lumby, C. (1997). *Bad girls: The media, sex and feminism in the'90s*. St. Leonards, Australia: Allen & Unwin.

Ma, S. M. (2000). *The deathly embrace: Orientalism and Asian American identity*. Minneapolis, Minn.: University of Minnesota Press.

Macdonald, M. (1995). *Representing women: Myths of femininity in the popular media*. New York: E. Arnold. Distributed by St. Martin's Press.

Mansfield-Richardson, V. (2000). *Asian Americans and the mass media: A content analysis of twenty United States'newspapers and a survey of Asian American journalists*. New York: Garland.

Marriott, D. (2007). *Haunted life: Visual culture and Black modernity*. New Brunswick, N. J.: Rutgers University Press.

Munshi, S. (2001). *Images of the "modern woman" in Asia: Global media, local meanings*. Richmond, U. K.: Curzon.

Murphy, J. E., and Murphy, S. (1981). *Let my people know: American Indian journalism, 1828—1978*. Norman, Okla.: University of Oklahoma Press.

Mwendamseke, A. N. S. (2003). *Mass media and female images: Reality and possible reforms*. Iringa, Tanzania: Iringa University College.

Myrick, R. (1996). *AIDS, communication, and empowerment: Gay male identity and the politics of public health messages*. New York: Harrington Park Press.

Nelson, S., Half Nelson Productions Inc., et al. (1998). *The black press soldiers without swords*. San Francisco, Calif.: Half Nelson Productions. Distributed by California Newsreel.

Noriega, C. A. (2000). *The future of Latino independent media: A NALIP sourcebook*. Los Angeles, Calif.: UCLA Chicano Studies Research Center.

Nuñez, L. V. (2006). *Spanish language media after the Univision: Hispanic broadcasting*. New York: Novinka Books.

Onwurah, N., Onwurah, K. S., et al. (1993). *And still I rise*. New York: Women Make Movies.

Oppliger, P. A. (2008). *Girls gone skank: The sexualiza tion of girls in American culture*. Jefferson, N. C.: McFar land & Company.

Ono, K. A., and Pham, V. N. (2009). *Asian Americans and the media*. Cambridge, UK: Polity.

Portales, M. (2000). *Crowding out Latinos: Mexican Americans in the public consciousness*. Philadelphia: Temple University Press.

Prasad, N., and Friedrich Ebert Stiftung. (1992). *A pressing matter: Women in press*. New Delhi, India: Friedrich Ebert Stiftung.

Pullen, C. (2007). *Documenting gay men: Identity and performance in reality television and documentary film*. Jefferson, N. C.: McFarland.

Rhodes, J. (2007). *Framing the Black Panthers: The spectacular rise of a Black Power icon*. New York: New Press. Distributed by W. W. Norton.

Ríos, D. I. A., and Mohamed, A. N. (2003). *Brown and black communication: Latino and African American conflict and convergence in mass media*. Westport, Conn.: Praeger.

Rodriguez, A. (1999). *Making Latino news: Race, language, class*. Thousand Oaks, Calif.: Sage.

Rodriguez, C. E. (1997). *Latin looks: Images of Latinas and Latinos in the U. S. media*. Boulder, Colo.: Westview Press.

Rofes, E. E. (1998). *Dry bones breathe: Gay men creating post-AIDS identities and cultures*. New York: Haworth Press.

Ross, K. (1996). *Black and white media: Black images in film and television*. Cambridge, UK: Polity.

Ross, K. (2002). *Women, politics, media: Uneasy relations in comparative perspective*. Cresskill, N. J.: Hampton Press.

Ross, K., and Byerly, C. M. (2004) *Women and media: International perspectives*. Malden, Mass.: Blackwell.

Rush, R. R., Oukrop, C. E., et al. (2004). *Seeking equity for women in journalism and mass communication education: A 30-year update*. Mahwah, N. J.: Lawrence Erl-baum Associates.

Santa Ana, O., and ebrary Inc. (2002). *Brown tide rising: Metaphors of Latinos in contemporary American public discourse*. Austin, Tex.: University of Texas Press.

Sarikakis, K., and Shade, L. R. (2008). *Feminist interventions in international communication: Minding the gap*. Lanham, Md.: Rowman & Littlefield.

Soruco, G. R. (1996). *Cubans and the mass media in South Florida*. Gainesville, Fla.: University Press of Florida.

Standard Rate & Data Service. (1993). *Hispanic media and markets. Wilmette, Ill., Author.*

Streitmatter, R. (1995). *Unspeakable: the rise of the gay and lesbian press in America*. Boston: Faber and Faber.

Streitmatter, R. (2009). *From perverts to fab five: The media's changing depiction of gay people and lesbians*. New York: Routledge.

Subervi-Vélez, F. A. (2008). *The mass media and Latino politics: Studies of U. S. media content, campaign strategies and survey research: 1984—2004*. New York: Routledge.

Tasker, Y., Negra, D., et al. (2007). Durham, N. C.: Duke University Press.

Tebbel, C. (2000). *The body snatchers: How the media shapes women*. Sydney: Finch.

Thornham, S. (2007). *Women, feminism and media*. Edinburgh, Scotland: Edinburgh University Press.

Uganda Media Women's Association. (1998). Report on a Workshop for Women Leaders and the Media: Moving into the 21st Century, held at the Hotel Equatoria, November 21—22, 1997. Kampala, Uganda: Media Women Association.

Valdivia, A. N. (1995) . *Feminism, multiculturalistn, and the media: Global diversities*. Thousand Oaks, Calif.: Sage.

Valdivia, A. N. (2000) . *A Latina in the land ofHollywood and other essays on media culture*. Tucson, Ariz.: university of Arizona Press.

Veciana-Suarez, A. (1987) . *Hispanic media, USA: Ana rrative guide to print and electronic Hispanic news media in the United States*. Washington, D. C: Media Institute. Ward, B. E. (2001) . *Media, culture and the modern African American freedom struggle*. Gainesville, FL: University of Florida Press.

Williams. L (2001) . *Playing the race card: Melodramas of blck and white from Uncle Tom to O. J. Simpson*. Prmceton, N. J.: Princeton University Press.

Women's Institute for Freedom of the Press, (n. d.) . *Media report to women*. Silver Spring, Md.: Communication Research Associates.

Zilber, J., and Niven, D. (2000) . *Racialized coverage of Congress: The news in black and white*. Westport, Conn.: Praeger.

Zoonen, L. V. (1994) . *Feminist media studies*. London/Thousand Oaks, Calif.: Sage.

第 16 章

Basalla, S. E., and Debelius, M. (2007) . "*So what are you going to do with that?*": *Finding careers outside academia*. Chicago: University of Chicago Press.

Bendinger, B. (2004) . *Advertising and the business of brands: An introduction to careers and concepts in advertising and marketing*. Chicago: Copy Workshop.

Bollinger, L., and O'Neill, C. (2008) . *Women in media careers: Success despite the odds*. Lanham, Md.: University Press of America.

Bone, J., Fernández, A., et al. (2004) . *Opportunities in film careers*. New York: VGM Career Books.

Bums, J. B. (2007) . *Career opportunities in journalism*. New York: Ferguson.

Camenson, B., DeGalan, J. et al. (1995) . *Great jobs for communications majors*. Lincolnwood, Ill.: VGM Career Horizons.

Cappo, J. (2003) . *The future of advertising: New media, new clients, new consumers in the post-television age*. Chicago: McGraw-Hill.

Cohen, D. S., Bustamante, S. A., et al. (2009) *Producing games: From business and budgets to creativity and design*. Boston: Focal Press.

Collins, A., and Halverson, R. (2009) . *Rethinking education in the age of technology: The digital revolution and schooling in America*. New York: Teachers College Press.

Crouch, T. L. (2001) . *100 careers in film and television*. Barron's Educational Series.

DeSena, C. (1996) . The comedy market: *A writer's guide to making money being funny*. New York: Berkley.

Dzyak, B. (2008) . *What I really want to do on set in Hollywood: A guide to real jobs in the film industry*. New York: Back Stage Books.

ebrary, Inc. (2003) . *Resumes for advertising careers with sample cover letters*. Chicago: VGM Career Books.

Ellis, E. (2004) . *Opportunities in broadcasting careers*. New York: McGraw-Hill.

Farr, J. M. (2007) . *Top 100 computer and technical careers: Your complete guidebook to major jobs in many fields at all training levels*. Indianapolis: JIST Works.

Farris, L. G. (1995) . *Television careers: A guide to breaking and entering*. Fairfax, Calif.: Buy the Book Enterprises.

Feiertag, J., and Cupito, M. C. (2004) . *Writer's market companion*. Cincinnati, Ohio: Writer's Digest Books.

Ferguson, D., and Patten, J. (2001) . *Opportunities in journalism careers*. New York: McGraw-Hill.

Goldberg, J. (1997) . *Real people working in communications*. Lincolnwood, Ill.: VGM Career Horizons.

Greenspon, J., and ebrary, Inc. (2003) . *Careers for film buffs and other Hollywood types*. Chicago: VGM Career Books.

Gregory，G.，Healy，R.，et al. (2007). *Careers in media and film: The essential guide*. Los Angeles: Sage.

Gregory，M. (2008). *The career chronicles: An insider's guide to what jobs are really like: The good，the bad，and the ugly from over 750 professionals*. Novato，Calif.: New World Library.

James，A. (1932). *Careers in advertising，and the jobs behind them*. New York: Macmillan.

Katz，H. E. (2003). *The media handbook: A complete guide to advertising media selection，planning，research，and buying*. Mahwah，N. J.: Lawrence Erlbaum Associates.

Katz，J. A. (1984). *The ad game: A complete guide to careers in advertising，marketing，and related areas*. New York: Barnes & Noble Books.

Heller，S. (2007). *Becoming a digital designer: A guide to careers in Web，video，broadcast，game and animation design*. Hoboken，N. J. Wiley.

Heron，M. (2006). *Creative careers in photography: Making a living with a camera*. New York: Allworth Press.

McKinney，A. (2002). *Real resumes for media，newspaper，broadcasting and public affairs jobs: Including real resumes used to change careers and transfer skills to other industries*. Fayetteville，N. C.: PREP.

Milar，M.，and Brohaugh，W. (1978) *Photographers' market* 1979. Cincinnati，Ohio: Writers Digest Books.

Mogel，L. (1998). *Creating your career in communications and entertainment*. Sewickley，Pa.: GATF Press.

Mosko，L.，and Schweer，M. (2005). *Novel and short story writer's market* 2006. Cincinnati，Ohio: Writer's Digest Books.

Noronha，S. F. R.，and ebrary，Inc. (2003). *Opportunities in television and video careers*. Chicago: VGM Career Books.

Noronha，S. F. R.，and ebrary，Inc. (2005). *Careers in communications*. New York: VGM Career Books.

Orlik，P. B. (2004). *Career perspectives in electronic media*. Ames，Iowa: Blackwell.

Pattis，S. W.，and ebrary，Inc. (2004). *Careers in advertising*. Chicago: VGM Career Books.

Rush，A.，Hodgson，D.，and Stratton，B. (2006). *Paid to play: An insider's guide to video game careers*. New York: Prima Games.

Stratford，S. J. (2009). *Film and television: Field guide to finding a new career*. New York: Checkmark Books.

Scholastic. (2010). *Hot jobs in video games*. New York: Scholastic Reference.

Seguin，J. A. (2002). *Media career guide: Preparing for jobs in the 21st century*. Boston: Bedford/St. Martins.

VGM Career Books and NetLibrary Inc. (2003). *Resumes for advertising careers with sample cover letters*. Chicago: VGM Career Books.

Warley，S.，and Vault. (2005). *Vault career guide to journalism and information media*. New York: Vault.

Willins，M. (1997). *The photographer's market guide to photo submission and portfolio formats*. Cincinnati，Ohio: Writer's Digest Books.

Writer's Digest Books. (2010). *Writers market guide to getting published*. Cincinnati，Ohio: Writer's Digest Books.

Writer's Digest Books. (2010). *Photographer's market guide*. Cincinnati，Ohio: Author.

Yager，F. (2003). *Career opportunities in the gilm industry*. Facts on File.

索　引

（所标页码为英文原书页码，即本书边码）

A

B

D

E

F

G

H

I

J

K

L

M

N

O

P

Q

R

S

T

U

V

W

X

Y

Z

译后记

《大众传媒革命》是第一本（到目前也是唯一一本）我从头到尾一字不落读下来的传播学类书籍。如果不是有幸成为本书的中文译者，我想我会错过这本极好的读物。

从某种意义上说，这是一部大众传媒史，一部不以年代为顺序，而以“革命”为主线贯穿始终的大众传媒史。

虽然“革命”的概念只是在书中若隐若现，但通读全书，从传媒技术创新到传媒业态的演变；从大众传媒从业生态到受众媒介素养，不难在字里行间嗅出“革命”的味道。

这一主线有助于读者——无论是传媒从业者还是普通受众——从纷繁复杂的历史素材中跳出来，更清醒、更清楚地看待自己所影响或被其影响的传媒江湖。

这本书是为“数字土著”或“数字原住民”（出生或成长于数字时代的人）而写的教材，但对于传统媒体时代的“遗老”们，同样有很高的阅读价值——只要你还想主动参与到数字时代的洪流中，而不是被动地被它卷走。

翻译此书是一个漫长而痛苦的过程，好在这也是一个“涨姿势”的过程。这是一本故事书，没有冗长的理论陈述，更多的是具体、生动的案例，也许你已经听过，也许你还闻所未闻，但无论如何，都足以让我们明白或是思考一些东西。

在这里，需要感谢出版社在翻译截稿期限上的一再宽容。也要感谢两位合作译者的辛苦付出。

最后想说的是，由于水平有限，译文中错漏之处可能不在少数，欢迎指正与“拍砖”。这不是例行公事的陈词滥调，而是完全出于对自己能力的清醒认识。

王家全

2014年1月2日

图书在版编目（CIP）数据

大众传媒革命 /（美）斯特林著；王家全等译．—北京：中国人民大学出版社，2014.1
（新闻与传播学译丛·国外经典教材系列）
ISBN 978-7-300-18651-1

Ⅰ.①大… Ⅱ.①斯…②王… Ⅲ.①大众传媒-研究 Ⅳ.①G206.2

中国版本图书馆 CIP 数据核字（2014）第 001546 号

新闻与传播学译丛·国外经典教材系列
大众传媒革命
［美］查尔斯·斯特林 著
王家全 崔元磊 张 祎 译
Dazhong Chuanmei Geming

出版发行	中国人民大学出版社		
社　　址	北京中关村大街 31 号	**邮政编码**	100080
电　　话	010－62511242（总编室）		010－62511398（质管部）
	010－82501766（邮购部）		010－62514148（门市部）
	010－62515195（发行公司）		010－62515275（盗版举报）
网　　址	http://www.crup.com.cn		
	http://www.ttrnet.com(人大教研网）		
经　　销	新华书店		
印　　刷	三河市汇鑫印务有限公司		
规　　格	215 mm×275 mm 16 开本	**版　　次**	2014 年 2 月第 1 版
印　　张	35.75 插页 2	**印　　次**	2014 年 2 月第 1 次印刷
字　　数	953 000	**定　　价**	69.80 元

PEARSON ALWAYS LEARNING

为了确保您及时有效地申请培生整体教学资源，请您务必完整填写如下表格，加盖学院的公章后传真给我们，我们将会在2～3个工作日内为您处理。

需要申请的资源（请在您需要的项目后划"√"）：

□ 教师手册、PPT、题库、试卷生成器等常规教辅资源

□ MyLab学科在线教学作业系统

□ CourseConnect整体教学方案解决平台

请填写所需教辅的开课信息：

采用教材			□ 中文版 □ 英文版 □ 双语版
作　者		出版社	
版　次		ISBN	
课程时间	始于　　年　月　日	学生人数	
	止于　　年　月　日	学生年级	□ 专科　□本科1/2年级 □ 研究生　□ 本科3/4年级

请填写您的个人信息：

学　校			
院系/专业			
姓　名		职　称	□ 助教 □ 讲师 □ 副教授 □ 教授
通信地址/邮编			
手　机	电　话		
传　真			
official email(必填) (eg:XXX@ruc.edu.cn)		email (eg:XXX@163.com)	
是否愿意接受我们定期的新书讯息通知：　□ 是　□ 否			

系/院主任：________（签字）

（系/院办公室章）

____年____月____日

100013　北京市东城区北三环东路36号环球贸易中心D座1208室

电话：(8610)57355169

传真：(8610)58257961

Please send this form to：Service.CN@pearson.com

Website：www.pearsonhighered.com/educator

出教材学术精品　育人文社科英才

中国人民大学出版社读者信息反馈表

尊敬的读者：

感谢您购买和使用中国人民大学出版社的____________一书，我们希望通过这张小小的反馈卡来获得您更多的建议和意见，以改进我们的工作，加强我们双方的沟通和联系。我们期待着能为更多的读者提供更多的好书。

请您填妥本表后，寄回或传真回复我们，对您的支持我们不胜感激！

1. 您是从何种途径得知本书的：

❑书店　❑网上　❑报刊　❑朋友推荐

2. 您为什么决定购买本书：

❑工作需要　❑学习参考　❑对本书主题感兴趣

❑随便翻翻

3. 您对本书内容的评价是：

❑很好　❑好　❑一般　❑差　❑很差

4. 您在阅读本书的过程中有没有发现明显的专业及编校错误，如果有，它们是：____________

____

____

5. 您对哪些专业的图书信息比较感兴趣：____________

____

6. 如果方便，请提供您的个人信息，以便于我们和您联系（您的个人资料我们将严格保密）：

您供职的单位：____________

您教授的课程（教师填写）：____________

您的通信地址：____________

您的电子邮箱：____________

请联系我们：

电话：(010) 62515637

传真：(010) 62510454

E-mail：gonghx@crup. com. cn

通讯地址：北京市海淀区中关村大街 31 号　100080

中国人民大学出版社人文出版分社